홍사익 중장의

처형

KO SHIYOKU CHUJO NO SHOKEI VOL.1, VOL.2
Copyright © Reiko Yamamoto 2006

Korean translation rights arranged with CHIKUMASHOBO LTD.
through Japan UNI Agency, Inc., Tokyo and Korea Copyright Center, Inc., Seoul

이 한국어판은, 2006년 치쿠마쇼보(筑摩書房)에서 간행한 문고판을 번역한 것입니다.

이 책은 (주)한국저작권센터(KCC)를 통한 저작권자와의 독점계약으로 페이퍼로드에서 출간되었습니다.
저작권법에 의해 한국 내에서 보호를 받는 저작물이므로 무단전재와 복제를 금합니다.

홍사익 중장의 처형

洪思翊中將の處刑

야마모토 시치헤이 ○ 지음

이진명 ○ 옮김

페이퍼로드
paperroad

'홍사익을 아느냐'고 요즘 사람들에게 물어보면, 십중팔구는 모른다고 대답할 것이다. 이렇게 말하는 나 또한 별수 없는 요즘 사람인데, 내가 홍사익이라는 이름을 처음 알게 된 것은 1980년대 중반 동아일보 강성재 기자가 쓴 〈참 군인 이종찬 장군〉이라는 책 덕분이었다. 이 책에 더 자세하게 언급이 되어 있지만, 강 기자의 책에는 해방 직전 그를 만났던 언론인 김을한 씨의 인터뷰를 인용해 '홍사익 장군이 동포들의 안위를 염려해 사지死地로 들어가서 전범으로 몰려 죽었다'는 이야기가 쓰여 있었다.

이 대목을 읽은 순간, 내 생각은 서로 전혀 다른 두 방향으로 엇갈렸다. 하나는 '이런 친일파도 있구나'라는 것이었다. 식민지의 고통을 겪은 나라의 백성들에게는 부역附逆보다 못된 짓이 또 없다. 그것이 가증스러운 이유는 모든 부역에는 언제나 보수報酬가 따르기 때문이다. 세상에 자원봉사로 친일했다는 사람을 들어본 적이 있는가. 부역이란 결국 이웃의 것을 빼앗는 데 번番을 서주고 자신의 욕심을 채우는 행위이고, 그것은 어떠한 명분이나 논리로도 변호辯護할 수 없다.

부역자, 즉 친일파에게 염치廉恥나 희생犧牲 같은, 인류人類가 피땀 흘려 가꾸어 온 보편적인 덕목德目들을 기대한다는 것은 나무에서 물고기를 찾는 격이라는 게 당시 나의 소견이었다. 지금 돌이켜보면 참으로

단선적單線的인 사고방식이라 하겠지만, 그랬던 나에게 홍사익의 이야기는 일종의 놀라움이었다. 만일 그 이야기가 사실이라면, 그리고 그 이야기의 앞뒤 맥락脈絡이 그 사실을 진실로 지지支持하고 있다면, 내 공부는 한참 멀었다는 게 나의 솔직한 심정이었다.

그럼에도 불구하고, 나의 생각은 '그래서 어떻다는 거야?'라는 심통으로 기어이 달려갔다. 하필이면 얄궂게도, 홍사익의 이야기를 소개한 책의 제목이 〈여기 참 사람이 있다〉였기 때문이다. 참 사람? 동포同胞들은 왜놈의 총칼 밑에서 신음하고 있는데, 일본군에서 별까지 단 사람이 참 사람? 모든 인간은 사회라는 굴레에서 벗어날 수 없는 법이다. 그가 아무리 "개인적으로" 출중한 능력과 고상한 인품을 가졌다 해도, 그에 대한 평가는 그가 속한 사회가 "사회적으로" 내리는 것이다.

홍사익은 가정, 직장 즉, 일본군 그리고 그가 관계한 여러 무리들 속에서 아주 훌륭한 사람으로 꼽혔던 것 같다. 그러나 민족이라는 동심원에서는? 그 속에서도 그런 평가를 받고 있었을까? 만일 그가 경원敬遠 심지어 적대시敵對視의 대상이었다면, 그것을 사람들이 무지했던 탓으로 돌릴 수 있을까? 이 극과 극의 상반된 평가가 의미하는 것은 대체 무엇일까? 혹시 그가 자아自我를 실현했던 사회, 그럼으로써 그를 좋게 평가했던 사회와 당시 수많은 형제자매들의 삶의 현장이었던 사회는, 같은 시공간에는 존재하되 희로애락은 함께 나눌 수 없는 사이였던 게 아닐까?

엇갈리고 자기모순적인 상념想念은 그것으로 끝이었다. 1980년대 중반의 시대 상황은 홍사익을 붙들고 있는 것을 허락하지 않았다. 그리고 30년이라는 시간이 흘렀다. 그 사이에 우리 사회는 '민주화'가 되었고, "일제강점하 친일반민족행위 진상규명에 관한 특별법"이 제정돼 진상규명위원회가 활동에 들어갔으며, '친일 낙인烙印은 좌파의 전략적 모략謀略'이라고 목소리를 높이는 "뉴라이트"가 생겨났다. 하지만 홍사익이라는 이름은 그때나 지금이나 여전히 그 어느 쪽도 입에 올리지 않는다.

아니, 30년 전과 달라진 것도 있다. 그때는 홍사익을 물으면 '그게 누구지?'라는 반문反問이 나오고, '대체 왜놈에게 얼마나 충성을 바쳤기에 중장까지 올라가?'라는 힐문詰問이 이어지기 일쑤였다. 불문곡직不問曲直. 대의大義가 우선하는 시대란 그런 것이다. 그런데 이 책〈洪思翊中將の處刑〉을 번역하고 있는 지금은 다르다. '그게 누구지?'라는 반문이 나오는 것은 동일한데, 이어지는 것은 '대단하네~'라는 경이驚異와 찬탄讚歎이 각각 1/3씩은 된다. 과연 개인의 전성시대라는 것일까.

▨　　▨　　▨

책이란 어쩌면 시대時代와 씨름을 하는 것인지도 모른다. 적어도 책에 관한 한, 시대는 과거에 있었던 사실의 궤적軌跡, 그 궤적의 가감첨삭加減添削으로 구축된 맥락, 그리고 그 맥락의 지배를 받는 상식으로 촘촘하게 교직交織되어 있다. 한편, 책은 독자讀者 없이는 존재할 수 없다. 독자들이란 상식의 전복顚覆을 끊임없이 원하면서도, 동시에 그 상식에서 편안함을 느끼는 존재이기도 하다. 이것은 책이 논리적으로 짜임새를 갖추어야 하되, 그 정합성整合性이 독자의 상상想像을 해치지 말아야 한다는 것을 의미한다.

이 책의 저자 야마모토 시치헤이山本七平가 이 씨름판에서 틀어쥔 샅바는 세 개다. 하나는 "한국계 일본군 중장 홍사익"이고, 둘은 "전범재판"이며, 셋은 "대일본제국 육군의 실상實狀"이다. 이 세 개의 샅바는 그 하나하나가 너무나도 양면적인 데다 서로 물리고 물린 인과관계, 혹은 업보業報로 뒤엉켜 있어서, 손아귀에 넣은 힘이 넘치면 자칫하다 그 서슬에 독자와 소통하기는커녕 글 쓰는 사람 자신이 제 풀에 주저앉을 수도 있다.

"한국계"와 "일본군 중장"은 그게 당연하다는 듯 연결시키기에는 왠지 거북하고 부자연스럽다. 그 느낌은 비단 한국인만 받는 게 아닐 것이다. 일본군은 일본제국주의의 심장이자 상징이었다. 거기에 식민지 출신이 낀다? 그것을 출세기出世記나 미담美談으로 자연스레 받아들일 수 있을까? 그런 무심한 사람은 한국과 일본 그 어느 쪽에도 없을 것이다. 입장을 바꿔놓고, 일본이 한국의 식민지이고 그 누군가가 '일본계 한국군 중장'이 되었다면 일본인은 그것을 어떻게 받아들였을까? 이것은 딜레마다.

이와는 정반대로, "전범戰犯"과 "재판裁判"은 마치 동전의 양면처럼 딱 달라붙어 있다. 어울리고 말고를 논할 계제가 아니다. 죄를 지은 자는 심판을 받아야 한다는 것은 유사有史 이래 문명文明을 구동驅動한 사회적 합의다. 그렇지만 여기에도 함정은 있다. 이제껏 죄를 지은 자는 모두 심판받았는가? 그렇다고 말할 수 있는 사람은 아무도 없다. 이긴 자의 논리는 상대성相對性을 배제한다. 만일 힘이 곧 정의라면? 그리하여 모두가 짊어져야 할 책임을 누군가에게 떠넘기고선, 진짜 원흉元兇은 태연히 자신의 피 묻은 손을 씻는다면?

"전범재판"은 일본인에게는 천형天刑과도 같으리라. 그것으로 5천만 명이 넘는 인간을 죽인 제2차 세계대전의 원죄原罪가 그들에게 씌워졌기 때문이다. 게다가 "전범"이라는 개념은 –"재판"이라는 형식과 연결되어 있다손 치더라도 – 필연적으로 징벌懲罰이라는 함의含意를 요구한다. 그것이 히로시마와 나가사키에 떨어뜨린 두 발의 원자폭탄을 사후적事後的으로 합리화 한 게 아니라고는, 누구도 장담할 수 없을 것이다.

학살虐殺로 말하자면, "나치독일"이 "대일본제국"보다 더하면 더했지 덜하지 않았다. 그런 독일에 전후戰後 미국은 마셜플랜이라는 부흥계획을 제공하고 천문학적인 예산을 쏟아 붓는다. 그 때문에라도, 일본인이 "전범재판"을 바라보는 시각은 독일인의 그것과는 다를 수밖에 없다. "전범재판"을 인류의 보편적 이상을 실천實踐한 것이라 인정한다면, 원자폭탄이라는 인류 최악의 대량살상무기를 하늘의 심판이라 받아들여야 하는 것이다.

세상이 누구의 손가락으로 움직이는지도 모른 채 수십만에 달하는 민간인이 목숨을 잃고 불구가 되었다. 이를 자업자득이라고 손가락질할 수 있을까? 그것은 떠올리기도 끔찍한 악마의 유혹이다. 그럼에도 "전범재판"의 인정이라는 문제는 남는다. "전범재판"이 힘의 논리에 서 있을 뿐이라고 한다면, 그래서 공정한 게 아니라고 한다면, 여기에서 한 발 더 나아가 누구에게도 심판할 자격이 없다고 한다면, 일본제국주의가 저지른 그 수많은 범죄는 대체 누구의 책임이란 말인가? 그저 역사의 책임인가? 이것 또한 딜레마다.

"대일본제국 육군의 실상"은, 한마디로 말하면 '황당무계하고 무능하기 짝이 없는 과대망상증 환자들이 나라를 말아먹었다'는 주장이다. 저자는 이 책 곳곳에서 거의 신경질적이라 해도 무례가 아닐 만큼 태평양전쟁 당시 일본 군부軍部의 행태行態를 고발하고 있다. 저자가 겨냥하는 대상은 군부만이 아니어서 관료집단과 매스컴까지도 그의 비판에서 벗어나지 못한다. 주먹구구, 줄서기, 군중심리 따위와 같은 일본의 고질병은 지금까지도 고쳐지지 않고 있다는 게 저자의 진단診斷이다.

저자의 관점과는 결이 다르지만, 이렇게 태평양전쟁의 주역들에게 모든 책임을 미루는 주장은 전후戰後 일본 사회에서 선풍적인 반향反響을 불러일으켰고, 지금도 상당한 영향력을 행사하고 있다. 이른바 '메이지明治시대의 리더들은 쇼와昭和시대의 리더들과는 달랐다'는 프레임이다. 특히 시바 료타로는 러일전쟁을 소재로 한 그의 소설 〈언덕 위의 구름〉에서 "이 둘이 인종적으로 같은 인종인지 의심이 들 정도"라는, 극언을 서슴지 않는다.

하지만 프레임은 프레임일 뿐, 진실을 말해주지는 않는다. 메이지의 리더들이 다음 세대보다 실사구시實事求是에 투철했고, 무엇보다 배우려는 자세가 진지했다는 것은 사실이다. 그러나 그 메이지의 리더들이 필사적으로 건설하려 했던 게 "대일본제국"이었고, "제국"이란 태생적으로 브레이크 없는 기관차나 매한가지여서, 끝내 태평양전쟁으로 돌진突進한 맥락에 대해서는 언급이 없다.

설령 쇼와시대 일본군의 상층부에 메이지의 리더 같은 사람이 있어서, 만주滿洲까지만 먹고 장제스蔣介石와 사이좋게 지내면서 미국과 척지지 않는 전략을 실행한 덕분에 "대일본제국"이 태평양전쟁이라는 늪에 빠지지 않고 평화와 번영을 구가謳歌했다 치자. 그럼 조선과 만주는 스몰 사이즈의 대동아공영권에 영원히 갇혀 있어야 하나? 이런 프레임은 지극히 자기중심적이라서, 이 역시 딜레마에 빠질 수밖에 없는 것이다.

이 주제는 한국인 독자와 직접적으로는 관계가 없으므로, 우리가 요즘 흔히 듣는 '경제개발시대에는 지금 같지 않게 다들 열심히 일했어'라는 프레임의 반면교사反面教士로 받아들이면 충분할 것 같다.

▨   ▨   ▨

〈문예춘추文藝春秋〉가 출간한 이 책의 일본어 원서原書의 띠지에는 "한국인 출신 제국육군 중장"이라는 타이틀이 굵고 선명한 글자로 인쇄되어 있다. 하지만 정작 저자는 그 점에 대해서는 그다지 눈길을 돌리지 않은 것 같다. 당연하다. 저자가 번문욕례繁文縟禮로 한 사람의 일생, 특히 죽음을 재단裁斷하고 깎아내리려는 것이 아닌 터에, 육군 중장이라는 계급장에 눈을 빼앗긴다면 장교로서의 자질資質이 뛰어났다는 것과 높은 자리에 올라가서도 으스대지 않고 부하를 따뜻하게 대했다는 것 말고는 쓸 이야기narrative가 없게 될 것이다.

따라서 첫 번째 딜레마를 풀기 위해 저자는 먼저 홍사익이라는 인물이 어떻게 해서 일본군 장교가 되었고, 왜 끝까지 일본군의 군복을 벗지 않았는지부터 추적한다. 아마도 이 부분이 한국인 독자로서는 가장 관심이 많이 갈 대목이다. 일본인은 "한국 출신 일본군 장교"를 어떻게 보고 있을까. 이 책의 1장부터 4장까지의 내용에 해당한다. "스포일러"가 될 듯해 여기에서 자세히 소개하지는 않겠지만, 실로 엄청난 이야기들이 실려 있다.

저자는 대한제국의 유학생 출신으로 일본육사에 입학한 쪽과 한일합병 이후 제 발로 걸어 들어간 쪽은 뭔가 다른 것 같다고 전제하면서, 전자前者의 속마음에는 아무래도 독립이 들어 있었던 게 아니었는지 자문自問한다. 실제로 그들은 망국亡國이라는 청천벽력과도 같은 사건 앞에서 모종의 맹세를 했고, 그 맹세에 따라 적지 않은 숫자의 한국계 일본군 장교들이 망명을 결행해 독립군에 합류했으며, 남은 사람들은 그들을 물심양면으로 지원한다.

저자가 홍사익의 장남으로부터 입수한, 대한제국 유학생 출신 일본육사 졸업생들이 꾸린 친목회의 회보會報〈전의全誼〉에 실린 기사들을 보면 – 저자 자신이 적확하게 짚고 있듯이 – 대체 이런 글들이 어떻게 일본군 안에서 유통될 수 있었는지 불가사의할 만큼 과격하고, 독립에 대한 희구希求가 배어 있다. 여기에 더해, 일본군 장교의 신분임에도 자신의 권총을 아무런 거리낌 없이 독립군 밀사에게 끌러 주는 장면에 이르면, 그동안의 상식과 선입견이 송두리째 흔들릴 정도다.

그렇다면 "충성忠誠"이 문제가 된다. 군인의 본분本分은 충성인데, 겉으로는 천황에게 충성을 다짐하는 경례를 하면서, 속으로는 조국의 독립을 꿈꾼다는 이율배반二律背反을 어떻게 설명해야 할까. 홍사익은 대한제국의 "군인칙유軍人勅諭"를 죽을 때까지 가슴에 간직하고 있었다고 한다. 그들은 모종의 임무를 지니고 일본군에 잠입했던 것인가? 설마 그렇지는 않았을 것이다. 그리고 곤란한 것은, 그게 사실이라면 이번에는 일본인의 입장이 떨떠름해진다.

이 지점에서 저자는 이종찬, 김정렬 등 일본육사 출신으로 대한민국 수립 후 한국군 수뇌부가 된 인사들의 말을 인용해 다음과 같은 논지를 펼친다. 한민족은 방어민족이다. 그들은 무수한 외침外侵으로부터 자신들만의 고유한 문화를 지켜왔다. 때로 외적外敵에게 강토疆土를 빼앗긴 적도 있었지만, 그것은 잠시이고 한민족은 다시 삶의 터전을 되찾았다. 그들에게 있어서 모든 현재現在는 오직 미래未來를 대비하는 시간으로서만 의미가 있다….

홍사익들이 일본군에 들어갔던 것도 조국의 명령이었고, 일본군에 남았던 것도 훗날 독립할 조국의 명령이었다. 그러므로 그들에게 일본 군복이란 일시적으로는 몸에 어울리지 않는 옷이라 할지라도 장기적인 관점에서는 꼭 필요한 것이었다. 단지, 일본군복을 입고 있는 동안에는 무인武人으로서 명령에 충성한다. 이것이 한국의 근현대사 전공자도 쉽게 접근할 수 없는 사료史料와 관계자들의 증언을 토대로 저자가 내린 해석이다.

달리 말하면 – 도산島山에게는 참을 수 없는 모욕이 되겠지만 – 적어도 위관尉官 때까지 그들의 정신은 "민족자강론民族自彊論"과 대차大差가 없었다는 이야기가 된다. 판단은 물론 독자의 몫이다. 다만, "친일親日"의 당사자들이 자신의 행위를 "준비론"의 프리즘에 투시透視했던 것과, 그렇다면 그것에 공명共鳴할 수 있다는 일본인의 태도가 묘하게 겹친다는 점에 주목했으면 한다.

이 책에 소개된 많은 일화들에 따르면, 홍사익은 "준비"라는 말은 입에 꺼낸 적도 없고, 그것으로 자신을 분식粉飾하겠다는 의사는 더더구나 갖고 있지 않았던 "담백淡白한" 사람이었던 것 같다. 그것은 사실일 것이다. 남양南洋의 정글에서 파천황破天荒의 패전敗戰을 눈앞에 두고, '전쟁이 끝나면 고향에 가서 선생을 하고 싶다. 중장까지 했으니 초등학교 선생은 너무 가볍고, 중학교 수학선생을 할까…'라고 혼잣말을 했던 사람. 그런 사람에게 그 후 30년이 넘도록 그의 후배들이 끔찍이 보여준 이악스러운 야욕野慾이 있었으리라고는 생각할 수 없기 때문이다.

◼　◼　◼

"한국계 일본육군 중장"이라는 딜레마를 저자는 이렇게 풀어내고 있다. 그 결론은, 홍사익은 일본인에게도 한국인에게도 - 이 논지를 좀더 확장시키면 적국敵國이었던 미국 사람에게도 - 충분히 존경받을 만한 인물이라는 것이다. 그런 인물이 왜 "전범"이라는 주홍글씨가 새겨진 채 형장의 이슬로 사라져야 했는가? 이제 두 번째 딜레마가 나온다. 그것이 바로 "전범재판"으로, 이 딜레마를 푸는 것이야말로 이 책이 진짜 말하고 싶었던 주제라고 볼 수도 있다.

"전범재판"이 이긴 자의 논리에 불과하다는 비판은 그것이 설치되었던 때부터 이미 나온 바 있다. "전범재판"이 가장 증오한 집단학살에 관한 한 미국을 비롯한 연합국도 결코 떳떳하지 못하다. "아우슈비츠"를 제외하고 민간인의 희생을 가장 많이 낳은 "무차별공습"은 영국 공군이 체계화시킨 작전作戰 개념이었고, 그 결과 독일과 일본의 주요도시들은 잿더미가 되었다. 원자폭탄은 두말할 것도 없다.

백번 양보해 적군이 먼저 그것을 실행했다 하더라도, 납득할 수 있는 이유는 되지 않는다. 20세기는 함무라비 법전의 시대가 아니다. 만일 적이 먼저 저질렀기 때문에 우리도 그렇게 한다는 식이라면, 서구西歐가 금과옥조金科玉條로 신봉信奉하는 "네 원수를 사랑하라"는 기독교적 윤리관에도 위배되거니와, 재판이 갖춰야 할 최소한의 형식적 절차 및 논리에도 부합하지 않는다. 따지고 보면, "전범재판"의 경고警告를 제일 먼저 어긴 군대는 다른 누구도 아닌 그 "전범재판"을 주도했던 그 미군, 즉 베트남에서의 미군이었다.

홍사익을 교수대로 보낸 근거가 되었던 포로수용소의 학대虐待도 마찬가지다. 제2차 세계대전 당시 가장 치열하고 참혹한 전투가 벌어졌던 동부전선. 거기에 있던 소련의 포로수용소 정문에는, "이곳에 들어오는 자, 모든 희망을 버려라"는 단테의 〈신곡神曲〉지옥편地獄編 3장章의 글귀가 새겨져 있었다고 한다. 이 음산陰散하기 짝이 없는 글귀에 전율戰慄하며 포로수용소 안으로 발걸음을 뗀 독일군 포로 가운데 약 40만 명이 결국 돌아오지 못했다. 아주 대놓고 학대를 한 것인데, 독일군 침공으로 소련 민간인이 1천만 명 넘게 죽었으니 그 정도는 아무것도 아니라고 할 셈인가.

"전범재판"의 역설逆說, 즉 그것이 정당했다고 인정해도 곤궁困窮하고, 그것이 정당하지 않았다고 주장해도 난처할 수밖에 없는 일본의 입장을 감안했던 것일까. 저자는 이 책에서 "전범재판"을 둘러싼 거대담론

巨大談論에 대해서는 일절 언급하지 않는다. 그는 오로지 홍사익의 재판 기록을 파고 또 팔 뿐이어서, 그것이 오히려 독자에게는 지루할지도 모른다. 아무튼 한국어 번역원고로 원고지 2천 매가 넘는 이 재판기록에 대한 검토의 최종 결론은, 홍사익은 무죄라는 것이고, 그 점에 관해서는 어떤 독자라도 고개를 끄덕이게 될 것이다.

이로써 저자는 두 번째의 딜레마도 풀어냈다. 홍사익이라는 결코 '미워할 수 없는 자'의 죽음을 통해, 그는 "전범재판"을 ─ 일본인들의 표현에 따르면 ─ "모가지 사냥"과 완벽하게 오버랩 시키는 데 성공했다. 하지만 그는 더 이상 나아가지는 않는다. 딜레마는, 그것을 낳은 현실의 모순이 사라지지 않는 한 어디까지나 딜레마인 것이다. 그리고 그 자신이 썼듯이, "전범재판이 허구의 논리 위에 서 있다" 하더라도, 그것으로 일본제국주의의 잘못을 덮는다는 것은 저자로서의 양심이 허락하지 않았을 것이다.

■　　■　　■

만일 우리가 연합국의 일원으로서 당당히 싸워 누구도 무시하지 못할 전승국이 되었다면 "전범재판"은 어떻게 달라졌을까? 제국주의 범죄까지도 심판의 대상이 되었을까? 그렇게 되었다면, 해방 후 "친일 청산"의 양상도 달라졌을까? 넋두리에 불과할지도 모르겠으나, 이 질문을 꺼낸 까닭은 홍사익의 죽음을 어떻게 이해해야 할지 이야기하고 싶어서다.

저자가 이 책에서 누누이 확인하고 또 강조하고 있듯이, 홍사익은 '자의自意로', '흔쾌히', 필리핀으로 갔던 게 아니었다. 그는 그곳이 죽을 곳이라는 사실을 알고 있었던 게 분명하다. 그리고 마음만 먹는다면, 그곳을 회피할 수단과 방법은 한두 가지가 아니었다. 그런데 왜 갔을까? 혹시 조국이 연합국의 일원이 되어 동포의 손에 의해 자신이 "전범재판"에 세워질까 두려워서? 천만의 말씀이다. 그랬다면, 그 옛날 조국의 독립을 우리 손으로 이루자고 함께 맹세했던 일본육사 동기 지청천池青天 장군의 부름에 응해 광복군光復軍에 몸을 의탁依託했을 것이다.

그렇다면 대체 왜 갔을까? 이 책을 다 읽은 독자라면, 홍사익은 어쩌면 스스로 죽을 곳을 찾아간 게 아니었나 하는 느낌을 받을 것이다. 바로 그 느낌. 이른바 "친일파" 가운데 그런 인물이 존재했다는 것 자체가 기적이나 다름없는 사람의 죽음이 주는 그 느낌. 오늘날과 같이 협량狹量한 이념대결로 핏대를 세우는 세태世態에서, 그 느낌이 인간에 대한 애정과 신뢰의 지평地平을 한 차원 넓히는 데 도움이 될 수 있다면…. 이것이 이 책을 한국인 독자에게 소개하게 된 가장 큰 동기動機다.

정보는 넘치고, 머릿속에 저장해야 할 게 산더미처럼 쌓여 있는 세상이다. 그러니, 요즘 사람들이 홍사익을 모르는 것을 통탄痛嘆할 이유는 없다. 그리고 홍사익을 알려면, 윤세주尹世胄(1900~1942)를 먼저 알아야 한다. 윤세주는 약산若山 김원봉金元鳳(1898~1958)의 동지同志로서, 1942

년 타이항산太行山에서 조선의용대를 지휘하며 일본군에 맞서 싸우다 전사했다. 그 타이항산 전투에서 일본군 여단장이 홍사익이었다. 이 민족의 비극, 역사의 저주를 우리는 어떻게 받아들일 것인가.

윤세주 편에 서는 척하며 홍사익을 일고의 가치도 없는 친일파로 몰아붙일 것인가. 아니면 홍사익 편에 서는 척하며 윤세주를 머리부터 발끝까지 시뻘건 빨갱이로 몰아붙일 것인가. 이 책이 그리고 있는 홍사익의 인물됨을 보건대, 그는 결코 그런 훼예포폄毁譽褒貶을 바라지 않았을 것이라고 감히 확신한다. "전범재판" 내내 그는 무언無言으로 일관했다. 그는 자신의 죽음에 이유가 있다고 여겼다. 최후의 순간에 염치와 희생을 실천한 사람이었다. 그런 사람이 있었구나…. 끙끙대며 번역을 마치고, 남은 생각을 여기에 적는다.

이 책은 〈洪思翊中將の處刑〉(筑摩書房, 2006) 제1판을 번역한 것이다. 괄호 안의 문장은 모두 저자가 쓴 것이며, 한국어판에는 주석註釋만 붙였을 따름이다. 저자와 독자에게 오역誤譯의 잘못을 빈다.

차례

옮긴이의 말·· 005

제1장 남방부임南方赴任 ····················· 029

제2장 한국계 장교 ························· 058

제3장 충성忠誠 ······························ 091

제4장 출생 전설出生傳說 ················· 119

제5장 허구虛構의 응수應酬 ············· 148

제6장 전범戰犯 법정法庭 ················· 171

제7장 복곽진지複廓陣地 ················· 190

제8장 패전敗戰 ······························ 216

제9장 평상심平常心 ······················· 239

제10장 야마시타 대장 재판의 증인 ···················· 262

제11장 포로捕虜 수송輸送 ························· 286

제12장 오다시마小田島 증언(1) ····················· 311

제13장 오다시마 증언(2) ························· 340

제14장 오다시마 증언(3) ························· 362

제15장 무토武藤 증언 ··························· 392

제16장 헤이즈 일기日記(1) ······················ 416

제17장 헤이즈 일기(2) ························· 443

제18장 헤이즈 일기(3) ························· 469

제19장 헤이즈 일기(4) ························· 497

제20장 지휘권指揮權 · 521

제21장 기하라木原 증언 · 544

제22장 무죄청원無罪請願 · 569

제23장 논리와 논증 · 597

제24장 판결判決 · 618

제25장 성서聖書 · 645

종장終章 교수대絞首臺 · 668

저자 후기 · 687

가족과 함께

보병 제1연대 사관후보생 시절(뒷줄 왼쪽)

보병학교 교관 시절(가운데 말 탄 사람)

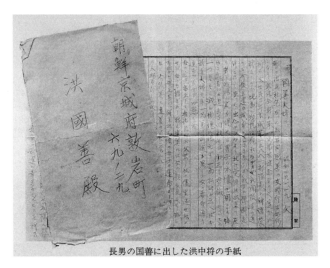

長男の国善に出した洪中将の手紙

장남 국선 씨에게 보낸 홍 중장의 편지

필리핀 바기오에서(앞줄 오른쪽)

전범재판에 출두한 홍 중장(오른쪽 끝)

홍 중장이 증인으로 소환됐던 야마시타 대장의 재판

태평양전쟁 당시 홍사익이 병참총감으로 근무했던
필리핀의 주요 지역

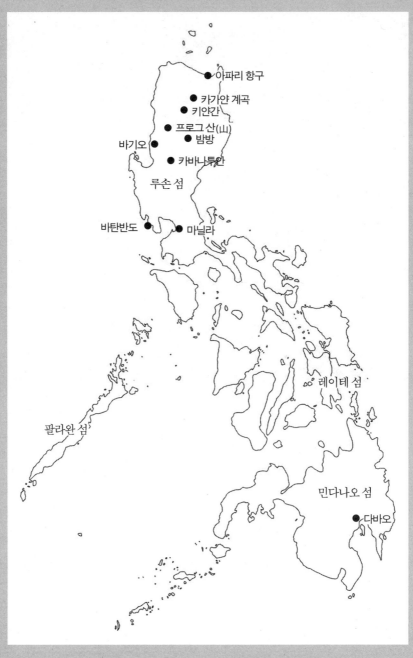

제1장

남방부임 南方赴任

'조선인'으로서 일본제국 육군중장

이상스럽게도 나는, 필리핀 전선에 있을 때 홍사익洪思翊 중장中將[*]의 이름을 알고 있었다. 하지만 지금은, 내가 "이상스럽게도"라고 쓴 것을 사람들은 미심쩍게 생각할지 모른다. 매스컴이 갖가지 정보를 쏟아내는 요즘 기준으로 생각하면, 최하급이라고는 하지만 일단은 장교였던 내가 같은 필리핀 파견 제14방면군의 장군 이름을 알고 있는 것은 당연하고, 모른다면 오히려 '이상스러운' 일이 될 것이다.

그러나 실제로는 병사든 하급 장교든, 원칙상 알고 있어야 할 이름은 지휘계통을 직선으로 거슬러 올라간 지휘관의 이름 – 간단히 말하면

---

[*] 태평양전쟁 당시 일본육군의 장군 계급은 현재 대한민국의 그것과는 달라서, 원수-대장-중장-소장의 순서였다. 대한민국에서 소장이 맡는 사단장 보직을 당시 일본 육군에서는 중장이 맡았고, 따라서 홍사익의 계급 중장(中將)은 오늘날 대한민국 육군으로 치면 소장과 중장의 중간쯤에 해당한다.

자신의 중대장→대대장→연대장→사단장→군사령관의 이름－뿐으로, 그것조차 실제로는 위쪽은 정확하게 외우고 있지 못하는 게 보통이었고, 지휘계통과 상관없는 장군의 이름 등은 처음부터 배우지도 않았고 알 수도 없었다.

일본에서 병졸은 점호 때 종종 직속상관의 이름을 계통적으로 복창하도록 명령받고, 대답하지 못하면 뺨을 얻어맞기 때문에 그것만은 열심히 기억하고 있었는지도 모른다. 그러나 전쟁터에 배치를 받으면 특히 병졸의 경우는 그 기억조차 상당히 흐려져 버린다. 관계가 있는 것은 중대장이 한도로써, 장군 등은 '구름 위의 존재'여서 자신과는 아무런 관계도 없다. 하물며 다른 사단, 다른 부대라면 전혀 모르는 게 당연한 일이었다. 그리고 그런 실정은 하급 장교라고 큰 차이는 없었다.

실제로 내가 수용된 시점에서 알고 있던 장군의 이름은 홍 중장을 별도로 하면 사단장과 군사령관의 이름뿐으로, 무토武藤* 참모장이나 우쓰노미야宇都宮 참모부장을 안 것은 "장군막사"라 불렸던 장군의 수용소에서 포로로 근무하고 있었기 때문이다. 그 점을 감안해서 보면, 자신과 전혀 관계가 없는 장군의 이름을 병졸까지 대개 알고 있었다는 것은 이례적인 일이라 하지 않을 수가 없다.

어째서 이와 같은 이례적인 일이 있을 수 있었을까? 두말할 것도 없이, 첫째는 홍 중장이 한국 출신이었다는 사실이다. 요즘 같으면 차별의식 중에서 으뜸가는 것으로써 그 말 자체가 비난을 받겠지만, "허어, 조선인 중장도 있나? 허어" 하는 반응은 적어도 일반 하급 장교와 병졸의 꾸

---

* 무토 아키라(武藤章, 1892~1948). 태평양전쟁 당시 일본육군 주요 지휘관. 중일전쟁 확전(擴戰) 및 미국과 개전(開戰)에 반대했다. 1944년 필리핀 방면군 참모장으로 부임했고, 종전 후에는 도쿄전범 재판에서 사형판결을 받아, (홍사익을 제외하면) 중장급으로는 유일하게 처형됐다.

밈없는 반응이었다. 따라서 한번 들은 사람은 그 이름을 기억하게 된다.

홍 중장의 이름인 "홍洪 사익思翊"은 정식 일본어 발음으로는 "고우 시요꾸"이겠지만, 웬일인지 내가 들은 이름은 "고우 시호우"였다. 당시 "호우요꾸鵬翼"라는 담배가 있었는데, 그 때문에 군인들이 "요꾸"를 무의식적으로 "호우"라고 잘못 읽은 때문일까? 그 이름의 인상이 강렬하게 남아 있었기 때문에, 지금도 홍 중장에 대해 한국 사람들에게 질문할 때도 부지불식간에 "고우 시호우"라고 나오는 바람에 매우 난처했다.

하지만 사람들의 관심은 그것뿐만이 아니었다. 당시의 일본인은 대한제국의 황족이 군인이 되었다는 사실을 알고 있어서, 그 때문에 반사적으로 나오는 게 "이왕가李王家*의 일족인 황족인가?"라는 질문으로, 전후戰後의 기술記述에도 "이왕가의 외척外戚"이라고 지레짐작한 대목이 있다.

당시의 상식에 걸맞은 조금도 이상하지 않은 현상인데, "아닙니다. 황족도 아니랍니다" 하는 말을 듣고 나면 또 한 번 "허어" 하고는, 그 다음에 나오는 반응은 "그렇다면, 꽤나 훌륭한 인물인 모양이군"이라는 말이었다. 그리고 그 말을 구태여 하지 않더라도 그 두 번째의 "허어"는 첫 번째의 "허어"와는 다른 일종의 찬탄이며 존경이고, 그리고 그 존경의 빛은 소박한 병사일수록 더욱 뚜렷이 나타났다.

소박하다는 것은 매우 아름다운 말이지만, 소박한 사람은 계속 소박한 편견을 그대로 지녀, 그것을 편견이라고 규정하거나 자기 내부의 편견에 회의를 느끼는 일은 없다. 그리고 적어도 전쟁 전에는, 원칙은 별도로 하고, "조센징朝鮮人" "센징鮮人"이라는 말은 분명한 차별 용어로, 당시의 소박한 상식으로는 그러한 차별적인 용어 위에 육군 중장이라는

---

* 한일합병 이후, 일본 정부가 구 조선왕실에 부여한 공식 호칭. 순종(純宗)이 죽은 뒤, 마지막이자 2대 이왕(李王)은 영친왕(英親王) 이은(李垠)이었다.

'구름 위의 존재' 같은 칭호가 붙는다는 것은 그 사람이 상상을 초월한 특별히 '훌륭한 사람'이 아니고서는 있을 수도 없는 일이었다. 그리고 도저히 있을 수도 없는 일을 가능케 한 사람은 특별히 더 위대한 사람이라는 발상이 병졸들에게는 항상 있었다.

간단히 말하면 '육군대학陸軍大學*을 나오지 않은 장군은 육대 출신의 장군보다 위대하다', 왜냐하면 '육대를 나오지 않았는데도 장군이 되었으니까 웬만큼 위대한 인물이 아닐 것이다'라는 발상이고, 민간인에게도 그러한 경향은 지금도 있을 것이다. 예를 들면 '초등학교 졸업만으로 박사가 되었다. 그러니 보통 훌륭한 사람이 아니다'라는 식이다. 그래서 홍 중장은 그러한 발상에서 생각하면 '상상을 초월할 정도의 위대한 인물', 그 존재는 다만 "허어"라는 찬탄의 대상 이외는 아무것도 아닌 것이었다.

재미있는 것은 그 '엄청나게 훌륭한 인물'이라는 인상은 단지 필리핀 주둔군 병사들 사이에서만 있었던 것은 아니었다. 홍 중장은 남방 방면군 총사령부(보통 "총군總軍"이라고 불렀다) 병참총감부 총감, 소위 병참총감으로서 부임한 것이지, 그 밑에 속한 제14방면군이 아니었다. 그것이 어째서 제14방면군 지휘하의 부대가 되었는가는 나중에 말하겠지만, 그 병참감부에 근무했던 하야시 이치오林一男 씨는 〈홍사익 장군을 기리다〉라는 글 속에서, "(홍 중장의 처우에 대해서) 갖가지 억측이 나왔으나, 장군 개인에 대해서는 '매우 훌륭한 인물'이라는 것이 일치된 상식적인 결론"이었다고 쓰고 있다.

그러나 홍 중장이 일종의 찬탄의 대상이었던 이유는 아마도 이상

---

* 1882년 설립된 일본육군의 간부양성기관. 3기 이후부터는, 사관학교 출신 장교들만 입학했다. 일본 육군 내부에서 엘리트코스의 대명사로 불려, 졸업생들은 선망과 질시의 대상이 되었다.

의 두 가지 때문만은 아닐 것이다. 가령 위에 말한 두 가지 이유만으로 그 이름이 널리 알려지고, 또한 "위대하다"는 세평을 얻었다 하더라도 그것만으로는 존경과 애모의 대상이 될 수는 없다. "위대하다"는 세평을 받는 인간은 대개 '면도날'이라는 형용사가 뒤에 붙고, 일종의 교활한 냉혹함과 동료를 발로 차서 떨어뜨리고 승진해가는 출세주의자를 연상시킨다. 그리고 그러한 인상은 무언가 보이지 않는 루트를 통해서 전파처럼 퍼져 나가는 게 보통이다.

예를 들면, 도조東條[*] 수상이 그렇다. 그에 대해서는 적어도 취임 시에는, 신문은 도조 찬미의 논조를 펴고 온화한 "도조 스마일" 사진을 실었다. 그러나 통제된 정보의 제공으로 아무리 인위적으로 그의 인기를 끌어올리려 해도 일반 국민은 왜 그런지 '면도날 도조'의 일면을 느끼고 있었던 것만은 부정할 수가 없다.

그런데 홍 중장에 대해서는 그러한 종류의 인상은 문자 그대로 전무했고, 오히려 전무한 게 당연하기도 했다. 그와 직접적으로 접해 본 모든 사람들이 말하는 공통적 인상은 오히려 그런 타입의 수재들과는 대조적인 인물이었다는 것을 말해 준다. 그리고 그러한 인상이 어떤 종류의 루트를 통해서 전파처럼 퍼져 나갔다 하더라도 이상할 것은 없었다. 그것이 또 하나의 "허어"라는 찬탄의 원인이었을 것이다.

---

[*] 도조 히데키(東條英機, 1884~1948). 태평양전쟁 당시 일본육군 군인, 정치가. 육사 · 육대를 졸업했으며, 관동군 참모장을 거쳐 육군대신으로 군부 내 대미(對美) 강경노선을 주도했다. 1941년 현역 신분으로 수상에 취임해 태평양전쟁을 일으켰으며, 종전 후에는 A급 전범으로 기소되어 도쿄 전범재판에서 사형판결을 받고 처형됐다.

전범戰犯으로서 처형당한 홍 중장

이상이 필리핀 시대의 나의 인상이다. 그렇기는 하지만, 들은 이야기는 어디까지나 이상과 같은 범위의 군대 내 소문에 지나지 않았고, 직접 만난 것은 물론 먼발치에서도 본 적이 없었다. 더구나 사진조차도 본 적이 없었다. 솔직히 말하면 어떤 종류의 인상에 간접적으로 접했을 뿐이고, 그래서 내게 있어서 홍 중장이란 그 이상 아무것도 아니었으며, 전쟁 후에는 그를 까맣게 잊었다고 해도 그것은 지극히 자연스러운 일이었다.

전후戰後는 전후대로 고통스러운 생활을 꾸려 나가는 일에 전심전력을 쏟고 있었으니까, 설사 어떤 기회에 그 이름을 듣는 경우가 있어도, '그래, 그러고 보니까 그런 사람도 있었지'라는 게 고작이었고, 그 이상의 관심을 가질 턱이 없었다. 그래서 그 이름은 시간과 함께 망각의 피안으로 밀려나 버리고, 마지막에는 사라져 버리는 게 당연했다.

그러다가 오랜 세월이 지난 다음에야 우연한 기회에 홍 중장이 전범으로서 처형되었다는 이야기를 들었다. 그러나 그것조차도 '일반적인 전범 문제' 이상의 특별한 감개를 불러일으킬 만한 화제는 아니었다. 다만 한 순간 지금까지와는 또 다른 의미의 "허어"를 느낀 것은 부정할 수가 없다. 그리고 그 "허어"는 간단히 말하면 '있을 수 없는 일'이 일어났다는 놀라움의 감탄사였다.

반사적으로 나는 그 이야기가 오보誤報 아니면 누군가 착각한 것이라고 생각했다. 그랬던 것은 우선 그가 A급 전범자*일 수가 없었기 때문이다. 육대陸大 출신으로 시종일관 군의 중추와 그 주변에 있었다고는 하지만, 그가 중장으로 승진한 것은 쇼와昭和** 19년(1944)의 일이고, 그 이

전에는 소장이었다. 한국 출신이 아니라도 일개 소장이 "최고전쟁지도회의"의 "공동모의"에 참여했다고는 생각하기 어렵다.

또한 B급 전범자라고 보기도 어렵다. 왜냐하면 필리핀에서 그의 직무는 분명히 제14방면군 병참감이고, 후에 자활감_{自活監}으로 바뀌기는 했지만, 그것은 보급의 총책임자였을 뿐 전범과는 관계없는 임무였다. 그렇다면 C급 전범자일까? 그것도 도저히 생각할 수가 없다. 도대체 장군이 스스로 무기를 들고 잔학 행위를 행한다는 것은 일본제국 육군의 실체를 알고 있는 사람에게는 도저히 생각할 수도 없는 일이다.

그렇다면 포로 관계일까? 처형이 사실이라고 한다면 그 이외의 원인은 생각할 수가 없다. 그러나 그것도 별로 믿을 수가 없다. 그도 그럴 것이 "병참감부"라는 그다지 알려져 있지 않는 기구를 생각한다면 홍 중장은 최소한 포로 관계의 직접 책임자라고 믿기는 힘들기 때문이다. 남방군 병참감부라는 기구가 칙령에 의해서 편성돼, 남방 방면의 병참업무 일체를 관장하게 된 것은 이미 패전이 가까워진 쇼와 19년 봄이다. 병참감부 아래 각 방면군의 병참감부가 있고, 그 밑에 다시 몇 개의 병참사령부와 병기창, 자동차창, 화물창, 육군병원, 병참병원, 그리고 포로수용

---

* 포츠담선언 제10항(전쟁범죄자의 처벌에 관한 조항)에 근거, 전범을 심판하기 위해 설치된 국제군사재판소(독일 뉘른베르크와 일본 도쿄, 두 곳에 설치되었다)는 전범을 △ A급(국제조약을 위반해 침략전쟁을 기획·시작·실행한 자) △ B급(전쟁법과 전쟁관습법을 위반해 살인·포로학대·약탈 등을 범한 자) △ C급(상급자의 명령에 따라 고문 및 살인 등을 직접 행한 자)의 세 등급으로 분류했다. A급 전범은 모두 뉘른베르크와 도쿄 두 곳에서, B급(무토 아키라는 도쿄에서 재판을 받았다)과 C급은 그들이 억류된 나라에서 재판을 받았다. 참고로 일본에서 A급 전범으로 사형이 집행된 사람은 모두 6명으로, 홍사익은 B급 전범으로 마닐라에서 처형됐다.

** 히로히토 일왕(재위 1926~1989)의 연호(年號). 그의 재위기간 중 민주주의가 억압당하고 군부통치에 의해 태평양전쟁이 일어났기 때문에, 그 시기는 이른바 '쇼와지다이(昭和時代)'라 해서, 일본의 지식인들에게 자국의 현대사에서 가장 어리석고 어두웠던 시대로 기억된다.

소가 있었다. 말하자면 각 부서에 책임자가 있고, 그 전체의 총괄책임자로서 병참총감 홍사익 중장이 있었던 것이다.

　그 주요임무는 군의 작전에 필요한 물자의 보급과 병참선의 정비이고, 말하자면 그 무렵이 되어서야 일본군의 수뇌는 겨우 보급의 중요성을 깨닫고 그 종합적 운영에 적합한 조직체계를 만들기 시작한 것이다. 따라서 홍 중장은 그 종합적 운영의 총괄책임자이지, 아무리 생각해보아도 포로 문제의 직접 책임자는 아니다.

　만일 모든 책임이 총괄책임자에게 자동적으로 소급된다면 다른 모든 전범 문제에서도 똑같은 소급적 처벌이 행해지지 않으면 안 될 것이고, 그 혼자만이 예외적으로 그 책임을 추궁당할 수는 없는 것이다. 더구나 홍 중장은 한국 출신이고, 전범재판이 일종의 정치재판이라면 한국 출신이라는 '정치성'에 연합군이 배려를 하지 않았을 턱이 없을 것이기 때문이다.

한 마디도 발언하지 않은 피고被告

　그러나 조사를 해보니 홍 중장의 처형은 엄연한 사실이었고, 그것은 나에게 있어서 "허어"로 내버려둘 수 없는 하나의 놀라움이었다. 그리고 잡지 〈쇼군諸君!〉 편집부를 통해 그 공판 기록을 입수했을 때 나는 다시 그 기록의 방대함에 놀라지 않을 수 없었다. 왜냐하면 보통 필리핀의 전범재판 기록은 지극히 '얄팍한' 것으로써, 때로는 문자 그대로 '형식만의 재판'이라고 생각되는 것이 있는데, 그것들과 비교하면 그 기록의 양이 열 배가 훨씬 넘게 생각되었기 때문이다.

연합국 측도 그 재판에는 상당히 면밀하고 신중하게 임했다고 생각한다. 나의 관심은 우선 무엇보다도 홍 중장의 증언에 있었다. 처음에는 이른바 홍 중장의 발언을 쫓는다는 형식으로 건너뛰어 읽어나갈 참이었다. 그런데 어디에도 홍 중장의 말은 나오지 않는다. 그래서 조금만 더 조금만 더 하면서 책장을 넘기다가 기록 전부를 읽고 말았다. 그러고 나서야 비로소 홍 중장이 히로다 고키廣田弘毅*씨와 마찬가지로 한 마디도 발언하지 않았다는 것을 깨달았다. 좀 더 차분히 읽었으면 처음부터 깨달았을 테지만, 영문英文에서 홍 중장의 발언을 읽으려고 다급했던 나머지 모르고 지나쳤던 것이다.

그 '무언無言'은 또 하나의 놀라움이었으나, 가벼운 실망을 느낀 것을 부정할 수가 없다. 이른바 '홍 중장의 생생한 목소리'를 듣는 것은 영원히 불가능해지고, 어째서 '조선인'이 일본제국의 군인이 되었고, 육군 중장으로 승진하여 최후까지 충성을 다했는지, 그 본심을 본인의 입으로 직접 듣는 게 불가능하게 되었기 때문이다.

기록을 다 읽고 난 직후 내가 받은 인상은 병졸의 소위 '위대한 인물'이란 어딘가 다른 게 있지 않은가 하는 느낌이었다. 두말할 것도 없지만, 나는 홍 중장을 직접적으로는 모른다. 그리고 이 시점 쇼와 52년(1977년)에서는 홍 중장 주변에 있던 사람들의 회상기나 인상기를 전혀 읽지 못했다. 또 그런 사람들을 만나 취재를 한 것도 아니었다. 이럴 때 인간은 그 대상에 대해서 상당히 냉혹해진다. 그와 동시에, 전후 4반세

---

* 히로다 고키(廣田弘毅, 1878~1848). 20세기 초 일본의 평민 출신 외교관, 정치가. 1936년 수상이 되어 군부의 중일전쟁 확전(擴戰)을 방조·추인했으며, 그 뒤 외상으로 태평양전쟁 발발에 적잖은 역할을 했다. 종전 후에는, 난징대학살을 묵인했다는 죄목으로 문관(文官) 출신으로는 유일하게 A급 전범으로 기소되어, 도쿄국제군사재판에서 사형판결을 받고 처형됐다.

기가 지난 때임에도 어느 사이엔가 전후적戰後的 상식으로 상대를 보게 되는 결과를 낳게 된다.

그래서 그러한 관점을 가질 경우의 인상을 솔직하게 말하자면, 우선 첫째로 '결국 피정복 민족 등에서 찾아볼 수 있는 일종의 과잉충성이 아닌가?', 이른바 미국에서 '2세의 충성'과 극히 닮은 현상이 아닐까 하는 것이고, 둘째로 그로부터 생겨난 타성이 결국 생애의 최후에 있어서도 그를 그러한 상태로 몰아넣은 게 아닐까 하는 것이었다.

사실, 하나의 삶의 방식을 받아들이고, 그것으로 생애의 태반을 이미 보내고, 그것에 의해 일정한 위치에 도달한 사람에게는, 그 사람이 범인凡人, 즉 보통사람인 한은 그 전제가 눈 깜짝할 사이에 붕괴되어도 이제까지의 삶의 방식을 급선회한다는 게 불가능하다 해도 이상할 것은 없다. 그리고 홍 중장의 경우도 그렇게 해석하면, 최소한 그것으로 내 마음속에서의 심리적 해결은 끝나버린다. 일종의 그와 비슷한 해석으로, 홍 중장에 대한 관심을 어느 정도 잃어버린 것은 이미 15년 가까운 옛날의 일이었다.

한국과 아일랜드의 비슷한 점

그러나 그렇게 해석을 하게 되면 이상한 '점'이 나타나게 된다. 자세히 살펴보면 그와 같은 '점'은 무수히 많지만, 한두 가지 예를 들어 보면, 내가 전쟁터에서 들은 이름은 설사 잘못 불리어졌다고는 하지만, "고우 시호우"였다는 사실이다. 일본인은 한국인에게 성씨를 바꿀 것을 강요했다.* '아니, 강제한 게 아니라 희망자에게만 그것을 권유했다'라는 '변명'은 법의 탈을 쓴 도적떼들에게나 성립하는 논리다.

특공대의 '지원志願'이든 '간부후보생'의 지원이든, '지원'이라는 이름의 강제는 전체주의 사상 집단에서는 결코 보기 드문 일은 아니다. 전후에조차 "자기비판을 명한다"는 따위의 모순된 의미를 지닌 말들이 통용되고 있다. 실제로는 자살자까지 낸 강압적 창씨개명은 그 발상에 현재 우리들이 갖고 있는 결함이 그대로 나타난 사건인데, 그 결과 홍 중장을 제외한 당시 일본군 안에 있던 소수의 한국계 장교들은 그 이름만을 들어서는 한국인이라는 사실을 알 턱이 없었고, 사실 알 수도 없었기 때문이다.

일정한 나이 이상의 한국인 모두에게 '어느 시기에 강제로 갖게 된 일본식 성씨'는 '용납할 수 없는 기억'이다. 그런데 홍 중장은 그것이 없는 예외적인 한국인이었다고 할 수 있다. 간단히 말하면, 홍 중장은 일본 육군 가운데서 어디까지나 한국인임을 표면에 내세우고 밀고 나갔으며, '110퍼센트의 일본인'이 되려고 하지도 않았고, 그런 척도 하지 않았다.

또한 관계자에 따르면, 그의 일본어 발음은 지극히 한국식이어서 그 말을 듣기만 해도 누구나 쉽게 한국인이라는 것을 알 수 있었다고 한다. 그리고 홍 중장은 '나는 한국인이니까 일본어 발음이 한국식으로 되는 것은 당연하다'라는 지극히 자연스러운 태도여서, 무리하게 일본식으로 바꾸려지도 않았고, 그것이 당연하다는 듯 한국식 발음의 일본어를 당당히 구사했다고 한다. 말하자면 어느 모로 보나 명확한 한국인이었다.

그렇다면 어째서 그 한 사람이 당당한 '비일본계 장교'라는 이례적

---

* 저자의 원문은 "개성(改姓)"으로, 창씨개명(創氏改名)을 가리킨다. 창씨개명이란 일제의 입장에 선 용어이므로, 저자는 이 용어를 탐탁지 않게 생각해, "성씨를 바꿀 것(改姓)"이라는 표현을 쓴 것 같다.

존재일 수가 있었던가? 장군이었기 때문인가? "아니, 그렇지는 않을 것"이라고, 과거에 일본육군의 대좌大佐*급이었던 많은 한국 사람들은 말했다. 오히려 그 반대로 그 사람들이야말로 '당신들부터 먼저 솔선수범을 해 달라'는 식의 집요한 '설득'을 처음부터 받았다고 한다.

일본 측의 발상은 먼저 꼭대기를 '설득'하면 그 뒤는 모조리 쫓아갈 것이라는 방식, 이른바 전통적인 방식이었으니까, 당시 소장이었던 그는 안성맞춤의 목표였을 것이다. 그것은 단순한 상상이 아니라 민간인의 창씨개명에 있어서도 일본 측은 거의 같은 방식을 채용하여, 먼저 명문名門이나 명망가名望家에게 그것을 솔선수범하게 했다.

그렇다면 어떻게 그는 예외일 수가 있었을까? '홍 중장에게는 어딘가 그러한 말을 꺼내지 못하게 하는 일면이 있었다.' 이 문제에 대해서는 많은 사람들이 다양한 의견을 말했지만, 그 속에 거의 공통되어 있었던 것은 바로 이러한 의미의 말이었다. 그렇다면, 그 말을 꺼내지 못하게 하는 일면이란 어떤 것이었을까? 홍 중장의 아들 홍국선洪國善 씨는 대단히 흥미 깊은 옛날이야기를 해 주었다.

그것은 국선 씨의 소년 시절, 홍 중장이 대위였던 무렵의 일이다. 당시 일본에서 한국인에 대한 차별과 멸시는 소위 '당연한 상태'였고, 일본 육군의 대위를 향해 직접 그런 태도를 보이는 사람은 없다고 하지만, 가족들은 예외가 아니었다. 따라서 어린 국선 씨에게 "조센, 조센"이라는 이유로 멸시와 조롱을 받는 매일매일은 정말로 괴로운 것이어서, 어느 날 참다못해 부친에게 호소했다. "왜 우리들은 이런 취급을 받아야 합니까? 이것은 어떻게 해결할 길이 없는 것입니까?" 당시 홍 대위는 그

---

* 대령(大領). 일본 군대는 장군과 위관(尉官) 사이의 계급에 소좌, 중좌, 대좌의 호칭을 붙인다. 이른바 좌관(佐官)으로, 영미권 군대의 영관(領官)에 해당한다. 이 책에서는, 일본식 호칭으로 표기한다.

하소연에 대해 다음과 같이 답했다고 한다.

"그것은 매우 어려운 문제, 곤란한 문제, 또 조급히 해결될 수 없는 문제다. 그것에 대해 깊이 조사를 해보았는데, 아일랜드인과 영국인 사이에도 이와 대단히 비슷한 문제가 있다. 그러니까 아일랜드인의 행동 방식이 우리의 참고가 될 것이다. 아일랜드인은 영국에서 어떤 취급을 받더라도 결코 아일랜드인이라는 사실을 숨기지 않는다. 그래서 자신의 이름을 밝힐 때는 반드시 '나는 아일랜드인 누구입니다'라고 똑똑히 말한다. 너도 이를 그대로 따라서 어느 때라도 반드시 '나는 조선인 홍국선입니다'라고 똑똑히 말하고, 결코 '조선인'이라는 말을 빠뜨려서는 안 된다."

과연 그렇구나, 라고 나는 생각했다. 그렇게 말할 수 있는 사람에게 창씨개명을 '설득'하려 해도, 그에게서 무엇인가 그런 말을 못 꺼내게 하는 일면을 사람들이 느꼈다 하더라도 이상할 것은 없다.

오늘날에는, 한국과 아일랜드를 비교하는 사람이 결코 적지 않다. 후술하겠지만, 김정렬金貞烈* 씨도 "모든 면에서 매우 비슷하다"고 말했다. 그러나 홍 중장이 아일랜드 문제를 연구하고, 한국 그리고 한일관계를 아일랜드와 영국의 관계로 파악했던 것은 이미 반세기 이상 옛날 일로써, 당시는 이 문제에 대해 관심을 갖고 있던 일본인은 아마 거의 없던 시절이었다.

---

* 김정렬(金貞烈, 1917~1992). 한국계 출신 일본인 장교, 대한민국의 군인, 정치가. 일본육사를 나와 전투기 조종사로 태평양전쟁에 종군했으며, 대한민국 수립 후에는 초대 공군참모총장, 국방장관, 공화당 당의장, 공화당 의원, 삼성물산 사장, 국무총리를 지냈다.

홍 중장은 전쟁사를 전공했으므로, 모든 나라들에 대해 '전사가戰史家'로서 관심을 가졌던 것은 이상할 게 없으나, 그중에서 '영국 육군에서 아일랜드계 장교의 문제, 특히 그 충성의 문제'에도 관심을 갖지 않았을까 하고 나는 생각한다.

그러나 이렇게 생각할 때 무엇보다도 관심을 갖지 않으면 안 될 점은, 홍 중장이 전사가로서, 또 군의 중추에 있는 인간으로서, 더구나 명확한 한국인으로서의 의식을 갖고 한일관계를 아일랜드와 영국의 관계로 유추해서 파악하고 있었던 인간으로서, 태평양전쟁의 장래를 어떻게 예상하고 그 결말에서 한일관계를 어떻게 파악하고, 거기에서 자신은 무엇을 해야 한다고 믿고 있었느냐 하는 문제다.

패전을 알면서 남방으로 부임하다

다소라도 전쟁사를 읽은 사람이라면 이 세계에 불패불멸의 무적 군대는 존재할 수 없으며, 그러한 대상이 지구상의 어딘가에 존재한다고 믿고 싶어 하는 것은 일본의 신문뿐인데, 그 "무적 황군"으로 시작된 미신도 무적 월남군으로 끝났다는 것을 알 수 있다.

그렇다면 전쟁사의 전문가로서 군의 중추에 있으며, 일반인과는 비교도 되지 않을 정확한 정보를 얻고 있는 인간이, 그것도 한국인이라는 입장에서 냉정하게 전국戰局의 추이를 보았을 때 일본의 패망을 예측하지 못했을 리는 없을 것이다. 또 그것이 대략 언제쯤일까 하는 데까지 내심 추정할 수 있었다고 하더라도 이상할 게 없다. 따라서 홍 중장이 필승을 믿고 남방으로 부임했다고는 믿을 수가 없다.

학도병學徒兵으로 출정했던 이사키 하야오井崎鳩雄 씨로부터 편지를 받았다. 이사키 씨의 부친은 홍 중장과 같은 육사 26기로, 쇼와 18년 (1943) 마닐라에서 홍 중장을 만났을 때 그는 다음과 같이 말했다고 한다. "이사키 군, 이젠 끝장이야. 나는 조선의 고향으로 돌아가서 조용히 살고 싶네. 내 고향은 조용하고 정말로 좋은 곳일세."

그리고 뒤에서 인용할 홍 중장 자신의 편지도 그와 비슷한 취지의 내용을 암시하고 있다. 게다가 임명된 포스트는 이른바 남방총군의 신설된 병참감부, 거기에는 포로수용소장도 포함되어 있다. 물론 그것은 광대한 남방 전체에 근무하는 군인과 민간인의 수용시설 전부를 총괄하는 업무로, 소위 "포로수용소장"이 아니라 그 위에 있는 지위이며, 부임 시는 소장少將이었으니까 강등 인사라고는 할 수 없었다. 그러나 적어도 군인에게 있어서 영예로운 제일선의 전투지휘관이라고는 할 수 없었고, 기꺼이 부임할 수 있는 포스트도 아니었을 것이다.

어째서 그 포스트에 홍 중장이 선임되었을까? 모두가 기피하는 시답지 않은 임무라고 해서 군 수뇌가 그것을 한국인인 그에게 떠맡긴 것일까? 만일 그렇다면, 어느 정도는 장래를 예측하고 있다고 믿어지는 그가 어째서 고분고분 그 포스트에 부임한 것일까? 명령이니까 하는 수 없다고 체념하고 부임한 것일까?

'일본인은 너무하다. 한국인인 홍 중장에게 그러한 포스트를 떠맡겨 남방 포로에 관한 책임을 몽땅 그에게 씌워 교수대로 보내 놓고 시치미를 떼고 있다. 그것을 예상하고 처음부터 계획적으로 그렇게 했을 것이다'라는 의견은 한국인 사이에서 결코 적지 않다. 아니 오히려 다소나마 그와 비슷한 인상을 갖고 있는 사람이 압도적으로 많았다. 결과적으로 말해서, 또한 심정적 해석으로 보아 그러한 견해를 갖는 것은 무리가 아니다.

그러나 당시 일본군의 실태와 사정을 알고 있는 한국계 일본군 장교였던 사람들은 모두 그 견해에 부정적이었다. 그리고 나 자신도, 만일 당시의 군 수뇌가 쇼와 18년 말에 이미 패전에서 전범 문제까지를 예상하고 냉철하게 또한 냉혹하게 그것에 대처하고 있었다면 그런 견해를 받아들이겠지만, 실제로는 패전 후에도 여전히 전쟁 책임자를 자신의 손으로 처벌할 계획으로 있었다는 현실을 떠올리면, 사전에 그와 같은 예측에 바탕을 둔 대책을 세웠다는 것은 도저히 있을 수도 없을 뿐만 아니라 그런 발상조차도 할 수 없다고 생각한다.

그렇다면 어떤 이유로 홍 중장이 기용된 것일까? 어떤 한국계 장교는 '스마란의 폭동'이 그 원인일 것이라고 말했다. 그 사건은 전시 중에는 전혀 보도되지 않았고, 현재로도 상세한 것은 알려져 있지 않으며, 그 사건을 전해준 사람조차도 자세한 내용은 모른다고 말했는데, 대략 다음과 같은 사건인 것 같다.

쇼와 17년(1942)에서 18년에 걸쳐 군은 한국에서 군속軍屬을 대대적으로 모집했다. 주로 병참과 수용소 관계 직원으로, 교육수준이 상당히 높은 사람들, 특히 영어를 할 줄 아는 사람들을 모집했던 것 같다. 그 선전 문구는 기후가 온화하고 물자가 풍부한 남방 근무, 그 위에 파격적인 좋은 대우를 해 준다는 것이었다. "별로 속일 생각은 없었던 것 같아요"라고 그 사람은 말했다.

"나 자신도 당시 자바에 있었는데 물자 부족으로 모든 것이 통제되고 있던 일본과 비교하면 낙원 같았습니다. 적어도 쇼와 18년경까지는 말입니다. 특히 한국은 추위와 생활고가 견딜 수 없을 정도로 심했기 때문에 나 스스로도 가족을 불러다가 자바에서 영주할까 하고 생각했을 정도니까요. 모집을 한 당시의 현지는 분명히 그런 느낌으로, 더구나 모집요강에는 2년인가 3년 근무로서 소위 현지 제대를 하면 영주할 수도 있다고 쓰여 있었습니다."

확실히 호조건, 좋은 환경이었다. 그리고 현지로부터 돌아와 그것이 사실이라는 것을 체험에 근거를 두고 이야기하는 사람도 있었다. 일본 정부의 선전이라면 생각해 볼 여지가 있지만 동포의 경험담이라면 믿어도 당연할 것이다. 그래서 교육수준이 상당히 높은 사람들이 응모해서 남방으로 갔다. 그런데 전국의 악화와 더불어 그 호조건은 모조리 백지화되어 버렸다. 그것에 화가 난 한국계 군속이 스마란의 수용소에서 폭동을 일으키고 기관총을 탈취해서 위병을 살해하고 수용소를 점거하는 사건이 발생했다.

사건의 전말은 잘 알 수 없다. 그러나 그것은 군에게는 큰 충격을 주었을 것이다. 왜냐하면 병참 관계에는 많은 한국인이 일하고 있었기 때문에, 그 폭동이 연쇄반응을 일으켜 연속 봉기와 같은 형태가 되어 병참선이 끊기거나 반신불수가 되거나 한다면, 그야말로 수습할 길이 없어진다. 또 설사 그 정도의 대사건이 되지 않더라도, 그 사건은 현지인의 입장에서 보면 '일본군의 내란'이고, 계속적으로 일어나면 통치불능이 된다.

그래서 나의 취재에, "한국인에게도 일본인에게도 인망이 있던 홍장군을 병참간부에 두어서 그 인망에 의해 어떻게든 평온을 유지하고 통제를 기도하려고 한 것이 아닐까?"라는 결론을 내준 사람이 김정렬 씨였다. 김 씨는 나중에 설명하는 바와 같이 한국계 장교의 한 사람으로서, 젊었을 적에는 홍 중장 집에서 하숙을 하고 있었으며 그의 인품을 가장 잘 아는 사람이었다.

야마시타 도모유키山下奉文* 연대장과 홍 대대장

그것은 내가 들은 여러 가지 설 가운데서도 가장 설득력이 있는 것이었다. 홍 중장이 '당당한 한국인으로서 행동했다'고는 하나, 그것은 결코 과시적인 것도 위압적인 것도 아닌, 말하자면 극히 자연스럽게 배어 나온 것이며, 그 인품은 대단히 온화하고 또한 매력적인 인물이었다는 것을 모든 관계자가 증언하고 있는데, 앞에서 언급한 하야시 씨는 그 첫 번째 인상을 다음과 같이 쓰고 있다.

"나는 본부 앞에 정열해서 각하(홍 중장)의 자동차를 맞이했습니다. 문이 열리고 장신에 호리호리한 체구를 한 장군이 조용히 내려섰습니다. 군모 밑에는 온화하고 품위 있는 노인의 얼굴이 미소를 띠며 다정한 눈빛으로, 부동자세를 취하고 있는 우리들에게 다가와서 한 사람 한 사람의 얼굴을 들여다보듯이 하면서 노고를 치하했습니다. 군복 깃에는 오래간만에 보는 장군의 계급장이 금빛 찬연하게 빛나고 있었으나, 날씬한 다리에는 병졸들이 치는 각반에다 작업화를 신고 있었습니다.

---

* 야마시타 도모유키(山下奉文, 1885~1946). 태평양전쟁 당시 일본육군 주요 지휘관. 제25군 사령관으로 말레이작전을 지휘했고, 영국 통치하의 싱가포르를 점령했다. 이때 영국군 사령관 퍼시벌 중장에게 항복을 요구하면서 "예스까? 노까?"라고 말했다고 하여, 악명을 떨쳤다. 1944년, 제14방면군 사령관에 임명돼, 필리핀전투를 지휘했다. 종전 후에는 싱가포르 점령 당시 민간인 학살 등의 죄목으로 기소되어 마닐라전범재판에서 사형판결을 받고, 처형됐다.

상반신은 장군, 하반신은 병졸인 장군은 갈 수 있는 곳까지는 승용차로, 그 다음은 공병대가 닦은 산길을 도보로 내무반으로 향했습니다. 그때 우리들은 장군의 자동차가 산 너머로 보이지 않게 될 때까지 전송했습니다만, 그 단정하고 온화한 노신사가 우리들의 상사인 병참감이라는 것을 진심으로 기뻐했습니다."

홍 중장에게는 사람을 심복시키는 독특한 인격적인 힘이 있어서 그와 접한 모든 사람으로부터 흠모를 받았고, 전범수용소의 미군들조차 예외가 아니었던 것을 생각하면, 그 점을 알고 있던 군 수뇌가 무엇을 기대하고 있었는지 대강 짐작이 간다. 그 때문에 나에게는 김정렬 씨의 말이 가장 설득력을 갖는 것처럼 생각되는 것이다.

그러나 다른 설도 있었다. 그것은 홍 중장의 부임 시의 포스트는 남방총군의 병참감부였지만, 적어도 결과에 있어서는 제14방면군의 병참총감으로 부임한 것이나 마찬가지라는 것이다. 방면군 사령관은 말할 것도 없이 야마시타 대장大將이다. 그리고 야마시타 대장이 도쿄 아자부麻布의 제3연대 연대장이었을 때 홍 중장은 그 밑에서 대대장이었고, 두 사람은 몹시 가까운 사이였다는 게 사실이다.

필리핀에서는 적과 싸우는 것뿐만이 아니라 보급의 정비, 현지에서의 자활, 주민의 민심 장악 등이 큰 문제라는 것을 적어도 군 수뇌부만은 알고 있었다. 그리고 야마시타 대장은 그 일에는 자신에게 능력이 없다는 것을 잘 알고 있었기 때문에, 병참감이나 자활감으로서 그러한 일을 일임할 수 있는 사람이 필요했으리라는 것은 당연히 상상할 수 있다.

앞에서 썼듯이, 그는 홍 중장과 친근하고 그 인품도 잘 알고 있으며, 또한 홍 중장이 만주에서 한일 양 국민의 융화에 다대한 성과를 올린 사실도 알고 있었다. 그래서 그가 홍 중장을 필리핀으로 부른 게 실제의 사정이 아니냐는 설도 있는데, 그것도 일리가 있는 이야기다.

여러 가지 요소와 기대와 의도가 있었으리라고 생각된다. 그것이 갖가지 억측을 낳는 계기가 되었겠지만 그것은 그렇다 치고, 홍 중장 자신은 어떤 심정으로 부임했던 것일까? 아마 다시 살아서 돌아오지는 못할 것이라고 각오를 했던 것 같다. 왜냐하면 쇼와 20년(1945) 1월 19일, 아들 홍국선 부부에게 보낸 편지, 이 최후의 편지는 일종의 유서遺書였기 때문이다. 아래에 그 일부를 인용해 보겠다.

"한동안 소식이 두절되었다. 그간 국선의 중국행은 어땠느냐? 일가 건재하기를 빈다. 아버지는 지난 해 연말 15882부대장(병참총감)으로 소위 영전을 했으나, 필리핀의 전황은 이미 라디오나 신문 보도대로 앞으로 생환의 기회가 있을지 없을지 예측을 불허하기에 이르렀다. 출전 당초부터 그 각오는 되어 있어서 만일 싸움터에서 죽는다면 남자의 숙원으로 본디 후회할 것도 없지만, 과거를 회고해 보면 초지初志를 관철한 것이 하나도 없어 참으로 면목이 없으며, 한편 사적으로 말하더라도 너희들 부부나 … 의 전도가 과연 아버지의 희망대로 될는지 그것이 마음에 걸린다. … 아버지가 만일 돌아가지 못한다면 유산의 처리는 다음과 같이 해 주었으면 한다. … 아버지는 현재 마닐라를 떠나 있기 때문에 이 편지를 형편상 연필로 쓴다. 다만 최악의 경우에 벌어질 일을 대비해 쓰는 것으로, 앞으로의 상황이 어떻게 될는지 예측을 할 수가 없으며, 혹시 생환해 돌아가서 너희들과 재회의 기회가 있을지도 모르며, 또 그렇게 되기를 빈다. 어쨌든 내가 한 말은 너희들만 알고 다른 사람에게는 누설하지 않도록 부탁한다. 끝으로 너희들 일가,

아니 우리 집의 앞날에 행운이 깃들기를 빈다."

항일군抗日軍으로부터의 권유

군인인 이상 명령이라면 어떤 임무든 어떤 곳이든 가지 않으면 안 된다. 여기에는 선택의 여지가 없다는 게 세계 어느 나라에서든 상식일 것이다. 홍 중장 자신이 어떠한 예측을 세우고, 무엇을 생각하고 있었던 간에 그가 대일본제국 육군의 소장인 이상 그 조건은 똑같을 것이다.

그러나 홍 중장의 경우 그렇게만 말할 수 없는 하나의 사정이 있었다. 그것은 그가 항일운동을 벌이는 한국인에게 인망人望이 있어서, 중국에서 일본군과 싸우기 위해 편성된 한국인 부대 "광복군"의 사령관 지대형池大亨=李青天* 씨와 친구였다는 사실이다. 어떻게 그렇게 되었을까? 그러나 그것을 쓰기 전에 여기서는 그가 남방에 부임하기 직전에 일어난 기묘한 사건에 대해서 쓰기로 하자.

일본군은 한국인을 실제로는 신용하지 않았기 때문에, 영국이 인도군을 편성한 것처럼 한국군을 편성하지 않았고, 징병제도도 시행하지 않았다. 그러나 쇼와 18년이 되어 전국戰局 악화의 예상에 다급해진 군 당국이 조선 전역에 급거 징병제를 실시했으나, 현역으로 복귀되어 연

---

* 지청천(池青天, 1888~1957). 일제 강점기 독립운동가, 광복군 사령관. 대한민국의 정치인. 지석규(池錫奎)라는 이명(異名)도 있다. 일본육사를 26기로 졸업하고, 중위 때 만주로 망명해 신흥무관학교에서 독립군 양성에 진력했으며, 김좌진(金左鎭) 등과 함께 대한독립군단을 조직하고 여단장으로 임명됐다. 1930년, 한국독립당 창당에 참여해 군사위원장을 맡았고, 1940년 임시정부가 광복군을 창설하자 사령관으로 취임했다. 해방이 되고 나서 귀국해 대동청년단 단장으로 활약했으며, 대한민국 수립 후에는, 제헌국회의원, 무임소장관 등을 역임했다.

대장을 맡게 된 늙은 대좌의 술회에 따르면 훈련은커녕 '도망가지 못하게 하는 것'이 고작인 상태였던 모양이다.

그리고 쇼와 18년 연말경 홍국선 씨의 친구가 탈영해 그에게 찾아와 숨겨 달라고 부탁했다. 그러나 탈영병 속출을 예견한 군 당국은 탈영예방 조치를 강구하고 있었던 모양으로, 즉시 홍국선 씨를 지목했다. 그도 그럴 것이 그 탈영병이 병영에서 부친 편지는 전부 홍국선 씨에게 보내는 것이었기 때문이다. 아마 수신인은 모두 체크 당하고 있었던 것 같다. 자택에 숨길 수가 없어서 국선 씨는 바로 세 집 건너편 집에 친구를 숨겼다.

당시는 지금처럼 전화가 보급되어 있지를 않았다. 그 때문인지 헌병대는 국선 씨 집 두세 집 건너에 분소를 설치, 가설전화를 놓고서는 언제든지 가택수색을 할 준비를 갖추었다. 탈영병의 연락처는 국선 씨뿐이니까 그 사람 이외는 숨겨줄 사람이 있을 수가 없다는 그 추리는 당연했고, 현실로도 그러했다. 그래서 헌병대도 '여기가 틀림없다'고 확신을 하고, 준비를 갖춘 것이었다.

마침 그때 필리핀 부임 전의 휴가로 오래간만에 홍 소장이 서울의 집에 돌아왔다. 홍 소장은 그런 사정을 아무것도 몰랐다. 모처럼 만에 부자 간의 저녁식사, 약간의 알코올이 들어간 홍 소장은 군복 단추를 모조리 풀어헤친 편안한 모습으로 얼큰해서 앉아 있었다. 그때 한 소위가 쳐들어 왔다. 탈영병 체포인지 실정을 파악하려는 정찰인지는 모르지만, 어쨌든 그는 응대하러 현관에 나온 홍국선 씨에게 당장 탈영병을 내놓으라고 다그쳐댔다. 국선 씨는 물론 "그런 사람은 없습니다. 모릅니다"라고 대답했다. 차츰 쌍방의 언성이 높아지고 나중에는 고함 소리가 오갔다.

그때 집 안에서 웃옷 단추를 풀어헤친 채의 모습으로 홍 소장이 천천히 현관에 나타났다. 아연실색한 것은 그 소위였다. 그는 황급히 부동자세를 취하고 경례를 한 뒤 도망치듯이 사라져 버렸다. 탈영병을 내놓으라고 고함을 치고 있는데, 집 안에서 육군 소장이 나타난다면 어느 누구나 놀라게 마련이다. 내가 그 소위였다 해도 아마 똑같은 행동을 취했을 것이다. 홍 소장은 아무 일도 없었다는 듯이 식탁으로 돌아갔다.

국선 씨는 한순간 그 소위의 태도에 우스꽝스러움을 느꼈으나, 깊이 생각해 보면 그것은 웃고 넘길 일이 아닌 심각한 사태였다. 헌병은 홍 소장이 집에 있으리라고는 꿈에도 생각하지 않았겠지만, 그곳이 홍 소장의 집이라는 것은 알고 있다. 그렇게 되면 육군 소장이 도망병을 숨겨준 게 된다. 설사 그 병사가 홍 소장 댁에 없다 해도 국선 씨가 숨겨준 것은 사실이고, 그곳에 홍 소장 자신이 있었다는 것 또한 부정할 수 없는 사실이다.

국선 씨는 여러 가지로 걱정이 되었다. 도대체 태평양전쟁은 어떤 결말을 가져오게 될 것인가? 홍 소장이 남방으로 간다면 어떤 운명이 기다리고 있을까? 병참총감, 총포로수용소장으로서 그의 남방행은 군 당국이 이미 홍 소장의 신변에 의혹의 눈길을 보내고, 그것을 위험시해서 멀리 쫓아 보내려고 하는 것은 아닐까? 그대로 부임해서 과연 안전할까? 국선 씨의 걱정은 내적으로나 외적으로나 사태가 이렇게까지 된 이상 그대로 일본 육군을 신뢰하고 운명을 맡겨도 되겠느냐는 것이었다. 탈영병 문제가 하나의 계기가 되어, 그는 그 걱정을 솔직하게 홍 소장에게 털어 놓았다.

그때 홍 소장은 처음으로 "지대형 씨한테서 몇 번씩이나 광복군에 참가해달라는 연락이 있었다"고 말했다. 지대형! 아니, 당시의 이름은 가명으로 이청천이라고 했는데, 그 이청천이 지대형 씨라는 사실을 당시의 시점에서는 많은 사람들은 모르고 있었던 것이다. 그도 홍 소장도 일본 육군사관학교의 26기생. 그러니까 동기생이고, 그 3기 전인 23기생에는 진짜 김일성이 아닌가 여겨졌던 김광서金光瑞* 씨가 있었다.

그리고 김광서 씨도 홍 소장도 대단히 친한 사이였다고 여겨진다. 왜냐하면 한국인 장교에게는 '전의회全誼會'라는 친목단체가 1916년에 설립되어, 당시 멤버에 김광서, 홍사익, 이응준**, 윤상필, 김종식 등 다섯 명의 이름이 끼어 있었기 때문이다. 그 가운데서 지금 생존해 있는 사람은 이응준李應俊 씨뿐이다.

지대형 씨는 1919년 중위 때 탈주해서 먼저 만주로 망명했다. 압록강을 건너갈 때 다리 한가운데서 하늘을 올려다보니까 한 점의 구름도 없는 푸른 하늘, 문자 그대로 '청천靑天'이었다. 망명을 하게 되면 당연히 가명이 필요하게 된다. 그래서 그는 당장 자기 이름을 '청천'으로 바꾸

홍사익 중장의 처형

---

* 김광서(金光瑞, 1883~?). 독립운동가, 만주지역 조선인빨치산부대 사령관. 김경천(金擎天)이라는 이명(異名)도 있다. 일본육사를 23기로 졸업하고, 1919년 지청천 등과 만주로 망명해 신흥무관학교 교관이 되었다. 1920년 무기를 구입하기 위해 연해주로 갔다가 동포들과 항일무장부대를 조직해 적군(赤軍)과 함께 일본군 및 백계 러시아군에 맞서 싸웠다. 이후 십여 년 동안 연해주 및 만주 일대에서 활약하며, 동포들과 중국인들에게 "백마 탄 장군"으로 불리는 등 존경을 한 몸에 받아, 그가 바로 실제의 김일성 장군이라는 설도 있다. 1930년대 중반 이른바 스탈린 대숙청 때 카자흐스탄으로 강제이주 당해, 그 뒤로는 생사가 불명(不明)이다.

** 이응준(李應俊, 1890~1985). 한국계 일본군 장교. 일본육사를 26기로 졸업하고, 대좌(대령) 계급으로 종전을 맞았다. 해방 후 미군정의 요청으로 군사영어학교 생도 모집, 국방경비대 창설 등을 주도하고, 대한민국 초대 육군참모총장으로 취임해, 국군 창설에 큰 역할을 했다. 독립운동가 이갑(李甲)의 사위이며, 대한민국 육군 군번 1번이자 육군참모총장을 역임한 이형근(李亨根)의 장인으로, 장인-사위-손녀사위 3대가 모두 일본육사를 졸업했다. 전역 후에는 체신부장관 등을 역임했다. 일본군 장교로 재임하면서 동포들에게 일본군 입대를 적극 권유하는 등 일제에 부역했다는 이유로, 2004년 3월, "일제강점하 친일반민족행위 진상규명에 관한 특별법"에 따라 설립된 진상규명위에 의해 친일반민족행위자로 규정되었다.

고, 그 위에 한국에서 가장 흔한 성인 이씨李氏 성을 따다 붙였다고 한다.*
그러나 그 외에 아마도 한국 위에 무겁게 내려덮인 대일본제국의 암운
이 걷히고 그와 같은 '청천'을 조국에 맞아들이겠다는 소망을 담은 것이
기도 할 것이다.

그런 그가 중국으로 건너가 광복군의 사령관으로서 일본군과 싸
우고 있었다. 지대형 씨와 홍 중장 사이의 연락은 그때만이 아니었던 것
같다. 홍 중장은 중국 북부에서 여단장을 지낸 적이 있고, 그때도 지대형
씨와 연락이 있었다는 것은 하나의 '통설'로 되어 있다. 그러나 아마도
홍 중장이 자기 입으로 지대형 씨 이야기를 한 것은 그 뒤에도 전에도 그
때뿐이었을 것이다.

홍 중장이 그때 광복군행을 결심했더라면 결코 불가능하지는 않
았다. 일본군에는 공산권의 군대처럼 장군을 어딘가에서 감시하고 있는
정치부 장교나 KGB적인 존재는 없었다. '소장의 탈영' 같은 것은 본래
있을 수 없는 일이고, 실제로 그런 사례가 없었기 때문에 그것에 대처할
조직 따위는 존재하지 않았다.

따라서 생각만 있었다면 유유히 그것을 실행할 수 있었을 것이다.
또한 지대형 씨 입장에서 보면, 홍 중장이 왔다는 것만으로도, 다시 말하
면 일본군 장군이 일본 육군을 배신했다는 것만으로도 커다란 승전보이
고, 군 당국이 설사 그것을 국내에는 비밀로 해 둔다고 해도 세계에 미치
는 영향, 특히 한국인에게 주는 심리적 영향은 헤아릴 수 없을 정도인 것

---

* 이에 대해서는 이설(異說)도 있다. 그가 신흥무관학교 교관으로 있을 때, 그곳에는 정규군사교육을 받
  은 교관이 세 명 있었다. 고종 때 병조판서를 지낸 신헌(申櫶)의 손자로서 대한제국 무관학교 출신인
  신팔균(申八均), 그리고 일본육사를 졸업한 김광서와 지청천이 그들이다. 이 세 명은 각각 동천(東天,
  신팔균), 경천(擎天, 김광서), 청천(靑天, 지청천)이라는 별호(別號)를 사용했는데, 신흥무관학교에서
  는 이 세 사람을 가리켜 "삼천(三川)"이라 불렀다고 한다.

이다. 게다가 홍 중장은 일본군 내부의 정확한 정보를 갖고 있었고, 그 위에 일본의 육군대학에서 배운 수재이다. 또 무엇보다도 지대형 씨 자신이 홍 중장을 항상 존경해왔다.

국선 씨가 패색이 짙은 일본군의 남방 포로수용소장보다 광복군으로 가야 한다고 느꼈다고 해도, 그것은 이상할 게 없었다. 그는 은연중에 그것을 권했다. 그러나 홍 중장은 이미 결심이 서 있던 모양으로, 단호하게 남방으로 부임하겠다고 말하고, 곧 임지로 떠나갔다.

도대체 홍 중장은 무엇을 생각하고 있었을까? 그에게는 대단히 명확한 자기규정이 있어서 언제나 내부에 있는 자신의 '계율', 즉 일종의 자율에 따라 행동한 것처럼 보인다. 그리고 그 '계율'의 존재가 항상 그에 대한 신뢰이고, 경애이고, 찬탄이었다고 믿어진다. 그럼 도대체 그것은 어떠한 '계율'이었던가? 그러나 그것을 알려면 우선 그가 왜 일본 육군의 군인이 되었는가 하는 데서부터 시작하지 않으면 안 된다. 참고가 되리라고 생각되는 다른 사례를 조금 적어 보겠다.

한국계 특공대원에 대해 쓴 이이오飯尾 씨의 〈가이분가쿠開聞岳〉에 다음과 같은 이야기가 나온다. 저자인 이이오 씨는 부친이 한국인이고 모친이 일본인, 육사 60기의 직업군인인데, 그의 글 가운데 특공대에서 전사한 유우키結城 소위가 등장한다. 그의 본명은 김상필金尙弼, 특공대特攻隊*로서 만주에서 남하할 때 평양에 착륙한다.

정비반원인 이마노今野 조장曹長**에게 안내되어 평양 시내 요릿집

홍
사
익
중
장
의
처
형

에서 김상필 소위의 친형인 김상렬金尚烈 씨와 셋이서 식사를 했다. 형제 두 사람은 한국어로 대화를 하고 있었는데 차츰 논쟁으로 변했다. 이마노 상사로서는 그 내용을 알 수가 없었다. 이이오 씨는 여러 가지 방법으로 그 논쟁의 내용을 알려고 한다. 얼마 뒤 편지가 왔다. 이이오 씨는 다음과 같이 쓰고 있다.

> "예상은 적중했다. 김상렬 씨는 동생에게 도망치라고 권한 것이다. 일본을 위해서 죽을 필요는 없는 것이다. 유우키 소위는 고개를 흔들며 말했다. 나는 조선을 대표하고 있다. 도망치거나 하면 조국이 비웃음을 당한다. 많은 동포가 더 한층 굴욕을 당하지 않으면 안 되게 된다."

이와 비슷한 이야기는 차례차례로 나온다. 예를 들면, 오오카와大河, 한국명 朴東薰는 사이가 좋았던 동급생 한 사람에게 부모형제에게도 말하지 않았던 다음과 같은 말을 남겼다고, 그 친구가 동생에게 말해주었다.

> "오오카와 군은 말했다. 내선일체內鮮一體라고 하지만 거짓말이다. 일본은 거짓말쟁이다. 나는 조선인의 배짱을 보여주겠다, 라고. 나(동생)는 깜짝 놀랐다. 말이 없는 형은 그렇기 때문에 비겁한 짓을 하지 않고, 조선동포를 위해, 우리 가족의 자랑을 위해 돌진했던 것이다."

홍 중장에게는 물론 조선인의 명예라는 조용하고도 강렬한 의식이 있었을 것이다. "장군이 되어도 조선인은 조선인이다. 형세가 악화됐다 해서 적 앞에서 도망을 쳐서 형세가 좋은 쪽에 붙었다는 말을 들으면, 그것은 자신과 일족과 동포의 명예에 철저하게 상처를 입힌다." 그러나 이청천 씨의 입장에서 보면, "아오야마青山 묘지의 서약"(후술)에 비추어 볼 때, 그것은 결코 홍 중장의 명예에 상처를 입히는 일은 아니었다. 여기에 대한제국 황제의 명령으로 일본에 유학을 간 사람과 그 후에 스스로 사관학교를 지원한 사람과의 사이에 미묘한 차이가 있는 것처럼 보인다.

하지만 홍 중장의 경우, 문제는 거기에 멈추지 않는다. 소집과 징용과 지원, 그 밖의 명목으로 전쟁에 참가한 한국인은 군인과 군속을 합쳐 26만2천 명 이상에 이르렀다고 한다. 그 가운데 남방총군 내의 비율이 어느 정도가 되었는지는 알 수 없으나, 홍 중장에게는 동포의 보호자로서의 책임감이 있었다고 해도 이상할 것은 없다.*

사실 필리핀에는 한국계 군속의 전범 처형자는 한 사람도 없다. 국선 씨는 "그것만이 위안이 되는 점"이라고 말했는데, 만일 이청천 씨의 권유에 홍 중장이 응했다면 어떻게 되었을까? 한국계가 동요해 '스마란의 폭동' 이상의 것이 일어나고, 그 반작용으로 일본군은 한국계 군속을 어떻게 취급하게 되었을까?

갖가지 상념들이 홍 중장의 가슴속에 틀림없이 교차하고 있었을 것이다. 그러나 그것을 그가 입에 담은 적은 전범재판을 포함해서 단 한 번도 없었다고 해도 좋다. 어째서일까? 홍 장군이 최후까지 지켜왔던 것은 천황의 "군인칙유軍人勅諭"가 아니라 대한제국 황제의 "군인칙유"였던

* 이 점과 관련해서 홍사익이 어떤 생각을 하고 있었는지 짐작할 수 있는 증언이 당시 총독부 기관지였던 매일신보(每日申報) 도쿄특파원 김을한(金乙漢)에 의해 전해졌다. 홍사익은 김을한으로부터 임시정부가 있던 중화민국의 임시수도 충칭(重慶)으로 탈출해 광복군에 가담하는 게 어떻겠냐는 질문을 받고, 엄숙한 표정으로 이렇게 답했다고 한다. "이번에 가는 길이 죽는 길이라고 하더라도 그렇게 해서는 안 됩니다. 지금 조선 사람이 수백만이나 전쟁에 동원되었는데 최고 지위에 있다는 내가 만일 배신을 한다면 병사(兵士)들은 물론 징용된 노무자들까지 보복을 받을 것이니, 다만 나 혼자만을 생각해서 그런 경솔한 짓은 할 수가 없습니다." 이 내용은 김을한의 저서 〈여기 참 사람이 있다〉(1960, 신태양사)에 실려 있다.

때문도 있을 것이다. 그것은 어떤 칙유였을까? 그럼, 여기에서 그것을
포함해 홍 중장이 일본의 사관학교에 오기까지의 일을 간단히 살펴보기
로 하자.

제2장

한국계 장교

'6개조'의 군인칙유軍人勅諭

한국계 대일본제국 육군장교 – 이하 줄여서 '한국계 장교'라 한
다 – 와 대화를 나누는 사이에, 앞에서 말한 것처럼 나는 그 사람들 가운
데 두 가지 타입이 있다고 생각하게 되었다. 그 하나는 앞 장의 끝에서
기술한 것과 같은 타입, 또 하나는 대한제국 황제의 명에 의하여 유학생
으로서 일본의 육군중앙유년학교(사관학교)*에서 배우는 동안 한국이
일본에 병합당해, 황제의 명령으로 불응할 수 없이 유학생에서 일반 학
생으로 되고, 급기야는 일본의 군인으로 변해 버린 특이한 체험을 갖는

---

* 일본이 프러시아의 군사교육제도를 본떠 만든, 육군사관학교 전 단계의 중등군사교육기관. 1870년
  오사카에서 유년학사(幼年學舍)로 출발, 1872년 육군 유년학교로, 1897년 도쿄의 유년학교를 육군
  중앙유년학교로 승격시키고, 지역에도 지방유년학교를 세웠다. 영친왕(英親王) 이은(李垠)도 이 학
  교 출신으로 육사(陸士)·육대(陸大)를 졸업했다. 종전 후 연합군사령부에 의해 육사·육대와 함께
  해체됐다.

사람들이다.

　홍사익 중장도 후자의 한 사람이었는데, 그 체험을 한 사람은 현재
로는 두 명밖에 남아 있지 않다. 한 사람은 홍 중장과 동기로 26기생인
이응준李應俊 씨, 또 한 사람은 1기 아래인 김석원金錫源* 씨다. 두 사람 모
두 한국 무관학교생으로 재학 중에 일본 유학의 명을 받아, 1909년 9월
에 일본의 육군중앙유년학교에 편입되었다. 두 사람의 유학은 동시였으
나, 이응준 씨는 예과 3학년, 김석원 씨는 예과 2학년에 편입된 탓으로 1
기의 차이가 난다.

　그들은 어떤 학교에 어떤 모습으로 왔을까? 전기前記한 이사키 씨
의 편지는 동기생이었던, 돌아간 부친의 추억을 다음과 같이 쓰고 있다.

　"'홍군 등이 편입되어 왔을 때는 한국 유년학교**의 제복에다 복숭앗빛
　견장을 달고 있었던 것을 기억한다'고 부친은 말하고 계셨습니다. 당
　시의 유년학교는 한 학년 50명, 전교생 150명으로, 교장 이하 하사관
　등 직원이 학생 수보다 많았던 모양입니다. 프랑스어반과 독일어반이
　있었는데, 어학은 상당히 철저하게 가르친 것 같습니다. 소위 외국의
　사관생도 훈련을 모방한 교육으로, 피아노까지 가르쳤습니다. 재미있

---

* 김석원(金錫源, 1893~1978). 1908년 대한제국 무관학교에 입학, 1909년 통감부에 의해 무관학교
가 폐지되자 일본육군중앙유년학교로 편입, 1915년 27기로 일본 육사를 졸업했다. 한국계 일본군 장
교로서는 드물게 실병지휘관으로 중국 전역(戰域)에서 전공을 세워 각종 무공훈장을 받았으며, 대좌
까지 진급했다. 대한민국 수립 후, 1사단장 등을 역임하고, 한국전쟁에 참전했다. 일설에 따르면, 미군
장교들로부터 "파시스트 장교"라고 경원당했다고 한다. 성남고등학교 설립자 중 한 명으로, 전역(轉
役) 후에는 5대 민의원, 원석학원 이사장 등으로 활동했다. 일본군 장교로 재임하면서 동포들에게 일
본군 입대를 적극 권유하는 등 일제에 부역했다는 이유로, 2004년 3월, "일제강점하 친일반민족행위
진상규명에 관한 특별법"에 따라 설립된 진상규명위에 의해 친일반민족행위자로 규정되었다.

** 대한제국은 1904년 9월, 일본의 강요로 3년제 육군유년학교를 설립했다.

는 것은 사관생도가 빨래를 하면 안 된다고 해서 세탁물을 보따리에 넣어 침실 낭하廊下에 놓아두면 하사관들이 보따리를 거둬다가 고용원인 세탁계洗濯係에 넘겨주었다고 합니다….”

이것을 보면 당시는 유럽 선진국을 모방해 그런 타입의 엘리트를 양성한다는 방침이 강하게 남아 있었던 것처럼 보인다.

운명은 짓궂었다. 그해 7월 6일, 일본 정부는 각의閣議에서 한국의 합병을 기정방침으로 결정을 내렸다. 물론 그것을 유학생들은 알 턱이 없었다. 그래서 아닌 밤중에 홍두깨 식으로 한일합병의 소식을 들은 것은 그 1년 뒤인 1910년 8월 22일이었다.

지금 역사를 돌이켜 보면, 그 1년 동안에 그것을 예측할 수 있는 갖가지 징후가 있었을 것이다. 그것을 깨닫지 못했다는 게 얼마간 어리석게도 보이겠지만, 그것은 후대의 편견에 불과하다. 왜냐하면 당시의 유학생은 유학을 갔던 시점에서는 일본어를 거의 하지 못했기 때문이다. 그것만으로도 정보 차단이 될 수 있는데, 더구나 중앙유년학교에 들어가면 외부와의 접촉은 거의 완전히 단절된다. 그래서 그 고충이 앞 장에서 언급한 “아오야마 묘지의 서약”을 낳게 된다.

당시의 일을 알고 있는 사람은 현재로는 이응준 씨와 김석원 씨 두 사람밖에는 없다. 다만 두 사람 모두 그 사건에 대해서는 절대로 말을 하려고 하지 않는다. “오래된 얘기다. 너무나 오래된 옛날 얘기다”라고, 이응준 씨는 말했다. 그리고 그것을 기억하고 있기에는 자신의 운명의 변화가 너무도 심했다는 의미의 말을 했다. 사실 대한제국의 군관학교 학생에서 한국 육군참모총장까지, 이응준 씨의 경력은 그것 자체로 그대로 한 편의 소설이 될 수 있을 정도로 변화무쌍했다.

김석원 씨도 기억하지 못한다고 말했다. 그것은 사실일지도 모른다. 그러나 홍 중장과 같은 26기생으로 최근에 작고한 고 이대영李大永 씨에 따르면, 유학생은 전부 그 장소에 있었을 것이다. 아마도 그것은 단도직입적으로 물어도 금방 대답할 수 없는 일, 그리고 그것을 경험한 본인에게 있어서는 이야기하고 싶지 않은 일, 평생을 두고 치욕을 느낄 문제였는지도 모른다. 그것은 어쩌면 홍 중장도 마찬가지였을 것이다.

홍 중장은 평생 동안 광무光武* 4년(1900) 6월 19일에 반포頒布된 대한제국 황제의 "군인칙유"를 지니고 있었다. 그 칙유는 일본의 "군인칙유"보다는 훨씬 간결하지만 일본의 칙유가 5개조인데 비해 6개조인 게 흥미롭다. 말하자면 충절, 예의, 무용, 신의, 검소함까지는 같은데, "군인은 말을 삼가야 한다"는 제6조가 있다. 6조로 한 것은 '육경六經'**이나 '육예六藝'***나 '육연六然'****의 전통에 따른 것으로 보이며, "이 6개조는 천지의 공도公道, 인류의 상경常經이니라"라고 끝 문장으로 이어지는 점에서는 일본의 칙유와 같다.

그래서 홍 중장은 그 6개조를 엄수하여 "군인은 말을 삼가야 한다"를 전범 법정에까지 밀고 나갔다고 여겨진다. 그 점에서 보면, 일본인 증

---

* 대한제국 고종황제의 연호(年號).

** 〈시경(詩經)〉, 〈서경(書經)〉, 〈역경(易經=周易)〉, 〈예기(禮記)〉, 〈악기(樂記)〉, 〈춘추(春秋)〉.

*** 중국 고대(古代) 주(周)나라에서 귀족 자제에게 가르친 여섯 가지 교육과목. 예(禮), 악(樂), 사(射), 어(御=馬術), 서(書), 수(數).

**** 명(明)나라의 유학자 육상객(陸湘客) 또는 최선(崔銑)이 썼다는, 선비가 지켜야 할 여섯 가지 기본자세. 자처초연(自處超然), 대인애연(對人靄然), 무사징연(無事澄然), 유사감연(有事敢然), 득의담연(得意淡然), 실의태연(失意泰然).

인 쪽은 심히 다변해서 쓸데없는 말까지 함부로 떠들고 있다.

　　일본의 칙유는 야마가타 아리토모山縣有朋*의 창작이라고 하는 것이 통설이라고 믿어지고 있는데, 양자의 유사점을 살펴 나가면 그 두 가지의 바탕이 되는 어떤 '무훈武訓'이 중국에 있고, 원래는 6개조가 아니었을까 여겨진다. 그리고 그것이 반포된 해는 1894년 창립된 사관학교가 무관학교로 개칭되어 조직이 강화되던 해였다. 러일전쟁은 그 4년 후가 된다.

　　그리고 후술할 일본 육사 15기의 이갑李甲** 씨는 러일전쟁 1년 전에 졸업하여 일본군과 함께 만주에 출정했다가, 그곳에서 한국에 귀환 명령을 받고는 한일합병 뒤에 러시아에 망명하여 항일운동에 참가했다. 한국은 일본보다 상당히 뒤늦어서, 그 무렵이 육군의 초창기였다.

---

* 야마가타 아리토모(山縣有朋, 1838~1922). 조슈(長州, 현재 일본 야마구치현) 출신의 군인, 정치가. 1882년 군인칙유를 선포했으며, 일본 육군 창시자의 한 명으로 프러시아 군제(軍制)를 도입했고, 조슈 파벌의 우두머리로 육군참모총장, 육군대신, 원수(元帥), 내각총리대신 등을 역임하며 인사를 좌지우지했다. 일본 육군의 '법왕(法王)'이라 불렸고, 지금까지도 부정적인 평가가 많다.

** 이갑(李甲, 1877~1917). 구한말의 군인, 일제강점 초기 독립운동가. 호는 추정(秋汀). 부유한 양반 집안 출신으로, 민씨(閔氏) 일족의 세도가 민영휘(閔泳徽)에게 집안 재산을 빼앗긴 뒤, 상경해 만민 공동회 간부로 활약했고, 일본으로 유학해 1903년 15기로 일본 육사를 졸업했다. 러일전쟁에 참전했고, 대한제국 육군 참령(參領)을 지냈다. 민영휘에게 돌려받은 재산으로 오성학교(伍星學校)를 설립하고, 서북학회(西北學會)를 후원했으며, 안창호가 주도한 신민회(新民會)에 참여했다. 1907년 헤이그밀사 사건 이후 고종 퇴위에 반대하다가 구금되었고, 1909년 10월 26일 안중근 의사가 이토 히로부미를 처단하자 배후로 몰려 혹독한 고문을 당했으며, 이듬해 신민회의 해외 독립거점 구축 전략에 따라 러시아로 망명했다. 그는 러시아와 연대해 독립을 꾀하고 항일무장독립운동의 거점을 마련하려 애쓰는 등 연해주 및 만주 일대 동포들의 구심점이었으며, 자신의 후원자였던 이범진(李範晉)의 사망 충격으로 근육마비의 괴질에 걸려 수년간 고통을 겪은 끝에 운명했다. 1962년, 대한민국 정부는 그에게 건국훈장 국민장을 추서했다. 〈한국민족문화대백과〉 참조.

'내 청춘에 후회는 없다'는 세대

나는 이응준 씨에게 "아오야마 묘지 건은 제쳐두고, 한일합병의 그 날은 어떻게 했습니까?" 하고 꽤나 끈질기게 질문을 했다.

"장래 어떻게 될지 모르고 해서 유학생 전부가 모여 의논을 했다. 대한제국의 군인이 될 생각으로 유학을 왔는데, 조국이 없어져 버린 것이다. 전원 퇴학을 하자는 의견도 있었고, 두세 명은 탈주를 했던 것으로 안다. 그러나 일단 공부를 계속하자는 데 의견을 모았다. 당시의 교장은 마쓰우라松浦였다. 교장의 훈시가 있었는데 '일시동인一視同仁'*, 지금까지 그대로 훈련에 전념하라고 격려했다."

그 배후에는 면학을 계속하라는 대한제국 황제의 칙유가 있었던 모양이지만, 그 이야기를 하는 이응준 씨의 얼굴에는 '더 이상 그 문제를 거론하고 싶지 않다'는 표정이 있었다. 그러나 나는 더욱 차별 유무에 대해 질문했다. "공식적으로는 없었다. 그러나 실제 사정을 말하자면, 사람에 따라 달랐다"라고, 이 씨는 짧게 대답했다. 그것은 차별이라는 문제에 대한 간결하고도 정확한 답변이었다. 그리고 27기 김석원 씨의 태도도 이와 거의 똑같았다.

이응준 씨의 말을 뒷받침해 줄 수 있는 증언이 〈도일한국인일대渡

---

* 당송팔대가(唐宋八大家)로 유명한, 당(唐)나라 때 유학자 한유(韓愈)가 지은 〈원인(原人)〉에 나오는 글로, 성인(聖人)은 "모든 사람을 똑같이 보고(一視), 모든 사람에게 똑같이 어짊을 베푼다(同仁)"는 뜻이다. 일제 침략자들이 조선인을 차별하지 않는다는 사탕발림의 슬로건으로 사용했다.

日韓國人一代, 金鐘在 口述, 玉城素 編〉에도 나온다. 신문배달을 하며 고학하고 있던 김 씨를 당시 홍 중위 부부는 항상 위로하고, 때로는 식사에도 초대해 주었다. 그는 다음과 같이 쓰고 있다.

"어느 날, 나는 '일본 군대에서는 조선인이라고 해서 차별하지는 않습니까?' 하고 물었다. 그러자 홍 중위는 보기 드물게 흥분해서, '그런데 김 군, 일본의 군대도 민족차별이라는 점에서는 민간의 경우와 다를 바가 없네. 나는 병사들의 교육부문을 담당하고 있는데, 중요한 회의가 열리면 항상 제외된다네. 인간이 차별을 받을 때처럼 분할 때가 없다네' 하고 대답했다."

그것도 '실제 사정을 한 마디로 말하자면, 사람에 따라 달랐다'는 것이겠지만, 육군 내부에 단순한 한국인 차별이 있었을 뿐만 아니라, 그때그때의 풍조에 근거를 둔 갖가지 차별이 있었던 것은 사실이다.

예를 들면, 홍 중장은 차별당하는 때도 있었다고는 하지만, 육군대학에 진학할 수 있었다. 하지만 육군 안에서 '반反 조슈長州'*의 바람이 불 때는 조슈 출신이라는 이유만으로 육군대학에 들어갈 수가 없었다. 그것 또한 가혹한 차별이지만, '나는 회의에서 제외된다'는 데에는 단순히 한국인이어서가 아니라, 홍 중위가 육대 수험 자격자라는 이유도 작용

---

* 야마가타 아리토모 사후(死後), 일본 육군 내부에서 분 조슈(長州) 지역파벌에 대한 역풍을 가리킨다. 조슈는 사쓰마(薩摩, 현재 일본의 가고시마현)와 함께, 도쿠가와 막부를 무너뜨린 메이지유신을 주도한 두 중심 지역으로, 육군은 조슈, 해군은 사쓰마가 지배한다고 해서 수많은 장교들에게 불만을 샀다. 육군의 수재로 손꼽혔으나 조슈 파벌에 의해 진급이 막혀 전역한 부친 때문에 원한을 갖고 있던 도조 히데키는 이 반 조슈 흐름의 선봉장이기도 했다. 도조 등은 육대 교관으로 있으면서 10여 년 동안 조슈 출신의 육대 입학을 가로막았고, 그 결과 조슈 출신 육군 고급간부는 씨가 말랐다고 한다.

하고 있었던 게 아닌가 생각된다. 말하자면 선망과 질시다.

육군대학에 들어가면 장래는 '홍 각하'이지만, 들어가지 못한 자신들은 별을 따지 못하는 대령이 고작이고, 앞에 말한 이사키 씨의 부친도 소령으로 퇴역했다. 마닐라에서 만났을 때 한쪽은 재소집당한 소령이었고, 한쪽은 중장이었다. 이사키 씨의 부친은 문필가로서 그 점에서는 태연한 편이어서, 두 사람은 계급을 뛰어넘어 동기생으로서 친하게 대화를 나누고 있지만, '계급장'을 떼면 무능에 가까운 평범한 군인은 그렇지 않다.

'한국인이 육군대학에 들어간다'는 것에 다소 불만스러운 감정을 가진 사람이 있어도 이상할 게 없다. 그러나 그것도 첫째는 "사람에 따라 달랐다"고 할 수 있을 것이다. 그리고 이들에 비하면 45기 이후의 한국계 장교는 확실히 달라서, 이상과 같은 굴절된 감정은 전혀 갖지 않았다고 할 수 있다. 26, 27기는 말하자면 대한제국으로부터의 최후의 유학생이었고, 그 이후 45기까지 한국계 장교는 원칙적으로는 존재하지 않는다.

명부名簿에 이름이 나오지만, 조사해 보면 이왕가의 왕족이나 그것에 준하는 특별한 왕족들이고, 사관학교가 한국인에게 문호를 개방해 일본인과 똑같이 시험을 쳐서 입학하게 된 것은 45기부터로, 한일합병으로부터 실로 18년째 되던 해였다. 간단히 말하자면 태어날 때부터 법적, 명목적으로는 일본국 국민이었던 사람에게 문호를 개방한 셈이다.

그리고 그 수험생들은 홍 중장 등과는 달리 처음부터 일본제국 육군 군인을 지향한 사람들이고, 어느 면에서는 철저하게 자신의 인생을 납득하고 적극적인 태도로 교관들의 가차 없는 질문에도 시원스럽게 대답하여 다소 오해를 살지도 모르는 태도였지만, 그들의 언동에는 '내 청춘에 후회는 없다'는 느낌마저 있었다.

그래서 나는 그 태도 속에 문득 강제수용소에서 웨스트포인트_{West} Point*를 지원해서 입학한 일본계 미국인 장교를 연상했다. 그중의 한 사람이었던 대령과 얘기를 나눈 적이 있었는데, 그도 법적, 명목적으로는 태어나면서부터 미국시민이었으나, 백인 부하를 당당하게 지휘했다는 사실이 거꾸로 그에게 태연스럽고 숫기 있는 태도로 일본계임을 주장하게 만들어, 어떤 시기의 '2세'들과는 다른 느낌을 갖게 했다.

45기 이후의 한국계 장교와 대화를 하고 있으면, 어딘지 모르게 나는, '좋다. 군인이 되어 으스대고 있는 일본인들을 코가 납작하게 만들어주자. 저런 놈들에게 당하고 있을 수만은 없다'라는 일종의 투지가 그들의 말 속에서 풍기는 듯한 느낌이 들었다. 그 때문인지 일본으로부터의 이민자나 그중 교양이 없는 벼락부자들의 오만함에 특히 반발을 느꼈다고 생각되는 한국의 상류가정 출신자가 많고, 일부 사람들은 문자 그대로 전형적인 명문名門 출신이었다.

나는 얼마간 노골적으로 '군인으로서 조선인이라는 게 장애가 된 적은 없었습니까? 진급에는 차별이 없었습니까? 부하로부터 어떤 모멸적인 반응을 느낀 일은 없었습니까?'라는 의미의 질문을 했다. 그 중 한 사람은 "사관학교에서는 표면적으로는 없었다. 부대에서는 전혀 없었다"라며, '당신도 군대 경험자라면 그 정도는 알고 있을 텐데요'라는 투로 대답했다. "나는 내가 조선인이라는 것을 숨긴 적이 한 번도 없습니다. 부임하는 동시에 부하를 전부 모아놓고 당당히 말했습니다. '나는 조선인이다. 천황폐하의 명에 의해 오늘부터 이 중대를 맡게 되었다'고. 그

---

* 미국 뉴욕주 허드슨강 남쪽에 있는 도시의 이름으로, 미국육군사관학교가 위치해 있다. 독립전쟁 당시부터 군사기지였으며, 미국육군사관학교의 별칭이다.

뿐입니다."

하기야 이건 전해들은 이야기지만, '불만이 있는 사람은 한 발 앞으로 나오라'고 했다는 사람도 있었다고 한다. 그런 말을 들으면, 내심으로야 어떻게 생각하든, 한 발 앞으로 나올 사람은 없다. 만일 그렇게 하면 천황의 명령을 명백히 거부하는 게 되어버리는 것이다. 왜냐하면 그 이전에 반드시 '명령하달식'이라는 게 있어서, 연대장이 전군을 집합시켜 놓고, "천황폐하의 명에 의해 모모 중위를 오늘자로 당 연대 제 몇 중대장에 임명한다. 따라서 중대장에 복종해 각기 그 명령을 준수해야 한다"고 선언하기 때문이다.

육대 출신은 홍 중장 단 한 사람뿐

확실히 '한 발 앞으로' 나오기는커녕, 이에 대해 이론異論은 물론, 이론이 있다는 표정을 지을 수 있는 일본인은 당시에는 어느 사회든 한 사람도 없었다. 하물며 제국 육군에서는…. 사실 정복자·피정복자 관계에서 피정복자가 정복자의 권위를 역이용해 정복자에게 대항한다는 행동방식은 어느 사회에서나 드물지 않은 현상으로, 양자의 관계는 결코 다음 세대나 외부 사람이 잘라 말할 수 있을 정도로 단순하지는 않다.

미국의 초기 흑인 민권운동가들은 종종 남부의 정통파 크리스천이 그 단어 하나 문장 하나를 절대시하는 성서를 들고 나와 그들에 대항했다. 네가 벌이는 짓은 성서에 위배된다고 맞서면, 그들은 '성서 따위가 뭐냐?'라는 식으로 나올 수는 없기 때문이다. 나는 그 말에서 얼마간 그와 비슷한 현상을 보고, 동시에 어떤 말을 연상하지 않을 수 없었다.

그 말은 더 이상 일본인도 한국인도 듣고 싶지는 않으리라고 생각하지만, 구태여 그대로를 적어 본다면, "조센, 조센, 바카쓰루나, 덴노헤이카 오나지(조선, 조선하고, 바보취급 하지 마라, 천황폐하는 같다)"는 말이다. 나와 동시대의 사람이라면 그 말에 대한 기억이 있을 것이다. 그것은 아마도 인간이 발하는 가장 비통한 말이고, 인간이 인간에게 그러한 말을 절규하게 할 권리는 없다. 그것은 길거리 같은 곳에서 일본인이 조선인에게 갖은 욕설을 퍼부을 때 참다못해 입에 담는 최후의 말이었다.

그리고 그 말을 입에 담는 순간, 일본인은 침묵을 지키지 않을 수 없다. '천황이 다 뭐야?'라고는, 물론 말할 수 없다. 그렇게 말하면 불경죄가 된다. '같지 않다'고 말할 수도 없다. 그것은 한일합병을 부정하고 한국에 대한 천황의 통치권을 부정하고, 지금 눈앞에 있는 조선인은 자기와 마찬가지로 천황의 통치를 받는 게 아니라고 선언하는 것이 되며, 한국과 한국인에 대한 천황의 권위를 부정하는 것이 된다. 따라서 그 한마디에 일본인은 침묵하고 험악한 얼굴로 상대방을 노려볼 뿐이었다.

그래서 제국육군이란 그 비통한 말이 애당초 존재하지 않는 장소였다. 어쨌든 눈앞에 서 있는 조선인은 '폐하의 신하'이고, 부하에게 있어서 그의 명령은 곧 '천황의 명령'이며, 한국인에게 천황이 있는 것과 같은 의미였다. 나는 45기 이후의 한국계 군인에게서 어렴풋이 보이는 '내 청춘에 후회는 없다'는 느낌은 여기에서 유래하는 것이라고 생각했다.

"한국계 군인으로는 이왕가의 사람들을 빼놓고는 육군대학 출신으로는 홍 중장뿐입니다만,* 여기에는 무엇인가 한국계는 장군을 시키지 않겠다는 방침, 다시 말하면 일종의 차별이 있지 않았을까요?" 나는 에두르지 않고 물어보았다. 질문의 상대는 김정렬 씨였다. 홍 중장은 김씨의 사관학교 시대에 부모 대신이었고, 보증인이었으며, 그는 영관 시절의 홍 중장에 관해 가장 많은 것을 알고 있었다.

김정렬 씨의 이야기에서 흥미로웠던 것은, 그의 가계家系는 5대에 걸친 군인집안으로, 말하자면 조선시대 무인武人의 가계이고, 숙부인 김기원金基元 씨도, 부친인 김준원金埈元 씨도 일본에 유학해 김기원 씨는 육사 15기, 김준원 씨는 홍 중장과 같은 26기다. 물론 그 두 사람도 유학생으로 일본에 건너왔는데, 어쨌든 간에 일본 육사 출신자의 가정에서 자라고 부친의 동기생이 현역 일본군 장교라는 점에서, 필시 보통사람들보다는 거부감이 덜하게 육사에 진학할 환경에 놓여 있었을 것이다.

그런 김정렬 씨의 대답은 명쾌해서, "그러한 차별이 있었다고는 생각되지 않는다. 사실은 나 자신도 쇼와 19년에 육대의 시험을 쳤으니까…"라는 것이었다. 전황戰況 악화로 결국 시험 결과도 모르는 상태가 되어 버렸지만, 한국계 장교의 수로 환산하면 차별이라는 것은 있을 수 없고, 오히려 비율이 높았던 게 아닐까 하고 그는 말했다.

육대陸大 수험경쟁

김정렬 씨는 육군대학 시험에 관한 재미있는 이야기를 들려주었다. 육대 시험에는 사단의 추천이 필요하며, 지망자가 멋대로 시험을 칠 수는 없었다. "1개 사단에서 3~4명을 추천하는데, 그 추천을 받는 게 아

---

* 한일합병 후 조선왕실의 후손들이 일본군 장교로 복무하게 된 것은 1926년에 공포된 왕공가궤범(王公家軌範) 때문이다. 이에 따라, 고종의 다섯째 아들 의친왕(義親王) 이강(李堈)의 장남 이건(李鍵, 1909~1990), 차남 이우(李鍝, 1912~1945) 등이 일본 육사를 나와 육대에 입학했다. 이건은 일본으로 귀화했고, 이우는 전쟁 말기 히로시마(廣島)에서 근무하다가 원자폭탄에 피폭돼 사망했다.

주 힘들어서, 하여튼 당시에는 추천받는 수험자 명단이 관보官報에 보도
될 정도였으니까요…"라고, 그는 말했다. 합격자가 아니라 수험생이 관
보에 보도되는 것이니까 그 시험이 의미하는 것은 현재의 도쿄대학 입
시는 비교도 안 되고, 수험생으로 추천받는 것만으로도 대단한 영광이
었으리라.

　　사단이 한국인을 추천했다는 것 그 자체가 차별이 없었던 증거일
것이라고 그는 말했다. 물론 한국인을 차별하지 않는다는 정치적 고려
가 더해졌다는 의미도 아니다. 추천은 합격이 아니니까 말이다. 합격자
가 한 명도 없는 사단이 나올 수 있다는 뜻이고, 그렇게 되면 사단의 명
예가 걸린다. 그 때문에 진짜로 합격될 가능성이 있는 장교를 뽑을 수밖
에 없고, 당연히 실력 위주의 선정을 하게 된다. 그와 동시에, 수험생은
특별대우를 받게 되어 명목상 한직閑職에 배치되어 시험공부에만 전념
하게 된다.

　　김정렬 씨는 웃으면서 극성스러운 '입시엄마'를 능가하는 당시 육
대 시험 경쟁의 뒷얘기를 들려주었다. 그와 친했던 어떤 장교는 장교집
회소에 처박혀, 사단참모 두 사람이 '가정교사'로 옆에 딱 달라붙어 필
사적으로 주입식 공부를 시켰다. "아니, 나도 예외는 아니었습니다." 그
는 쓴웃음을 지으며 말했다. "당시 나는 자바에 있었는데, 즉시 자카르타
의 최고급 호텔에서 통조림 신세가 되었습니다. 당시는 냉방이 없던 시
대라, 더워서 능률이 떨어지면 큰일이라고 해서, 방 안에 얼음덩어리를
몇 개씩 갖다 놓고는 주위에서 선풍기를 틀었습니다." 지금과 다름없는
시험 풍경이다.

　　그리고 그런 경향은 실제로 홍 중장 시대부터 있어서, 시험 당시 홍
중위는 1919년 6월 3일자로 보병1연대에서 육군성陸軍省 인사국 소속으

로 옮겨 12월 7일에 입학하고, 같은 달 15일자로 '인사국 소속을 면하게' 되었다. 그 반년간의 한직은 실제로는 시험공부 기간이었던 모양이다. 이것으로 미루어 보더라도 홍 중장의 '육대행陸大行'은 역시 그만한 실력 이 있어서였을 것이다.

그렇다면, 이런 상황이니까 차별은 '사람에게 달린' 개인적인 측면 뿐이고, 공식적으로는 전혀 없었다고 말할 수 있을까? 반드시 그렇게만 말할 수는 없다. 왜냐하면 한국계 장교로서 연대장은 한 사람도 없기 때 문이다. 하지만 홍 중장은 여단장을 역임했고, 대대장, 중대장은 얼마든 지 있다. 그러나 종전 때까지 대좌, 중좌 위로 진급한 사람이 26기, 27기 를 합해 10명이 있는데, 한 사람의 연대장도 나오지 않았다. 홍국선 씨 에 의하면 홍 중장도 한번쯤은 연대장을 경험해 보고 싶다고 강력하게 희망해 그 뜻을 올렸는데, 결국 연대장을 경험해 보지 못했다. 그 이유는 분명치 않다.

그러나 천황의 상징인 군기軍旗를 한국계 장교에 건네주는 것에 어 떤 저항감이 있지 않았을까 하고 나는 추정하고 있다. 여기에 보이지 않 는 차별이 얼굴을 내밀었던 것인지는 알 수 없다. 미국의 경우도 어느 계 급까지는 차별이 없다. 그리고 45기 이후는 차별을 느낄 수 있는 계급까 지 오르지 못하고 종전을 맞이한 탓에 실감하지 못했는지 모르지만, 이 점은 실제 사례가 없기 때문에 입증할 수는 없다.

이렇듯 쌍방으로부터 받은 인상의 차이로 미루어 보더라도, 유학 생에게 있어서 한일합병은 지금까지도 마음의 상처를 남기는 실로 거 대한 충격이었다고 생각한다. 무리도 아니다. 신흥국가에서 국가의식이 가장 강한 것은 언제나 군인이고, 새내기 군인들은 오히려 그보다 더 강 하니까.

그러나 역사는 개인의 감정을 돌아보지 않는다. 1910년 8월 29일에 조인되고 칙서가 나와, 조선왕조 27대의 통치는 519년으로 끝났다. 그 며칠 후인지는 모르지만, 아마도 어느 일요일엔가 한국인 유학생들은 은밀하게 아오야마 묘지에 모였다. 어째서 아오야마 묘지가 선택되었는지는 알 수 없으나, 그 전에 유학생 일동은 이치가야市々谷, 오늘날 자위대 근처에 있던 고토운송점後藤運送店 2층에 모였을 것이다. 당시 한국 유학생들은 '계림회鷄林會'라는 친목단체를 조직하고 있었고, 그곳 2층이 그 회원들의 '일요하숙'이었다.

'일요하숙'이라고 하면 요즘은 무슨 말인지 모르겠지만, 당시 유년학교, 사관학교의 생도가 외출할 수 있는 것은 일요일뿐이었고, 일요일에 외출해서 모이는 장소를 '일요하숙'이라고 불렀다. 군대에서도 그렇지만 일요일의 외출이란 원칙적으로는 놀러 나가라는 게 아니고, 각자가 자신의 가정으로 돌아가 부모에게 씩씩한 모습을 보여주고 훈련의 성과를 보고하는 것이 목적이다.

그런데 사관학교 생도들은 일본 각지에서 선발되어 왔으므로, 대부분은 일요일에 돌아갈 집이 없다. 그렇다고 이른바 환락가에 발을 들여놓는 것은 당시에는 엄격하게 금지되어 있었고, 그런 장소에서 발각되면 즉시 퇴학이었다. 그래서 각 지역의 옛 번주藩主*가 스폰서가 되어, 자기 지역 출신 사관생도를 위해 각자의 저택을 개방하고 있었다. 메이지明治**때까지는 옛 번藩에 속해 있다는 의식이 남아 있었기 때문에, 그것은 아주 흔한 일이었다.

그러나 한국인 유학생에게는 그러한 스폰서의 저택이 없었다. 명목상으로야 이왕가가 일요하숙을 마련해주면 좋겠지만, 그것은 정치적으로 꺼려지는 바였을 것이다. 그것을 안타깝게 생각했던지, 이치가야의 운송점이 2층을 한국인 유학생들에게 내주었다. 그 가게의 주인 마나님은 메이지 시대의 의협심으로 가득한 사람으로, 가족처럼 한국인 유학생의 뒷바라지를 해주었던 것 같다. 또 회식비와 기타 명목으로 이왕가가 20엔을 '계림회'에 하사했는데, 그것이 이왕가가 할 수 있는 한계였을 것이다.

일동은 그곳에서 아오야마 묘지로 가서 한일합병에 어떻게 대처해야 하는지 논의했다. 고 이대영 씨(육사 26기)가 말한 것을 전해들은 바에 따르면, 비분강개하는 사람도 있었고, 전원 즉각 탈주해서 귀국하자는 주장도 나왔다. 그리고 결국 일동은 홍洪 생도生徒에게 의견을 구하게 되었다. 하지만 다른 이야기도 있는데, 의견을 요청받은 사람은 김광서 씨로, 대표로 의견을 물은 사람이 홍 생도 아니었느냐고 말하는 사람도 있다.

김광서 씨가 만약 참석했다면, 그는 23기이고 홍 생도는 26기의 수석首席***이니까, 그렇게 하는 게 순서였을 것이다. 그게 어느새 홍 생도로 바뀐 이유는, 그는 수석으로서 항상 지휘자의 위치에 있었고, '홍 생도 이하 몇 명, 집합 끝!' 하는 식으로 교관에게 보고를 하고 있었기 때문

---

* 봉건시대 영주(領主)의 일본식 호칭. 영지(領地)를 번(藩), 영주(領主)를 번주(藩主)라 했다. 메이지 유신 이후 "폐번치현(廢藩置縣)", 즉 근대적 지방행정제도를 도입하면서 사라졌다. 한편, 번이나 번주는 도쿠가와 막부 때 유학자들이 고대 중국의 번국(藩國)에서 착안해 붙인 이름으로, 당시의 공식용어는 아니었다는 주장도 있다.

** 무쓰히토 일왕(재위 1867~1912)의 연호(年號). 즉위한 이듬해인 1868년, 연호를 메이지(明治)로 고쳤다. 그의 재위기간 중 일본의 근대화가 시작됐고, 청일전쟁 및 러일전쟁에서 이겨 당시 세계를 지배하던 제국주의 열강(列强)의 대열에 합류한 까닭에, 그 시기는 이른바 '메이지지다이(明治時代)'라 해서 일본 국민에게 자국의 현대사에서 가장 풍운(風雲)이 가득한 활기찼던 시대로 기억된다.

*** 홍사익은 일본 육군사관학교 26기의 한국계 생도 중에서 수석이었다.

에, 모두의 뇌리에 항상 그의 이름이 새겨져 있었던 탓이 아닐까 하는 견해도 있다. 어느 쪽이 맞는지, 그 장소에 있었고 그 이야기를 사람들에게 전했던 이대영 씨가 고인이 된 현재로서는 확인할 길이 없다.

그러나 그 이야기를 몇 번이나 직접 들은 홍국선 씨의 말은 사실에 가까울 것이라고 생각된다. 그의 말에 따르면, 그때 홍 생도의 의견은, 지금은 배울 수 있는 데까지 배우고 흡수할 수 있을 만큼 흡수해서, 그 위에 실무를, 가능하면 실전까지도 경험해서 충분히 자신이 붙을 때까지 은인자중해 기회를 보아 일을 성사시키자는 결론이었다. 유학생 일동은 이를 승인하고 맹약한 뒤 헤어졌다고 한다.

한국계 장교의 정신적 지주

그때 내가 문득 생각해낸 게 '유서'라고 할 수도 있는 홍 중장의 최후의 편지의 한 구절이었다. "과거를 돌이켜보면 초지를 관철한 것이 하나도 없어 송구스럽기 짝이 없고…." 이것이 당시 기준으로 모든 일본인이 부러워하는 초엘리트코스를 걸고, 군인사회에서 만인에게 선망을 받는 계급에 오른 사람의 말일까? 그러한 말이 45기 이후의 장교들 입에서 나오리라고는 생각되지 않는다. 그 말을 따져 보면, 홍 중장의 '초지初志'는 아마도 일본제국 육군의 중장이나 대장이 되는 것이 아니고, 다른 일이었던 것이리라.

그렇지만, 아오야마 묘지의 밀회로부터 그 편지를 쓰기까지는 34년이라는 세월이 흘렀다. 그것은 확실히 짧은 기간은 아니다. 하지만 그래도 그 서약은 잊지 못했을 것이다. 그도 그럴 것이, 홍 중장이나 이응준 씨나 모두 그날 이후 그것을 잊지 못하게 만드는 현실의 문제에 대처하지 않으면 안 되었으니까.

한일합병은 일반 일본인에게는 현실 생활과 관계가 없고, 어떻게 되든 몸을 짓누르는 삶의 문제는 될 수 없었다. 따라서 끝났다면 끝난 일로, 잊어버려도 그만인 기정사실이었다. 그러나 홍 중장들은 그럴 수가 없었다. 그날을 고비로, 이응준 씨는 망명해 항일운동에 뛰어든 장인 이갑李甲 씨를, 또 홍 중장들은 김광서 씨와 지대형 씨의 가족을 각기 여러 면으로 돕고 있었기 때문이다.

그 어느 것이든, 예외를 제외하면, '비정치적 원조와 접촉'이라고는 하지만, 하나의 현실 문제로 그 상황을 빚어내고 그것에 대처하지 않으면 안 되게 만든 게 한일합병이라는 것을 그이들은 단 하루도 잊을 수가 없었던 것이다. 그것이 정복하는 자와 당하는 자의 차이이고, 그 차이는 그런 상황을 일상생활에서 실감하지 않으면 좀처럼 이해할 수 없는 일이라고 생각한다.

이 같은 상황을 어느 정도 짐작하게 해주는 게 한국계 장교의 등사판 인쇄 회보로, 앞에서 말한 '전의회'의 기관지 〈전의全誼〉의 기사다. 그 회의 설립자 중에 김광서, 홍사익, 이응준 세 사람이 있다는 것은 앞에서도 말했지만, '전의회'의 주요책임자로서 회보會報 발행인은 1917년까지는 홍사익, 18년이 이응준, 20년에 다시 홍사익으로 돌아가 22년까지 계속되고, 다음이 김석원으로 되어 있다.

따라서 그 회의 운영을 실제로 맡은 중심인물은 젊은 날의 홍 중장이었다. 또한 홍 중장이 간사를 그만둔 뒤에도 그의 소식은 자주 회보에 올라, 몇 년 몇 월 어디로 이사했다든지 언제 참모본부로 배치되었는지가 상세히 실려 있다. 그 기사들로 미루어 보아도 그는 시종 한국계 장교의 정신적인 중심이었다고 할 수 있다.

　그리고 거기에 때때로 얼굴을 내미는 게 김광서 씨와 지대형 씨 가족의 소식과 회비에서 두 가족에게 보낸 송금 보고 및 지원 요청이다. 등사판이기 때문에 곳곳에 잉크가 번져서 읽기가 힘들지만, 다이쇼大正*11년(1922) 5월 20일에는 12인이 발기인이 되어, "… 사정은 여러분도 아는 바와 같이 지대형 씨 부인의 그 후 생활 상황은 극도로 곤궁하여 … 자녀 3명과 함께 동가식서가숙하는 형편으로 … 끼니를 거르는 실정이라 …"는 호소나, "지池 부인의 여비를 첨부한 표와 같이 103원 모집…" 하는 식의 짧은 보고가 있고, 덧붙여 생계지원을 위해 "재조선 회원 여러분은 5원 이상, 재일본 회원은 3원 이상, 재외국 회원은 5원 이상"의 기부를 구하는 문서가 있다. 또한 다이쇼 13년(1923) 6월 24일자 회보에는 김광서 씨와 지대형 씨에 관한 다음과 기록이 있다.

큰 강의 물도 조그만 개울로부터 모인다

● 지(池) 부인 및 그 가족 임시 원조의 건 통보

1. 지(池), 김(金) 두 부인은 그 자녀들과 함께 무사히 살아가고 있으나, 특히 지 부인의 생활은 실로 눈 뜨고 볼 수 없을 정도로 비참한 상태에

---

* 요시히토 일왕(재위 1912~1926)의 연호(年號). 역대 천황(天皇)과 달리 서민적이고 자유분방한 일면이 있어 국민들에게 "얼굴을 보이는 천황"으로 받아들여졌다. 재위기간 동안 서양으로부터 유입된 다양한 사상(思想)·사조(思潮)들이 활발하게 날개를 편 덕분에, 그 시기는 "다이쇼 데모크라시"라 불리며 일본 현대사에 있어서 민주주의의 상징이 되었다. 하지만 그 시기는 일본이 국제연맹의 상임이사국이 되는 등 군국주의로 가는 기로(岐路)에 서 있던 이율배반적인 시대였다. 선천적으로 병약해서 재위 후반기에는 장남 히로히토에게 섭정(攝政)을 맡겼다.

있고, 지금까지 5~6년 동안 목숨을 부지해 온 것은 순전히 동창생 전원의 열렬하고 두터운 동정과 원조에 힘입은 것임은 물론, 이 대위, 윤 중위 두 형들이 대단히 힘을 쓴 결과라고 굳게 믿어 의심치 않는다. 박봉을 받아 자신의 앞가림조차 힘든 터에 길거리에서 헤매는 전우의 가족을 원조한다는 것은 실로 이치가야의 우리들 전우*가 아니고서는 도저히 할 수 없는 일이다. 지금 지 부인은 입으래야 입을 옷이 없고, 어린 자식에게 조석으로 먹일 빵조차도 구할 수 없는 상태에 놓여 있으니, 매우 송구스러운 부탁이지만 여러분께서는 다시 한 번 동정을 베풀 것을 부탁하는 바이다. 만일 찬동하는 사람은 각자 형편에 따라 1원 내지 2원씩을, 오는 7월 5일, 또는 7월 26일까지 회비와 함께 간사에게 보내주면 좋겠다. 이미 알고 있는 바와 같이 지 부인은 의지할 친지도 없고 친척도 없으니, 우리들 동창생이 원조하지 않을 경우에는 굶어죽는 수밖에는 도리가 없다. 원컨대 의협심 많은 여러분의 또 한 번의 도움을 청하는 바이다.

2. 김 부인은 수년 이래 부채와 생활난에 도저히 견딜 수가 없어, 작년 겨울 소유하고 있던 가옥을 매각해 부채를 정리하고 생계를 유지하고 있는데, 그럼에도 김 부인은 지 부인의 비참한 상황을 동정해 가옥 매각 때 일금 100원을 지 부인에게 기부했다고 한다. 그 의기 장하다고 할 만하다. (이하 생략)

● 회원의 신상 이동에 대해서(동년 11월 29일자)

2. 지 부인은 올해 7월경 친지의 주선에 의해 장남 및 … (불명) … 생

---

* 홍사익이 재학하던 시절, 일본육군사관학교는 도쿄 이치가야에 있었고, 정확한 명칭은 육군사관학교 본과였다.

활을 위해 만주 방면으로 영주 목적을 갖고 고향을 등지게 되어, 장녀 한 명만을 남겨두고 (중략) 슬프게 경성을 떠났다. 당시 소생은 출발 전 여러분이 낸 임시원조금 … 을 지 씨에게 보내 여비 및 채무 정리를 보조해 주었다. … 지 씨는 출발에 임해서 오랜 동안 우리들 회원의 열렬한 동정에 감격하여 여러분에게 인사를 전해 달라고 부탁했다. 아아, 인생의 운명은 예측할 수가 없도다. 부모가 귀여운 자식을 홀로 남겨 두고 떠나고, 남은 자식은 따뜻한 부모의 품을 떠나기 싫어 울면서 발버둥치는 것을 목격하다니, 이 얼마나 비통한 일인가? … 회고해 보면 회원 일동은 곤란한 생활 상태에 있으면서도 회원 상조 때문에 마지막까지 우인友人 가족을 버리지 않고 구제하기 위해 분투한 것은 의무라고는 하지만, 뜻있는 자 누구나 눈물을 흘리지 않을 자가 있으랴? … 특히 여기에 특기할 만한 일은 앞장서서 회원 상조를 위해 발기인이 되고, 그 때문에 오랜 동안 수고해 준 홍사익 씨의 노고를 깊이 치하하는 바이다 ….

● 잊기 힘든 친구들의 그리운 목소리(다이쇼 14년 1월 7일자)

14. 김 부인의 가족은 무사히 지내고 있다. 여러분께 안부를 부탁했다. 회원 일동을 대표해 연말에 위문을 갔다.

15. 지 부인은 경성 출발 후 가장 확실하게 뜻있는 생활을 보내고 있다는 이야기를 들었다. 부인의 장래 다복다행(多福多幸)을 빈다. 장녀도 무사히 학교를 다니고 있다.

● 잡보雜報(다이쇼 15년 12월 1일자)

2. 지 부인의 장녀는 진명여학교에 다니고 있지만, 생활고 때문에 멀리

모친을 찾아 이국의 땅으로 떠나겠다고 해서, 보다 못한 재경동창회
유지가 학용품값으로 금일봉을 보냈다.

한국계 일본군 장교들의 친목모임 전의회의 회보 〈전의〉

이와 유사한 기록은 이상 열거한 외에도 많이 있으며, 김광서 씨의
가족도 만주에 간 것 같은데 기사에는 적혀 있지 않아, 그들 사이에서는

주지周知의 사실이었던 무엇인가를 알아내지 못하는 한 어떻게 된 것인지 알 수가 없다. '김광서가 김일성이라는' 설은 매우 흥미롭고, 그 설을 사실처럼 말하는 사람들이 많았다.

그러나 그 일에 대해서 무엇인가를 알고 있는 사람이 있다면, 이응준 씨와 그 당시 간사인 김석원 씨 외에는 없다. 그러나 두 사람 모두 그 일에 대해서는 전혀 아는 바 없다는 것이었다. 그러나 위의 글을 읽어 보면, 표면적으로는 확실히 두 사람의 가족에 관한 것으로, 항일운동에 참가하고 있는 두 사람에 대해서는 전혀 언급하고 있지 않다. 그러나 그 기술도 또한 간접적으로는 두 사람이 무사히 활약하고 있다는 보고로도 볼 수가 있다.

좀 더 읽다 보면, 약간 놀라운 것은 두 사람을 성원하고, 마음속으로 공감을 표시하는 듯이 보이는 격렬하고 암시적인 기술이 눈에 띈다는 점이다. 예를 들면 위에 그려진 지도다. 김광서, 지석규(지대형 씨를 가리킨다) 두 사람과 그 가족이 기록되고, 그 밑은 공백이고, 그 아래 지도가 있다. 그것은 제대해서 다른 직업으로 진출한 육사 출신자의 명부로, 두 사람도 제대군인 속에 들어 있는데 다른 사람의 직업란에 해당되는 부분이 공백이고, 다른 사람의 근무처와 주소에 상당하는 곳에 지도가 있다.

그렇다면 그 지도와 그 위의 격문이 두 사람의 직업과 주소에 해당한다. 그 지도에는 러시아령, 중국, 조선, 일본은 각기 분명히 다른 나라로 그려지고, 그 위에 (1)잊지 말자, 동양의 현상을 (2)큰 강의 물도 조그만 개울로부터 모인다 (3)전진하자, 민족 지도指導를 위해 (4)나를 버리고 서로 회원을 위해 친구를 위해 일합시다, 라고 쓰여 있다.

조그만 개울이 김, 지 두 사람을 가리키고, 전진하라가 두 사람에 대한 격려의 말이며, 그 다음 (4)를 자신들도 동지라는 의미로 해석한다면 그 이외의 해석이 있을 수 있을까? 그이들이 평생 마음속 깊이 간직하고 있었던 것은 한국의 독립이라고 생각할 수밖에 없을 것이다.

필적을 따져 보면, 그것을 쓴 이는 김석원 씨였다고 믿어진다. 그리고 그 사람이야말로 한국계 장교로서 유일하게 "긴시金鵄"* 훈장을 받은 사람으로, 전형적인 일본제국 군인이며, 항상 일선에서 대소 합계 56회의 전투를 지휘한 문자 그대로의 용장勇將이어서, 그런 그가 그 글을 쓴 것이니까 더욱 흥미 깊은 것이다. 그러나 그 용장에게도 항상 내심에 걸리는 게 있었을 것이다. 다이쇼 13년 6월 20일자 회보의 "여러분의 현황"란欄 말미에 자신의 소식으로 "김석원은 여러분이 이미 아시다시피 다만 빵을 구하기 위해, 살아가기 위해 무의미한 세월을 보내고 있는 상태다"라고 쓰고 있다.

그 밖에 다음과 같은 문장도 있다.

● **국내 정보**(다이쇼 14년 1월 7일자)
1. 어느 곳이나 불경기이고 민심은 불안하다. 조선인은 평소부터 직업이 없었기 때문에 먹을 것이 없고, 엄동설한에는 입을 옷이 없는 비참한 상태다. 특히 생활난 때문에 이미 재학 중인 보통학교** 생도는 전국에 걸쳐 2~3할 줄었다고 한다. 그것만 보아도 얼마나 비참한가를 알

---

* 1890년(메이지 23년) 제정된 일본의 훈장. 군인 및 군속(軍屬)을 대상으로 하며, 공일급(功一級)부터 공칠급(孔七級)까지의 등급이 있다. 종전 후, 1947년 현재의 일본 헌법이 제정되면서 폐지됐다.

** 현재의 초등학교.

수 있을 것이다. 그것이 모두 누구의 죄인가? 돌이켜보면 이조李朝 500년의 비정秕政*과 한국시대韓國時代** 행정관들인 무도한 귀족계급의 폭정에 의해 생긴 결과라고 믿는다. 그럼에도 그들은 일반 민중을 위해 사회를 위해 아무 일도 하지 않고, 첫째도 둘째도 자신의 이익을 위해 날뛰며 부끄러움을 모르는 그들은 사리사욕을 위해 당파를 만들어 낮과 밤을 가리지 않고 암중비약暗中飛躍을 계속하고 있다. 망국적 정신병자들에게는 어떤 약도 효과가 없다. 그들의 씨를 ○○하게 하라. 조선은 조선인 2천만 민중의 조선이지, 결코 일부 귀족의 조선은 아니다.

여기에 나온 "○○"은 처음부터 복자伏字***라서 무엇인지 알 수 없으나, 아마 당시 한국 상층부와 관계가 깊던 일본의 어떤 기관이나 집단을 가리키는 것일 것이다. 그렇다면 여기에 쓰인 분노의 대상은 오히려 일본으로, 이씨 왕조나 귀족은 일종의 암호나 전제로써 "그럼에도 그들은…"의 내용은 더 넓은 것일지도 모르며, 동시에 당시의 일본을 보고 조선이 좀 더 정치적으로 유능했더라면 하는 아쉬움도 물론 포함되어 있을 것이다.

그 〈전의〉 회보에도 당시 한국계 장교의 진정이 그대로 표출되어 있다고는 할 수 없다. 다만 등사판 인쇄로 회원에게만 배포한다는 안심에서, 공식적으로는 절대로 입에 담지 못할 일이나 항일운동을 하고 있

---

* 백성을 괴롭히는 가렴주구, 나쁜 정치를 이르는 말.

** 일본군 장교 신분이라서, 대한제국(大韓帝國)을 한국(韓國)으로 표기했는지도 모른다.

*** 글자가 들어가야 할 자리를 어떤 이유 때문에 일부러 비우고, 그 자리에 ○ 따위를 채워 넣는 것을 말함.

는 사람들과의 간접적 연락까지 드러나 있다. 그리고 의외로 생각되는 것은 메이지 말기부터 다이쇼에 걸쳐 일본 육군 내부에서 한국계 장교가 이와 같은 회보를 절반쯤 공공연하게 발행하고도 무사했다는 사실이다.

왜냐하면, 이런 회보는 입수하려고 마음먹으면 헌병은 입수가 가능하고, 또한 입수했으리라 생각되기 때문이다. 나는 처음에는, 어찌 그리 태연할 수 있었을까 생각했지만, 이응준 씨의 권총 사건 이야기를 듣고 나서는, 이 정도 일이라면 당시의 일본군인은 보아도 못 본 체했다 해도 당연한 일이었으리라고 고쳐 생각했다. 군대라 하더라도, 시대의 영향은 받는다. 제국육군도 결코 메이지시대 초부터 일관해서 태평양전쟁과 같은 상태였던 것은 아니다. 이는 이사키 씨의 〈유년학교의 피아노〉에도 표현되어 있다.

불문에 붙여진 탈주 미수

앞에서도 말했지만, 지대형 씨의 탈주는 1919년, 그 당시 그의 임지는 오카야마岡山였다. 그리고 그 탈주 계획은 단독으로 계획된 것이 아니고 사실은 이응준 씨와 공동계획으로, 두 사람은 따로따로 행동해서 평양에서 만나 만주로 망명할 예정이었다. 만주를 선택한 것은 필시 먼저 망명한 이응준 씨의 장인인 육사 15기 이갑 씨가 시베리아에 있었기 때문일 것이다.

그런데 어떤 사고로 이 씨는 그 기차를 타지 못하고, 지 씨만이 단독으로 만주로 가는 결과가 되어 버렸다. 그 사건은 얼마 뒤 발각됐다.

그러나 이응준 씨는 불문에 붙여졌다. 당시 조선군사령관 우쓰노미야宇
都宮 대장이 '불문에 붙여라'라고 명령했기 때문인 것 같다. 과연 '정치적
이유로 묵인한 것인가?'라고 생각했지만, 그 다음에 다시 '권총 사건'이
뒤를 잇자 그렇게 생각할 수도 없게 됐다.* 그러한 사건이 있었다는 것을
이응준 씨는 부정하지 않았으나, 자세한 것을 말해주려고 하지는 않았
다. 그러나 부인은 자신의 아버지 이갑 씨에 대해서 상당히 명확하게 말
해주었다.

이갑 씨는 현재 애국자로서, 또한 독립운동의 선구자로서 가장 존
경받고 있는 인사 가운데 한 사람이라고 한다. 부인은 노령에도 불구하
고 매우 명석하고 의지가 강한 듯한 느낌을 주었다. 이갑 씨는 페테르부
르크에서 얼마간 활동을 하다, 연해주로 와서 무린, 니콜리스크, 블라디
보스토크에 있다가 병으로 그곳에서 작고했다. 이응준 씨에게 직접 연
락이 닿지는 않았지만, 현재의 지바千葉 의대 유학생이던 그의 조카를 통
해 연락이 끊이지 않았기 때문에, 병세나 경과는 알고 있었다. 그래서 부
인은 만주를 경유해 시베리아에 가서 최후까지 간병을 했다고 한다.

시일은 확실치 않지만 아마 이갑 씨가 연해주에 와 있을 무렵이었
을 것이다. 어느 날 한 사나이가 이응준 씨를 찾아와서 권총을 보내달라
는 이갑 씨의 요청을 전달했다. 이응준 씨는 자신의 권총을 그에게 건네
주었다. 그런데 그 사나이가 헌병에게 체포당했다. "이른바 불온분자라

---

* 이하 '권총 사건'을 기술한 대목은 저자와 이종찬의 착각일 수도 있다. 첫째, '권총 사건'은 1920년
에 있었던 사건으로, 1917년 사망한 이갑과는 관련이 없다. 둘째, 이응준이 이갑의 무남독녀 이정희
와 결혼한 것은, 그가 1918년 8월 블라디보스토크의 일본군 파견군사령부에 배속된 이후의 일이다.
그러나 이응준은 1906년부터 이갑을 알았고, 그의 배려로 그의 집에서 기거하며 무관학교에 입학했
다. 두 사람의 결혼은 이갑의 유언에 따른 것이며, 이정희가 아버지를 찾아와 간병하고 임종을 지킨 것
역시 사실이다. 〈한국민족문화대백과〉 참조.

는 이유였지요." 나에게 그 이야기를 들려준 사람은 약간 야유조로 말했다. 그 사나이는 자백을 하지 않았다. 그러나 권총에는 번호가 새겨져 있고, 그 일련번호는 부대에 등록이 되어 있다. 따라서 그것이 이응준 씨의 권총이라는 것에는 의문의 여지가 없었다.

일본군 장교가 항일운동의 지도자에게 자신의 권총을 보내 주었으니 실로 중대한 문제로, 웬만한 방법으로는 해결될 수 없는 게 보통이다. 그리고 그것은 일본뿐만이 아니라 어느 나라에서도 마찬가지로, 불문不問이란 있을 수 없었다. 그는 취조를 받았다. 그러나 그 직전에 "단호하게 일체를 부정否定하라"는 지시가 그에게 내려왔다. 그것이 어디서 내려온 것인지는 모른다. 그래서 그 부정으로 모든 일이 끝나 버렸다. 그 취조는 필경 '형식'을 갖추기 위한 것이었을 것이다.

그런 것을 보더라도, 〈전의〉 회보의 '격문' 따위는 애당초 문제가 될 턱이 없었다. 도대체 그것은 어찌된 영문일까? 그곳에는 쇼와시대의 일본군과도, 일본인과도 다른, 또 하나의 '얼굴'이 있는 것처럼 생각되었다. 나는 그 점에 관해 여러 사람들에게 물어 보았다. 그리고 가장 명확하게 대답을 해준 사람은 이종찬李鍾贊* 씨였다.

---

* 이종찬(李鍾贊, 1916~1983). 한국계 일본군 장교, 대한민국의 군인, 정치가. 일본 육사를 졸업하고, 공5급(功伍級) 욱6등(旭六等) 긴시 훈장을 받았으며, 일본 육군 공병 소조로 뉴기니에서 종전을 맞았다. 대한민국 정부 수립 후 육군 대령으로 임관해 한국전쟁 때 육군참모총장에 임명되었다가, 1952년 5월 직선제개헌을 관철시키려는 이승만의 계엄령 선포 요구에 반대해 해임됐다. 4월혁명 이후 육군 중장으로 예편해 과도내각에서 국방장관을 역임했으며, 박정희 정권에서 주이탈리아 대사, 유정회 의원 등을 지냈다. 2004년 3월, "일제강점하 친일반민족행위 진상규명에 관한 특별법"에 따라 설립된 진상규명위에 의해 친일반민족행위자로 규정되었다. 그의 조부(祖父)는 대한제국의 주일전권공사·외무대신·법부대신이었고, 한일합병 이후 일제로부터 자작(子爵)의 작위(爵位)를 받은 이하영(李夏榮)이다. 장남인 이종찬은 조부-부친으로 이어진 작위를 습작(襲爵)하지 않았다고 한다. 〈참 군인 이종찬 장군〉(강성재, 동아일보사, 1986) 참조.

"메이지 시대의 일본인은 지사志士를 대하는 법을 알고 있었다. 또한 정情을 표시할 줄도 알았다. 일본인이 도의적으로 타락한 것은 쇼와시대에 들어서부터다. 그렇기 때문에, 당시 일본 군인이 한 행동을 현재의 일본인은 이해를 할 수 없을 것이다."

이상의 지적은 쇼와시대 사람들에게는 의외일지도 모른다. 메이지 시대의 일본인은 한국인에 대해 가혹하고 오만했고, 쇼와시대 특히 전후 세대는 민주적이고 평화적이며, 한국도 독립을 했으므로, 한국인으로부터 쇼와시대 사람들이 메이지 시대 이하라는 평가를 받으면 화를 낼지도 모른다. 그러나 이종찬 씨의 말을 듣고 있는 동안, 내게는 문득 생각나는 일이 있었다.

듣고 싶지 않은 말은 들리지 않는다

그것은 메이지 시대 사람들이 유교 내지는 유교적 교양이라는 점에서 한국인과 공통의 규범과 가치관을 가졌고, 도쿠가와 시대 이래의 모화사상慕華思想, 한국과 중국을 동경憧憬하는 사상이 아직도 남아 있었으며, 지금은 아무도 모르는 한국의 유학자 이퇴계李退溪의 이름과 존경의 기억이 메이지 시대에는 남아 있었다는 사실이다.

홍 중장은 일본에 유학 왔을 때 사서오경四書五經*을 전부 암송하고 있었다고 한다. "허어" 하고 내가 놀라니까, 홍국선 씨는 "하지만 당시는

---

* 사서(四書)는 〈논어(論語)〉, 〈맹자(孟子)〉, 〈대학(大學)〉, 〈중용(中庸)〉이며, 오경(五經)은 〈시경(詩經)〉, 〈서경(書經)〉, 〈역경(易經=周易)〉, 〈예기(禮)〉, 〈춘추(春秋)〉.

그러한 사람이 일본에도 적지 않았을 것입니다"라고 말했다. 한국과 비교하면 훨씬 적겠지만, 그 말을 듣고 보니 그랬다. 말하자면 공통의 성전聖典, 공통의 근거, 공통의 규범을 가지고, 거기에 기초해 얼마만큼은 유사성을 갖는 도덕률과 상식을 함께 갖고 있었던 것이다.

나는 그때 문득 서구에 있어서 성서聖書를 연상했다. 독일과 프랑스가 아무리 싸워도 적어도 제1차 대전까지 양자에게는 공통의 성서, 공통의 근거를 갖고 같은 문화권에 속한다는 일종의 '안심'이 어딘가에 있었다. 말하자면 상대방의 근거를 서로가 알고, 어딘가에 공통의 척도가 있으니까 '이럴 때는 이렇게 해야 한다. 이렇게 해야 당연한 것이다'라는 상호 간에 양해할 수 있는 무엇인가가 있었고, 그게 당연하다고 서로 생각하고 있었다.

그랬던 게 확실히 메이지 시대 사람과 당시의 한국인 사이에는 있었다. 이종찬 씨는 계속했다. 우선 이갑 씨는 지사였다. 몸을 던져 나라를 구하려고 했다. 그런 사람에 대해서는 설사 적이라 하더라도 존경하고 예의를 다하는 것이 당연하며, 그것이 바로 메이지 시대 사람들의 사고방식이었다.

그런데 쇼와시대의 일본인에게는 그것이 없다. 싱가포르가 함락되었을 때 나는 대대장으로 도요바시豊橋에 있었는데, 뉴스영화 포스터에서 야마시타 대장이 퍼시벌 사령관에게 주먹을 휘두르는 것을 보고 분노를 느꼈다. 승패는 병가의 상사가 아닌가? 패장을 향해 주먹을 휘두르다니, 그게 무슨 짓인가? 상대방도 조국을 위해서 목숨을 걸고 싸우지 않았는가? 무운이 없어서 패한 것을 가지고 왜 자신과 똑같이 목숨을 걸고 싸운 사람을 존경하지 않는가? 어째서 그 사람에게 무례한 행동을 하는가? 도대체 그것이 패장에 대한 예의인가?

"나는 너무나 분개한 탓에 오노구찌小野口라는 친한 대령을 찾아가서 토론을 벌였다"고 이종찬 씨는 말했다. "오노구찌 대령은 여러 가지로 변명을 했다. 그래서 나는 오노구찌 상, 말도 안 되는 소리는 하지도 마십시오. 수사영水使營*에서 노기乃木 대장이 패장인 러시아군의 스텟셀 장군에게 그런 태도를 취했습니까? 그토록 도의적으로 퇴폐하면 일본은 멸망하고 맙니다."

'이종찬 씨는 청렴결백하고 말을 꾸미지 않고 직언直言하기로 유명하다'는 말을 나중에 들었으나, 과연 그는 거침없이 발언했다. 다만 이 말 뒤에 이어서, "나중에 조사해보니 야마시타 상의 태도는 그 포스터와는 달랐던 것 같은데, 그런 포스터를 사람들이 보도록 붙였다는 게 퇴폐"라고 덧붙였다. 확실히 이 문제는 러일전쟁과 태평양전쟁 때 포로를 취급하는 태도의 차이, 전후 일본의 '승자에 대한 아첨'과도 통하는 문제일 것이다.

"그러니까 그 권총 사건은 당시의 일본인에게는 '조국을 위해서'를 아는 한국계 장교라면 그렇게 행동한 게 무리도 아니라는 감정이 있었던 것이다. 권총을 보내달라고 하는데 주지 않는 것은, 이응준 씨 쪽에서 보면 지사를 대접하는 자세가 아닐뿐더러 장인의 부탁을 거절한다는 것은 인정상 할 수 없었을 것이다. 그와 마찬가지로, 그 사실을 알게

* 요동반도 남단의 군항(軍港)인 뤼순(旅順) 근교(近郊)에 있던 옛 청나라 북양함대(北洋艦隊) 사령부. 러일전쟁에서 일본군이 러시아의 뤼순요새를 함락시킨 뒤, 이곳에서 일본군 사령관 노기 마레스케(乃木希典) 대장과 러시아군 요새사령관 스텟셀 중장이 항복 조인식을 가졌다. 노기 마레스케는 '무사의 온정을 간직한 최후의 사무라이'라는 평을 들었을 만큼 전통적 예의범절에 투철한 군인으로, 패장(敗將)인 스텟셀을 최대한 예우했다고 한다. 이 장면은 떠오르는 일본의 국력을 상징하는 소재로 채택되어, "수사영의 회견"이라는 제목으로 당시 일본 초등학교 교과서에 실리고, 노래로도 만들어지는 등, 일본 국민들에게 널리 선전되었다.

된 일본군 간부 역시 그 일로 이응준 씨를 처벌한다는 것은 인정상 차마 할 수 없었을 것이다."

두말할 것도 없이, 일본인인 일본군 장교가 그런 짓을 했다면 불문으로 끝날 문제가 아니다. 이 이야기를 들었을 때, 나는 홍 중장의 삶의 방식, 사고방식은 이종찬 씨보다 더 철저하고 쇼와시대 같지 않은 데가 있다고 생각했다. 따라서 홍 중장의 삶의 방식을 쇼와시대의 잣대로 재서 나오는 결론은, 어쩌면 홍 중장 자신과는 관계없는 해석일 것이라 생각한다.

나는 이종찬 씨의 얘기를 들으면서 "오래된 일이다. 너무나 옛날 일이다"라는 이응준 씨의 말을 생각해내고 있었다. 임관 후 그는, 시베리아 출병으로 블라디보스토크, 제남齊南 사건으로 봉천으로 파견되었고, 만주사변滿洲事變 때는 조선에 남아 있었으며, 중일전쟁 때는 산시성山西省으로 파견되었고, 전쟁이 끝날 때에는 원산의 철도역 사령관, 소련군과의 절충 및 일본의 패전 뒤처리*, 한국이 독립하고 나서는 한국전쟁 때 사단장, 뒤이어 육군참모총장 취임 등 놀랄 만한 정세의 변화와 운명의 변천을 온 몸으로 겪으며 살아온 사람이었다.

그러나 그는 절대로 무엇 하나 잊지 않고 있었다. 다만, 듣고 싶지 않은 것은 "나이를 먹어서 귀가 들리지 않는다"며 피하고, 듣고 싶은 이야기는 아무리 작은 소리라도 알아듣고는 그에 알맞은 대답을 하고, 말

제 2 장 ○ 한 국 계 장 교

---

* 이 대목 역시 저자의 착각일 수 있다. 이응준은 1944년 봄 경성 용산정차장 사령부 사령관으로 근무하다가, 1945년 6월 원산항 수송부에 배속되어 해방을 맞았고, 소련군이 진주하기 직전에 서울로 탈출했다고 한다. 〈한국민족문화대백과〉 참조.

하고 싶지 않은 것은 말하지 않았을 뿐. 동석해 통역(그것은 사실 불필요한 것이었지만)으로 수고한 홍국선 씨가 이 씨의 귓전에 대고 투정을 부렸을 정도였지만, 그것 또한 모두 들리지 않았으리라.

　일본이 조선을 지배한 35년 동안 이 사람들은 똑같이 듣고 싶지 않은 말은 듣지를 않고, 말하고 싶지 않은 것은 말하지 않았겠지만, 현 시점의 이응준 씨 이상으로 무엇 하나 잊지는 않았을 것이다. 그렇다면 그들은 내심으로 무엇을 예측하고 무엇을 생각하고 있었던 것일까? 나는 이종찬 씨의 말에서 문득 어떤 것을 느꼈다. 그것은 한일 양국민의 '시간 계산법'의 차이였다.

제3장

충성 忠誠

한국인과 '한국 보도'

취재 도중 당시 일본 신문들의 한국 규탄 보도를 어떻게 생각하느냐는 질문을 갑자기 던지면, 대다수의 사람들은 한순간 냉소와 곤혹이 엇갈린 표정을 짓고 못들은 척하고는 내 질문을 피해서 하던 말을 이어 가는 게 보통이었다.

그 문제에 대해 격렬한 반론이라든가 비난을 받은 적은 없었지만, 그것이 단지 멀리서 찾아온 손님에 대한 예의 때문만은 아니라고 생각되며, 그 반응의 배후에는 '일본인은 결국 언제나 그런 식이니까' 하는 감정이 깔려 있는 것처럼 보인다.

물론 취재 당시 한국인에게도 박 정권에 대한 비판은 있었을 것이고, 실제로 있었다. 그러나 그 비판은 결코 일본 신문의 한국 비판과 동질의 것은 아니었다. 내가 만난 한국인은 현실의 상황을 긍정하든 비판

하든, 항상 그것을 조선시대 · 일본의 통치시대* · 한국동란韓國動亂**이
라는 기나긴 역사 속의 '하나의 시기'라 여기고, '자기 민족 역사의 일환'
으로서 과거와 대비對比 및 미래의 전망 속에 위치 지어, 그 위치로 현상
을 바라보고 있다는 느낌을 받을 수밖에 없었다.

그리고 그 역사적 위치 짓기 속에서 일본의 통치시대는 물론 커다
란 비중을 차지하고 있다. 그 점에 대한 한국인의 감각은 결코 우리 일본
인과는 같지 않다. 그들은 우리처럼 망각의 국민이 아니며, 과거는 흘러
지워지는 것도 아니다. 확실히 우리에게도 전후 한동안 전쟁 전에 대한
비판은 있었다. 그러나 그 비판은 박 정권 시대의 한국 비판과 같은 관점
으로, 전전도 전후도 함께 일본민족의 기나긴 역사의 일환으로서 위치
짓고 대비하는 게 아니라 현재를 절대화하고 그 잣대로 과거를 재단하
고 부정하고 지워버리는 모습이 되었다.

지금은 그런 모습이 그대로 한국으로 향해져, 그 이외의 견해는 언
제나 부정된다. 그 결과, 일본의 언론인이 들었다면 '그건 거짓말이야'라
고 말 꺼내기 무섭게 부정할, '그만큼 민생民生을 향상시키고, 그에 더해
그만큼 온건한 정부는 과거에는 없었다'는 평가가 한국인의 입에서 대
수롭지 않게 나오는 것도 이상하지 않다. 이 점에 관해서는, 내가 만난
모든 사람들의 의견은 공통의 상식처럼 일치했다. 그리고 비판은 항상
그 평가를 전제로 한 비판이었다.

일본의 한국 보도를 특징짓는 것은 이상과 같은 한국의 역사에 대

---

* 저자의 표현으로, 일본인의 시각을 그대로 전달하기 위해 "일제강점기"라고 번역하지 않았다.

** 역시 저자의 표현이다. 하지만, 동란(動亂)은 1950년 6월부터 3년여 동안 한반도 전역에서 벌어진 전
쟁의 맥락을 설명하기에는 적절하지 않은 개념이다. 그것은 발발(勃發)부터 정전(停戰)까지, 내전(內
戰)이자 동시에 국제전(國際戰)이었다. 이하 "한국전쟁"이라 표기한다.

홍
사
익

중
장
의

처
형

한 무지 내지는 무감각일 것이다. 하지만 나도 물론 한국사는 모른다. 계몽적인 통사通史를 두세 권 읽었다고 해서 알고 있다고는 말할 수 없다. 하물며 한국인이 어떤 식으로 자신의 역사를 파악하고, 그 역사의 연장선상에 있는 현재를 어떻게 느끼고 있느냐 하는 문제에 이르면, 그 '감각'을 공유하는 것은 물론이고, '과연 그런 느낌인가' 하고 이해하는 것조차 대단히 힘든 일이었다. 한 마디로 말하면, 그것을 이해하는 데 있어서 필요불가결한 것, 말하자면 이 '이웃 사람'의 '민족의 이력서'조차 우리들은 모른다는 이야기다.

그렇지만 일본의 통치시대는 논외로 하더라도, 다소나마 조선의 역사를 읽고 그 가혹한 당쟁黨爭*의 흔적을 더듬어 본 사람이라면, '그렇게 온건한 정권은 지금까지 없었다'라고 박 정권을 평가하는 말에, 누구라도 어떤 종류의 '공감'을 느낄 수 있을 것이다.

이 점에서도 그들은 우리와 다르다. 홍 중장의 12대 조상이 조선시대 고관高官이었다는 이야기를 듣고, 그도 역시 명문 출신일까 생각하고 있었다. 확실히 더 말할 나위 없는 〈남양홍씨세보南陽洪氏世譜〉를 가진 집안이지만, '명문=부유富裕'라는 일본의 통념은 한국에서는 통용되지 않는다. 당쟁에서 패해 귀양을 가면 철저하게 핍박받는다. 그 때문에 홍 중장의 부친 때에 와서는 문자 그대로 빈농이었고, 어릴 적 살았던 일을 자세하게 들었을 때 조선의 당쟁이란 이토록 철저한 것이었나 하고 놀랐다.**

---

* 저자의 원문에는 "정쟁(政爭)"으로 표기되어 있다.

** 이 대목의 기술은 납득하기 힘들다. 12대 조상이 고관이었던 명문의 후손이 빈한(貧寒)하게 사는 것은 조선사에서 흔히 볼 수 있는 모습이고, 그 이유는 당쟁 때문이 아니다. 균분(均分) 상속에서 장자(長子) 상속으로 바뀐 조선 중기 이후, 양반이라 하더라도 입에 풀칠하기도 힘든 게 다반사였다. 박지원(朴趾源)의 〈허생전〉을 참고할 것.

일본처럼 정치세력을 잃은 자도 일종의 귀족, 말하자면 '고우케高家'*로서 일정한 사회적 지위를 부여한다는 '온화함'은 조선의 역사에서는 찾아볼 수 없다. 그리고 그것은 왕족도 예외는 아니었다. 그러한 조선의 당쟁을 만일 오늘날 재현한다면, 중국의 '4인방 규탄'과 같은 사태가 일어나도 이상하지 않고, 그 가혹함은 한국보다는 오히려 '북한'에 계승되고 있는 것처럼 생각된다. 그래서 한국인이 자기 나라의 현상을 그러한 자국의 역사와 대비해서 평가하는 것은 당연하고, 그것을 하지 말라고 말할 권리는 누구에게도 없다.

일본 신문들의 '한국 보도'에는 이상과 같은 관점이 없다. 그 점은 서유럽보다는 오히려 미국의 '세론世論'과 비슷한 면이 있는데, 조사를 해보니 적어도 한국에 관한 한 그런 경향은 전후의 특징이 아니라 전쟁 전, 아니 메이지 시대 이후 거의 일관된 '일본인의 한국관'이라고도 할 수 있다. 그 특징은 한·일 두 나라를 구별하지 못하고, 그 때문에 '한국의 역사로 한국을 보지 못하고', 일본의 현실 상황을 절대적 잣대로 삼아 상대방을 비판하고 규제하려는 '미국적 태도'다.

잣대란 말할 것도 없이 전후에는 '미국 수입·일본형 민주주의'이며, 전전에는 '프러시아 수입**·일본형 군주제'였다. 그리고 수입해 온

---

* 막부에서 의전(儀典)을 맡던 집안. 무력을 갖는 게 제한되었기 때문에, 실권(實權)은 별로 없었다. 도쿠가와 막부는 과거의 유력자 집안을 정리하면서 고우케(高家)에 편입시켰다. 일례로, 한때 천하를 호령했던 오다 노부나가(織田信長) 집안의 후손도 고우케에 속했다.

** 일본의 근대화 모델은 프러시아였다. 왕이 "군림하되 통치하지 않는" 영국의 입헌군주제와 달리, 프러시아의 황제 카이저는 외교·군사는 물론 국정 전반에 깊숙이 개입했다. 도약의 과정에서 일종의 절대적인 권력이 사회적으로 용납되는 것은 후발자본주의국가의 특징이기도 하다. 다만, 일본의 경우 천황은 오래 전부터 이데올로기적인 존재에 불과했고, 민간부문의 정치역량이 성숙하지 않았기 때문에, 그 권력의 공백을 군부가 직접 메웠다는 게 다른 점이다.

나라에 대해서는 항상 '온순하고 맹종'하지만, 한국에 대해서는 적어도 일본의 신문은 '자신의 잣대'를 절대화해 일본이라는 침대에 적합하도록 체형을 바꾸라고 한국에 요구하는 태도이고, 상대방이 자신의 역사라는 자신의 잣대로 스스로를 평가할 권리를 인정하려 하지 않았다.

따라서 한국인이 일본 신문들의 논조의 배후에서, 자신의 잣대를 절대화해서 그것을 강요하는 것을 '선의'라고 믿어 의심치 않았던 '창씨개명'과 같은 과거 일본인과 같은 정신구조를 보았다고 해도 이상할 것이 없다.

일본의 통치에 관해서 '선의의 악정惡政'이라는 말이 있다는 것을 들었다. 그것이 일본인이 말한 '자기변호적인 자기비판'인지, 한국인이 내뱉은 가장 통렬한 야유인지, 나는 모른다. 야유라면 창씨개명, 신사참배 강요, 한글 사용금지와 같은 쓸모없는 악정을 어디까지나 한국인에 대한 선의의 발로로 믿어 의심치 않았던 일본인에 대한 통렬한 비판일 것이다.

그리고 일본의 신문도 한국 민주화에 대한 자신의 '선의'를 진심으로 믿고 있는 것인지도 모른다. 곤란하게도, 옛날처럼 정말 진심으로. 장기간에 걸친 괴로운 기억은 어떤 형태로든 모든 사람들의 가슴속 깊숙이 있고, 그것이 냉소와 곤혹스러움이 뒤섞인 표정으로 나타났다 해서 이상하지 않다. 그것은 최고의 친절과 친애親愛를 보여주었던 사람도 마찬가지이고, 또 성별이나 사회적 지위의 높고 낮음과도 관계없는 경향이었다고 생각된다.

한민족은 방어민족防禦民族

미국은 완고하게 자기의 기준을 지키니까 그나마 괜찮은데, 일본은 절대화해서 한국에까지 강요한 자신의 잣대를 어느 기회에 싹 버리고 180도 뱅글 돌려, 다음날부터는 전혀 다른 잣대를 절대화해, 이번에는 그 잣대로 한국을 누른다는 사태가 일어나지 않으리란 보장은 아무 데도 없다. 그리고 일본은 한 번 변하면 예전의 일은 잊어버린다.

"일본인은 영원히 배신 민족이다"라고, 이승만 전 대통령은 평생 되뇌었다고 한다. 그는 메이지 이후 일본의 대한정책을 장황하게 설명하고, 전후의 일본인도 "마지막에는 배신한다. 절대 신용해서는 안 된다"라고 결론을 내렸는데, 그 말을 귀가 따갑도록 들었다는 서양 기자들도 적지 않다고 한다.

그리고 한국인 입장에서 본다면, 일본이라는 '군주국'의 얼굴 바꾸기는 특별히 40년 전의 '하룻밤에 이루어진 민주주의'뿐만 아니었다. 메이지 이후의 대한對韓 외교사는 그들의 눈으로 보면, 일본의 얼굴 바꾸기 역사라고 할 수 있을 정도다. 메이지유신도 그들의 눈으로 보면, 개항파開港派와 양이파攘夷派의 격렬한 투쟁이다. 그리고 양이파가 이겼다. 그러나 승리한 순간에 양이파는 개항파로 얼굴을 바꾸고, 표변豹變한 순간에 한국에게도 개항을 강요했다. 또 불평등조약을 강요받은 것에 분개하면서도, 똑같은 불평등조약을 한국에 강요했다. 한국 측에서 보면, 아무래도 그 무렵부터 이미 수상쩍었다.

뒤이어 일본은 일관해서 한국이 독립국이라는 것을 주장하고, 청일전쟁 후에는 한국을 군사적으로 강화해 자신의 동맹국으로 삼을 속셈이 있었던 모양으로, 1896년(메이지 29년=육사 11기)부터 급히 유학생을 받아들여 1909년(메이지 42년)까지 모두 63명이 도일했는데, 그 이듬해에는 한일합병을 강행하고 이를 중단했다. 일시동인一視同仁이라지만, 한국인의 사관학교 입학은 45기까지 사실상 거부되었다. 극히 사소한 예이지만, 그런 사례를 들자면 한이 없을 것이다.

따라서 오늘 신문의 기준이 내일에는 180도 달라져 '선의'를 갖고 새로운 기준을 일본이 다시 한국에 강요하는 사태가 일어나지 않으리란 보장은 전혀 없다. 그리고 '아냐, 과거는 어땠는지 모르지만, 앞으로는 절대 그런 일은 일어나지 않을 거야'라고 단언할 수 있는 일본인도 역시 없을 것이다.

이상과 같은 지적은 별로 드문 게 아니다. 다만 서양 사람들은 멀리서 그것을 관찰하고 냉정히 비판하고 있으면 그만이다. 그러나 이웃나라인 한국은 그 영향을 정면으로 뒤집어쓰지 않으면 안 되었다. 그래서 메이지 이후 1세기에 걸친 그 민족적 체험은 서민에게까지 침투해 들어가서, 일종의 '감각'으로까지 발전한 대일관對日觀을 만들어낸 것으로 생각된다.

개인이든 국가든 신뢰란 언제나 과거 실적의 집약 위에 성립하는 것으로, 강변이나 억지는 신뢰의 기초가 될 수 없다. 따라서 한국인은 선의·악의는 제쳐 놓고라도, 또 스스로는 그것을 의식하지 않는다고 하더라도, 어떤 종류의 '역사적 잣대'로 일본을 보고, 또 그렇게 보는 게 하나의 상식으로 되어 있는 것처럼 생각된다.

앞에서 쓴 '냉소와 곤혹스러움'에는, '어차피 그쪽이 얼굴을 바꾸겠지요' '어째서 그걸 스스로 눈치 채지 못하는 것입니까?'라는 감정도 담겼을지 모른다. 그리고 본고本稿를 잡지 〈쇼군諸君!〉에 연재하던 8년 후 오늘에서 그 시절을 떠올리면, 당시 일본의 신문이 한국에 무슨 말을 했는지는 이제 일본인 자신이 잊어버리고 있을 것이다. 그것을 생각하면 한국인의 '감각'이 이상한 것은 아니지만, 물론 한국인이 그와 같은 '감각'을 갖게 된 원인은 일본 때문만은 아닐 것이다.

그렇게 보면, 우리 또한 한국 민족에 대해 일종의 무자각한 '감각'을 갖고서, 그것을 무의식의 전제로 삼고 있으며, 그게 정부 당국자로부터 서민에 이르기까지 일관되어 있다는 것을 깨닫는다. 우리는 한국 민족 자체가 일본을 침략할지도 모르는 위협이라고 생각한 적이 없다. 일본인은 한국인을 평화로운 이웃사람이라고 생각하고 있다, 라는 의식조차 갖고 있지 않을 정도로, 그것은 우리에게 자명한 것이다.

그리고 과거에 위협을 느꼈다고 한다면, 한반도가 강대한 대제국의 일본 침공을 위한 육교가 되지나 않을까 하는 위협이었다. 따라서 한국의 독립이 평화의 전제이고, 그 전제는 메이지 시대까지 거의 600년간 유지되어 왔다. 쇄국이 가능했던 것은 한국이 강대한 군사국가가 아니었다는 게 하나의 전제이겠으나, 그 사실조차도 우리는 쇄국의 전제라고는 생각하고 있지 않았다. 비록 일본이 섬나라라 하더라도 한반도·한민족이라는 완충지대가 존재하지 않고, 대륙의 큰 세력과 직접 부딪혔다면 우리들의 의식은 현재와는 달라졌을지 알 수 없다.

'한국 민족은 영원한 방어민족이다'라는 말을 들었는데, 확실히 한국은 서울을 중심으로 일본과 중국에 걸친 대제국을 건설한 일이 없다. 또한 만주족이나 몽골족처럼 중원에 진출해서 4백여 주州를 제압한 역사도 갖고 있지 않다. 더구나 히데요시豊臣秀吉의 군대가 패퇴해도 그것을 추격해 일본으로 진격해서, 세키가하라關々原*라는 내란을 이용해 일본을 제압한다는 생각도 없었다.

아마도 그러한 비팽창의 역사가 '한국 민족은 군사적 위협이 아니다'라는 '감각', 말하자면 무의식적 전제를 우리에게 갖게 한 것이리라. 생각해 보면 그렇게 고마운 이웃은 없을 텐데, 위협을 느끼지 않는다는 게 종종 경시 · 멸시 · 무시를 낳는다는 것도 피할 수 없다. 특히 사대주의자에게는 그런 경향이 강해서, 위협에 무릎을 꿇는 자일수록 위협이 되지 않는 자를 무시하는 것은 당연한 일인지도 모른다.

땅값地價에 나타난 위협

기무라 도시오木村俊夫 전 외상은 '북으로부터의 위협'을 부정했고, 그 발언은 매스컴 전체의 지지를 받았다고 생각한다. 북한도 한민족이고, 그 발언을 '한민족의 위협은 없다'는 일본인의 역사적 감각을 전제로 해서 들을 경우, 이 발언이 아무런 저항 없이 받아들여진 것은 이상할 게 없다. 인간은 타인의 위협은 위협으로 느끼지 못하고, 전통적 감각에 걸맞은 발언은 저항 없이 받아들일 수 있기 때문이다.

그러나 다른 감각을 갖고 있는 사람에게 그 발언은 이상하게 들릴 것이다. 물론 (1)위협이 현실로 존재한다는 것과, (2)위협이 있다고 느끼고 있는 현실이 존재한다는 것은 같지 않다. (1)의 유무는 논증할 수 없다. 독재자의 가슴 속은 그 누구도 알 수가 없기 때문이다. 한편, (2)는 우리에게 관한 한은 없다. 그런 의미에서 기무라 외상 답변은 정직하다

---

* 도요토미 히데요시(豊臣秀吉) 사후(死後), 일본의 패권을 놓고 도쿠가와 이에야스(德川家康)가 이끄는 세력과 이시다 미쓰나리(石田三成)가 지휘한 도요토미 일가의 잔존세력이 세키가하라(현재 일본의 기후현 소재)에서 맞붙은 전투. 이 전투에서 승리해, 도쿠가와는 쇼군(將軍, 정식명칭은 征夷大將軍)이 되었다.

할 수 있다. 그러나 우리에게 (2)가 없다는 것이 한국인에게도 (2)가 없다는 게 되는 것은 아니고, 한국인은 일본인과 같은 감각을 갖지 않으면 안 된다는 것도 아닐 것이다.

만일 그것이 동일한 감각의 강요라면 과거 일본의 태도와 하등 다를 게 없다. 그렇게 되면 기무라 외상의 발언은 '아, 저게 지금까지도 일본인의 감각이구나'라고, 한국인에게 일본의 성격을 재확인시키는 이상의 의미는 없다. 그렇게 느낀 것은 시가지 전체를 내려다 볼 수 있는 서울 남쪽의 산 위에 서서 지형의 설명을 듣고, 서울시에 흐르는 한강의 북쪽 부분, 그중에서도 특히 북한이 침입하는 길에 가까운 토지의 땅값이 다른 곳에 비해 특히 싸다는 얘기를 들었을 때, 나에게는 그 기무라 발언이 일종의 불협화음으로 귀에 울렸기 때문이다.

전쟁터 경험이 있는 사람이라면, 그 이유는 즉시 알 수 있다. 하천은 '천연의 대전차對戰車 참호'이고, 중요한 저항선이다. 따라서 침입이 있을 경우 당연히 다리는 폭파된다. 폭파되면 한강 남쪽의 주민은 피난 갈 여유를 얻을 수 있으나, 북쪽의 주민은 도망갈 곳을 잃고 포화와 탱크의 밥이 되고 만다. 그 차이는 '유사시'에는 문자 그대로 생사의 갈림길이다.

그렇다면 '(2)위협이 있다고 느끼고 있는 현실이 존재하는' 한, 그 땅값의 차이는 그대로일 것이고, 일본의 외상이 무슨 발언을 하던 그것으로 땅값이 폭등해서 '부동산 투기'가 가능해질 턱도 없다. 그리고 그들이 느끼고 있는 위협이 환상에 지나지 않는다면, 그것이 환상이라는 것을 그들에게 증명하지 않으면 안 된다. 말할 것도 없이 그것은 '그들에게…'이지, 일본인에게는 아니다.

나조차도 산 위에서 그 현장을 보지 않는 한, 과거에 전쟁터에서 체험한 감각을 상기하기는 어렵다. 하물며 그 감각이 처음부터 결여되어

홍
사
익
중
장
의
처
형

있는 일반 일본인에게는 그러한 위협이 '있다'고 하든 '없다'고 하든, 애당초 실감할 수 없는 환상에 불과하므로 환상을 근거로 한 증명은 어떤 결론이 나오든 간에 의미를 갖지 못한다. 그리고 그런 상태의 인간에게 한국인이 납득하고, 그 결과 땅값이 오르는 증명을 구한다는 것 자체가 처음부터 난센스일 것이다. 그것도 또한 기무라 전 외상, 신문 편집자, 일반 독자까지 위에서 말한 것과는 다른 '한국인과는 다른 감각'을 갖고 있고, 그것이 자기들만의 감각이라는 것을 의식할 수 없을 정도로 자명한 것이 되어 있다는 증거일 것이다.

한편, 한국인에게는 한국인의, 그 또한 스스로는 의식하지 못하는 그들의 감각이 있을 것이다. 그중 하나는 일종의 방어감각이라고 말할 수 있을지도 모른다. 사실 중국 주변의 여러 민족은 정치적으로나 문화적으로나 거인巨人 중국 속으로 삼켜져 들어갔다. 그러나 중국의 중심부와 그토록 가까운 땅에 육지로 연결되어 존재해 오면서, 몇 번씩이나 그 지배에 굴복해 오면서도 합병되지 않았던 한민족의 존재는 확실히 '영원한 방어민족'의 이름에 걸맞다. 거기에는 아마도 중국의 거대함과 강력함과는 이질적인 강인함이 있고, 그 강인함을 계속 유지해 왔다. 우리와는 다른 일종의 감각이 있는 것처럼 생각된다.

중국이 강대한 중앙집권국가가 되어 전력을 다해 한반도로 쳐들어오면, 그들은 그것에 대항할 수가 없다. 그러나 설사 전 국토를 점령당하더라도, 자신의 문화를 꼭 쥐고 버티고 있으면 어느 날엔가는 반드시 썰물처럼 그 세력은 물러가고 자신들은 살아남는다.

일본도 마찬가지여서, 히데요시豊臣秀吉의 침략군은 8년 만에 물러갔다. 메이지의 침략군도 언젠가는 자기들 쪽에서 표변해서 스스로 물러가게 될 것이고, 그동안 참고 견뎌내는 것, 그것이 일본 통치하에서도 이유 불문하고 민족적 감각으로서 존재하고 있었던 게 아닐까? 그리고 그 감각은 단지 지식계급만이 아니라 일반 서민도 여성도 모두 하나의 역사적 경험의 집적으로 나누어 가졌고, 그것을 갖고 있었다는 점에서는 홍 중장도 이청천 씨도 김광서 씨도 똑같지 않았을까, 나는 생각했다.

처음으로 듣는 아내의 일본어

내가 그렇게 생각한 이유는, 첫째는 홍국선 씨 부인의 '언어', 또 하나는 이종찬 씨의 일본과 미국에 대한 평 때문이었다. 홍국선 씨 댁에 홍 중장 관계 자료를 빌리기 위해 들렀을 때, 부인한테서 실로 따뜻한 대접을 받고, 더하여 '며느리의 입장에서 본 홍 중장'에 관한 여러 가지 추억담을 들었다. 그런데 그때 국선 씨의 "놀랐습니다. 아내의 일본어를 듣는 것은 결혼 이후 오늘이 처음입니다"라는 말에, 나는 더욱 놀라서 부인을 쳐다보았다. 부인은 훌륭한 일본어를 구사하고 있었다. 국선 씨는 일본에서 나서 일본에서 자란 와세다대학 출신인 소위 2세이고, 부부의 신혼집도 일본에 있었으며, 동시에 전쟁 전의 그는 조선은행*의 엘리트 은행원이었다. 그것을 감안하면 부인의 일본어가 유창한 것은 조금도 이상할 게 없다.

그러나 일본인이라면, 이른바 미국의 일본계 2세라면, 본국에서 맞아들인 미국인과 똑같이 영어를 구사할 줄 아는 신부가 외부와의 필요 불가결한 대화를 제외하고는 절대로 일본어 이외에는 입에 올리지 않았

---

* 1909년, 통감부가 설치한 은행으로, 최초 명칭은 한국은행(韓國銀行)이었으며, 1911년 조선은행(朝鮮銀行)으로 바뀌었다. 현재 한국은행의 전신(前身)이다.

다고 말하는 경우는 거의 없다고 할 수 있다.

확실히 한국은 일본에게 굴욕적으로 굴복했다. 그러나 그 이유만으로 일본어를 사용하지 않았다면, 일본과 미국 간의 사정도 마찬가지여야 할 것이다. 하물며 결혼 후 30년 만에 "아내의 영어를 듣는 것은 오늘이 처음입니다"라는 따위의 말이 남편의 입에서 나온다는 것은 일본인으로서는 거의 있을 수 없는 일이고, 그것이 어떤 일인지 쉽게 상상도 할 수 없을 것이다. 1년이나 2년이라면 몰라도 말이다. 어쨌든 홍 중장의 35년간도 결코 일본인의 35년은 아니었을 것이다.

한편, 그것이 일본육군 중장의 가족이라 하더라도 당연하게 생각하는 민족에게는, 어제까지 '귀축미영鬼畜美英'*이라고 욕을 하던 사람이 오늘은 "컴, 컴, 애브리바디" 하고 아첨을 떠는 심정을 감각적으로도 이해할 수 없을 것임에 틀림이 없다. 그 차이는 어디서 오는 것일까?

한쪽은 아마도 현 상태의 시간을 재고, 그 계산된 시간 뒤에는 현 상태가 사라져 버린다는 것을 자명하게 생각한다. 다른 한쪽은 일단 어떤 체제가 나타나면 전원이 그것에 대해 충성을 표시하고, 그 상태가 그대로 무한히 계속된다고 느끼고, 그 발단을 잊어버리고 과거로 영원화하며, 동시에 일정 시간의 끝에 있는 무엇인가를 예측하려 하지도 않고, 따라서 시간을 재서 일정 시간 뒤의 어떤 상태를 '현재'의 감각으로 느끼는 게 불가능하게 되는 것인지도 모른다. 그렇게 되면 현재의 기준이 절대적인 것이 된다.

그러나 홍 부인은 필시 이유를 불문하고 어떤 시간 뒤의 한국어만의 세계를 이미 느끼고, 그때까지는 당연한 것처럼 자기 나라 말을 지켜

---

* 귀축(鬼畜)은 마귀나 짐승 같은 악독한 사람을 가리키는 일본어로, 태평양전쟁 당시 일본 군부 및 정부는 "귀축미영(鬼畜美英)"이라는 슬로건으로 미국과 영국에 대한 적개심을 고취시켰다.

나간 것일 것이다. 미국에 사는 중국인을 보면 그들에게도 그와 같은 생활태도가 있다는 것을 알 수 있다.

탄압하의 한국인이 구약성서 〈다니엘서〉의 "메네, 메네, 데겔, 우바르신"이라는 말(헤아렸다, 헤아렸다, 달아보았다, 나뉘었다 = 너의 치세는 이미 헤아려졌고, 너의 생명은 이미 달아졌으며, 너의 나라는 이미 나뉘어졌다는 뜻)*에 왜 그토록 강하게 감동하고, 〈다니엘서〉를 갖고 있으면 투옥이나 처형에도 견디어낼 수 있다고 했는지, 알 수 있을 것만 같았다.

분명히 우리들도 〈다니엘서〉를 사료적, 학문적으로는 이해할 수 있다. 그러나 이렇게 강한 공감을 느끼고, 그것을 스스로의 생명의 책으로 삼는 감각을 우리는, 아니 적어도 나는 갖고 있지 못하다. 홍 부인은 그리스도교 신자는 아니다. 그렇기 때문에 더욱 내게는 이 우연의 일치가 이상스러웠다. 하지만 부인은 매우 내성적이고 조용한 분으로, 남편의 말에도 그저 조용히 미소만 지었을 뿐이다.

그런 나에게 있어서 그 후에 들은 이종찬 씨의 말은 홍 부인의 태도를 뒷받침해 주는 것으로 생각되었다. 그의 표현은 홍 부인의 침묵의 표시와는 달리, 구체적이어서 알기 쉬웠다. 그는 이승만 시대의 육군참모총장으로서, 앞에서 말한 바와 같이 강골強骨의 인물이었는데, 학생 데모를 탄압하기 위해 대통령이 명한 계엄령 선포를 일축한 '항명사건'은 유명하다.** 그는 즉각 파면되어 위험인물로 자객의 목표가 되었다고 전해지고 있다. 그는 일찍이 도요바시의 대대장 시절에 태연스레 야마시타 대장을 비판하고, 동시에 일본의 멸망을 예언하기도 한 명쾌한 어조로 다음과 같은 이야기를 들려주었다.

그는 군사사절단 단장으로 도미했을 때, 미국 정부 당국자에게 "남북은 이미 군사적 대결의 시대가 아니라 경제 경쟁의 시대로 돌입했다"

고 말했다. 그러자 상대방은 "그런데 어째서 군사사절단 단장으로 왔느냐?"고 물었다. "(일본인은 물론) 미국인도 그 점을 이해하지 못하더군요"라며, 그는 웃으면서 계속했다. 일본과 미국은 모두 '오늘부터 경제 경쟁'이라고 하면, 180도 전환해서 군비를 포기하고 경제 경쟁에 돌입해야 한다고 생각한다. 말하자면, 한국인에게는 설명이 필요 없는 당연한 전제인 '시간의 측정'을 하지 못한다.

"그래서 나는 다음과 같이 설명했습니다. 경제 경쟁을 하면 반드시 이긴다. 아니, 승패는 둘째 치고라도 반드시 훌륭한 성과를 올릴 수 있다. 지금 당장이 아니더라도. 무슨 말인가 하면 '일정 시간 후에 확정된 일'이 있다는 뜻이며, 비근한 예를 든다면, 20년 뒤에는 반드시 100억 엔의 돈을 벌어들인다. 그것은 이미 확정된 것이다. 분명히 그것은 확정된 것이지만, 그러나 그 돈을 벌어들이려면 그때까지 20년 동안 살아남지 않으면 안 된다. 도중에서 굶어 죽는다면, 그 100억 엔의 돈은 손 안에 들어오지 않는다. 그러니까 내일의 빵을 위해서는 진검眞劍으로 승부하듯 일을 하지 않으면 안 된다. 내가 미국에 온 것은 그러한 이유에서다. 현재의 한국에게 있어서 군사란 내일의 빵이라는 말이다. 그

---

* 유태왕국 사람들은 느부갓네살 2세의 신바빌로니아왕국의 침공을 받아, BC 597년부터 582년까지 세 차례에 걸쳐 바빌론으로 잡혀갔다(바빌론 유수). 〈다니엘서〉는 이때 끌려간 유태인 청년 다니엘의 이야기다. BC 539년, 느부갓네살 2세의 손자 벨사살이 연회를 벌이던 도중 벽에 나타난 손가락이 "메네 메네 데겔 우바르신"이라는 글씨를 썼고, 이를 본 다니엘이 벨사살의 죽음을 예언했다고 적혀 있다. 그 날 밤 이웃나라의 군대가 쳐들어와 벨사살을 죽였고, 다음해 유태왕국 사람들은 페르시아왕 키로스의 포고(布告)로 고향으로 돌아갈 수 있었다. 〈라이프성경사전〉 참조.

** 저자의 착각인 것 같다. 1952년 5월 25일, 이승만이 육군참모총장 이종찬에게 전남북 및 경남 일원에 계엄령을 선포하고 부산에 2개 대대병력을 차출할 것을 명령한 이유는, 저자가 쓴 대로 "학생 데모를 탄압하기 위해"서가 아니라 국회 내의 반이승만 세력을 무력화시키기 위해서였다.

런데 미국인이라는 것은 그것을 이해하지 못하는 겁니다…"

'과연'이라고, 나는 생각했다. 미국도 어떤 의미에서는 거대한 섬나라이고, 적어도 지금까지의 일본은 안보 우산 아래 있기 때문에 미국과 같은 발상이 가능했는지도 모른다. 또 쇄국이라는 오랜 역사가 '외부를 고려하지 않고 그날로 돌변하는' 것을 당연하다고 생각하는 감각을 낳고, 그것이 전후에 그가 지적하는 미국적인 '이해의 부족'과 결합되었는지도 모른다.

그 점에서 한국인의 시간을 재는 방법은 우리들과는 다르다. 그 말은 홍 중장에게도 이응준 씨에게도 우리와는 다른 '시간의 계산법'이 있었다는 이야기다. 어쨌든 몇십 년쯤 뒤에는 반드시 한국 독립이라는 '100억 엔'이 오기는 온다. 그것은 확정되어 있다. 그러나 한민족으로서의 생존이 그 이전에 끝나버리면 그 확정된 것을 손에 넣을 수가 없다. 그 때문에 민족의 생존이라는 내일의 빵을 위해 열심히 살지 않으면 안 된다는 삶의 방식이었을 것이다.

그리고 그것은 어쩌면 논리나 의식적인 결의보다는 오히려 비정치적인 여성이나 일반 대중도 함께 갖는, 역사에서 배양된 자명한 감각 같은 게 아니었나 하는 생각이 든다. 그런데 우리들 일본인에게는 그 감각이 없다. 그 때문에 양자의 응답은 언제나 이종찬 씨와 미 정부 당국자의 질문처럼 동문서답이 되고 만다. 그리고 그 동문서답은 실로 메이지 시대로부터 현대의 신문 논조에 이르기까지 일관해서 계속되고 있는 것이다.

내가 그의 말에 관심을 갖게 된 또 하나의 이유는, 그것이 한국의 전직 육군참모총장의 현직 시절의 발언이었다는 데 있다. 일본 육군의 참모총장, 즉 스기야마杉山*, 도조 같은 사람들이 그와 같은 발언을 한다는 것은 절대로 있을 수 없었다. 가령 이종찬 씨가 강골이라 일컬어지더라도, 그것은 과거의 일본 군인처럼 편집광적 군사절대주의자가 아니라, 군사의 임무에 역시 '시간'을 계산해 넣고 있었던 것이다.

한국에는 군사정권 하의 경제성장이라는 대단히 흥미로운 현상이 있는데, 전 육군참모총장이 1960년 이전에 이미 그런 생각을 갖고 있었다면 경제성장 자체는 그다지 이상할 것도 없다. 그리고 발상과 성과 사이에 20년가량의 시간을 본다는 것은 그들로서는 상식일 것이다.

그리고 흥미 깊었던 것은 근엄하기 짝이 없었던 홍 중장 자신에게도 그와 같은 유연한 면이 있어서, 그 때문에 참모본부 근무 시절에는 종종 말썽거리의 절충을 떠맡았고, 그것이 단순히 한국인과 일본인, 일본인과 만주인 사이뿐만 아니라, 일본인들끼리의 조정까지 맡아서 한때는 흥아원興亞院**에 파견된 적도 있다.

홍 중장의 인덕도 물론 있었겠지만, 너무나도 강하게 자기절대화

---

* 스기야마 하지메(杉山元, 1880~1945). 태평양전쟁 당시 일본 육군 원수(元帥). 육사·육대를 졸업했으며, 육군성 군무국장·차관·대신, 육군교육총감 등 요직이란 요직은 모조리 거친 뒤, 1940년부터 1944년까지 육군참모총장을 지냈다. "1개월이면 중국을 점령할 수 있다"며 중일전쟁을 재촉하고, 대미(對美) 개전(開戰)을 앞두고 육군의 전망을 묻는 히로히토에게 "석 달이면 태평양을 정리할 수 있습니다"라고 대답해 '중국도 아직 정리 못했으면서 대체 무슨 소리를 하는 거냐?'고 빈축을 사는 등, 황당무계하고 무능한 쇼와시대 군인의 표본 같은 인물이다. 패전 직후, 권총으로 자살했다. 한도 가즈토시(半藤一利)가 지은 〈쇼와사(昭和史)〉(루비박스, 2010) 참조.

** 중일전쟁 당시, 일본 정부가 중국 관련 외교·군사 등 국가사무를 통일적으로 집행하기 위해 설립한 특수기구. 당초에는 수상(首相)을 장(長)으로 하는 내각 직할의 기구로 상정되었고, 명칭도 대지원(對支院, 支那 즉 중국을 상대한다는 뜻)이었으나, 군부의 압력으로 중국 내 친일세력과의 교섭, 정보수집, 정치공작 등을 담당하는 특무기관으로 변질되어 많은 수의 현역 육군 장교가 파견되었다. 홍사익은 흥아원 조사관(일설에 따르면, 제1국장)이었다고 하는데, 그 임무가 "일본인들끼리의 조정"을 위한 것이었는지는 분명치 않다.

를 했기 때문에 이른바 일종의 자승자박, 자폐증自閉症 상태에 빠져 남과 타협을 할 수 없게 되어버린 군부가 홍 중장의 유연성에 기대하던 측면이 있어서, 야마시타 대장도 그 점에 착안해 그를 부른 것이라고도 생각할 수 있다.

한국에서 만난 군인에게서는 과거의 일본 군인과 같은 일종의 자기절대화는 찾아볼 수 없었다. 문인文人·무인武人의 사회적 지위에는 일본보다 훨씬 강하게 유교적 전통이 작용하고 있는지도 모른다. 어쨌든 이 나라는 중국 이상으로 유교적 체제의 우등생이었으니까, 군사정권이라 하더라도 그것을 구성하는 군인을 과거 일본 군인과 같은 타입이라고 보아서는 안 될 것이다. 무슨 말인가 하면, 사회의 구석구석까지 유교적 전통은 극히 자연스럽게 이어져 있고, 현재까지도 어른들 앞에서 담배를 피울 수 없을 만큼 예의가 엄격하다.

천황에 충성이 아니다

이종찬 씨가 참모총장직에 있으면서 군사보다 경제라고 생각했다 하더라도, 그것은 그에게 군인으로서 충성이 결여돼 있던 게 아니라, 오히려 반대로 '내일의 생존'을 위해 자신의 직무에 절대 충성한 것으로 보아야 할 것이다. 그에게 있어서 이 두 가지는 모순되어 있지 않다. 오히려 그 반대로, 그렇게 생각하지 않는 사람이 있다면, 그 사람이야말로 모순되어 있는 것이다.

내가 한국에 가서 최초부터 최후까지 계속해서 문제로 삼은 것은 '충성'의 문제인데, 모든 사람에게 질문한 것을 요약해 보면 '홍 중장의 충성의 대상은 무엇이었던가? 그것은 천황이었던가?' 하는 것이었다. 그 질문에 관한 한, 26·27기와 45기 이후의 대답은 똑같이 "아니다"였다.

영관 시절의 홍 중장을 가장 잘 알고 있는 김정렬 씨는 "아니다"에 덧붙여 "어떤 한국인이라 해도 천황에게 충성하는 것은 있을 수 없었다"고 단언했는데, 그만이 아니라 모든 사람의 "아니다"에는 단지 홍 중장만이 아니라 자신도 포함되어 있다고 여겨진다. 그것은 그것으로 당연하다고 생각한다. '표변의 상징'은 동시에 함께 표변할 수 있는 사람에게는 걸맞은 충성의 대상이 되겠지만, 그렇지 않은 사람에게 있어서는 충성의 대상이 될 수 없다. 그것은 이상할 게 없다.

그렇다면 어떻게 충성스러운 일본 군인일 수가 있었을까? 내심으로는 충성하지 않았던, 면종복배面從腹背의 35년이었던가? 그렇게는 생각되지 않는다. 분명히 항일운동가나 그 가족을 성심성의껏 원조해 주기는 했지만, 한편으로 그들은 모두 흠잡을 데 없는 제국육군 군인이었다는 것은 부정할 수 없다. 육군대학 출신, 육군대학 지원자, 긴시 훈장 수상자가 있을 뿐만 아니라, 간과할 수 없는 것은 커다란 비율을 차지하는 전사자다. 특히 45기 이후의 하급 간부에 이르면 전사자 4할, 한국전쟁까지 포함하면 50기, 52기, 57기는 전원 전사로 생존자는 제로다. 그리고 전사자를 조사해 보면, 히로시마에서 원폭으로 죽은 1명을 빼놓고는 모두 전쟁터, 노몬한, 치타공, 레이테, 오키나와, 루손, 미얀마 북부 등의 격전지, 또는 가토하야부사전투대加藤集戰鬪隊*의 일원으로 수마트라

---

* 일본 육군항공대(태평양전쟁 당시 일본군에서는 공군이 독립되어 있지 않았다) 제64전대(戰隊)의 별칭으로, 대장(隊長) 가토 다테오(加藤建夫, 1903~1942)의 성(姓)과 전투기 하야부사(集)의 이름을 합성한 것이다. 이 부대는 태평양전쟁 초기 유전(油田)지대인 수마트라 팔렘방 침공작전에서 전공을 세웠으며, 동명(同名)의 소설을 영화화한 선전영화가 1944년 개봉되어 더 유명해졌다.

에서 전사한 사람도 있다.

그리고 한국 출신 특공대원에 대해서는 이미 언급했듯이, 이이오 씨의 〈가이분가구_{開聞岳}〉에 나오는 한국인의 의식에는 강렬한 '민족의 명예'가 있다. 그런 사람들은 아무리 생각해도 나보다는 훨씬 무엇인가에 '충성'이 있었을 것이다. 거기에는 '민족의 명예'에 대한 충성은 확실히 있었겠지만, 그것이 전부라고만 할 수 없는 측면도 있다. 인간은 충성의 대상이 아닌 자를 위해 목숨을 걸고 싸우다 전사할 수 없으며, 면종복배하는 자가 그 처참한 정글전 속에서 집요한 투항 권고에 굴하지 않을 수 없는 것이다.

한국의 독립을 원하고, 독립운동의 지도자에게 성원을 보내고, 그 가족을 성심성의껏 원조해 가면서, 태연히 죽음의 땅으로 부임한다는 것은 어떤 이유에서였을까? 이런 점에서는 26·27기와 45기 이후가 달랐다고 할 수 없다. 홍 중장의 경우도 분명히 '지금까지의 형편상 할 수 없이'가 아니다. 광복군 사령관 이청천 씨의 부름에 응할 것인가, 군의 명령에 따라 마음이 내키지 않는 남방으로 부임해야 하는가, 양자택일을 딱 잘라서 스스로 결단하고 있는 것이다.

그것은 모순이 아닌가? '민족의 명예'에 대한 충성은 결과적으로 '천황에 충성'이 되는 게 아닌가? 홍 중장뿐만 아니라 56회의 전투를 일선에서 지휘한 김석원 씨도, 뉴기니에서 미군과 사투를 벌인 이종찬_{李鍾贊} 씨도, 전투기 중대장으로서 남방 하늘에서 몇 번씩이나 사투를 연출한 김정렬_{金貞烈} 씨도 그 행동방식은 모두 같아 보이는데, 그것은 모순이 아닌가?

그이들이 이야기하는 전투의 실상은 전부 생생한 사실로, '전의_{戰意}를 고양_{高揚}하는 기사'에서 찾아볼 수 있는 '허위보도의 요소'는 전혀 없으며, 그 사실 속에서 드러나는 철저한 전투 자세에는 도저히 나 따위는 발끝에도 미치지 못한다. 그 가운데서 인상 깊었던 것은 김석원 씨의 긴시 훈장을 타게 된 백병전 일보 직전의 격전에 대한 회상이었다.

그가 지휘한 56회의 전투 중에서 전면을 각오한 준准 백병전은 그때뿐이었다고 했다. 화기火器의 치열함이 남방보다 훨씬 덜한 중국 산시성山西省의 전투에서도, '번쩍이는 칼날을 휘두르며 베어 넘기는' 백병전은 긴시 훈장 수장자受章者에게도 실제로는 우발적으로나 겪은 일이었다. 혼다 가츠이치本田勝一* 씨가 〈백인참 경쟁百人斬り 競爭〉이나 〈살인 게임〉 같은 신문 창작의 허구성을 입증한 바 있지만,** 김석원 씨가 말한 "전면을 각오한"이란 물론 그런 이야기는 아니다.

그 전투에서, 김석원 씨는 대대장으로 연대의 우익을 담당해 어느 능선을 점령했다. 그러나 중국군의 저항이 완강해서 해가 질 무렵 겨우 점령했을 때에는, 대대의 대포나 척탄통, 기관총, 소총 모두 탄약을 전부 쏴버렸다. 중국군은 일시 후퇴했으나, 곧 태세를 정비해 증원부대 도착과 함께 역습으로 나왔다. 이미 밤이 되었고, 적은 한 발 한 발 경사면을 기어 올라와 양군은 마침내 30미터 거리에서 대치하여, 곳곳에서 돌발적인 백병전이 벌어지게 되었다. 적은 일본군의 탄약이 이미 떨어진 것

* 혼다 가츠이치(本田勝一, 1932~). 일본의 언론인, 작가. 〈아사히신문〉 기자로 1970년대부터 난징대학살의 생존자를 추적·인터뷰해, 일본군이 30만 명이상의 중국 민간인을 학살했다고 폭로했다.

** 중일전쟁 발발 1년 후인 1937년, 도쿄니치니치신문(東京日日新聞)은 "소위(少尉)들의 레이스"라는 제목의 현지특파원 발(發) 기사를 실었다. 내용은, 두 명의 소위가 누가 먼저 전쟁터에서 1백 명의 중국군의 목을 벨(百人斬り) 것인가 하는 것이었다. 신문은 연일 속보(續報)를 냈고, 일본은 두 소위의 소위 무용담으로 떠들썩했다. 그러나 뒷날 이 모든 게 거짓이며, 그들이 목을 베었다는 2백 명이 넘는 사람들은 서너 명을 빼면 모두 포로나 민간인이었다는 사실이 밝혀졌다. 두 사람은 종전 후 일본에서 미군에게 체포되어, 중국정부에 인도된 뒤 1948년 난징(南京)에서 처형됐다. 혼다 가츠이치의 〈南京大虐殺と「百人斬り競爭」の全貌〉 참조.

제
3
장
○
충
성

111

을 알고 있었다. 이제는 어떻게 해 볼 도리가 없다.

부하 중대장들로부터 차례차례 지시를 구하는 전령이 왔지만, 능선을 사수하고 백병전으로 대항하라고 명령할 수밖에 없었다. 그렇기는 하지만, 탄약의 보급이 없는 한 날이 밝음과 동시에 전멸이라는 것에는 의문의 여지가 없었다. 적은 화력의 효과가 적은 야간에는 움직이지 않겠지만, 날이 밝아옴과 동시에 일방적으로 맹공을 퍼부으면서 돌입해 올 게 뻔한 일이었다.

"오늘 밤이 마지막이라는 생각으로, 나는 부하에게 말했지요. 대대 보급계에 남은 술이나 담배, 과자를 전부 나눠줘라. 병사는 마시고 싶은 대로 마시고, 피우고 싶은 대로 피워라. 노래하고 싶은 자는 큰소리로 노래해라…."

전선은 당장 술에 취해 고성방가高聲放歌와 난무亂舞의 현장이 됐다. 중국군은 깜짝 놀랐다. 야간전투에서 소리나 빛은 엄금이라 담배 따위는 말도 안 되는데, 일본군은 적의 코앞에서 담배를 마구 피워대고, 큰소리로 노래를 하고 있었기 때문이다. "그들은 이것을 증원군이 와서 좋아 날뛰는 것이라고 오해를 한 모양입니다"라고, 그는 웃으며 말했다. 그렇게 되면 경사면을 기어오른 중국군은 엄청나게 불리해져, 날이 밝음과 동시에 위에서 아래로 사격을 받아 전멸할 수 있다. 그렇게 생각했던지 그들은 밤을 틈타 철수했고, 그 덕분에 우리는 살았다고.

'모矛'와 '순盾' 사이의 시간

요약하자면 그뿐이겠지만, 그런 우연이 없었다면 그의 대대는 일방적으로 사격을 당해 확실히 전멸했을 것이다. 그리고 김석원 대대가 그것을 각오하면서도 한 발자국도 후퇴하지 않고 능선을 유지한 덕분에 연대는 적의 포위망을 벗어나 전승戰勝을 거두고, 그 공으로 그는 긴시 훈장을 받았던 것이다.

여기까지라면 확실히 수훈감이고 무용담의 소재가 되겠지만, 앞에서 말한 회보의 김석원 씨의 격문과 그 공에 의한 훈장을 비교하면 너무나 이상하다는 생각이 든다. 왜냐하면 그런 전사 각오의 행위는 어지간해서는 도저히 할 수 없는 일이며, 일사봉공—死奉公 · 천황에 충성을 항상 부르짖는 일본인 장교라도 그렇게 할 수 있는 사람은 예외이고, 예외이기 때문에 생존 중에 긴시 훈장을 받는 예외가 될 수 있었다.

그렇다면 그것을 할 수 있는 그 사람들의 충성 대상은 무엇이었던가? 매우 모순된 상황에 놓여 있었을 텐데, 어떻게 그렇게 할 수 있었을까? 그럴 생각이 없어서 모든 일을 '적당히' 하고 있었다면 이해할 수도 있고, 그런 종류의 '적당주의' 장교는 내 주위에도 얼마든지 있었으며 '적당 중위'라는 별명을 얻은 사람까지 있을 정도였으니까, 그가 만약 그런 인간이었다면 모순을 느끼지 않았을 텐데 말이다.

"아니, 미국인도 모순이라는 것을 모릅디다. 모순되면 무의미하다고 생각하고, 의미 있는 것에는 모순이 없다고 여기고 있더군요. 너무나 이상해서 동양에는 '모'와 '순'이라는 훌륭한 말이 있다, 잘 기억해 두라고 말해 주었습니다."

이종찬 씨는 이렇게 말했다. 그는 군사사절단 단장으로서 도미했을 때, 개발된 지 얼마 되지 않은 육군의 지대공 추적 미사일의 실험을 참관했다. 무인기를 띄워 놓고 지상에서 발사한다. "명중이라고 했지만 하늘 높은 곳이라서 우리에게는 아무것도 보이지 않는" 상황이었는데, 육군 장교는 신이 나서 백발백중 틀림없이 격추할 수 있으니 이제부터 공군空軍은 무력無力 · 무용無用한 존재가 될 것이라고 장담했다.

"그래서 내가 말했습니다. 오늘은 공군이 참가하지 않았다. 그것은 우습다고 할 수밖에 없다. 만일 공군이 추적 미사일을 전부 쏘아 떨어뜨리는 기술을 확보하고 있다면 어떻게 되겠는가? 공군은 지대공 미사일을 무력 · 무용한 존재라고 말할 것이다. 그런 상태를 동양에서는 모순이라고 부른다고 말하고, 모순의 어원을 설명해 주었습니다."

그렇지만 그렇게 말하는 순간, 미국인은 모순되어 있는 것은 무의미하다고 생각한다. 그 발상을 거꾸로 하면, 의미 있는 것에는 모순이 있을 수 없다는 게 된다. 그것은 결국 '모'와 '순' 사이의 시간을 무시해서 그렇게 보일 뿐이다. 분명히 '그때까지 존재하고 있는 모든 방패盾'를 꿰뚫는 창矛은 있을 수 있다. 그리고 그 뒤에 '그때까지 존재하는 모든 창을 막는 방패'도 있을 수 있다.

따라서 실제의 모순은 어떤 시점에서 그때까지의 '시간'을 미리 계산해서 그때 어떻게 결단할지를 미리 생각해 두지 않으면 안 된다. 그러나 미국인도 일본인도 그것을 이해 못하는 인종이어서, "모순은 없다"고 주장하든가, "모순이 있다면 무의미하다"고 말하든가, 그 어느 쪽을 택하게 되고, '시간'을 삽입해서 생각할 능력은 없는 것이다.

그렇다면 한국계 군인은 이종찬 씨의 소위 20년 뒤의 100억 엔이라는 '독립'을 획득할 때까지 어떻게든 살아남기 위해 일본 군인으로서 전쟁을 계속한 것일까? 그것은 개개인의 삶으로서 구체적으로 어떻게 나타났을까?

그것은 아마 일본인도 미국인도 상당히 '단조롭게' 발전해 온 민족이고, 따라서 한국인과 같은 '시간'의 감각을 몸에 익히지 못했기 때문인지도 모른다. 그 때문인지 일본인의 감성은 개인주의라는 측면을 제외하면, 한국인보다는 오히려 미국인에 가까운 일면이 있는지도 모르며, 그 때문에 일본의 한국 비판은 미국의 흉내는 낼 수 있어도, 이종찬 씨와 같은 사고방식이 있다는 것을 인정하는 차원의 다른 비판은 되지 않는다.

이런 민족에게는, 충성이라는 문제는 단순명쾌하고, 천황이든 국가든 기업이든 조직이든 어떤 대상에 대해 일변도가 되면 좋은 것이고, 그렇게 되면 그곳에는 모순이 없다고 느낀다. 그러나 그 '시간'을 무시한 일변도가 거꾸로 스스로의 충성 대상을 파괴할 수 있다고 생각하지는 못한다. 과거의 일본에서 참모총장이 앞으로는 군사보다 경제가 중요하다고 말한다면 그 한 마디로 실격이겠지만, 그것을 실격시키는 정신 구조가 일본을 실격시켰다고 할 수 있다.

그래서 그런 세계라면, "군인의 충성 대상은?" 하는 따위의 질문은 그 자체가 성립하지 않는다. 그렇다면 이종찬 씨처럼 생각하고 김석원 씨 같은 생활신조를 갖는다면, 그 충성의 대상은 무엇이 되겠는가? 아니, 필시 같은 유형이라고 생각되는 홍 중장의 충성 대상은 무엇이었을까?

홍 중장의 충성

천황에 대한 충성은 아니라고 즉각 단정한 사람들에게, '그렇다면 도대체 무엇에 대한…'이라고 질문해 봐도, 그 대답은 내게는 좀처럼 이해가 되지 않았다. 김정렬 씨는 몇 번씩이나 되풀이해서 그것을 묻는 나의 집요한 질문에 정말 참을성 있게 대답해 주었다. 설명을 들으면 왠지 모르게 안 것 같은 느낌이 드는데, 다시 한 번 생각해 보면 정확히 알았다고는 할 수 없었다.

다만 '스스로 내린 결단에 대한 충성'과 같은 의미라고는 짐작이 갔지만, 그것이 실제로는 어떤 것인지 나로서는 파악할 수 없었다. 이야기의 이치는 들어맞아도, 그것에 바탕을 둔 구체적인 예를 명확하게 이해할 수 있을 때까지는 파악했다고 할 수는 없다. 나중에 일본으로 돌아온 뒤, 종전을 홍 중장과 함께 맞은 통신대의 사토佐藤 씨의 이야기를 들었을 때, 비로소 자기 결단에 대한 충성이라는 게 구체적으로 어떤 행위인지 어느 정도는 이해할 수 있었다.

전쟁이 끝났을 때 필리핀의 산속에서 사토 씨는 홍 중장에게 '이제 한국은 독립할 테니까 홍 중장께서도 귀국해서 활약하시겠지요'라는 뜻의 축하 인사를 했다. 그때 홍 중장은 자세를 가다듬고, "나는 아직 군복을 입고 있다. 이 제복을 입고 있는 한, 나는 이 제복에 충성하고 싶다. 따라서 이것을 입고 있는 한, 그런 것은 일절 생각하고 있지 않다"고 말했다고 한다. 사토 씨는 그 말에 매우 감동을 받았다고 술회했다. 그럴 것이다. 이미 천황의 권위나 그에 대한 충성도 사라진 마당에, 그 충성을 바탕으로 한 군기軍紀도 땅에 떨어진 혼란한 상태에서, 그런 말을 들으면 누구나 잊지 못할 감명을 받을 것이다.

홍 중장은 스스로의 결단으로 일본 군인의 제복을 입었던 것이다. 자신이 그것을 입었다는 결단은 천황이 사라지든 일본군이 괴멸되든 변함없이 스스로의 의지와 결단으로 그 제복을 벗을 때까지 계속된다는 의미일 것이다. 스스로의 결단에 대한 충성이란 구체적으로는 그러한 태도일 것이다.

나는 여기서 이종찬 씨나 김정렬 씨가 말한 바탕이 되는 '각각의 구체적인 예'의 하나를 발견한 느낌이 들었다. 그리고 홍 중장의 다른 말을 상기해 보면, 분명히 그곳에 '모순'을 의식한 '시간'의 감각이 느껴졌다. 그리고 그것은 단지 홍 중장뿐 아니라, 돌이켜 보면 한국계 장교는 모두 마찬가지였다. 나는 그들이 내게 무엇을 설명하려고 했는지를 겨우 알 수 있었다.

나는 종전 시의 필리핀을 생각했다. 나 자신 제복에 대한 충성 따위의 의식은 털끝만치도 없었다. 아니, 나만이 아니고 장군 수용소에서 만난 장군에서 졸병에 이르기까지, 누구 한 사람 제복에 대한 충성 따위의 의식은 없었고, 그러한 말조차 들어본 적이 없었다. 하물며 그 '제복'을 어느 '시간' 동안은 착용하고, 그것이 몇십 년 뒤의 '독립'에 이른다는 발상은 상상조차 할 수 없었다. 그 꼬락서니들은 홍 중장과 비교하면 이럭저럭 이곳으로 끌려온 의지 없는 인간들의 무리처럼 보였다. 장군에 이르기까지….

'어쩌다가…'라지만, 요즘 기업에 들어오는 신입들도 모두 '어쩌다가…'처럼 보인다. 아니, 옛날 이상으로 철저하게 그렇게 보인다. 한국인에게는 서양과는 다르지만 우리들이 갖지 못한 일종의 확고한 개인주의가 있다고, 사토 씨는 나에게 말했다. "그러니까 서양 쪽에서 보자면 우리보다 씩씩하고 가슴을 펴고 당당합니다. 우리는 어딘가 컨베이어에 실려서 이렇게 되었다는 느낌을 줍니다만…."

그대로라고 나도 느끼고 있었다. 어느 장소, 어느 시점에서, 명확하게 하나의 결단을 해나간다. 그리고 스스로의 결단에는 절대적으로 충성한다. 그것이 설사 우리에게는 과잉충성으로 비친다 해도, 충성의 대상은 자신의 결단이지 타인 일변도나 의존, 멸사滅私도 아니다.

홍 중장에게는 커다란 전기轉機 때마다 항상 명확한 스스로의 결단이 있었다. 무관학교 지원, 아오야마 묘지의 맹약, 필리핀행, 그리고 최후로 전범법정에 섰을 때, 그는 자신의 그 결단에 대해 언제나 충성스러웠다.

제4장

출생 전설 出生傳說

빈농 출신의 육군 중장

일개 병사로서 필리핀에 있던 사람으로부터 편지를 받았는데, 그것에 따르면 그의 부대에서는 홍 중장을 고우 시쇼우라 부르고, 한국의 귀족, 그것도 특히 고귀한 집안 출신으로 이왕李王 은垠 전하殿下의 학우學友*로서 도일渡日했다는 게 그 부대의 '정설定說'이었다고 한다. 그리고 지금까지도 그렇게 믿고 있는 사람이 있는 모양이다.

부대마다 갖가지 전설이 생겨났겠지만, '시쇼우'는 '시호우'의 착각으로 한자漢字 '思翊(사익)'과 '思翔(사상)'을 혼동한 것이고, 그것은 문자

---

* "이왕(李王) 은(垠) 전하(殿下)"는 순종이 죽은 뒤 이왕(李王)의 왕위를 이은 영친왕 이은을 가리킨다. 홍사익은 영친왕과 육대 35기(1920년 12월 입학~1923년 11월 졸업) 동기였기 때문에 이런 말이 나왔을 것이다. "학우(學友)"의 원문인 "고가쿠유(御學友)"는 황족이나 왕족을 시종하며 함께 공부하는 그보다 낮은 신분의 친구를 가리키는 말이다.

그대로 근거 없는 '군대이야기', 자연발생적인 전설이다.* 그리고 그러한 전설은 뿌리가 깊어서, 사실을 제시해도 '그럴 리가 없다'고 거꾸로 병신 취급당하기 십상이다. 그도 그럴 것이 전설이 생기는 데에는 모두 나름 의 이유가 있기 때문이다.

홍 중장의 경우는 누가 보아도 '고귀한 집안 출신'이라고 밖에는 생 각할 수 없는 풍모와 행동거지, 그것이 온화한 성격과 깊은 교양으로 뒷 받침되어 조잡한 요소가 전혀 없는 그 일상생활 덕분이었으리라. 그것 은 홍 중장을 접한 모든 사람들이 말하는 인상인데, "한 마디로 표현하 면 어떤 분이었습니까?"라는 나의 질문에 즉각 반사적으로, "나는 젊었 을 때의 제갈공명이 그런 사람이 아니었나 하고 생각했습니다"라고 대 답한 김정렬 씨의 말은 인상적이었다.

그것만으로도 '고귀한 집안 출신 전설'이 생겨나도 이상할 게 없는 데, 당시는 '한국계 장군은 왕족에 한해'라는 것이 일종의 통념이었기 때 문에, '장군=고귀한 가문'이 되어 영친왕 전하의 학우 설說로 발전했다 해도 이상할 것은 없다.

그러나 내가 있던 부대에는 그런 전설이 없었고, 오히려 일반 조선 인으로 장군이 되었으니 상상을 초월할 정도로 훌륭한 인물이라는 식으 로 받아들여지고 있었다. 그런 전설은 대개 인격과 능력, 고귀한 혈통 양 쪽에서 생겨나는 것으로, '예수는 다윗 왕의 피를 이은 목수의 아들'과 같은 것인지도 모른다. 그러나 설사 그를 보통 조선인으로 여긴 사람이 라도 순전한 빈농 출신이라고 상상한 사람은 없고, 내게도 그런 연상은 전혀 없었다.

홍
사
익
중
장
의
처
형

---

* 상(翔)은 큰 새가 날개를 활짝 펴고 날아간다는 뜻이다. 비상(飛翔).

첫째, 의무교육이 없는 것과 다름없는 시대에 식민지 빈농의 자식과 장군은 그 당시 세계에서는 연결 지을 수 없기 때문이다. 따라서 이렇다 할 근거는 없었지만, 왠지 모르게 귀족계급 출신이라고 멋대로 정하고 말았다. 사실 한국계 장교 대다수는 양반 출신으로, 앞에서 말한 것처럼 김정렬 씨는 5대에 걸친 무인집안, 또 나중에 이야기하게 될 이종찬 씨는 대한제국 고종 황제의 대신大臣의 손자다. 그래서 그런 사람들로부터 홍 중장에 대한 깊은 경애의 말을 들으면, 어쩐지 일정 수준 이상의 가정 출신이라는 인상을 받게 되는 게 이상하지 않다.

그 때문인지 홍국선 씨에게서 "아버지는 빈농 출신입니다"라는 말을 들었을 때, 당연히 일종의 겸손의 표현으로 받아들였다. 그러나 그것은 어디까지나 사실로, 소년 시절에는 세 끼 식사를 두 끼 먹고, 그것도 죽으로 때우는 날이 많았다고 한다. 앞에서 말한 것처럼 〈남양홍씨세보〉는 경제적 수준과는 관계가 없었던 것이다.

하기는, 홍사익이 태어난 것은 1889년(메이지 22년, 고종 26년)* 3월 4일로, 그 무렵 농촌의 생활수준은 일본이든 한국이든 지금과는 비교가 되지 않을 정도로 전반적으로 낮았기 때문에, 오늘날의 기준으로 그 빈부를 가늠해서 교육과 교양 수준을 추정해서는 안 된다고 믿는다.

또한 가난하다고는 하지만, 그의 출생지인 경기도 안성은 서울에서 자동차로 1시간쯤 걸리는 곳으로, 집은 현재의 안성 시내에서 걸어서 30분 정도 되는 곳에 있었으니까, 농촌이라고는 하지만 수도에 가깝고 중앙과 문화적으로 격리된 벽촌이 아니어서, 오히려 수도의 정세로부터 여러 가지 자극을 받을 수 있는 지역이었다고 생각된다.

---

* 원문에는 "고종 27년"으로 되어 있으나, 이는 저자의 착각이거나 오기(誤記)인 것 같다.

그곳에서 홍사익은 형 하나, 누이 하나인 3남매의 막내아들로 태어나, 어릴 때 아버지를 잃고 열아홉 살이나 연상인 큰형思容 밑에서 자라고 배웠다. 홍사익은 평생 이재에는 정말로 무관심했던 사람으로, 장군이 되어서도 그 점에서는 큰형이 부모 대신이었던 것 같다. 교육은 오로지 한학漢學이었고, 동기생으로 친구라고도 할 수 있는 와찌和知 중장이 쓴 〈추억〉의 일절을 읽으면, 그것이 홍사익의 인격 형성의 기반이 된 것으로 생각된다.

　　"군君은 자질과 성품이 영준하고, 책임감이 강한 인격자로서, 학업 성적도 우수했다. 특히 한학의 소양은 발군으로, 사서오경 등은 통째로 암기했다. 같은 구대區隊 쓰지 군이 병사했을 때, 추도의 한시를 즉석에서 읊어 일동을 감격시킨 일도 있었다. 메이지 45년(1912) 5월, 메이지 천황 앞에서 거행된 중앙유년학교의 졸업식에서 그는 한국 출신 생도의 수석으로서 은사품恩賜品을 받았다."

　　그리고 그 교양이 완전히 자기 것으로 되어 있었다는 것은 평생을 통해, '군자는 궁해도 흐트러지지 않는다'를 실천한 데서도 잘 나타나 있다.

　　홍사익이 뜻을 품고 스스로의 운명을 개척하기 위해 단신 서울로 상경한 것은 16세 때로, 그때까지는 보통 빈농의 차남으로서 일하면서 한학을 배우는 나날이었다. 한편, 결혼은 당시의 풍습으로 14세에 했으나, 그것은 현재의 관념으로 말하면 오히려 약혼에 가까운 것으로, 처음으로 부부다운 생활을 한 것은 그로부터 14년 뒤, 육군 중위로서 도쿄 아자부 신류우도마치의 보병 제1연대 근처에 집을 정하고, 안성의 시골에서 '약혼한 아내'를 맞이했을 때였다.

인격형성기라고 할 수 있는 16세까지의 일은 자세히 모르지만, 당시 한국의 전통적인 교육 이외는 받지 못했다고 말할 수 있다. 어릴 적 학력學歷은 불확실하지만, 설사 학교에 다녔다 해도 그 시대의 사진을 보면 일본의 "데라코야寺子屋"*를 연상시키는 학교였다. 그러나 한편으로 그 16년간은 그 '서당書堂'을 포함해서 한국 전체의 구舊 질서가 붕괴되어가는 일종의 격동기였고, 일본은 일본대로 메이지 헌법 공포에서 러일전쟁에 이르기까지 또 다른 의미의 격동기였다.

러일전쟁에서 일본의 승리가 당시 아시아에 충격적인 영향을 주었다는 것은 부정할 수 없으며, 네루를 위시한 많은 독립운동 투사들은 그것을 '유럽의 일방적인 우세에 대한 아시아 최초의 반격'으로 받아들이고, 커다란 자극을 받았다고 말하고 있다. 따라서 홍 소년의 군관학교 지망도 그와 비슷한 자극의 결과인지도 모른다. 그러나 인도와는 달라서 한국은 자극을 느끼기만 하고 멈추기에는 일본과의 거리가 너무나 가까웠다.

방곡령防穀令 사건

동시에, 한국의 그 16년간은 내부적으로는 해체 · 탈피脫皮로 고통받고, 외부적으로는 청나라 · 러시아 · 영국 · 일본 각국에 문자 그대로

---

* 도쿠가와 막부 시대의 초등교육기관. 불교가 본격적으로 보급된 이후, 절(寺)에서 아이들을 가르치던 것에서 유래된 이름이다. 우리의 서당(書堂)과 달리, 교사의 출신이 승려, 신관(神官), 무사, 의사, 상인 등으로 다양했으며, 실무적인 과목도 가르쳤다. 데라코야 교사를 전문적으로 양성하는 교육기관도 있었다.

이리저리 놀림을 당하던 시대였다. 홍 중장이 태어나던 해에 방곡령 사건이 일어났다.*

참으로, 어떤 문제에 대한 민족에 따른 인식의 정도 차이는 신기할 정도여서, 일본에서는 '방곡령 사건'이라고 해도 전문가 외에는 알지 못하지만, 한국에 가서 홍 중장의 생년월일을 물으면, 마치 우리가 '종전의 해'라든가 '안보조약을 맺던 해'라고 말하는 기색으로, "방곡령 사건의 해입니다"라는 대답이 되돌아오는 것이다. 어째서일까?

사건 그 자체는 콩의 흉작으로 함경도·황해도의 지방관地方官**이 콩의 대일 수출을 금지하자, 그 때문에 콩을 매수하던 일본 상인이 집하集荷를 하지 못해 약 15만 원의 손해를 입었다고 하는, 순전히 경제적인 작은 사건이었다. 한일통상협정(1883년, 메이지 16년)***에 "양곡의 수출 금지는 지방관이 1개월 전에 예고하면 된다"라는 규정이 있고, 지방관은 그대로 시행했으니, 그 점에서는 한국 측에 잘못이 없다. 다만 그것을 원산의 일본영사에게 통고하는 데 있어서 실무상 착오가 발생, 예고 기간이 1개월이 채 안 되었기 때문에 생긴 사건이었다.

어쨌든 간에 순전히 경제 문제였으므로 상대방이 서유럽 나라였다면 지극히 사무적으로 처리할 수 있는 문제였겠지만, 메이지 초기부터 일이 한국에 관한 것이라면 이상하게 딱딱거리며 고압적으로 나가는 경

---

* 원산(元山) 항을 관장하던 함경도 관찰사 조병식(趙秉式)이 내린 1차 방곡령을 말한다.

** 관찰사(觀察使)를 가리킨다.

*** 조일통상장정(朝日通商章程). 42개 조로 이루어졌으며, 아편 수입 금지, 식량 부족 시 방곡령 선포, 관세 및 벌금의 조선 화폐에 의한 납입, 일본 상인에 대한 최혜국 대우 등이 주요내용이다. 이 조약으로 조선은 관세(關稅) 자주권을 일부 회복했다.

향이 일본 측에 있어서, 그때도 강경파가 먼저 국회에서 이를 거론하고 정부를 추궁해, 정부도 뒤이어 최후통첩을 한국 정부에 통보했다.

최종적으로는 이토 히로부미伊藤博文가 이홍장李鴻章과 협의해서 손해배상 11만 엔으로 타결을 보았지만, 그때 일본의 '최후통첩'이라는 태도에 한국인은 크게 쇼크를 받고, 그 쇼크가 '방곡령 사건'이라는 보통 때면 쉽게 잊어버릴 수 있는 작은 경제적 사건을 지금도 기억하게 만든 원인일 것이다.

그와 동시에 일본의 대한對韓 강압외교가 얼마간의 '성과'를 올린 것은 이것이 처음이었기 때문이기도 했을 것이다.* 일본은 그때까지도 한국에서 무엇인가를 꾸미고 있었다. 분명히 일본은 1876년(메이지 9년)에 한일수호조약**을 체결했으나, 하나부사 요시모토花房義質*** 공사가 국왕에게 국서를 봉정한 것은 1880년(메이지 13년)으로 당시의 한국에 있어서 청국의 위세에는 상대가 되지 않았고, 일본이 다소나마 영향력을 갖게 된 것은 1884년(메이지 17년) 6월, 월남 문제로 청불전쟁****이 일어나 청군이 프랑스군에게 연패했기 때문에 청국의 위신이 땅에 떨어진 뒤부

* 한국인으로서는 납득할 수 없는 대목이다. 이보다 10여 년 앞선 1876년의 강화도조약이 일본의 군사적 · 경제적 침략의 시발(始發)이다.

** 정식명칭은 조일수호조규(朝日修好條規)이며, 강화도(江華島) 연무당(鍊武堂)에서 체결돼 흔히 강화도조약이라 불린다. 전년 일어난 운요호(號) 사건을 빌미로 군함을 동원한 일본의 군사적 위협 아래 진행된 최초의 개항이자, 치외법권 등을 인정한 최초의 불평등조약이다.

*** 하나부사 요시모토(花房義質, 1842~1917). 메이지시대 외교관, 정치가. 한국 주재 초대 일본공사이며, 1882년 임오군란(壬午軍亂) 때 일본공사관이 습격당하자 일본으로 탈출했고, 군대와 함께 재상륙해, 일본군 주둔, 손해배상 등을 내용으로 하는 제물포조약을 강요했다.

**** 1884년, 청나라가 베트남에 대한 종주권을 주장하며 프랑스와 벌인 전쟁. 이 전쟁에서 진 청나라는 그 다음해 텐진(天津)에서 베트남에 대한 프랑스의 보호권을 최종적으로 인정했다.

터의 일이다.

　그러나 한국군이 청국식 군제軍制를 폐지하고 일본에 유학생을 보
낸 것은 청일전쟁 종결 이듬해 1896(메이지 29년)부터이며, 유학생의 성
명姓名이 확실해진 것은 1898년년(메이지 31년)부터로, 말하자면 홍사익
이 10세가 되던 해, '방곡령 사건'으로부터 10년 뒤의 일이다. 그리고 청
일전쟁에서 일본의 연전연승이라는 기억도 소년 시절을 맞이한 홍사익
에게 무엇인가 영향을 미쳤는지도 모른다. 그리고 16세 때의, 일본에 의
한 백인에 대한 최초의 승리가 미래의 한국에도 그것을 꿈꾸게 하여, 그
것이 대한제국 군인을 지망하게 한 동기가 되었는지도 모른다.

　동시에 당시 한국도 새로운 국군 창설을 위해 우수한 인재를 구하
고 있었다. 서유럽과 접촉하고 그 압력을 느낀 아시아의 나라들이 최초
로 손을 댄 것은 근대적인 군대의 창설이었다. 그 점에서는 일본도 중국
도 마찬가지로, 나중에 그 근대적 군대가 각각 북양군벌北洋軍閥*과 일본
군벌의 모체가 된 셈이지만, 동시에 그것이 근대적인 조직의 운영과 그
조직에 적응할 수 있는 인재 양성기관이 된 것도 부정할 수는 없다.

　근대적 합리주의의 소산, 라인line과 스탭staff으로 계통적으로 구성
된 합리적인 조직, 근대화에 불가결한 이 '조직'의 수입 및 창설이 가장 쉬
웠던 게 군대였고, 동시에 그것이 이를 위한 대규모 교육훈련기관의 역할
을 하게 만들었다는 것도 부정할 수 없다. 그러나 그 점에 있어서 보수적
인 한국은 일본보다도 뒤떨어져 있었다고 할 수 있다. 그리고 그 뒤떨어

---

* 청나라 말기의 실력자 이홍장(李鴻章, 1823~1901)이 육성한 서양식 군대인 회군(淮軍)과 북양수사
(北洋水師)를 모체(母體)로 성장한 군사집단. 초기에는 양무운동(洋務運動)의 상징이자 구심점이었
지만, 이홍장이 열강(列強)과의 외교를 좌지우지하면서 점차 사병화(私兵化)되었다. 그의 사후, 위안
스카이(袁世凱)가 접수했다.

졌다는 게 김석원 씨가 비판한 조선의 비정秕政의 한 예인지도 모른다.

한국은 일본보다 20~30년 뒤떨어졌다. 당시 한국의 상태는 양이쇄국攘夷鎖國을 부르짖고 있던 시대의 일본과 너무나 흡사하다고 지적한 것은 일본인이 아니라 청나라의 도쿄 주재 공사관 참찬관參贊官 황준헌黃遵憲이었다. 그는 이를 논한 저서 〈조선책략朝鮮策略〉*을 1880년에 개국정책으로 전환해 일본으로 시찰 온 제2차 수신사修信使 김굉집金宏集**에게 증정했다.

이 책은 당시 한국 조정뿐만이 아니라 일반 여론에도 큰 영향을 미친 것 같다. 왜냐하면, 그것은 도쿄에 주재하는 청국인이 제3자의 눈으로 본 일종의 객관적 평가였고, 당시의 한국인은 중국과 중국문화에 대해 깊은 존경의 뜻을 잃지 않고 있었기 때문이다. 그 점 역시 황준헌의 지적대로였는지도 모른다.

한일안보조약韓日安保條約

그러나 개화開化를 주장하는 여론과 개화 정책은 당장 강렬한 반발을 받았다. "위정척사론衛正斥邪論(정의를 지키고 잘못을 물리친다)"라는 한국판 존황양이尊皇攘夷가 보수파와 유생儒生을 중심으로 해서 일어나는가

---

* 원제(原題)는 〈사의조선책략(私擬朝鮮策略)〉. 러시아의 남하(南下)를 방어하기 위해 조선이 "친중국(親中國)", "결일본(結日本)", "연미국(聯美國)"의 방책으로 자강(自彊)을 도모해야 한다는 게 핵심 내용이다.

** 굉집(宏集)은, 청일전쟁 당시 일본군의 무력을 등에 업고 갑오경장(甲吾更張)을 주도한 김홍집(金弘集, 1842~1896)의 초명(初名)이다.

하면, 한편에서는 개화의 신정책에 근거해 생겨난 새로운 조직에 대한 구조직의 반발도 일어났다. 그에 관해서는 자세히 언급하지 않겠지만, 그 고뇌苦惱는 도쿠가와 막부 말기의 일본과 공통되는 측면이 있는데, 그러나 훨씬 더 강렬했다. 그 지점에서, 막번체제幕藩體制*라는 모호하고 물렁한 구조는 때맞춰 바꾸기 편리한 체제였다고 생각할 수밖에 없다.

군사軍事 면에서는, 우선 구미형 일본군을 모범으로 신식군대를 창설하게 되어, 다음해인 1881년(메이지 14년)에 육군 소위 호리모토堀本禮造를 군사고문으로 초청해 별기군別技軍**이라는 새로운 군대를 따로 조직해 창설했다. 이것은 이름 그대로 '별기군'이었으므로, 조선의 전통적 구식군대도 그대로 존속해 양군 병존이라는 모습이 되지 않을 수 없었다. 왜냐하면, 구식군대는 근대적인 조직으로서의 군대라기보다는 오히려 이왕가의 "하타모토旗本"***라는 느낌의 세습직으로, 서울 외곽에 거주하며 녹미祿米를 받고 있었기 때문이다.

그러나 개화·미곡 수출·쌀값 폭등에 의한 경제적 변동 때문에 녹미를 제때 타지 못하게 되어, 프라이드는 높지만 일종의 생계곤궁집

_____

* 중앙권력인 막부(幕府)와 그에 충성을 맹세한 지방권력인 번(藩)으로 구성된 도쿠가와 막부 시대 일본의 지배구조. 번(藩)은 세습되는 번주(藩主)의 지배하에 있는 사실상 독립된 소왕국이나 다름없었다는 점에서, 막번체제는 서양의 봉건제와 비슷하며, 중앙권력이 관리를 파견해 지방을 직접 지배하던 중국이나 조선의 군현제(郡縣制)와는 다르다.

** 1881년(고종 18년) 설치된 조선 최초의 신식군대의 명칭으로 별기대(別騎隊)라고도 한다. 강화도조약 이후 일본의 협력을 얻어 민씨(閔氏) 척신(戚臣)인 민겸호가 주도했으며, 백성들은 "왜별기"라 불렀다. 원문은 "별지군(別枝軍)"으로 되어 있는데, 저자의 착각이거나 오기(誤記)인 듯하다.

*** 전국시대(戰國時代)에는 전장(戰場)에서 주군(主君)과 주군(主君)의 깃발(旗)을 지키는 본진(本陣)의 호위무사단을 의미했으나, 도쿠가와 막부 시대에는 쇼군 직속의 무사를 가리키는 칭호로 바뀌었다. 숫자는 5천 명 안팎이었다고 하며, 1만 석 이하의 고쿠다카(石高, 무사에게 쌀로 지급된 녹봉)를 받았고, 막부의 핵심 무력이었다.

단처럼 되었다. 마치 도쿠가와 막부 말기의 하타모토, 고부신구미小普請組*의 생활고를 연상시킨다. 그런데 한편으로는 별기군 쪽은 새로운 조직, 새로운 제복, 새로운 부대급양, 새로운 급료 등 별격別格이었다. 반발이 일어나는 게 당연한데, 특히 심각했던 게 징병제에 대해서 "상직常職을 빼앗긴다"고 느낀 일본의 사무라이 계층의 동요와 비슷한 감정이었을 것이다. 그래서 일어난 게 임오군란壬吾軍亂이다.

그 발단은, 구식군대에 밀린 열 달치 녹미 중 겨우 한 달치를 지급했는데 그나마 양을 속이는 바람에 불만이 폭발한 것이라고 일본의 한국사 책에는 쓰여 있다. 하지만 한국인에게 물어보니, 그것은 오히려 '이코노믹 애니멀'적인 해석으로, 그들은 굶주림보다는 프라이드를 건드린 데 분노를 폭발시킨 것이라고 한다. 당시의 한국뿐만 아니라 메이지 초기 일본의 경우를 생각해 보아도 그 해석이 옳을 것이다. 왜냐하면 당시의 가치 기준은 반드시 경제적으로 잴 수 있는 것만은 아니었기 때문이다.

결국 그 동란을 수습한 것은 청나라였고, 반란을 일으킨 구식군대는 청군에 의해 진압되어 해체되었는데, 동시에 신식군대에 대한 일본의 영향력도 일소되고, 군제軍制는 다시 청국 것을 도입하기로 했다. 진압을 위해 서울에 주둔하고 있던 오장경嗚長慶**이 일종의 군사고문이 되고, 그 지도하에 새롭게 모집한 1천 명의 한국 청년을 훈련하여 신식군대를 만들어 그 체제가 1894년(메이지 27년), 즉 청일전쟁까지 계속된 것이다.

임오군란에서 청일전쟁까지 한국을 둘러싼 열강의 움직임과 그것

---

* 직책이 없는 하급 하타모토(旗本).

** 오장경(嗚長慶, 1834~1884). 청나라 말기의 군인으로, 이홍장의 막료였다. 위안스카이는 그의 휘하에서 군벌(軍閥)의 발판을 마련했다.

에 호응해 조정 안팎에서 펼쳐진 정쟁政爭의 역사는 생략하기로 하고, 청국의 지도로 이루어진 새로운 군대의 그 뒤를 살펴보기로 하자.

적어도 메이지 20년(1887)경까지 일본은 청나라에게 일을 꾸밀 생각을 하지 못했다. 다만 '방곡령 사건'에서도 볼 수 있는 것처럼, 경제적 이권의 확보에는 열심이었다. 그러나 그 사건이 해결됨과 동시에, 일본과 청나라 사이 정면충돌의 하나의 원인이 된 '동학당의 난'이 일어났다. 그 난의 진압에서, 청국 지도하의 신식군대는 세이난전쟁西南戰爭*시 관군官軍처럼 처음에는 제대로 기능하지 못했지만, 최종적으로는 새로운 편성編成과 화기의 조직적 위력을 십분 과시했다. 그러나 그 신식군대도 청일전쟁 개전과 동시에 왕궁을 점거한 일본군에게 무장해제당하고, 해체되었다.

왕궁을 점령한 일본군은 대원군을 상징으로서 옹립함과 함께 군국기무처軍國機務處라고 하는 친일파를 주체로 한 행정기관을 만들었다. 그 양상은 일본의 '맥아더 시대'와 아주 비슷하다. 그때 일본이 장래의 한국의 군대에 대해서 어떠한 구상을 갖고 있었는지는 소위 '무쓰 문서陸娛文書'**에

---

* 1877년, 메이지유신의 주력(主力)이었던 사쓰마(薩摩) 출신 사무라이들이 신정부에 반대해 벌어진 내전(內戰). 사이고 다카모리(西鄕隆盛)가 이끄는 반군(叛軍)은 구마모토(熊本)를 점령하는 등, 정부군에 맞서 반년 동안 싸우다 진압되었다. 사이고는 사무라이로 상징되는 신분제를 폐지하는 과정에서 나타난 갈등을 해소하고 사무라이들의 불만을 해소하기 위해 '정한론(征韓論)'을 주장했지만, 그를 제외한 신정부의 핵심들은 내정개혁과 군비증강을 우선시해 받아들이지 않았다. 근대국가로 이행하는 과정에서 빚어진, 구체제와 신체제의 마지막 충돌이었다고 할 수 있다.

** 무쓰 무네미쓰(陸娛宗光, 1844~1897)는 사카모토 료마(坂本龍馬)와 함께 활약한 메이지유신 때의 지사(志士)로, 청일전쟁 당시 일본의 외무대신이었다. 대한(對韓), 대청(對淸) 외교정책을 주도했고, 을미사변(乙未事變)에도 깊숙이 관여했다. 청일전쟁을 전후해 작성한 많은 기록들을 남겼고, 〈건건록(蹇蹇錄)〉이라는 청일전쟁 비망록(備忘錄)을 지었다. 위의 한일안보조약(韓日安保條約)이란, 무쓰의 표현에 따르면 일한공수동맹조약(日韓攻守同盟條約)이다. 〈건건록(蹇蹇錄)〉(범우사, 1993). 11장 참조..

나타나 있다고 생각된다.

그 요지는 일종의 '한일안보조약'이라고 할 수 있는 것으로, (1)조선의 독립과 안전의 유지에 일본은 원조를 하고, (2)병제兵制를 개혁하고, 이를 위해 일본군 장교를 파견하고, (3)필요한 병기와 탄약은 실비實費로 원조하되, 제3국으로부터 구매를 금지하고, (4)개전開戰 시에는 조선군은 일본군 사령부의 지휘하에 들어가고, (5)군항軍港과 군사기지를 일본에 대여하고, (6)일본 이외의 국가에는 일절 군사적 편의를 제공하지 않는다는 것을 골자로 하고 있다.

인간의 발상이라고 하는 것은 좀처럼 변하지 않는 것인데, 이렇게 보면 일본이 청일전쟁 뒤에 적극적으로 한국군을 육성하려고 한 것도 이상할 것은 없다.

네 번째 군대 해산

그러나 청일전쟁에서 승리를 했으면서도 그 계획은 좌절됐다. 일본은 삼국간섭에 굴복했고, 그 때문에 한국에 있어서의 위신은 땅에 떨어지고 말았다. 그 결과, 한국 정부에서 친일파가 일소되고 친러파가 들어와, 일본군이 조련한 신식군대는 또 다시 여기서 해산되고 말았다.

일본이 그 보복으로 행한 것이 악명 높은 '명성황후 시해사건'으로, 그 결과 대원군 밑에 친일-반러적인 내각이 생겨났다. 그 내각이 처음으로 음력 폐지 및 양력 채용을 실시하고, 일본식인 일세일원一世一元*을

---

* 왕의 재위기간 중에는 하나의 연호(年號)만을 사용한다는 뜻으로, 일본에서는 메이지(明治)라는 연호를 쓴 무쓰히토 일왕이 처음으로 채택했다.

채택하고, 단발령을 내렸다. 그러나 러시아의 노골적인 반격 작전이 곧 시작되었다. 청나라가 물러가고 러시아가 대신 온 셈이었다.

아마도 이상과 같은 정세를 반영했기 때문일 것이다. 해산당한 친일적 군대를 친일적 정부 밑에서 급거 재건하고 재편성하기 위해, 사관학교에 다수의 유학생을 보낸 것이리라 생각된다. 그 때문에 1896년(메이지 29년)에 11명이 유학을 떠났지만 그 사람들의 이름은 분명치 않고, 유학인지 시찰인지 도중 귀국했는지 알 수가 없다.

그러나 정세가 다소 안정된 2년 후 1898년(메이지 31년)에는 21명이 본격적으로 유학, 그 가운데는 한국의 전임 대통령 윤보선尹潽善 씨의 숙부인 윤치성尹致晟 씨나, 구舊 한국군 대령이고 무관학교 교장으로 뒤에 망명해 항일운동 중 병사한 노백린盧伯麟* 씨 등이 있다. 그리고 그 군대는 약 10년간 유지되었으나, 1907년(메이지 40년) 8월 1일에 해산당했다. 그것은 한국에 있어서는 실로 네 번째의 군대 해산이었고, 그리고 홍사익이 무관학교에 입학한 것은 흥미롭게도 그 다음해인 것이다.

내가 홍 중장의 경력을 조사하면서 최초에 아무래도 이해할 수 없었던 것은, 군대가 해산당하고 각지에 폭동이 일어난 그 이듬해에 무관학교가 그냥 존재해 있었고, 홍 중장이 거기 입학했다는 사실이었다. 나는 처음에 그것은 어떤 착오이고, 아마도 내가 경력과 연표의 대조를 잘못한 것이라 믿고서 몇 번씩이나 조회를 하고, 관계자에게도 다짐을 받곤 했지만, 그것이 착오가 아니라는 사실을 알았을 때 "나로서는 도저히

---

* 노백린(盧伯麟,1875~1926). 대한제국의 군인, 독립운동가. 호는 계원(桂園). 1895년 관비(官費) 유학생으로 도일(渡日)해 일본 육사를 졸업했으며, 귀국해 육군무관학교장 등에 임명되었다. 군대 해산 뒤 신민회(新民會)에 참여했으며, 1916년 하와이로 망명했다. 1920년 동포들의 지원으로 캘리포니아에 항공학교를 설립했고, 임시정부 국무총리, 참모총장 등을 역임했다.

알 수가 없는 일이군" 하고 혼잣말을 하며 홍 중장의 자료 검토를 한동
안 내팽개치고 있었다.

　그도 그럴 것이 일본의 손에 강압적으로 해산당한 군대를 지원했
을 때, 홍사익 청년이 어떤 심정과 어떤 포부를 지니고 그 길을 선택했는
지, 또 무슨 생각으로 일본으로 유학을 떠났는지, 아무리 생각해도 이해
할 수가 없었기 때문이다. 왜냐하면, 을사보호조약乙巳保護條約과 그 2년
후의 정미7조약丁未七條約의 강요는 한국 측에게는 엄청나게 심각한 사건
으로, 맥락을 모르는 사람으로서는 그런 쇼크 뒤에 무관학교에 입학하
거나 일본의 사관학교로 유학하고 싶다는 자가 있으리라고는 도저히 상
상할 수가 없기 때문이었다.

　이종찬 씨는 그 상태를 "한 마디로 말하면 일본판 포츠담선언*의
수락이라 할까. 일본은 천황제 존속을 유일한 조건으로 항복을 수락한
셈이지만,** 표현은 다르다 해도 그 당시의 한국 측의 조건도 내용은 같았
다. 그래서 나는 35년 후에 일본이 같은 신세가 되다니! 하고, 약간 짓궂
은 기분으로 그것을 읽었던 것이다" 하고 말한 뒤, 역사라는 것은 결국
그런 게 아니겠느냐는 듯한 표정으로 나를 바라보았다.

　확실히, 그렇게 말할 수 있는 양자 공통의 일면이 있다. 그러나 이
'일본판 포츠담선언'에 대한 한국인의 반응 자체는 전혀 다르다. 우선

---

* 나치독일이 항복하고 난 뒤, 1945년 7월 26일 독일 포츠담에 미국의 트루만, 영국의 처칠, 중국의 장
　제스(蔣介石) 등 3인이 모여(소련의 스탈린은 8월 이후 참석했다), 군국주의 배제 및 전쟁범죄자 처
　벌, 민주주의 부활, 식민지 독립 및 영토 축소 등을 주요내용으로 하는 전후 처리방침을 확정하고, 일
　본에 무조건항복을 요구했다.

** 이 조건은 어떤 문서에서도 공식화된 적이 없다. 소련은 이에 반대했으며, 천황제 존속은 일본의 적화
　(赤化)를 우려한 미국 국무부(國務府) 및 맥아더가 지휘한 연합군최고사령부(GHQ)의 정치적 배려였
　다고 알려져 있다.

"어전회의御前會議"의 표결 결과인데, 일본처럼 "성단이 내리다"라는 말로 전원 일치로 모든 대신이 부서副署하는 게 아니라, 5명 찬성, 3명 반대였다. 그 3명은 "통곡을 하며 대궐을 물러났다"고 이종찬 씨는 말했는데, 그것은 아마도 '일곱 번 간諫해서 듣지 않으면 소리 내어 울며 즉시 물러난다'는 의미로, 오경五經의 〈예기禮記〉와 통하는, 말하자면 유교적 표현이었기 때문에, 꼭 그랬다는 건 아닐지도 모른다. 그리고 찬성 5명이 "을사오적乙巳伍賊"이다.

그 조약은 비밀로 되어 있었는데, 얼마 뒤 외부로 새어나가 서서히 격렬한 반대운동이 일어나기 시작했다. 그러나 그것은 결사적으로 폭발해 '일억一億이 통곡하고, 다음날에는 잊는다'가 아니라, 서서히 강렬하게 번져 끈질긴 항의 · 폭동이라는 모습을 띠기 시작했다. 먼저 대궐 앞에서 항의 표시의 자살이 차례차례로 일어났고, 뒤이어 이듬해 유생의 반대 운동이 폭동으로 변해, 헌병과 경찰 손으로는 도저히 막을 수가 없어서 급기야 일본군 출동에 의한 탄압 · 소탕전이 되었다.

또 황제 자신이 미국과 러시아에 친서를 보내, 국제회의를 열어 '만국萬國 공론公論의 이슈'로 삼아달라고 요청했다. 거기에 더해 소위 "헤이그 밀사사건"이 일어나고, 그것이 드러나 일본 측은 고종에게 양위讓位를 강요한다. 마침내 고종은 양위를 받아들이는데, 민중民衆*은 이에 대항해 대궐 앞에 연좌농성을 벌인다. 그러나 그 정경은 결코 40년 전의 궁성 앞 광장과 같지는 않았다.** 다음에, 그에 관한 기술을 〈한국정미정변사韓國丁未政變史〉로부터 인용해 보겠다.

---

* 원문도 민중(民衆)이다.

** 패전 직후 일본 도쿄의 궁성 앞 광장을 가리킨다.

"군중은 똑같이 무릎을 꿇고 땅바닥에 앉아 누가 뭐라 해도 꼼짝하지 않았다. 그 가운데 변사(辯士) 같은 사람들이 몇 명 차례차례로 군중 속에서 일어나, 비장한 목소리와 격앙된 말투로 각기 일장의 연설을 했는데, 혹은 국가 존망이 위기에 빠진 것을 말하며 황제는 절대로 양위하지 말라고 절규하고, 혹은 현 내각은 일본과 내통해 500년 사직을 위태롭게 하고 있다고 규탄하며 대신들을 주살하라고 외쳐대자, 청중은 우레와 같은 박수와 성난 파도와 같은 노호와 갈채로 뜨겁게 답했다. 그날 밤 우연히 상현달이 중천에 떠서, 창백한 달빛이 격앙하는 민중들의 머리 위를 비추고 고조된 감정에 들뜬 사람들의 얼굴을 지나갈 때, 비장과 처참을 극한 그 광경은 실제 상황을 목격한 필자가 지금껏 잊지 못하는 인상으로, 지금도 눈을 감고 당시를 회상할 때마다 일종의 감개를 느끼는 것이다."

그것은 일본인의 분노와는 다르다. 무엇인가 그 인간의 평생을 두고 마음속 깊은 어딘가에서 가늘고 조그맣게 타들어가는 푸른 불꽃같은 느낌이라 여겨지는데, 그 분노의 대상이 사라질 때까지 그 불꽃은 꺼지지 않을 것 같은 느낌이다. 그것이 7월 18일 밤이었고, 그 이튿날인 7월 19일 양위가 공표되었다.

어떤 변천(變遷)에도 동요하지 않다

일본 측이 무엇보다 두려워한 것은 한국군의 반란으로 인한 공공연

한 교전 상태의 출현이었다. 그랬다가는 바로 '만국萬國 공론公論의 이슈'
가 된다. 그 때문에 우선 탄약고를 장악하고 보급을 끊어 실질적으로 무
장을 해제하면서, 군대는 새 황제 밑에 그대로 존속하는 것처럼 보이게
했다. 분명히 이론상으로 말하자면 양위는 황제의 의지이므로, 군대는
새 황제에게 자동적으로 복종해야 하고, 칙령이 없는 한 움직일 수 없다.

일본 측은 그 점을 이용하여 '병제개혁을 위해서'라는 명목으로 군
대 해산의 칙어勅語를 황제에게 만들게 하여, 8월 1일 한국주둔군사령관
관저에 서울에 있는 모든 장교를 집합시킨 뒤 느닷없이 군대해산의 칙
어를 들려주고, 동시에 오전 10시 훈련원(연병장)에서 해산식을 거행한
다고 선언했다.

탄약을 손에 넣은 뒤 장교와 병사를 분리시키면, 군대는 무력해진
다. 치밀하게 비밀계획을 세워 단숨에 찌른다는 수법은 진주만과 같았
고, 거기까지는 일단 성공하고 있다. 그러나 해산식은 예정대로 진행되
지 못했다. 일부 부대는 부대 전체가 탈영하고, 어떤 부대는 반란으로 돌
아섰는데, 그래도 해산식 자체는 혼란한 와중에서도 일단 오후 3시에 끝
났다. 하지만 그날부터 이듬해 3월까지 각지에서 반란과 토벌이 되풀이
되고 있었다. 그리고 그해, 즉 1908년에 홍사익은 무관학교에 입학한 것
이다. 그의 나이 20세였다.

도대체 일본 측 발상 어디에 실수가 있었을까? 메이지 시대 이후 일
본의 행동방식에 일관되어 있는 게 '기정사실로 만들어 놓으면 이쪽이
이긴다'는 발상이다. 우리는 모두 '기정사실'의 신봉자로서, 한번 그것이
만들어지면 종전 때처럼 전원이 몽땅 전향轉向해 따른다. 그래서 언제나
기정사실을 만드는 것에만 열중하고, 이를 위해 모든 세력을 투입한다.

그런 행동방식은 국내에서는 유효하겠지만, 한국에서도 중국에서

도 언제나 실패하고 있다. 그러나 몇 번씩 실패하고서도 그 방식을 바꾸지 않고, 한국에도 중국에도 '8월 15일'적인 전향을 부지불식간에 전제해서, 그 때문에 결정타가 쌓여 결국 그들은 배신당했다고 느낀다. 이런 방식을 되풀이하고 있지만, 한국군 변천사를 보더라도 그 전제 자체가 통용되지 않는다는 것은 명백하다.

1881년 별기군別技軍 창설에서부터 1907년 훈련원에서 군대해산에 이르기까지 불과 27년 사이에, 열강의 간섭과 그에 상응한 정쟁에 휘둘려 창설과 해산을 되풀이해 온 한국군의 역사는 그대로 한국사의 축도縮圖이고, 훈련원에서 군대해산도 그 가운데 하나의 사건에 불과하다. 따라서 '정세가 안정됐기 때문에'라고 하면 말이 되지만, '움직이지 않는 기정사실인지 확인한 뒤에…' 평생 보장된 체제 쪽으로 들어가겠다는 발상이라면, 그 시점에서 무관학교로 진학하려 할 자는 없는 게 보통일 것이다.

그러나 적어도 메이지 초기부터 한국은 그러한 발상이 통용되지 않는 세계였다. 27년 동안 창설과 해산을 네 번 반복한 군대를 지망하는 것과, 메이지 이후 한 번도 그런 적이 없는 일본 육군의 사관학교를 목표로 하는 것은 전혀 별개의 일이라고 해도 이상하지 않다. 그것은 모든 변천變遷을 예견한 결단이었을 것이다. "무엇인가를 깊이 기약하기라도 하는 듯이 어떤 변천變遷에도 조금도 동요하지 않았다." 이것이 청년기에서 생애의 끝까지 홍 중장을 접한 모든 사람들이 받은 인상인데, 그 내실은 과연 무엇이었을까?

그것은 물론 홍 중장이 예언자처럼 장래를 정확하게 꿰뚫어 보고 있었다는 뜻은 아니다. '어떤 시점의 어떤 상식'을 절대화한다면, 최소한 한일합병기의 대부분 시기에서 한국의 독립을 생각한다는 것은 꿈같은 이야기였는지도 모른다. 적어도 일본인에게 있어서는 말이다. 한쪽은 완전히 무장을 해제당하고 국토의 구석구석까지 일본에 점령당해서 꼼짝도 못한다. 다른 한쪽은 거함 거포와 17개 사단의 근대적 병력과 중공업을 갖고서, 동아시아의 제해권을 지닌 세계 3대 강국의 하나다.

일본군 내부에서 무엇을 마음속 깊숙이 기약하든, 해외로 망명해서 항일운동을 전개하든, '상식적'으로 생각하면 그것은 모두 도달 불가능한 꿈에 지나지 않을 것이다. 어떤 꿈도 현실로 이루어질 가능성이 없다고 한다면, 적어도 그 시점에서는 확실히 그 말대로 어느 쪽에도 현실성은 없다. 그리고 어느 쪽이 좀 더 현실성을 갖고 있었느냐는 것은 결국은 결과론에 지나지 않는다.

이토 히로부미 비화秘話

"몰랐을 것입니다. 물론 아무것도…." 홍 중장이 무관학교에 들어갔을 때 2년 뒤 한일합병을 전혀 예상하고 있지 못했는지 혹은 예상하고 있으면서 입학했는지, 새로운 군대도 과거의 군대와 같은 길을 밟으리라고 생각도 해보지 않았는지, 아니면 이번만은 괜찮겠지 하고 예측하고 있었는지, 그 어느 쪽이냐는 의미의 질문에 이종찬 씨는 한 마디로 이렇게 대답했다.

그러나 다소나마 한일 교섭사를 읽고 있던 나에게는 당시의 일본은 한일합병을 위한 포석을 착착 진행시켜 왔다고 생각되었기 때문에, 명석한 홍사익 청년이 그러한 문제의식을 갖고 있지 않았을 리는 없다는 생각이 들어, 그 대답에 내심으로는 불만을 느꼈다.

"결과론으로야 무슨 말이든 할 수 있다. 그러나 현재 이곳도 휴전선에서 40킬로밖에 안 떨어져 있다. 우리는 지금 태평하게 대화를 나누고 밤이면 술을 마시고 있다. 포병을 동원하면 일본군의 구식 대포로도 사정거리에 들어가는 곳에서. 5분 뒤의 일도 예측할 수 없는데, 2년 후의 예측? 아니, 그것은 현대에서도 할 수가 없다. 더구나 그 시대에는…. 나라의 장래도, 이왕가의 운명도….'"

말을 듣고 보면 그대로였다. 그는 계속해서 "그 시점에서는 이토 히로부미도 예측은 할 수 없었을 것"이라면서, 다음과 같은 재미있는 이야기를 들려주었다. 이토 히로부미가 하얼빈에서 안중근安重根에게 암살당하기 전, 그는 서울에 먼저 들렀다. 물론 공식 일정이었지만, 그 틈을 쪼개 밤에 은밀하게 어떤 인물과 밀담을 나눴다. 그 인물이란 바로 이종찬 씨의 조부祖父였다. "내가 어떻게 그 이야기를 알고 있느냐 하면, 나는 어릴 때 조부의 귀여움을 받았던 덕분에 담뱃대 시중을 들고 있었기 때문이었소."

그 시대의 한국에서는 기다란 담뱃대長竹로 담배를 피우는 게 일반적이었는데, 귀인貴人은 그것을 들고 다니지 않고 외출을 할 때는 담뱃대와 담배쌈지를 동자童子에게 들고 가게 했다. 말하자면 언제나 '끽연용 보이boy'를 데리고 다니며, 그 보이가 긴 담뱃대 끝에 불을 붙였던 것이다. 그 덕분에 이종찬 씨는 종종 일본의 배척을 받은 정객들의 '비밀회합'에 참석하게 됐다. 그러나 대부분은 "이미 은퇴한 노老 정객들의 비분에 찬 추억담을 듣는 일"이었다. "이것도 그러한 이야기 중 하나"라고, 그는 말했다.

"이토는 시가를 한 상자 꺼내놓고는 조부에게 말했다고 한다. 폐하는 귀하가 담배 좋아한다는 것을 잘 알고 계셔서, 출발할 때 이 시가를 하사하시면서 귀하와 둘이서 이것을 피워가며 천천히 납득이 갈 때까지 대화를 나누라고 하셨다고. 조부는 그 말에 대답해, '일본의 천황이 내가 담배를 좋아하는 것을 기억하고 깊이 배려를 해 주시니 대단히 영광스럽소이다. 하지만 그렇다면 한 상자라니 이상스럽소. 각각 한 상자씩 같은 담배를 줄 터이니 따로따로 뚜껑을 열고… 하는 말은 하지 않으셨소이까?'라고 대답했다고 한다."

말할 것도 없이 그것은 두 사람 모두 일종의 연극이리라. 한쪽은 한일韓日이 한 몸으로 "같은 솥의 밥을 먹듯이 같은 상자의 시가를…"이라는 것이고, 다른 한쪽은 한국과 일본은 서로 다른 나라로서 "다른 상자의 담배를 따로따로 피운다면 얘기를 하겠다"는 의사 표시일 것이다. 그런 재미있는 연극적 대화가 한동안 계속되었지만, 결국 이토의 목적은 당시 한국 정부의 통치 능력을 신뢰하지 않았기 때문에, 그의 조부를 교섭 상대역 겸 한국 내부를 수습하는 역할로 삼기 위해 찾아온 것이었다.

조부는 최후까지 거부하고 일본의 주장을 듣는 데는 이완용李完用 한 사람이면 된다고 쏘아 붙였지만, 결국 "그렇게까지 말한다면 나서보리다. 그러나 단 한 가지 조건이 있소이다. 그것은 한일보호조약의 폐기요"라고 대꾸했다는 것이다.

이종찬 씨는 "그 시대의 이토는 요즘 동아시아의 키신저 같은 존재였다"고 말했는데, 말하자면 자민당을 못 믿게 된 미국정부가 은밀히 야당*과 접촉하여 "안보를 파기한다면…"이라고 속삭이는 것과 같은 상황

홍
사
익
중
장
의
처
형

인지도 모른다.

쌍칼잡이 일본

흥미로운 것은 그때 이토의 반응이다. 그는 결코 즉석에서 '그것은 불가능하다'고 말하지는 않았다. 다만, 이토는 자신은 추밀원樞密院의 장議長**으로서 조약의 비준에 관해 천황으로부터 일체를 위임받고 있다. 따라서 폐기가 불가능하지는 않지만, 그것을 단행하면 야마가타 아리토모 이하의 큰 반대를 각오하지 않으면 안 되고, 폐하의 재가 없이 독단으로 지금 결정을 내릴 수는 없다. 따라서 귀국해 '사전 교섭'을 한 뒤 폐기·신조약 체결의 일정을 잡을 테니, 그때는 잘 부탁한다는 의미의 말을 했다.

그러나 이토는 동시에 한국 측 태도에도 많은 불만을 털어놓았다. 현재로는 그 문제에 대해서 이토나 이완용을 변호하는 사람은 없겠지만, 나는 이토의 말에도 일리는 있다고 믿는다. 왜냐하면 일본의 외교정책이 훌륭했다고는 물론 말할 수 없겠지만, 한국 측도 그에 못지않게 졸렬했다는 것은 부정할 수 없다. 아니, 졸렬했다기보다는 오히려 마키아

---

* 이 글에서 야당이란 1950년~1980년대의 일본 사회당(社會黨)을 말하는 것으로, 사회당은 자민당이 밀어붙인 미일안보조약에 반대했다.

** 일본에 근대적인 내각제도가 창설된 것은 1885년의 일로, 이토 히로부미가 초대 내각총리대신으로 취임해, 그를 중심으로 헌법 제정 작업이 시작되었다. 1888년, 이토는 천황의 자문기관으로 추밀원을 설치해 그 자신이 의장이 되어 헌법 초안을 심의했다. 일본 최초의 헌법은 천황이 내각총리대신에게 하사하는 흠정헌법(欽定憲法)의 형식으로 1889년 공포되었다. 추밀원은 헌법기관으로 그 이후에도 존속했다가, 종전 후인 1947년에 현재의 일본 헌법으로 개정되면서 폐지됐다.

벨리적인 서구적 외교술이라는 개념이 전혀 없었고, 판단의 기준이 언제나 현대적인 의미의 '외교적 판단'이라는 기준이 아니라 유교적 도의만을 기준처럼 생각하고 있었기 때문이다.

일본도 오랜 쇄국 끝에 가까스로 졸렬함을 면하게 되었지만, 그렇게 되기까지 도쿠가와 막부 말기에서 메이지에 걸쳐 힘겨운 경험을 쌓았고, 각 번藩의 이합집산이라는 '국내적 외교'의 경험이 있어서, 적어도 당국자들은 그 후의 일본정부보다는 외교술을 몸에 익히고 있었다. 하기는 매스컴은 옛날도 지금도 그 점에서는 아무것도 몸에 익히고 있지 않지만.

그러나 한국은 오랜 기간 명목적 종주국宗主國인 중국에 대한 의례적 외교만을 해 왔고, 그 사이는 유교적 도의주의가 공통의 규범으로 성립하는 사이였다. 그 점에서 당시 일본은 남보다는 조금 나았다고 할 수 있는데, 동시에 한국에서 보자면 일본은 유교적 도의주의와 마키아벨리즘의 이중기준을 구사하는 쌍칼잡이로, 가장 믿을 수 없는 상대로 보였을 것이다.

상대방이 한국이라면 흥분하는 체질이 일본에 있는 것과 마찬가지로, 유럽 나라들이라면 '그들은 그럴 수 있다'고 납득할 수는 있어도, 일본이라면 그것으로는 납득하지 못하는 측면이 한국에도 있었던 것처럼 보인다. "양이일본洋夷日本"이란 말은 그 감정을 드러낸 것이리라.

아무튼 일본 측에서는, 상대가 그때그때의 정세에 반사적으로 대응하여 친일親日, 친러親露, 친청親淸, 친미親美라는 식으로 시시각각 고양이 눈처럼 변화하고, 도대체 '기정사실'이 확정되지도 않고 뿌리를 내리지도 않아서, 장래 예상을 전혀 할 수 없다는 불안이 마음속에 남아 있었고, 뜻밖에 쿠데타라도 일어나서 러시아와 동맹이라도 하는 날이면 한

순간에 모든 기정사실이 무산되어 버린다는 불안이 있었다. 이토의 그 밀회를 요약하자면, 그 불안의 표현으로서 그 불안만 없어진다면 모든 것을 재고하겠다는 것이었다.

진실을 전하는 전설

이토 히로부미는 내심으로는 한일합병에 반대하고, 다른 안을 갖고 있었다는 설이 있다. 진보적 역사가들은 그것을 '속설俗說'이라고 해서 배척한다. 이종찬 씨의 이야기는 얼핏 듣기에 그 '속설'의 사실성을 뒷받침하고 있는 것처럼 보이지만, 그가 말하려고 한 것은 "이토도 예측은 할 수 없었다"는 것이다. 그 말대로일 것이다. 그 자신이 며칠 뒤 하얼빈에서 맞을 자신의 운명조차 예측하지 못했으니 말이다.

다만 그가 격변기를 살아나간 메이지의 정치가답게 예측할 수 없는 미래를 계속 모색해나간 것은 사실일 것이다. 그러나 미래에 대한 모색이라는 전제를 잊어버린 그 후의 일본에서는 이토는 한일합병의 추진자다, 아니, 오히려 그 반대로서 다른 안案을 갖고 있었다, 라는 게 논쟁이 되고 있다.

하지만 사실은, 그 시점에서 이토는 내심으로는 온갖 안을 세워 사방팔방을 고려하며, 모색을 계속하고 있었을 것이다. 당시의 동아시아에서는 '역사적 필연에 기초한 확정된 미래'라는 고정되고 경직된 발상은 없었기 때문이다. 최근 나는 어떤 모임에서 한국인 유학생에게 "이토 히로부미는 약간 불쌍하다"고 말했다. 얼마 전만 해도 그 한마디로 한국 유학생은 격노했을 것이다. 그러나 오늘날에는 조용히 내 말을 들어준다.

적어도 홍 중장 시대의 한국인에게는 일본인이 갖는 것과 같은 본능적이라 할 수 있는 '체제신앙體制信仰 · 미래확정신앙未來確定信仰'은 없었다. 27년 동안 군대의 창설과 해산이 네 번이나 되풀이된다는 상황은 모든 게 그 이상으로 변천하는 상태라는 의미이고, 체제신앙도 미래확정 · 천양무궁天壤無窮* 신앙도 자라날 여지가 없었다.

따라서, 인간의 생존방식이 '체제에 대한 충성'으로 굳어지지 않고, 변천하는 체제 속에서 어떠한 규범으로 살 것인가, 라는 형태가 되어도 이상할 것은 없다. 앞에서 사토 씨가 말한 한국적인 '유교적 개인주의'랄까, 그렇게 표현할 수 있는 생활방식에 대해 썼는데, 스스로의 결단에 대한 충성이라는 행동은 적어도 홍 중장 시대의 한국인에게는 공통적인 생활방식이 아니었나 하는 생각이 든다.

홍 중장은 전범 재판에서 한 마디도 말을 하지 않았는데, 이응준 씨 역시 취재에는 정말 친절하게 응해 주었지만, 어떤 문제에 대해서는 한 마디도 하지 않았다는 점에서는 비슷하다. 최근에 한국의 어떤 역사학자의 방문을 받았다. 그는 앞에서 인용한 〈전의全誼〉 회보에 관심을 갖고, 그 원본의 소재를 묻기 위해 찾아온 것이었다. 그 회보는 등사謄寫로 인쇄한 극히 적은 부수의 사적 통신문이었으므로, 한국에 알려져 있지 않았다 해도 이상할 것은 없다.

한국계 일본군 장교에 의한 해외망명자, 항일운동가에 대한 사적

* 하늘과 땅처럼 변함없이 영원하다는 뜻으로, 〈장자(莊子)〉에 나오는 말이다. 〈노자(老子)〉의 "천장지구(天長地久)"와 같은 의미다. 일본에서는 옛날부터 천황에 대한 충성을 강조하는 수사(修辭)로 쓰였다. 태평양전쟁 때는 "긴급사태에서는 의용(義勇)에 대한 공무(公務)에 충실해서 천양무궁(天壤無窮)의 황운(皇運)을 지켜야 한다"는 따위의 글이 교과서에 실리기도 했다.

홍
사
익
중
장
의
처
형

인 원조에 관해서 갖가지 소문은 나 있어도 관계자는 일절 이야기를 하지 않는다. 따라서 회보에 기록된 게 전부라고 생각할 수는 물론 없지만, 그것이 유일한 사료史料임에는 틀림없었다. 그는 이응준 씨도 취재를 했다고 한다. 그러나 그 문제에 대해서는 그에게도 일절 말을 하지 않았으며, 사료史料를 제시하는 경우에만 간단히 대답했다는 것이다.

"왜 그럴까요? 지금 그것을 밝히는 것은 오히려 명예로운 일일 텐데요. 몸은 비록 일본군 장교였지만, 한국 독립을 위해 평생 그만한 노력을 계속하고, 그 때문에 몇 번이나 위험한 일도 당했다고 말한다면…"

"그러니까 더 말을 하지 않겠지요. 변명이라고 받아들여지는 것, 또 시세時勢가 이렇게 급변해서 그런 말을 한다고 생각되어지는 것, 그것은 그 사람들의 프라이드가 허락하지 않을 테니까요."

내 물음에 그는 이렇게 답했다. 자료로 뒷받침할 수는 없지만, 병참감으로서 짧은 기간에 홍 중장도 분명히 포로수용소의 개선에 힘을 쏟았다고 한다. 그 인품을 떠올리면, 참으로 그럴 것이라고 여겨지는 에피소드는 결코 적지 않을 것이다. 그러나 홍 중장이 법정에서 그것을 입에 올린다는 것은, 역시 있을 수 없던 게 당연했다. 또 이승만 시대에는 반민특위법(일종의 전범 취급)이 있었는데, 예를 들어 그 때문에 법정에 섰더라도 이응준 씨 역시 무언無言이었을 것이다.

물론 모든 한국인이 그랬다는 것은 아니다. 그러나 그 사람들을 살펴보면 일본인과는 또 다른 유형의 '사무라이士' 의식이 있었던 것처럼 생각된다. 따라서 그 규범은 어디까지나 자신의 규범이고, 그 표현은 자신의 공적公的인 출처진퇴出處進退*로 해야 하며, 그것과 관계없는 변명은 안 된다.

자민당의 어느 국회의원은 과거 한국에서 한국인을 탄압한 부친의 행적에 대해 지적을 받았을 때, 그 시대는 그 이상 어떻게 할 수가 없었고, 사적으로는 상당히 많은 한국인을 도와주었다는 의미로 응답했다. 그것은 분명 일본에서는 통용되는 논리다.

그러나 그런 논리는 아마도 한국의 '선비'에게는 통하지 않고, 경멸받기 십상일 것이다. 왜냐하면 그렇다면 그렇다고 자신의 출처진퇴로서 밝혀야지, 그걸 하지 않고 있다가 세월이 변한 다음 갑자기 "사적으로" 운운한다는 것은 '물어도 대답하지 않는다' 할 정도로 이중기준을 싫어하고 배제하는 사람들에게는 이해할 수 없는 태도이기 때문이다.

그리고 그런 공과 사의 뒤죽박죽은 메이지 이래 계속돼, 그 요약要約이 홍 중장에 대한 재판에서도 갖가지 측면으로 표현되고 있다. 그는 어떤 심정으로 일본인 증인들의 말을 듣고 있었을까? 물론 그것에 따라 자신의 태도를 바꾸지는 않았다고 하지만….

확실히 바꾸지는 않았다. 홍 중장의 생애를 더듬어 올라가면 그 점에서는 정말 놀랄 만하게 일관돼 있다. 그리고 그것이 '고귀한 출생 전설'을 낳은 한 원인이라고 생각되기도 한데, 그것이 '귀貴'라는 개념의 올바른 적용일지도 모른다. 그렇다고 한다면 소박한 병사 쪽이 그것을 바르게 보고, 그들 나름대로의 표현으로 그것을 입에 담았다고도 할 수 있

---

* 나아가고 물러남. 북송(北宋)의 유학자(儒學者), 정치가이며, 〈자치통감(資治通鑑)〉을 지은 사마광(司馬光, 1019~1086)의 말이다. 그는 이렇게 말했다고 한다. "군자는 … 자리를 떠나도록 지시받으면 지체 않고 물러나 출처진퇴가 깨끗하다 … 그러나 소인은 그 반대로 행하니, 한번 얻은 지위에 끝까지 집착해 내놓을 생각을 하지 않는다."

다. 전설은 종종 이러한 의미에서 진실을 전하는 것일 게다.

제
4
장

○

출
생
전
설

제5장

허구虛構의 응수應酬

검찰과 변호인의 허구의 응수

이 책의 목적이 '홍사익전洪思翊傳'이라면 기록해야 할 게 너무 많고, 그것을 기록하는 것만으로도 일대 장편이 될 것이다. 사실, '기구한 운명을 겪고, 마침내 형장의 이슬로 사라진 한 한국인'이라는 관점으로 그를 파악한다면, 그것만으로 그의 생애는 하나의 '전기적傳記的 작품'이 될 수 있다.

그러나 그의 생애를 관통했던 삶의 자세가 그대로 나타나 있는 게 전범 법정이라는 것을 감안하면, 어릴 때부터 한국인으로서의 규범·교양·인품에 관한 기술은 앞 장까지로 마감하고, 여기서부터는 종전終戰과 전범 법정으로 들어가서, 필요한 전기적 요소는 재판의 경과에 따라서 그때그때 적어 나가려고 한다.

그러나 홍 중장의 재판 기록을 그대로 읽어 나가자면 우리는 또 새로운 오해에 빠질 수 있다. 왜냐하면, 여기 일본인과 한국인 사이에 새롭게 미국인이 끼어 들어와서 그들의 논리로 3자의 관계를 딱 잘라서 하나의 결론을 내리려 하고 있기 때문이다. 그 관계는 어딘지 오늘의 3국 관계를 생각하게 하는 측면도 있지만, 어떤 경우에도 미국 측은 자료가 정리돼 있고 기술記述은 정밀하고 논증이 정확해서, 일본 측은 그에 맞설 수 없다.

그리고 홍 중장의 재판 기록은 그중에서도 특히 치밀해서, 주문主文, 증언, 법정에서 선서宣誓한 진술 등을 모두 합치면 영문으로 3천 페이지에 가까운 방대한 것으로, 그것에 의해 모든 의문은 여지없이 해명되고 논증된 것처럼 보인다. 그것을 다른 전범의 재판 기록과 비교해 보면, 양적으로는 다섯 배 내지 열 배에 해당한다.

그렇다면 한국 출신이라는 점을 배려해서, 적어도 외면적으로 소홀함이 없도록 특별히 신중하게 심리를 진행한 것일까? 아니면 그의 직무 권한, 책임의 소재 등이 명확하지 않기 때문에 어쩔 수 없이 그렇게 된 것일까?

형식적으로는 한국 출신이라는 배려는 전무하며, 여기에서 심판받고 있는 사람은 원칙적으로는 어디까지나 "대일본제국 육군 중장 홍사익, 제14방면군 병참감=포로수용소 최고관리책임자 · 전 남방총군 사령부 포로수용소장"인 홍 중장이고, 출신은 일절 고려 대상이 아닌 것으로 되어 있었다.

그러나 그가 한국인이라는 사실이 모든 사람의 뇌리에 있었다는 것은, 재판이 끝나갈 무렵 변호인 측이 처음으로 "그는 조선인이고…", 따라서 그 지위는 명목적이고 실질적으로는 권한이 없었다고 봐야 한다는 주장을 폈을 때, '기다리고 있었다. 어차피 그게 최후의 카드라고 생각하고 있었다'라고 말하는 듯이 '논리정연'한 검찰 측의 응수에도 나타나 있다. 그것은 '한국인이다'라는 의식이 처음부터 모든 사람들에게 있었다는 것을 역으로 증명하고 있는 셈이다. 그러나 그것이 그 문제에 대한 전범재판의 견해가 옳다는 증명은 되지 않는다.

분명히 그 재판 기록은 처형당한 일본인 전범, 예를 들면, '아파리 헌병대장 나카무라中村 대위'의 재판 기록 등과 비교하면, 우선 완벽해서, 그 기록 자체를 꼼꼼히 검토한다 한들 아마 누구도 이의異議 신청을 할 수 없을 것이다.

그러므로, 법정은 스스로의 판결문에 절대적인 신뢰를 두고 있었다. 그리고 그것을 엄격하게 검토한 맥아더사령부도 무엇 하나 실수를 인정치 않아, 홍洪 부인 및 한국인으로부터 제출된 탄원서를 매번 기각했다. 그 점에서 앞에서 쓴 〈나카무라 대위 재판 기록〉 등은 그 가까이에 있던 내가 보아도, '이건 거짓이다. 이건 위증이다. 홍, 이런 속임수까지 잘도 한다. 처형을 확정해 놓고, 거기서부터 역산해서 논리를 꿰맞추면 누구라도 사형 선고를 내릴 수 있지'라고 말할 수 있는 엉터리인데, 홍 중장의 재판 기록은 어디를 어떻게 보나 내게도 틈이 보이지 않는다.

그러나 검찰 측, 변호인 측의 응수에서 빈틈없이 짜여나간 그 논리적 구축물이 사실은 무엇 하나 실태實態를 나타내지 못하는 하나의 허구虛構이며, 그 방대한 언어의 구축물은 어떤 한 점을 찌르면 와르르 무너져 내린다. 결국 인간은 하나도 보이지 않고, 선입관에 바탕을 둔 예단豫斷과 주입된 편견을 근거로 논리적 정합성整合性을 가진 허구를 만들어냈으며, 그 점에서는 변호인 측도 검찰 측도 다를 게 없다는 것이 밝혀졌을 뿐이다.

따라서 그곳에서 행해지는 것은 본인과는 관계없는 허구의 응수가 되어 간다. 이상에서 인용한 부분은 재판 진행과정에서도 다시 쓰겠지만, 그 점을 나타내는 한 예로, 처음으로 "조선인"이 등장하는 부분을 인용해 보자. 변호인 웨스턴 중위는 대략 다음과 같이 진술하고 있다.

"… 변호인 측으로서는 지금까지 법정에 제출된 증거를 장황하게 검토해 법정 시간을 낭비할 생각은 없습니다. 우리는 재판부가 이 방대한 증거를 충분히 검토 평가해 주시리라 믿고 있습니다. 그러면서도, 여기에서 본인이 강조하고 싶은 매우 중요한 점이 두세 가지 있는 것입니다.

본 건에 있어서 우리는 적어도 이번 달까지 당 군사법정이 심리한 적이 없는 새로운 상황에 봉착하고 있는 것입니다. 무슨 말인가 하면, 지금 지휘관으로서 책임상 그 죄를 추궁당하고 있는 피고는 일본군의 일원이 된 한 조선인이라는 사실입니다.

그 한 가지를 본 법정은 깊이 배려해야 한다고 생각합니다. 조선인이 오랫동안 일본인으로부터 억압받아 왔다는 사실은 재판부도 충분히 알고 계시리라 믿습니다. 그리고 당지當地의 일본군 속에 있던 단 한 사람의 조선인 지휘관이라는 것은 명목적으로는 아무리 고위지휘관의 위치에 있다 하더라도, 실제로는 경시輕視 당하던 존재였을 것입니다. 지금 여러분 앞에 서 있는 피고는 일본군 속에 있으면서 거의 아무런 영향력도 행사하지 못했으리라고 본인은 생각하고 있는 것입니다. 그는 부하에게는 경시를 당하고, 상급자로부터는 멸시를 받아 왔습니다."

무토武藤 참모장의 회상

그 말은 분명히 악의에서 나온 말은 아니다. 또 조선인이 오랫동안 일본인에게 억압을 받아 왔다는 전제도 거짓은 아니다. 여기에 더해 이 착실하기만 한 변호인이 진심으로 그를 변호하려 하고 있다는 것도 그 때까지의 변론문을 읽어보면 명백하다. 따라서 그의 전제에 선다면, 그 결론은 당연한 논리적 귀결일 것이다.

그러나 미국인적 발상에 바탕을 둔 그 말은 사실이 아니고, 스스로 느끼지 못하는 사이에 홍사익이라는 한 인간을 경멸하고 있다는 것을 그는 깨닫지 못하고 있다. 인간이 '차별당하는 측'에 선다든가, '억압당하는 측'에 선다든가 하고 말할 때, 종종 빠지는 함정이 그 부지불식간의 모멸적 태도다. 홍 중장뿐만 아니라 내가 만난 한국계 일본군 장교 가운데 그러한 상태에 있던 사람은 한 사람도 없었다.

김석원, 이종찬, 김정렬 같은 사람들이 그 말을 들었다면 오히려 분개했을 것이다. 다만 그 말이 일반인의 귀에는 아주 잘 먹히고, 특히 일본군의 실태를 모르는 전후戰後의 사람들로서는 그 미국인의 논리가 그 대로 사실처럼 믿어질 것이다. 따라서 그 설명을 사람들이 무심히 납득하게 될 것이라는 점도 부정하지 못한다. 그러나 그런 공식적 결론을 쫓다 보면 실태는 모조리 알 수가 없게 된다.

변호인의 이 말에는 사실이란 전혀 없고 실태는 오히려 그 반대이며, 홍 중장이 부하의 심복을 얻고, 많은 사람이 지금까지도 아직 잊지 못할 추억으로 그의 모습을 가슴속에 간직하고 있으며, 그가 '부하로부터 경시당했다'는 것을 보여주는 증거는 하나도 없다. 아니, 부하뿐만이 아니었다. 홍 중장에게는 불가사의한 매력 같은 게 있어서, 잠시 동안 그를 접한 것만으로도 그를 잊지 못하는 사람이 참으로 많다.

그리고 그 사람들에게 공통되는 홍 중장의 인상은 허세를 부리지 않고, 잘난 척하지 않고, 참으로 온화하고, 동정심이 많았다는 점이다. 그러나 동시에 홍 중장에게는 결코 '쉽게 친해진다' 내지는 '버릇없이 구는' 것을 허용하지 않는 일면이 있었다. 그것이 때로는 '사귀기 힘들다'는 인상을 주기도 한 것 같다.

이른바 '화이부동和而不同'*, '친하지만 버릇없이 굴지 않는다'는 일면이 있었다는 것인데, 그것은 그를 접한 일본인 측의 마음속 문제였다고도 생각된다. 무슨 말인가 하면, 홍 중장은 한국인에 대한 모멸侮蔑의 말을 간접적으로라도 들었을 때는, 순간적으로 얼굴색이 달라졌다고 한다. 무리도 아니다.

그러나 그것을 감안하면, '사귀기 힘들다'라는 인상은 오히려 일본인 측의 마음속에 있는 '조선인에 대한 차별의식과 그 의식에 대한 열등감'이 거꾸로 그와의 사이에 스스로 벽을 쌓았던 것인지도 모르며, 그 감정을 상대방에 투영해 '사귀기 힘들다'라는 인상을 자기 내부에 만들고 있었는지도 모르기 때문이다.

그것은 무토 참모장의 회상과 나중에 인용할 사이토齋藤 씨의 흥미로운 추억담을 함께 읽으면 분명해질 것이다. 무토 참모장은 종전 방송을 듣고, 언젠가는 도착하게 될 봉칙奉勅 명령을 기다리면서 그것에 대응할 조치를 사령부의 각 부장에게 지시한 뒤, 홍 중장과 둘이서만 만나 다음과 같이 말했다고 기록하고 있다.

---

* 화목하지만 자신을 잃지 않는다. 〈논어(論語)〉 자로(子路) 편(編)에 나오는 말로, "군자는 화이부동하고, 소인(小人)은 동이불화(同而不和)한다"고 했다.

"자치감自治監* 홍 중장은 조선 출신이었다. 나는 부장에게 통보한 뒤 홍 중장과 둘이서 대화를 나누었다. 나는 '연합국은 조선의 독립을 기도하고 있으므로 항복 후 자네는 우리와 분리 수용될지도 모른다. 또 그때까지 조선 출신 병사와 내지內地** 출신 병사 사이에 말썽이 일어날지도 모른다. 자네로서는 여러 가지 불쾌한 사건에 부딪칠지도 모르지만, 한일 양국의 장래를 통찰하여 무슨 일이 있더라도 지금까지의 우의를 부탁한다'고 말했다.

내가 그런 말을 꺼낸 것은, 홍洪 군이 과거에 상당히 불쾌한 일들을 귀로 듣고 있었다는 것을 알고 있었기 때문이다. 일본인은 평소 쓸데없이 조선인이나 중국인을 한데 묶어 바보라고 모욕하는 듯한 말을 하는 버릇이 있다. 이번 전쟁에는 많은 조선인이 종군하고 있다. 그 가운데는 일본인도 따르지 못하는 훌륭한 사람이 있었음에도 불구하고, 누군가 조선인 한 사람이 나쁜 짓을 하게 되면 그 사람 본인을 가리키지 않고, '저 녀석은 조센징이다'라며 전체를 향해 욕을 해댄다. 그런 말을 들었을 때 홍 장군은 얼굴색이 싹 달라진다는 이야기였다.

당연한 일이다. 종전 업무의 수행에 홍 중장에게 힘써달라고 해야 할 일이 산적해 있는 이때 홍 장군을 불쾌하게 할 사건이 많이 생기리라는 것을 예기하고, 사전에 부탁을 한 것이다. 홍 군은 내 심정을 양해한 듯 나에게 안심하라고 말해 주었다."

홍사익 중장의 처형

---

* 이 책에 따르면, 패색(敗色)이 짙어져 본국으로부터 보급이 끊긴 뒤, 병참감(兵站監)의 보직 호칭은 "자치감" 또는 "자활감(自活監)"으로 바뀌었다.

** 일제가 식민지를 제외한 본국의 영토를 지칭하던 표현.

그러나 홍 중장은 결코 다른 사람의 하찮은 말에 곧 안색을 바꾸는 사람은 아니었다. 상대방에게 악의가 없는 경우에는 주위 사람들이 아슬아슬하게 느끼는 말이나 행동을 태연하게 바라보고, 때로는 그것에 동참하는 면까지 있었다. 앞에서 〈제복문답制服問答〉을 인용했던 사토 씨는 그 면에서도 매우 흥미로운 이야기를 들려주었다.

홍 중장이 부임해 온 쇼와 19년 초의 마닐라는 아직 평온하여 고급 장교용 일본 요릿집도 있고 해서 그곳에서 환영회가 있었다. 그 술좌석에서 여흥으로 특기 자랑이 있었는데, 사토 씨는 술에 취해서 홍 중장이 한국 출신이라는 것을 깜빡 잊었든지 반대로 생각했든지, 게이샤의 옷을 뒤집어 입고 아리랑을 부르며 괴상한 춤을 추었다.

생각하기에 따라서는 신임 사령관에 대한 모욕이 될 수도 있었다. 사토 씨에게는 그런 감정은 전혀 없었는데, 주위에 있던 사람들은 아슬아슬해서 식은땀을 흘렸던 모양이다. 그러나 홍 중장은 조금도 그것을 악의로 받아들이지 않고 오히려 아주 즐거운 듯 동참해 즐겼고, 그 결과 역으로 한국인이라는 데서 나오는 일종의 위화감이 없어져, 홍 중장을 마음속으로부터 친하게 접할 수 있게 되었다고 한다.

한국계 일본인과 조선인

그와 접해 본 사람은 물론, 그와 접해 보지 못한 사람도, 앞에서 쓴 '군대 이야기' 속의 진실을 더듬으면, 홍 중장이 '부하에게 경시당하고 상급자로부터는 멸시를 받았다'는 것은 사실이 아니고, 그것은 '해방자' 미국인의 '호의적' 선입관과 편견에 불과하다. 그리고 그 선입관은 변호인 웨스턴 중위의 다음과 같은 결론으로 된다.

"… 지금까지 다른 군사법정은 지휘권의 유무와 그것에 근거한 책임만으로 피고를 유죄로 했습니다. 그러나 여기 있는 한 사람의 인간은 엄밀한 의미에서는 지휘관이 아니었던 것입니다. 실제로는 그는 단순한 참모의 한 사람에 불과합니다. 그의 지휘권은 보잘것없고, 그 권한은 참으로 허약했으며, 그는 조선인이고, 그 때문에 좋은 자리에서 쫓겨나 가장 꺼리는 지위에 앉아 있게 되었습니다. 그는 소외당하고 있었습니다. 본인은 재판부가 최종결정을 내릴 때 그 사실을 충분히 고려해 주도록 희망하는 바입니다. 그리고 그 결과는 먼 장래에 걸쳐 깊숙한 영향력을 갖게 될 것이라는 점을 부디 헤아려주시기를 바라는 바입니다."

이 최후의 말은, 말할 것도 없이, 새롭게 독립하는 한국에 대한 정치적 영향을 가리키는 것이리라. 여기에 대해 검찰관 베어드 중령*은 다음과 같은 반론을 전개했다.

"… 변호인 측은 처음으로 피고의 어떤 지위를 지목하고 그가 조선인이라는 사실을 언급해, 그 때문에 피고가 일본인에게 호의를 받지 못하고 신뢰도 받지 못했다는 것을 믿도록 하려고 애쓰고 있습니다. 그런데 기록에 따르면, 그는 일본 국민이고, 일본의 육군대학 졸업생이

---

* 필리핀 전범재판이 끝난 뒤 한국에 미군 헌병사령관으로 부임했고, 미군정(美軍政) 및 대한민국 수립 초기에 벌어진 각종 사건의 처리에 깊이 관여한 것으로 알려졌다. 김수임(金壽任)과 함께 살았으며, 그녀가 이승만 정권에 의해 남로당(南勞黨)의 스파이로 지목돼 체포되자 귀국조치됐다.

고, 중국 북부에서는 여단장, 또 교관(공주령교도학교)*이었던 것입니다."

이 발언은 흥미 깊다. 베어드 중령에 따르면, 홍 중장은 일본 국민, 즉 '한국계 일본인'으로서 '한국인'은 아니라는 것이다. 그것은 아마 미국인에게는 당연한 발상일 것이다. 만일 어디 어디 계係라고 해서 특례를 인정한다면, 분명히 미국에서는 공정한 법률의 시행은 불가능하게 된다. 따라서 그는 홍 중장이 설사 어디 계係라 해도 일본의 육대출신 장군이고, 그 점에서는 일본의 군인이며, 다른 일본인과 차이가 있을 수 없다고 주장한다. 그리고 그 주장은 당연히 홍 중장을 그 자신 꿈에도 생각지 않았던 자로 만들어 버린다.

"이와 같은 경력으로 볼 때, 혹은 그에게 기회주의적 경향이 있었는지도 모릅니다. 그러나 기록에 의하면, 그는 대미전승기념장對美戰勝記念章(?)을 수여받았고, 그것을 다른 많은 훈장과 함께 패용하고 다녔습니다. 우리가 일본군과 전투 중에, 그는 그 대미전승기념장을 달고, 올드 빌리빗드에서 헤이즈 해군 중령 앞에 나타났습니다. 그리고 지금 본 법정에 출정할 때도 그 당당한 기념장이 가슴에 빛나고 있습니다. 그럼에도 불구하고 그가 일본 정부로부터 냉대를 받은 사람이라고 여기게 할 수 있겠습니까? 그래도, 그럴 수 있을까요?
변호인의 주장을 요약해 보면, 특별히 고위계급에 있던 그는 우연히

---

* 공주령교도학교(公主嶺教導學校). 만주 창춘(長春, 일제가 만든 괴뢰국 만주국의 수도 新京) 남쪽의 도시 공주령(公主嶺)에 있던, 일본 육군의 교육부대. 전차, 장갑차 등의 조종 및 사격훈련을 담당했다. 홍사익은 이 학교 간사(幹事)였다.

그 지위에 앉게 된 불행한 환경의 희생자라는 게 됩니다. 그것은 사실이 아닙니다만, 설혹 그것이 사실이라 하더라도, 피고에게는 아무런 변호가 되지 않는 것이고, 정상참작 시 양형量衡에 다소 고려할 여지는 있겠지만, 문제는 그것으로 끝나는 것은 아닙니다.

그가 우연히 그 자리에 있게 된 상황의 희생자인가 아닌가, 그것에 대해 이 건에 관한 기록 및 증언이 무엇을 보여주고 있는지 검토해 보려고 합니다."

이렇게 말하고 나서, 그는 육군성으로부터도 참모본부로부터도 그에게 특별한 지시나 명령이 전혀 내려오지 않았다는 것, 제14방면군으로부터의 명령은 단 2건뿐이었다는 것, 따라서 그 2건의 명령 이외 모든 행동은 그가 자신의 책임하에 실행한 것이고, 수용소에서 벌어진 모든 참상은 그가 실행토록 한 것이라는 결론을 내리고, 그 이외의 결론은 나올 수 없다면서, 다음과 같이 단정한다.

"이 피고, 제네바협정을 준수한다고 자칭自稱하고 있던 피고는 사실은 미국 군인이 육군이든 해군이든 전시포로가 되었을 때 모든 권리는 박탈되었고, 더 이상 생존할 권리조차 없다고 믿고 있었다는 결론으로부터 도망칠 수 없다고 생각합니다.

그것이 그의 철학이었습니다. 그 철학이 그의 지휘하의 모든 계급을 통해서 확립되고, 루손 섬의 북쪽 끝에서 민다나오 섬의 남쪽 끝에 이르기까지 전 지역에 고루 퍼져 있었습니다. 냉혹한 그의 그런 태도는 그의 지휘하에 있던 전 조직에 침투되고, 동시에 반영되어 있었습니다. 그리고 자신의 그 주의主義를 실행에 옮길 때, 그는 제네바협정과 문명국의 전쟁에 관한 인도적 제 규정 일체를 위반하고, 그것을 무시한 것입니다.

그 직접적인 결과로, 2,000명 이상의 미국 청년은 아무런 이유도 없이 죽음을 강요당하고, 약 1만 명의 미국인이 영구히 불구가 되었던 것입니다. 그런데 그러한 상황을 완화하기 위해 그는 그 한쪽 손조차 움직이려고 하지 않았습니다. 아아, 그 사람들은 그의 관할 책임하에 있었습니다. 그의 권한 안에 있었습니다. 그는 자신의 의향意向으로 그 사람들을 고통 받게 하고, 죽음을 맞이하도록 강요한 것입니다."

그리고 그 결론을 이끌어내기 위해 그가 채택한 증거를 본다면, 홍사익 중장의 모습은 문자 그대로 잔학한 인간, 그 표현의 정확한 의미로서 마귀나 짐승 같은 인간鬼畜이 되어버린다. 그것 또한 앞에서 말한 변호인의 논술과 마찬가지로 하나의 픽션虛構에 불과한 것이다. 그리고 변호인이 최후로 "먼 장래에 걸쳐 깊숙한 영향력을 갖게 될" 그 점을 배려를 해달라고 한 말과 동일한 의미에서, 검찰관은 다음과 같이 말을 끝맺고 있다.

"미국의 모든 눈, 전 문명 국민의 눈, 그리고 배반당하고 죽어간 청년을 사랑하는 사람들의 눈, 그리고 그 옥리獄吏의 손에서 살아남은 희생자의 눈이, 오늘 모든 재판관 위에 집중되어 있습니다. 그것을 심판하는 것은 귀관의 책임입니다…."

포로 해방 명령

정말일까? 정말로 홍 중장은 그런 '철학'을 갖고 있었던 것일까? 수용소 안에서 벌어진 모든 사건은 그가 자신의 철학을 냉혹하게 실행한 결과로 생긴 것일까? 아니면, 변호인이 말한 대로 그는 완전히 '허수아비'에 불과하고, 모든 사건은 그와는 다른 지시에 따라 실행되고 그 책임만 그에게 돌아간 것일까? 흥미로운 것은 검찰 측도 변호인 측도 모두 자신을 '억압당한 쪽' '학대받은 쪽'에 놓고, 모두 '인도'적 입장에 서서 논술을 전개하고 있다는 것이다.

그러나 조금 주의 깊게 필리핀 전사戰史를 읽어보면, 이 두 사람의 주장에서 사실을 해명할 열쇠라고도 할 수 있는 대목이 빠져 있다는 것을 느낄 수 있을 것이다. 필리핀에서 일본군의 잔학상은 이미 너무나 충분히 알려졌다는 느낌이지만, 그러나 필리핀 전투에 관한 내외의 기록 어디를 찾아봐도, 일본군이 포로를 역이용한 인질작전도, 나치독일처럼 일본군 1명이 살해당하면 그 보복으로 포로를 10명 사살한다는 식의 만행도 전혀 없었다는 것을 알 수 있다. 그리고 최종적으로는 전쟁포로와 억류 미국인·영국인 거의 전부가 피해를 입지 않고, 미군에 의해서 '해방되고 구출' 되었다는 사실을 사람들은 깨달을 수 있을 것이다.

그러나 승자는 언제나 미담을 만들어내고, 패자는 그 대극對極으로 실패한 잔학한 인간이 되기 마련이다. 이 미담도 그 한 예로, 포로 및 억류 미국·영국인 구출작전*은 종종 '엔테베 구출작전' 식의 초인적 작전의 대성공처럼 전해지고 있는데, 그 자체가 승자의 기록이라는 게 얼마나 허황된 것인지 말해주는 증거에 불과하다.

〈한 하급 장교가 본 제국육군〉**에서 인용한 이즈라 코필드의 포로 일기에도 미군에 의한 전원 구출이 물샐틈없이 용의주도한 준비에 입각한 천재적인 작전과 제일선부대의 초인적인 용기 덕택에 기적적으로 성공했다고 기록돼 있다. 필자 자신도 그것에 조금도 의심을 품지 않고 그렇게 믿고 있으며, 더구나 글을 쓴 당사자가 현장에 있었고 눈으로 본 것을 기록한 일기니까 박진감이 넘친다. 그렇게 되면 진짜만이 갖는 설득력이 있고, 그것을 읽고 나면 누구나 그렇게 믿어 버리게 된다. 그러나 좀 더 주의 깊게 읽어 보면 누구라도 '약간 이상한' 점을 느끼게 될 것이다.

그것이 무엇인가. '인질작전'은 만일 그것을 할 생각이 있다면 군사훈련을 받지 않은 소수의 '극좌파極左派'에게도 가능한 단순한 작업이다. 포로는 "모든 권리를 박탈당하고 생존의 권리조차 없다"고 홍 중장이 믿고, 그 '철학'이 전 수용소에 침투돼 있었다면, 모든 수용소가 포로를 의자에 묶어 놓고 그것을 방패로 삼았다든지, 사지를 묶어 모래포대 대신으로 삼아 그 위에 총을 놓고 의탁사격을 해서라도 철저하게 항전할 수도 있었겠는데, 그러한 기색을 전혀 느낄 수 없었던 것이다.

그리고 검찰 측이 아무리 과장된 표현으로 홍 중장을 고발했건 간에 위에 나온 말은 모두 추상적인 표현에 불과하며, 위와 같은 사건은 필리핀에서는 한 건도 일어나지 않았다는 것은 엄연한 사실이다. 그리고 그것은 미군의 천재적인 작전과 일선 병사의 초인적인 용기의 성과가

---

* 1945년 1월 말, 미 육군 레인저부대가 필리핀 게릴라부대의 협조를 얻어 성공시킨 카바나투안 포로수용소 구출작전을 가리킨다. 일본군 550여명을 사살하고 510명의 포로를 무사히 구출해 현재까지도 미군 역사상 최고의 구출작전으로 손꼽히고 있으며, 이때 구출된 포로들이 마닐라전범재판에서 대거 증인으로 나섰다. 이 작전은 성공한 그 해에 존 웨인 주연의 전쟁영화 〈백 투 더 바탄〉의 소재가 되었고, 2006년에도 〈더 그레이트 레이드〉로 다시 영화화되었다.

** 〈어느 하급장교가 바라본 일본제국의 육군〉(최용우 역, 글항아리, 2016)이라는 제목으로, 한국어 번역본이 나와 있다.

아니고, 사실은 그것이야말로 홍 중장의 지시와 조치에 입각한 당연한 결과였던 것에 불과하다. 그런데 지금은 그 일을 아무도 모른다. 그것에 의해 구원을 받은 그 당사자조차도…. 이즈라 코필드 또한 사태를 오해하고 있었던 것은 무토 참모장의 다음 기록으로 분명해질 것이다.

"루손 작전에 관련해 뒤따라 일어난 것은 포로 및 억류자 조치였다. 12월 중순 현재 포로는 1,300명으로 카바나투안에 500명, 올드 빌리빗드에 470명, 포트 맥킨리에 300명이 있었다. 억류자는 약 7,000명으로, 세인트 토마스 대학에 약 4,000명, 로스 바뇨스에 2,500명, 바기오에는 470명이 수용되어 있었다.

당시 일본군의 수송력과 식량부족 상태로는 도저히 포로와 억류자를 오지奧地*로 옮길 수 없었기 때문에 야마시타 대장은 미군이 루손 섬에 상륙하면 적당한 시기에 이익대표국利益代表國**을 통해 명부名簿와 함께 미군에게 인도할 것을 결정하고, 그것을 12월 25일부로 포로 수용소장에게 명령했다. 그 명령은 내가 직접 홍 중장에게 구두로 전달하고, 뒤에 문서로 작성해서 전달했다.

또 본 건은 사이공의 남방군 총사령관에게도 보고했다. 남방군 총참모장으로부터 나에게 포로 석방시기가 너무 빠르다는 주의가 내려 왔다. 나는 남방군의 영구명령永久命令으로 '전황戰況이 불리한 상황에 이르면 포로를 석방하라'는 게 있다는 것을 잊고 있었다. 나는 상부의 지

---

* 최후의 항전(抗戰)을 위해 이동한 산악지대의 정글을 가리킨다.

** 전쟁 시, 어느 한 쪽의 교전(交戰) 당사국으로부터 그의 적국(敵國) 영토 또는 적국에 의해 점령된 지역 내 거류하는 자국민의 이익을 보호하기 위한 사무를 위탁받은 중립국.

시를 야마시타 대장에게 보고했다. 야마시타 대장은 '전황이 불리한지 아닌지 판단은 나의 권한이다. 나는 미군이 루손 섬에 상륙하면 그때 이후를 그에 해당하는 시기로 판단한다'는 견해를 밝히고, 명령을 변경하지 않았다.

내친 김에 그 후 실행의 흔적을 종전 후 조사해 보니, 다음과 같았다. (자활감 겸) 포로수용소장은 바기오의 억류자를 12월 30일경 마닐라에 집합시켰다. 포트 맥킨리의 포로도 마닐라의 수용소로 옮겼다. 그리고 명부를 작성하고, 식량은 1개월분을 준비했다. 그러나 명령 속에 있는 이익대표국을 미국의 대표국이라 생각해 대사관의 다지리田尻 참사관에게 소재를 물었더니, 미국의 대표국은 스위스인데 마닐라에는 (그 대표부가) 없다는 대답이었다. 그래서 홍 중장은 이익대표국을 통하는 것은 단념했지만, 그 밖의 것은 명령대로 실행토록 했다.

(1) 카바나티안 포로수용소는 12월 7일 석방.

(2) 로스 바뇨스는 1945년 1월 8일경 석방했는데, 진무집단장振武集團長* 요코하마橫山 중장은 시기상조로 억류자를 위험에 빠뜨릴 염려가 있다고 생각해 다시 복귀를 명했다. 그리고 1월 14일경 소장 이하 다시 임무를 속행하고 2월 중순에 다시 석방했다.

(3) 마닐라에서는 1월 하순 하야시林 중좌가 세인트 토마스의 억류자 대표에게 곧 석방한다는 취지를 전하고 작별 인사를 했다. 대표들도 인사를 하고 각기 석방 준비에 착수했다. 그런데 1945년 2월 4일 저녁 때 돌연 미군 제1기병사단의 일부 병력이 수용소로 돌입해 왔다. 하야

---

* 미국이 필리핀 루손 섬에 상륙한 이후, 일본 육군 제14방면군은 예하 병력을 상무(尚武), 진무(振武), 건무(建武)의 3개 집단으로 나눠 각각 지휘관을 임명하고, 방어전에 나섰다. 진무집단은 루손 섬 동북부를 맡았다.

시 중좌는 미군의 항복권고를 거부하고, 안전지대로의 호송을 약속하지 않는 한 최후까지 싸우겠다는 뜻을 밝혔다. 미군 연대장은 그것을 수락하고, 자신들이 하야시 중좌 등을 필리핀 폭도暴徒로부터 호위해서 일본군과 합류할 수 있는 안전한 지점까지 보내주었다.

이렇게 해서 필리핀에 있어서의 포로 및 억류자는 미군의 손에 들어갔다. 종전 후 연합군 측에 일본군에게 포로 및 억류자를 적군이 쳐들어오면 전멸시킬(모두 죽인다는) 조직적 계획이 있었다고 모함하는 자가 있었으나, 그것은 완전한 거짓이다. 남방총군의 영구명령의 취지에도, 야마시타 대장이 취한 조치에도 하등 비난할 게 없다는 것을 확언할 수 있다는 게 무척 다행한 일이다."

무토 참모장의 이 기술과 앞에서 인용한 이즈라의 일기를 함께 읽으면 포로구출 대작전이라는 것은 사실은 미군의 '독무대'로, 일본군 측은 처음부터 어떻게든 무사하게 포로를 미군에게 인계하려고 고심하고 있었다는 게 밝혀진다. 그렇다면 '작전'의 대성공은 당연한 것이고, 여기서 나는 비로소 이즈라의 수기에 납득이 간 셈이다. 초인超人이란 결국 허구의 산물에 지나지 않는다.

검찰 측의 생트집

포로구출 대작전이 허구라면 검찰 측의 진술도 변호인 측의 변론도 역시 모두 허구에 지나지 않다는 게 그 한 가지로 명백해졌을 것이다. 우선 홍 중장의 명령을 부하인 수용소장들은 정확하게 지키고, '조선인의 명령 따위를 지킬 수 있는가? 포로를 인질로 삼아 결사 항전하자!'고 하는 태도를 취한 사람은 한 사람도 없었다. 그리고 부하들의 폭주에 의한 그런 종류의 항명 사건이 일어나지 않았던 것은 홍 중장이 일부의 일본인 지휘관보다도 훨씬 더 부하들의 심복心腹을 얻고 있었던 증거라 할 수 있을 것이다.

동시에 무토 참모장의 '구전 명령'이라는 것은 필시 그 이전에 홍 중장이 참모를 통해서 사령부 참모에게 사전에 의견을 품신稟申한 결과일 것이다. 내가 경험한 바에 의하면, 생각지도 않았던 명령이 대뜸 책임자로부터 책임자에게로 참모장 경유로 구두로 전달된 경우는 없다.

미군이 상륙하면 포로와 억류자를 어떻게 할 것이냐 하는 것은, 홍 중장과 그 참모가 맨 먼저 생각해야 할 문제였을 것이다. 아마도 후송이냐, 석방이냐, 미군 인도냐 하는 여러 가지 의견이 나왔겠지만, 그것이 병참사령부 내에서 정리가 되어 군의 참모부와 사이에서 내부 교섭을 거쳐 그 결과가 '명령'으로서 하달됐다고 생각해야 하며, 그게 그 당시의 일반적인 절차였다. 그리고 때로는 그것이 일종의 사후승인 내지는 사후확인과 같은 형태를 취하는 경우도 있었다. 나도 종종 임무를 끝내고 나서 소급된 날짜의 명령을 받기도 했다.

이 경우도 아마 홍 중장의 사령부가 '기안起案' 한 명령안이 그대로 '명령'으로서 하달될 것을 예상하고, 미리 수배가 행하여졌다고 생각할 수 있는 흔적이 있다. 왜냐하면, 무토 참모장의 '구두 명령'은 12월 25일 경이고, 그 명령이 홍 중장으로부터 부하에게 전달되고 그것에 의거해 곧장 행동을 일으킨다 해도, 5일 후인 12월 30일에 바기오의 포로를 마닐라로 이송완료하고 1개월분의 식량, 연료, 경비, 철수작업 등을 감안하면, 돌발적인 '구두 명령'으로는 우선 불가능에 가까워서, 명령을 예측한 준비가 있었다고 밖에는 생각할 수 없기 때문이다.

그것만 보아도 변호인 측의 홍 중장 '허수아비설'은 사실이라고 할수가 없으며, 그의 '철학'은 검찰 측이 주장하는 것처럼 조직에 침투해 있었는지도 모른다. 그러나 그 '철학'은 그가 직접 명령을 내린 그 사건에 관한 한 "포로는 안전하고 또한 상처 없이 미군에게 인계해 주어야한다"라는 '철학'이었지, 그 밖에 다른 아무것도 아닌 것이다.

따라서, 그것을 변호인 측이 주장하는 것처럼 검찰 측도 인정하지 않을 수 없다. 그러나 변호인 측이 지나치게 그 점을 강조하면 '조선인=허수아비=실질적 무권한' 설은 반대로 붕괴되어 버린다. 하나의 선입관, 편견을 바탕으로 한 합리적 적합성을 갖는 허구는 항상 그러한 모순을 내포하고 있다.

한편, 검찰 측은 일단 그 점을 인정하더라도 그 명령의 발령에 임해서 홍 중장이 어떠한 역할을 했는지, 그것이 검찰 측의 소위 '철학'에 모순되지 않는지 하는 점을 피하고, 우선 그것을 상부로부터의 '명령'이라해석해, 홍 피고는 일단 그 명령에 복종하면서도 그것을 완전히 실시하지 않았다고 주장한다. 그 증거로 홍 중장이 미국의 이익대표국인 스위스대표부와 절충을 단념했다는 점을 강조하고, 그것이 '고의故意'였던 것처럼 강변했다.

그러나 그 주장은 아무리 생각해도 무리가 있다. 스위스대표부는 현지(필리핀)에는 없었다. 그리고 스위스 이외의 나라와 절충하려고 한다면 그것은 외무성 경유로 하는 수밖에 방법이 없었고, 비록 그 나라가 응낙을 해 준다고 해도 그것이 미국에 통지되어 미국이 수락하고, 그 나라 경유로 그것이 일본 외무성에 전해지고, 그것이 참모본부→남방총군→14방면군→사령부 →홍 중장에게 전해지기까지 얼마나 오랜 시간이 걸릴는지 모른다.

첫째, 미군의 상륙이 바로 2주일 뒤에 임박해 있다는 것을 사령부에 있는 사람들은 대개 예측하고 있었다. 그렇다면, 오히려 예측하지 못한 사태가 일어나지 않도록 배려를 한 다음에, 포로 및 억류자를 어떻게 원활하게 미군에게 인도할지 생각하는 게 상식일 것이다. 사실 '구두 명령'에서 미군 상륙까지 절박한 단기간의 조치로서는, 항상 임기응변의 조치가 강구되는 것이 당연한 일이다. 그것 때문에 미군 포로, 억류자가 큰 손해를 입었다든지, 어떤 참사를 일으켰다면 이야기는 다르지만, 전원 무사히 미군의 손에 넘어갔으므로 '교섭의 단념 운운'을 문제 삼는 쪽이 일종의 '생트집'를 잡는다는 느낌마저 준다.

만일 검찰 측이 그것은 모두 미군의 천재적인 작전과 초인적 용기에 바탕을 둔 성과로서, 홍 중장이 그의 이른바 '철학'을 실천하려고 의도했으나 실패했다는 입장을 취한다면 그의 부하는 그의 '철학'에 입각한 지시에 따르지 않았다는 결과가 되며, 그것은 거꾸로 변호인 측의 '조선인=허수아비=무권한' 설을 뒷받침해 주는 결과가 되어 버린다. 따라서 검찰 측도 그 점에 대해서는 될 수 있는 한 손대지 않으려는 태도를 보이고 있다.

생각해 보면 얄궂은 일이다. 검찰 측이 자기주장의 정당성을 뒷받침하기 위해 등장시킨 증인들, 법정에서 홍 피고를 고발한 많은 증인들, 과거의 포로와 억류자는 자신이 그 사람의 조치에 의해 살아났고, 그 덕분에 지금 법정에 증인으로 설 수 있다는 것도 모르면서, 자신들을 무사히 미군에게 인도해 주기 위해 모든 노력을 아끼지 않은 그 사람을 교수대에 보내기 위해 열심히 고발을 하고 있는 것이다.

그리고 그 점에 있어서는 증인들도 또한 검찰 측도 한결같이 그것을 정의라고 믿어 의심치 않았고, 그렇게 하는 것이 부당하게 살해당한 사람과 그 유족들에 대한 신성한 의무라고 믿고 있었다.

없어진 가족에게 보낸 편지

그동안 홍 중장은 무엇을 하고, 무엇을 생각하고 있었는가? 그는 법정에서는 한 마디 말도 하지 않았고, 말하지 않겠다는 것조차 스스로 말하지 않았다. 변호인 웨스턴 중위는 다음과 같이 말하고 있다.

"말씀 올리겠습니다. 피고에게 다음의 세 가지 수단방법을 설명했습니다. 즉, 선서를 하고 증언대에 서서 스스로 증언하고 반대심문을 받든지, 증언대에 서서 선서를 하지 않고 증언하고 반대심문을 받지 않든지, 또는 일절 증언하지 않고 잠자코 있든지, 어느 것이라도 선택할 권리가 있다고 설명했더니, 피고는 자기 자신의 결단으로 일절 증언을 하지 않고 침묵을 지키겠다고 스스로 결정했습니다."

이것이 홍 중장이 최후까지 간직해 온 대한제국의 "군인칙유軍人勅諭"를 준수한 결과인지 아닌지 그것은 분명치 않다. 그러나 신년이면 반드시 이왕가에 세배를 하러 간 홍 중장에게 그 칙유가 영향이 없었다고 할 수는 없을 것이다.

하지만, 그는 변호인과 검찰관에 대해서는 미리 말해두어야 할 것은 정확하게 말하고 있었다. 그 말에 아무런 허위도, 허식도, 자기변호나 자기정당화도, 왜곡도 없었고, 다른 사람에 대한 책임전가도 없었던 것은, 그의 말을 인용한 검찰관의 주장에서도 엿볼 수 있다. 그리고 그것만을 말하면, 홍 중장에게는 더 이상 아무것도 이야기할 게 없었을 것이다.

　재판 기간 중에도, 판결 이후에도, 그는 고국의 가족에게 계속해서 편지를 보내고 있었다. 그 편지를 읽어 보면 그 사이의 그의 심경을 어느 정도는 이해할 수 있을 것이라고 생각하고 있었는데, 그것은 남아 있지 않았다. 홍국선 씨 댁에 있던 그 편지는 한국전쟁 때 가택수색으로 어딘가로 사라져 버렸다는 것이다. 홍국선 씨 부인에 따르면, 그 편지는 재판에 대해서는 전혀 언급하지 않았고, 가족의 안부를 묻고 손자의 교육에 대한 세심한 주의와 의견만 적혀 있었다고 했다.

　"나는 그러한 분을 본 적이 없어요. 지금까지도 만난 적이 없어요" 하고, 홍 부인은 말했다. 부인이 결혼해서 홍 중장 집에 왔을 때, 그곳에 기다리고 있던 것은 새로운 책상이었다. "이제부터는 여자들도 공부를 하지 않으면 안 된다. 나도 함께 공부를 하겠다." 홍 중장은 그렇게 말하며, 그녀를 맞이했다. 전쟁 전의 한국은 일본 이상으로 이른바 봉건적으로, 시아버지는 어렵고 무서운 존재였던 모양이다. 따라서 그 말과 책상은 신혼의 부인에게 있어서는 기쁨이라기보다는 오히려 놀라움이었다.

　또 홍 중장은 안성에서 불러온 3세 연상의 부인을 참으로 아꼈다고 홍 부인은 말하고 있었다. 젊었을 적의 노동 때문이었는지 부인이 만년에 중풍으로 손이 부자유스럽게 되자, 홍 중장은 손수 젓가락으로 늙은 부인에게 음식을 먹여 주는 게 일상적 나날의 식탁 풍경이었다고 한다. 당시의 육군 장성 가운데는 첩을 둔 사람, 가정적으로 그런 불화를 갖고 있는 사람이 많았다는데, 홍 중장에 관한 한 그러한 소문이나 사실은 일절 없었다. 홍 부인에게 있어서도 시아버지 홍 중장은 믿을 수 없을 정도로 자상하고 동정심 많은 따뜻한 사람이었다.

"그 어른이, 그 어른이… 13계단*을 오르시다니요! 도저히 믿을 수가 없어요. 그 일을 상상하면 몸이 떨려요….” 홍 부인은 치를 떨며 그렇게 말했다. 부인은 그렇게밖에는 말하지 않았지만, 부인뿐만 아니라 홍 중장을 알고 있는 모든 한국인이 일본인은 스스로 저지른 잔학행위를 모조리 그에게 뒤집어씌운 뒤, 홍 중장을 제물로 교수대에 보내고, 자신들은 입을 씻고 모른 체하고 있다고 믿고 있어도 그것은 이상할 게 없었다.

하지만, 사람들이 검찰관의 고발을 듣고 검찰 측 증인 말을 듣고 논증된 검찰관의 '피고의 철학'이라는 것을 사실이라 믿은 다음, 재판 중인 홍 중장의 편지를 읽고 가족의 증언을 들었다면, 아마 여봐란듯한 얼굴로 '그 사내도 사람의 아들, 사람의 어버이로서 이러한 일면도 있었구나' 하고 말을 하리라. 그리고 더 나아가 '인간이란 복잡한 존재로구나'라고 덧붙일지도 모른다. 그러나 그 말도 역시 픽션에 지나지 않는다.

홍사익 중장의 처형

---

* 교수대(絞首臺)를 가리키는 말. 그 유래에 대해서는, 교수대로 올라가는 계단이 13계단이라는 설, 사형이 확정돼 집행까지 걸리는 단계가 모두 13단계라는 설 등이 있으나, 확실치는 않다.

제6장

전범戰犯 법정法庭

연합군총사령부㊙문서

　이 장章은 독자에게는 다소 지루할지도 모른다. 따라서 이 책의 의도가 단지 감동적인 이야기의 제공에 불과하다면 당연히 삭제해야 할 장일 것이다. 그러나 앞에서도 썼던 것처럼 홍 중장에 대한 재판이 결국 '허구와 허구의 응수'로 끝나기에 이른 결과를 추적하겠다고 생각한다면, 무슨 일이 있어도 빼놓을 수 없는 장이기도 하다.

　"전범"이라든가 "전범 재판"이라는 말은, 현재로는 부당하고 동시에 근거 없는 '재판'의 대명사로까지 사용되고 있다. 많은 피고는 그것을 복수復讐 재판이라고 생각하고, 키요세清瀬*(각주는 다음 쪽에) 변호인처럼 '모가지 사냥'에 비유한 사람도 있다. 사실 피고, 특히 A급 전범 입장에서 보면, 분명히 그렇게밖에 볼 수 없는 경우가 많았을 것이다.

　그러나 만일 그것이 정말로 그렇고, 최소한 재판하는 측은 진심으로 그렇게 생각하고 있었다면, 그래서 재판이란 복수를 정의로 치장하는 '도구'에 불과하다면, '허구의 응수'는 처음부터 문제가 되지 않고, 그렇게 되지 않으면 오히려 이상할 것이다. 그렇다면 그때 할 수 있는 말은 '전쟁에 졌으니까 할 수 없는 일이다…'이고, 홍 중장의 경우는 '그렇게 좋은 사람이 당하다니. 쯧쯧. 하지만 포로수용소의 최고책임자였으니, 다른 도리가 없었겠지…'라고, 그 이상 할 말이 없는 것이다.

물론 그렇게밖에 말할 수 없는 케이스도 있을 것이다. 그러나 홍 중장의 경우는 반드시 그렇게 말할 수만은 없다. 왜냐하면, 앞에서 쓴 것처럼 '홍 중장은 한국 출신이다'라는 의식은 처음부터 법정의 전원에게 있었고, 한국인 전체에 대한 배려도 그들의 내심에는 있었고 해서, 어느 모로 보나 그 재판은 정당하지 않으면 안 되었기 때문이다.

동시에 그에 대해서는 '철천지원수 같은 일본놈'이라는 감정은 누구도 가질 수 없다. 또 홍 중장에게 직접 학대를 받고 폭행을 당했다고 하는 사람, 말하자면 개인적인 증오를 갖고 그 앙갚음을 기도한 사람도 없었기 때문이다. 더구나 야마시타나 혼마本間** 사령관처럼 직접 전투를 지휘한 상대, 말하자면 전투 중의 적개심이 부지불식간에 쌓인 것과 같은 감정으로 보는 상대도 없다.

---

* 키요세 이치로(淸瀬一郎, 1884~1867). 쇼와시대의 법률가, 정치가. 도쿄전범재판에서 도조 히데키의 변호인이었으며, 법정에서 "태평양전쟁은 일본의 자존·자위를 위해 시작한 것이지 대동아정책을 실행하기 위한 수단이 아니었습니다. … 우리는 이를 그저 각 민족이 오랫동안 숙원해온 바를 달성할 수 있도록 협력하는 기회로 삼은 것에 불과합니다"라고 말한 것으로 알려졌다. 전후, 문부대신(文部大臣), 중의원(衆議院) 의장 등을 역임했다.

** 혼마 마사하루(本間雅晴, 1888~1946). 태평양전쟁 당시 일본 육군 군인. 태평양전쟁 초기 필리핀 침공작전의 사령관이었으며, 포로 학대 등의 지목으로 기소되어 마닐라전범재판에서 사형을 선고받고, 처형됐다. 야마시타는 그의 후임자다.

따라서 홍 중장의 '범죄'라는 것은, '명목적 총책임자'라는 형태의 지극히 추상적인 '책임론'일 수밖에 없고, 개인적으로 어떤 감정을 폭발시키는 대상은 아닌 셈이다. 그 점에 있어서 홍 중장에 대한 재판은 '천황의 전쟁 책임'과도 비슷하게 보이는 면도 없지 않지만, 그것은 그렇다 치고, 앞으로 더 나아가보자.

우리는 어떤 특별한 의미를 담아 '전범'이라든가 '전쟁범죄인'이라고 말하는데, 범죄라고 불리는 이상 그 인간은 어떤 법을 범했을 것이고, 전범 법정 또한 어떤 법에 근거를 두고 설치해서 그 법에 근거하여 재판이 행해지고, 그것에 의해 범죄는 심판을 받는 것이다. 그렇다면 그 법정을 구성하는 '법法'이란 대체 어떤 것일까? 또 그것에 근거를 둔 고발은 법적으로는 누가 행하고 있는 것일까?

〈연합군총사령부㊙문서 AG 000.5(1945년 12월 5일) 전범 용의자의 재판에 관한 법규〉에 따르면, 그것은 다음과 같이 되어 있으며, 일종의 군사재판, 이른바 군법회의의 일종이다.

전범으로서 고발된 개인·부대·기관은 다음의 규칙을 따르는 것으로 한다.

1. 군사재판위원회의 설립

A. **총칙** : 전범으로서 고발된 개인·부대·기관은 연합군 총사령관에 의해 소집되거나 또는 그 권한 하에 있는 군사재판위원회에 의해 재판을 받는다.

B. **구성원과 종류** : 위원회는 관련 범죄의 건수, 성격 또는 재판에 회부된 범죄인의 수에 따라 구성된다. 특히 하나 내지 그 이상의 국민에 대한 범죄의 재판에는 수개국 대표로 이루어진 국제군사위원회 또는 관계국 대표에 의해 구성되는 위원회를 설치할 수 있다.

2. 재판권裁判權

A. 재판의 대상이 되는 자 : 다음 각 조항에 의해 임명된 군법위원회는 그 재판 시점時點에서, (그 위원회를) 소집한 당국이 구치拘置하고 있는 전체 전범용의자에 대해 재판권을 갖는다.

B. 재판의 대상이 되는 범죄

(1) 군법위원회는 이하에 열거하는 것을 포함한 전체 범죄에 대해서 재판권을 갖고, 아래 조항들에 제한되지 않는다.

a. 침략전쟁, 혹은 국제조약이나 협정 또는 보장에 위반하는 전쟁의 계획·준비·개전·전쟁수행, 또는 이를 위한 공동계획 및 모의

b. 전쟁 법규와 관습에 대한 위반. 그 위반에는 점령국 및 점령지에서 일반 시민에 대한 학살·학대·노예노동적 사용 및 포로 또는 해상 그 밖에 있어서 일반 억류자에 대한 학살·학대·인질의 불법적 취급·공적 사적 재산의 약탈, 군사적 이유를 결여한 전면적 파괴

c. 전투 전前, 전투 중中에 있어서, 일반 시민에 대한 학살·몰살·노예화·추방, 그 외 비인도적 행위. 또는 그것이 실행된 나라의 국내법에 위반하든 위반하지 않든 불문하고, 정치적·인격적·종교적 이유에 의해 여기에 규정하는 범죄에 관해 행해진 행위

(2) 어떤 일정한 일시 이후의 범죄에 한정할 필요는 없지만, 원칙적으로 1931년 9월 18일의 봉천사건* 직전 또는 그 이후의 범죄인은 체포할 수 있는 것으로 한다.

---

* 봉천(奉天)은 현재 중국 랴오닝성(遼寧省)의 성도(省都) 센양(瀋陽)의 옛 이름으로, 이 책에서 "봉천사건"이란 류탸오커우(柳條溝) 사건을 가리킨다. 1931년 9월 18일, 일본 군부 강경파가 주도하던 관동군(關東軍)은 봉천 근교(近郊) 류탸오커우의 만주철도(滿洲鐵道)를 자작(自作)으로 폭파하고 그 책임을 만주의 군벌 장쉐량(張學良)에게 뒤집어씌운 뒤, 곧바로 봉천을 점령해 만주 침략을 감행했다. 만주사변(滿洲事變)이라고도 한다.

불비不備한 법을 지키면 위법

이상에서 본 경우, 2-A에 의하면 그 대상이 일본인인지 한국인지는 묻지 않게 되며, 따라서 홍 중장의 한국 출신은 면소免訴 이유가 되지 않는 것이다. 그러나 그 규정 가운데서 가장 문제가 되는 것은 B-(1)-c의 방점을 친 부분이 아닐까? 그 규정이 삽입된 것은 필시 나치독일 때문이라고 생각된다. 왜냐하면, 나치독일의 국내법에 있어서는 유태인 학살은 합법적 행위로서 행해진 것이며, 그것을 적극적으로 계획하고 종사하고 열심히 수행한 자라 하더라도, '그것이 실행된 나라의 국내법'에는 위반되지 않고, 따라서 자신은 자신을 다스리는 '법'을 범하지 않았다고 주장을 할 수 있다.

그리고 나치독일은 미국도 그것을 승인한 독립국의 정부이지, 비합법정권이라고 할 수는 없다. 그 나라의 합법적 정권이 공포한 법에 그 국민이 따르는 것은 '합법'이며, '법을 따랐던 게 그 사람의 개인적 범죄라는 논리는 이상하다'는 항변이 통한다면, '전범'이라는 개념 그 자체가 성립되지 않게 되든가, 지극히 한정된 범위에 한해서만 성립이 된다.

그 점은 도쿄전범재판에서 인도의 펄 판사判事의 '전원무죄론'*과 관련해서도 문제가 되겠지만, 홍 중장의 경우에도 '일본국의 법 및 군의 법규를 지켰으니까 위법이 아니다'라는 주장은 성립되지 않게 된다. 그

---

* 도쿄국제군사재판소의 11인 재판관 중 1인이었던 인도의 법학자 라다 비놋 펄(Radha Binod Pal, 1886~1967)이 법정에서 펼친 주장. 펄은 영국의 식민지였던 인도 출신이었으므로, 그의 '전원무죄론'은 일본의 군국주의를 옹호한 것이라기보다는, '자신이 하면 문명(文明) 전파(傳播)이고, 남이 하면 침략'이라는 서양 제국주의의 이중적 잣대를 비판한 것으로 보인다. 다만 일본인들의 '감각'은 달라서, 처형된 태평양전쟁의 전범(戰犯)들의 위패(位牌)를 합사(合祀)한 도쿄 야스쿠니신사(靖國神社)에 그를 기리는 비석을 세우는 등, 일본 각지에 그를 기념하는 시설들이 있다.

러면서도 그를 '조선인'으로는 인정하지 않고, 어디까지나 '대일본제국 육군 중장'으로서 심판한다고 한다면, 그것은 그 지위에서 행해진 그의 합법적 행위까지도 때와 장소에 따라서는 위법으로 심판한다는 것밖에 안 된다.

확실히 일본군의 법적 질서도 점령 법규도 훌륭하다고는 할 수 없다. 정규 군법회의는 마닐라에 외에는 없었고, 임시군법회의가 나중에 레이테에 설치되었다고는 하지만, 그것은 일본군 내의 위법행위를 일본군 스스로 심판해서 법적 질서를 확립할 능력이 없었다는 것을 드러내고 있는 데 불과하다.

법의 불비不備, 법적 체제의 불비不備가 있었던 것은 사실이지만, '불비不備한 법을 지켰기 때문에 위법이다'라는 논리가 통한다면, 그것은 '전前 남방총군 병참감 겸 총포로수용소장, 제14방면군 병참감, 육군 중장 홍사익'은 '일본 및 일본군의 제 법규에 충실했다는 게 위법이다'라는 것도 될 수 있다. 이 논리는 뒤에서 논하는 '증거' 속에서 다시 다루겠지만, 적어도 일본에 관한 한 이 규정은 아무리 생각해도 무리가 있을 것이다.

B급, C급 전범의 수기를 읽으면, 그 사람들의 억울한 분노와 전범 재판의 부당성에 대한 호소가 거의 이 점에 집중되어 있다. 이 감정은 각자가 자신을 예로 들어 보면 곧 알 수가 있을 것이다. 가령 나는 현재 일본국의 법률에 따라 일을 하고 있는데, 어느 날 갑자기 미국인이 찾아와서, '그 법 자체가 위법이므로 그 법을 따른 너는 범죄인이다'라고 말한다면, 나에게는 항변할 방법이 없다.

이게 전쟁 재판이 '복수 재판'으로 받아들여지는 이유라고 생각되는데, 그러나 실제로는 그 성격은 오히려 혁명 후에 행해지는 일종의 숙청 재판, '부르주아 법규를 지켰다는 것 자체가 위법이며, 따라서 그 준법자인 너는 범죄인이다'라는 발상에 가깝다고 할 수 있다. 이것이 바로 도쿄전범재판에서 소련에 정통했던 시게미쓰 마모루重光葵[*] 피고가 "숙청 재판을 연상시켰다"고 말하고 있는 이유일 것이다.

분명히 이것은 일본인에게는 최초의 체험으로서 메이지유신 때는 B-(1)-c의 발상은 없다. 그러나 서유럽의 역사를 보면 드문 일은 아니며, 그들은 그러한 행위에서 하나의 '진보進步'를 믿고, 그 '진보'는 전 인류에 통하는 보편적 합리성에 바탕을 두고 있다고 믿고 있는지도 모른다. 어쨌든, 다음으로 넘어가자.

(3) 군법위원회의 구성

a. 군법위원의 임명 : 각 군법위원회의 구성 위원은 연합국 총사령관 또는 그 위촉을 받은 당국에 의해 임명된다. 대리인의 임명도 당국에 의한다. 그 대리인은 군법위원회의 전 법정에 출정할 수 있고, 군법위원이 신병이나 기타 이유로 출정할 수 없을 때에는 그 대행을 한다. 재판 개시 후 위원 및 그 대리인에게 결원이 생겼을 경우에는 전기前記 당국이 충원한다. 다만 그 경우에는, 새로 재판을 진행하기 전에 새 위원, 또는 그 대리인에게 그때까지 진행된 소송 경과 전부와 채택된 증거의 중요한 점을 공개 법정에서 알려주지 않으면 안 된다.

---

[*] 시게미쓰 마모루(重光葵, 1887~1957). 쇼와시대의 외교관, 정치가. 1943년 외무대신이 되었으며, 전함 미주리 호 선상(船上)에서 일본 측 대표로 항복문서에 서명했다. 1932년 4월 29일, 상하이(上海) 홍커우공원(虹口公園)에서 열린 일왕의 생일을 기념하는 행사에 주중대사 자격으로 참석했다가, 윤봉길(尹奉吉, 1908~1932) 의사(義士)의 의거(義擧)로 한쪽 다리를 잃었다. 종전 후 A급 전범으로 기소되어 금고(禁錮) 7년을 선고받고 복역하다가 가석방돼, 일본민주당 부총재, 외무대신 등을 역임했다.

b. 각 군법위원회의 인원수는 3명 이하여서는 안 된다.

c. 군법위원의 자격 : 전기前記 당국은 임무에 적합하고 개인적 이해관계, 또는 개인적 편견이 없는 사람을 위원에 임명한다. 다만 자신이 조사한 사건, 또는 자신이 사건의 증인으로서 출정을 요청받고 있는 경우, 그 사람을 위원으로 임명할 수 없다. 군법위원회의 구성은 육군, 해군, 그 밖의 군인 또는 군인과 민간인으로 구성된다. 그리고 자격이 있는 사람을 법무관으로서 임명한다. 법무관은 제출된 증거의 채택 여부에 대해 군법위원회 내에서 최종 결정권을 갖는다.

d. 투표 : 증거의 채택 여부를 제외하고, 군법위원회의 결정은 모두 다수결에 의한다. 단, 유죄 결정과 유죄의 판결은 출석 위원의 3분의 2 이상의 다수결에 의한다.

e. 수석위원 : 당국에서 수석을 지명하지 않은 경우, 출석 위원의 선임자 또는 선임자가 지명한 사람이 수석이 된다.

법률전문가의 입장

이 법정의 구성 방법은 일본의 군법회의와 아주 비슷하며, 재판관은 원칙적으로 법률 전문가가 아니라 일반 병과의 군인이다. 다만, 1명의 '법률전문가'만 참가한다. 일본의 경우, 그것은 법무장교였다. 단지 법정 내의 실질적 권한은 미국과 같지 않아서, 일본에서는 법무장교 자신이 법률전문가로서 적극적으로 판결에 관여하고, 뚜렷하게 강한 발언권을 갖고 재판을 실질적으로 주도하고 있는 것처럼 보이는 경우가 많다.

다음은 지금 내가 조사하고 있는, 명백히 조작된 재판이라고 보이

는 군법회의 판결문의 사례인데, 실질적으로는 법무장교가 작문을 하고, 병과 장교의 서명까지도 동일인물의 필적으로, 밑에 찍힌 도장만 다른 것도 있다. 분명히 일본군 야전장교 가운데에는 '법률'이나 '법적 절차'를 거북해하고, 성가시게 '꼬치꼬치 따지는' 일은 딱 질색이어서, "나는 모르니까 알아서 하게"라며 도장을 법무장교에게 맡기는 경우까지 있는데, 법정에서도 "나라비다이묘並び大名"*처럼 형식적으로 앉아 있을 뿐이다.

다만 그 재판으로 포로를 처형했다고 하면, 실질적으로 판결을 내린 하급 법무장교는 미국처럼 가벼운 형을 받고, 보지도 않고 도장을 찍은 수석위원이 교수형을 받게 되는데, 그렇게 생각되는 케이스도 몇 건 있다.

그래서 홍 중장에 대한 재판을 보고 있노라면, 그럴 때 '보지도 않고 찍었다'고 하는 일본식 주장은 통하지 않는 게 당연하다는 느낌이 든다. 왜냐하면 다른 병과의 장교도 또한 진지한 태도로 열심히 재판관 노릇을 하고 있기 때문이다. 그 차이, '판결을 내리는 것은 법률의 기술자만이어서는 안 된다'라는 감각은 유죄와 무죄의 판결을 내리는 것은 일반 시민으로 구성된 배심원이고, 그 이후의 법 적용은 '자동적'으로 행해지는 그들의 전통에 바탕을 둔 것이리라.

어쨌든 그들의 재판 태도는 진지하다. 하기야 홍 중장의 경우는 수석위원이 법무관을 겸하고 있으므로, '아마추어 재판관의 판결'이라고는 할 수 없다. 여기에도 신중한 배려가 있는 것처럼 생각된다.

---

* 일본의 전통극(傳統劇) 가부키(歌舞伎)에서 다이묘(大名=영주)로 분장하고 나와 아무 대사도 없이 가만히 앉아 있기만 하는 배우를 가리키는 말로, 구색을 맞추기 위한 형식적인 존재를 의미하는 속어(俗語).

또 사건을 자신이 직접 조사한 사람은 그 사건을 심리하는 군법위원이 될 수 없다는 방식은 편견을 배제하기 위한 것일 게고, 위원의 사고로 새 위원이 임명된 경우에는 공개 법정에서 심리의 경과를 설명한다는 것도, 유죄 결정과 판결은 각기 3분의2 이상 찬성이라는 절대다수를 필요로 하는 점도 공정한 규정이라 할 수 있을 것이다. 그러나 군법위원이 3명인 경우는 3분의 2나 과반수나 실제로는 마찬가지다.

3. 검찰관(檢察官)

A. **임명** : 당국은 각 군법위원회에서 검찰관을 1명 이상 임명한다. 범죄가 2개국 이상에 관계되어 있을 경우, 각국을 대표하는 검찰관을 당국의 판단에 의거하여 임명한다.

B. **검찰관의 임무는 다음과 같다.**

(1) 군법위원회에 내는 기소장과 그 명세明細의 준비와 제출

(2) 군법위원회를 위해 재판에 관계되는 모든 건에 대해 준비를 하고 동시에 검찰업무를 행한다.

4. **없음** (페이지가 이어지는데, 번호가 잘못 매겨진 것이라 생각되지만, 공개 전에 삭제했는지도 모른다)

5. 군법위원회의 권한과 절차

A. **법정 지휘** : 군법위원회는…(이 부분은 상식적인 부분이라서 생략한다)

(1) 신속하고 엄정한 법정 지휘

(2) 법정 모욕과 저항에 대한 처치

(3) 공개의 원칙

(4) 법정의 장소 선정

B. 피고被告의 권리權利

(1) 피고는 재판 전에 고발당한 범행 하나하나에 관한 명확하고도 이해할 수 있는 형태로 기록된 기소장과 그 명세의 사본을 1부 받는다.

(2) 재판 전前 또는 기간 중에 당국에서 선임한 변호인 또는 자신이 선택한 변호인을 대리인으로 할 것, 아울러 자신도 변호를 할 수 있다.

(3) 자신을 위해 증언을 할 수 있으며, 변호를 위해 변호인을 통해 법정에 증거를 제출할 수 있다. 변호인을 통해서 검찰 측 증인에게 반대심문을 할 수 있다.

(4) 기소장과 그 명세, 재판 절차 및 그 밖의 증거에 대해서 이해할 수 없는 경우, 요점의 번역을 요구할 수 있다.

C. 증인(선서, 그 밖에 절차상 사항이어서 생략)

이상의 내용에는 전후의 일본에서는 우리가 갖는 법률이나 재판에 대한 상식과 그다지 동떨어진 부분은 없다. 더구나 피고의 권리는 '형식적'으로는 재심의 결과, 사형에서 무죄로 역전 판결이 난 최근의 여러 사례에 있어서는 당초의 재판보다 잘 지켜지고 있다고 할 수 있을지도 모른다.

그렇지만 법정이란 증거를 다투는 곳이고, 무엇이 증거가 될 수 있느냐는 것이 그 재판을 규정하는 것이다. 다른 절차가 아무리 합법적이고 인도적이라 하더라도 증거 채택의 기준이 공정을 결여하고 있다면, 모든 것은 '절차상의 정의'라는 허구의 '장치'에 불과하게 된다. 그렇다면 군법위원회의 증거 채택은 어떤 기준으로 행해지고 있었을까

교수대絞首臺로의 필연성

D. 증거(절차상의 문제, 또 우리의 상식으로 보아 당연하다고 생각되는
(1)~(3)을 제외함)

(4) 피고가 육해군부대 또는 다른 집단·단체에 의한 집단범죄에 관한 죄로
고발되었을 경우, 그 집단범죄에 관해 이전에 법정에 제출되어 그 부대 또
는 단체의 일원이 유죄를 받은 때의 증거는 당 피고도 그 범죄에 대해 유
죄라는 '제1급의 증거능력을 갖는 증거'로 채택할 수 있다.

(5) 범죄 내용·목적·활동에 대해서 재판에 회부된 부대·단체·기관에 관
한 사실관계 증거 및 판결은 그 군법위원회 또는 다른 군법위원회의 후일
다른 개인에 대한 재판에서 그 자가 그 부대·단체·기관에 소속되어 있
었던 것에 의한 범죄 책임의 증거로서 전면적으로 신빙성을 갖는 것으로
간주한다. 군법위원회에 의해 유죄라고 인정된 부대·기관·단체에 대한
소속이 증명되었을 경우, 피고가 그 소속 또는 참가에 있어서 정상을 참작
해야 할 상황이었다고 하는 건에 대해서는 일절 거론하지 않기로 한다.

(6) 피고가 있었던 게 공적 지위였다는 것은 면책의 이유가 되지 않으며, 죄형
의 경감을 고려하는 사항도 되지 않는다. 더구나 피고가 그 상급자, 또는
정부의 명령에 복종하고 있었다는 것은 아무런 변호도 되지 않는다. 그러
나 군법위원회가 정의라고 인정할 때는 형의 경감을 고려할 수는 있다.

(7) 피고의 자백 또는 진술이라고 일컬어지는 것은 모두 자발적인지 아닌지
사전증명 없이 전부 수리되는 것으로 한다. 그와 같은 자백 또는 진술이
진실인지 허위인지의 결정은 군법위원회가 행한다.

문제점은 이상 네 가지 가운데 특히 방점을 친 부분이라고 생각된

다. 그리고 이 네 항목만으로도 홍 중장을 교수대에 보내기 충분했을 것이다. 왜냐하면 그의 지휘하에 있던 어떤 수용소가 '집단범죄'를 저질렀고, 그 가운데 직접 폭행, 학살을 행한 자가 유죄의 판결을 받아 처형을 당했다고 하자. 그 재판 자체는 누가 봐도 공정한 것이었다고 가정하자.

이렇게 되면, 그 증거는 '제1급의 증거능력을 갖는 증거', 홍 중장의 유죄를 증명하는 증거로서 자동적으로 군법위원회에 수리되는 셈이다. 그리고 그때 자신은 단지 '공적 지위에 있었을 뿐이다'라는 변명은 설사 그것이 엄연한 사실이라 하더라도 증거로 채택되지 않는다.

또한 그러한 사건이 일어났다는 것이 홍 중장의 지시나 의향이 아니고, 일본국의 법률 내지는 정부와 군부의 방침으로, 그가 공적 지위에 있는 사람으로서 당연히 그것을 따르고 있었을 뿐이라는 주장도 처음부터 아예 인정하지 않는다고 한다면, 그 위치에 있는 사람으로서는 그가 일본인이든 한국인이든 더 이상 어떻게 해 볼 수가 없다는 이야기가 된다.

증거 채택에 관한 이 규정은 아무리 생각해도 납득할 수 없다. 도대체 왜 그런 결정이 내려진 것일까? 이 통고가 내려진 것은 1945년 12월 5일인데, 그것이 단순히 그때 발표된 맥아더의 개인적 방침이라고는 생각하기 어렵다. 그 대강大綱은 이미 그 이전에 미합중국 정부로부터 최고사령부로 지시가 있었을 것이다.

그리고 그 지시의 근거가 된 것은 11월 20일에 이미 개시되고 있던 뉘른베르크 국제군사재판*일 것이라고 생각된다. 분명히 나치독일의 경우, 그 계획적인 집단학살은 '집단범죄'라는 개념에 들어갈 수 있는 것이

---

* 미국 · 영국 · 프랑스 · 소련 4개국 간에 체결된 국제군사재판 설립에 관한 협정에 따라 나치독일의 전쟁범죄자들을 심판하기 위해 독일 뉘른베르크에 설치된 국제군사재판소에서 행해진, 전범재판.

었다. 그곳에서 행해진 것은 명확히 살인계획을 세우고, 그것을 운영하는 조직을 만들고, 그 때문에 공장이라는 시설을 건설했고, 가장 능률적으로 그것을 운영하기 위한 지휘계통이 확립되고, 동시에 그 일에 참여한 자는 원칙적으로 자신의 의지에 의해 입당 혹은 취직한 자들이었다.

그러한 경우라면 '그 자는 아우슈비츠의 작업원'이었다는 증거와 그 행위는, 상급직에 대한 '제1급의 증거능력을 가진 증거'로서 유죄의 근거가 될 것이고, 또 그대로 부펜바르트*에서 그 자의 행위의 증거로서 '제1급의 증거능력'이 있다고 판정해도 좋을지 모른다. 또 "나는 다만 총통의 명령에 따랐을 뿐이다"라는 변명이 성립된다면, 자살을 한 히틀러 이외에는 어떠한 '범죄 책임'도 질 사람이 없어질지 모른다. 그렇다면, 전쟁 재판 그 자체가 성립되지 않는다는 발상은 당연히 있을 수 있는 것이고, 그 발상의 옳고 그름은 별도로, 그런 발상이 있을 수 있다고 이해할 수는 있다.

그러나 그것을 그대로 일본군에게 적용할 수가 있을까? 미국을 위시한 연합국 측의 발상이 '나치즘이라는 사상'을 심판하는 것이라면, "그 법을 (적어도 적극적으로) 지킨다는 것 자체가 범죄이다"라는 발상도 성립될 수 있을지 모른다. 그러나 일본에 그것을 적용한다면 기묘한 일이 벌어질 것이다. 첫째, 심판을 받을 만한 명확한 발상 따위는 아무 데도 없다. 발작적인 사건은 빈번히 발생했어도 나치독일처럼 뚜렷한 계획적인 집단범죄는 없었다.

유태인 일본학자 벤 아미 시로니 교수가 말하는 것처럼 '중일사변'이 한창일 때, 일본은 항상 '중일친선'을 부르짖었고, 여기에 대응해 왕

---

* 나치독일의 유태인강제수용소가 있었다.

징웨이汪精衛 * 같은 사람이 나왔어도, '유태인 말살' 같은 '중국인 말살'이라는 '심판받을 만한 명확한 발상'이나 사상도 없다. 아마 어디를 찾아보아도 그와 같은 명확한 '사상' 같은 것은 없을 것이다.

확실히 사건은 있었다. 사실 홍 중장의 직접 관리하에서도 나중에 말하는 바와 같은 전율할 만한 학살 사건으로 발전할 수 있는 돌발적인 사건은 있었다. 그러나 그것은 반사적 충동이라고 할 수 있는 것으로 '사상思想'과는 관계가 없는 것이다. 또 쓰지 마사노부辻政信**같은 사람도 있었으나, 그것은 차라리 개인적 성향이라고 생각할 수 있는 것이지 명확한 '사상'이라고는 할 수 없다. 문제는 오히려 그것을 어떻게 할 수 없었던 '공적 지위에 있는 자의 실질적 무권한'이라는 측면에 있었기 때문에, 이것은 미국적 발상과는 역으로, 반대 현상이라고 할 수 있다.

---

* 왕징웨이(汪精衛, 1883~1944). 20세기 초 중국의 정치가. 젊었을 때는 뒷날 일본 관동군이 세운 괴뢰국가 만주국(滿洲國)의 황제가 된 푸이(溥儀)의 생부(生父) 순친왕(醇親王)을 암살하기 위해 폭탄을 던지는 등 열혈애국지사였고, 쑨원(孫文)의 오른팔로 신해혁명(辛亥革命) 이후 중국의 우파를 대표한 국민당(國民黨)의 주요간부였다. 장제스(蔣介石)와 사사건건 대립해, 처음에는 중국 공산당 및 코민테른과의 협력을 주장했으나, 1930년대 초 외교부장으로 임명된 뒤 극우파로 돌아섰고, 1938년 임시수도 충칭(重慶)을 탈출해 일본군 점령지역이었던 상하이(上海)로 들어가, 1940년 일본의 괴뢰정권인 난징정부(南京政府)의 수반(首班)이 되었다. 위 글에서 저자는 왕징웨이를 '중일친선'의 사례로 기술하고 있지만, 중국인들에게 있어서 그는 열강(列强)의 반식민지(半植民地)로 고통 받던 시대의 용서할 수 없는, 대표적 매국노(漢奸)로 꼽힌다.

** 쓰지 마사노부(辻政信, 1902~?). 태평양전쟁 당시 일본 육군의 정치군인. 육사 수석 졸업 · 육대 3등 졸업의 수재로 일컬어졌으나, 일본 육군이 벌인 무리한 작전과 그로 인한 패전 뒤에는 항상 그의 그림자가 따라다녔으며, 중국 남부, 말레이, 버마 전선(戰線)에서 포로에 대한 잔학행위를 서슴없이 명령한 것으로 알려졌다. 종전 후 영국군이 방콕에 있던 그를 전범으로 체포하기 위해 백방으로 쫓았지만, 장제스의 도움으로 중국으로 탈출한 뒤 일본으로 밀항해 숨어 지내다가, 1950년 한국전쟁을 전후해 전범 지정이 취소되자 세상에 모습을 드러냈다. 이 기간 동안의 행적을 자화자찬한 〈잠행(潛行) 3천리〉를 써서 베스트셀러 작가로 변신한 뒤 중원(衆議員)에 당선됐고, 1961년 참의원(參議員) 신분으로 라오스에 잠입(潛入)했다가 실종되었다. 일본 극우파의 상징격인 인물이다.

그리고 학살 사건으로 문제가 된 것은 바탄의 죽음의 행진*이든, 홍 중장에게 책임을 물은 오료쿠마루鴨綠丸 사건**이든, '무모하고 잔인한' 트럭 수송이든, 이것들은 계획적인 범죄라기보다는 오히려 무계획성의 표현이고, 동시에 현재조차도 '살인적인 러시아워'의 지하철을 당연하다고 생각하는 민족성의 표현 같은 것일 것이다. 기묘한 표현이지만, '포로를 러시아워의 고쿠데쓰國鐵(일본의 국영철도회사)적인 수송감각'으로 다룬다면, 모두 전범이 되고 말 것이다.

'기억에 없다'는 합법성

게다가 피고의 자백과 진술이라는 문제가 있다. 그 외에도 일기日記와 수기手記 등에 관한 거의 동일한 규정도 있고, 그것을 읽으면 도쿄전범재판이 〈기도일기木戶日記〉***를 다룬 방식도 그 규정대로라고 생각된다. 그러나 그것에 대한 서양인과 일본인의 생각은 결코 같지가 않다.

나 자신도 전범용의자로서 미군 중위로부터 심문을 받았는데, 그러한 경우 우리는 반사적으로 '상대방의 심증을 해치지 않으려는' 태도

---

* 태평양전쟁 초기 필리핀을 점령할 당시 일본군은 미군 및 필리핀군 포로를 2만5천 명으로 예상하고 포로수용 준비를 마쳤으나, 실제 미군 항복 뒤 일본군 손에 넘어온 포로는 그 세 배에 달하는 7만 명이었다. 이 때문에 일본군은 포로들을 바탄반도 남쪽 끝에서 캠프 오도넬까지 열차, 도보행군(약 100km) 등의 수단을 이용해 강압적으로 끌고 갔고, 이 과정에서 7천 명 이상의 포로들이 굶주림, 탈수, 일사병, 구타, 총검 등에 의해 희생돼 죽었다고 알려졌다. 행군에 필요한 제반 준비를 갖추지도 않고, 심지어는 명령까지 조작해 이 사건을 초래한 장본인이 바로 쓰지 마사노부다.

** 1944년 10월, 1,300명 이상의 미군 포로 등을 일본으로 수송하기 위해 마닐라항을 떠난 오료쿠마루가 미군 폭격기의 폭격으로 누비크 만(灣) 해안에 좌초하는 바람에, 포로들이 희생된 사건. 이 책 10장, 11장, 21장 참조.

가 된다. 일본 검찰관이라면 서로 일본인이니까 그 점은 어느 정도까지는 문제가 없다고 말할 수 있지만, 그래도 갖가지 문제가 일어난다.

그런데 상대가 미국인으로 일대일로 그들을 대했을 경우, 아무리 '미국인에게는 태연하게 노라고 해도 상관없다. 때로는 커다란 제스처로 큰소리를 치며 부정하는 쪽이 효과적이다'라고 자신을 추슬러도, 시간이 지나면 '왜 그런지 애매하게 수긍하게 되는' 전통적 자세가 나오게 된다. 그러나 '그렇게 해서는 안 된다, 안 된다'고 하는 의식을 갖는 사람은 오히려 예외이고, 아첨 비슷한 웃음을 띠며 무조건 영합해 가면서 자신의 태도에 조금도 의문을 느끼지 않는 사람도 적지 않았다. 그게 전부 미국인식의 증언으로 받아들여져, 그대로 군법회의에 제출되어 그들의 기준으로 읽힌다면, 그것을 말한 사람이 꿈에도 상상하지 못한 내용이 되고 말 것이다. 그것이 증거가 되어서는 '공정한 재판'은 불가능하다.

또 한 가지는 언어 장벽이다. 국회의 오사노小佐野 증언****에서 '기억에 없다'는 말을 들었을 때 '과연 저 사람은 군사법정의 경험자로구나'

---

* 기도 고이치(木戸幸一, 1889~1977)가 태평양전쟁 중에 쓴 일기(日記). 부친이 메이지유신의 주역 중 한 명인 기도 다카요시(木戸孝允)의 양자(養子)로 입적되었기 때문에, 기도 고이치는 호적상으로는 그의 손자가 된다. 부친 사후 후작(侯爵)의 작위를 승계했으며, 히로히토 일왕의 총애를 받았다. 문부대신, 내무대신 등을 역임했고, 1941년 도조(東條) 내각 성립에 관여했다. 1937년부터 두 차례에 걸쳐 내각총리대신으로 임명된 고노에 후미마로(近衛文麿, 1891~1945)와 함께 히로히토 일왕의 최측근이었으며, 종전 후 이른바 '천황의 전쟁 책임'을 덮고자 자신의 일기를 도쿄전범재판소에 증거로 제출했다. 전범재판에서 종신형을 선고받았고, 1955년 가석방되었다.

** 전후(戰後) 일본 최대의 뇌물스캔들이었던 1976년의 록히드 사건 때, 진상 규명을 위해 소집된 중의원(衆議院) 예산위원회 회의에 불려나온 오사노 겐지(小佐野賢治)가 위증죄(또는 증언거부죄)를 피하기 위해 "기억에 없습니다"로 일관했던 것을 가리킨다. 이 회의는 TV로 생중계되어 당시 일본인들의 분노를 샀고, 한때 유행어가 되기도 했다. 오사노 겐지는 록히드 사건의 흑막(黑幕)으로 지목되었던 자민당(自民黨) 배후의 정치실세 고다마 요시오(児玉譽士夫)의 친구로, 태평양전쟁 때 군수(軍需) 관계로 엄청난 돈을 모았다고 한다.

187

라는 생각이 들어서, 40년 전 옛날을 생각했다. "'모른다'라고 말해서는 절대로 안 된다. 설사 자신은 잊고 있다 해도 '알고 있을 것이다'라는 증거를 대면 위증죄가 된다. '기억에 없다'라고 말하라. 그렇게 하면 증거를 들이대도 위증죄는 되지 않는다. 그 사람이 기억하고 있었느냐 아니냐는 것은 증명할 수 없기 때문이다"라고 주의를 받아도 자기도 모르는 사이에 "모른다, 모르쇠"가 나오게 된다.

그러한 미묘한 차이가 되면, 어중간한 어학은 쓸모가 없다. 그것은 일본어와 영어의 '그것을 의미하는 언어의 범위'라고 하는 통역의 능력을 뛰어넘는 문제가 된다. 일본어의 '모른다'에는 '기억에 없다'는 의미도 포함된다고 나는 생각하는데, 그들은 그것을 인정하지 않는다. 여기에는 독일의 전범 법정에서 자백을 수리한 것과는 전혀 다른 문제가 있었던 것이다. 다음으로 넘어가자.

E. 재판 절차

절차는 전후 일본의 재판과 비슷하므로, 그 요약을 설명하는 것으로 대신하겠다. 우선 소송의 이유가 낭독되고, 죄상罪狀 인정 여부가 질문되며, 검찰관이 모두진술을 하고 증거가 제출된다. 군법위원회에 의해 증거 채택 여부가 행해지고, 이에 대한 변호인 측의 반론에 대해 위원회는 일단 태도를 보류하고, 검찰 측에게 그것에 대응할 증거의 추가 제출을 요구한다. 여기에 대해 검찰 측은 반증을 제출할 수가 있다.

그 다음에는 변호인 측이 모두진술을 하고, 수석위원이 증거 제출을 요구한다. 이에 대해 검찰 측은 반증을 제출한다. 뒤이어 변호인 측이 먼저 변론을 하고, 그 다음 검찰 측이, 그 뒤에 군법위원회는 비공개로

심의를 한다. 그 결과 판결이 내려지고, 특별히 정하지 않는 한 공개 법정에서 낭독된다. 한편, 위원회는 판결 이유를 설명할 수 있다.

이상은 보통 재판과 거의 같은데 군법위원회의 판결은 그것만으로는 효력이 발생하지 않는다는 점이 다르다. 재판 기록 전부는 '가급적 신속하게' 당국에 제출되지 않으면 안 된다. 그래서 그 승인을 얻고 나서야 비로소 형이 확정되는 것으로, 그때 형刑의 변경·정지·감형·기각도 있을 수 있으므로 그것이 진짜 '형의 확정'이라고도 할 수 있고, 당국이 상급재판소의 기능을 맡고 있다고 할 수 있을 것이다.

기각 반려의 경우에는 새로운 군법위원회가 임명되어 새롭게 심리를 시작하는데, 그 위원회는 "형을 무겁게 할 권한은 없다"고 규정되어 있다. 다만 사형의 경우에는 위촉된 당국이 아니라 "연합군 총사령관의 승인이 있을 때까지 집행할 수 없다"고 되어 있다. 그 뒤에 6개의 부칙이 있고, "고급부관은 명에 따라 이것을 이첩移牒한다"는 문구로 이 문서는 끝을 맺고 있다.

종전 때 그들은 이 문서의 대강大綱을 정하고 준비를 끝내고 있었다. 물론 홍 중장이 그것을 알고 있을 턱이 없다. 아마도 이런 일이 자신을 기다리고 있을 줄은 꿈에도 모른 채 정글에서 나왔을 것이다. 관계자의 이야기를 들으면 그렇게밖에는 생각할 수가 없었고, 그것이 전군全軍에 걸쳐 있었던 일반적인 상태였다. 그것이 이종찬 씨가 말한, 미래의 일은 아무것도 알 수가 없었다, 라는 상태였을 것이다. 그것은 나 역시 실감할 수 있었다.

제7장

복곽진지 複廓陣地 [*]

재판이라기보다 징벌

독일이 항복했을 때, 미국은 이미 승자의 여유 비슷한 것을 갖고 있었다. 죽느냐 사느냐 사투가 벌어질 때, 인간은 어떻게 상대방에게 치명상을 입힐까 생각은 해도, 자신의 손해는 그다지 염두에 두지 않는다. 그러나 주역主役이 쓰러져 무력한 단역端役들이 절망적인 저항을 계속할 뿐 승리에 대한 전망이 이미 설 때면, 그 이후는 될 수 있는 한 자신의 손해를 가볍게 하려고 행동하게 된다. 그와 동시에, 그렇게 느낀 이후에 받는 손해에 대한 원한은 이상하게도 격전 시에 받은 손해보다 더 강해진다.

[*] 산속의 땅을 파서 토치카·지휘소·막사 등을 설치하고 갱도(坑道)로 연결해, 적군의 포격이나 폭격을 피하고 장기적인 농성전이 가능하도록 고안된 지하진지. 태평양전쟁에서 남양(南洋)의 일본군이 최후의 저항선으로 구축했으며, 당시 일본군이 점령하고 있던 거의 모든 지역에서 발견된다. 제주도의 일부 오름(기생화산) 지대에도 그 잔해가 남아 있다.

일본에 대해 미국 측이 바로 그러한 감정을 갖고 있지 않았다고 말할 수는 없다. 그것은 필리핀에서의 항복 조인식을 보면 알 수 있고, 전범에 대한 일본과 독일에 대한 취급 방식의 차이에도 나타나 있다고 생각된다. 다만, 그것에 대해서는 후술한다.

쇼와 20년(1945) 4월 25일, 독일의 무조건항복(5월 7일) 2주일 전에 국제연합UN 창립총회가 샌프란시스코에서 열리고, 연합국 측은 이미 심리적으로도 정치적으로도 '전후戰後'에 들어가 있었다. 그리고 창립총회에서는 베르자에프* 등의 "나치즘적 '합법성'을 어떤 형태로든 통제하지 않으면 안 된다"고 하는 생각의 일부가 이미 구체화되어 있었던 것 같다.

이런 그들에게, 일본이란 '아직도 회개하지 못한 어리석은 잔적殘敵'에 불과했다. 따라서 이후의 대일對日 전투는, 그들에게는 참으로 원한에 사무친 무모한 유혈流血**의 소탕전이고, 이 때문에 그 전후처리 · 전범문제에 있어서 나치독일에 대한 처리와 같은 기준으로 '심판하기'보다는 오히려 '징벌적'으로 적용되었다고 생각된다.

---

* 니콜라이 베르자에프(N. A. Berdyaev, 1874~1948). 러시아 출신의 신학자, 종교철학자. 젊었을 때는 마르크스주의에 심취해 러시아혁명에 가담했다고 알려졌고, 1917년 10월 볼셰비키혁명이 일어나자 서유럽으로 망명했다. 기독교적 세계관에 입각해 볼셰비즘을 분석한 〈볼셰비즘의 종교적 현상〉을 저술했으며, 나치즘, 파시즘 등의 전체주의를 비판하는 데 앞장섰다. "문명의 그늘에서 독버섯처럼 피어나는 현대인의 야수성(野獸性)은 과거보다 훨씬 더 음산하고 포악하다"라는 말을 남겼다.

** 집계에 따라 약간의 차이가 있지만, 2차 대전 때 미군 전사자는 약 30만 명으로, 이 가운데 1/3인 10만여 명이 태평양 전역(戰域)에서 전사했다. 그런데 전쟁의 승패가 결정된 것이나 다름없는 1945년 이후, 미군은 이오지마 전투(2월~3월; 일본군 병력 2만1천 명, 미군 6,800여 명 전사, 2만여 명 부상), 뒤이은 오키나와 전투(4월~6월; 일본군 병력 7만6천 명, 미군 1만2,500여 명 전사, 7만여 명 부상), 두 섬의 전투에서만 2만 명에 가까운 전사자를 냈다. 이 무렵, 서유럽 전선의 미군 병사들은 평화를 만끽하며 귀국할 날짜만을 기다리고 있었다.

그와 동시에, 당시에는 신설된 국제연합이 '여러 정부의 정부'라고도 말할 수 있는 기능을 발휘해서 인류에게 새로운 질서를 가져다주지 않을까 하는 꿈, 이후 몇 년간 지속된 그 꿈이 시작된 시대이기도 했다. 현재에는 그 시대의 '감정'은 잊히고 말았지만, 나치독일의 '합법적 살인공장'이 백일하에 폭로되었을 때, "한 나라의 합법적 '불법행위'"를 다룰 초정부적 존재의 필요성은 당시 많은 사람이 주장했고, 전후戰後의 한 시기에는 일본의 '여론'도 그것을 유엔에 기대했으며, 또 그런 사고방식이 일본 헌법에도 영향을 미쳤다고 생각된다.

그 때문에 지금 생각해 보면 지극히 문제가 많은 "합법적 '불법'을 준수한 자의 행위는 '그 개인의 불법행위'로 처벌할 수 있다"는 발상도 당시에는 미국의 절대적인 국력과 더불어 자연스럽게 받아들여졌고, 카터의 '인권외교'가 보인 '망설임'을 패자敗者 일본의 '여론'조차도 보여주지 않았다. 아니 오히려, '시대를 앞질러' 그것에 무비판적으로 동조하고 영합해, 그 영합을 정의로 삼아 전쟁 전을 비판하는 게 일반적이었다. 홍중장의 처형은 그런 풍조 속에서 일본의 신문에도 보도되었는데, 당연히 누구도 그것을 거들떠보지 않았고, 그 처형의 배후에 있는 발상을 검토해보려 하는 사람도 없었다.

동떨어진 종전 직전의 일본, 그 가운데서도 더욱 동떨어진 필리핀의 정글 속에서는 상기上記한 바와 같은 '풍조'가 일종의 세계여론이 되어 있었다는 따위는 도저히 상상조차 할 수 없다 해도 이상할 게 없으며, 그것은 가장 풍부한 정보를 갖고 있던 방면군方面軍 사령부도 마찬가지였다.

얄궂게도, 국제연합 창립총회 당일 무토 참모장은 요충지 바기오 함락의 보고를 받았다. 동시에 미군은 바레테 · 사라크사크 두 언덕으로

칼끝을 돌려, 그곳을 돌파해 일본군이 사수하고 있던 곡창 카가얀계곡을 제압하려 했다. 그곳에는 홍 중장 지휘하의 많은 병참시설·공장이 있을 뿐 아니라, 마닐라에서 그곳 바욘본으로 소개疎開해 와 있던 잔류 일본인들도 역시 병참감 관리하에 자활을 추진하고 있었다. 그러나 그곳도 위기가 임박해서, 민간인들이 먼저 키얀간 분지盆地로 철수를 시작했다. 두 언덕이 언젠가는 돌파 당한다는 것은 누가 봐도 시간 문제였기 때문이다.

무토 참모장도 각오는 하고 있었으나, 어떻게 해서든 6월 하순까지는 두 언덕의 방어선을 유지하자, 아니 유지해 주었으면 하고 바라고 있었던 것 같다. 왜냐하면 카가얀 계곡 북쪽으로는 카가얀, 이사벨라, 누에바비스카야의 3개 주州가 있고, 북쪽의 2개 주와 누에바비스카야 사이에 저항 가능한 또 하나의 방어선인 오리온 언덕이 있어, 여기에서 방어선 구축에 걸리는 시간을 계산해 보면, 그 완성은 아무리 생각해도 6월 하순이 될 것이기 때문이었다.

오리온 언덕 입구에 있는 마을 "바카바크 부근에 (적이) 도달하는 게 6월 하순이라고 판단했다. 또 최소한 그만한 시간의 여유를 희망했다"라고, 그는 〈필리핀 전투의 실상〉에서 쓰고 있다. 그러나 6월 1일 바레테 언덕이 돌파당하고, 9일에 미군은 신속하게 바카바크에 돌입했다. 일본군은 드디어 최후의 거점, 산악지대의 중앙에 우뚝 솟아 있는 프로그 산山을 중심으로 동서 약 50킬로 남북 80킬로의 타원형 '복곽진지'에 들어가지 않을 수 없게 되었다.

동시에 군사령부에 의한 통일적 지휘는 점점 더 곤란하게 되었다. "… 전군의 통일적 지휘에서 가장 곤란을 느낀 것은 통신의 불비不備였다. (거듭되는) 사령부의 이전은 중량이 무거운 무전기의 이동을 불가능하게 했다. 중유重油의 결핍은 발전기 작동에 제한을 가했다. 축전지나 진공관의 보급이 곤란해졌다. 우수한 통신병과 암호병이 차례로 전사했다. 따라서 각 방면, 각 부대와 통신연락은 대단히 큰 제약을 받았고, 적시適時에 적절하게 보고를 받고 명령을 내리는 게 불가능해졌다." 아니, 그뿐만 아니라 다이혼에이大本營* 및 남방총군과의 연락도 일시 두절되었다.

고구마와 농땡이 병사들遊兵群

그러나 이 산악지대의 복곽진지로 들어가는 데에는 큰 문제점이 있었다. 그것은 식량이었다. 수송수단을 잃으면, 40~50킬로 떨어진 곳에 쌀이 있다는 것을 알고 있어도 거기에 다다르지 못하면 인간은 굶어죽고 만다. 산악지대 정글 속의 행군속도는 때로 하루 8킬로에서 10킬로가 고작이었다.

"복곽진지의 고안考案에 대해 심각한 검토가 더해졌다. 식량문제와 지구력持久力의 두 가지가 쟁점이었다. 식량을 위주로 한다면 카가얀 평지에 머물지 않으면 안 된다. 그러나 그곳에는 지형상 거점이 될 만한 게 없고, 설사 식량이 있다 해도 즉각 격파당해서 모처럼의 식량도 이용할 수 없는 결과가 될 것이다. … 그래서 식량은 부족하더라도 죽으

---

* 일본 육군 및 해군의 전시(戰時) 최고통수기관. 일본제국헌법에 따라 일본군의 통수권은 내각(內閣)이 아닌 천황에게 있으며, 일본군은 대본영이 발동하는 대륙명(大陸命, 육군)과 대해령(大海令, 해군)이 내려져야만 움직인다. 종전 후, 연합군사령부에 의해 해체됐다. 이하 "대본영"으로 표기한다.

면 다 함께, 전군全軍이 한 몸이 되어 산악지대의 식량을 최대한 이용해 일각이라도 더 오래 미군을 루손에 묶어 두자는 의도에서 산악지대의 복곽이 채용되었던 것이다…."

이렇게 되면 일본군이 언제까지 견딜 수 있느냐 하는 것은, 첫째가 식량문제였다. 그래서 "무無에서 유有를 낳게 하라"는 난제를 담당하게 된 게 홍 중장이었다. 생색도 안 나고 눈에 띄지도 않지만, 전군의 생명이 걸린 난제 처리에 홍 중장 이하 필사적으로 노력을 했으나, 그곳에는 "바보자식"*도 있었던 것이다. 무토 참모장의 기록은 참으로 담담해서 감정적 표현은 거의 없는데, 단 한 가지 예외로 등장하는 게 이 "바보자식"이라는 표현이다. '치미는 화를 참지 못했던' 모양이다.

"복곽진지 고수固守의 한계는 결국 식량의 지구력으로 귀착된다. 그래서 식량 채취량의 조사, 그것의 이용규정, 그리고 할 수 있다면 배양培養·증산增産 등이 긴급한 주요임무였다. 방면군 사령부에는 병기부, 경리부, 군의부 등이 있어서, 군수보급에 관한 사항을 관장하고 있었다. 그리고 작전과 연관성을 밀접히 하기 위해 참모부에 병참참모가 있다. 또한 방면군에는 병참감부라는 군비軍備의 보급실시기관이 있었다. 나는 본국으로부터 보급이 끊기고 현지에서 자활할 수밖에 없는 상황에서는, 사령부의 각부各部와 같은 사무기관은 필요가 없다고 판단했다…."

---

* 원문은 바카야로우(馬鹿).

확실히 그대로였을 것이다. 남방총군 병참감부에 있던 사람의 이 야기를 들어보면, 각 방면군에서 올라오는 방대한 지급과 지출에 관한 서류를 검토해서 총계總計하고, 그것을 회계검사원에 보내는 게 일상적 인 업무였다고 한다. 일본군은 방대한 관료기구였으므로 그곳에서 '제 조製造'되는 서류의 양 또한 방대하며, 그것을 처리하는 장교 · 하사관 · 병사의 수도 결코 적지 않았다. 그리고 그 병사들 대다수는 민간사회에 서 사무계통 쪽에 근무하던 사람들이 선발되어 온 게 보통이었다.

그것은 내가 있던 말단 포병대 본부에서도 마찬가지여서, 은행원 이나 관청 서기 출신들이 그것을 맡고, 일반 하사관이나 병사들과 비교 하면 엄청나게 편안한 나날을 보내고 있었다. 군사령부에서 그 요원들 은 장교 · 하사관 · 병사를 합치면 방대한 인원이었을 것이다. 필리핀 전 투 말기에는, 그런 사무기구는 모두 무용지물이 되어 있었다.

"(따라서 쓸모없는 서류를 작성하고 있는 것보다는) … 한 톨의 쌀, 한 개 의 고구마라도 찾아내서 부대에 지급하는 실행기관이 절실하다고 생 각했다. 그래서 사령부의 각부를 (해체해) 병참감부(동시에 재편성해 서 자활감부)로 만들고, 모두 실행기관으로 만들었다. 나의 그런 조치 에 대해 불평을 토로하는 자가 있다는 이야기를 들었다. 죽느냐 사느 냐의 갈림길에 서 있으면서, 사령부 소속이 좋고 실행기관인 자활감부 는 나쁜 보직인 것처럼 생각하는 '바보자식'이 있었던 모양이다. 소위 일본인의 관존민비官尊民卑 사상은 (죽기 일보 직전의) 전쟁터에서까지 나타났다.
그런 어리석은 자들은 제쳐놓고, 자활감부는 홍 중장 지휘하에 필사적 인 노력을 기울였다. 각 부대에서는 자활지역이 지정되었다. 복곽진지뿐만 아니라, 적敵 전선의 배후에서까지 쌀 거둬들이기를 감행했다. 자활감부는 될 수 있는 한 각 부대의 보급이 원활하게 실시되도록 노력했지만, 산악지대의 논이란 산비탈의 다랑논뿐이었고, 그것도 이미 원주민에 의해 수확이 끝난 게 대부분이었다.

그래도 고구마가 있었다. 원주민의 고구마는 다년생으로, 작대기 끝으로 굵어진 것을 찾아내 캐낸 다음 다시 땅에 묻어 두었다. 각 부대에도 그 방식을 재삼 지시했으나, 병졸들은 아무리 해도 따르지 않고 일본식으로 뿌리째 뽑아 파헤쳤다. 고구마밭이었던 산비탈은 여기도 저기도 벌겋게 됐다. 그것은 또한 미군기에게 일본군의 소재를 밀고密告하는 꼴이 되었다. 자활감부의 노력에도 불구하고 식량사정은 나날이 악화되어 갔다. 그 결과, 영양실조, 말라리아 재발再發, 이질 등이 속출했다.”

제
7
장 ◯ 복곽진지

그러나 사령부의 현상 파악에는 한계가 있다. 홍 중장의 측근에게 물어보았더니, 마이너스 면의 평가는 그대로이지만 플러스 면의 평가는 반드시 참모장이 평가한 대로는 아니었다. “그러고 보니 이런 일이 있었습니다. 본 적도 없는 영관급 장교들이 매일처럼 찾아와서 병참사령부에 드나들며, 홍洪 각하閣下에게 신고를 하곤 했다는 겁니다. 그들은 방면군 사령부의 높은 분들인데, 고구마 캐기에 동원되고 있지 않았습니까? 하지만, 저 패거리들은 어딘가 틀어박혀서….”

무토 참모장의 분개는 귓전으로 흘리고, 군댓말로 하자면 ‘잠수 타고 있던’ 것이겠지만, 아마도 그들의 심정은 ‘조선인에게 지휘를 받는 마당에 고구마 캐기를 할 수 있겠어?’라는 것이었으리라. 물론 그들은 홍 중장 앞에서는 부동자세로 서서 그런 내색은 전혀 내비치지도 못했겠지만…. 결국 그것은 '농땡이 병졸'이 아닌 '농땡이 장교' 제조로 끝나고 말았다고 생각된다. 그렇다면 자활감 자체의 노력은 어떤 성과를 거두었을까?

"성과가 없었다고는 말할 수 없겠지만, 결과적으로는 결국 무리였습니다. 병참부대로서 조직적 활동을 할 수 있었던 것은 밤방(바레테 언덕의 후방)에서 바레테의 전선으로 필사적으로 양말糧秣*을 수송한 게 마지막이었을 것입니다. 우리는 3월 5일까지 밤방에 있으면서 보급을 담당했고, 그뿐만 아니라 바레테가 위험하다고 해서 대부분의 병력은 전선으로, 끝내는 바카바크 부근까지 차출되었습니다. 그리고 자활감으로서 산속으로 철수했을 때는 산속의 식량은 먼저 와 있던 농땡이 병사들에게 완전히 거덜이 난 뒤였습니다."

홍
사
익
중
장
의
처
형

이것이 홍 중장의 측근이 말하는 실정으로, 아무리 노력을 해도 현실적으로는 그다지 효과가 없었던 것으로 여겨진다. "농땡이 병사는 없었다"라는 무토 참모장의 기술은, 〈필리핀 전투의 실상〉 속의 다른 기술과 모순된다. 아마도 그 기술은 "내가 직접 지휘할 수 있던 범위 안에서는…"이라는, 조건부의 말일 것이다.

수많은 농땡이 병사들을 나도 목격했으며, 그것이 일으킨 갖가지 문제들은 이 수기에도 기록되어 있다. 기아에 허덕이는 여러 부대의 행동을 군사령부가 파악할 수 없게 되었으므로, 농땡이 병사들까지는 도

---

* 병사가 먹을 식량과 말에게 먹일 마초(馬草). 자동차가 널리 보급된 2차 대전 때까지도, 일본군은 운송수단으로 차량(車輛)과 함께 말을 사용하고 있었다.

저히 파악할 수 없었다 해도 이상할 것은 없다. 아니, 농땡이 병사는커 녕 6월 중순에는 사단 그 자체의 소재도 불명으로 전차戰車 제2사단,* 제 10사단, 제103사단, 제4항공군,** 해군부대 등은 어디에 있는지도 모르고 있었다. 그리고 군사령부 지휘하에 있지 않은 부대의 농땡이부대 전락遊 兵化은 1월 중순경 이미 시작되고 있었다.

"… 야마시타 대장의 지휘하에 있지 않았던 항공부대나 해군부대가 1 월 상순 (이미 카가얀 계곡에) 쇄도해서 자기 멋대로 지역을 점거하고 있던 기간에는, 일시적으로 무정부 상태가 연출됐다. 또한 제4항공군 사령부가 1월 7일 마닐라를 포기할 때까지 마닐라에 잔류하고 있던 어떤 종류의 일본인의 행동에는 볼썽사나운 것이 있었다. 대본영은 항 공관계, 그 밖에 기술자로서 장래 필요한 요원은 될 수 있는 대로 아파 리로부터 귀환하라는 명령을 내렸다. 그 소식을 전해 들은 그들은 아 파리로 몰려들었다. 아파리 부근은 그러한 사람들로 붐볐다. 그러나 배는 한두 척이 왔을 뿐 그 뒤는 오지 않았다. 그들 중 일부는 자신의 행동을 반성하지 않는 이기주의자였다. 낙담은 불평으로 변했다. 그들 은 다시 안전하다고 생각되는 곳을 찾아 뿔뿔이 흩어져갔다. 그 뒤 유 언비어를 퍼뜨려서 군의 사기를 떨어뜨리고, 잔류 일본인의 자치를 문 란하게 한 자는 그들 가운데 몇몇 사람이었다."

---

* 태평양전쟁 당시 일본 육군에는 기갑사단 또는 기계화사단의 개념이 없었다.

** 육군 소속. 제4항공군은 대본영 직할부대로, 1944년 9월 도조 히데키를 추종하던 도미나가 교지(富 永恭次, 1892~1960)가 사령관으로 부임했다. 도미나가는 항공 관계 경력이 전무했다고 하며, 가미 카제 작전을 무리하게 밀어붙여 전투기와 조종사 대부분을 상실하고, 1945년 1월 타이완(臺灣)으로 도망쳤다.

그런 실태를 나도 직접 목격하고, 〈내 속의 일본군〉에서 썼으니까 자세한 것은 말하지 않겠지만, 전투부대가 철수하고 보니까 그곳에는 이미 농땡이 병사들이 먼저 와서 식량을 모조리 강탈해간 뒤였다는 실태는, 군사령부 부근에도 우리들이 있었던 변두리에서도 다를 바가 없었다.

잔류殘留 일본인의 곤경困境

또 하나, 자활감부와 충돌을 일으킨 것은 해군부대였다.

"… 필리핀의 산악 전투에서는 원래 육군이 주역이었다. 그리고 해군의 일부가 그것에 협력한 것은 사실이지만, 해군 사령부는 2~3천 명의 병력을 손에 쥐고도, 육군의 악전고투를 보면서도, 후방의 안전지역에서 식량 확보에 광분하고 있었다. 그 행위는 병참감부와 해군 사령부 사이의 알력을 증가시켰다…."

사실 많은 부하를 전선으로 차출당하고, '밤방'에서 산속으로 철수해가고 있는 도중에 자활감 자신도 식량 때문에 고통을 받고 있었다. 그리고 앞서 가고 있던 농땡이 병사들이 "아아, 맨날 고구마만 먹었더니 가슴이 미어지는 것 같구나"라고 말하는 것을 들었을 때, 자신도 모르게 "저런 개자식畜生!" 하고 두들겨 패려 했다고, 앞에서 인용한 사토 씨도 말하고 있다. 그런 상황을 관계자에게 들어보면, '밤방' 철수 이후의 병참 사령부는 그 명칭에서는 상상도 할 수 없을 만큼 우리들과 마찬가지로 식량 때문에 고생을 하고 있었다.

　문제는 해군부대뿐만이 아니었을 것이다. 식량 쟁탈爭奪은 어느 단계에까지 가면 이유가 필요 없게 된다. 아마 해군에서는 해군대로 할 말이 있었겠지만, 이상과 같은 상황과 관계자의 증언을 종합해 보면, 자활감부가 식량과 산간의 농지를 관리해서 복곽진지 내의 지구전을 도모하려고 했던 계획은 탁상공론에 불과했다고 보아야 할 것이다. 인간의 노력에는 한계가 있다.

　무토 참모장도 홍 중장 이하의 "노력"이라고 기술하고 있지만, '효과'라는 말은 쓰지 않았다. 그리고 그런 가운데에서도 특히 불쌍했던 것은, 당초 약 8천 명이라고 일컬어지던 비전투원, 그 대부분이 여성, 아동, 노인으로, 그 시점에서 이미 몇 명이 생존해 있었는지도 모르는 사람들이었다. 8월 8일경이라고 생각되는 기술에 다음과 같은 한 구절이 있다.

　"아신 천川 중류지역에서 살고 있는 잔류 일본인을 지휘하고 있던 니시西 부영사의 내방來訪을 받았다. 그의 하소연은 잔류 일본인의 곤경이었다. 나는 잔류 일본인이 식량 부족과 거듭되는 이동에 의해 심신이 모두 지쳐 있다는 것을 알고 있었다. 그러나 그의 말에 따르면, 일본인들 사이에서는 최근에 와서 미군 측에 인도를 희망하는 소리가 높다는 것이었다. 나는 소름이 끼쳤다. 그렇지만 지금 그들을 위해 철저한 조치를 취한다는 것은 불가능했다. 최근에는 적군의 항복권고문이 매일처럼 비행기에 의해 살포되고 있다. 만약 비전투원이 개인으로서 적군에 투항한다면 할 수 없는 일이지만, 방면군으로서 적과 교섭한다는 것은 현재로서는 있을 수 없는 일이다. 급양給養의 건은 될 수 있는 대로 노력해보겠다고 약속하고, 그를 돌려보냈다. 나는 즉시 자활감부에게 그 내용을 전달했다."

그러나 관계자는 무토 참모장의 그 말을 거의 기억하고 있지 못했다. 자활감부 자신은 아마 아무것도 할 수가 없었을 것이다. 그것을 어떻게든 해 보려고 안간힘을 쓰고 있는 사이, 종전終戰이 되었다는 게 실제 사정일 것이다.

필리핀 전투에서 잔류 일본인 처리에 대해서는 많은 비난이 있고, 특히 산악지대까지 민간인을 데리고 간 것은 '야마시타 대장의 실책'이라고 말하는 사람도 있다. 그러나 당시 게릴라*의 여러 행위의 실태實態를 알고 있는 사람에게는, 그 비난은 반드시 타당성을 가졌다고 보기는 힘들며, 게릴라에 의한 집단학살이나 그것을 목전에 두고 집단자살을 했다면, '군은 민간인을 마닐라 근처에 내버려두고 자기들만 산간지대로 도망쳐 들어간 결과…'라는 만주에서와 같은 비난을 받게 되었을 것이다.

어느 쪽의 조치가 정당했을까? 실정을 무시한 비판은 모두 무의미한 것이리라. 그리고 8월 8일의 무토 참모장의 조치도 '지금으로서는'이라는 말에 주목하고, 그 앞뒤를 읽어 보면, 8월 말경에는 민간인을 미군에게 안전하게 인도할 조치를 취할 예정이 아니었던가 하는 생각이 든다.

---

* 일본군이 필리핀을 점령하자, 루손 섬 중부 산악지대의 농민조합들은 게릴라부대를 결성해 일본군에 저항했다. 이들은 스스로를 필리핀 고유어(固有語)인 타갈로그어(語)로 "후크발라합(항일의용군이라는 뜻)"이라고 칭했는데, 이를 줄여서 "후크단(團)"이라고도 한다. 후크단은 이념적으로는 공산주의를 지향했으며, 종전 후 필리핀 좌파 최대의 무장세력이었다. 1950년 국방장관에 취임한 라몬 막사이사이에 의해 진압되었고, 그 공적(功績)으로 "태평양의 아이젠하워"라는 별명을 얻은 막사이사이는 1953년 대통령에 당선됐다.

적敵보다도 식량

7월에 들어섰다. 맥아더 장군은 "이미 필리핀 작전은 종료되었다. 이제부터는 단순한 소탕전이다"라고, 선언했다. 3월 1일에는 이오지마硫黃島*가 함락되고, 6월 21일에는 오키나와가 궤멸되고, 필리핀의 일본군도 복곽진지 속에서 최후의 시간을 맞이하고 있었다. 7월 30일에야 겨우 대본영 및 사이공의 남방총군과 무선 연락이 회복되었다.

"나는 방면군의 일반 상황을 보고할 필요를 느끼고 병력 배치, 전력, 적의 상황, 식량 사정 등에 관해서 나 자신이 보고를 기안起案했다. 결론적으로, 9월 상순을 기하여 방면군은 통일성 있는 작전의 종말을 예정하고 있다고 보고했다."

그렇다면 대체 어떻게 될 것인가?

"(여러 가지) 상황을 고려하여 다음과 같은 복안腹案에 도달했다. '복곽진지를 고수한다. 연락이 끊긴 병단兵團과 만난萬難을 극복하고라도 연락을 회복한다. 복곽진지 내의 식량을 최대한으로 이용하면서 통제한다. 끝내 아사餓死 지경에 도달하기 이전에 루손 서북부로 탈출을 시도한다. 잔류부대는 복곽진지를 축소해서 최후의 반격을 시도한다. 그때 적 방어선을 탈출하여 게릴라부대로 전환할 기회를 포착한다. 야마시

---

* 도쿄로부터 약 1천km 남쪽에 위치한 화산섬. 1968년 일본에 반환되었고, 현재는 자위대 기지가 있다. 이오지마 전투는 오키나와 전투와 함께 태평양전쟁 최악의 사투(死鬪)로 유명하며, 2006년 클린트 이스트우드 감독의 〈이오지마에서 온 편지〉로 영화화되기도 했다.

제 7 장 ○ 복곽진지

타 대장과 나는 통일적 지휘의 종말과 함께 자결한다.' 이 복안은 극비로 해서 우쓰노미야 참모부장 이하 2, 3명의 참모에게 일부만을 보여주었다."

무토 참모장의 심산으로는 그 직전이 잔류 민간인을 미군에게 인도할 시기였을 것이다. 그것을 뒷받침해 주는 또 하나의 문서는 제19사단장 오자키尾崎 중장의 "현상을 유지하며 복곽진지를 사수해도 1개월 뒤에는 식량이 떨어져서 자멸 외에는 없다. 때문에 군軍은 아라키荒木 병단의 정면, 바나우에 부근을 돌파해 마요나오, 나니톤 부근을 일단 점거하고, 그 뒤에 본토크 북방지역으로 차례로 돌아나갈 필요가 있다"라는, 친전親展* 의견 품신稟申에 대한 무토 참모장의 친전 답장이다.

그 답장의 전문全文은 없으나, "그 의견을 절대 입 밖에 내지 말라"고 전언傳言한 뒤, 거의 그 제안에 찬성하고 다만 그 경우 잔류 민간인에 대한 조치, 복곽진지에 남겨둘 병력에 대해 신중하게 검토할 필요가 있다는 내용을 적었다고 한다. 그 '돌아나간다'는 것은 '식량이 있는 곳으로 전멸을 각오하고 나갈 수밖에 없다'고 하는 의견과 같다. 그리고 그 시기가 민간인을 미군에게 인도할 때였을 것이다.

'식량이 있는 곳으로 가지 않으면 전원 아사餓死'라는 것은 아마 어떠한 형태로든 전원이 느끼고 있던 것이었을 것이다. 모든 것을 지배하고 있던 것은, 최초부터 최후까지 실은 '식량'이었지 적은 아니었다. 이것은 무토 참모장으로부터 일개 병졸에 이르기까지 실감하고 있었다.

---

* 편지를 받을 사람이 직접 봉투를 뜯어서 보라는 뜻으로, 편지 겉봉에 적는다.

"… 격렬한 전투에 심신을 연소燃燒시키는 인간에게 있어서 식량의 결핍은 치명적인 것이었다. 일선의 전력은 눈에 띄게 저하되어 갔다. 나는 생각했다. 식량의 준비만이라도 좀 더 갖추고 있었더라면, 설사 비행기가 없더라도, 탱크가 부족하더라도, 화력 장비가 열세에 있더라도, 루손의 작전은 좀 더 다른 형태로 역사에 기록되었을 것이라고."

식량부족, 기아, 영양실조는 육체뿐만 아니라 정신도 이상하게 만들고, 때로는 판단을 그르치게 하고 상식적인 인간에게 뜻밖의 행동을 취하게 만든다. 〈한 하급 장교가 본 제국 육군〉에도 썼지만, 무토 참모장은 내가 필리핀의 수용소에서 만난 장군들 가운데서 남다른 강한 신경과 의지를 가진 사람처럼 보였다. 그러나 그 무토 참모장조차 종전이 가까워 왔을 때는 자신의 상태가 약간 이상하게 되어 있다는 것을 자각하고 있었다. 아니, 무토 참모장이니까 그것을 자각하고 기록할 수 있었는지도 모른다. 그는 경치까지도 음울하게 보이고, 아무 까닭 없이 신경이 곤두서는 상태를 있는 그대로 기록하고 있다.

그런 상태 속에서 홍 중장의 일상은 어떠했을까? 두말할 것도 없이 장군에게는 전속부관이 있다. 고급부관은 일종의 '사령부 내 서무과장'적인 위치에 있으며, 부관부副官部를 통괄하는 형태로 사령관으로부터 약간 독립된 위치에 있으나, 전속부관은 오히려 비서 겸 '하우스키퍼'와 같은 위치에 있었다.

병졸들이 붙인 별명으로는 '당번병'이고, 야전에서는 특히 어디든 따라다니며 침식寢食을 함께 하고 있었으므로, 그 장군의 행동거지부터 취미·기호, 심지어는 비밀스런 행적이나 기벽奇癖까지 대개의 일을 알고 있었다. 인간은 가까이서 보면 누구나 그렇게 위대하게 보이지는 않

는다. 어떤 영웅도 가족에게 있어서는 영웅이 아닌 것처럼, 많은 장군들
도 전속부관이나 당번병에게 있어서는 보잘것없는 인간이었다. 그리고
이상에 기록한 것과 같은 상황하에서 홍 중장의 일상의 모든 것을 알고
있는 사람은 전속부관인 사이토齊藤 씨(그 당시 중위)다.

앞에서도 쓴 것처럼 쇼와 19년 10월 20일에 남방총군의 병참감부
는 14방면군의 지휘하에 들어가서 12월 11일에 14방면군 병참감부가
되고, 그때까지의 병참감 시모노下野 중장은 본국으로 전근되고, 그 후임
으로 온 것이 홍사익 중장이었다. 그것이 홍국선 씨에게 보낸 편지에 '이
른바 영전을 해서'라고 쓴 이유일 것이다.

사이토 씨는 시모노 중장 때부터의 부관이었다. 시모노 중장은 참
으로 성실한 사람으로 사이토 부관에게 "그 사람은 정말로 훌륭한 사람
이니까 조선인이라고 해서 깔보면 안 된다"고 말했다. 사이토 씨는 시모
노 중장을 본국까지 수행한 다음 곧장 필리핀으로 돌아가서, 밤방에 있
을 때부터 9월 16일의 키얀간에서의 무장해제까지 시종일관 홍 중장과
행동을 함께했다.

'전형적인 무인武人'

사이토 씨는 3월 5일부터의 일정을 상세히 기록하고 있어서, 몇 월
며칠에 홍 중장이 어디에 있었는지를 확실히 알 수가 있다. 그리고 그 궤
적을 더듬어 보면, 6월 이후로는 오히려 사령부보다 철수가 늦어져 있
고, 가령 6월 23일 같은 날은 군사령부가 이미 파크단에서 하반간으로
철수한 뒤에 파크단에 도착했다. 그리고 7월 23일에서 8월 15일까지는

4RH에 3RH였다. RH란 '레스트 하우스rest house'의 약자略字로, 그 부근이 왜 그렇게 불리고 있었는지는 분명치 않으나, 다만 계단식 화전火田에 민가民家가 조금 있는 마을이었다고 한다. 그리고 그곳까지 왔을 때는 자활감 자신이 굶주림에 허덕이고 있었다.

그동안 나날이 악화되어 가는 생활 속에서 홍 중장의 태도는 시종일관 전혀 변함이 없었다고 한다. 어떤 위기에서도 침착했고, 전멸이 당연한 상황에서도 태연했으며, 그 상황에서의 평정平靜이란 지금 생각해도 불가사의한 느낌이 든다고 사이토 씨는 말했다. 그의 일상은 지극히 규칙적이고 꼼꼼하고, 그러면서도 항상 여유가 있었다. 오히려 기세등등한 병참참모 쪽이 항상 신경질을 더 부리고 자포자기自暴自棄한 듯 보였다고 한다.

그런 가운데서 홍 중장은 누구에게나 온화하게 말을 건네고 온후한 태도를 유지했으며, 결코 비굴한 구석은 보이지 않았고, 일본인과 한국인이라는 차이를 느끼기 이전에 좋은 의미에서 '전형적인 무인'이라는 말이 딱 들어맞는 인품이었다고, 사이토 씨는 말했다.

밤방에 있을 때만 하더라도 그래도 상황은 좋은 편이었다. 병참감 사령부의 위치는 배트 밸리 다리 근처에 있었다. 마닐라에서 아파리로 빠지는 5호 도로는 여기까지가 강의 좌안左岸이고, 다리를 건너서는 우안右岸을 달리게 된다. 그 다리 근처에서 약간 들어간 곳에 있는 언덕 위에 홍 중장의 지휘소 겸 숙소가 있고, 그 밑의 민가도 사령부가 사용하고 있었다. 가끔 드럼통에 목욕물을 끓여서 목욕을 했다. 목욕이 끝난 뒤 홍 중장은 언덕길을 올라 지휘소 겸 숙소로 돌아간다. 언덕 중턱에서 문득 발을 멈추고서 하늘을 보고는 "허허, 달이 다시 동그래졌군 그래" 하고, 잠시 그대로 서 있기도 했다고 한다.

밤방을 3월 5일에 출발, 9일에 '오오모리산大森山'*에 도착했다. 이 산은 무토 참모장의 기록에도 종종 등장하는 산이다. 그런데 그 부근까지 갔을 때, 전방으로 정찰을 나갔던 참모가 헐떡거리며 돌아와서 어디선가 길을 잘못 든 모양으로 전방은 통과불능이라고 보고했다. 실제로 절벽과 가파른 고개, 정글 사이를 잇는 길은 때때로 24시간 계속 걷다보면 다시 제자리로 돌아와 있거나, 앞쪽에서 갑자기 길이 없어지고 벼랑이 되거나 하는 일이 흔했다. 적은 바로 뒤에 육박해 와 있었고 어떻게 할 수가 없는 상태였다.

그러한 상태에 빠지면 한순간 누구나가 낭패스럽고 당황해지는 법이다. 전원은 동요했다. 그러나 홍 중장은 언제나 다름없는 침착한 태도로 "그렇다면 여기서 죽을 각오로 적을 맞아 싸우자"고 말했다. "정말 끝장이라고 생각했습니다"라고 사이토 씨는 회상하고 있었다. 참모장이 "각하, 그것은 성급한 생각입니다. 쌀 한 톨, 고구마 한 개라도 찾아내서 전선으로 보내는 것이 우리들의 임무…"라고 말하니까, 홍 중장은 한동안 무엇인가를 생각하고 있더니, "그렇다면 탈출로를 찾아보게"라고 말했다. 이윽고 탈출로를 발견해서 일동은 위기를 벗어났다.

실제로, 어떤 일을 당해도 '분격하거나 대노하는' 상태가 되는 일이 없고, 부하의 실수에도 큰 소리로 꾸짖는 일이 전혀 없는 사람이었던 것이다. 사이토 씨는 '꾸중을 들은' 기억이 단 한 번밖에 없었다고 한다. 그 것은 6월 30일의 일로, 오후 늦게 파크단에서 너무 지친 나머지 잠깐 누워서 쉰다는 것이 그대로 깊이 잠들어 버렸다. 그 장면을 재수 없게 홍

---

* 일본 북서부 아키타(秋田) 현에 위치한 산의 이름. 일본군이 점령하고 있던 필리핀의 산에 하필이면 왜 이 이름이 붙었는지, 이 책에서는 확인되지 않는다. 숲이 엄청나게 빽빽하다(大森)고 해도, 아키타와 위도(緯度)가 30도 이상 차이가 나서 루손 섬의 삼림은 그 풍경이 전혀 다를 것이다.

중장에게 들켰는데, 위급한 때 "낮잠을 자서는 안 된다"라고 한 마디 꾸중을 들었을 뿐이라고 한다.

또한, 초인적인 기억력이 있어서 부하 병사의 가족관계 등에 대해서도 한 번 들은 것은 절대로 잊지 않았다. 그리고 그 병사가 홀어머니의 외아들이라는 것을 들으면 항상 그의 신변에 자질구레한 배려를 하는 것을 잊지 않았다고 한다. 홍 중장의 그런 에피소드를 찾아나간다면 무한히 많을 것이다. 그리고 그러한 태도, 조용한 대담성, 침착성, 온화함, 육친肉親에 대한 자상한 배려 등의 모습은 처형당하는 그 시간에도 털끝만큼의 변화가 없었다.

그러나 일부의 부하는 '너무 빈틈이 없다'고 해서 심리적으로 거꾸로 선을 긋는 측면도 없지 않았다. 당시의 조선인 멸시는 무토 참모장도 지적한 바와 같이 일종의 고질적인 편견이었고, 홍 중장이 그 편견에 적합한 사람이었다면 '역시 결국 (조센징은)…'이라는 일종의 안도감과 어떤 종류의 자족감이나 우월감을 느끼게 해서, 오만한 수재들인 일부 참모들을 오히려 심리적으로 만족시켰을지도 모른다. 그러나 틈이 전혀 보이지 않아서 거꾸로 '사귀기 힘들다'는 인상을 그 사람들에게 주는 결과가 되었다고 생각된다. 물론 계급이 절대적인 군대에서는 그런 것은 표면에 나타나지 않았으나, 사이토 씨는 일부 간부 장교에게서는 그런 저의底意가 역력히 엿보였다고 말했다.

군대에서는 계급이 절대적이라고는 하지만, 내심으로는 존경할 수 있는 상관과 존경할 수 없는 상관이 있다는 것을 부정할 수 없다. 그것은 누구나 마찬가지로, 나도 같은 대위라 하더라도 마음속으로 존경할 수 있는 대위가 있었고, 내심의 모멸을 감추는 데 노력이 필요한 대위도 있었다. 그 관계는 일개 상병上兵과 중장 사이에서도 변함이 없다. 그리고 그것은 극한 상황에서는 여지없이 표면에 드러나게 된다. 8월에 들어서자, 군사령부조차 식량이 떨어져 갔다. 무토 참모장은 이렇게 쓰고 있다.

"참모 이하는 어쨌든 세 끼의 식사는 하고 있었으나, 점점 분량이 적어지고 환자의 수도 늘어났다. 참모들의 얼굴이 창백해지기 시작했다. 야마시타 대장의 혁대도 세 번째로 새로 구멍을 뚫지 않으면 안 되게 되었다. 대장은 '나도 꽤나 날씬해졌어. 이 정도면 젊은 사람들 못지않게 산 오를 수 있을 거야' 하고, 농담을 했다. 관리부장의 보고에 따르면, 8월 한 달은 지탱할 수가 있으나, 그 뒤는 전망이 전혀 없다는 것이었다. 사령부 각과各科는 분담해서 고구마와 산채를 얻기 위해 먼 곳까지 찾으러 나섰다."

이런 상황하에서는 누가 정말로 심복心腹을 얻고 있었는지가 명백히 드러난다. 그리고 그런 점에서, 홍 중장이 측근 부하들로부터 심복을 얻고 있었다는 것은 모든 면에서 의심할 여지가 없다. 복곽진지 속이 반半 기아飢餓 상태였던 그 시기에는, 자활감이라도 마찬가지였다. 소속 통신대의 대장이었던 사토 씨는 그 상태를 다음과 같이 말했다.

어떤 지점에 새로 진지를 구축했는데, 그곳이 우연히도 들쥐의 소굴이었다. 그런데 놀라지 말라. 그 들쥐의 엄청난 무리가 눈 깜짝할 사이에 인간들에게 사로잡혀 불과 3일 만에 모조리 먹히고 말았다. 또한 그 들쥐를 노리는 뱀도 많았다. 그러나 뱀을 발견한 순간 몇 사람의 손이 한꺼번에 뻗쳐 쟁탈전이 벌어졌기 때문에, 산 뱀이 그대로 잘려 나가기도 했다.

그런 상황 속의 어느 날, 먹을 만한 산채를 찾아다니던 당번병이 야생의 고추를 발견했다. 그는 조선음식이라는 게 고추가 많이 들어가고 매운 것이라는 지식만은 갖고 있었다. 그래서 홍 중장을 기쁘게 해 주려고, 그것을 따서 고구마 줄거리와 잎과 함께 고추를 잔뜩 넣은 볶음을 만들어 홍 중장과 참모장에게 올렸다.

참모장은 "매워"라는 한 마디로 젓가락을 놓았다. 그러나 홍 중장은 만족스런 기색으로 모두 비우더니, "이보게, 아주 맛있었네"라며 당번병에게 말을 건넸다. 정말로 맛이 있었는지 어땠는지는 알 수 없다. 어쩌면 그건 한국 음식과는 비슷한 것도 아니었을지도 모른다. 그래서 그런 극한상황에서도 자신을 기쁘게 해주려고 했던 부하의 심정이 고마웠던 게, 홍 중장이 "이보게, 아주 맛있었네"라고 말하게 된 진짜 의미였는지도 모른다. 그리고 그것은 홍 중장에게 심복하고 있던 당번병이 할 수 있는 최대한의 성의 표시이기도 했으리라.

그런데, 그런 에피소드는 정말로 홍 중장의 본심을 나타내는 것이었을까? 아니면 완전히 몸에 밴 가면이었던 것일까? 그게 분명해지게 될 종전終戰의 날은 예기치 못한 속도로 시시각각 다가오고 있었다. 무토 참모장은 이렇게 쓰고 있다.

"8월 10일이었다. 도쿄 방송은 소련군의 월경越境 공격으로 일소日蘇 교전交戰 상태에 들어갔다고 보도했다. 일본은 참으로 흥망의 갈림길에 서 있었다. 야마시타 대장은 장병 일동이 군기를 엄정하게 하고, 단결을 굳게 하고, 사기를 진작하여 황군의 면목을 발휘해서 최후의 봉공奉公을 다 하라고 훈시했다."

그러나 그 훈시 가운데는 이미 '최후의 승리'라는 말도, '신주불멸神州不滅'이라는 말도 없었다. 적은 벌써 복곽진지까지 사정 내에 두고 있었

제
7
장

복
곽
진
지

211

다. 이튿날 4RH 부근에 대한 적의 원거리 포격이 맹렬해졌다. 미군이 6일에 히로시마, 9일에 나가사키에 원자폭탄을 투하했다는 정보를 입수했다. 그 위력은 미상未詳이었지만, 폭탄 한 발이 10킬로톤에 달하는 파괴력을 갖는 강력한 폭탄이라고 했다. 우리 동료들 가운데 원자폭탄에 대해서 알고 있는 사람은 없었다.

8월 13일, 아나미阿南 육군대신이 전군에 포고布告한 "구스노키 공楠公*의 정신과 도키무네時宗**의 결단으로 적을 쳐부수라"라는, 격렬한 훈시訓示가 전달되었다. 그러나 그 훈시로 실질적으로는 전쟁은 끝났던 것이다. 그 다음날, 무토 참모장은 한 통의 통보를 받았다.

새로운 정의正義의 기준

"8월 14일, 해군 측이 12일의 샌프란시스코 방송을 통보해 왔다. 그

---

* 구스노키 마사시게(楠木正成, ?~1336)를 높여 부르는 말. 구스노키 마사시게는 일본 중세시대의 무장(武將)으로, 고다이고(後醍醐) 천황을 받들어 가마쿠라(鎌倉) 막부 타도의 선봉에 섰다. 막부 타도 후 천황의 친정(親政)에 반대한 아시카가(足利) 가문이 다시 막부를 세우려 하자, 이에 맞서 천황 편에서 싸우다가 미나토가와(湊川)의 전투에서 패하고 동생과 함께 자결했다. 메이지유신 이후 일본정부는 그를 존황(尊皇)의 상징으로 재평가해 높이 떠받들었으며, 이에 따라 국민들 사이에서 충신의 대명사가 되었다. 실제로, 태평양전쟁 때 "미나토가와에서 만나세!"를 외치며 전사한 군인들도 다수 있다고 한다.

** 호조 도키무네(北條時宗, 1251~1284). 가마쿠라 막부의 섭정(攝政)으로, 책봉(册封)과 조공(朝貢)을 요구하는 쿠빌라이의 국서(國書)를 거부하며 사신(使臣)까지 처형하는 등 항전(抗戰)을 결단하고, 몽골의 두 차례 침공을 막아냈다. 태풍으로 몽골(元)과 고려의 함대가 궤멸된 덕분이었고, 여기에서 가미카제(神風)라는 말이 생겨났다. 아나미 육군대신의 "도키무네의 결단으로 적을 쳐부수라"는 훈시는, 포츠담선언을 쿠빌라이의 국서에 빗대어, 가미카제가 도울 것이니 끝까지 옥쇄(玉碎)해서 항전하라는 뜻이다. 아나미 고레치카(阿南惟幾)는 8월 14일 저녁 할복(割腹) 자살했다.

것에 따르면, 일본 정부는 10일자로 일본의 국체國體*를 건드리지 않을 것을 조건으로 포츠담선언을 수락하고, 평화를 받아들일 희망을 스위스를 통해 연합국 측에 제의한 것 같다. 우리는 포츠담선언조차 모르고 있었다." 무토 참모장은 즉시 그 방송이 '사실'이라고 받아들였다.

"나의 이성理性은, 지난해 8월 사이판을 잃었을 때 이미 일본은 패했다고 수마트라에서 이나가키稻垣 부관에게 말한 적이 있었다. 그때부터 나는 될 수 있는 대로 빨리 평화를 강구하는 게 좋다고 생각해 왔다. 그러나 내 감정感情은 (그것을 예고한) 미군의 삐라를 믿고 싶지 않았다. 그것이 드디어 사실로 밝혀지자 나는 피가 끓어오르는 것을 어쩔 수가 없었다. 그날 가을비가 내리고 있던 것도 영원히 잊지 못할 것이다. 나는 야마시타 대장과 밤늦게까지 여러 가지 이야기를 나누었다. 사태가 이렇게 된 이상, 한 사람이라도 많이 살아서 돌아가게 하는 게 우리에게 주어진 책무責務이고, 최후의 봉공奉公이라는 데 의견을 모았다."

야마시타 대장과 무토 참모장은 얄궂게도 적敵의 방송을 청취한 내용을 연락받고 하루 먼저 종전을 알게 된 것이다. 그러나 그것을 안 두 사람조차도 "포츠담선언"이라는 말을 처음 들었으니, 그 상세한 내용은 알 수가 없었다. 하물며 국제연합의 창립총회가 끝난 지 이미 4개월 가까이 지났고, 독일에서는 약 3개월 후에 개정開廷 될 뉘른베르크 국제군사재판의 준비가 착착 진행되고 있다는 따위는 상상조차 할 수 없었던

---

* 천황제를 가리킨다.

것도 당연했다.

그날 밤 두 사람이 무슨 이야기를 주고받았는지는 영원히 알 수가 없다. 그러나 그 후의 조치를 보면, 그 최고책임자조차도 염두에 두고 있었던 것은 과거의 패전한 쪽에 관한 일, 예를 들면 청일전쟁에서의 청국이나 제1차 세계대전에서의 독일의 경우였다고 믿어진다. 이것은 그다지 무리한 것도 아니었다.

그날 밤 홍 중장은 그런 사실조차도 모르고 통칭 '세브리'라고 불린 산속의 통나무집 대나무 침상 위에서 담요를 뒤집어쓰고 평소처럼 잠이 들어 있었다. 조금 떨어진 곳에서, 사이토 부관도 같이 잠들어 있었다. 사람들이 눈앞의 적과 식량에 온 신경을 집중시키고 있는 사이에 세계는 크게 변화했고, 홍 중장을 가차 없이 교수대로 보낼 새로운 정의의 기준은 이미 수립되어 있었다.

이튿날인 15일, 일부 탈출의 가능성을 검토하기 위해 전선으로 파견되었던 참모가 돌아왔다. 전선 사령관의 판단은, "정예 3개 대대가 있으면, 바나우에 부근을 돌파해서 마요나오로 전진하는 것은 가능하다. 그러나 이후 복곽진지와 연락 유지는 더욱 곤란하고, 또한 돌파 부대의 탈출도 약 절반 정도만이 성공할 수 있을 것이다"라는 것이었다. 또한, 정면正面에서는 16일 밤부터 최후의 공격을 가하겠다고 연락해 왔다. 그 외의 전선은 대체적으로 조용했다.

홍 중장이 그날 하루를 어떻게 보내고 있었는지는 분명치 않다. 정글의 밤은 일찍 찾아든다. 등화가 없고 영양실조는 시력을 감퇴시키기 때문에 따로 지정한 사람을 남겨두고는 모두들 일찍 잠자리에 든다.

정보참모에 속해 있는 기노시타木下 소위는 그날 밤 당직當直이었다. 사령부라는 이름뿐인 판잣집, 그 컴컴한 판잣집 속에서 그는 한동안

서 있었으나, 영양실조의 몸은 서 있는 것만으로도 고통이었다. 근무 중이므로 잠을 청할 생각은 없었지만, 몸을 어딘가에 눕히고 싶었다. 그는 그것도 명색뿐인 정보참모의 책상 위에 누워 군도를 가슴에 올려놓고 양손으로 붙잡은 채 암흑의 천장을 올려다보았다.

10시경이었다고 생각된다고, 그는 술회하고 있다. 머리맡의 전화가 울렸다. 통신대로부터의 긴급전화였다. 수화기를 든 그는 자신도 모르게 숨을 멈췄다. 전쟁이 끝났다는 것이었다. 황급히 정보참모를 깨웠다. 조용했던 사령부의 집집이 떠들썩해지기 시작했다.

그렇지만, 그는 그날 밤의 정경情景을 단지 꿈처럼 기억하고 있을 뿐이라고 말했다. 가파른 언덕의 정글을 걷는 데는 등불이 필요하기 때문에, 당시 사용되고 있던 것은 헌 타이어를 잘라서 굵은 철사鐵絲로 동여맨 일종의 횃불이었다. 그것은 붉은 불꽃과 검은 연기를 내며 탄다. 판잣집에서 바깥을 내다보니, 그저 붉은 불꽃들이 도깨비불처럼 이곳저곳으로 창황히 움직이고 있을 뿐이었다. 각 부대, 각부各部에서 연락장교가 달려가는 것이었다….

제8장

패전 敗戰

항복 조인까지 반달

무토 참모장은 8월 15일 밤의 일을 다음과 같이 기록하고 있다.

"오후 10시 반, 도쿄 방송으로 다음의 건을 알았다. 정전停戰에 대한 천
황폐하의 방송, 스즈키鈴木 총리의 고시告示, 아나미 육군대신의 자결.
감도感度가 좋지 않아서, 대체적인 의미밖에는 알아듣지 못했으나, 어
제 들은 샌프란시스코 방송을 뒷받침해 주는 것이었다…"

흥미 깊은 것은, 그때까지도 아직 무토 참모장이 포츠담선언 수락
을 일종의 '정전협정' 성립 같은 것으로 보고 있었다는 것이다. 우선 정
전, 다음으로 강화講和가 당시의 상식이었기 때문일 것이다.

야마시타 대장과 무토 참모장만은 14일 밤의 방송 청취로 패전을

각오하고 그 기본적인 준비에 관해서 이미 의논을 했기 때문에, 그 후의 조치는 적어도 사령부 내에서는 비교적 원만하게 진행되고 있었다. 그렇다고는 하지만 당시 일본 정부와 통수부統帥部의 분립分立(통수권 독립)*, 게다가 육군과 해군 간의 통수권 분립은 최후의 순간까지 상식으로는 도저히 판단할 수 없는 사태와 문제를 초래했다. 그리고 그것이 무토 참모장을 '복장을 터지게 하는' 또 하나의 일이었다.

일본국 정부는 포츠담선언을 수락하고, 명백히 일본은 항복한 것이다. 그러나 정부가 항복했다고 해서 군이 자동적으로 항복할 수는 없다. 지금 와서 생각해 보면 참으로 기묘하겠지만, 통수권 독립이라는 명분에서 보자면 그것이 당연한 것이었다. 그렇지만 정부가 포츠담선언을 수락한 이상, 현지現地의 군軍은 실제로는 전투를 계속할 수 없으면서 원칙적으로는 '별도의 명령이 있을 때까지 전투 속행'이고, 실제는 '항복 준비'라는 기묘한 형식을 취할 수밖에 없었다.

> "군軍의 행동은 봉칙명령奉勅命令**에 의하지 않고는 발동할 수 없으나, 한밤중에 우쓰노미야 참모부장과 구메가와久米川 참모를 내 방으로 불러서, 봉칙명령 수령 후 취할 조치의 대강大綱을 설명하고 나서 준비를 명했다. 대강은 다음과 같았다.
> (1)필리핀에 있는 모든 일본군에게 명령을 철저히 지키게 할 것, (2)군기軍紀와 풍기風紀를 엄정히 준수하도록 하여 일본군 최후의 면목을 발휘할 것, (3)환자와 일반 민간인을 빠짐없이 산악지대로부터 구출할

* 이 책 7장 194 페이지의 각주를 참고할 것.

** 대본영이 천황의 뜻(勅)을 받들어(奉) 발동하는 명령. 이 책 7장 194 페이지의 각주를 참고할 것.

제8장 ○ 패전

것, (4) 무기 · 탄약 · 기밀문서의 처치, (5) 정전기간 중에 있어서의 식량의 확보 · 보급 조치."

참으로 이상스런 이야기이지만, 그날부터 항복 조인까지 실로 반달 이상이 낭비되고, 그러는 사이 최후의 10일간은 참모들까지 산채밖에는 먹지 못하는 상태에 빠졌으며, 게다가 홍 중장들이 실제로 미군에게 수용되었을 때는 1개월이 경과되고 있었던 것이다. 그동안에 기진해서 죽은 사람도 많았을 것이다. 그것은 루손 북쪽에 있던 나도 마찬가지여서 8월 27일에 정전명령을 받고, 15일에 이미 전쟁이 끝났다는 것을 알았을 때 '무엇을 꾸물거리고 있었던 게야. 왜 좀 더 일찍 전달해 주지 않았어?' 하는 느낌을 가졌던 것을 기억하고 있다.

그러나 지금 조사를 해보면 그것은 군사령부의 책임이나 태만이 아니었으며, 최후에는 명령의 도착을 기다리지 않고 야마시타 대장이 독단獨斷으로 항복문서에 조인했음에도 그런 형편이었던 것이다. 무토 참모장도 종종 한탄하는 일본의 관료기구라는 것의 구제할 수 없는 비능률성과 형식주의 때문일 수도 있다.

"이튿날 아침 야마시타 대장은 참모 일동에게 집합을 명하고, 다음과 같은 요지의 훈시를 내렸다. '아직 대명大命*을 접하지 못했어도, 라디오가 전하는 것은 필시 진실일 것이므로 국면은 급전됐다. 이때를 당하여, 제군은 유구한 황국皇國의 생명生命을 믿고, 구구한 눈앞의 일들이나 감정에 현혹되어 일을 그르쳐서는 안 된다. 황국 재생再生을 위해

---

* 대본영이 육군에 발동하는 대륙명(大陸命)을 가리킨다. 이 책 7장 194 페이지의 각주를 참고할 것.

전력을 기울이지 않으면 안 된다. 당면한 임무는 막중하다. 최선을 다할 것을 거듭 당부하는 바이다.' 야마시타 대장이 우려한 것은 혈기에 넘친 장병 가운데 항복이 싫어 무슨 일이라도 저지르는 자가 있지 않을까 하는 것이었다. 나는 전력을 다해서 명령을 실천에 옮기겠다고 대답했다. 오후에는 각 부대장을 불러 대명이 도착한 뒤에 해야 할 사항을 설명하고, 준비를 서두르라고 명령했다.'

"중학교 선생이 되고 싶다"

홍 중장에게 연락이 온 것은 이미 저녁때가 다 되어서였다. 참모장을 대동하고 군사령부로 출두하라는 연락이었고, 사이토 부관은 사령관 부재 중 연락책임자로 남았다. 아주 어두워서야 홍 중장은 자신의 판잣집으로 돌아왔다. 돌아오는 게 늦어진 것은 앞에서도 썼던 것처럼 무토 참모장과 두 사람이서만 대화를 나누고, 일본인 병사와 한국계 군속 간의 충돌이 일어나지 않도록 특별히 노력해 달라는 부탁을 받았기 때문일 것이다.

정글 속에는 등불이 없었다. 우리가 있던 곳에서도, 양초나 야자기름, 나중에는 휴대하고 있던 연고까지 등불로 사용했는데, 그것들은 기껏해야 희미하게 주의를 밝힐 뿐이었다. 따라서 종전 소식을 듣고 회의에서 돌아온 홍 중장이 어떤 표정을 하고 있었는지는, 사이토 부관도 알 수가 없었다고 한다. 다만 언제나 다름없는 태도와 조용한 말투로 "포츠담선언 수락이 결정되었네"라고 말했을 뿐이었다.

"포츠담 선언"이라고 해도 사이토 부관은 무슨 말인지 알 수가 없었다. 그리고 그 내용은 야마시타 대장도 무토 참모장도 모르고 있었으니까, 홍 중장으로서도 알 턱이 없었다. 그러나 그것이 어떤 것인지는 몰라도 전쟁의 종말을 의미하는 것이라는 것은 사이토 부관으로서도 짐작이 가서 "정전입니까?"라고 물었다. 홍 중장은 "무조건항복일세. 그러나 대본영에서 명령이 내려올 때까지는 아무에게도 발설하지는 말게" 하고 말했을 뿐이었다. 사이토 부관은 "그 말을 들었어도 그것이 무엇인지, 무슨 일이 일어나는지, 어떻게 되는 것인지, 어떻게 해야 좋은지 전혀 알 수가 없었다. 그러나 일단은 알아들은 것처럼 질문은 하지 않았다"고 했다.

인간은 습관의 동물이다. 이튿날 사이토 부관은 홍 중장 숙소 앞에 방공호를 하나 팠다. 항복은 비밀로 해도 아무런 소용이 없었다. 미군이 그날로 전선 일대에 삐라를 뿌렸기 때문이다. 방공호를 파는 작업은 오히려 마음을 진정시켜 주었다. 그것을 보고, 또 삐라를 살포하는 미군기를 바라보면서, 홍 중장은 무엇인가를 회고하고 있는 것 같았다. 그리고 뜻밖에 혼잣말처럼, 또는 사이토 부관에게 말을 거는 듯한 투로 말했다.

"전쟁이 끝나면 나도 고향에 돌아가게 되겠지만, 무엇을 한다지? 그렇지, 수학선생을 할까? 초등학교 선생도 좋지만 중장까지 했으니 초등학교는 조금 가엾을까? 중학교 선생 정도가 좋을까…?"

이 말을 사이토 부관은 30년이 지난 지금도 아직 어제 일처럼 기억하고 있다. 그는 놀라서 그의 얼굴을 쳐다보았다. 홍 중장은 그런 개인적인 감개感慨는 결코 입에 담지 않으며, 가족의 일이나 고향, 즉 한국의 이야기도 절대 말하지 않는 사람이었기 때문이다. 그의 얼굴은 환하게 밝왔고, 아무런 긴장감도 없었으며, 일체의 질곡桎梏을 벗은 듯한 안도감에 가득 차서 아무런 그늘도 없는 얼굴이었다. 거기에서는 무엇인가 홍 중장답지 않은 들뜬 듯한 표정까지 엿볼 수 있었다고 한다. 평생 자신을 억누르고 있던 것이 갑자기 사라지고, 오랫동안의 긴장에서 해방된 탓이리라. 사이토 씨는 그때의 홍 중장의 얼굴을 잊을 수가 없다고 한다.

"중학교 선생*"이라는 말을 약간 이상하게 생각하는 사람도 있을 것이다. 그러나 홍 중장의 군 경력을 보면 꼭 이상할 것은 없다. 지바의 보병학교 교관, 만주 공주령의 교도학교 교관 등 군대 내의 이른바 교육 계통에서 활동한 시기는 상당히 길었다. 성격적으로는 군인보다는 오히려 교사에 적합했는지도 모른다. 나중에 미군으로부터 "제너럴 홍은 프로페서(교수)였다고 하던데요…?"라는 말을 들은 사람이 있는데, 그런 인상을 받은 사람은 의외로 많이 있었다. 그리고 홍 중장 자신도 '나는 교육자 쪽'이라고 느끼고 있었는지도 모른다.

종전과 동시에 홍 중장이 한국군 창설을 생각하고 있었다는 기술도 있으나, 그것은 아마도 일부 사람들의 상상일 것이고, 또 뒤에 한국계 일본군인의 다수가 한국군 간부가 된 탓에 '홍 중장이 살아 있었으면 아마 최고 간부가 되었을 것'이라는 추정推定에서 생겨난 것이지, 홍 중장에게 그런 야심이 있었다고는 믿을 수가 없다. 그러나 비록 무사히 고국으로 돌아갔다 하더라도, 한국전쟁은 홍 중장을 중학교 선생으로 내버려 두지는 않았을 것이다.

---

* 원문도 "선생(先生)"이다.

가면假面에 대한 책임

오해받을 표현이지만, 홍 중장은 평생 일종의 가면을 쓰고 있었다고 말할 수 있다. 물론 가면의 안쪽이 그 사람의 진짜 얼굴에 밀착해 있지 않으면 참다운 가면은 아니다. 예를 들면, 저 알제리전쟁 때 경건한 가톨릭 신자인 동시에 악명 높은 공정부대空挺部隊 대장이었던 맛슈 장군, 저 드골을 재등장시킨 알제리 우익右翼의 주역이 본심을 밝힌 상대는 그의 참회를 들은 사제뿐이었을 것이라고 말해지고 있다.

사실 그는 가면을 벗을 수가 없었다. 만일 그 본심이 밝혀지면, 식민자植民者, colon들이 봉기해서 현지인과 충돌해, 어떤 규모의 동란動亂이나 어떤 유형의 대참사가 일어날지 알 수 없다. 동시에 외인부대外人部隊를 위시한 여러 부대는 일제히 이반하여 그쪽으로 합류해, 손을 쓸 수 없는 상태를 야기할지도 모른다. 따라서 그는 초강경파의 가면을 쓰고 악명 높은 탄압을 자행하고, 그것으로 현지 프랑스인의 신망을 얻어가면서 한편으로는 극비리에 평화 협상을 도모하며, 내심으로는 그 이외에 방법은 없다고 믿고 있었다.

그러나 가면만은 절대로 벗을 수 없고, 그 때문에 전 세계의 비난을 한 몸에 받아도 태연히 그것을 견디어내지 않으면 안 되었다. 그리고 만일 그 가면이 단죄斷罪를 당한다면 그것이 어떠한 단죄이든, 가면을 어디까지나 자신의 진짜 얼굴인 체하고 잠자코 단죄당하지 않으면 안 된다. 그때 변명은 있을 수 없다. 그 가면도 또한 가면으로서 행동한 책임이 있어서 '그것은 가면이고 내 본심은 이랬습니다'라는 해명으로 면책은 될 수 없다. 하지만 그러한 것의 의미를 우리들 일본인은 정말로 이해하고 있는 것일까? 인간이 책임을 지는 것은 가면에 대해서라는 사실을 말이다. 인간은 자신의 가면에 책임을 지지 않으면 안 된다.

홍 중장의 가면에서도, 이응준 씨의 가면에서도, 나는 비슷한 것을 느꼈다. 그것은, 만일 '너는 일본제국 육군의 군인이고, 한국의 적이었다'고 단죄를 한다면 그때는 잠자코 단죄를 받고, '아니다, 나는 한국의 김광서, 지대형 같은 사람과 그 가족을 도와주고, 이갑 씨에게는 내 권총까지 보냈다. 그뿐만 아니라…'라는 말로 자신을 정당화하는 짓은 절대로 하지 않겠다는 것이다. 이응준 씨는 지금이라면 틀림없이 칭송받을 그 사실을 절대로 말하지 않았다. 자신의 의지 표시는 그것이 가면이든 본심이든 모든 게 출처진퇴出處進退이고, 인간의 책임은 그것만으로 정해진다. 그리고 그것은 홍 중장에게도 그대로 적용된다.

그가 한국 독립지사들을 원조한 중심인물이고, 또 필리핀에서는 포로의 처우 개선을 위해 개인적으로 애쓴 갖가지 에피소드를 남기고, 미군 포로를 무사히 미군의 손에 돌려주기 위해 크나큰 노력을 하고, 그것이 훌륭한 성과를 올렸음에도, 그는 역시 그것에 대해서는 한 마디도 말하지 않았다. 대일본제국 육군 군인·포로수용소장이라는 가면의 책임이 단죄되었을 때 '아니다, 그것은 가면에 불과하다. 그 증거로…'라는 말을 그는 입에 담지 않았고, 변호인이 그것을 시사示唆하는 말을 했을 때도 침묵으로 일관했다.

또한 "홍 중장님 덕분에 목숨을 부지했습니다"라고 말하는 수용소 관계자도 있다. 그러나 그 말의 내용은 알 수 없다. 왜냐하면 홍 중장 자신이 '부하의 이러저런 죄'를 떠맡았다는 말도, 그것을 암시하는 말도 일절 입에 담지 않았기 때문이다. 이것을 가면이라고 한다면 확실히 가면일 것이다. 내가 말하는 가면이란 바로 그런 의미이다.

"그때 이외에, 어쩌다가 우연히 내심의 감정을 털어놓은 적이 없었습니까?"라고, 나는 상당히 집요하게 사이토 씨에게 물었다. 그는 한동안 기억을 더듬고 있다가, 무심결에 크게 웃은 적이 한 번, 얼굴을 심하게 찌푸린 적이 한 번 있었을 뿐이라고 말했다.

무심결에 크게 웃은 것은 종전이 가까워진 7월 어느 날에 있었던 일이었다고 한다. 매우 드문 일이었지만, 홍 중장이 "오늘은 차茶가 마시고 싶구나"라고 말했다. 그 말은 요즘 사람들에게는 이상하게 생각될지 모르지만, 그 무렵 정글 속에서는 차를 우리는 것 자체가 대단한 일로, 중장이라 해도 그런 사치는 좀처럼 부릴 수 없었다. 물을 길러 계곡을 내려가고, 땔감을 구해다가 반합에 끓이는 것은, 우기雨期가 다가오면 특히 어려운 작업이었다.

홍 중장은 그런 '개인적 희망'을 좀처럼 말하지 않는 사람이므로, 사이토 부관은 이때다 싶어서 당번병인 와카세若瀬 상병에게 엉겁결에 큰소리로 "와카세! 끓인 물! 와카세!"라고 말했다. 그게 대단히 우스꽝스럽게 들렸던 모양으로, 홍 중장은 무심코 소리 내어 웃었다.*

또 하나, 얼굴을 찌푸렸던 적은 독고구마를 입에 넣었을 때였다고 한다. 독고구마라는 말은 학명學名은 아니고 독성이 있는 갖가지 고구마 종류에 붙인 이름인데, 그중에 일본 마을의 고구마와 꼭 같이 생긴 고구마가 있었다. 대단한 독은 아니지만, 이상할 정도로 아려서 입에 넣는 순간 구강口腔 내에서 인후咽喉까지 바늘에 찔린 듯한 통증이 느껴져, 괴로운 나머지 데굴데굴 구르는 사람도 있다.

---

* 와카세(若瀬) 상병의 성씨인 "와카세"는 일본말로 물을 끓이라는 뜻의 "와카세(わかせ)"와 동음이의어(同音異義語)다. 따라서, "와카세! 끓인 물! 와카세!"는 "와카세! 끓인 물! 물 끓여!"라고 들릴 수도 있어서, 상관이 사양하기 전에 빨리 대접하려는 사이토 부관의 다급한 마음을 읽은 홍 중장은 웃음을 터뜨린 것이다.

당번이 잘못해서 그것을 요리로 만들어 홍 중장에게 올렸다. 입에 넣은 순간 "욱" 하고 토해내며 얼굴을 찌푸렸는데, 그것도 그뿐이었다. 그래서 아무리 생각해도 그 두 가지 이외에 어떤 감정이 표면에 나타난 적은 거의 없었다고 그는 말했다.

자상한 부친

그렇지만 집에서는, 홍 중장은 달랐다. 홍 중장의 두 가지 얼굴을 확실히 알고 있었던 것은 외아들인 홍국선 씨뿐이었는지도 모른다. 가정 안에서 홍 중장은, 당시의 한국인이나 일본인 부친, 말하자면 엄격하기 짝이 없는 메이지시대적 부친과는 전혀 다른 자상한 아버지였다. 국선 씨는 체벌을 받은 기억이 전혀 없다고 했다. 또 무슨 문제가 생겼을 때도 조용히 타이르는 느낌으로 결코 꾸짖거나 하지는 않았다.

국선 씨는 조선은행에 취직했는데, 한국인이기 때문에 동일 학력의 일본인과 월급 차이가 나고, 게다가 골치 아픈 일거리들만 떠맡아 매일 야근을 하게 되어 불만이며, 차별을 피부로 절실하게 느끼는 서울의 은행을 다니느니 차라리 동경으로 이사를 가고 싶다는 내용의 편지들을 부친에게 보냈다. 이에 대한 아버지로서 홍 중장의 답장 내용은, 문자 그대로 조용조용 타일러서, 결국은 젊은 너희들 한 명 한 명이 강해지는 길 외에는 그 문제의 진정한 해결 방법은 없다고 깨우쳐주고 있다. 말하자면, 무슨 일이든 의논할 수 있는, 당시로서는 보기 드문 아버지였다.

그러나 그토록 귀여움을 받는 외아들인 국선 씨조차 절대로 말을 붙일 수 없는, 전혀 범접犯接할 수가 없는 '시간대時間帶'가 있었는데, 그것은 아침 출근 전이었다고 한다. 물론 가족들에게 화풀이를 하는 일은 전혀 없었지만, 뭐라고 표현할 수 없는 일종의 범접할 수 없는 이상한 분위기가 있어서, 누구도 가까이 갈 수가 없고 말을 붙일 수도 없었다. 그러나 귀가해서 쉴 때는 사람이 변한 것처럼 온화하고 누구에 대해서나 상냥했다고 한다.

또 한 가지는, 앞에서 말한 것처럼 홍 중장은 연초年初에는 반드시 이왕가에 세배를 가서, 대한제국 최후의 황태자와 무슨 이야기인가를 나누었다. 그리고 그것을 군부 내에서 문제 삼은 사람이 있을 정도로 관계를 꾸준히 지켜 왔는데, 이왕가에서 돌아온 뒤에도 그날만은 하루 종일 범접하기 어려운 분위기였다고 한다.

가면을 의식해야 하는 괴로움 탓이었을까? 어쨌든 간에 홍 중장이 일본인 앞에서 그 가면을 벗은 것은, 그 평생에 있어서 "… 수학 선생이라도 할까…?"라면서 홀가분한 표정을 지은 그 몇 분간뿐이었을 것이다. 그러나 그 몇 분이 지나자 홍 중장은 다시 평소의 얼굴로 되돌아갔다.

그 이튿날인 17일, 무토 참모장은 14일의 어전회의 상황과 천황의 정전 방송을 청취했다고 기록하고 있다. 18일 육해군 군인에게 보내는 칙어를 듣고, 한밤중에는 남방총군 사령부에서 명령이 왔다. 그러나 그 내용은 "지금 상태 그대로 더욱 단결을 견고히 하고 군기를 확립하여, 다음 명령을 기다리라"는 내용으로 구체적인 지시는 일절 없었다.

그러는 사이, 군 수뇌가 우려하고 있던 것은 제1차 대전의 독일군이나 러시아군처럼 일체의 질서가 붕괴되어 커다란 혼란 상황을 빚는 것이었다. 그리고 그러한 생각의 전제는 군은 군대의 질서를 지키면서 당당하게 일본으로 돌아간다는 예측이었지, 수용당해서 포로 취급을 받고 '전범'이 되리라는 사태에 대한 예측은 아니었다. 결국 과거 전쟁의

'명예로운 항복' 외에는 염두에 없었던 것이다.

그런 점에서 사령부는 우리처럼 완전히 궤멸된 부대의 잔존 소부대小部隊와는 패전을 받아들이는 생각부터가 달랐다. 앞에서 말한 기노시타 소위의 말에 따르면, 군기軍紀 유지·사기士氣 앙양을 위해 산의 급경사에서 매일처럼 도보훈련을 시키고 있었다고 한다. 그러나 무토 참모장만은 표면에는 나타내지 않았으나, 지금까지의 '항복의 역사'와는 다른 무엇인가를 어렴풋이 느끼고 있었던 것 같다. 그는 다음과 같이 기술하고 있다.

"8월 19일, 오전 중에 경비대장과 통신대장을 불러다가 정전 후의 조치를 지시했다. 그때 안 것은 일반 장병이 정전에 의해서 앞으로 미군으로부터 포로 취급을 받게 되리라는 것을 꿈에도 생각하고 있지 않다는 것이었다. 만일 그렇다면, 무장해제, 포로 대우 등에서 일어나는 각종의 사건 발생을 예상하지 않으면 안 된다. 우리는 최악의 경우, 즉 포로가 될 수 있다는 것을 각오하지 않으면 안 된다. 그리고 그 경우의 포로는 천황의 항복에 의해 생긴 사태의 결과로, 말하자면 일반적 의미의 포로는 아니니까 결코 치욕을 느낄 필요는 없다는 것을 설명해서 충분히 청년 장교를 이해시키도록 요청했다. … 저녁 때 해군의 참모장 아리마(有馬) 소장이 도착했다. 이야기를 해 보니까 해군도 사태를 비교적 낙관하여 무장해제 같은 것은 생각조차 않고 있어서 놀랐다…."

불가사의한 남방총군南方總軍의 태도

그러나 가장 예리하게 사태를 지켜보고 있었다고 생각되는 무토 참모장도 예측할 수 있었던 것은 거기까지이고, 자신이 미군의 법정에서 심판을 받으리라고는 꿈에도 생각하지 못하고 있었다.

반면, 전선에서 교전을 하고 있던 병사들은 청년 장교들과는 달리 오히려 직감적으로 무엇인가를 느끼고 있었던 것 같다. 병참감 통신대의 사토 씨는 홍 중장으로부터 지시와 설명을 듣고, 부대 전원을 집합시켜 사태를 설명한 뒤, "대본영에서 명령이 내려오기 전까지는 전투 속행의 형식을 취한다"고 말했는데, 실제로는 무조건항복이라고 안 순간에 병사들은 포로를 예감하고 "군인은 전부 포로입니까?" "죽을 때까지 강제노동입니까?" 하는 말들이 마구 튀어 나왔다고 한다.

시계바늘이 다음날 8월 20일을 가리킬 때서야 정전 명령이 남방총군에서 겨우 전달되고, 오전 3시에 명령이 각 부대에 전달되었다. 그러나 아무리 해도 연락이 닿지 않는 사단이 많았고, 그들에게는 "명령 전달 방법이 없었다"고 무토 참모장은 쓰고 있다. 내가 있던 사단도 그중 하나였다. 그런 사단이나 부대를 제외하면 다른 부대들은 그제야 겨우 전투대형을 풀고, 갖가지 형태로 배속되어 있던 부대는 각기 원대의 지휘하로 들어갔다.

또한 정규 소집영장에 의하지 않고 임시조치로 현지에서 소집된 사람은 민간인 신분으로 되돌아가서 자활감 지휘하에 편입되었다. 동시에 먼저 잔류 민간인이 일선을 넘어 식량이 풍부한 지점으로 이송되었다. 항복에 대한 준비는 착착 진행되었고, 그 수배와 지휘 때문에 홍 중장 또한 바쁜 나날을 보내고 있었다. 그러나 어찌된 셈인지 항복 명령은 내려오지 않았다. 무토 참모장은 다음과 같이 쓰고 있다.

"8월 22일, 라디오는 가와베河辺 참모차장이 지난 19일 마닐라에 도착했다는 것, 미군은 26일 이후 공수公輸로 아쓰키厚木에, 28일 이후 함대艦隊로 요코스카橫須賀에 진주進駐한다고 보도하고 있었다. 그러나 우리에게는 정전停戰만 명령했을 뿐 그 뒤 아무런 지시도 없었다. … 정전은 한편으로는 식량 수집을 곤란케 한다. 그 상태가 이어지면, 식량 결핍과 환자 속출 때문에 황군皇軍의 면목을 지키는 게 복잡해진다는 근심거리가 생겼다…. 나는 한시라도 빨리 우리가 취할 행동 기준을 알려 달라고 남방군 총참모장에게 요청했다. 제19사단, 전차戰車제2사단, 아라키荒木병단에는 연일 적의 군사軍使가 항복권고를 하기 위해 찾아 왔으나 우리는 그것을 거부하고 있었다."

그 이후의 상세한 경과는 생략하지만, 그동안 대본영 및 남방총군의 태도는 지금 와서 보면 매우 이상스러운 것이었다. 왜냐하면, 상식적으로 생각한다면 이미 무조건항복이 결정되어 있으므로 세부사항은 모두 군사령관인 야마시타 대장에게 위임하면 좋을 것 같은데, 전면에 있는 미군과 교섭할 권한조차 좀처럼 부여하지 않고 있는 것이다.

그 까닭을 알 수 없는 비능률성을 미국 측으로서는 이해할 수가 없었다. 그래서 '현지군現地軍이 일부러 시간을 끌고 있는 게 아닌가?' '중앙이 항복을 명해도 현지군이 그것에 응하지 않고, 전선을 정리해서 다시 한 번 최후의 일전을 시도하려 하는 게 아닌가?' 하는 의구심을 갖기에 이른 모양이었다. 그래서 진의眞意를 타진하기 위해서인지, 24일 오후 비행기로 통신통을 투하했다. 거기에는 '투항 조건에 대한 희망사항이 있다면, 연락을 취하라'라는 미군 32사단장의 편지가 들어 있었고, 그 이튿날인 25일에는 전선의 각 방면에 군사軍使가 찾아와서 끊임없이 항복을 권고했다.

그러나 결국은 '아직 지시가 내리지 않았다'는 이유로 교섭을 거절할 수밖에는 없었다. 간단히 말하면, 군사軍使의 교환조차도 할 수가 없는 것이다. 그리고 그날 밤 10시가 되어서야 겨우 남방총군에서 명령이 왔는데, 그것도 정전에 수반되는 "작전 임무를 해제한다"는 것과 일체의 '전투 행위 중지에 관한 명령'으로서 "상황에 따라 국부적 교섭을 행할 것" 등을 지시해 온 것뿐이었다. 항복을 위해 필요한 전반적 교섭과 항복문서에 대한 조인 등에 관한 권한에 대해서는 아무런 지시도 없었다.

필리핀 산속의 통수권 분립

이 명령에 따라 '국부적 교섭'에 관한 연락을 받은 미군 측으로부터, 야마시타 대장에게 보내는 담배와 편지가 비행기에서 투하되었다. 편지의 요지는 '귀관이 아직 미군과 직접 교섭할 권한을 대본영으로부터 받지 못한 것은 유감이나, 금후 연락을 용이하게 하기 위해서 군사軍使에게 무전기 한 조를 보낼 것이니, 미군 비행기와 교신을 하기 바란다'라는 것이었다.

군사軍使에 의한 직접 교섭을 할 수 없다면 편법으로써 무전 연락으로 하자는 제안이었다. 그런 점은 일본 측의 형식주의와 미국 측의 적극적인 실질주의가 재미있는 대조를 이루고 있다. 그리고 연락이 닿자 미군 측은 즉각 단도직입적으로 실질적인 제안을 해 왔다. 즉 이튿날인

8월 25일, 미군 측은 통신통으로 필리핀에 있는 모든 일본군의 항복 조인을 위해 9월 3일 9시 30분까지 바기오에 출두하도록 연락을 해온 것이다.

그러나 그것에 대해서도 "우리는 아직 전면적 항복의 교섭에 임할 권한을 부여받지 못했기 때문에 귀측으로부터 지시를 받을 이유가 없어서 제의를 거절한다. 단, 참모장으로 하여금 금후의 일본군의 행동을 순조롭게, 정확하게, 신속하게 하기 위해 사전 교섭을 맡도록 한다"고 회답했다. 8월 30일이 되어서야 겨우 '미군 최고사령관과 독자적으로 교섭을 진행시킬 것'이라는 지시가 남방총군 사령부에서 왔는데, 항복 및 항복 문서에 대한 서명에 관해서는 아무런 지시도 없었다.

그러나 그것에 대해 8월 31일, 미군으로부터 우선 항복의 조인이 있은 다음이 아니고서는 세부의 교섭은 의미가 없으므로, 9월 3일에 바기오에서 조인하도록 재차 요청이 왔다. 그간의 교섭에는 양국의 전통적인 사고방식의 차이가 나타나 있어서 매우 흥미롭다. 일본 측의 방식은 타진→확인→세부결정→형식적 조인이고, 미국 측의 방식은 먼저 대강大綱을 정한 뒤 전체적인 방향을 확립하고, 그것을 결정하고 조인한 다음이 아니면 세부 사항은 정할 수 없다는 것이었다.

그러나, "남방총군 사령부로부터는 단순히 직접 교섭의 권한을 부여받은 것뿐으로써, 조인 건에 대해서는 지시가 없었다. … 그러나 야마시타 대장은 일이 이렇게 된 바에는 함부로 미군의 감정을 해쳐서 일반 병사에 대한 처우를 악화시키게 해서는 부하 장병에게 미안하다"고 해서, 자신이 일체의 책임을 지겠다고 하며 곧 출발하자고 말했다. 무엇보다 식량 사정이 더 이상 견디어낼 수 없는 극한 상태에 이르고 있었다.

무토 참모장은 "조인하고 나면, 미군은 (야마시타 대장과 무토 참모장

제
8
장

○

패
전

231

의) 신병身柄을 구속해서 다시는 자유를 주지 않으리라고 예측"했다. 그래서 우선 사령부 내부와 군 전반에 필요한 조치를 취한 뒤 9월 1일에 출발하기로 했다. 종전에서 벌써 반달이 지난 셈이었다.

그런데 여기서 또 다시 기묘한 문제가 발생했다. "… 그것은 해군의 태도였다. 미군 측은 해군 사령관(서남방면 함대사령관)이 있다는 것을 모르는지, 아니면 알아도 야마시타 대장 지휘하에 있다고 생각하는지, 혹은 처음부터 무시하고 있는 것인지, 우리 측에서 해군 사령관이 독자적으로 존재하고 있다는 것을 누차 통지했는데도 불구하고, 모든 문서에 오오카와우치大川內 중장의 이름을 기재하지 않았다. 그래서 해군 측은 화가 났다."

현실적인 미군으로서는 아마도 명목적인 지휘자는 있어도 실제로는 병력이 전혀 없는 해군부대 따위는 안중에도 없었고, 무토 참모장이 어째서 "야마시타 대장 · 오오카와우치 중장"이라고 연명을 해 달라고 요구해 왔는지 이해를 할 수가 없었을 것이다.

그리고 그러한 무시에 대한 군인의 독특한 소아병적 체면 의식은 최후의 최후까지 유감없이 발휘되어, 해군 측은 "9월 3일의 조인 건은 육군의 일로, 해군은 알 바가 아니다"라고 주장해 왔다. 그리고 해군 측은 "미군과 교섭 내용에 대해서도 일일이 이의를 제기하여, 참모들 간의 공기는 어색하기 짝이 없었다. 통수권 분립의 폐해는 태평양전쟁의 패인의 하나인데, 필리핀의 산속에까지 그것은 존재했다"는 것이며, 무조건항복을 한 뒤에도 그대로 남아 있었던 것이다.

참모 사이의 교섭에서는 아무런 결론이 나오지를 않아서, 최후로 무토 참모장이 해군 측의 아리마 참모장과 직접 교섭을 벌여 "하여간 함께 갑시다"라고 사정을 해서 대답을 얻어낸 게 한밤중이었다고 한다. 그 비능률성을 따져 보면, 그 상태로 신속 과감한 결단과 조치를 필요로 하는 전쟁을 한다는 게 다소 뻔뻔스럽기까지 한 것이 아닐까 하는 생각이 든다.

패전 그리고 포로

9월 1일, 무토 참모장은 출발했다. 그때 처음으로 참모 한 사람에게 야마시타 대장과 자신은 아마도 조인 장소에서 구속되어 두 번 다시 이곳에는 돌아오지 못할 것이라 말하고, 뒷일을 부탁했다. 장군들의 산악 지대의 도보 행군은 지지부진하여, 이튿날인 2일 8시가 지나서야 겨우 키얀간에 도착했다.

그곳까지는 미군의 자동차도로가 뚫려 있었고, 신문기자와 카메라맨도 있었다. 그들은 일행에게 몰려와서, "유쾌한 질문을 연발했다. 플래시가 요란한 소리를 내며 터졌을 때 내가 '전쟁은 끝났다. 박격포는 이제 지겹다'고 말했더니, 모두들 큰 소리로 웃었다". 무토 참모장은 항복으로 가는 길을 담담한 필치로 기록하고 있다. 필리핀인들의 욕설과 너무나 친절한 미국군 일선 장병들이 대조적으로 묘사되고 있는데, 그것은 나도 경험한 바였다. 일선에서 정말로 전투에 참가한 장병은 이상하리 만큼 어제의 적에게 친절하고 결코 모멸적 태도를 취하지 않았다.

"… 도중의 쾌적한 목초지대 언덕에는 미군의 캠프가 설치되어 있었다. 그들은 소리를 지르며 우리를 맞아 주었다. 나로서는 무슨 뜻의 말을 하는지 알 수가 없었으나, 조금도 모욕을 느끼지 않은 것을 보면 아마 욕을 하지는 않은 것 같다. 왜냐하면 인간은 그런 순간에는 민감하게 상대방의 감정에 반응하는 존재이기 때문이다."

그러나 후방으로 가서 안전지대에 가까이 갈수록 그 태도는 달라
진다. 일행은 도보, 트럭, 승용차, 비행기로 갈아타고, "… 착륙한 곳은 나
기리안 북방의 비행장이었다. 그곳에서도 많은 미군에 둘러싸여 사진을
찍혔는데, 역시 모욕을 느낄 만한 일은 없었다. 그러고 나서 자동차로 바
기오로 향했는데 … 저녁때 바기오에 도착했을 때는 비가 내리고 있었
다. 저녁식사 뒤 우리는 군도軍刀를 압수당했다. 그 위에, 소지품 검사부
터 신체검사까지 당했다. 그들이 일본인의 자살을 신경질적으로 경계하
고 있는 결과라는 것을 알면서도, 그들의 비례非禮가 분하기만 했다".

무토 참모장이 패전과 포로라는 느낌을 절실하게 느끼고 모욕을
느낀 것은 그때가 처음이었을 것이다. 항복 조인식의 모습을 무토 참모
장은 다음과 같이 기록하고 있다.

"9월 3일, … 12시부터 회의, 바로 조인하고 즉시 마닐라를 향해 출발
한다고 했다. 나는 조인 문서의 제1조에 있는 '일본정부를 대표하여…'
의 문구, 제3조의 '포로로서 무조건 항복한다…'의 '포로로서'를 삭제
해 줄 것을 요구했다. 야마시타 대장도 오오카와우치 중장도 정부를
대표하고 있지 않다. 두 사람은 일본 통수부만을 대표하고 있다. 동경
만灣에서 조인된 문서에는 일본 육해군의 무조건항복이 규정되어 있
기 때문에 '포로로서…'라는 조건은 해당이 안 된다"고 교섭했지만, 아
무런 성과가 없었다."

"실제로 그 문서는 이미 인쇄되었고, 가죽표지를 씌운 훌륭한 장정裝幀

까지 되어 있었다. …나는 야마시타 대장과 오오카와우치 중장에게 사정을 설명하고 결정을 구했다. 두 사람 모두 참고 조인하겠다고 말했다. … 조인식장은 미군 막사의 회의실이었다. 일본 측의 입장자는 야마시타 대장, 오오카와우치 중장, 나와 아리마 소장이었다.

시간이 되어 내가 방에 들어가자, 양쪽에는 가득 사람들이 차 있었다. 카메라가 일제히 입구 쪽을 향해왔다. 일본 측이 착석하자 얼마 뒤 스타이어 중장이 착석했다. 그가 미국 측 수석대표인가 생각했더니, 그게 아니라 한참 있다가 서남태평양 미군 참모장과 다른 참석자들이 착석했다. 그 가운데는 말레이의 퍼시벌 중장이나 코레히돌의 웨인라이트 중장도 끼어 있는 것을 발견했다."

웨인라이트는 둘째 치고, 퍼시벌까지 열석列席시킨 것은 맥아더의 독특한 연출 솜씨일 것이다.*

콘비프를 입에 넣고

"개회사는 스타이어 중장이 했다. 항복문서가 낭독되고, 그것에 이의가 없느냐고 서남태평양 미군 참모장이 말했다. 그는 맥아더 원수의 대리로서 수석대표 역할을 맡고 있었다. 야마시타 대장은 이의가 없다고 대답했다. 네 통의 문서에 야마시타 대장, 오오카와우치 중장이 서명을 했다. 항복문서는 미군 측에 넘겨져, 미군 수석대표가 네 자루의

---

* 퍼시벌은 말레이에서 야마시타에게 항복한 영국군 사령관이었다. 이 책 1장 046 페이지의 각주를 참고할 것.

만년필로 차례차례 서명했다. 첫 번째 자루는 스타이어 중장에게, 다음 만년필은 퍼시벌 중장에게, 세 개째는 웨인라이트 중장에게 증정하고, 마지막 것은 자신의 주머니에 넣었다. 그는 도장을 찍고 조인 완료를 선언했다.

다음에 무슨 말을 할까, 생각하고 있었더니, '야마시타 대장, 오오카와우치 중장 이하를 포로로서 구속한다'고 선언했다. 그로부터 1시간 뒤에 우리들은 비가 내리는 바기오를 뒤로 하고 마닐라로 향해 출발했다. 달리는 지프차의 창문으로 보니까, 우리가 한때 잠복해 있던 소나무숲 언덕이 비에 가려 희미하게 보였다…."

이것으로 무토 참모장의 수기 〈필리핀 전투의 실상〉은 끝나고 있다. 8월 15일부터 너무나 많은 시일이 낭비된 셈인데, 복곽진지 내의 여러 부대들은 항복문서 조인과 함께 순차적으로 키얀간으로 향했다. 그렇다고는 하지만 험준한 산간의 오솔길에 한꺼번에 대부대를 통과시킬 수는 없었다.

먼저 키얀간에 가까운 일선 부대부터 차례로 이동을 시작했기 때문에, 자활감부가 움직이기 시작한 것은 조인 열흘 뒤인 9월 13일이었다. 전원은 이미 체력도 기력도 모두 떨어졌고, 말라리아와 영양실조의 몸으로 산길을 걷는다는 것 자체가 무리였다. 이미 식량은 없었다. 그러나 최후의 남은 힘을 쥐어짜서라도 키얀간까지 가지 않으면 먹을 것은 없다.

"그처럼 고된 행군은 없었다"라고, 사이토 부관은 술회했다. 다만 기력만으로 몸을 지탱하면서 "조금만 가면 된다, 조금만 더. 이것이 홍 중장에 대한 최후의 봉사다" 하고 되뇌이면서, 비틀거리는 다리에 힘을 주어가며 걸었다고 한다. 9월은 이미 본격적인 우기에 들어서 있었다. 종전으로부터 약 1개월간의 지연은 패전한 장병의 고통을 배가시키고 있었다.

〈서부전선 이상 없다〉라는 소설에 카친스키라는 병사가 등장한다. 아마도 세계의 어느 나라 군대에서나 찾아볼 수 있는 타입으로, 어떻게 하는지는 모르지만, 그들 손에 걸리면 '무에서 유를 창조해낸다'는 말 그대로 식량이 어디선가 나타난다. 통신대장인 사토 씨는 바로 '카친스키적' 재능의 소유자였던 모양으로, 전체 행군 거리의 절반가량 왔을 때, 어디서인가 미군의 콘비프를 산더미처럼 얻어 왔다.

여기에서 홍 중장도 사이토 부관도 처음으로 인간다운 음식물을 먹어본 것이다. 홍 중장은 콘비프를 입 속에 넣고는 감개무량하다는 듯이, "허어, 미군은 이런 것을 먹으면서 전쟁을 해왔단 말인가?" 하고 말했다. 병참감으로서 홍 중장은 평시에도 이보다 훨씬 조잡한 일본군의 급식 수준을 알고 있었다.

"그러나 그 콘비프 때문에 못할 짓을 하기도 했습니다"라고, 사토 씨는 말했다. 이런 때는 상당한 자제심을 가지고 양을 제한하지 않으면 큰일이 난다. 그러나 영양실조는 인간으로 하여금 아귀도餓鬼道에 떨어진 걸신들린 귀신마냥 무아지경에서 정신없이 먹게 만든다. 그 때문에 몇 사람은 목숨을 잃고 말았다.

나흘이나 걸려서 일행은 16일에 겨우 키얀간에 도착했다. 사이토 부관은 당연히 홍 중장과 행동을 같이할 생각으로 있었다. 항복을 했어도 편성과 부대 내 질서는 그대로 유지하게 될 것이라고 많은 사람들은 생각하고 있었던 것이다. 하지만 무장해제 장소까지 가자 "장성은 이쪽, 일반 장교는 저쪽, 하사관과 병졸은 이쪽" 하는 식으로 분류됐다. 그래도 그것은 극히 일시적인 것으로 생각되었기 때문에, 사이토 부관은 지극히 가벼운 기분으로 홍 중장에게 작별인사를 했다. 그러나 그것이 홍 중장을 이 세상에서 본 마지막 시간이었던 것이다.

제9장

평상심平常心

"포로"의 삭제 요구

앞에서도 말한 바와 같이 지금 생각해 보면, 방면군의 최고 간부들조차 패전과 무조건항복이라는 상태에 대한 인식이 너무나 낙관적이었다고 할 수밖에 없다. 그 이유는, 우선 첫째로 지금까지의 여러 외국의 패전 사례가 머릿속에 있었다는 것, 둘째로 포츠담선언의 존재는 알고 있었지만 그 13개조의 내용까지는 몰랐다는 것, 그리고 셋째로 "육해군 장병에게 내리는 칙어勅語"의 내용이었다.

그 칙어를 내린 진의는 군인, 특히 청년 장교의 패전 쇼크를 완화시켜 철저한 항전파抗戰派를 달래고 쿠데타 등의 발발을 방지하기 위한 점에 있었겠지만, 그 표현만을 살펴보면, 무조건항복보다는 오히려 '대등하다고는 할 수 없고, 우리나라에게 불리하기는 하지만 강화는 강화'라고 받아들일 수밖에 없는 것이었다. 칙어는 당시의 군인에게는 절대적인 권위가 있었으므로 모두가 왠지 모르게 '대개 그런 내용의 강화'라 생각하고, '무조건항복'이라고 생각하지 않은 것도 이상할 것은 없었다. 다음에 그것을 인용해 보겠다.

"짐朕이 미영美英 양국에 전쟁을 선포한 지 이미 3년 8개월이 지났도다. 그동안 짐의 친애하는 육해군 군인은 황량한 불모지에서, 또는 뜨거운 태양이 광란하는 바다에서 목숨을 걸고 용전분투해 왔다. 짐은 매우 아름답게 생각한다. 지금 새로 소련의 참전에 이르러 내외 정세를 보건대, 더 이상 전쟁을 계속하는 것은 헛되이 재난을 부르고, 제국의 존립 기반을 위태롭게 하는 것이라 우려해, 제국 육해군의 투혼이 아직 뜨겁게 살아있기는 하지만, 영광스러운 우리의 국체 보전을 위해서 짐은 이에 미, 영, 소, 및 충칭重慶*과 강화講和하고자 한다. 적탄에 쓰러지고 병고에 시달리는 수많은 충용한 장병에 대해서는 충심으로 애도를 보내고, 그들 군인들의 충렬은 만고에 국민들의 귀감이 될 것이다. 그대들 군인은 짐의 뜻을 받들어 단결을 공고히 하고, 나서고 멈춤을 분명히 하여 고통을 참아내, 국가의 영원한 초석으로 남을 것을 바라마지 않는다."

이상의 문장은 원문과는 다소 다를지도 모른다. 그러나 이것은 방면군 정보참모 소속 기노시타 소위가 필기한 대로이고, 당시의 필리핀에서는 그렇게들 듣고, 그렇게 받아들여지고 있었다. 그리고 청년 장교를 자극하지 않기 위해서 신경질적일 정도로 표현에 신경을 쓴 것은 상층부뿐만이 아니었고, 무토 참모장까지도 예외는 아니었다.

미군의 문서에 "무조건항복 후 포로로서…"라는 문구가 있었는데, 무토 참모장은 "포로"라는 말에 청년 장교가 반발할 것을 우려하여, "무조건이니까 나중에 포로가 되어도 할 말이 없으므로 그 문제에 우리가 이의를 제기할 생각은 없었지만, '포로'라는 문구는 삭제해 달라. 삭제해 보았자 결과는 마찬가지 아닌가?" 하는 내용을 미군 측에 재삼 요청했다가 거절당했다.

그것 또한 미군으로서는 왜 그렇게 신경을 쓰는지 이해할 수가 없었을 것이다. 칙어를 위시해서 모든 게 그랬기 때문에, 사태를 매사 낙관적으로 보게 된다. 그리고 '하극상下剋上적으로 아래下를 달래는' 방식이야말로 태평양전쟁에서 패전으로 나아간 커다란 원인의 하나였다.

그러나 그것뿐만 아니라, 인간은 누구나가 희망적 관측을 갖고 있으며, 자신의 운명이 급변한다고는 믿으려 하지 않는다. 홍 중장이 "고향에 돌아가서 수학 선생이라도…" 하고 말했을 때는, 위와 같은 내용을 바탕으로 미래를 보고 있었는지도 모른다. 그러나 어느 시점에서부터는 자신에게도 어떤 죄가 씌워질지도 모른다고 하는, 어떤 각오를 하고 있었던 것 같다.

그것은 아마 포츠담선언의 내용을 알고 나서부터였을 것이다. 그 제10조에 "전쟁 범죄인의 처벌"에 관한 규정이 있는데, 그 가운데 포로의 학대가 포함되어 있었기 때문이다. '전범'이라는 개념은 당시는 전혀 불명확했고, 따라서 자신이 그것에 해당되는지 아닌지는 좀처럼 판단을 할 수 없는 것이 당연한데, '포로 문제'만은 명확히 지정되어 있었다. 따라서 그 항목을 알았을 때, 홍 중장이 무엇인가를 예기하고 어떤 각오를 가졌다 해도 이상할 것은 없다.

그러나 그는 그것을 표면에 나타내는 사람은 아니었고, 주위 사람들은 포츠담선언의 그 조항을 모르니까 아무런 눈치도 채지 못했던 것이다. 홍 중장이 그 조항을 언제 알았는지는 분명치 않으나, 수용되기 직전 얼핏 그것을 흘린 적이 있다. 들은 사람은 방면군 병참참모인 기쿠치 菊池 중좌였다.

환자 수송은 미군에게 부탁하라

산악지대에 들어가고서부터 각 부대는 뿔뿔이 흩어질 수밖에 없었다. 기쿠치 중좌는 병참감부 서부파견반으로 군사령부에서 파견되어 "긴급한 경우, 나를 대리해서 병참부대를 지휘하라"는 홍 중장으로부터의 지휘권이양 명령서를 지니고 병참병원, 육군병원, 잔류 일본인을 지휘해 가며, 약 2개 사단과 혼성 1개 여단의 후방담당으로서 바기오 북방 70킬로 떨어진 산악지대에 있었다.

그 부근은 표고 1천 미터의 고지로서, 방면군 사령부와는 2월 이후 연락을 취할 수 없는 고립된 상태에 있었다. 그러나 적의 정면공격은 없고 시종 평온해서, "전황의 추이에 쫓기는 일도 없었고, 원주민과도 평온한 관계를 유지하였으며, 때로는 해안 방면으로부터 교역물자로 식량, 특히 쌀과 고기 등의 반입도 있고 해서, 필리핀 전도全島에서 가장 혜택받은 상황에 있었다고 여겨졌다"고, 그는 기록하고 있다.

전쟁터에는 가끔 그러한 전투 공백지대가 있었다. 어떤 의미에서는 민간인과 부상병을 수용하는 데 있어서 가장 적당한 장소였고, 미군 측도 원주민에게서 정보를 얻어 그곳에 있는 것이 부녀자와 부상병이라는 것을 알고는 공격을 중지하고, 원주민과의 교역도 묵인하고 있었을 것이다. 사이판에서 비전투원, 특히 부녀자까지 집단자살로 몰아넣은 것에 대해* 미군 내부에서도 비판이 있었고, 또한 오키나와의 전투에서 주력을 격파하고 나면 일반 주민은 반드시 미군에게 적대하지만은 않을 것이라는 것을 그들은 이미 알고 있었다. 이하, 기쿠치菊池 중좌의 〈홍 중장 추도기〉에서 앞에 쓴 것과 관계가 있는 부분만을 인용해 보겠다.

"전쟁이 끝났다는 것은 처음에 전선부대로 미군으로부터의 연락이 있었고, 그 뒤 2월 이래 연락이 두절되었던 방면군 사령부의 소재를 물어 확인했다. 종전終戰 처리에 대한 지시를 받은 것은 9월 중순이었다. 그때까지 약 1개월간 허탈감과 휴식과 결의의 선택, 그리고 2개의 병참병원과 육군병원에 가득한 환자의 현실 등 우울한 심정을 달랠 길이 없어 매일 병참병원을 방문해서는 괴로운 시간을 보내고 있었다. 그러던 어느 날(8월 말쯤?), 돌연 병참감이 부관 한 사람과 내방來訪한다는 연락을 받았다. 패색敗色이 짙던 가운데 갑자기 병참감에 취임하여 카가얀 계곡의 가혹한 상황 아래에서 고생을 함께하고, 아주 짧은

---

* 미군의 상륙 직전, 사이판에는 강제징용 등으로 끌려간 조선인 수천 명을 포함해 약 2만5천 명의 민간인이 거주하고 있었다. 이 가운데 약 1만 명이 일본 수비군의 자살공격에 동원되어 사망했고, 전투가 종료된 뒤에는 약 1천 명의 일본 민간인들이 집단적으로 절벽에서 뛰어내려 자살했다. 아이를 안고 뛰어내린 부녀자도 있다고 하며, 이들이 뛰어내린 절벽은 뒷날 자살절벽, 반자이(만세)절벽의 이름이 붙었다. 그런데 이 집단자살의 원인에 대해서는, 히로히토가 사이판 거류 일본 민간인들에게 사후 전사자와 같은 예우와 명예를 누리게 할 것이라며 자살을 권고하는 칙명을 내렸기 때문이라는 주장도 있다. 총리대신 도조 히데키조차 이 칙명의 냉혹함에 놀라 발표를 보류했지만, 이 칙명은 방송으로 사이판의 군 지휘부와 민간인에게 전달되었다고 한다.

기간이었지만, 정의情誼와 성실과 또 그것을 관철하는 군인다운 줏대에 본인 이하 장병들은 그 인덕을 사모하는 마음이 매우 두터워서, 그야말로 각하라는 기분이 우리에게 넘쳐 있었다.

각하를 맞이해서 한 보고도 제일선 병단 사령부와는 연락을 확보하고 있다는 것, 병참부대도 규율과 질서를 유지하고 임무에 힘쓰고 있다는 것, 파견반은 공습으로 전사 2명(잔류 민간인 1명 포함), 여자대女子隊(본토의 양갓집 자녀로 마닐라 카이코우샤偕行社* 근무를 지원했던 75명)의 풍기風紀도 엄격하게 유지되고 있다는 것 등 만족하게 해드릴 만한 것이 많았다고 생각한다.

초가지붕에 시트를 둘러친 판잣집이기는 하지만, 살다 보면 쾌적한 숙소이기도 했다. 저녁에는 마음을 터놓고 즐거운 회식을 가졌다. 반원이 솜씨를 발휘해서 그런대로 음식도 장만했다. 여자대의 대장, 반장 등도 몇 명 참석해서, 전쟁터를 잠시 잊게 하는 환담이 밤늦게까지 계속되었다. 산악지대 평소대로, 그날 밤도 고즈넉한 소나기가 사람들의 가슴에 회상과 망향望鄕의 애절한 마음을 불러일으켜놓고 지나갔다.

아침에는 눈부시게 개어 있었다. 각하와 둘이서 계곡에서 피어나는 구름을 바라다보면서 앞으로의 문제에 대해서 의견을 말하고, 또 지시를 받았다. 가장 걱정하고 있던 것은 병원에 있는 많은 환자의 일이었다."

사실 종전이 되었을 때 우리들의 머리에 최초로 떠오른 것도 '걷지 못하는 환자는 어떻게 하는가?'였다. 정글 속의 가파른 경사를 들것으로 운반할 수밖에 없는데, 환자는 많고 걸을 수 있는 사람의 수는 매우 적었

* 일본 육군의 친목 및 상호부조단체로 종전 후 해체되었다가, 민간단체로 재조직됐다. 해군에는 스이쿄샤(水交社)가 있었다.

244

으며, 더구나 걸을 수 있는 사람조차도 말라리아, 영양실조, 이질, 열대 궤양으로 쇠약해져 있어서 자기 몸 하나 움직이는 것이 고작이었다.

군장軍裝을 갖춘 위에, 들것까지 들고 미끈미끈한 정글의 가파른 언덕을 오르내리면 전원이 쓰러질 것은 뻔한 일이었다. 그렇다고 해서 환자를 버려두고 걸을 수 있는 사람들만 미군 진지까지 갈 수는 없는 노릇이었다. 하물며 표고 1천 미터의 산악 지대의 병참병원이라면 걸을 수 있는 근무자는 오히려 예외이고, 거의가 환자인 셈이다. 독자적인 힘만으로는 어떻게 해 볼 수가 없었다.

기쿠치 중좌가 그것을 홍 중장에게 말한 진의는 아마 군사령부와 교섭해서 운송용 요원을 파견해 달라는 것이었을 것이다. 그것이 당시의 일반적인 사고방식이었다. 그러나 홍 중장의 지시는 그런 것이 아니었다. "정전 교섭 때 미군에게 부탁하라. 미군은 결코 환자를 버려두지 않을 것이다'라고 확신을 담아 각하가 의견을 냈을 때 완전히 허를 찔린 느낌이 들었다"고, 기쿠치 중좌는 쓰고 있다.

소위 "귀축미영鬼畜美英"이라는 전시戰時 중의 대미관對美觀은 둘째 치고라도, 어제까지의 적에게 환자의 처리를 부탁한다는 발상은 적어도 전선에 있는 그 당시의 일본군 장교에게는 생각도 할 수 없다는 게 보통이었다.

그것에 대해서는 〈내 속의 일본군〉에서도 썼는데, 나 자신도 그런 발상이 없어서 정전의 연락을 위해 미군 진지에 갔을 때 상대방으로부터 환자의 수, 반출방법, 수송 등에 관해서 거꾸로 질문을 받고는 나도 또한 '허를 찔린 느낌으로' 정확한 대답을 할 수가 없었다. 하물며 보통 일본군 장군한테서 그런 말을 들었다면, 나의 경우 내 귀를 의심했을 것이다. 기쿠치 중좌는 홍 중장의 지시대로 했다. 그러면서도 그 성과에 대해서는 당연한 일이지만, 반신반의였던 모양이다. 그는 다음과 같이 기록하고 있다.

"9월 17일, 미군 사단 참모장과 정전 조인을 했다. 이튿날 이른 아침부터 B24기 편대가 병원 지구에 의료품, 구급식량, 아이들을 위한 과자까지 대량으로 낙하산 투하를 해 왔을 때 각하의 양식良識의 반사反射를 여기에서 본 느낌이 들었다."

미군 상륙과 함께 포로를 미군에게 인도한 조치라든가, 이번과 같은 조치라든가 홍 중장의 행동은 당시의 일반 군인과는 다른 면이 있었다.

은밀한 술회

홍 중장이 어느 때를 막론하고 유지해 온 것은 일종의 '평상심平常心'이었을 것이다. 인간은 비정상적인 상태에 빠져 전원이 비정상적인 정신 상태가 되어 있을 때, 문득 '평상심'에 접하게 된다. 그때 인간은 '아아, 인간을 만났다. 여기도 인간의 세계였구나!' 하는, 무엇인가 형용할 수 없는 감동을 받게 된다. 그리고 '평상심'에서 나온, 그 사람에게 있어서는 정말 아무 의미 없는 말 한 마디가, 전쟁터에서 수용소로 모든 고난을 겪으면서 걸어온 병사들을 통곡하게 만드는 일도 적지 않다. 그 점에 관한 한 인종이나 민족의 차이는 없는 것 같다.

사령관의 시찰 같은 것은 평상시라도 부하에게 있어서는 '반갑지 않은 일'이며, 내가 있던 부대에서도 '사단장의 시찰이 있다'는 말을 들으면 장교 이하 일개 사병에 이르기까지 내심 반사적으로는 '귀찮게 무엇 때문에 온다지?'라고 생각하고, 더군다나 패전 직후 같은 때는 "전쟁에 졌는데 시찰은 무슨 놈의 시찰이야?", 또 "왔으면 할 수 없지만, 빨리 돌아갈 일이지" 하는 게 보통이었다. 그 점에서 보자면, 병참감부 서부파견반의 홍 중장에 대한 환영 태도는 우선 예외 중의 예외라 할 수가 있을 것이다.

"환한 얼굴로 거리낌 없이 지내시고 있는 각하를 접하여, 하사관·병사 제군諸君도 지위 계급을 잊고 '각하, 고생 많으셨습니다!' 하고 기회 있을 때마다 인사를 한다. 조금이라도 오래 머물러 계시게 하면서 위로를 해 드리려는 감정이 우리들 속에 충만해 있어서, 모두가 만류하는 대로 4박을 하셨다….

각하에게 우리들이 진심으로 위안을 드리려고 생각한 이면에는, 전쟁터라는 비참하고 가혹한 환경 속에서 한층 더 예리하게 돋보이는 가치 있는 인간에 대한 경애와 환경의 혜택을 받지 못한 인간에 대한 측은감이, 몇 개월 만의 재회에 강력하게 반응했기 때문이라고 생각된다. 각하가 한국 수원水原의 명문(그것은 일본식 표현으로 정확히는 남양 홍씨 명문) 출신이면서도, 제국 육군의 장군으로서 패전의 한가운데 있으면서 의연하게 행동하는 것에 대한 공감과 존경은 나 자신 각하에 대한 경모심을 더욱 굳게 만들어 주었다.

그에 반해 평소에는 소위 출신과 배경을 자랑하던 장군이나 고급장교 가운데는 패전의 와중에서의 언동에 참으로 침을 뱉고 싶을 만한 일이 적지 않았으며, 심지어는 전장이탈戰場離脫의 행동까지 해서*, 야마시타 사령관을 격노케 한 인간들조차 있었다.

이 4일간의 체류 기간에 본의 아닌 환경에서도 임무를 중시하는 의지, 운명에 대한 용기 있는 정면 대결, 호의에 대한 솔직한 반응 등 영혼이 맞부딪치는 따뜻한 인상을 남기고 아침안개 속을 떠나가셨다…."

이것이 방면군 병참참모 기쿠치 중좌가 홍 중장을 본 마지막이었다. 그 4일간은 홍 중장에게 있어서도 아마 기억에 남는 즐거운 나날이었을 것이다. 마음속으로부터의 따뜻한 환영, 마음에 걸리던 파견반의 예상 밖의 양호한 상태 등은 홍 중장을 진심으로 안도하게 만들었을 것이다. 더구나 가장 큰 안건이었던 환자수송 건은 미군에게 부탁하라는 것으로 결재를 끝내고, 파견반 전원의 장래에 대해서도 일단은 안심했기 때문일 것이다.

그것에 이어지는 잡담 사이에, 홍 중장은 두 가지를 말했다. 하나는 "병참 사령부가 이런 분위기로 운영되고 있었더라면 패전 중에서도 평안함이 있었을 것이다"라는 은밀한 술회이고, 기쿠치 중좌는 그것을 "나는 잊지 못할 것이다"라고 쓰고 있다.

앞에서도 말한 바와 같이, 보급의 중요성과 일원화의 필요를 느끼고 현지군이 서둘러서 남방총군 병참감부를 편성하려고 한 것은 쇼와 19년, 발령은 3월이었다. 그러나 현지의 사정을 전혀 모르는 동경의 참모본부와 현지군 사이에는 병참감부 설치에 대한 의견의 차이가 있었고, 그것이 감정적 대립으로까지 발전해 있었다. 기쿠치 소좌(당시)는 동

---

* 측근 부하들과 함께 수송기 편으로 타이완으로 탈출한 제4항공군 사령관 도미나가 교지를 가리킨다. 이 책 7장 199 페이지의 각주를 참고할 것.

만주에서 6월에 마닐라에 부임하여 방면군 병참참모로서 총군사령부의 병참감부에 출두했을 때 "무엇 때문에 왔느냐는 식의 퉁명스러운 푸대접을 받았다"고 한다. 전국戰局이 예기치 않은 속도로 급전했다고는 하지만, 그동안의 일은 막료들 간에 갖가지 감정적 대립을 낳았다고 해도 이상할 것은 없었다.

지휘계통으로 말하자면 14방면군 위에 남방총군 사령부가 있고, 총군 병참감부는 방면군의 병참부 위에 있어야 할 것이다. 그런데 총군이 사이공으로 철수할 때 병참감부를 14방면군의 지휘하에 넣어서 마닐라에 남겨 놓았다. 이것은 참모의 입장에서 보면 지시하는 자와 받는 자의 위치가 역전된 것이다. 간단히 말하자면 원래는 '지시를 받는' 입장에 있던 기쿠치 중좌가 이번에는 '지시하는 입장'에 서게 된 것으로 '푸대접'도 무리는 아니었다. 그것 자체가 정말 기괴한 조치이고, 양자 사이에 모든 면에서 감정적 대립이 생기는 것이 당연했다.

홍 중장은 그런 말을 결코 입에 담지 않는 사람이었으므로, 약간 안도를 느낀 그 순간에 처음으로 그러한 일을 암시하는 말이 나왔을 것이다. 그리고 가슴속을 열어 놓은 잡담 중에 문득 털어놓은 또 하나의 이야기는 자신의 운명에 대해서였다. 아마 포츠담선언 제10조를 읽고 그 짧은 문장의 배후에 있는 의미를 깨달았으리라.

"잡담 중에 우연히 한 말은 포로수용소를 총괄하고 있던 최종 책임을 아마도 져야 할 것 같다는 말이었다"고 기쿠치 중좌는 쓰고 있다. 그렇다면 그 시찰은 어쩌면 전투 중 자신과 떨어진 위치에 있던 서부 파견반에 작별을 고하기 위해 온 것인지도 모른다. 그러나 홍 중장이 내심으로 어떤 결심을 하고 있었다 하더라도 그것은 항상 숨겨져 있었고, 표면에 나타나는 것은 출처진퇴出處進退뿐이었다. 따라서 사이토 부관에게도,

기쿠치 중좌에게도 우연한 한 마디씩을 남겨 놓고 떠나간 셈이다.

다른 사람 같은 험악한 얼굴

키얀간에서 장군이 별도로 수용된 다음부터는 홍 중장의 모습은
가장 가까웠던 부하의 시계視界에서 사라졌다. 뉴 빌리빗드 수용소에서
우연히 홍 중장으로부터 말을 들은 부하가 있었다. 앞에서도 〈홍사익 장
군을 기리다〉라는 글에서 인용한 하야시 가즈오林一男 씨다. 그는 당시의
상황을 이렇게 기록하고 있다.

"… 당시 나는 겹치는 말라리아의 발작으로 몸이 쇠약해져, 수용소의
천막 속에서 간이침대에 누워 시간을 보냈다. 식욕도 없었으며 옆에
있는 젊은 소위의 간호를 받고 겨우 목숨을 부지하고 있는 형편이었
다. 우리의 막사는 장군 막사 옆이었는데, 철조망 울타리로 가로막아
놓고 있었다. 그 옆에 따로 구획이 있고, 그곳에는 야마시타 대장이 수
용되어 있어서 우리는 가끔 두 명의 MP 사이에 끼어 산책하는 대장의
모습을 볼 수가 있었다.
일반 장교 막사의 젊은 소위나 중위들은 여러 가지 의미로 흥미를 갖
고, 장군 막사 내부의 이야기에 귀를 기울이고 있었다. 미군의 급식량
이 적어서 장교들은 허기가 져 입만 열면 먹는 이야기뿐이고, 공복空腹
때문에 신경이 곤두서서 말다툼과 싸움이 그치지 않았다. 이와는 대조
적으로 장군 막사에서는 온화한 웃음소리가 그치지를 않았고, 서로 각
하, 각하라 부르면서 품위를 잃지 않고 있었다. 온화한 척하는 웃음소

리, 때로는 호방한 너털웃음이 공복으로 웃음을 잃고 짜증을 부리는 젊은 장교들의 신경을 건드리는 것 같았다.

그런데 어느 날, 장군 막사에서 돌연 고함 소리가 들렸다. 장군끼리 말다툼이 벌어진 것이다. 각하가 어느새 '너'가 되어, '뭐야, 그 말버릇은? 너는 고작 그런 말밖에 할 줄 모르냐?' '뭐라고? 덤비는 것은 너 아냐? 남이 말하는 데 왜 끼어들어?' 하는 투였다. 그 말을 들은 젊은 장교들은 '뭐야, 별짜리들도 보통 사람이잖아. 우리들도 이제는 안 속는다!' 하고 춤을 출 듯이 좋아했다.

그러던 어느 날, 내가 간이침대에 배를 깔고 엎드려 천막 자락을 쳐들고 깡통에 든 물을 도랑에 버리려고 몸을 내밀었을 때, '이보게, 하야시 대위, 몸은 건강한가?' 하고 장군 막사 쪽에서 소리가 들려와 그 쪽을 보았더니, 홍 각하가 천막 끝을 들치고 목을 내밀고서 웃고 있었다. 산속에 있을 때 승진 신고를 하고서 처음 만나는 것이었다. 내가 깜짝 놀라 몸이 굳어져 '넷! 잘 지내고 있습니다!' 하고 군대식으로 대답을 했더니, '그런가? 식사는 충분한가?' 하고 질문을 하기에 '넷! 충분합니다!', 대화는 그것뿐이었다."

아마 지금에 와서는 그 대화의 의미를 알 수가 없을 것이고, 무엇 때문에 하야시 씨가 일종의 감동을 갖고서 이 말을 듣고 그것을 30년 뒤에도 아직까지 기억하고 있는지도 모를 것이다. 그것이 앞에서 말한 비정상적인 상태에 놓여서 스스로도 비정상적인 정신 상태가 되어 있는 인간이, 그 와중에서도 아직 유지되고 있는 '평상심'에 접했을 때의 감동인 것이고, 그 평상심에 접했을 때 인간은 '인간을 만났다'고 느끼는 것이다.

내가 부인婦人 수용소에서 그것에 접했을 때의 비정상적이라고도 할 수 있는 감동은 〈어떤 이상 체험자의 편견〉 속에서 썼으니까 재론하지 않겠으나, 너무나 배가 고픈 나머지 스프를 꿀꺽하며 단숨에 마셔버린 나에게 "한 그릇 더…"라고 말한, 아무것도 아닌 한 마디 말, 평소에는 누구나 입에 담는 말에 자신도 모르게 통곡하고 싶어지는 것이다.

그리고 그 감동에는 국경도 민족성도 관계가 없는 모양으로, 어니스트 고든도 〈죽음의 골짜기를 넘어〉 속에서 이와 비슷한 감동을 쓰고 있다. 고든의 경우는 말레이에서 패한 뒤 포로가 되어, '세 명에 한 사람은 죽었다'는 쿠와이 강江 수용소에서 가까스로 살아남아서 전쟁이 끝나 영국군에 구출당해 부인婦人 부대의 접대를 받았을 때의 감동이다. 말하자면 상대방은 '평상심'을 갖고 있어도 이상하지 않은 사람들에게 접했을 때의 감동인 것이다.

그러나 홍 중장은 그렇지가 않았다. 급양給養은 다소 좋았을지는 모르지만, 같은 포로수용소 안의 수용자이고, 주위의 장군들은 초조해하고 있었으며, 전쟁 범죄자로서의 암담한 운명이 이미 그 신변에 다가오고 있었다. 그 대화가 있은 지 얼마 뒤에 홍 중장은 마닐라의 독방으로 옮겨져 갔다. 하야시 씨에게 있어서는 그것이 홍 중장을 마지막 본 것이고, 최후의 대화였던 것이다.

홍 중장이 언제 마닐라로 이송되었는지는 분명치 않다. 그러나 야마시타의 재판이 10월 중순에 시작되었고 그 재판에는 홍 중장도 증인으로서 출정했으므로, 그 이전이었을 것이고, 옮겨지기 전부터 호출을 당해 예비 조사를 받았으리라고 믿어진다. 그 조사는 나도 받았는데, 전쟁터와는 또 다른 음침한 긴장을 강요당하고, 신경이 이상하게 곤두서는 것을 부정할 수가 없다. 그것은 죽음에 직면한 상태에서 겨우 해방되어 육체적으로는 어떻게 되든 정신적으로는 일종의 해방감이 생기고, 살아서 돌아간다는 한 줄기의 서광이 보인 그 때 불의에 검은 죽음의 손이 다른 방향으로부터 자신을 향해 뻗어온다는 느낌이 드는 것이다.

그리고 싸움터에서는 못 당하더라도 저항을 할 수 있고, 저항을 할 수 있는 동안은 한 가닥―縷 희망이 있는 법인데 전범에게는 그것이 없다. 동시에 싸움터에서는 운명은 마찬가지니까 타인과 자신과의 차이를 의식하지 않아도 된다. 그러나 수용소에서는 한쪽은 신이 나서 본국으로 송환되고, 한쪽은 어디로 끌려가는지 모르는 방향으로 한 걸음 내디디는 것이다. 그 차이는 한결 더 그 사람의 신경을 곤두세운다.

홍 중장의 경우는 종전 때 필리핀에 없었던 혼마本間 대장을 제외하고는 야마시타 대장 다음가는 두 번째 '장군 전범'이었다. 그러한 상태에 있으면서도 평소와 조금도 다름없는 행동을 취한 것에 대해 사람들이 어떤 감명을 받았다 해도 이상할 것이 없다. 사실 홍 중장이 전쟁 중이나 전쟁 후에도, 사형 판결을 받기 전이나 받고 난 후에도 또한 처형장에 임해서도, 행동거지에 전혀 변화가 없이 침착했고, 또한 그 모든 장소에 참석했던 사람들은 그의 평정함과 온화함과 일종의 여유 있는 자세에 대해 이구동성으로 감탄의 말을 했다.

그러면 이 '평상심'은 홍 중장의 '본심'이었을까? '본심'이라고 해서 어폐語弊가 있다면 홍 중장은 과연 아무런 '내심의 갈등'도 없이 극히 평온하게 '평상심'을 유지하고 있었을까? 아마도 그렇지는 않았을 것이다. 오히려 일본군에 들어온 이래 30년간 항상 유지해 온 평상심에 더해, 최후의 초인간적인 노력이 필요하였을 것이다.

물론 그의 내심을 증명하는 증거는 없고 있을 수도 없다. 그러나 두 장의 법정 사진이 무엇인가를 이야기해주고 있다. 그것은 설명하지 않는 한 동일인물이라고는 생각할 수 없을 정도로 변한 홍 중장의 험악한 얼굴이었다. 인간의 얼굴이 그토록 변할 수가 있을까! 그리고 이와 같은 변모를 하면서 평생과 조금도 다름없는 태도를 계속 유지할 수 있었다는 것은!

그것은 '조국을 위해서'라든가, '조국의 반석'이라든가 하는 어떤 심리도피, 말하자면 무엇인가의 대상에게 어떤 종류의 '구원'을 청하는 것을 일절 거부하고, 운명을 정면으로부터 노려보며 자신을 지탱해가는 인간의 얼굴일 것이다. 이 얼굴도 한순간뿐이었는지 모르지만, 홍 중장이 그런 얼굴이 된 것은 아마 마닐라의 전범 법정 부속수용소에서의 일이라고 짐작된다.

홍 중장의 유일한 발언

전범 법정이라고 하면 왠지 일본의 재판소와 비슷한 장소를 연상하기 쉬운데, 마닐라의 법정은 고등판무관高等辦務官 관사의 한 방으로, 재판관도 피고도 동일한 평면의 마룻바닥에 각기 초라한 책상을 앞에 놓고 약간 떨어져서 이동식 철제 의자에 대좌하고 앉아 있어서, 법정이라는 인상은 주지 않고 어쩐지 회의실 같은 느낌을 주고 있었다.

다만 다른 점이 있다면, 증인의 증언대와 선 채로 자료를 읽기 위해 설교단처럼 세로로 긴 책상뿐이었다. 재판 중에는 아직 '전시 포로' 취급을 받으므로, 피고는 일본군 정복차림으로 계급장과 약장略章* 등도 그

---

* 약식(略式)의 훈장(勳章), 휘장(徽章), 기장(旗章) 등을 이르는 말. 제복의 윗옷에 단다.

대로였다. 헌병의 시중을 받으며 출정하는 야마시타 대장의 사진 등은 군도軍刀가 없다는 것을 깨닫지 못한다면 전시戰時 중과 조금도 다를 것이 없었다.

그것을 보면 장군이 아니더라도 어느 정도의 대접을 받고 있었던 것 같지만, 그 부속수용소는 형편없는 곳으로, 일본군이 미군 포로를 수용하고 있던 카바나투안 수용소 쪽이 훨씬 더 훌륭한 편이었다.

당시의 사진을 보면 전재戰災를 입은 마닐라는 무너진 벽돌의 거리로서 드문드문 건물이 남아 있고, 판무관 관사 주위에는 아무것도 남아 있지 않았다. 그리고 그 관사 오른쪽 휑한 공터에 급조急造한, 함석지붕의 폭이 좁은 긴 집이 있다. 벽은 철조망에 천막을 둘러쳤고, 입구에는 철조망을 친 엉성한 문짝이 달려 있다. 사진에는 한 채밖에 없으나, 나중에 증축해서 열 채가 되었다고 한다.

그 주위에는 철조망을 친 울타리가 있고, 외부로부터 투석을 방지하기 위함인지 그 또한 천막을 쳐 놓았다. 그 긴 집 사이에 벽까지 함석지붕을 친 곳이 있는데, 그곳이 취사장이었다. 용의자들은 시간이 되면 일렬로 줄을 서서 식사를 타서 천막을 친 식당에서 먹는다. 일반수용소의 '정설定說'로는 이쪽의 처우가 좋았다고 한다. 시설 측면에서도, 식당을 만든 것부터가 일반수용소보다 낫다고 했지만, 그것은 각동各棟의 출입을 엄중하게 관리하기 위해 배식·식사·식기세척까지 일괄해 감시할 목적이었을 것이다.

다만 홍 중장이 그곳에 있었는지 어떤지는 분명치가 않다. 왜냐하면 야마시타, 혼마 대장은 별도로 판무관 관사 내의 한 방에 수용되어 있었던 것은 확실한데, 그것이 장군 전원에 대한 대우인지, 군사령관에게만 베푸는 특별대우인지 확실치가 않기 때문이다. 하기야 특별대우라고 해봤자, 방이 일반인과 비슷할 뿐이지 식사 같은 것은 다른 사람과 마찬가지고, 일종의 독방에 수용한 것은 자살 예방을 위해서라고 말해지고 있다. 그들은 일본 측 책임자의 자살에는 신경과민이라고 할 정도로 신경을 쓰고 있었다.

어쨌든 간에, 홍 중장이 다시금 사람들 앞에 모습을 나타낸 장소는 그 법정의 증언대였다. 앞에서도 말했지만 홍 중장은 자신을 위해서는 일절 증언을 하지 않았다. 따라서 야마시타 재판에서의 증언은 그 전범 법정에서 유일한 발언이었던 것이다. 그리고 그 가운데 홍 중장에게도 관계되는 부분이 홍 중장에 대한 재판에서 증거로 제출되고 있다.

그것에는 당시의 육군 수뇌부가 지시한 포로 취급의 원칙이 제시되고, 동시에 홍 중장이 자신의 임무를 어떻게 이해하고, 어떤 방침으로 포로를 대하고 있었는지를 나타내는 유일한 자료이기 때문에, 여기에서 차례로 그 내용을 소개하고자 한다.

검찰관 베어드 중령 : 홍사익, 즉 본건本件의 피고에게는 야마시타 재판에서의 선서 진술서가 있으며, 증거 238호로써 채택되어 있습니다. … 본 피고에 의해 진술되고, 지금 여기서 확인된 증거의 일부를 제시하고자 합니다. (이하는 베어드 중령의 낭독)

질문 : 귀관의 성명은?

홍 : 홍사익, 나는 조선 출신으로 일본 국민입니다.

질문 : 일본군에서의 계급은?

홍 : 중장.

질문 : 육군에는 몇 년이나 있었는가?

홍 : 30년.

질문 : 일본 육군대학을 졸업했는가?

홍 : 그렇다.

질문 : 필리핀에는 언제 왔는가?

홍 : 1944년 3월.

질문 : 그 이전에는 어디에 있었는가?

홍 : 전쟁이 발발했을 때 중국 북부에서 여단장으로 있었다.

질문 : 필리핀에서 귀관의 직무는 무엇인가?

홍 : 전시戰時 포로사령관의 직위에 취임하기 위해 온 것으로, 1944년 12월까지 그 직위에 있었다.

질문 : 도쿄의 전시포로국戰時捕虜局은 현지의 수용소 운영에 대해서 귀관에게 어떤 특별한 지시를 내린 적이 있는가?

홍 : 특별한 지시나 명령은, 포로수용소가 현지에 설립되었을 때 포로국으로부터 내려왔다고 생각한다. 나의 재임 중에는 그 운영에 대해서 특별한 지시나 명령은 없었다.

질문 : 귀관이 취임할 때 지침으로 삼을 명령이 문서의 형태로 주어졌는가?

홍 : 전시 포로의 취급은 법률에 의해 지시되어 있다. 더구나, 각 군에도 예를 들면, 제14방면군에도 그 법의 시행세칙과 더욱 상세한 여러 규정이 있었다. 또한 나의 사령부에는 포로의 취급에 관한 상세한 규칙이 있었다. 그리고 제네바조약*의 각 조항에 관한 두꺼운

---

* 국제적십자운동의 아버지 앙리 뒤낭(1828~1910)이 주창한 것으로 알려져 있으며, 전시(戰時) 포로 · 부상병 · 조난자 · 일반 민간인 등의 보호를 목적으로 스위스 제네바에서 조인되었다. 1864년의 1차 조약은 "전장(戰場)에서 군대 부상자의 상태 개선", 1906년 2차 조약은 "바다에서 군대의 부상자와 난파자의 상태 개선", 1929년 3차 조약은 "전쟁 포로의 대우", 1949년 4차 조약은 "전시 민간인 보호" 등을 주요내용으로 하고 있다.

문서철이 있고, 그 문서철을 도쿄에서 수령했으며, 나는 포로수용소에 대해서 거기에 기재되어 있는 방침을 실시해왔다고 믿고 있다.

질문 : 그러나 일본은 제네바조약을 비준하지 않고 있지 않는가? 그런데도 도쿄는 그 조약대로 실시하도록 명령을 내렸다는 말인가?

홍 : 그렇다. 일본은 제네바조약을 비준하지 않았으나 도쿄로부터 지시가 있어서, 포로의 취급에 있어서는 제네바조약의 조항에 따르도록 되어 있었다.

질문 : 그것은 도쿄에서 문서로 지시해 왔는가?

홍 : 그 특별 지시는 나의 착임着任 전에 있은 것으로, 나는 전임자로부터 직접, 그리고 명백하게 도쿄로부터 수령한 지시라는 것을 들었다. 일본 본토를 포함한 일본의 전 점령지역에서 포로수용소를 설립하는 데 있어 3회에 걸쳐서 회의가 도쿄에서 열려, 각 지역의 포로수용소에 대한 책임을 맡은 전 장교가 소집되어 수용소를 어떻게 관리 · 운영할지에 관해 세부적인 지시가 내려졌다. 1943년 11월, 다시 회의가 소집되었는데 많은 지역의 전시 포로 및 민간 억류자 수용소의 책임자가 참석했다.

질문 : 최초의 회의는 언제 열렸는가?

홍 : 1942년 8월경이었다.

질문 : 귀관은 거기에 참석했는가?

홍 : 아니다. 당시 나는 이 건과는 관계가 없었다.

질문 : 그렇다면 어떻게 회의에 대해 알았는가?

홍 : 전임자인 모리모토森本에게서 들었다.

질문 : 그 회의는 누가 소집을 했는지 알고 있는가?

홍 : 육군성陸軍省의 포로정보국 주최였다. 육군대신도 출석해서 지시를 내렸다.

질문 : 당시의 육군대신은?

홍 : 도조東條 대장이다.

질문 : 도조 대장이 그 회의의 의장議長이었는가?

홍 : 그렇다.

질문 : 그 회의의 출석자 가운데 달리 누가 있었는지 아는가?

홍 : 모른다.

질문 : 모리모토는 어떤가?

홍 : 있었다.

질문 : 1943년 11월의 제2회 회의는 어떤가? 누가 소집했는가?

홍 : 육군대신 대리인 포로정보국 총재다.

질문 : 그 당시의 육군대신은 누구인가?

홍 : 도조 대장이다. 포로정보국 총재인 하마다浜田 중장도 출석하고 있다.

질문 : 그 외에 누가 참석했는가?

홍 : 다른 사람은 모른다.

질문 : 모리모토는 있었는가?

홍 : 모리모토 중장이 출석했다는 것은 들어서 알고 있다. 최초의 회의에서는 수용소의 관리·운영에 대해 결정이 내려졌고, 그것에 입각해서 지시가 있었다.

질문 : 제2회 회의는 어떤가? 그것은 무엇을 위한 회의였는가?

홍 : 제2회 회의에서는 우선 최초로 많은 점령지에 있는 수용소에 대한 보고가 있었다. 다음으로 무슨 문제가 거론되었는지 나는 모른다.

다만 나중에 읽어본 의사록에 의하면, 그곳에서 육군대신, 차관, 포로정보국 총재의 훈시가 있었다. 그 요지는 제네바조약 위반이 없도록 충분히 주의하라는 것이었다. 또한 포로 및 억류자는 말하자면 불행한 처지에 놓여 있으므로 특별히 동정과 배려를 갖고 처우해야 한다는 것이었다.

질문 : 그 의사록이란 것은, 어디에서 읽었는가?

홍 : 나의 사령부에서다.

질문 : 그것은 제본되어 공개되었는가?

홍 : 책의 형태로 인쇄되어 있었다.

질문 : 제1회 회의의 의사록을 읽은 적이 있는가?

홍 : 있다.

제네바조약의 준수

이하에 차례로 쓰겠지만, 여기까지에서 우선 느끼는 것은 '제네바조약은 비준하지 않았으나 제네바조약의 조항에 따라서 포로를 관리하라'고 하는 매우 기묘한 육군의 태도이다. 어째서 그런 태도를 취했는지는 분명치 않지만, '일본이 제네바조약을 비준하지 않은 것은 포로를 자의적이고 잔학하게 다루기 위해서이고, 그것이 도조 이하의 지휘방침이었다'라는 속설俗說은 사실과 다르다.

그렇다면 무엇 때문에 당연히 그런 오해를 받을 태도를 취하고, 한편으로는 내규內規로서 '제네바조약 각 조항대로…'라는 지시를 내리고 있었는가? 그것이 만일 종전 시나 종전에 임박해서 행해졌다면 '포로 문제가 상층부로 파급되는 것을 막기 위해, 그런 지시를 내렸지만 현지에서 그것을 준수하지 않았다고 말을 꺼냈다'는 해석도 성립할 수 있을 것이다. 그러나 사실은 명백히 그와는 다르다.

육군의 배려는 오히려 대내적對內的인 것으로 '일본군의 군인에게 제네바조약을 적용하는 것을 거부한다'는 것이 주안점이었다고 생각된다. 따라서, 일본군의 포로가 된 제네바조약 가맹국의 군인은 그 조항에 근거해서 관리하는 것이 진의眞意였을 것이다. 그러나 그 진의를 명백하게 전군에 철저히 주지周知시키지는 못했던 것 같다.

그렇다면 그러한 지시를 내린 이상, 상층부는 어디까지나 그 지시를 지키도록 조치를 취했느냐 하면, 결코 그렇지는 않고, 포로에 대한 지휘권이라는 가장 기본적인 면에서는 명백히 제네바조약과는 다른 방침으로 임하고 있다. 게다가 문제의 기본은 여기에 있다는 것을 이해하고 있지를 않았다.

그러나 그것은 당시의 군인뿐만이 아니라 지금 사람들도 이해하고 있지 않다. 따라서 그 문제의 근본에 있는 것은 '인도적·비인도적'이라는 문제보다는 오히려 지휘계통의 다원성, 권한의 불명확성, 책임소재의 애매함 같은 조직의 문제이고, 간단히 말하면 홍 중장에게 필리핀에서의 전 포로와 억류자를 관리하고 지휘할 권한이 있었느냐 없었느냐 하는 점이다.

그리고 그 애매함의 밑바닥에 있는 것이 '조약은 비준하지 않았지만, 조약의 조항은 될 수 있는 대로 존중하라'는 식의 애매한 태도이고, 그 근저根底에 있던 것은 기묘한 독자성의 주장이었다. 그리고 더욱 문제가 되는 것은 일본다운 "제네바조약의 정신으로…" "헌법의 정신으로…"와 같은 지시 또는 주장으로, 이것은 지금도 변함이 없다.

제10장

야마시타 대장
재판의 증인

전쟁 재판의 문제점

일본군의 포로 학대는 이미 전설이 되어 있으며, 과거 40년간 그 문제에 대해 많은 책이 쓰여 왔다. 그러나 실제로 포로를 총괄하고 있던 홍 중장이 전범재판이라는 준엄한 취조의 장에서 증인으로서 무엇을 증언하고, 상대의 반대심문에 어떻게 대답했는지는 지금까지 소개된 것이 없다. 말하자면 모든 기술記述은 전문傳聞과 인상印象과 추측推測에 의해 구성되었지, 직접적 증언이라는 일차 자료를 결여하고 있었다.

그리고 40년간의 기술記述의 축적이라는 선입관을 바탕으로 해서, 거꾸로 일차 자료로서의 홍 중장 증언을 읽어보면 그 내용은 이상할 정도로 상식적으로 보이는 것이다. 홍 중장은 있는 그대로를 담담하게 증언하고 있으며, 그 증언 속에 나타나 보이는 그의 판단의 기준에는 광기狂氣, 잔인殘忍, 일시적 흥분, 열광적 상태 같은 요소는 전혀 찾아볼 수 없다. 이것은 앞에서도 말했지만, 전쟁터라는 현장에 있는 보통 인간의 판단이나 행동은 이상하리만치 상식적이고 냉정하고 또한 사무적인 일면이 있는 것으로, 결코 전쟁을 보도하는 신문 기사와 같은 열광성이나 이상성은 갖고 있지 않다.

물론 몇십만이라는 인간들 가운데는 오오쿠보 키요시大久保清* 같은 이상한 사람도 있으며, 그러한 인간이 잔학 행위를 일으켰다는 사실은 부정할 수 없지만, 그것은 평화로운 일반 사회에서도 일어나는 현상으로 전쟁터의 특성은 아니고, 전범 재판이 그런 범죄에 대한 재판이라면 그 재판 자체는 보통의 재판과 마찬가지로서 그곳에 무엇인가 특별한 문제가 있다고는 생각되지 않는다. 그리고 만일 문제가 있다고 한다면 그것도 또한 일반 재판이 일으키는 문제와 동질일 것이다.

두말할 것도 없이 전쟁 재판이 갖는 문제점은 그 점에 있는 것이 아니라 전시하에서의 합법성, 그 자체가 범죄가 된다는 점이다. 앞 장章에서 인용한 "야마시타 재판에서의 홍 중장 증언"은 전시중의 육군 수뇌가 규정한 포로 취급의 원칙이 지극히 상식적(적어도 일본인에게는)이며, 그 상식은 전후 40년째인 오늘날의 기준으로 보아도 비상식적이라고 생각되는 점은 한 군데도 찾아볼 수 없다.

특히, 가령 일본이 제네바조약을 비준하지 않았더라도 '제네바조약 가맹국의 군인 포로는 제네바조약에 의거해서 다룬다'고 하는 원칙은 최소한 그 조약의 가맹국으로부터는 비난을 받을 이유가 없다. 물론 당시의 일본의 상황 아래에서는 그 당시의 '미국의 생활수준 및 미군의 급여 수준'을 기준으로 한다면 포로가 후대를 받았다고는 말할 수가 없다.

---

* 1971년 일본 군마(群馬)현에서 발생한 연쇄살인사건의 범인. 자신이 그리는 그림의 모델이 되어달라는 수법으로, 8명의 여성을 살해했다.

그러나 당시 일본 육군의 수준을 기준으로 한다면 "의식적으로 포로를 냉대했다" "고의로 학대했다"고 말할 수 있는 상태는 홍 중장 증언에서는 전혀 없고, 동시에 홍 중장의 조치는 모두 전기前記한 두 차례에 걸친 '포로에 관한 회의'의 결정에 따라서 행해진 것이며, 그 점에 있어서의 위법성이나 잔학성을 입증하려고 했던 검찰 측의 집요한 심문은 모두 목적을 달성하지 못했다. 홍 중장의 조치는 전부가 당시의 상황하에서는 상식적이고 냉정하고 사무적이며, 한 마디로 말해서 '그 상황하에서는 합법적'이라고 할 수 있는 것이었다.

홍 중장은 자신에게 불리하다고 생각되는 사태를 태연히 인정하고, 유죄로 몰릴지도 모르는 자기의 조치를 당당하게 '자신의 결단에 근거를 둔 조치'라고 증언하고 있다. 그리고 이 증언의 배후에 있는 것은, 당시의 상황에서는 자신의 양심에 비추어서 자신의 조치에 위법성이 없다는 신념이었을 것이다. 따라서 그 '합법성'을 위법이라 하고, 그것을 지킨 게 범죄라고 한다면 증언할 필요가 일절 없다는 것이 그의 기본적인 태도였을 것이라 생각된다. 이하에 계속해서 "야마시타 재판의 증인으로서의 홍 중장의 증언"을 인용하겠다.

질문 : 포로에 대한 급여에 대해서 어떤 특별한 지시를 받은 적이 있는가?

홍 : 포로사령부에 재임 중에 급여에 대해서 도쿄로부터 특별한 지시나 명령을 받은 적은 없다. 포로 및 민간 억류자에 대한 식량 급여가 적당한 수준에 도달해 있지 못했다는 것을 나는 솔직하게 인정한다. 그러나 당시의 필리핀에서 입수할 수 있는 식량은 지극히 소량이어서, 일본제국 육군조차 식량의 할당이 적었다.

질문 : 보급 담당자가 귀관의 요구에 응할 수 없었던 일도 있었는가?

홍 : 그런 일이 종종 있었다. 1944년의 마지막 3개월 동안 필리핀에서는, 일본병사들 자체가 극도의 식량 부족에 빠져 있었다. 그 때문에 일본병사에 대한 매일의 할당량이 300그램까지 삭감되었다. 따라서 포로에 대한 할당도 그것에 따라 삭감되었다. 그 때문에 3개월 간 포로들은 식량 배급을 늘려줄 것을 계속 사령부에 호소해 왔다. 그러나 나의 사령부는 그것에 대해서 어떻게도 할 수가 없었다.

질문 : 귀관은 포로사령부의 사령관이었으므로 전소 수용소의 소장 및 전소 의사醫師는 귀관의 명령하에 있고, 명령에 위반하는 자는 처벌할 수가 있었는데, 그렇지 않은가?

홍 : 그렇다. 각지의 수용소장 및 그 밑에 있던 군의는 처벌할 수가 있었다.

앞 장에서 인용한 다음에 갑자기 이 문장이 나오니까, 말하자면 문맥이 기묘하게 끊기고 마는데, 여기에서도 갑자기 문맥이 끊기고 다른 질문이 나와서 그것이 또한 기묘하게 끊기고 만다. "야마시타 재판에서의 홍 중장 증언의 낭독"이 이런 형태로 되어 있는 것은 홍 피고에게 유리한 부분의 증언을 검찰 측이 고의로 빼먹고 있기 때문이다. 이런 방식은 공정을 결여한 듯이 생각되지만, 그들에게 있어서 재판이란 일종의 '논증 게임'과 같은 면이 있는데, 그 태도는 피고에게 유리한 부분은 변호인 측이 낭독한 다음 증거로서 제출하면 되는 것으로, 그 부분을 검찰 측의 증거로서 제출할 의무는 없다는 생각인 것 같다.

따라서, 인용이 중간에서 건너뛰기 때문에 때로는 왜 그런 문답이 오갔는지 그 의미를 알 수 없는 대목도 있다. 그 점은 나중에 변호인 측의 증언으로 일부를 보완할 수는 있지만, 여기서는 우선 증언을 재구성하지 않고 의미 불명不明인 채, 말하자면 낭독한 대로 게재하려고 생각한다. 왜냐하면 홍 중장의 증언에서 '홍 중장에게 불리한 것'만을 검찰 측이 수집해도 이것이 한도였다는 게 밝혀졌기 때문이다.

(A)

질문 : 귀관은 마닐라에 사는 스위스인 얀슨 씨를 알고 있는가?

홍 : 이름은 들은 적이 있다.

질문 : 사령부에서 얀슨 씨와 회담한 일을 기억하고 있는가?

홍 : 얀슨 씨는 몇 번씩이나 나의 사령부를 찾아 왔으나 나는 그를 직접 만나지는 않았다.

질문 : 나는 얀슨 씨의 각서를 갖고 있다. 그것에 따르면 1944년 6월 세인트 토마스 수용소에 물자를 보내려고 했는데, 우라베占部 중좌로부터 홍 중장의 지시로 허가할 수 없다는 말을 들었다고 쓰여 있다. 허가해서는 안 된다는 명령을 도쿄로부터 받았는가?

홍 : 그런 종류의 요청을 거절하라는 지시는 도쿄에서 하나도 받은 것이 없다. 그러나 나는 여러 가지 정세를 고려해서 그렇게 판단했다. 나중에 나는 나의 조치를 도쿄의 정부당국에 보고했는데, 도쿄도 그것을 양해했다.

(B)

질문 : 포로수용소 파사이 소학교小學校*도 귀관의 관할인가?

홍 : 그것은 해군의 포로 수용소이다.

---

* 우리의 초등학교.

266

질문 : 귀관의 관할이냐고 묻고 있는 것이다.

홍 : 그 노동캠프는 해군의 지휘하에 있었다. 그곳에서 포로를 보내 달
라는 요청이 있어서 여유가 있으면 나는 보내고 있었다. 도쿄에 대
한 보고 및 도쿄로부터의 지시는 나를 통해서 행해지고 있었다. 또
포로가 입원을 요할 때에도 올드 빌리빗드 병원에 보냈다. 왜냐하
면 의료기관 관계는 내 담당이었기 때문이다.

질문 : 착임着任 때 몇 명의 포로가 그곳에 있었는지 알고 있는가?

홍 : 그곳은 두 곳으로 나뉘어 있었다. 하나는 파사이, 또 한 곳은 파라
네크로, 두 곳 합쳐서 약 1천 명 이상이 있었다.

질문 : 그 두 곳에서 니콜라스 필드 비행장으로 작업대가 나가고 있었
는가?

홍 : 그렇다.

질문 : 그들 캠프를 시찰해 본 적이 있는가?

홍 : 1944년 4월경에 시찰했다. 그 당시는 식량 사정이 양호해서 충분
하다고 생각했다.

질문 : 귀관은 포로들이 실제로 비행장에서 작업하는 것을 보았는가?

홍 : 보았다.

질문 : 어떤 종류의 작업을 하고 있던가?

홍 : 지면을 고르고 있었다.

질문 : 활주로의 건설이었는가?

홍 : 그렇다.

YMCA는 미승인 단체

여기서 변호인 측의 발언이 있어서 상당히 오랜 시간 논란이 있은 후, 재판장의 재정裁定으로 검찰 측이 빼먹은 부분을 변호인 측의 증언으로서 낭독하고, 그것을 증거로서 제출하게 된다. 우선 나오는 것이 스위스인 얀슨 씨의 요청을 거부한 건, 즉 A에 상당하는 부분인데, 그것을 A'로서 다음에 게재한다.

질문 : 그 (요청거부의) 이유는 무엇인가?

홍 : 첫째로 필리핀 주둔 일본제국 육군은 YMCA를 국제기관으로서 인정하고 있지 않았다. 따라서 세인트 토마스 수용소가 그러한 대량의 기증을 미승인未承認 단체로부터 받는다는 것은 적당하지 않다는 것이다(일본 정부가 승인한다면 다를 것이다). 둘째 이유는 얀슨 씨에 따르면, 세인트 토마스 수용소의 억류자에게 기증하기 위해 물자 구입 자금으로 도쿄 주재 스웨덴 공사로부터 1만 페소의 송금을 받았다고 했는데, 얀슨 씨가 구입한 물자를 검사했더니, 그것은 총계 10만 페소 이상에 상당하는 물품이었다. 그래서 당연히 사령부는 자금원에 대해서 의심을 갖게 되었다. 즉 송금액과 실제의 물자 구입 총액 사이에 큰 차이가 있다는 것은 의심스러운 출처로부터 억류자에 대한 자금 원조가 있지 않았는가 하는 의혹을 낳게 했기 때문이다.

똑같이 B에 이어지는 B'가 있는데, 그것은 단순히 포로 문제만이 아니라 패전의 중요한 원인의 하나라고 무토 참모장이 기록하고 있는 지휘권 분립의 문제이다. 그리고 그 기묘한 권한의 불명확성은 앞에서 말한 변호인 측의 '홍 중장은 조선인이기 때문에 실질적으로는 무권한이었다'는 주장의 논거가 되어 있다고 생각된다. 그러나 그런 상태에 놓여 있던 것은 홍 중장 한 사람만은 아니었다.

질문 : 귀관이 포로관리부의 장長으로서 현지에 있는 동안 필리핀에 있는 모든 포로는 귀관의 관할하에 있었는가?

홍 : 그렇다. 다만 작업대에 나간 사람은 제외하고 말이다.

질문 : 팔라완 섬島 푸에르토 프린세사 비행장에 있던 포로는 귀관의 지휘하에 있었는가?

홍 : 그 비행장은 나의 관할하에 있지 않았다. 그것은 4항공군의 직접 지휘하에 있었다.

질문 : 그곳에서 작업을 하고 있던 것은 포로가 아니었는가?

홍 : 아니다. 포로였다.

질문 : 그렇다면 귀관은 필리핀의 전 포로를 지휘하고 있지 않았다는 말인가?

홍 : 그렇다. 특별한 사례 및 그것에 준하는 사례에 관해서는 규칙이 다음과 같이 되어 있었다. 전반적으로 말해서 나는 모든 포로를 관리하고 있었다. 그러나 작업 등을 위해 다른 부대로 배속되었다든가, 그곳에 보내진 포로는 자동적으로 그 부대의 지휘하에 들어가고, 그 지휘관의 관리와 책임으로 옮겨졌다.

질문 : 하지만 그 부대의 지휘관은 (포로에 관해서는) 귀관에 대해 책임을 지는 것이 아닌가?

홍 : 지휘관은 나에 대한 책임이 없다.

질문 : 귀관은 언제나 그 포로의 귀환을 요구할 수 있었는가?

홍 : 그러한 것을 요구할 수 있는 권한은 없었다.

질문 : 어떤 부대가 수용소에 있는 포로를 몇 사람 사역으로 사용하겠다고 생각했을 때, 그 부대는 포로를 얻기 위해서 어떻게 해야 하는가?

홍 : 정확한 규칙은 기억하고 있지 못하다. 그렇지만 내가 취임한 이후로는 그러한 사례가 없었다.

질문 : 전시 포로 및 민간 억류자 수용소의 총지휘관으로서 귀관은 제네바조약의 조항을 준수하고 있었는가?

홍 : 나로서는 그들 수용소의 운영에 대해서 도쿄 및 군으로부터 지시를 따르고 있었다. 나는 제네바조약의 내용을 알고 있다. 그러나 그 조약대로 실시할 권한은 갖고 있지 못했다.

질문 : 그렇다면 귀관 지휘하의 수용소는 대충 제네바조약에 맞춰 운영되고 있었는가?

홍 : 반드시 그렇지만은 않다. 전시 포로 및 민간 억류자 수용소는 도쿄 및 군으로부터의 명령에 따라 관리되고 있었다.

질문 : 그렇다면 어떤 점이 다르다는 말인가?

홍 : 가장 큰 차이는 제네바조약에 의하면 노동용 캠프의 설치는 그 포로수용소의 지휘관의 책임과 권한이라고 되어 있다. 그런데 군의 지시에 의하면, 어떤 부대로부터 포로 노동력의 요청이 있는 경우에는 그 책임은 완전히 그 노동력을 요청한 개개의 부대지휘관에게 옮겨 간다는 것이었다.

그 원칙은, 요약하면, 본토에서는 〈군대내무령軍隊內務令〉, 전선戰線

에서는 〈작전요무령作戰要務令〉에 우선 준거해서, 그 범위 안에서 '제네바 조약의 정신으로 하라'는 것일 것이다. 왜냐하면 여기서 홍 중장이 이야기하고 있는 것은 〈작전요무령〉 제1부, 제1편의 "전투서열 및 군대구분" 그대로이기 때문이다. 간단하게 설명하자면, 일본군의 포로 취급 방식에는 아무런 특례도 없고, 일본군의 말단 부대 및 병사가 취급받고 있는 것처럼 취급받고 있었다는 것이다. 생각해 보면 그게 일반적인 것으로, 일본군이라는 조직 속에서 특별한 발상으로 새로운 방식을 안출案出한다는 것은 있을 수 없었다.

전투에서의 일본군 조직에는 (1)전투서열과 (2)군대구분이 있었다. 전투서열은 칙령이고, 예를 들면 천황→대본영→총군사령부→방면군사령부→군사령부→사단사령부→각 부대라는 형태로 편성되며, 그 조직은 새로운 칙령이 없이는 변경할 수가 없고, 이것이 지휘계통을 나타낸다. 따라서 그것뿐이라면, 책임범責任犯의 추궁은 그 지휘계통을 소급하면 된다.

그러나 전선은 그와 같은 고정화된 조직으로서는 움직일 수가 없으므로 필요에 따라서 일부 부대를 다른 부대에 배속시켜서 그 지휘하에 넣는다. 그것이 군대구분이다. 간단히 말하면, 보병 1개 연대에 포병 1개 중대와 공병 1개 소대를 배속시켜 그 지휘하에 들어가게 한다는 형식으로 실행된다는 것이며, 그때 그 소부대는 배속된 부대의 지휘관의 지휘하에 들어가고, 전투서열에 있어서의 지휘관인 원대原隊의 지휘관은 그 부대에 관해서는 지휘권을 갖지 못하게 되는 셈이다.

예하隸下 부대와 지휘하指揮下 부대

전선前線이 크게 확산되면 포병 등은 각 중대마다 각기 협력하는 보병연대의 지휘하에 들어가게 되는 일이 있다. 나의 부대도 그렇게 될 뻔했는데, 그때 부대장은 웃으면서 "그렇게 되면 포병대장은 실업자失業者 신세군"이라고 말했다.

전선에서는 그런 현상이 조금도 이상하지가 않다. 그래서 전투서 열대로의 부하의 부대가 "예하부대"이고, 배속받아서 그 지휘하에 들어가게 되는 것이 "지휘하부대"로서, 그것이 군 명령 등에 나오는 "예하 지휘하 각 부대'란 의미이다. 그리고 지휘하부대인 경우의 지휘계통은 일시적으로 배속된 부대가 되므로, 그 책임을 추궁한다면 '실업失業 부대장'이 아니라 배속된 곳의 대장이 된다.

이 상태를 포로수용소에 적용시키면, 홍 중장은 전투서열에 있어서는 모든 포로의 지휘관이고, 그의 직접 관할하에 있는 수용소에 있는 포로들은 일종의 '예하 포로부대'라는 형식이 된다. 한편, 작업을 위해 각 부대에 배속당한 포로는 각 지휘관 밑에 있는 '지휘하 포로부대'이고, 그 부대에 대해서는 홍 중장은 지휘권을 갖고 있지 못하다. 따라서 만약 모든 포로를 각각 어떤 부대에 배속시켜 버리면 홍 중장도 '실업자' 상태가 되는 셈이다. 나중에도 그 문제가 나오는데, 이 기본이 제네바조약과는 완전히 다른 것이다.

제네바조약에서는 포로는 모두 어디에 파견되어가든 포로사령관의 지휘하에 있으며, 따라서 모든 권한과 책임은 포로사령관에게 있고, 그 사령관이 '실업자'가 된다는 일은 있을 수가 없다. 말하자면 일본 측은 "제네바조약의 정신" 운운하면서도, 포로의 편성 기준은 〈작전요무령〉그대로인데도 누구도 그것을 말하지 않았다. 그것은 포로를 〈작전요무령〉대로 편성했다고 하면, 곧 '포로를 전투에 이용했다'든가, '이용하기 위해서'라고 오해받는 게 두려워서 고의로 입에 담지 않았는가 하면 그렇지도 않은 것 같다. 명확하게 '편성의 기본'이 다르다는 것이 제네바조약의 가장 큰 위반이라는 의식은 없었을 것이다.

일본은 제네바조약을 비준하지 않았으므로 기본적인 점에서는 '제네바조약과 다른 것이 당연하다'고 말해도 상관이 없을 것임에도, 누구도 기본문제에 대해서 똑바로 말하지 않고 "제네바조약의 정신" 운운하니까 문제의 기본이 아리송해져 버리는 것이다. 그것이 '일본적 방식'이다. 그리고 미군이 이해할 수 없었던 것이 '실업지휘관失業指揮官'의 존재와 그 권한 및 책임이었을 것이다.

그리고 '일본적…'이라고 말하면 이상하지만, 아니 당연할지도 모르지만, '예하부대'와 '지휘하 부대' 간에는 차별이 있고, 지휘하부대는 냉대를 받는 것이 보통이었다. 그 경우, 원대原隊가 '친정'처럼 엄연히 존재하고 있는 포병 같은 특과부대는 그나마 괜찮은데, 해상침몰 등으로 원대를 잃고 상륙지에서 그곳 부대에 편의적으로 배속당한 장병은 문자 그대로 심한 차별을 당했다.

이시다 미쯔루石田滿 씨는 〈루손의 안개〉에서 그런 종류의 배속부대의 비애를 쓰고 있다. 그리고 그런 경우는 사관학교 출신의 우수한 좌관에게 지휘를 받는 부대도 마찬가지다. 도요하시 예비사관학교의 나의 구대장도 해상침몰 때문에 남부 루손의 어떤 사단에 배속되어 그곳에서 전사했는데, 그곳에서 당한 수모는 30년이 지난 지금도 미망인이 "원대에서 전사시키고 싶었다"고 탄식할 정도로 지독한 것이었다.

결국 배속된 인간은 '타관他官 사람'이었다. 그것을 생각하면 배속당한 포로들이 어떤 상태였는지는 짐작이 간다. 그러나 그것은 반드시 포로들이 생각한 것처럼 '포로이기 때문에' 그런 것은 아니었다. 그러나 그 상태를 홍 중장이 어떻게 할 수가 없었다 해도 그것은 이상할 게 없다. 포로가 아닌 일본군의 장교였어도 어찌할 수가 없어서 30년 뒤에 미망인이 탄식할 정도의 상태를 그곳 대장조차도 어쩔 수 없었기 때문이다.

그리고 그 문제의 배후에는 전통적 문화의 차이와 실정實情의 차이가 있었을 것이다. 제네바조약은 어디까지나 유럽에서의 전쟁, 말하자면 유럽 문화권 내의 일종의 '내전內戰'을 전제로 하고 있다. 분명히 유럽이라면 국경 근처에 형성되어 대치하고 있는 전선의 배후에 수용소가 있으며, 그곳에서 포로를 일원적으로 관리하고 동시에 그것을 일종의 '포로라는 잉여노동력을 저장해 두는 캠프'로 삼는다. 그리고 필요에 따라 노동캠프를 각처에 만든 다음, 그 두 종류의 캠프를 일원적으로 통제해서 필요한 쪽에서 노동력을 공급하고, 불필요한 쪽에서 그것을 철수시키는 등의 지휘 및 관리업무를 한 사람의 포로사령관이 권한과 책임을 갖고 실행한다는 발상은 지극히 자연스러우며, 동시에 능률적이고 합리적이다.

하지만 그 방식은 유럽이라는 협소한 지역과 발달된 교통망을 전제로 하고 있으며, 그 전제가 없는 광대한 동아시아에서는 처음부터 무리였을 것이다. 동시에 그 방식이 그들에게 있어서는 일반적이라 하더라도, 배속이라는 형태로 그 조직에 편입된 사람이 원대原隊의 지휘를 받고, 현장은 '한정적 지휘권' 밖에는 행사할 수 없다는 방식은 일본인의 발상에는 있을 수 없었다. 만약 명목적으로 '한정적 지휘권'을 정했더라도 그것은 원칙뿐인 공문空文이 되고 말았을 것이다. 이것은 어떤 것이 더 인도적이냐 하는 문제가 아니라, 조직 · 권한 · 관리책임의 소재라는 문제의 민족적·문화적·전통적인 차이일 것이다.

일본병사보다 건강한 포로

"야마시타 재판에서의 홍 중장의 증언"은 또 하나 있다. 그것도 똑같은 방법으로 낭독되어 검찰 측의 낭독이 건너뛰기 때문에 변호인 측이 건너뛴 부분을 나중에 다시 읽는다는 형식으로 되어 있다. 그 방식과 그 의도는 지금까지 특히 얀슨 씨에 관한 부분에서 명백히 밝혀졌다고 생각한다.

만약 그대로 끝나게 되면 홍 중장은 불합리하게, 독단으로, 고의적으로 민간 억류자에게 불리한 조치를 취한 듯한 인상을 주게 될 것이다. 이하의 낭독도 마찬가지지만, 그래서는 실태를 알기 힘들므로 여기서부터는 두 가지를 재편성해서 하나로 기록하기로 하겠다. 이 증언에서는 앞의 장과 똑같은 인정심문人定審問, 홍사익의 정확한 기록 등에 관한 질문으로 시작되지만, 그 부분은 생략하고 본론으로 들어가겠다.

질문 : 귀관은 1944년 10월 1일부터 필리핀 군도에서의 전시 포로수용
　　　소 및 민간인 억류자 수용소를 지휘하고 있었는가?

홍 : 그렇다.

질문 : 그 기간 동안 귀관은 필리핀 군도群島의 전시 포로수용소 혹은
　　　민간인 억류자 수용소를 방문 혹은 시찰한 적이 있는가?

홍 : 있다.

질문 : 세인트 토마스 억류자위원회로부터 식량이 충분하지 않다는 것

에 대해서 항의를 받은 적이 있는가?

홍 : 나는 직접 항의를 받지 않았다. 그러나 나는 그 건에 대해서 수용
　소의 책임자로부터 듣고 있었다. 그 위에 나는 억류자 중 몇 사람
　과 얘기를 한 적도 있고, 또 나 자신의 눈으로 직접 식량이 모자라
　는 것을 보았다.

검찰 측은 여기서 중단되고, 여기서부터는 검찰 측이 삭제하고 변
호인 측이 읽은 부분이 된다.

질문 : 귀관이 취임하기 전의 식량 사정은 어떠했는가? 그것에 대해 알
　　고 있는 바가 있는가?

홍 : 대체로 같았다고 생각한다. 1944년 1월에 민간인 억류자 수용소
　에 새로운 규칙이 시행되었는데, 그 이전에는 그들 억류자들은 외
　부로부터의 식량구입이 허용되었고, 또 외부의 친척이나 친구로
　부터 식료품 기타의 차입差入도 허용되어 있었다. 그러나 억류자
　수용소가 육군의 관할이 되고부터는 그러한 것들은 도쿄의 정부
　로부터 지시된 규정에 따라서 중지되었다.

질문 : 그것은 모리모토森本 중장의 명령인가? 구로다黑田 중장의 명령
　　인가?

홍 : 어느 쪽도 아니다. 그것은 도쿄에서 내려온 새로운 규정이다. 전쟁
　포로국 총재가 민간인 억류자 수용소를 군의 관할하에 두었을 때
　내린 것이다.

질문 : 그러나 그때 이전에 이미 포로 쪽은 외부로부터 식료품을 구입
　　할 수 없었던 것이 아닌가?

홍 : 포로는 외부로부터의 식량 구입을 허용받지 못하고 있었다. 그러나 각 수용소에는 일종의 PX가 있어서 그곳에서 담배나 과일 등이 판매되고 있었다.

질문 : 포로인 대위는 일본군의 대위와 같은 식량을 수령하고 있었는가?

홍 : 포로는 재료로, 즉 야채나 쌀이나 고기 등으로 수령하여 자신들의 손으로 음식을 만들었다.

질문 : 그러면 일본군과 마찬가지로 충분히 먹을 수 있을 만큼 지급되고 있었는가?

홍 : 일본군과의 차이는 없었다.

질문 : 그렇다면 미국인 포로는 일본군의 식량과 같은 것을 지급받고 있었는가?

홍 : 전반적으로 말해서 같은 것이었다. 그러나 카바나투안이라든가 다바오의 수용소 등은 포로들이 자기 손으로 농원을 만들고 가축도 키우고 있었기 때문에 포로 쪽이 일본 군인보다 더 잘 먹은 곳도 있었다.

이 증언은 사실일 것이다. 카바나투안 수용소의 사진이 남아 있는데, 그곳의 포로들은 결코 아우슈비츠 수용소와 같은 기아 상태가 아니라 당시의 일본군 병사들보다 오히려 더 건강하게 보인다.

오료쿠마루鴨綠丸 사건

질문 : 귀관은 포로에게 식사가 지급되는 식당에 들어가 보았는가?

홍 : 들어가 보았다.

질문 : 포로 한 사람의 식사량은 어느 정도였는가?

홍 : 쌀이 500그램, 야채는 넉넉히, 그리고 고기가 조금 있었다.

질문 : 각자에게 지급되는 쌀이 500그램이라는 것을 어떻게 알 수 있었는가?

홍 : 수용소장에게 물어보았다. 더구나 나 자신이 보기에도 우리들이 마닐라에서 먹고 있는 것보다 상당히 많았다.

질문 : 귀관이 말한 PX에서 포로들이 입수할 수 있었던 물품에 대해서 법정에서 상세히 말해 달라.

홍 : 내 기억으로는 야채, 과일, 계란, 담배, 칫솔, 치약 및 종이였다.

질문 : 일본의 경비병이나 군속이 식사하고 있는 곳, 혹은 그것을 요리하는 취사장에 들어가 본 적이 있는가?

홍 : 있다.

질문 : 경비병과 군속은 억류자와 같은 음식을 먹고 있었는가?

홍 : 양은 같았지만, 요리법은 달랐다.

질문 : 귀관은 자신이 포로 및 민간인 억류자에 대한 식량의 할당량을 결정한 일이 있는가?

홍 : 육군성으로부터의 기본적인 규칙으로는 포로에 대한 식량 할당은 일본군과 같아야 한다는 것이다. 내가 필리핀에 부임했을 때 현지의 총사령관에 의한, 별개 문서에 의한 지시가 있었다는 것을 알았다. 그것에는 포로에 대한 1일분의 고기, 쌀, 기타의 정확한 양이

정해져 있었다. 나는 그 규칙이 언제부터 실시되고 있었는지는 모르지만 아마 점령 시초부터였을 것이다. 그 최초의 할당량은 1944년 6월경까지 지급되고 있었다. 그러나 그것은 당시의 남방총군 사령부의 명령으로 삭감되었다. 그리고 같은 해 11월에 필리핀 총사령관에 의해 삭감되었다. 그 삭감은 식량 부족에 기인한 것으로 불가피한 것이었다. 우리들이 할 수 있었던 일이란 청구서를 작성하여 그것을 보급창에 갖고 가서 식량을 수령하는 일뿐이었다.

여기서 야마시타 재판의 재판장에 의해 문답이 중단되고, 오료쿠마루 사건으로 옮겨간다. 그 사건의 증인으로서의 홍 중장의 증언도 같은 형태로 검찰 측에 의해 삭제되고 재구성되어 있다. 그리고 그러한 삭제 및 재구성에 의해 검찰 측이 무엇을 입증하려고 의도하고 있는지를 거꾸로 알 수가 있는데, 그 의도를 한 마디로 얘기하자면 (1)포로에 관한 모든 문제의 전 책임은 홍 중장에게 있다, (2)포로는 의식적으로 차별받고 고의로 학대당하고 있었다는 두 가지 점을 입증하려는 것일 것이다. 그러면 여기서 오료쿠마루 사건을 살펴보기로 하자.

재판장 : 법정은 미군 포로가 카바나투안에서 올드 빌리빗드로 이동되고, 그 뒤 오료쿠마루라는 배에 승선한 경위를 듣고 싶다. 그 배에는 미국인 전시 포로와 일본인이 승선하고 있었고, 미군 폭격기에게 폭격당해 누비크 만灣 해안 근처에서 좌초되어 침몰했다는데, 그 건에서 해명을 희망하는 것이 세 가지 있다. 우선 첫 번째는 사전 검사이다. 검사를 했는지 안 했는지, 증인 또는 대리인이 미국인 포로를 승선시키기 전이나 후에 선내

시설이 적당한가 아닌가를 검사했는지 어떤지 하는 점이다. 그 배에는 각자의 스페이스가 적당한가 부적당한가, 위생시설, 취사시설, 병원 시설이 들어가 있어야 할 것이다.

다음으로 이하의 점에 대해서 질문하고 싶다. 그것은 누비크만에서 극소수의 생존자가 기슭에 상륙한 후의 상황이다. 그 사람들은 상당히 장기간 동안 음식물이나 물이 전혀 없는 상태로 어떤 테니스코트로 끌려갔다고 하는데, 법정으로서는 증인이 그 상황에 대해서 어떤 조치를 취했는지 알고 싶은 것이다. 질문하고 싶은 세 번째 점은 포로의 해상 수송에 대해서 필리핀의 일본군 사령관이 지니고 있던 책임에 대해서이다. 증인 또는 야마시타 장군 또는 다른 사령관이 포로의 해상 수송에 대해 어떠한 책임이 있었느냐는 점에 대해 묻고 싶다.

침대가 없으면 학대 행위

질문 : 1944년 1월에 오료쿠마루가 마닐라에서 포로를 만재하고 출항한 것을 기억하고 있는가? 그리고 그것은 12월 13일이었다고 생각한다. (첫 부분에서 낭독이 잘못됐던 모양으로, 통역에게 주의를 주고) … 질문의 첫 부분을 철회합니다. 12월 13일로 정정합니다.

홍 : 알고 있다.

질문 : 마닐라에서 그 배에 미국인 포로가 몇 사람 정도 승선했는지 알고 있는가?

홍 : 1,300명.

질문 : 귀관은 그들이 올드 빌리빗드 수용소에서 어떻게 왔는지 알고 있었는가?

홍 : 도보로 왔다. 아니, 지금 생각났지만 일부는 트럭으로 왔다.

질문 : 그들 포로들은 당시 귀관의 관할하에 있었는가?

홍 : 그렇다.

질문 : 그 배가 일본으로 출항할 즈음해서 귀관은 전송차 부두에 나갔는가?

홍 : 포로의 승선이 완료한 다음에 갔다.

질문 : 그렇다면 미국인 포로 승선 완료 시의 선내의 상황을 법정에서 진술해 달라.

홍 : 포로에게 주어진 스페이스는 너무나도 협소했다. 그들의 상태가 결코 '쾌적'하다고는 할 수 없는 상태라는 것을 나는 알아차렸다.

질문 : 미국인 포로는 갑판 밑의 선창에 수용되어 있었는가?

홍 : 그렇다.

질문 : 수용된 선창 내에는 변소 설비가 있었는가?

홍 : 그곳에는 없었지만 갑판에 있었다. 사용하고 싶을 때는 언제나 갑판에 갈 수가 있었다.

질문 : 선창 내에서 취침용 매트리스나 간이침대나 또는 침대는 있었는가?

홍 : 없었다.

질문 : 그렇다면 바닥에서 자지 않으면 안 되었단 말인가?

홍 : 그렇다.

이상의 문답이 계속 이어지는 심문은 포로에 대한 의식적 학대를 논증하고 인상 지으려는 의도로, 그것을 증명할 수 있는 증인을 홍 중장으로부터 이끌어내려고 하는 것이겠지만, 여기서 홍 중장이 솔직하게 말하고 있는 내용은 당시 육군 수송선의 지극히 일반적인 상태이고, 나 자신 일본군의 수송선도, 미군의 포로 수송선까지도 체험했기 때문에 그 점에 대해서는 자신 있게 말할 수 있다.

전후에 미군이 일본군 포로를 수송한 경우에도 변소, 음료수, 취침시설 등에 대해서는 그것과 큰 차이가 없었다. 그것에 관해서는 〈어떤 이상 체험자의 편견〉이라는 책의 "아파리의 지옥선地獄船"이라는 대목에서 썼기 때문에 재론하지 않겠으나, 포로 문제에서 학대라고 해서 자주 등장하는 것이 '침대의 유무'이고, 그들은 언제나 그것을 학대의 증거로 삼고 있다.

이것은 미국인의 심리에는 강렬하게 무엇인가를 호소하는 게 있으리라고 생각되지만, 일본인이나 한국인은 적어도 전쟁 전에는 침대라는 것을 몰랐고, 그것이 없는 생활 형태 속에서 태어나고 자라왔다. 일본인은 다다미 위에서, 한국인은 온돌 위에서 자고, 그리고 그것을 당연한 것으로 받아들였다. 그런데 미국인은 "침대 없이 바닥에서 자게 했다"는 말에서 학대의 증거를 찾는 것이다.

생활양식의 차이를 좀처럼 실감하지 못하고, 게다가 미국인은 '자신들의 기준'을 유일한 최상의 기준으로 삼아 그것만으로 모든 것을 판단한다. 그것은 전후에도 마찬가지인 모양으로 박 정권하의 정치범 독방에 "침대조차 없었다"는 게 미국이나 현재의 일본에서는 뉴스가 된다. 그런데 그 기사를 읽은 어떤 한국인이 이상스럽게 생각하고, "침대에서 자는 한국인이 과연 전체 국민들 가운데 몇 사람이나 될까요?" 하고 말했다는 이야기를 들었는데, 일본과 미국 간의 생활상의 감각의 차이는 전쟁 전과 전쟁 중에는 지금보다 훨씬 더 심했다.

하지만 미군의 포로 수송선에도 침대나 매트리스는 없었고, 우리들은 선창船艙의 강철판 위에서 잠을 잤다. 그것은 미국인 입장에서 보면 '너희들은 그것도 과분하다'고 하는 의식적 학대였는지도 모르지만, 당시의 일본인에게는 바닥에서 자는 것에 대해 정신적 저항은 없었고, 군대의 수송선에 침대가 없는 것이 당연했기 때문에 그것 자체를 의식적 학대라고 느낀 사람은 하나도 없었으며, 물론 그것을 항의하는 사람도 없었다.

홍 중장 자신도 사생활에서는 침대를 사용하지 않고 다다미 위에서 잤으며, 따라서 "그렇다면 바닥에서 자지 않으면 안 되었단 말인가?" "그렇다" 하는 문답에 아무런 문제점도 느끼지 않았을 것이다. 여기서 다시 증언으로 돌아가 보자.

> 질문 : 그들에게 바닥에 누울 수 있는 스페이스는 있었는가? 그렇지 않으면 서 있든가 앉아 있어야만 했는가?
> 홍 : 전원이 동시에 눕는 것은 무리였다.
> 질문 : 그들이 수용된 선창에는 환기 장치가 있었는가?
> 홍 : 해치가 열려 있을 때는 환기가 됐다. 그러나 비가 내리면 해치는 닫아야 했다.

이런 상태도 일본군 수송선의 보통 상태이고, 특히 '포로이기 때문에…'는 아니었다. 일본과 미국을 비교해 보면, 미국의 포로 수송선은 스페이스라는 점에서는 확실히 여유가 있어서 전원이 강철판 위에서 잘 수가 있었다. 다만 일본의 수송선은 갑판에 나가는 것은 자유지만, 그들은 갑판에 나가는 것을 금지했다. 그리고 환기 장치가 없었던 점에서는 양자가 같고, 나는 그 점에서 특별히 차이를 인정할 수가 없었다.

질문 : 이 포로의 이동에 귀관은 경비병을 붙였는가?

홍 : 물론이다.

질문 : 몇 명이나 되었는가?

홍 : 약 30명의 경비병을, 아니 40여 명을 도시노 중위 지휘하에 파견했다.

질문 : 그렇다면 그 사람들은 승선, 출항 후에도 귀관 소속의 장교 및 병사의 지휘 관리하에 있었는가?

홍 : 그렇다.

질문 : 그 기간 중 포로가 승선하여 어떤 목적지를 향해 마닐라에서 출항하는 배에는 모두 자신이 직접 시찰을 갔었는가?

홍 : 그렇다.

질문 : 포로가 승선하고 있는 시점에서 귀관은 그 장소에 있었다. 그렇다면 그때 포로의 생명을 보호하기 위해 사전에 조치를 취하고 있었는지 아닌지를 귀관은 알고 있었을 것이다. 안 그런가?

홍 : 아니, 아무것도 하지 않았다.

이 질의응답은 의미가 분명치 않다. 아마 홍 중장은 그 질문을 "포로의 생명을 보호하기 위해 사전에 조치가 있었는가?" 하는 의미로 알아들은 것 같다.

질문 : 그 배에 대한 폭격에 관해 12월 16일에 그 보고를 누구한테서
　　　 받았는가?

홍 : 도시노 중위로부터의 보고를 전령이 갖고 왔다.

질문 : 도시노 중위의 보고 내용은 무엇인가?

홍 : 배는 13일 밤 12시에 마닐라를 출항했으나, 만 내에서 폭격을 당
　　 해 누비크 만의 오롱가보에 피난해서 포로는 그곳에서 상륙을 허
　　 가받았다. 보고는 또한 포로에 대한 의료품의 지급을 요청하고 있
　　 었다. 그들은 벌거벗고 헤엄쳐서 상륙했다고 한다. 사후의 조치에
　　 대해서도 지시를 구해 왔다. 또 200명의 포로 및 5명의 경비병의
　　 사망도 보고해 왔다.

질문 : 귀관은 보고 수령 후 그들 포로에 대해 어떤 지시를 내렸는가?

홍 : 즉각 쌀, 통조림, 약품, 의류를 발송했다. 또한 포로에 대한 조치는
　　 명령을 기다리라고 했다.

　이상과 같은 기술 및 그것에 이어지는 검찰 측의 낭독 부분을 읽어
나가면, 누구나가 수송 중의 포로에 대해서도 일체의 책임은 홍 중장이
짊어지고 있는 것처럼 보인다. 그러나 변호인 측이 다른 부분을 낭독하
면 그것이 일전—轉하여 홍 중장은 아무런 권한도 책임도 없는 것처럼 보
이기도 해서, 책임의 소재를 전혀 알 수가 없게 되고 만다.

　그렇다고 해서 홍 중장이 책임을 얼마만큼 회피하려고 허위의 증
언을 하고 있는 것도 아니다. 이 기묘한 현상은 모든 전범 재판에 나타나
있기 때문에 당시의 책임자는 전원이 의식적으로 책임을 회피한 것처럼
규탄하고 있는 논평도 있으나, 문제는 그렇게 단순하지만은 않다. 그러
면 그 세부 사항을 추적해 보자.

제11장

포로捕虜 수송輸送

천황제 무책임체제無責任體制

앞에서도 말한 바와 같이 홍 중장에 대한 재판에서 낭독된 홍 증언은 '야마시타 재판의 증인으로서 홍 중장'의 증언이며, 말하자면 '증인의 증언'이지 '피고의 증언'은 아니다. 따라서 여기에서 구명究明되고 있는 것은 포로의 관리는 야마시타 대장의 책임이었느냐 아니냐 하는 문제이다.

이 문제를 아주 단순하게 생각한다면, 야마시타 대장 밑에 홍 중장이 있고 그 밑에 각 수용소장이 있으므로, '책임이 어떤 방향으로 어디까지 소급遡及되느냐'는 더없이 단순한 문제처럼 생각된다. 미국 측의 관점은 그 점에 있고, 그 영향을 받아서 일본에서 '전쟁 책임'이 논의되는 경우에도 전적으로 '책임의 자동적 소급'이라는 관점에서 논의되어 왔던 것이다.

그러나 야마시타 재판에서 홍 중장 증언의 일부를 쫓는 것만으로도 문제는 그렇게 간단한 일직선의 소급만으로는 해명할 수 없다는 것이 분명한데, 그 점에 있어서 미국 측의 태도는 전후 일본의 '전쟁 책임론'만큼 단순하고 정서적인 것은 아니다. 홍 중장은 정말 솔직하게 대답하고 있다. 그러나 그가 솔직하게 대답하고, 문제가 세부細部로 진행되면 진행돼 들어갈수록, 군사법정 측은 점점 더 책임의 소재를 알 수가 없게 되어갔던 것이다.

'천황제 무책임체제'라는 말은 종종 각자가 의식적으로 책임을 회피할 수 있는 비윤리적 체제의 의미로 사용되고, 그 의미로 비난 받고 있기도 하다. 그러나 생각해 보면 '의식적으로 교묘하게 책임을 회피하거나 전가하거나 하는 것'은 명확한 책임체제 속에서만 일어날 수 있는 비윤리적 행위이고, 체제 그 자체가 무책임하다고 하는 것은 그것과는 반대여서, 그 속의 '책임자'가 사실을 사실대로 솔직하게 말하면 말할수록 책임의 소재가 불분명하게 되어가는 체제일 것이다.

그렇기 때문에 '무책임체제'라고 부를 수 있는 것으로서, 말하자면 정직하면 정직할수록 책임의 소재가 불분명해져도 이상할 게 없는 체제인 것이다. 물론 이 체제에서는 "모든 것이 내 책임이다"하고 모든 죄를 뒤집어쓰는 것도 가능하다. 이 태도를 훌륭하게 생각해서 감동하는 사람도 있기 마련이지만, 이것은 '무책임체제'이기 때문에 취할 수 있는 훌륭한 태도라는 것도 부정할 수 없는 사실이며, 이것을 행하게 되면 '개인적 훌륭함'에 대신해서 '조직의 결함'이 불분명해져 버린다.

그런 관점에서 본다면 그 태도를 기대하고 그것을 훌륭하다고 생각하는 것 자체가 형태를 달리한 '무책임체제의 지지'라는 것을 부정할 수 없으며, 그것에 대한 윤리적 평가는 무책임체제와 반대관계가 되어 그것을 용인하고 지지하는 힘이 된다.

　이렇게 생각해 보면 홍 중장의 솔직한 증언에 근거를 둔 심문과 증언의 반복이 실태實態를 점점 더 분명치 못하게 만들어 간다고 해도 이상할 것은 없다. 급기야 재판장은 참다못해 그것을 중지시키고, 어떻게 해서든 그 증언을 미국적 책임체제의 페이스pace로 만들지 않을 수 없게 된다. 그 부분부터 다음에 인용해 보겠다.

　재판장 : 그 포로(오료쿠마루에서 구출된 포로)의 행방에 대한 추궁은 이제 충분하다. 법정은 오료쿠마루 승선의 시점으로 돌아가는 것이 좋겠다. 증인은 1,200명이나 그 이상의 미국인 포로를 필리핀으로부터 이동시킬 필요가 있었다고 증언하고 있다. 그는 그 인원수의 포로 수송을 위해 선박을 수배하려고 해상 수송 부대를 방문했다. 그런데 배가 회송되어와 시찰을 해 보았더니, 그 스페이스는 너무나 좁고 전원이 누울 수 있기는커녕 일부는 서 있거나 앉지 않으면 안 되었다고 증언하고 있다. 또 변소의 설비는 갑판에 있고, 환기는 해치 이외로는 할 수가 없다는 것도 알았다고 증언하고 있다.

　문제는 그와 같은 상황을 안 다음의 조치인데, 법정으로서는 어째서 그가 전원 승선을 강행했는가? 어째서 20%나 30% 정도만 승선시키는 조치를 취하지 않았는가? 또 그가 전원을 승선시킨 것은 그에게 결단이 서지 않았다든지, 권한이 없었다든지, 혹은 어떤 상황에서도 전원 승선을 강행시키라는 명령이 있어서 부득이 그것에 따를 수밖에 없었는지, 그것이 알고 싶다. 만일 명령에 따랐을 뿐이라면 누구의 명령에 따랐는지,

그것을 물어 보도록 하라.

질문 : 그때 귀관이 오료쿠마루를 시찰하고 스페이스가 1,300명의 포로에는 협소하고 불충분하다는 것을 알고 있었으면서 어째서 귀관은 그 인원을 승선시켰는가?

홍 : 그것은 미리 정해진 것으로서, 그렇게 하지 않을 수 없었기 때문이다. 1,300명의 포로를 수송하기 위해 배선配船 받은 선박은 그 배한 척밖에 없었기 때문이지만, 그러나 일본군도 그와 같은 상황에서 수송되고 있었던 것이다. 그 건으로 아무런 손을 쓸 수가 없었다. 동시에 방이 그다지 넓지 않았던 것은 사실이지만, 그렇다고 해서 견디지 못할 정도는 아니었다는 것도 사실이다. 나는 도시노 중위에게 포로가 갑판에 나가서 될 수 있는 대로 운동을 하거나 산책을 할 수 있도록 해 주라고 명령을 해 두었다. 또한 선장에게도 될 수 있는 대로 많은 공간을 포로에게 주도록 의뢰해 두었다.

이동 중인 포로의 책임

여기서 어이없을 정도로 갑자기 검찰 측은 "야마시타 재판에 있어서의 증언 중 본 법정에서 배려해 주기를 바라는 것은 이상의 부분입니다"라며, 낭독을 중단해 버린다. 그러자 이번에는 앞에서와 마찬가지로 변호인 측이 검찰 측에서 고의로 빼놓은 부분을 읽기 시작한다. 그 일문일답을 한 단락씩 기록해 보겠다.

(A)

질문 : 이동 중인 포로에 대한 책임은 포로의 관리책임자 밑에 있는 것이 아닌가? 즉 귀관의 책임, 말하자면 귀관의 지휘하에 있었던 것이 아닌가?

홍 : 수송이나 혹은 선박 속의 포로에 대한 설비에 대해서는 나의 책임은 아니다. 당연히 선장의 책임이다.

질문 : 그러나 귀관에게는 혼란스럽고 비위생적인 선창에 1,300명을 태웠다는 책임은 있을 것이다. 그것도 없다는 것인가?

홍 : 배船에는 그 이상으로 수용收容의 여지가 없었다. (여유가 없었으니까) 어떻게 해 볼 도리가 없었던 것이다.

질문 : 그렇다면 어째서 그 배에 1,300명을 태웠는가?

홍 : 그 배는 제3선박수송사령부의 지휘하에 있었다. 나는 1,300여 명의 포로와 40여 명의 경비병의 수용 장소에 대해서 그들과 협의를 했다. 다만, 배의 어디어디 공간室을 사용해도 좋다고 결정한 것은 제3선박수송사령부이다.

질문 : 제3선박수송사령부는 단순히 수송수단을 제공한 것뿐 아닌가?

홍 : 수송에 관한 전 책임(권한)을 그들이 갖고 있었다.

(B)

질문 : 오료쿠마루 선상에서 일본인 부녀자에게 주어진 설비도 포로에 대한 것과 같았는가?

홍 : 부녀자에 대해서는 자세한 것은 모른다.

질문 : 자세하지 않아도 좋다. 귀관이 보는 한에서 전반적으로 보아 동일했는가?

홍 : 내가 승선했을 때, 그녀들은 각자의 소지품을 끌어안고 통로나 갑

판에 앉아 있었다.

질문 : 포로들과 마찬가지로 혼잡하던가?

홍 : 그렇다.

질문 : 포로에게 주어진 스페이스와 승선한 일본의 경비병에게 주어진
　　　 스페이스와 그 넓이를 비교해서 어땠는가?

홍 : (넓이는) 같았다. 그러나 일본 군인은 완전군장이고 포로는 그렇
　　　 지 않았으므로, 자세히 본다면 일본병사 쪽이 포로보다 훨씬 (좁
　　　 고) 크게 불편했다.

이것은 확실히 홍 중장이 말하는 대로다. 당시 남방南方*에서는 병
사들에게 배낭이 지급되지 않고, 천으로 만든 등짐보따리 같은 게 지급
되고 있었다. 거기에 소총, 총검, 탄약창, 밥통, 방독면, 철모 등을 넣게
되면, 그 용적은 사람 1인분의 공간을 차지하고도 남는다. 따라서 실질
적으로는, 일본군 경비병에게 주어진 스페이스는 포로보다도 훨씬 협소
했을 것이다.

질문 : 그러면 배 안에서의 보급에 대한 질문인데, 포로에게 식사를 지
　　　 급하는 책임은 누구에게 있었는가?

홍 : 선장이다.

질문 : 포로에게 식사를 지급하는 시각을 정하는 권한은 누구에게 있
　　　 었는가?

홍 : 그것도 선장이 결정하는 일이다.

---

* 일본군이 점령한 남태평양(南太平洋) 도서(島嶼)들의 모든 전선(戰線)들을 가리킨다.

이상과 같은 질문이 지루하게 계속되고, 배에 어떤 표시表示를 붙이는 경우*의 책임자가 누구냐는 질문도 나왔는데, 대답은 모두 "선장이다"였고, 그것은 어느 나라에 있어서도 상식일 것이다.

(C)

질문 : 또 한 가지 질문이 있다. 포로를 일본으로 수송하라는 명령은 어디서 내려 왔는가?

홍 : 내가 직접 통신감으로부터 수령했다.

질문 : 그러면 그 명령이 도쿄에서 온 것인지 어떤지, 그것을 알고 있는가?

홍 : 통신감에게는 도쿄로부터 왔다.

여기서 다시 재판장은 검찰 측의 의견을 물었다. 검찰 측은 그것에 대해 다음과 같은 의견을 말했다.

검찰 측 : 이것만은 법정에 말하고 싶습니다. 어떤 문서에서 어떤 진술을 우리가 제시하여 피고에게 불리한 것으로 채용되었을 때는 법정에서는 그 부분만이 고려되어야 한다고 생각합니다. 그 이유는 피고가 현재 법정에 있고, 스스로 증언할 수 있기 때문입니다. 따라서 피고에게 불리한 부분 이외의 부분을 변

---

* 이 경우에는 "이 배에는 포로가 승선해 있다"는 표시를 말한다. 오료쿠마루는 이 표시를 달지 않고 출항했고, 이것이 미군 폭격기가 오료쿠마루를 전투함 또는 보급물자 수송함으로 간주하고 폭격한 이유가 되었다고 한다.

호인 측이 일방적으로 거론하여 기록에 넣는다는 것은 참으로 부적절하다고 생각하는 바입니다.

이 논리는 그들로서는 당연한 것인지도 모른다. 말하자면 홍 중장은 '증언의 권리'를 포기했으며, 이상은 야마시타 재판의 증인으로서 발언한 증언의 인용이므로 변호인 측이 피고에게 유리한 부분을 법정에 제출할 권리는 없다는 것일 게다. 다만 재판장은 "본 문서는 전체로서 법정에 제시된 것으로서, 검찰 측도 변호인 측도 함께 그것을 인용할 수 있다"고 재정裁定하고, 검찰의 이의를 기각했다. 그 기각에 뒤이어 검찰 측은 다시 한 번 "야마시타 재판에서의 홍 중장 증언"의 다른 부분의 인용 낭독을 시작했다. 그것에 대한 변호인 측의 낭독에서 오료쿠마루에 관한 부분으로, 앞에 계속된 부분만 인용한다.

질문 : 포로를 일본으로 해상 수송하는 건은 귀관의 명령인가?
홍 : 육군성으로부터의 명령이다. 1944년 6월 이전에는 명령이 직접 필리핀 파견군 사령관에게 와서, 그곳에서 포로관리 사령관인 나에게 왔다. 그러나 6월부터 10월까지는 도쿄로부터의 명령은 남방총군 사령부로 가서, 그곳에서 (필리핀 파견군 사령부를 경유하지 않고) 직접 병참감인 내게로 왔다. 11월이 되면, 도쿄로부터의 명령은 남방총군 사령부로 가서, 거기서 필리핀 파견군 사령관에게 왔고, 그리고 나서 그곳으로부터 병참감이며, 포로수용소장인 나에게 전달됐다.

이것은 앞에서도 말한 것처럼, 홍 중장의 승진과 남방총군 사령부가 그 병참감을 14방면군의 지휘하에 편입시킨 데서 생긴 혼란일 것이다.

질문 : 도쿄로부터 명확한 명령이 있었는가?

홍 : 있었다.

질문 : (포로를) 수송한 배에 대해서는? 도대체 그것은 육군 관할의 선
　　　박인가, 해군 관할의 선박인가?

홍 : 포로 수송에 사용된 선박의 거의 전부는 육군의 것이었다. 그러나
　　때로는 해군의 선박이 사용될 때도 있었다.

질문 : 그렇다면, 그들 육군의 선박을 지휘하고 있던 것은 누구인가?
　　　필리핀 파견군 사령관인가?

홍 : 필리핀에는 그 해상 수송을 지휘하기 위해 선박수송사령부가 있
　　었다.

질문 : 그 사령관은 필리핀 파견군 사령관의 지휘하에 있었는가?

홍 : 아니다. 그는 야마시타 대장으로부터 아무런 지시나 명령도 받지
　　않는다.

질문 : 그 배에 식량을 선적한 것은 누구인가?

홍 : 육군의 수송부다.

질문 : 의료시설은 어떤가? 그것은 귀관이 제공한 것인가?

홍 : 의료 자재資材는 우리가 제공했다. 그러나 의사는 모두 포로의 의
　　사로 충당했다.

선박수송사령부의 해외 파견기관은 대본영 직할이기 때문에 방면
군으로서도 어쩔 수가 없다. 현지에 있으면 그런 까닭을 알 수 없는 부대
와 현지 부대 사이의 충돌이 종종 일어나는데, 그것은 앞에서 이미 기술

한 바와 같다.

상황 단정을 피한 미군 측

이상이 대개 "야마시타 재판에서의 홍 중장 증언" 가운데서 홍 중장에 대한 재판 때 증거로서 낭독된 부분의 대강이다. 이 증언에서 집요하게 물고 늘어지는 것은, '포로 문제에 있어서 진짜 책임자는 누구인가?'라는 문제이다. 검찰 측은 당연히 그것이 홍 중장이라고 입증하려고 한다. 변호인 측은 그 입증을 무너뜨리려고 한다. 그리고 홍 중장이 무언無言이기 때문에 양자 모두 "야마시타 재판에서의 홍 중장 증언"이라는 틀, 말하자면 확정된 링 속에서 싸우지 않으면 안 된다.

그러나 싸우면 싸울수록 실제의 책임자가 누구인지 알 수가 없게 된다. 그때 흥미로운 것은 재판장의 태도로, 그는 '홍 중장은 포로수용소장이니까 당연히 책임자다'라는 예단豫斷을 전혀 갖고 있지 않다는 점이다. 이 점을 철저히 소급해간다면, 천황의 전쟁 책임이라는 문제로 귀착歸着할 것이다. 그러나 그 문제는 전후의 일본에서는 감정적으로는 거론을 했더라도, 구체적 문제의 실질적 책임자가 정말로 누구냐 하는 형태로, '사실의 규명'이라는 형태로는 논증되고 있지 않다.

그러나 그들은 "포로수용소장"이라는 명칭에서 극히 자연적으로 생기는 '예단'을 극력 피하고, 어디까지나 백지白紙를 전제로 해서 사실의 단편을 하나씩 하나씩 파악해 나가는 방식을 채용하여, 상황 단정 내지는 규탄을 하고 있지 않았다. 그러나 그들도 그 방식이 실패하자 최종 변론에서는 표면적으로는 비슷한 방식을 취하게 되지만, 그것도 어떤 의미에서는 '그것을 자각하면서 연기演技하고 있다'는 측면이 보이며, 그 경우조차 어디까지나 일정한 한계가 있었다.

이게 바로, 소위 '리걸 마인드legal mind'*에 대한 일본과 미국의 차이일 것이다. 미국에는 변호인 측에 대해 '동포同胞인 미국인 학살의 책임자를 변호하는 자식'이라는 태도는 전혀 없고, 이 점은 일본이 이런 종류의 문제를 취급하는 방식과 대단히 다르다.

그리고 이런 리걸 마인드가 종전 직후의 히스테리 상태에 놓여 있던 마닐라에서도 관철됐다는 사실을 생각하면, '천황 문제를 솔직하게 이성적으로 논하는 것은 일본인에게는 시기상조인지도 모른다'로 시작된 '셸던 – 이노우에井上 논쟁'에 대한 셸던 교수의 최종 메시지의 의미를 알 수 있겠다는 느낌이다. 셸던 교수가 바랐던 것은 어쩌면 이 재판에 있어서와 같은 리걸 마인드에 입각한 논쟁이었던 것일 게다. 그렇지만, 그것이 불가능했던 것은 단순한 '시간'의 문제는 아니다. 그것은 각각 따로 논 재판이었기 때문이다.

이야기가 옆길로 빠진 것 같지만, 법정이 여기서 우선 분명히 해둬야 할 것은 이상의 복잡한 지휘계통을 정리해서 포로 문제의 '사실상의 책임자는 누구인가?'를 철저히 규명하는 것이라는 점에 있어서는, 전원에게 일종의 합의가 있었으며, 그 합의의 틀 안에서 논쟁이 전개되고 있다는 것은 부정할 수 없다.

그렇기는 하지만, 그것은 재판이므로, 그들이 전기前記한 문제점이 많은 전쟁 재판의 원칙 중 하나인 비밀문서 AG000.5의 D-(4), 즉 "피고가 육해군 부대, 또는 다른 집단·단체에 의한 집단범죄에 관한 죄로 고

---

* 법의식.

발뇌었을 경우, 그 집단범죄에 관해 이전에 법정에 제출되어 그 부대 또는 단체의 일원이 유죄가 되었을 때의 증거는 당 피고도 그 범죄에 대해서 유죄라는 '제일급의 증거능력을 갖는 증거'로서 채택할 수 있다" 이하 (7)까지의 원칙을 부정하고 있는 것은 아니다.

그것도 또 하나의 틀이다. 그러나 문제는 그것이 어떤 피고에 대해서 증거능력을 갖느냐는 점에서는 백지白紙라는 것이다. 여기에 변호인 측이 지휘계통의 문제에 전력을 기울이고, 검찰 측이 집요하게 그것을 배제하려고 한 이유가 있다고 생각된다.

이 원칙의 타당성은 잠시 덮어 두자. 다만 이상의 원칙은 간단히 말하자면, 하급 부대의 잔학 행위는 상급자를 자동적으로 교수대로 보낼 수 있다는 것이다. 그러나 지휘계통상의 상급과 하급이 한 계통이 아니라면 그 하급이 어떤 상급으로 소급하는지가 불명확하게 되어버리고, 동시에 이 소급을 어디까지 계속하느냐도 문제가 된다.

앞에서도 말한 것처럼, 포로를 가령 '예하 포로부대'와 '지휘하 포로부대'로 나누었을 경우, 홍 중장의 '예하 포로부대'에 대해 어떤 잔학 행위가 있었다면 그것만으로도 홍 중장을 자동적으로 교수대로 보낼 수가 있는 것이다. 따라서 검찰이 입증하고 싶은 것은 우선 그 점인데 그것에 대해서는 나중에 말하겠지만, 그 점에 관한 한 공평하게 보아서 검찰 측은 입증에 성공하지 못했다. 한 마디로 말하면 홍 중장의 명령이 행해진 예하隷下의 수용소에는 그런 종류의 사건은 없었다고 할 수가 있다.

그래서 검찰 측이 입증하고 싶었던 또 하나의 점은 소위 '지휘하 포로부대'의 경우로, 여기에 대해서는 확실히 문제를 제기하고 있는데, 그 '집단범죄'의 책임을 그 부대의 지휘계통으로 소급해야 할 것인가 홍 중장에게로 소급해야 할 것인가를 사실은 아무도 명확하게 판단할 수가 없다는 점이다. 따라서 이 점이 가장 애매하게 보이는 '오료쿠마루 사건' 이 검찰 측과 변호인 측의 공방전의 중심이 되는 것이다.

증인인가 피고인가

지휘계통에 대해서 명확하게 증언할 수 있는 것은 참모장인데, 여기에 변호인 측의 증인으로서 무토 참모장이 출정하게 된다. 그것은 영미英美 법정의 관행인지도 모르지만, 이상하게도 무토 증인은 "증인"이라 불리기도 하고, "피고"라고 불리기도 하는데, 다음에 그 표기대로 일문일답을 게재하겠다.

(군사법정, 1946년 3월 26일 오후 공판, 검찰 측은 베어드 중령, 변호인은 웨스턴 중위)

재판장 : 재판을 속개續開한다.

변호인 측 : 재판부에 말씀드립니다. 변호인 측은 다음 증인으로서 무토 아키라武藤章 중장을 환문喚問하려고 합니다.

(선서, 그 밖의 수속이 있은 뒤)

질문 : 법정에 성명 계급을 말해 주시오.

무토 : 무토 아키라, 육군 중장.

질문 : 일본군의 일원인가?

무토 : 그렇다.

질문 : 1944년 10월 20일부터 전쟁 종결까지 어디에 주재하고 있었는가?

무토 : 루손 섬이다.

질문 : 일본군에서 지위와 직책은 무엇인가?

무토 : 제14방면군 참모장이다.

질문 : 1944년 10월 20일부터 포로의 관리는 14방면군 밑에 있었는가?

무토 : 그렇다.

질문 : 전쟁 포로의 관리에 관한 제諸 규칙을 알고 있는가?

무토 : 전체적으로는 알고 있다.

질문 : 포로가 기술부대 또는 건설부대에 파견 내지는 전출된 적이 있는가?

무토 : 나의 취임 후로는 전출 또는 파견된 포로는 한 사람도 없다. 단지 그 이전에 몇 사람인가 파견된 일은 있다.

여기서 검찰 측이 항의를 제기해서 변호인 측의 응수, 재판장의 재정이 있었다.

검찰 측 : 재판부에 말씀드립니다. 검찰 측으로서는 지금의 증인의 답은 (전임자에 관한 것으로), 말하자면 전문傳聞이지 직접적인 지식은 아니라고 사료되오니 삭제하여 주실 것을 요구합니다.

변호인 측 : 재판부에 말씀드립니다. 본인은 이 진술에 대해서 증인은 단순한 전문傳聞이 아니고, 그 사실을 자신도 알고 있었다고 믿습니다. 14방면군 참모장이라는 지위에서 볼 때, 그는 취임전의 일도 전반적으로 알 수 있는 입장에 있었다고 생각합니다….

검찰 측 : 재판장! 예비적 질문을 해도 괜찮겠습니까?

재판장 : 이의異議에 대해 재정을 내릴 때까지 기다려 주시오. (검찰 측의) 이의를 기각한다.

검찰 측 : 본 이의에 대해 예비적 질문을 해도 되겠습니까?

재판장 : 증인에 대해서인가?

검찰 측 : 증인에 대해서입니다.

변호인 측 : 재판부에 말씀드립니다. 검찰 측은 반대심문 때까지 기다렸다가, 그때 이의를 제기하고 삭제를 요구하면 될 것입니다.

재판장 : 법정은 현 시점에서의 예비적 질문은 허용하지 않기로 재정한다.

검찰 측 : 검찰 측은 증인에 대한 예비적 질문에서, 본 증인은 1944년 10월 20일 이전에는 필리핀에 있지 않았다는 사실을 밝히고 싶은 것뿐입니다. 따라서 1944년 10월 20일 이전의 필리핀에 있어서의 사건에 대한 질문에는 이의를 제기하려고 생각하고 있는 것입니다.

재판장 : 법정은 재정을 변경하지 않는다.

검찰 측 : 군법위원의 재정에 따르겠습니다.

재판장 : (변호인 측에게) 진행하시오.

질문 : 귀관이 알고 있는 범위 안에서 파견이랄까 배속이랄까, 말하자면 '차출된 포로'에 관한 규정은 있었는가?

무토 : 알고 있다.

질문 : 규정을 정한 것은 누구인가?

무토 : 도쿄이다.

질문 : 규정의 내용에 대해서는 잘 알고 있는가?

무토 : 알고 있다.

질문 : 그 규정에 따르면, 홍 중장은 파견되고 배속된 포로까지도 지휘

한 것이 되는가?

검찰 측 : 재판부에 말씀드립니다. 검찰 측은 지금 질문에 대해 이의를 제기합니다. 그 근거는, 증인은 포로에 관한 (규정의) 문서 내용을 증언하려고 하는 셈인데, 그 문서는 내용적으로 말해서 지극히 중요한 증거이기 때문에 그와 같은 질문을 하기 전에 그 규정이라는 것을 입수할 수 없다는 것을 제시할 필요가 있다고 생각합니다.

재판장 : 변호인 측 의견은?

변호인 측 : 본 질문의 목적은 홍 중장의 상급 지휘관이 홍 중장의 책임과 의무에 대해 어떻게 생각하고 있었는가를 나타내려는 것으로서 그 문서의 내용을 제시하려는 것은 아닙니다. 변호인 측으로서는 현재 그 문서를 찾고 있는 중이지만, 발견할 수 있을지는 아직 의문입니다. 다시 한 번 말씀드리지만 본인은 홍 중장의 상급 지휘관이었던 본 피고가 홍 중장의 의무 내지는 책임을 어떻게 생각하고 있었는가를 나타내려고 하는 것입니다.

재판장 : (검찰 측의) 이의를 인정한다.

변호인 측 : 재판부에 말씀드립니다. 지금 문제가 되고 있는 규정이 발견되지 못했을 경우에는 훗날 다시 본 피고를 재소환해서 본 규정의 증명에 관해서 증언할 수 있도록 허가해주시기 바랍니다.

재판장 : 그와 같은 허가를 법정에서 받을 필요는 없다. 변호인 측은 언제나 증인을 소환할 수 있지 않은가?

실재實在하지 않는 사규社規 · 사칙社則

여기서 변호인 측은 질문의 방법을 바꾸고 있다. 변호인 측의 작전은 분명히 여기서 한때 좌절되었다. 두말할 것도 없이 그 목적은 '지휘하 포로부대'라고 표현할 수 있는 상태에 있는 포로, 말하자면 홍 중장의 '예하'를 떠나서 다른 부대에 배속된 포로에 관한 문제는 일절 홍 중장의 책임이 아니다. 따라서 그곳에서 일어난 사건의 책임은 홍 중장에게 소급되지 않는다는 것을 증명하려고 했던 것이다.

이 경우, 무토 중장은 변호인 측의 증인이므로 홍 중장에게 유리한 증언을 할 것은 뻔하다. 그렇지만 증언만으로는 증거능력이 있다고 할 수가 없다. 지휘권의 귀속歸屬은 세계 어느 나라의 군대라도 중요한 문제이므로 배속될 경우 배속처의 지휘자가 어떤 범위로 지휘권을 갖느냐는 것은 명확한 규정이 있을 것이다. 따라서 우선 그 규정을 기록한 문서를 증거로서 제출하라는 것은 그들에게 있어서 당연한 요구이고, 그 점에서 재판장이 검찰 측의 이의를 인정한 것은 이상할 것이 없다.

어떤 의미에서는 이 점이 홍 중장을 무죄로 하느냐, 교수대로 보내느냐의 갈림길이기도 한 것이다. 앞에서 말한 것처럼 포로를 '예하 포로부대'와 '지휘하 포로부대'로 나누는 경우, 홍 중장이 직접 관리한 '예하 포로부대'에서는 아무런 큰 문제가 일어나지 않았다는 것은 ─ 아직 충분히 논증되지 않았다고는 하지만 ─ 법정의 전원이 어렴풋이 느끼고 있다. 그와 동시에 '지휘하 포로부대'에 대해서는 이미 잔학殘虐 사건이 명백히 드러나 있다. 따라서 그 책임이 실질적으로 어디에서 어디까지 소급돼 가느냐는 것이 가장 큰 문제이다.

그러나 그 문제를 명확하게 할 수 있는 공적 문서가 어디에도 없다고 하는 실로 기묘한 현상이 나타난 셈이다. 물론 기본은 아무도 확실하게 말을 하지 않지만 〈작전요무령〉이다. 그러나 그 조항은 앞에서 인용한 것처럼 기본을 제시한 것뿐이므로, 그것에 근거를 둔 "실시세칙實施細則"이 있을 것이며, 변호인 측이 필사적으로 그것을 찾은 것도 사실일 것이다.

하지만 그것을 필사적으로 찾지 않으면 안 된다는 사실을 검찰 측은 물론 재판부도 반신반의半信半疑 했을 것이다. 왜냐하면 그런 문서는 그들의 상식으로는 '찾지 않으면 안 될' 상태에 있을 턱이 없다. 규칙이 없는 조직은 존재할 수가 없기 때문이다. 따라서 나쁘게 해석하자면, 그 문서를 내놓으면 홍 중장에게 불리하게 되니까 고의적으로 감춰 놓고서 무토 참모장으로 하여금 홍 중장에게 유리하도록 증언시킨다는 변호인 측의 작전이 아니냐는 추측조차 성립하게 된다. 재판장의 그러한 재정 뒤에는 아마도 이상과 같은 심증心證이 있었던 것으로 생각된다.

그렇다면 검찰 측이 지적한 '지휘권의 세목細目을 규정한 문서'는 과연 존재하고 있었던 것일까? 어딘가에 있었는지도 모른다. 그러나 그것이 14방면군 참모장이라는 요직要職에 있는 본직本職 군인이 '그것은 어디어디의 제 몇 조 제 몇 항에 의거하여'라고. 즉각 말할 수 있는 명확한 형태로는 실재하고 있지 않았다는 것은 확실하다.

따라서 나도 그 '규정'의 존재를 모르지만, 참모장이 모르는데 일개 소위가 모르는 것은 당연할 것이다. 그렇기는 하지만, 그것은 '예하'와 '지휘하'에 있어서의 지휘권의 범위의 차이에 대해서 다시 육군 안에서 당연한 상식으로서 통용되고 있던 규범을 내가 모르고 있었다는 것은 아니다.

이런 표현은 이상하게 들릴지도 모르지만, 일본의 조직이란 군대든 회사든, 전쟁 전이든 전쟁 후든, 그런 형태로 운영되고 있는 것이 보통이었다. 좋은 예가 각 회사의 '사규·사칙집集'이다. 큰 회사로서 그것이 없는 회사는 없지만, 지금까지 내가 들은 범위 안에서는 그것을 읽어 보았다고 하는 사람이 없는 것도 사실일 것이다. 어떤 사람은 나에게 "그런 것을 읽을 턱이 없지 않습니까?" 하고 말했는데, "읽을 턱이 없다"는 게 아마 실정實情일 것이다.

또 회사의 부장이나 과장에게 '당신의 권한은 사규·사칙의 제 몇 조 제 몇 항에 근거하는 것입니까?' 하고 물어봐도, 대답할 수 있는 사람은 없을 것이다. 그러나 그러한 규정은 어딘가에 '존재'는 하고 있다. 하지만 그것은 현실적으로 인간들을 다스리는 형태로 '실재'하고 있는 것은 아니다.

그런 의미에서 육군도 '사규·사칙집集'은 있었겠지만, 그것은 무토 참모장으로부터 일개 소위인 나까지를 다스리는 '실재하고 있던 규정'이 문서의 형태로 존재하고 있었다는 의미는 아니다. 따라서 변호인 측이 아무리 그것을 찾는다 해도 그것을 문서의 형태로 발견한다는 것은 불가능했을 것이다. 물론, 그것은 '사규·사칙'적인 규정이 존재하지 않았다는 의미는 아니다. 존재했을지도 모른다. 그러나 그것은 참모장조차 기억할 수 없는 곳에 있었던 것이다. 그러나 미국인의 상식으로는, 그것은 각자의 권한과 책임을 다스리는 규정이 없다는 것과 같은 뜻으로, 그들이 그것을 정당하게 인정하지 않는 것도 무리는 아니다.

물론 일반적인 지휘에 관한 원칙은 누구나가 알고 있었다. 앞에서 말한 〈작전요무령〉의 제1부 제1편 제1조와 제2조이다. 하지만, 그것은 말하자면 '헌법'과 같은 것으로 그것만으로는 모든 것을 다스릴 수 있는 것은 아니다. 앞에서 말한 것처럼, 예하 부대를 모조리 타 부대에 배속시

켜 버리면, 그 부대장은 '실업失業' 신세가 된다. 그럼 그 '실업 부대장'이
완전히 무권한이냐 하면, 그렇지만도 않은 것이다.

나 자신의 경험을 이야기하자면, 나는 자주포自走砲를 1문을 갖고
게릴라 토벌을 위해 가타랑이라는 마을에 파견된 적이 있었다. 그때의
지휘계통은 대략 다음과 같았다고 생각된다. 우선 자주포중대의 1개 분
대가 중대장의 지휘를 떠나 부대 본부의 지휘하에 들어간다. 뒤이어 내
가 그 지휘를 맡게 된다. 그리고 가타랑에 가서 사단 전차대의 지휘하에
들어간다는 형태다.

그때 작전에 관해서는 오로지 사단 전차대장의 지휘를 받고 급여
도 전차대에서 받는다. 다만 개인적인 인사는 원대原隊가 쥐고 있으며,
가령 나를 본부로 소환하고 다른 장교를 파견하는 것은 원대 부대장의
권한이고, 또 그 장교의 전속·배속·승진 등도 원대 부대장의 권한이
다. 또한 나의 부하인 자주포 1개 분대의 개인적인 인사는 마찬가지로
원대 중대장이 쥐고 있으며, 그것은 내 마음대로 되지 않는다. 분대장이
원대에 소환되어 가고, 다른 하사관이 분대장으로서 파견되어 와도, 그
인사에는 간섭을 할 수가 없다.

또 부대 내 치료는 배속된 부대에서 받지만 입원은 원대에 복귀해
서 입원하는 형식이 된다. 그 관계는 홍 중장과 포로 사이에서도 기본적
으로 같았던 모양으로, 입원의 경우에는 홍 중장이 인수하여 올드 빌리
빗드 병원에 입원시켰다고 '증언'에서 진술하고 있다.

따라서, 그런 예는 없었겠지만, 홍 중장이 어떤 포로를 개인적으로
소환하고 다른 포로를 파견하는 것은 불가능하지는 않았을 것이다. 다
만 그것은 일본군에 있어서 말하자면 '내규內規'를 적용하면 그렇게 된
다는 것으로, 그것 이외에 '포로에 관한 지휘권'에 대해서 특별한 규정은

없고, "제네바조약의 정신으로…" 하는 식의 형태가 아니었나 하는 생각이 든다.

이상과 같은 실정은 명확한 '문서에 의한 규정'을 제시해서 '지휘하 포로부대'는 홍 중장의 권한 밖이며, 따라서 홍 중장에게는 책임이 없다는 논증을 불가능하게 만들었다. 여기에서 변호인 측은 앞서 말하듯이 작전을 바꿔서, 사실 문제로 그 관계를 밝히려고 시도하여, 그 때문에 다시 '오료쿠마루 사건'을 거론하게 된 셈이다. 이하는 변호인 측과 무토 참모장의 일문일답이다.

포로 수송의 지휘관

질문 : 귀관이 아는 한에 있어서는 포로를 일본으로 수송하라는 명령은 어디서 왔는가?

무토 : 도쿄로부터 왔다.

질문 : 수송해야 할 인원수는 누가 정했는가?

무토 : 도쿄가 명령을 두 가지 보냈다. 하나는 수송해야 할 인원수로서 그것은 군사령관 수신이고, 다른 하나는 어디로부터 몇 명이라는 지시로, 그것은 선박수송사령관 수신이었다. 그래서 군사령관은 도착하는 선박에 포로를 실어 보낸 것이다.

질문 : 포로 수송을 위한 선박을 선정한 것은 누구인가?

무토 : 선박 수송 사령관이다.

질문 : 그 선박수송 사령관은 누구의 지휘하에 있었는가?

무토 : 대본영의 직접 지휘하에 있었다.

질문 : 승선 후의 포로에 대한 물자, 식량, 물의 보급은 누가 했는가?

무토 : 선박수송사령관에게 그 책임이 있어서 그것을 실시하고 있었다.

질문 : 승선 후의 포로는 누구의 지휘하에 있었는가?

무토 : 각 수송선에 수송지휘관이 있어서 포로는 그 관할하에 있었다.

질문 : 포로가 일단 승선한 후에도 홍 중장은 포로에 대해서 지휘권을 갖고 있었는가?

무토 : 그런 부대에 대해서 홍 중장은 어떤 지휘권도 갖고 있지 않았다.

변호인 측 : (아마도 검찰 측의 이의 제기 기색을 알아차리고서 그것을 앞질러서) 재판부에 말씀드립니다. 조금 전의 이의에 대해서인데, 본인으로서는 본 증인에게 파견, 배속 포로에 대한 지휘권에 관한 규정이라든가, 문서라든가에 관계없이 질문을 하고 싶습니다만….

재판장 : 증인의 재임 중에 발생한 배속 등에 대해서 본 사건과 관계가 있는 것에 관해서는 좋다.

변호인 측 : 재판부에 말씀드립니다. 본 증인은 이미 재임 중에는 배속은 없었다고 증언했습니다. 그러나 본인으로서는 증인이 재임기간 동안에 이미 파견, 배속된 포로의 지휘를 누가 했는지를 질문하고 싶습니다. 포로는 이전에 배속되어 있었다고 증인은 진술하고 있기 때문입니다….

재판장 : 어떤 기간을 가리키는가?

변호인 측 : 1944년 10월 20일부터 1945년 1월 6일 사이입니다.

재판장 : 그 기간이라면 질문을 허가하고 있다.

변호인 측 : 감사합니다. 그러면….

질문 : 1944년 10월 20일 필리핀에 도착했을 때부터 1945년 1월 6일까

지 사이에 파견이나 배속되어 있던 포로의 지휘는 누가 맡고 있었는가?

재판장 : 그 질문은 지나치게 일반적이어서 적당치가 않다. 좀 더 특정特定하도록 하라.

변호인 측 : 어느 점을 말입니까?

재판장 : 배속이나 파견되어 있던 분견分遣 부대 이름을 말하라.

질문 : 팔라완 섬에 포로가 파견되어 있었는가?

무토 : 팔라완 섬에 포로가 파견되어 있었다는 것은 알고 있다.

질문 : 귀관이 필리핀에 있던 시기의 일인가?

무토 : 내가 취임하기 훨씬 전의 일이다.

질문 : 취임 후에도 그와 같은 상황은 계속되었는가?

무토 : 나는 미군에게 수용된 후 처음으로 팔라완 섬에 미군 포로가 있다는 것을 알았다.

질문 : 그렇다면, 수용되기 전에는 팔라완 섬에 미군 포로가 있다는 것을 몰랐다는 것인가?

무토 : 몰랐다.

"레이테가 어디지?"

이와 같은 무토 참모장의 말은 사실일 것이다. 그 후에도 엄청나게 많은 '모른다'가 나오지만, 그것은 모두 사실이라고 생각한다. 이하는 '군대이야기'인지도 모르지만, 착임着任한 무토 참모장이 "이봐, 레이테가 어디지?"라고 참모에게 물었다는 이야기가 있다. 1944년(쇼와 19년)

10월 20일이라면, 미군의 레이테 상륙이 있던 바로 그날이다.* 그 시기에 아닌 밤중에 홍두깨식으로 수마트라로부터 전임轉任을 명령받았으니까 '필리핀'이라는 것이 무토 참모장의 머릿속에 완전히 들어가 있지 않았다 하더라도 이상할 것은 하나도 없다. 그리고는 무토는 곧장 나날의 작전에 몰두한다.

어째서 그런 식의 인사가 행해졌는지는 모르지만, 그래갖고서는 팔라완 섬에 미군 포로가 있었느냐 없었느냐는 것은 둘째 치고, 팔라완 섬의 존재는 알고 있어도 그것이 염두에 없었다 해서 이상할 것도 없다. 그 섬은 적어도 '육전陸戰에 있어서 결전장決戰場'으로부터 떨어져 있었고, 작전 면에서는 대소 7천여 개의 필리핀 군도群島 속의 요점이 아닌 일개 섬에 불과한 것이다. 그렇다면, 홍 중장도 그의 취임 전에 이미 파견이나 배속된 미군 포로의 실태를 파악하지 못했다 해서 이상할 것이 없다.

물론 '서류상'으로는 포로가 그곳에 있다는 것을 알고 있어도, 모든 정보가 모여드는 참모장이 그 존재조차 모르고 있던 미군 포로의 실정을 홍 중장이 몰랐다 해도 당연할 것이리라. 왜냐하면 일체의 보고는 지휘계통상의 직속상관에게로 계통적으로 올라가는 것이므로, 홍 중장이 팔라완 섬의 포로에 대해 지휘권을 갖지 못한 경우에는, 그것에 대한 정

* 1944년 10월 20일은 무토 참모장이 필리핀에 착임한 날이다. 레이테는 필리핀 북부의 루손 섬과 남부의 민다나오 섬 사이에 위치한 제주도 네 배 면적 크기의 섬으로, 미 육군은 이곳을 필리핀 탈환의 교두보로 점찍고 상륙작전을 감행했다. 이 점은 대본영도 이미 간파하고 있어서, '곧 레이테 앞바다에서 한 판 붙게 된다'는 것은 남양(南洋) 전선의 고위간부들에게는 주지의 사실이었고, 해군은 이를 위한 작전 준비를 마친 상태였다. 상륙작전과 함께 레이테 섬 인근 바다에서 23일부터 26일까지 미 해군 3함대 및 7함대와 일본 연합함대 사이에 네 차례에 걸친 전투가 벌어졌는데, 이를 레이테 해전(海戰)이라 하며, 역사상 최대 규모의 해전이라 일컬어지고 있다. 레이테 해전을 고비로 일본의 해군력은 사실상 결딴이 났고, 이로써 태평양전쟁의 승패는 결정지어졌다.

보는 거꾸로 참모장을 통해 홍 중장에게 오는 것이지, 홍 중장을 경유해서 참모장에게 가는 것은 아니기 때문이다. 나중에 나오지만, 홍 중장의 야마시타 대장에 대한 보고를 무토 참모장이 배석해서 들은 경우는, 말하자면 '예하 포로부대'에 관한 것뿐이었다. 이상의 원칙에서 보자면 그것이 당연한 것이다.

변호인 측으로서는 그 점을 좀 더 파헤치고 싶었을 것이다. 그러나 그 이상 질문을 하면 또다시 검찰 측이 이의를 제기할 것은 뻔한 일이었다. 그리고 이상의 심문으로 홍 중장은 타 부대에 배속된 포로에 대해서는 아무런 지휘권이나 감독권도 갖지 못했고, 그 실정조차 종전 시까지 몰랐다는 것이 증명되었다고 생각한 것이리라.

그리고 인간은 그것이 누구든 간에 자기가 모르는 사건, 지휘감독권이 없는 장소에서 일어난 사건에 대해서 책임을 질 수는 없으며, 그 책임을 추궁할 수도 또한 없는 것이다. 이것은 두말할 것도 없이, 일본이든 미국이든 조직에 있어서 책임의 원칙이다. 따라서 그 점을 밀고 나가면 설사 현장의 여러 가지 사건의 책임이 '안다, 모른다'에 관계없이 상급자에게 소급된다는 원칙이 적용된다 하더라도, 그 소급은 현장지휘관의 지휘계통을 소급할 수는 있어도, 홍 중장 쪽으로는 소급해 오지 않을 것이다.

그 정도까지는 입증할 수 있었다고 변호인 측은 생각했던 것이리라. 여기서 일단 그 문제를 중단하고, 일본병과 포로 사이에 과연 차별이 있었는지 없었는지 하는 점으로 옮겨 갔던 것이다.

제12장

오다시마小田島 증언(1)

재판은 지적知的 게임

앞에서도 쓴 것처럼, 지휘권에 관한 변호인 측의 질문은 여기서 갑자기 중단되고, 식량 문제로 전환한다. 질문의 순서를 쫓는다면 당연히 그 문제가 거론되겠지만, 여기서는 잠시 '무토 증언'을 중단하고, 지휘권 문제, 말하자면 일본군에 있어서 책임 소재를 다른 방향에서 추구해 보려고 생각한다.

그것은 도쿄 포로정보국의 오다시마小田島 대좌의 증언이다. 홍 증언과 무토 증언 가운데 지시 명령이 종종 "도쿄로부터 내려왔다"고 하는 말이 등장한다. '도쿄'라는 것은 구체적으로 말하자면 육군성陸軍省*, 실질적으로는 포로정보국捕虜情報局으로서, 그 송달자送達者가 바로 오다시마小田島 대좌였다. 따라서 어떤 문제의 책임이 홍 중장에게 있는가 오다시마 대좌에게 있는가 하는 점을 둘러싸고 검찰 측과 변호인 측의 응수는 최고조에 달하여, 법정 전체가 숨 막힐 듯한 긴박감에 휩싸이는 장면도 적지 않았다. 이하에 그 대요_大要를 소개하겠다.

(1946년 4월 16일, 고등판무관 관사 제1법정에서의 오다시마 대좌의 증언)

우선 예의 재판 속개 절차가 있고, 검찰 측과 변호인 측 사이에 '변호인 측은 변호인 측의 증인을 환문_喚問하는 데 있어서 충분한 시간이 주어졌다는 것을 증언해야 한다' '아니다, 그럴 필요가 없다'라는 식의 밀고 당기기가 장황하게 오간다.

그 밀고 당기기는 증거와 증인의 '재료'가 바닥나기 시작한 검찰 측이 변호인 측의 증인 신청을 여기에서 중단케 하려는 것처럼도 생각되지만, 그러나 오다시마 증언을 읽어 보면, 검찰 측은 증인에 대한 반대심문으로 홍 중장의 유죄를 입증할 수 있다는 자신을 갖고 있어서, 그것을 입증한 단계에서 증인 환문을 중단케 하려는 작전이라고도 생각된다. 이러한 응수는 최종적으로는 재판장의 재정_裁定으로, "증언이 필요 없다"는 형태로 종료되지만, 그런 면에서 볼 때 그들의 논쟁에는 일본적인 '심각함'은 없고, 읽고 있노라면 일종의 '지적 게임'을 보는 듯한 인상마저 준다.

그리고 재판장이 "검찰 측의 증거 제출은 중지됐지만, 변호인 측은?

---

* 메이지유신 이후 태평양전쟁 때까지, 일본의 내각(內閣)에는 오늘날의 국방장관(일본식으로 하면 방위청장관)에 해당하는 직위가 존재하지 않았다. 육군은 육군대로, 해군은 해군대로 각각 자신의 대표를 현역군인 중에서 뽑아 내각에 보냈고, 말하자면 육군대신은 육군 측 국방장관, 해군대신은 해군 측 국방장관이 되는 셈이다. 그렇다고는 해도, 육군대신의 권한은 군정(軍政)에 한하고, 군령권(軍令權=작전통수권)은 천황 직속의 참모본부에게 있었기 때문에, 그 실질적인 지위와 영향력은 육군참모총장보다 낮았다. 소위 문민통제(civilian control)의 원칙이 전혀 지켜지지 않았던 것이다.

용의는 없는가?"라고 묻고, 이에 대해 변호인 측은 "재판부에 말씀드립니다. 변호인 측은 다음 증인으로 오다시마 도다시小田島董를 환문하겠습니다"라고 답하여 본제에 들어가서, 증인 선서宣誓를 시작으로 지루한 수속이 있은 뒤에, 검찰 측의 반대심문이 있고, 그것에 변호인 측이 개입하여, 번역과 관련해서는 통역도 발언하고, 재판장도 의견을 내어 재정을 내리는 등 복잡한 형태로 진행된다.

변호인 측 : 법정에서 귀관의 성명을 말해 달라.

오다시마 : 오다시마 도다시.

변호인 측 : 귀관은 원래 일본군의 일원이었는가?

오다시마 : 그렇다.

변호인 측 : 1944년에 일본군의 어떤 지위에 있었는가?

오다시마 : 두 개의 지위에 있었다. 하나는 포로정보국장, 또 하나는 포로관리국장이었다.

변호인 측 : 포로첩보국장이라고 했는가?

오다시마 : 포로정보국의 고급부관이었다.

통역 : 재판장님, 일본어의 '정보情報'라는 말에는 정보와 첩보諜報의 두 가지 의미가 있습니다.*

변호인 측 : 그 고급부관의 지위에는 얼마 동안 있었는가?

오다시마 : 장황하게 부관과 관리국장의 임기를 설명한다.

---

* 일본어로 정보(情報)의 발음은 "죠우호우", 첩보(諜報)의 발음은 "쵸우호우"다. 정보는 사실로 확인되어 분석이 끝난 것이고, 첩보는 아직 사실로 확인되지 않은 것으로, 이 둘을 명확히 구분해 사용하는 게 정보관리매뉴얼의 기본원칙인데, 태평양전쟁 당시 일본 육군에서는 이 구분이 분명치 않았고, 이것이 작전상 실수를 반복하는 이유가 되었다.

검찰 측 : 재판부에 말씀드립니다. 그 증언은 검찰 측으로서는 전혀 알
     아듣지 못하겠습니다.

재판장 : 재판부도 못 알아듣겠다. 좀 더 명확히 말하라. (속기(速記)의 낭
     독과 설명이 있은 뒤에)

변호인 측 : 필리핀 포로사령부로부터의 보고, 필리핀 포로수용소로부
     터의 보고는 귀관에게 제출되고 있었는가?

오다시마 : 그렇다.

변호인 측 : 귀관은 1944년의 필리핀 포로수용소의 운영에 대해 잘 알
     고 있는가?

오다시마 : 알고 있다.

변호인 측 : 1944년에 필리핀에는 어떤 형태의 수용소가 있었는가?

오다시마 : 마닐라에 사령부가 있고, 그 밑에 두 가지 계통의 수용소가
     있었다. 하나는 병원, 또 하나는 분견分遣 수용소였다.

변호인 측 : 필리핀에는 각 수용소 밑에 또 수용소가 있었는가?

오다시마 : 각 수용소 밑에 수용소는 하나만 있었다. 내가 지금 말한 분
     견수용소가 바로 그것이다.

증언 자체의 혼란

그것은 최초의 증언 자체가 약간 이상했기 때문으로, 지휘계통은
사령부→각 수용소→분견 수용소일 것으로서, 증언은 "… 두 가지 계
통의 수용소가 있었다. 하나는 병원, 또 하나는 각 수용소로, 그 각 수용
소 밑에 분견수용소가 있었다"일 것이다. 여기에서도 명백히 드러나는

것처럼, 오다시마 증언은 각 증언 가운데서 가장 정확성이 결여되어 있고, 끊임없이 앞의 말을 번복하고, 때로는 치명적이라고 할 수도 있는 식언食言을 하고 있다.

처음에는 통역의 문제인가도 생각했으나, 자세히 읽어 보니 오다시마 증언 자체의 혼란이고, 이곳이 그 최초의 부분이다. 그러나 그것은 오다시마 대좌의 사태 파악이 불명확했다는 것보다는 그와 같은 증언에 익숙지 못했다는 것과 동시에, 지휘계통과 그것에 바탕을 둔 책임의 소재가 서구적인 의미로서는 불명확했기 때문일 것이다.

법정 전술이라는 점에서 본다면, 변호인 측의 그 증인 환문喚問은 분명히 실패였고, 나중에 말하겠지만 모처럼의 '무토 증언'까지 애매하게 되어서, 어떤 의미에서는 홍 중장을 교수대에 보내는 '결정적인 계기'가 될 수 있는 증언까지 할 뻔했는데, 그것은 용케도 빠져 나온다. 그러나 오다시마 대좌가 의식하고 그렇게 하고 있는 것은 아니었다.

변호인 측 : 그렇다면, 각 수용소 밑의 분견수용소는 어디에 있었는가?

오다시마 : 다바오 근처에 있었다.

변호인 측 : 그러면 수용소와 그 밑의 분견수용소의 차이는 무엇인가?

오다시마 : 각 수용소라는 것은 사령부에서 직접 나온 것이다. 그 밑의 분견수용소라는 것은 임시로 설립된 것으로, 사령부 또는 각 수용소에 의해 사역使役을 위해 설립된 것을 말한다.

이 증언도 또 앞의 증언과 약간 엇갈린다. 그것을 깨닫고 검찰 측은 "서기는 지금 답변을 다시 한 번 읽어주겠는가?" 하고 요구했다.

변호인 측 : 귀관은 각 수용소 밑의 분견수용소는 한 군데라고 말했는데, 필리핀에는 그와 같은 분견수용소가 달리 없었는가?

오다시마 : 없었다. 하나도.

변호인 측 : 그렇지만 필리핀에는 분견수용소 같은 것이 그 밖에도 있었는가?

오다시마 : 있었다.

변호인 측 : 그러면, 그 분견수용소와 수용소 밑의 분견수용소의 차이는 무엇인가?

이 점도 원문을 읽어 보면, 매우 헷갈리기 쉽게 되어 있다. 왜냐하면 대답은 "있었다"뿐이지만, 그것은 홍 중장의 지휘하에 없었던 파견 포로 및 그 수용시설을 가리키고 있는데, 양자의 구별을 명확하게 하고 있지 않기 때문이다. 그 때문에 이하의 문답을 원문 그대로 번역하면 "수용소 밑의 분견수용소와 분견수용소"가 되어버린다. 그러나 그러한 분류 방법을 쓰면, "사령부 혹은 수용소"에 의해 분견수용소는 설립된다고 앞에서 증언했으므로, 영어로 번역하면 그것이 '수용소 밑의 분견수용소와 (사령부 밑의) 분견수용소'와 같은 느낌이 되어 버린다.

여기서는 독자들이 혼란을 일으키지 않도록 그것을 분견수용소와 파견 포로 또는 파견 수용소로 번역해 분류하겠는데, 법정에서는 상당한 혼란을 일으켰을 것이다. 그것을 염두에 두고 읽어 주었으면 좋겠다. 다음의 문답은 파견 포로와 분견수용소는 무엇이 다른가 하는 증언이다.

오다시마 : 관리와 책임의 점에서 다르다.

변호인 측 : 그 대답은…. 아니, 좀 더 알기 쉽게 대답해 주기 바란다.

홍사익 중장의 처형

오다시마 : 파견 포로의 식량·숙소·의료·보안은 파견을 받은 측 부
　　　　　 대의 책임이다. 그러나 각 수용소 밑의 분견수용소의 책임
　　　　　 은 사령부에 있다. 덧붙여 말하자면, 필리핀에서의 파견 포
　　　　　 로에 대해서는 포로사령부에서 경비병을 파견하지 않는다.
　　　　　 그것을 보아도 파견 포로에 대한 책임은 그것을 받는 측에
　　　　　 있다는 것이 명백하다.

　　이 답변은 작업에 있어서 지휘권의 소재를 명확히 밝히지 못하고
있다. 더구나 "덧붙여…" 이하는 필요 없는 이야기다. 전범의 증인은 증
언이 불비不備할 뿐만 아니라, 종종 묻지 않는 말을 해서 문제를 일으키
곤 했는데, 그 추가追加한 대목도 '경비병을 파견한 측이 책임을 진다'는
것과 같은 증언이 된다. 오료쿠마루에는 도시노 중위 이하의 경비병을
홍 중장이 '파견'한 형태로 되어 있다. 그렇다면, 책임은 홍 중장에게 있
는 것이 아닌가 하는 인상을 검찰 측이 갖게 된다. 그 점도 검찰 측은 나
중에 반대심문에서 추궁하고 있다.

　　변호인 측 : 라스피나 비행장의 수용소는 수용소 밑의 분견수용소인
　　　　　　　 가?
　　오다시마 : 아니다. 그것은 파견 포로이다.
　　변호인 측 : 그 수용소의 지휘관은 누구인가?
　　오다시마 : 모른다.
　　변호인 측 : 그 수용소가 홍 중장 지휘하에 있은 적이 있는가?
　　오다시마 : 모른다.
　　변호인 측 : 파사이 소학교는 수용소 밑의 분견수용소인가?

검찰 측 : 재판부에 말씀드립니다. 검찰 측은 그 질문에 이의를 제기합
니다. 왜냐하면 본 증인은 그 장소가 어디 있는지도 모르며,
그것이 존재하는지 여부에 대해서조차 알고 있는지가 의심스
럽기 때문입니다.

재판장 : 이의를 인정한다. 변호인은 질문을 다시 하도록 하라.

분명히 이 문답도 이상하다. 오다시마 증언에서 처음에는 라스피
나에 있던 것은 '파견 포로'라고 말했으면서 그 수용소가 홍 중장의 지휘
하에 있었느냐는 질문을 받고는 "모른다"고 대답했다. 그것을 모른다면
'분견수용소'인지 '파견 포로'인지 구별할 수가 없었을 것이다.

변호인 측 : 귀관은 필리핀에 파견 포로의 수용소가 있었다는 것을 알
고 있는가?

오다시마 : 알고 있다.

변호인 측 : 어디에 있었는가?

오다시마 : 어디에 있었는지는 모른다. 그러나 보고에 의해서 그것이
있던 부대명은 알고 있다.

변호인 측 : 그렇다면, 그 부대명을 말해 달라.

오다시마 : 여기 수첩을 갖고 있다. 보아도 괜찮은가?

검찰 측 : 증인이 수첩을 보는 데는 검찰 측은 이의가 없다.

변호인 측 : 수첩을 보지 않고 파견 포로가 있던 부대가 어떤 부대였는
지 말할 수가 있겠는가?

오다시마 : 파견 포로는 팔라완 섬의 포트 프린세사 클라크필드 비행
장, 마닐라 요새, 제11항공대, 파사이 소학교에 보내져 있었

다. 파견처는 전부해서 9개소이다. (지명에 다소 틀린 점이 있는 것 같다)

변호인 측 : 지금 말한 9개소에 대해서 포로를 파견하는 명령을 누가 내렸는지 알고 있는가?

오다시마 : 알고 있다. 내가 내렸다.

변호인 측 : (질문을 오해했다고 생각하고서) 그 명령은 '누가' 내렸는가!

오다시마 : 필리핀 파견군 사령관이다.

이 문답은 아마 다음과 같은 사정에서 일어난 것일 것이다. 포로 정보국의 부관 또는 관리국장에 불과한 인물이, 사령관을 뛰어넘어 현지 부대에 '명령을 내린다'는 것은 어느 나라 군대에도 있을 수 없는 일이다. 다만 항공대 및 그 관련 부대는 대본영 직할로서, 야마시타 대장의 지휘하에는 들어 있지 않았다. 그래서 현지로부터 작업 촉진을 위한 노동력으로서 포로를 보내달라는 요청이 있으면, 그것은 우선 포로정보국으로 올라온다. 그곳에서 부관이 명령을 기안해서 육군대신으로부터 야마시타 대장에게 발령을 내리고, 그것을 '명령에 따라 이첩移牒한다'는 형식으로 전달했다. 따라서, "알고 있다. 내가 내렸다"는 것은 그 내용을 알고 그것을 내가 이첩했다는 의미일 것이다.

그것을 그가 발령했다는 의미로 알아듣고, 변호인 측은 놀란 것인데, '보좌 책임'이라는 관념이 그에게 있었다는 것은 부정할 수 없다. 또한 그런 종류의 사무적인 명령은 대개 사령부 내의 참모 결재로 실시實施에 옮겨지기 때문에, 실질적으로는 그가 "내렸다"고 할 수 있을지도 모른다. 지휘계통을 문제 삼고 있는 미국식 법정에서 이러한 증언은, 이유가 있었다고는 하나 다소 '패전敗戰 멘붕' 같은 대답이며, 변호인 측이 놀라서 재질문을 한 것도 무리는 아니다.

하지만, 재질문에 대해 "필리핀 파견군 사령관"이라는 대답도 무토 증언과 엇갈리고 약간 이상한 면이 있다. 다만 그런 식의 대답은 나중에도 나오는 것으로서, '상급자에게 폐를 끼치지 않고 자신이 책임을 진다'는 의도가 있었는지도 모르겠다. 그러나 그것도 명확한 결단이 있어서가 아니고, 단지 사방팔방의 눈치를 보고 있는 것처럼도 보인다. 그래서 그런지 그의 답변은 낭독된 홍 중장의 증언이나 무토 증언과 비교하면 여러 가지 점에서 정확성이 부족하고, 재판관도 검찰관도 그 내용에 대해 어쩐지 불신감을 갖고 있다는 것을 알 수 있다.

'등록'과 '기록의 보존'

변호인 측 : 지금 말한 9개소의 포로는 홍 중장의 지휘하에 있었는가?

오다시마 : 아니다, 그곳의 포로는 포로사령부에 등록만 되어 있었을 뿐이었다.

이 등록 운운하는 말도 필요 없는 말이다. 검찰 측이 가차 없이 찌르고 들어왔다.

검찰 측 : 잠깐 실례하겠습니다. 지금의 통역이 적절했는지 어떤지 다소 의문이 있습니다. 검찰 측은 "아니다, 그러나 기록은 포로사령부에 보존되어 있었다"가 아니었나 생각하는데…. 그렇다면 의미가 달라지는데….

재판장 : 통역은 그 점의 애매함을 명확히 하도록 하라. 검찰 측은 "기록"이라고 했는데, 여기서 문제가 되는 점은 기록이 보존되어 있었는가, 포로가 다만 등록되어 있는 데 불과하다는 것인가 하는 점이다.

여기서 통역과 사이에 조정이 있었고, 최종적으로 서기가 "홍 중장은 그들 9개소에 보내진 포로에 대해서는 아무런 지휘 책임도 없었다. 그러나 기록은 포로사령부에 보존되어 있었다"고 정정訂正하여 검찰 측이 그것을 승인하고, 심문이 진행되어 나간다. 그러나 그 증언은 과연 사실일까? 포로의 이름이 등록되어 있는데 불과하다는 것과, 각 포로에 관한 기록이 비치되어 있었다고 하는 것은 관리 책임이라는 점에서 보면 결코 똑같은 것은 아니다.

변호인 측 : 귀관은 다바오의 포로수용소에 대해 알고 있는가?

오다시마 : 알고 있다.

변호인 측 : 그 수용소는 어느 정도의 기간 동안 설치되어 있었는가?

오다시마 : 1942년 8월부터 1944년 8월이나 9월경까지 설치되어 있었다.

변호인 측 : 무슨 이유로 그 시기에 다바오가 폐쇄되었는지 알고 있는가?

오다시마 : 모른다.

변호인 측 : 누가 다바오 폐쇄 명령을 내렸는지 아는가?

오다시마 : 필리핀 파견군 사령관이다.

변호인 측 : 1944년에 포로를 필리핀에서 일본으로 이송하라는 명령이

있었다는 것을 확인한 일이 있는가?

오다시마 : 명령은 육군성에서 내려왔다.

변호인 측 : 명령을 본 적이 있는가?

오다시마 : 나는 그것을 잘 알고 있다. 왜냐하면 그 명령을 기안起案한
것은 나였으니까.

변호인 측 : 포로를 이송해야 할 선박을 선정한 것은 누구인가? 알고 있
는가?

오다시마 : 알고 있다. 내가 선정했다.

변호인 측 : 누가 그 배를 선정했느냐고 묻고 있는 것이다.

오다시마 : 선박수송사령관이다.

변호인 측 : 이것으로 질문을 끝마칩니다.

책임과 권한의 소재所在

"내가 선정했다"와 같은 대답이 이것으로 두 번째 나왔다. 변호인
측이 여기서 돌연 질문을 중단한 것은, 그 증언이 모두 홍 중장에게 플러
스가 되지 못한다고 판단했기 때문일 것이다. 여기서 재판장의 지시가
있었고, 검찰 측의 반대심문이 시작되었다.

검찰 측 : 포로 수송을 위해 귀관은 어떠한 안案을 기안했는가?

오다시마 : 포로 수송 안에는 다음 사항이 포함되어 있었다. 첫째 포로
의 인도引渡 측 및 인수引受 측의 부대명, 둘째 포로의 수, 셋
째 일시, 넷째 출발항과 도착항, 마지막은 상세한 점에 대해

서는 각 사령관이 정하는 것 등이다.

검찰 측 : 선박수송사령관으로부터 사용할 선박의 명칭을 제출받고 있었는가?

오다시마 : 군의 보고를 통해 4, 5척의 명칭은 알고 있었다.

이 답변의 내용도 이상하다.

검찰 측 : 마닐라의 포로사령부에 포로를 일본으로 수송해 갈 선박의 명칭을 통지하는 것은 누구인가?

오다시마 : 그것은 지휘관의 책임이다.

검찰 측 : 일본으로 이송移送을 준비하고 나서, 그 안을 누구에게 제출하고 결재를 구했는가?

오다시마 : 육군대신이다.

검찰 측 : 육군대신은 그것을 누구에게 보내는가?

오다시마 : 관계 군 사령관에게 발령한다.

검찰 측 : 필리핀에서의 관계 군 사령관이란 제14방면군 사령관을 가리키는 것인가?

오다시마 : 그렇다.

검찰 측 : 14방면군 사령관은 누구에게 그 안을 전달하는가?

오다시마 : 포로사령관, 포로 소개疏開 담당지휘관 및 그 밖의 포로 관계기관이다.

검찰 측 : 1944년 12월의 포로 소개 담당지휘관은 누구였는가?

오다시마 : 도시노 진자부로 중위라고 기억한다.

검찰 측 : 그런데 도시노 중위는 홍 중장의 지휘하에 있던 장교가 아니

었는가?

오다시마 : 그렇다. 그러나 포로 소개 담당지휘관으로서는, 그는 홍 중
　　　　　장의 지휘하에 있지 않았다.

검찰 측 : 그는 경비병의 지휘관이었던가? 그렇지 않은가?

오다시마 : 그렇다.

검찰 측 : 도시노 중위가 일본으로 가는 포로를 호위하고 있지 않을 때
　　　　　는 필리핀의 포로사령부 근무였나? 그렇지 않은가?

오다시마 : 그렇다.

검찰 측 : 그 수송 계획의 기안 및 전달의 어떤 시점에서 사용할 선박의
　　　　　결정을 확인했는가?

오다시마 : 모른다.

검찰 측 : 계획을 기안하고 있을 때, 선박이 특정한 일시에 확보 가능한
　　　　　지 어떤지를 알고 있었는가? (이 질문의 뜻을 몰라서 통역이 속
　　　　　기낭독을 요청)

오다시마 : 배가 출항하고 나서 그것을 알았다.

검찰 측 : 배가 출항하고 나서라고 말했는데, 그 '때'란 포로를 승선시켜
　　　　　마닐라에서 일본으로 출항한 그 '때'를 말하는가?

오다시마 : 그렇다. 출항 후 14방면군이 전보로 나에게 알려 왔다.

검찰 측 : 그렇다면 조금 전에 귀관이 명령을 기안할 때, 수송해야 할 포
　　　　　로의 수와 수송 일시日時를 확정했다고 말했는데 그대로인가?

오다시마 : 일시라고 한 것은 어떤 특정한 일시에 대해서 말한 것이 아
　　　　　니다. 그것은 상당한 기간을 의미하고 있다. 곧 할 수 있을지
　　　　　도 모르며, 가까운 장래일지도 모른다는 의미를 갖고 있다.

검찰 측 : "상당한 기간"이란 어느 정도의 기간인가?

오다시마 : 그것은 될 수 있는 대로 빨리라든가, 선박의 준비가 되는 대로라는 의미이다.

검찰 측 : 그 말은 포로가 일본으로 수송될 때, 선박의 공간을 충분히 확보하지 못할 때는 포로사령관이 선박의 공간을 충분히 확보할 때까지 포로의 수송을 연기해도 좋다는 것인가?

오다시마 : 군 사령관은 일정한 수를 일정 선박으로 수송하라고 명령한다. (따라서 이제까지 진술한 것은 어디까지나 선박도착일시의 문제로) 포로사령관이 멋대로 포로를 승선시키거나 또 일부를 잔류시키거나 할 수는 없다. 그는 군사령관으로부터 받은 명령에 따라 행동한다.

검찰 측 : 그렇다면, 1944년 10월 20일 이후 14방면군 사령관이 필리핀의 포로사령관에게 어떤 명령을 내렸단 말인가? 그것에 대해 알고 있는가?

오다시마 : 나는 그런 명령을 본 적이 없다.

"나는 몰랐다"

검찰 측 : 무토 중장은 본 건에 대해서 1944년 10월 20일 이후, 포로사령관에 대해서는 두 가지 명령밖에는 발령하지 않았다고 증언하고 있다. 그 둘 중 어느 것도 그 수송에 관계된 것은 아니었다. 귀관의 증언과 모순되는데, 귀관은 무토 증언을 진실이라고 생각하는가?

변호인 측 : 재판부에 말씀드립니다. 변호인 측은 이의를 제기합니다.

이 질문은 전혀 부적당합니다. 본 증인에게 다른 증인의 증언이 옳은지를 생각해서 증언하라는 질문은 있을 수가 없는 것입니다.

재판장 : 이의를 인정한다. 검찰 측은 질문을 사실만으로 한정하도록 질문을 다시 하시오.

검찰 측 : 귀관이 수송 계획을 입안하고, 일본으로 수송해야 할 포로 수를 결정했을 때, 그때 사용할 선박을 한 척 이상으로 하는 것은 군 사령관의 자유재량의 범위 안에 들어 있었던 것인가?

오다시마 : 그렇다.

검찰 측 : 선박에 공간船腹이 부족한 경우에 포로의 수송을 연기하는 것도 군사령관의 재량에 맡겨져 있었는가?

오다시마 : 공간이 없다면, 즉 충분한 스페이스船腹가 없다면 하는 수 없다. 통상通常, 군사령관은 선박수송사령관과 의논해서 사용할 수 있는 선박의 수를 확인한다. 그러나 배가 없으면 하는 수 없는 것이다.

검찰 측 : 1944년 10월에서 12월 사이에 필리핀 지역의 일본의 선박 수송 상황을 전반적으로 알고 있었는가?

오다시마 : 전반적으로는 알고 있었다.

검찰 측 : 어떤 식으로 알고 있었는가?

오다시마 : 1944년 8월부터 10월에 걸쳐서 필리핀과 일본 간의 수송에 할당된 선박 수는 30척이었다. 그런데 그해 10월에 절반가량을 폭격과 잠수함 공격으로 상실했다. 더구나 레이테작전이 시작될 무렵에는, 거의 모든 배가 침몰돼 있었다. 게다가 필리핀과 일본 간의 수송선박 업무를 행하는데 있어서 마닐

라가 너무나도 위험하게 되었기 때문에, 수송은 북北 산페르
난도와 일본 사이에서 행해졌다.

검찰 측 : 1944년 12월경까지에 그 30척 가운데 몇 척가량이 침몰했는
가?

변호인 측 : 재판부에 말씀드립니다. 검찰 측은 반대심문의 한계를 훨씬
넘어섰습니다. 검찰 측이 본 증인을 자신을 위해 사용하겠다
면, 다시 검찰 측의 증인으로서 소환해야만 할 것입니다.

재판장 : 이의는 기각한다.

오다시마 : 거의 전부 침몰했다고 생각한다.

검찰 측 : 30척의 배가 거의 침몰했다는 사실이 있음에도, 도쿄에 있는
귀관은 미국인 포로의 수송을 그대로 허가하고 있었는가?

변호인 측 : 그와 같은 개인 공격에 대해서는 이의가 있다. 본 증인에게
는 아무런 개인적 책임이 없다.

검찰 측 : 없다고? 있나 없나 조사해보지 않았잖나?

재판장 : 이의를 인정한다. 그 질문은 철회하시오.

검찰 측 : 재판부에 말씀드립니다. 이 증인은 (거부하지 않고) 증언하고
있으므로….

재판장 : 그 이의에 대해서는 이미 재정이 끝났다.

검찰 측 : 알겠습니다. 재판장님. 포로사령관에게 안전하게 도착할 가
능성이 없다는 이유로 포로의 일본 수송을 거부할 권한이 있
는가?

오다시마 : 의견을 말할 수는 있을 것이다.

검찰 측 : 누구에게?

오다시마 : 군사령관에게.

검찰 측 : 그렇다면, 군사령관은 폭격의 위험이 있으면 포로의 일본 수송을 거부할 수 있는가?

오다시마 : 의견을 말할 수는 있다.

검찰 측 : 누구에게?

오다시마 : 육군대신에게.

검찰 측 : 육군대신은 폭격의 위험이 너무나 클 때 포로의 일본 수송을 중지시킬 수 있는가?

오다시마 : 할 수 있다.

검찰 측 : 육군대신은 그 건에 대해 귀관에게 자문을 했는가?

변호인 측 : 잠깐만 기다려 주십시오. 재판부에 말씀드립니다. 이 증인은 영어를 몰라서 통역을 통해서만 이야기를 하고 있는 상태로(미국의 법률에 대해서도 모를 것이기 때문에), 그 자신을 유죄로 만들지도 모르는 질문에 대해서는 묵비권을 행사할 수 있다는 것을 미리 알려줄 필요가 있습니다. 질문에 대답하기 전에 그것을 알아야만 합니다.

검찰 측 : 재판부에 말씀드립니다. 본 증인에게는 자신의 유죄를 방어할 특권을 주장할 권리가 없다고 생각합니다. 그는 적국인敵國人으로서 제5개정법改正法의 보호를 받을 자격이 없습니다.

재판장 : 변호인 측의 이의를 기각한다. 진행하시오.

오다시마 : 자문을 구하지는 않았다. 사정을 내가 알고 있었다면, 내 자신의 의견을 대신에게 품신할 수 있었다고 생각한다.

검찰 측 : 귀관은 그들 선박이 미국의 공군이나 잠수함에 의해 당시 정기적으로 침몰당하고 있다는 것을 알고 있었다. 그렇게 말한 것이 아닌가?

오다시마 : 나는 상세한 것은 .

검찰 측 : 귀관은 30척 모두가 침몰했다는 것을 알고 있었다고 증언하지 않았던가?

오다시마 : 나는 이번에 도쿄를 출발하면서 대본영의 선박 관계 책임자의 보고를 읽고서야 그것을 알았던 것이다. 그 보고는 지금 여기 지참持參하고 있다.

검찰 측 : 귀관은 그 기간에 적에 의해 일본의 선박에 주어진 막대한 손해를 전혀 몰랐다는 것을 이 법정으로 하여금 믿게 하려는 것인가?

오다시마 : 당시 배가 침몰했다는 것을 나는 몰랐다.

포로를 죽게 한 책임

식언食言이라고 한다면 그것은 중요한 식언일 것이다. 오다시마 대좌는 처음에는 "전반적으로 알고 있었다"고 말하고, 계속되는 증언에서 상당히 구체적으로 알고 있었다는 증거가 될 수도 있는 사실을 증언하고 난 다음, 상세한 것은 몰랐다고 하더니, 마지막에 가서는 "몰랐다"로 변해 버렸다.

그것은 전범 증언에 때때로 나타나는 것으로, 반드시 드문 일만은 아니었지만, 대단히 골치 아픈 문제였다. 오다시마만 그랬던 게 아니고, 또 당시의 군인들만 그랬던 것도 아니고, 일본에서는 많은 경우 언론인들조차 자신의 지식을 정리해서 재파악하는 일을 하지 않는다. 그 점에서, 무토 증언은 역시 정확하지만, 그것은 오히려 예외적이라 할 수 있

329

다. 많은 전범 기록을 읽으면 항상 그런 문제에 부딪치게 된다.

　　육군성의 고관인 오다시마 대좌가 일본의 선박 상황에 대해 전혀 몰랐다고 하는 증언을 '법정으로 하여금 믿게' 하려고 해도, 그것은 무리일 것이며 무엇보다도 사실이 아닐 것이다. 나와 같은 말단 부대의 일개 소위조차 '전반적으로는' 알고 있었다. 다만 그것은 수송 상황, 보급 상태로부터 유추해서 그렇게 생각하지 않을 수 없었다는 형태로 알고 있었던 것이지, 몇 월 며칠의 보유 선박이 몇 척인데, 그것이 몇 월 며칠에는 몇 척으로 감소되었다는 식으로 알고 있었던 것은 아니다. 따라서 중추부中樞府에 있으면서 수송에 관계가 있는 업무에 종사를 한 이상, 오다시마 대좌는 나 이상으로 절실하게 잘 알고 있었을 것이다. 단지 몇 월 며칠에는 몇 척이라고 하는 데이터는 전후에 대본영 담당자의 보고를 읽고 알았다는 것일 것이다.

　　그러므로, 그 증언은 우선 '전반적으로 알고 있었다. 다만 세부적인 것은 이번에 마닐라에 올 때 관계 서류를 읽고 알았다'는 식으로 말했다면 모순이 없는 것인데, "알고 있었다"로 시작해서 추궁을 당하게 되니까, 세부사항은 "몰랐다"로 끝나는 증언, 그리고 그것이 전반적으로도 "모르고 있었다"의 의미로도 해석될 수 있는 증언으로 끝나게 되니까, 그것을 믿어달라고 하는 쪽이 무리한 것이 된다.

　　그리고 이런 증언은 상대의 질문 방법과 유도에 따라서는 상대방이 원하는 대답을 하게 되므로 대단히 위험하다. 사실 검찰 측은 자신이 원하는, 즉 홍 중장에게 있어서는 치명적인 대답을 교묘하게 이끌어내고 있다.

　　검찰 측 : 그런데, 홍 중장의 사령부로부터는 매월 보고가 오고 있었다

고 생각하는데, 어떤가?

오다시마 : 오고 있었다.

검찰 측 : 1944년 11월의 월례보고에서 홍 중장은 아리야마마루阿里山丸

의 비극에 대해서 기술하지 않았는가?

오다시마 : 11월의 보고는 도착하지 않았다. 그러나 나는 아리야마마루

의 침몰에 대해서는 다른 보고에 의해서 알고 있었다.

검찰 측 : 아리야마마루에서 1,782명의 미국군 포로가 생명을 잃었다.

그것을 알고 있었는가?

오다시마 : 알고 있었다.

검찰 측 : 아리야마마루의 침몰은 전신電信으로 통지되지 않았는가?

오다시마 : 그것은 14방면군으로부터의 보고에 의해서 알았다.

검찰 측 : 언제 알았는가?

오다시마 : 확실히는 기억하지 못하지만, 12월경이었다고 생각한다.

검찰 측 : 그렇다면, 1944년에 포로 수송의 선박이 침몰했다는 것은 잘

알고 있었을 것이다. 그렇지 않은가?

오다시마 : 그렇다.

검찰 측 : 그런데도 귀관은 계속 포로의 일본 수송 계획을 짜고 있었단

말인가?

이것도 또한 식언食言이라 할 수 있다. 왜냐하면, 앞에서 그 건에 대해 "사정을 내가 알고 있었으면 자신의 의견을 대신에게 품신했으리라고 생각한다"고 말하고, 그 문제를 추궁 당하자, "나는 자세한 것을 몰랐다"고 증언했는데, 여기서는 그 사정을 세부까지 알고 있다는 것을 증언한 결과가 되었기 때문이다. 마침내 참다못해서 변호인 측이 이의를 제

기한다.

　　　변호인 측 : 또 다시 이의를 제기합니다. 그 질문은 본 건과 관련이 없으
　　　　　　　　며, 부적절하며, 본 증인의 증언도 증언의 범위를 벗어난 것
　　　　　　　　입니다.
　　　검찰 측 : 재판부에 말씀드립니다. 이 증인은 포로사령관(홍 중장)이 포
　　　　　　　　로의 일본 수송에 관해서 아무런 권한도 갖고 있지 못했다는
　　　　　　　　증언으로, 이 증언을 시작하고 있습니다. 그러나 검찰 측은 그
　　　　　　　　것을 믿을 수가 없습니다. 그래서 이 건의 상세한 점을 하나씩
　　　　　　　　지적하고 있을 뿐입니다. 이 증인에 대한 반대심문을 통해 본
　　　　　　　　피고(홍 중장)가 그 수송에 대해서 책임이 있었다는 것을 확
　　　　　　　　인시키려고 하는 것입니다. 그것이 반대심문의 가장 큰 문제
　　　　　　　　점입니다.
　　　변호인 측 : 재판부에 말씀드립니다. 본 증인은 재판을 받고 있는 것이
　　　　　　　　아닙니다. 그는 홍 중장 대신 증인으로서 출정出廷하고 있는
　　　　　　　　것입니다. 그는 특정한 항목에 대해서 특별히 증언하고 있
　　　　　　　　는 것이니까, 그가 증언한 특정한 상황에 대한 신빙성을 검
　　　　　　　　증하는 반대심문은 정당하다고 하겠지만, 현재의 상태는
　　　　　　　　완전히 그 범위를 벗어나고 있습니다. 검찰 측이 증인 자신
　　　　　　　　의 신빙성을 붕괴시키기 위해 본 증인이 행한 증언과는 전
　　　　　　　　혀 관계없는 다른 증거를 끄집어내려고 하고 있다는 것은,
　　　　　　　　검찰관 자신이 인정하고 있습니다. 변호인 측으로서는 반
　　　　　　　　대심문의 범위를 대폭 제한해야 한다고 생각합니다. 그리
　　　　　　　　고 기록을 위해서도 이 이의異議를 명확히 해두고 싶습니다.

검찰 측 : 검찰 측으로서는 반대심문이 그처럼 관련성이 없는 것이라고는 생각하지 않습니다. 더구나 증인의 증언 자체에 대한 신빙성 여부는 항상 문제가 되는 것으로, 그가 수송의 책임에 대한 증언을 했을 때는 검찰 측으로서는 그것에 관계되는 모든 세부細部에 관여할 수 있는 것입니다. 또한 본 증인이 자신의 지위 및 그 건에 대한 증인의 책임에 대해서 내심으로 불안을 갖고 있다고 한다면, 그는 그 책임에 대한 증언도 언제 정정하게 될지 모르기 때문입니다.

검찰 측(수석 검찰관) : 재정裁定을 내리기 전에 본인이 한 마디 해도 되겠습니까? ("좋다"는 허가가 있은 다음)

검찰 측 : 재판부에 말씀드립니다. 기록에 명백히 있는 것처럼 오료쿠마루 선상에서 1,200 내지 1,300명의 포로가 목숨을 잃었다는 것은 논의의 여지가 없는 사실입니다. 더구나 그 포로는 미국인 포로였습니다. 또한 홍 피고에 대해서 14방면군 사령부로부터 포로에 관해서 그 건으로 명령이 내려지지 않았었다는 것도 엄연한 사실입니다. 그렇기 때문에 다음 두 가지 중 하나가 진실이 아니어서는 안 될 것입니다. 즉 그들 1,200명의 포로를 죽음으로 몰아넣은 수송의 책임은 누구에게 있는가? 본 증인(오다시마 대좌)에게 있는가, 본 피고(홍 중장)에게 있는가? 그 어느 쪽에 있느냐 하는 것입니다. 그렇기 때문에 이 건에 대해서는, 미합중국을 위해서도, 또 본 피고의 변호를 위해서도, 검찰 측은 깊이 개입할 권리를 가져야 한다는 것을 거듭 말씀드리는 바입니다.

'보필책임輔弼責任'과 '권한책임權限責任'

변호인 측 : 재판부에 말씀드립니다. 모든 형사 사건의 절차에 있어서, 검찰관이 증거를 제시하는 것은, 피고가 유죄라는 사실을 '상당한 혐의가 있음' 정도 이상以上으로 증명하기 위해서입니다. 그리고 증인이 증언대에 섰을 때는, 그 사람은 무죄이고 또한 정직하다고 간주되는 것입니다. 이 사람(오다시마 대좌)은 범인으로서 증언대에 서 있는 것이 아닙니다. 게다가 법정에 계신 모든 분들께서는, 피고(홍 중장) 또한 지금 현재는 무죄라고 간주하고 있는 것으로서, 그 이외의 예단을 갖고 그를 본다는 것은 미합중국의 국민이 이해하는 법에 바탕을 둔 관행에 위반하는 일입니다.

재판장 : 변호인 측의 이의는 기각한다. 검찰 측 진행하시오.

검찰 측 : (서기에게) 맨 마지막 질문을 다시 읽어 주시오.

여기서 서기가 "그런데도 귀관은 계속 포로의 일본 수송 계획을 짜고 있었단 말인가?"라고 읽었다.

오다시마 : 그 뒤로는…, 하지 않았다.

검찰 측 : 확실한가?

오다시마 : (계속해서) 12월의 계획은 훨씬 오래전에 작성된 것으로, 그 이전에 전달된 것이다.

검찰 측 : 귀관은 12월의 계획을 철회하려고 노력은 했는가?

오다시마 : 하지 않았다.

검찰 측 : 그렇다면 1944년 9월 7일에 신요마루信陽丸가 미국인 포로 750명 전원과 함께 침몰했는데, 그 사건을 알고 있었는가?

오다시마 : 알고 있었다.

검찰 측 : 9월 21일에 호후꾸마루豐福丸가 미군기에 의해 침몰당한 것을 알고 있었는가?

오다시마 : 예.

검찰 측 : 미군 포로를 수송한 호꾸센마루北鮮丸가 미군기의 공격을 받은 것을 알고 있었는가?

오다시마 : 예.

여기서 다시 "자세한 것은 몰랐다"고 한 앞의 증언을 번복한 결과가 되었다. 그래서인지 그의 응답은 "예"로 짧아졌다.

검찰 측 : 그런데 귀관은 홍 중장이 그러한 모든 상황을 고려하여 포로를 일본으로 수송하는 건에 대해 항의했다는 이야기를 들은 적이 있는가?

오다시마 : 나는…, 모른다.

검찰 측 : 포로가 필리핀의 어떤 수용소에서 필리핀 내의 다른 수용소로 이송될 때, 그 수송 계획은 귀관의 부서에서 작성되는가?

오다시마 : 그 명령은 군사령관으로부터 내려지기 때문에 나의 부서에서는 그런 명령은 내리지 않는다.

검찰 측 : 포로를 한 수용소에서 다른 수용소로 옮기는 건에 관해서는 군사령관이 관계하게 되는가?

오다시마 : 그렇다.

검찰 측 : 군사령부의 누가 상세한 실무를 맡고 있는가?

오다시마 : 그 이름은 모른다.

검찰 측 : 그러면, 어디서 취급하는가?

오다시마 : 후방 담당 참모이다.

검찰 측 : 필리핀의 포로수용소는 1943년 11월에 포로정보국이 작성한
모든 규칙에 따라서 운영되고 있었는가?

오다시마 : 포로정보국은 포로수용소의 운영에 대해서 명령권은 아무
것도 없었다. 그것은 운영의 정보 교환을 위해서만 있는 것
이다.

이 대답도 좀 이상하고, 여기서의 증언도 또한 혼란되어 있다. 그
때까지의 그의 증언은 "명령을 내렸다"라는 형식이었고, 또 필리핀 내의
포로 이동에 대해서는 군사령관으로부터 내려지기 때문에 "나의 부서
에서 그런 명령은 내리지 않는다"라고 되어 있다. 이 표현은 이상할 뿐
만 아니라, 모순되어 있다. 왜냐하면 그는 고급부관이고, 또 관리국장이
기는 해도 포로정보국 총재는 아니다. 그렇다면, 그 정보국이 최종적인
권한을 쥐고 있었느냐 하면, 그것은 어디까지나 정보국이고 "명령권은
아무것도 없었다"는 것이다.

그러면, 명령권을 누가 갖고 있었느냐 하면 육군대신이다. 그러나
대신이 보필의 책임을 짊어질 뿐 권한이라는 면에서는 책임이 없다고
한다면, 그 위치는 육군대신에 대한 포로정보국과 같은 위치가 되어, 그
건의 최종책임도 천황이 지게 된다.

'보필輔弼'이라는 말을 사전에서 찾아보면 '보좌補佐'이다. 그렇다면,
'보필책임'이란 '보좌책임'이라는 의미가 된다. 그리고 그 '보좌책임'이

336

라는 개념이야말로 서양의 '권한책임'과는 다른 개념으로, 그 책임에 입각한 체제야말로 일본의 독특한 책임체제일 것이다. 그리고 그 독특한 전통적 책임체제는 메이지헌법이라는 형태로 인증되었다. 메이지헌법에서의 보필이라는 개념은 "천황의 행위로서 행해지고, 혹은 행해져서는 안 될 것에 대하여 진언進言해서 채납採納을 주청奏請, 그 일에 대해 전全 책임을 지는 것이다. 국무國務 상上의 보필은 국무대신, 궁무宮務 상의 보필은 궁내대신宮內大臣과 내대신內大臣, 통수統帥 상의 보필은 참모총장 및 군령부 총장의 직책"으로 되어 있다.

앞에서 말한 바와 같이 '보좌책임'이라는 개념은 서구적인 '권한책임'과는 다른 것으로, 책임의 방향은 그와 정반대로 되어 있다. 서구적인 '권한책임'이라는 사고방식대로 하면, 스탭으로부터 '진언과 채납을 주청' 받은 사람이 이를 채용해서, 그 권한에 입각해 그 진언을 행사한다면, 그 모든 책임은 그 권한을 갖는 사람이 짊어지는 것이며, '진언하고 채택을 주청한' 사람에게는 일절 책임이 없다. 이것은 최고 의사결정기관만이 아니라 말단까지 마찬가지다. 말하자면, 참모는 안을 제출할 뿐이지 그 이상의 책임은 없다. 책임은 전부 채택 여부의 권한을 가진 자에게 있다.

이것은 이 법정에서도 마찬가지로 검찰 측도 변호인 측도 함께 재판관이 '해야 하고 혹은 해서는 안 될 것에 대해 진언하고 채택을 주청'하고 있으나, 그들은 자신이 해야 할 일은 그곳까지인 게 당연한 것으로 생각하고, 재정은 모두 재판관의 권한과 책임으로서 행해지고, 그것을 당연한 것으로 생각한다. 따라서 그 결과 오심誤審이 생기더라도 그들이 그것에 '보좌책임'을 짊어질 생각은 전혀 없는 것이다.

이에 반해, 오다시마 증인의 입장은 명백히 '보좌책임'이라는 생각위에 서 있다. 그는 부관이고 관리국장에 불과했다. 부관은 말하자면, 총체적으로 포로정보국의 '보좌책임'을 지는 입장에 있고, 동시에 포로정보국 자체가 육군대신에 대해서 '보좌책임'이 있다고 생각하고 있다. 따라서 포로에 관한 명령을 기안하고, 또 의견을 품신한다는 형태로 육군대신에게 포로에 대해 '해야 하고 해서는 안 될 것을 진언하고 채택을 주청'하여, 그것이 채택된 경우 그것에 대한 책임은 기본적으로는 자신이 짊어져야 한다고 생각하고 있는 것이다.

그러므로, 그가 "포로정보국은 포로수용소의 운영에 대해서 명령권은 아무것도 없었다"고 증언해 보았자, 그것은 자신에게 육군대신에 대한 '보좌책임'이 없었다고 주장하는 것은 아니다. 그 때문에 "내가 명령을 내렸다"는 것과 같은 증언도 나오는 것으로, 이 두 가지는 그 자신에게 있어서 별로 모순은 아닌 것이다. 그러나 이 사고방식은 상대방에게는 통용되지 않고, 또 통용 안 되는 것이 오히려 당연한 일이다.

메이지明治 시대의 책임체제

'보좌책임'이 좋은가, '권한책임'이 좋은가 하는 논쟁도, 전자가 '후진적 상태', 후자가 '선진적 상태'라는 주장도 모두가 무의미하다. 이것은 문화의 차이이고, 상호 비교해 보면 제각기 장단점의 문제도 있을 것으로 생각된다. 다만 오해해서는 안 될 것은, '보좌책임체제'는 결코 '무책임체제'는 아니었다는 사실이다. '보좌책임'이라는 전통적 개념이 명확했던 메이지 시대는 결코 '천황제 무책임체제'라 부를 수 있는 시대는 아니고, 그 나름대로 정상에서 말단까지에 이르는 하나의 '보좌책임체

338

제'가 있었다.

그러나 현재에는 '책임'이라는 말로 '권한책임'과 '보좌책임'이라는 전혀 다른 개념을 동일시하기 때문에, 보는 측에 혼란이 있을 뿐이다. 그와 동시에 전후戰後에는 이 두 개의 개념을 혼동함으로써 무책임체제를 만들어냈기 때문에, 그것을 과거에 투영해서 허구의 전전戰前을 보고 있는 것에 불과한 측면도 있다.

그렇다고 해서 그것은 전전戰前의 인간이 모두 진지하게 '보좌책임'을 짊어지고 있었다는 의미는 아니다. 어느 시대, 어느 장소에도 무책임한 인간은 있었다. 그러나 그것은 '보좌책임'에는 '권한책임'과는 달라서 '책임이라는 의식'이 없었다는 게 아니다. 그 점을 무시하고 기본적으로 다른 두 가지 책임감을 동일시한 '책임'이라는 '전후어戰後語'에 의한 전전戰前 · 천황 · 군부 등에 대한 비판은, 모두가 그 실태를 파악하지 못하고 있다는 점에서 애당초 문제를 풀 수 없는 우론愚論일 것이다. 허구에 대한 비판은 아무리 되풀이해도 실태에 대한 참다운 비판은 될 수 없고, 참다운 문제점의 척출剔出도 될 수 없기 때문이다.

두말할 필요도 없이 미국에는 '보좌책임'이라는 개념은 없다. 따라서 명령을 내린 것이 실질적으로는 오다시마 대좌이고, 그 자신이 분명히 그렇게 증언했고, 검찰 측은 그 점에 다소 의혹은 품었어도 "명령권은 아무것도 없었다"고 하는 사실 – 이것은 어디까지나 사실 – 을 입에 올리면, 그에 대한 추궁은 그것으로 끝나는 셈이다. 인간은 자신의 머릿속에 없는 개념으로 대상을 파악할 수는 없으므로, '여기서 반대심문은 일전一轉' 해서, 다음에는 규칙과 그 이행에 있어서의 책임이라는 문제로 옮겨 간다.

제13장

오다시마 증언(2)

'예스'와 '노'

계속해서 오다시마 증언을 살펴보기로 하자. 오다시마 대좌의 "포로정보국은 포로수용소의 운영에 대해서 명령권은 아무것도 없었다…"고 하는 증언을 기다리고 있었다는 듯이, 검찰 측은 돌연 한 권의 책자를 제출한다. 검찰 측과 오다시마 증인과의 문답을 살펴본다.

검찰 측 : 귀관은 이 책자를 본 일이 있는가?

오다시마 : 있다.

검찰 측 : 이것은 무엇인가?

오다시마 : 그것은 포로 취급에 관한 제반 규칙의 집성(集成)이다.

검찰 측 : 이 제반 규칙은 홍 중장에게도 적용되고 있었다. 안 그런가?

오다시마 : 그렇다.

검찰 측 : 이 규칙에 1943년 11월 이후 어떤 변경이 있었는가?

오다시마 : 홍 중장은 당시는 이것과 관계가 없었다. 그는 1944년에 부임했다.

검찰 측 : 귀관은 질문을 오해하고 있다. 내가 말한 것은 이 규칙에 1943년 11월 이후에 변경이 있었느냐 없었느냐는 것이다.

오다시마 : 일반적으로 말해서 큰 변화는 없었다. 그러나 세부 규칙에 대해서는 변경이 있었다.

검찰 측 : 포로의 파견 및 파견된 포로의 취급에 대해서 어떤 변경이 있었는가?

오다시마 : 없었다.

검찰 측 : 그렇다면, 포로의 파견 및 파견된 포로의 취급에 관한 규칙은 1944년 12월에 있어서도 1943년 11월 당시와 같았다. 이것이 틀림없는가?

오다시마 : 아무런 변경도 없었다.

검찰 측 : 이들의 규칙에 따르면 포로를 파견 받은 측의 부대 지휘관이 포로수용소 지휘관에 대해서 책임을 지고 있었다는 것은 진실이 아니라는 얘기가 된다는 것인가?

오다시마 : (진실은) 아니다.

물론 원문에는 괄호 안의 "(진실은)"이라는 말은 없다. 그렇게 되면 문제는 "아니다", 즉 "노"다. 지금까지의 증언의 문맥을 살펴보면, 오다시마 대좌가 말하고 있는 "아니다" 즉 "노"는 분명히 "그렇지 않다"의 "아니다"인 것이다.

검찰 측은 영어의 "예스" "노"와 일본어의 "그렇다" "아니다"가 의미에 있어서 역전逆轉하는 경우가 있다는 것을 알고, 그 점을 노려 일종의 유도심문을 하고 있는 것이다. 이곳을 그대로 번역하면, "아니다"이고, 역전을 모르는 체하고서 "진실이 아니다"를 "진실이다"라고 증언한 것이라 받아들이고 다음 질문을 던지면, 영어에 관한 한 모순 없이 이하의 문맥에 이어지고, 증인을 검찰 측의 논리에 말려들게 만든다.

> **검찰 측**: 포로를 파견 받은 측의 지휘관도 포로수용소 지휘관의 규칙에 따르지 않으면 안 된단 말인가?
>
> **오다시마**: 그렇다.

이 질문은 지휘관이 '정한' 규칙인지, 지휘관이 '따르는' 규칙인지 분명치가 않다. 그것을 확인하지 않은 "그렇다"는 다음 질문으로 비약한다.

> **검찰 측**: 그렇다면 묻겠는데, 만일 포로 사령부가 800명의 포로를 파견수용소로 파견했다고 하자. 그들 포로, 즉 파견군 포로의 취급에 대해서, (파견된 측은) 누구의 규칙에 따르지 않으면 안 되게 되는가?
>
> **오다시마**: 이 책자에 쓰여 있는 규칙에 따르지 않으면 안 된다.
>
> **검찰 측**: 그 말은 포로수용소장이 작성하는 추가 규칙에도 따라야 한다는 말인가?
>
> **오다시마**: 수용소장인 포로사령관은 명령을 내릴 수 없도록 되어 있다.
>
> **검찰 측**: 사실 그러한가?
>
> **오다시마**: 포로사령관은 명령을 내리지 않는다. 그러나 작업의 실시, 기타에 대한 운영상의 조언은 할 수가 있다.

검찰 측 : 그렇다면, 귀관의 소위 그 조언인가 하는 것에 복종하지 않을 경우에는 포로수용소장은 파견한 포로를 다시 소환할 권한은 갖고 있었던 것이 아닌가?

오다시마 : 군 사령관과 의논해서 소환할 수는 있었다고 생각한다.

검찰 측 : 파견되어진 포로의 취급에 관한 규칙 제3조를 여기에 제시하겠는데, 이것을 법정에서 낭독해 주었으면 합니다.

변호인 측 : 재판부에 말씀드립니다. 본인은 여기서 검찰 측이 그 책자를 증거로서 제출하는지를 알고 싶습니다. 만일 검찰 측이 그 문서를 증거로서 제출할 의사가 없다면, 그 요구에 대해 이의를 제기하고 싶습니다. (법정을 향해) 본 증인에게 문서의 일부를 낭독시키는 것에 이의를 제기합니다.

재판장 : 이의를 인정한다.

검찰 측 : 그렇다면, 이 책자로 증인의 기억을 새롭게 한다는 한정된 목적으로 쓴다면 사용해도 좋겠습니까?

재판장 : 문서는 관례대로의 방법으로 적절한 번호를 붙여 제출한다면 좋다.

검찰 측 : 그러면 본 증인이 이미 인정하고 있는 본 책자를 검찰 증거 제72호로서 제출하는 바입니다.

변호인 측(수석 변호인) : 그것은 무슨 목적으로 행하는가? 어디까지나 낭독시키기 위해서인가? 검찰 측은 이 건에 대해서는 이미 2회나 입증 중지를 당하지 않았는가?

검찰 측 : 소령님(수석 변호인), 이 증인은 직접 심문에서 파견 포로는 일단 파견되고 나면 포로사령관의 권한 밖, 즉 책임범위 밖이라고 증언을 했었습니다. 그런데, 지금 그는 반대심문에서 포

로수용소장은 이 제반 규칙에 따르지 않으면 안 된다고 증언하고 있습니다. 만일 이 규칙에 포로수용소장이 파견된 포로에 대해서도 모든 책임을 지지 않으면 안 된다고 규정되어 있다면, 그것은 적절한 반대심문이 된다고 생각해서 여기에 증거로서 제출하는 바입니다.

변호인 측(수석 변호인) : 그 범위 내라면 이의는 없습니다.

변호인 측 : 재판부에 말씀드립니다. 변호인 측으로서는 본 문서가 검찰 측의 공식 번역관에 의해 전문이 번역되어 법정에 제출되지 않는다면, 그 채택에 이의를 제기할 것입니다. 본인도 이 책자의 일부를 제출할 생각으로 있었습니다. 그런데 한편으로는 검찰 측이 전체 문서의 번역을 보지 않고서는 그것이 증거로서 적절한지 아닌지 판단할 수 없다는 이유로 이의를 제기할 것이라 생각하고, 보류해 두고 있었습니다. 따라서 지금 본인은 같은 이의를 제기합니다. 그것이 완전히 번역되어 있다면 채택에 이의는 없습니다.

검찰 측 : 그것은 구차한 변명에 불과합니다. 전문을 번역하는 데는 1개월 이상을 필요로 할 것입니다. 검찰 측이 본 증인에게 읽히려고 하는 부분은 그의 기억을 새롭게 하기 위한 곳뿐입니다. 그래서 그 부분이 규칙이었는지 아니었는지를 심문하기 위한 것뿐입니다. 그것을 읽고 그 부분을 통역케 하면 되는 것입니다. 법정이 앞에서의 재정을 재고한다면, 혼란을 최소한으로 하기 위해 이 책자의 증거 제출은 취소해도 좋습니다. 그리고 증인이 그 규칙서의 내용을 명확히 인식하고 있는지 어떤지를 질문하고, 엄청나게 장황스러운 나머지 규칙에 대해서는

일체 거론하지 않아도 좋습니다.

치명적致命的인 증언?

재판장 : 변호인 측의 이의를 기각한다. 본 문서를 수리하고 기록에 남기겠다. 그리고 문제의 부분을, 지금 문제로 되어 있는 사항에 관련이 있는 것으로 이용을 해도 좋다. 다만 변호인 측이 검찰 측에 의해 사용된 내용을 반박하기 위해 그 문서를 더 번역할 시간이 필요하다고 한다면 그것은 허가하겠다. 단지 법정으로서는 문제의 범위를 지나치게 확대해서, 말하자면 한 단어의 의미를 결정하기 위해 일본어 사전을 전부 번역하는 따위의 일, 즉 일부에 불과한 것을 위해 그 문서 전체를 번역하는 따위의 일은 하지 않을 것이고, 할 이유도 없다고 믿는다.

변호인 측 : 재판부에 말씀드립니다. 검찰 측이 공개법정에서 그들이 번역한 부분을 본 증인으로 하여금 낭독하게 하여, 그 증언에 의거한다는 것으로 양해하겠습니다.

재판장 : 동시에 변호인 측은 같은 문서를 반대심문에 사용해도 좋다.

검찰 측 : 재판부에 말씀드립니다. 검찰 측은 본 증인의 증언에 의거할 의사는 없습니다. 그는 변호인 측의 증인이기 때문에 질문을 하겠습니다만, 그 질의응답에 구속되기는 원하지 않습니다.

재판장 : 몇 번씩 말했지만, 법정은 증거의 가치가 있다고 해서 제출한 증거는 구두든 문서든 그것을 수리할 것이다.

검찰 측 : 그러면, 파견되어진 포로의 취급에 관한 부분인 제3조를

낭독해 주기 바랍니다.

증인은 일본어로 그것을 읽고, 뒤이어 장황하게 일본어로 자신의
의견을 늘어놓았다.

> **검찰 측** : 장황한 진술을 시작하기 전에 본관이 한 것은 극히 간단한 질
> 문으로, 귀관에게 제3조를 읽어 달라고 한 것뿐이지, 해설을
> 해 달라고 부탁한 것은 아니었다.
>
> **오다시마** : 그것은 파견된 포로의 취급에 관한 사항이다. 그 조문에 있
> 는 대로 파견된 포로는 포로사령관에 의해 관리되지 않으면
> 안 된다.

이 증언은 아마도 치명적이었을 것이다. 문제는 그 증언 전에 오다
시마 대좌가 어떤 해설을 했느냐 하는 점이다. 왜냐하면 오다시마 대좌
는 어쩌면 주관적으로는 앞의 해설에 있어서 그 증언을 하고 있는 것이
고, 그 해설과 증언을 합치면 반드시 홍 중장에게 불리한 증언으로 되지
않을 것이라고 생각하고 있었을 것이다.

그는 아마 비록 그 해설이 통역되더라도 증언으로서는 인정이 되
지 않고, 그 기록에도 남지 않는다는 것을 깨닫지 못하고 있었던 것이다.
여기에 미국식 법정의 규칙에 대한 몰이해가 있었고, 자신이 놓인 상태,
즉 '변호인 측 증인으로서의 위치와 검찰 측의 반대심문에 대답하는 상
태'에 어떻게 대처해야 하는지를 모르고 있었다고 말할 수 있다.

오다시마 대좌의 '장황한 의견'의 내용이 무엇이었는지는 모른다.
그러나 그것에 이어진 심문에서 추정하면 최소한 그 요지는 통역되었

고, 이후의 심문은 그 '해설'을 전제로 해서 행해졌다고 생각된다. 그래서, 그 질의응답과 앞에서 말한 일본군에 있어서 '예하' '지휘하'의 구별에서 '파견된 포로'를 일종의 '지휘하 부대'라고 규정하여 재구성해 보면, 그 해설은 대충 다음과 같은 것이 아니었나 하고 생각된다.

(1) 파견된 포로는 작업 명령 등에 관해서는 파견처 부대의 지휘를 받으며, 이 점에 관한 한 홍 중장은 지휘권을 갖지 않고, 따라서 권한 밖이므로 책임은 없다.

(2) 다만 포로에 대한 개인적인 인사 – 어떤 포로를 소환하고 다른 포로를 파견하는 것 – 는 홍 중장의 판단에 따라 행해지고, 그것에 따르는 조치는 홍 중장의 책임에 속한다. 이것은 당연히 병든 포로의 개인적 소환과 입원은 홍 중장의 책임이라는 뜻이다.

'일일명령日命'인가 '작전명령作命'인가

앞에서도 말한 것처럼, 내가 타 부대에 배속된 경우도 이와 마찬가지로, 나 개인을 부대에 소환해서 다른 임무를 맡게 하고 배속처인 부대에 다른 장교를 파견하는 것은 어디까지나 원대 부대장의 권한이었기 때문에 그런 의미에서는 작전상으로는 타 부대의 지휘에 속해 있어도, 나 개인에 대한 관할권·인사권은 어디까지나 원대의 부대장이 쥐고 있었다.

입원入院은 일종의 '배속 변경'이 되므로 원칙은 같은 셈이어서, 오다시마 대좌는 아마 제3조의 '관할'이란 그런 의미라고 해설한 것이리라. 그리고 현실 문제로서, 파견된 포로에 대해서 홍 중장이 그 권한을 행사할 수 있는 것은 입원의 경우에 한정되어 있었을 것이다. 이렇게 생각했을 경우, 타 부대의 지휘하에 들어간 파견 포로에 대한 지휘권은 홍 중장에게는 없다고 하는 무토 증언과 이 제3조는 모순되지 않는다. 다만 그 문제를 더욱 깊이 파고 들어가면, 다른 면에서 복잡한 문제가 일어난다.

무슨 말인가 하면, 군대에는 〈작전요무령〉에 근거를 둔 명령과 〈군대내무령〉에 근거를 둔 명령이 있었다. 나의 부대에는 전자를 '작명作命'이라 하고 후자를 '일명日命'이라 약칭하고 있었는데, 작명은 '작전명령作戰命令' 일명은 '일일명령日日命令'이라는 의미로, 일일명령은 매일 회보回報 시에 전달된다. 그것은 작전과는 관계가 없는 일상업무, 주번週番업무, 출장, 인사 등에 관한 명령이다.

인사이동은 '일명'에 속하는데, 작전상의 지휘는 '작명'에 속한다. 따라서 타 부대의 지휘하에 들어간 부대에 대해서 원대의 부대장은 '작명'에 관한 한 지휘권은 없으나, '일명'에 대해서는 어떤 권한을 보유하고 있는 셈이다.

그 점을 명확하게 지적하면, 일본군 장병의 경우는 권한 및 책임의 소재는 형식적으로 일단 명백해지지만, 포로의 경우에는 다소 문제가 있다. 왜냐하면 포로에 대한 작업 명령은 '작명'이므로 홍 중장에게는 책임이 없다고 한다면, 포로를 작전作戰에 사용했다는 이야기가 되기 때문이며, 검찰 측은 나중에 그 점도 추궁하고 있다. 그렇다면 이상과 같은 '해설'이 있었던 것으로 가정을 하고, 다음으로 진행해 나가기로 하자.

검찰 측: 그렇다면, 입원을 요하는 파견 포로는 어디로 보내어졌는지 알고 있는가? 물론 그것은 필리핀에서의 1944년 3월 9일부터

1945년 1월 6일까지의 기간인데.

오다시마 : 그것에 대해서 나는 잘 모른다.

검찰 측 : 라스피나 및 파사이에 있던 포로가 입원을 요할 때는 빌리빗
드의 병원에 이송되고 있던 것을 모르고 있는가?

오다시마 : 보고서를 읽어서 알고 있다.

검찰 측 : 그렇다면, 귀관은 그들이 빌리빗드에 보내졌다는 것을 알고
있었던 것이 아닌가?

오다시마 : 보고는 포로가 파견처에서 송환되었다고만 했지, 어느 병원
에 보내졌는지는 기록하지 않아서 모른다.

검찰 측 : 홍 중장의 지휘하에 되돌아갔다는 의미가 아닌가?

오다시마 : 그렇다.

검찰 측 : 귀관은 당시 도쿄에서 국장이 아니었는가? 포로정보국 및 포
로관리국의 국장이 아니었는가?

오다시마 : 당시는 고급부관이었다.

검찰 측 : 귀관이 홍 중장으로부터 받고 있던 보고의 건인데, 그 보고에
는 지난달에 사망한 파견 포로의 성명이 기재되어 있었는가?

오다시마 : 그것에는 포로가 파견되었다는 기재는 없었다. 다만 포로
전반에 대해서 기재되어 있었다.

검찰 측 : 그리고 파견된 포로에 대해서도 기재되어 있었는가?

오다시마 : 그렇다.

검찰 측 : 증인에게 질문에만 대답하고 쓸데없는 말을 하지 않도록 경
고를 해도 좋겠습니까?

재판장 : (그것을 받아들여) 질문에 똑바로 대답하도록 경고한다.

수정修正한 뒤에 채용採用

검찰 측 : 포로를 파견 받은 측의 부대장은 매월 홍 중장에 대해 포로의 상황을 보고하지 않으면 안 되었지 않은가?

오다시마 : 그렇다.

검찰 측 : 파견된 포로에 대한 물자는 홍 사령부를 통해서 지급되었는가?

오다시마 : 그렇다.

검찰 측 : 파견 포로에 대한 의약품은 빌리빗드의 병원에서 지급되었는가?

오다시마 : 아니다.

검찰 측 : 그렇지 않다는 것을 알고 있었는가?

오다시마 : 그것은…, 나는…, 모른다.

검찰 측 : 일본은 제네바조약을 따르고 있었는가?

오다시마 : (오오사토 통역에게) 일본은 제네바조약의 규칙을 지키고 있었다. (오오데라 통역에게) 일본은 제네바조약을 적용하고 있었다. 필요한 조약을 채용하여 필요한 경우에는 수정한 뒤에 그것을 따르고 있었다.

이 대답도 모순되고 있다. 왜냐하면 필요한 조항만을 채용하고, 더구나 그것을 자기에게 편리하게 수정해서 적용하고 있었다는 것은 "제네바조약을 참고로 하고 있었다"고는 할 수 있어도, "제네바조약의 규칙을 지키고 있었다"고는 할 수 없기 때문이다. 동시에, 그 증언을 '육군성은 지키고 있었다. 그러나 현지에서는 지키지 않고 있었다'는 식으로 이용당한다면, 그것은 당연히 현지 책임자에게 일체의 책임을 뒤집어씌우는 게 된다. 오다시마 대좌는 그것을 깨닫고 황급히 다른 통역에게 정정訂正을 한 것이리라. 그러나 검찰 측은 "지키고 있었다"는 전제로 '작명'과 '일명'의 문제를 파고들어 온다.

검찰 측 : 일본군의 포로가 된 자는 군사시설에서 노동하는 것을 요구
당하고 있었는가?

변호인 측 : 재판부에 말씀드립니다. 본인은 4, 5분마다 한 번씩 깜짝 놀
랄 만한 사태가 일어나는 것을 좋아하지 않습니다. 본 증인
은 그 건에 대해서 증언하지 않았습니다. 그것은 완전히 최
초의 증언 및 그것에 대한 반대심문의 범위를 벗어나고 있
습니다. 여기서 똑똑히 기록에 남겨놓고 싶습니다. 이 반대
심문의 대부분은 본 증인의 직접 심문과 관계가 없었습니
다. 더구나 그것은 어떤 문서에 대해서이고, 그 내용에 대
해서는 본 증인도 모르거니와 피고도 모르고 있습니다. 또 재
판부도 모르리라고 본인은 믿습니다. 본인 자신도 물론 모
르는 일입니다.

실정實情이라는 점에서는 변호인 측의 이의는 확실히 타당성이 있
다. 그것은 앞에서 말한 것처럼, 일본의 회사에는 사규 · 사칙집이 있어
도 보통 때는 아무도 그 존재를 모르는 것과 비슷한 상태인 것이다. 따라
서, 어떤 사건이 생겨 법정에 서서 대뜸 사규 몇 조에 의하면 모든 책임
은 네게 있었다 하는 비난을 받으면 누구나 어리둥절할 것이다. 변호인
측이 지적한 것은 아마 그러한 상태를 말하는 것일 것이다.

검찰 측 : 모르다니…, 무엇을?

변호인 측 : (내용의) 어떤 건에 대해서는 (증인도 피고도 재판부도 본인
　　　　　도) 모른다.

검찰 측 : 재판부에 말씀드립니다. 본 증인은 직접심문에서, 파견된 포
　　　　로는 홍 중장의 권한 밖이라고 증언했습니다. 그러나 그는 반
　　　　대심문에서 그들 파견포로 수용소는 매월 홍 중장에게 보고
　　　　를 보내고 있었다는 사실을 인정하고 있습니다. 또한 그는 의
　　　　약품이 빌리빗드 병원에서 오는지 어떤지 모른다고 했으나,
　　　　이전의 증언에 따르면 빌리빗드에서 왔다는 것은 명백합니
　　　　다. 그는 또한 파견포로의 사망 보고는 홍 중장에게 제출되고,
　　　　구제 물자는 홍 중장의 사령부를 경유해서 지급되고 있었다
　　　　고 증언했습니다. 그래서 본관은 파견처의 부대장에 의한 불
　　　　법 노동을 강제당하고 있던 포로들을 홍 중장이 소환할 수 있
　　　　었는지 어떤지를 조사해 보고 싶은 것입니다. 그래서 그러한
　　　　사실에서 본 증인이 최초에 말한 바와 같이, 그들 포로는 홍
　　　　중장의 관할 밖이었다는 본 증인의 결론, 또는 법 해석의 진실
　　　　성이 명백히 의심스러운 것이라는 것을 제시하고 싶은 것입
　　　　니다.

변호인 측 : 법정에 말씀드립니다. 본 증인은 법적 결론에 의해 공격받
　　　　　아서는 안 된다고 생각합니다. 그가 직접심문에서 제시한
　　　　　사실만이 문제가 되어야 합니다.

검찰 측 : 책임이라는 것은 순수한 법적인 문제입니다. 그것이 책임의
　　　　전체적인 파악인 것입니다.

재판장 : (변호인 측의) 이의는 기각한다.

오다시마 : (앞의 질문에 대해) 그렇다. (군사시설에서 노동하는 것은) 인정되고 있었다.

검찰 측 : 그것은 도쿄의 포로정보국 승인 하에서인가?

오다시마 : 그 건은 포로정보국과 아무런 관계가 없다.

검찰 측 : 귀관은 제네바조약에서 포로를 군사시설에서 사역使役하는 것을 금지하고 있다는 것을 알고 있는가?

오다시마 : 알고 있다. 그러나 그것에 대해 한 마디 하겠다. 포로를 직접적으로 작전 행동에 사용하는 것은 금지되어 있다. 그러나 파괴된 장소의 수복이라든가, 기타 장소의 청소 같은 것은 직접적으로는 작전상의 가치는 없는 것이다.

포로 사역使役과 군사행위

검찰 측 : 그러면, 다시 한 번 묻겠는데, 일본군의 포로가 된 자는 군사시설에서 군사행동에 직접 관계가 있는 노동에 종사를 강요당하고 있었는가?

오다시마 : 개별적인 케이스를 따로따로 거론하여 양자(군사, 비군사?)의 작업을 각기 구체적으로 들어 설명하는 것이 아니고서는 일반적이고 추상적으로는 했다고도 혹은 하지 않았다고도, 또한 그것이 옳았다고도 옳지 않았다고도 말할 수 없다.

검찰 측 : 그렇다면, 예를 들어 보도록 하라.

오다시마 : 예를 들면, 포로가 마닐라 요새에서 사역된 사례가 있었는데, 그것은 곧바로 군사시설에서 사용되지는 않는다고 생각한다.

검찰 측 : 그 대답은 질문에 대답한 것이 아니므로 삭제하도록 요청합니다.

재판장 : 질문과 대답을 다시 읽어 달라. (낭독이 있은 뒤) 이의는 인정하지 않겠다. 그 대답에는 관련성이 있다.

검찰 측 : 재판장님, 반대심문은 더욱 길어질 것 같습니다. 여기서 휴식에 들어가면 어떻겠습니까?

재판장 : 법정은 13시 30분까지 휴정한다.

오후 재판부의 개정開廷 · 반대심문이 계속되었다.

검찰 측 : … 일본군은 포로를 군사행위에 직접 관계가 있는 작업에 사용했는가?

오다시마 : 그것은 직접 작전에 참가시켰느냐는 의미인가?

검찰 측 : 그렇다면, 이 질문을 제네바조약의 용어대로 바꿔 말하겠다. "일본은 전쟁 행위에 직접 관계가 있는 노동에 포로를 사용했는가?" 아니다, 이 질문은 철회한다. 본관은 여기서 1925년의 포로에 관한 제네바조약 제31조를 낭독하겠다. 그 서두序頭의 문장을 낭독하고서 일본이 그것을 따랐는지 어떤지를 귀관에게 질문하겠다. "포로에 의해 행해지는 노동은 전쟁 행동과 직접적으로 관계가 있어서는 안 된다."

오다시마 : 나는 남방 지역의 상세한 사정을 모른다. 그러나 일반적으

로 말해서 그 조항은 지켜졌다고 생각한다.

검찰 측 : 귀관의 근무처가 전시 포로 관계 조직의 최상부가 아닌가?

오다시마 : 아니다. 모든 사태를 고려한다면 최고기관은 아니었다.

검찰 측 : 그렇다면 상부 기관은 어딘가?

오다시마 : 남방지구에 있는 포로수용소는 대본영 육군부의 관할하에 있었다. 일본 국내의 수용소는 육군성의 관할하에 있었다.

그런데, 여기서부터 또 다시 지휘권의 소재가 분명하지 않게 된다. 오다시마 대좌는 그때까지 모든 것이 자기 부서에서 처리되는 것처럼 말하고 군사령관에 대한 명령조차 "내가 내렸다"고 대답해서 검찰관을 놀라게 했는데, 이번에는 일전—轉해서 육군성은 외지의 수용소에 대해서는 관리권이 일절 없었다고 주장하고 있는 것이다. 만일 그렇다면, '자신의 부서는 본토의 수용소 이외는 관리권이 없으므로 필리핀에 관한 증언을 할 자격이 없다'고 일체의 증언을 거부할 수도 있었을 것이다.

아마도 이것은 통수상統帥上의 원칙과 실제상의 운영이라는 문제일 것이다. 그러나 통수상의 원칙에서 말한다면 대본영이 아니라 이것 역시 천황일 것이다. 왜냐하면 대본영을 구성하는 참모본부는 막료부幕僚部에 불과하고, 지휘계통을 위에서부터 밑으로 순차적으로 더듬어 내려가면 천황→남밤방면군사령관→병참총감→포로수용소장→각지의 포로수용소장이 되고, 병참감이 제14방면군에 배속된 후에는, 그 밑에 병참감이 와서 동시에 필리핀 이외의 수용소는 각지의 군사령관에게 배속된다는 형식을 취하게 된 것으로 믿어지기 때문이다.

그렇게 되니까, 명령계통조차 분명치 않게 되므로 새삼스럽게 다음 질문이 나오게 된다. 그러나 실제의 운영은 육군성이었던 모양으로,

무토 증언이나 야마시타 재판의 홍 증언에서의 "명령이 도쿄에서 내려왔다"는 것은 육군성이라고밖에는 생각할 수가 없다. 그도 그럴 것이, 대본영이라면 형식적이라도 남방총군 경유로 내려올 것이고, 그 경우 사이공에서 내려온 것이지 도쿄는 아니다. 전시 중의 일본에는 지시 명령을 내리는 기관이 다섯 개 있어서, 그것들이 각자 멋대로 따로따로 지시 명령을 내리고 있었다고 하는데, 그것도 그 한 예일 것이다. 즉 대본영의 육군부와 해군부, 육군성과 해군성, 그리고 정부의 다섯 군데이다.

> **검찰 측** : 대본영이 필리핀의 포로수용소에 명령을 내릴 때는 귀관의 부서를 경유하지는 않았는가?
>
> **오다시마** : 그렇지 않다. 나의 부서는 육군성의 보조기관에 불과하다.
>
> **검찰 측** : 그렇다면, 귀관의 부서는 필리핀에 있는 포로수용소에 대해서는 책임이 없었다고 주장하는가?
>
> **오다시마** : 모든 정보는 나의 부서로 집합되어 왔다. 따라서 그것에 대해서는 우리들도 관계가 있다.
>
> **검찰 측** : 그런데…, 제네바조약 제31조는 필리핀에는 적용되지 않는다는 정보가 귀관의 부서에 와 있었는가?
>
> **오다시마** : 아니다. 받아본 적이 없다.
>
> **검찰 측** : 만일 그러한 예외가 있었다면, 귀관은 통상임무로써 그것에 관해 알고 있었을 텐데…?
>
> **오다시마** : 그렇다.
>
> **검찰 측** : 그렇다면, 제31조는 일본 본토에 있어서와 마찬가지로 필리핀에서도 구속력을 갖고 있다는 것을 알고 있었는가?
>
> **오다시마** : 그렇다. 알고 있다.

검찰 측 : 제31조의 조항에 위반하여 포로의 파견을 받은 측의 부대장이 포로를 전쟁 행위와 직접 관계가 있는 작업에 사역시킨 경우, 그러한 경우에는 포로사령관은 어떤 구제 수단을 취할 수가 있었는가?

오다시마 : 포로는 군사령관의 명령에 따라 파견되고 노동할 것을 명령받고 있는 것이므로, 포로사령관은 그것에 대해 아무 것도 할 수가 없을 것이다.

검찰 측 : 귀관이 있는 부서의 규칙에는 포로사령관이 그들 포로를 소환할 권한이 있는 것으로 되어 있는데, 귀관은 그것을 몰랐는가?

오다시마 : 이것은 나의 개인적 견해지만…, 그것이 포로의 건강이나 식사나 물자, 또는 위병衛兵이나 개인에 의한 사적 처벌에 관한 것이었다면, 그와 같은 면에서 포로사령관에게 관할권이 있다고 생각된다. 그러나 그것이 포로의 노동의 종류 같은 문제라면 포로사령관에게는 관할권이 없다고 믿어진다. 이것은 나의 개인적 견해지만….

이 표현은 부정확하지만, 대개 당시 육군 내부에 있는 그런 문제에 대한 상식일 것이다. 간단히 말하자면, 〈군대내무령〉에 관한 문제, 예를 들면 급여에 대해 극단적인 차별을 받았다든지, 이유 없이 사적인 제재를 받았다든지 하는 경우에는 원대의 지휘관은 어떤 종류의 항의 내지는 요청을 할 수가 있다. 그러나 〈작전요무령〉에 근거를 둔 지휘명령, 즉 '작전 명령'에 관한 한 일절 참견을 할 수가 없다는 것으로, 이 경우 '작업 명령'을 '작전 명령'으로 해석한다면 거의 그것이 상식이었을 것이다.

그러나 실제 문제로 평상시라면 모를까, 전쟁터에서, 더구나 원격 지에서 연락도 닿지 않고 휘발유 부족으로 자동차는 물론 무전無電에 의한 통신조차 제한당하고 있는 상태에서는, 이론적으로는 불가능하지 않았다고 말해 보아도 실제로는 그다지 의미가 없다. 이런 점에서 말로만 구성되는 법정은 현실과는 다른 별세계가 되어 버린다.

검찰 측 : 그렇다면, 지금 말한 것을 철저히 확인해 보겠다. 귀관의 개인적 견해에 따르면 만약 파견된 포로의 식량이 부족하다든가, 불법으로 처벌을 받았다든가 혹은 의료를 받지 못했을 경우 포로사령관은 그들 포로를 소환할 권한을 갖고 있었다고 하는 것이다. 그렇게 말했는가? 정말인가?

이 질문은 상당히 작위적이고 강압적인데, 이러한 질문을 유발한 원인은 오다시마 증언의 부정확성에 있을 것이다. 그것은 몇 번이나 말한 것처럼, 내가 이해하는 한에서는 원대의 부대장의 관할권이라는 것은 어디까지나 '개인'에 대한 것, 홍 중장을 예로 든다면 병든 'A포로'를 소환하고 건강한 'B포로'를 교대로 파견한다는 정도가 한도로, 군 명령으로 타 부대에 배속된 부대를 원대의 부대장이 어떤 이유로 멋대로 불러들일 수는 없다는 것이다.

그런 짓을 하면, 〈작전 요무령〉 제2조의 "군대 구분"에 관한 규정 위반이 되어 항명죄가 성립될 것이다. 그 점을 명확하게 밝히지 못하는 것은 포로의 파견은 '작전 명령' 혹은 그 건에 준하는 명령이라고 떳떳하게 말할 수 없는 점에 있었는지는 모르지만, 그렇기는 해도 그 점의 설명은 매우 미흡한 것처럼 생각된다. 따라서 그의 답변은 당연히 다음과 같은 것이 될 수밖에 없는데, 그렇게 대답을 하면 앞에 말한 규칙을 위반하는 게 되어버리는 것이다.

'권리의무'의 발상이 없는 일본

오다시마 : 파견 포로를 소환할 권한이 그에게는 없다. 그는 군 사령관에게 의견을 말할 수는 있어도, 군 사령관의 허가 없이 포로를 소환할 수는 없는 것이다.

나중에 덧붙인 말은 결국 앞의 증언과 모순을 느끼고 앞뒤를 맞추려고 한 말 같은데, "군사령관에 의견을 말하는 것……" 이하의 증언은 필요 없는 것으로서 대답은 "권한은 없다"로 그치고, 규칙과의 모순을 지적당하면 위처럼 답변하는 것이 최상의 방법이었다고 생각된다. 쓸데없는 말을 하게 되면, 다시 권한이 분명치 않게 되고, 홍 중장에게도 어떤 권한이 있었다고 말해야 하는 방향으로 유도 당하게 되어 버린다. 검찰 측이 그 곳을 찌르고 있다.

검찰 측 : 그렇다면, 군사령관에 대해서 그와 같은 요청을 하는 것이 그의 임무란 말인가?
오다시마 : 나는 그렇게 생각한다.
검찰 측 : 포로를 작업대作業隊로 사용할 것을 허가받은 자가 포로를 포로사령관에 의해 정해진 규칙에 위반되는 작업에 종사시킨 경우에는 포로사령관은 어떻게 할 수가 있는가?

오다시마 : 군 사령관에게 그 상황을 보고할 것이라 생각된다.

검찰 측 : 그는 파견된 포로를 사용할 권리를 취소할 수가 있는가?

오다시마 : 할 수 없다.

오다시마 대좌의 "할 수 없다"는 말은 참으로 확실한 것이었다. 이 것은 당연한 일로, 그 당시의 육군은 '권리의무'의 세계는 아니었다. 말하자면 멸사봉공滅私奉公, 절대복종絶對服從으로 '포로를 사용하는 권리를 갖는 대신에, 이러이러한 의무를 진다'고 하는 발상이 없는 사회였던 것이다.

하지만 이런 발상은 군대뿐만 아니라 일본의 사회 전반에 걸쳐 옛날이나 지금에도 없는 것이다. 왜냐하면 포로의 배속을 받은 부대가 그것을 어떤 권리라고 생각할 리가 없으며, 따라서 그 권리에는 의무가 따르고 의무를 이행하지 않으면 권리를 상실한다고 생각할 턱이 없다. 따라서 일본군의 '규칙'이라는 것을 그 전제하에서 읽지 않으면 정확히 번역해 보았자 의미가 달라진다. 그 영문을 다시 일본어로 번역하면, 또 의미가 달라진다. 그러므로, 이하의 심문에 인용된 부분은 어디까지나 그들이 '규칙'의 일본 문장을 어떻게 이해하고 있었는지에 불과하다.

검찰 측 : 할 수 없다? 좋다. 본관은 지금 문제가 되고 있는 포로 취급 규칙 26페이지의 제17조를 낭독하겠다. 그 다음에 귀관의 기억이 새로워졌는지 아닌지를 묻겠다. "포로 작업대의 사용 허가를 받은 자가 포로수용소장에 의해 정해진 규칙에 위반되는 노동에 포로를 사용했을 때는."

변호인 측 : 재판부에 말씀드립니다….

여기에서 다시, 변호인 측, 검찰 측, 재판장으로부터 통역까지 끼어
드는 허허실실의 응수가 시작되는 것이다.

제14장

오다시마 증언(3)

권리는 취소된다

앞 장에서는 오다시마 증언에서 검찰 측이 돌연 포로 취급 규칙을 들고 나와서 그 제17조라고 칭하는 것을 '귀관의 기억을 새롭게 해주기' 위해서라며 다음과 같이 낭독한 데까지 기술했다. "포로 작업대作業隊의 사용 허가를 받은 자가 포로수용소장에 의해 정해진 규칙에 위반되는 노동에 포로를 사용했을 때는 그 권리는 취소된다." 물론 이 번역은 이상한 것으로, 포로를 사용하는 "권리는 취소된다"는 식의 발상이 일본군에 있을 리가 없다. 변호인 측은 우선 번역이라는 점에서 이의를 제기했다.

> **변호인 측**: 재판부에 말씀드립니다. 변호인 측으로서는 검찰이 무엇을 낭독했는지를 알고 싶습니다.

362

검찰 측 : 지금의 질문을 다시 읽어 보면, 대답은 저절로 자명해질 것입니다. 서기書記는 지금의 질문을 낭독해 주시겠습니까? (낭독이 있고 나서)

변호인 측(수석 변호인) : 검찰 측이 앞서 증거로 제출한 '일본어의 문장'을 읽는다면, 이의를 제기하지 않겠습니다. 그러나 지금 사용한 번역문은 조사해 볼 필요가 있습니다. 왜냐하면 그것이 권위 있는 번역인지, 정규의 번역관이 번역한 것인지 알 수 없기 때문입니다.

재판장 : 변호인 측의 이의를 인정한다. (검찰 측은 일본어의) 원본을 여기에 제출하고, 지금 읽는 부분을 통역에게 제시하시오.

검찰 측 : 곤란하게도 우리들이 소지하고 있는 것은 일본어 원문이 아니고, 포로 취급 규칙의 번역문 쪽입니다.

재판장 : 이렇게 하면 어떤가? 그것이 공식의 번역문이라는 증거를 제출하면 될 텐데?

검찰 측 : 재판장님, 그럴 수가 없습니다. 왜냐하면, 이 번역은 어떤 권위가 있는 것이 아니고, 본관의 사적인 조력자의 번역이기 때문입니다. 본관은 진실되고 착오 없는 번역이라고 믿습니다만, 현재로서는 단언은 할 수가 없는 입장입니다.

재판장 : 그렇다면, 일본어 원문을 갖고 와서 그것을 통역에게 번역시키는 것이 어떤가?

검찰 측 : 통역은 1943년 11월 발행의 포로 취급 규칙 26페이지, 제17조를 번역해 주시오.

오오데라 통역 : 일본어로 낭독하라는 말입니까?

검찰 측 : 영역해서 읽어 주시오.

변호인 측(수석 변호인) : 재판부에 말씀드립니다. 그것은 괜찮다고 생각
합니다.

검찰 측 : (절반은 혼잣말처럼) 기록을 위해서는, 질문은 영어로 통역하
지 않으면 안 된다. 일본어를 할 수 있으면 일본어로 질문을
하면 확실하겠지만, 그렇게 되면 증인과 나밖에는 무슨 얘기
를 했는지 모르고, 재판부도 모르게 될 것이다.

재판장 : 이것은 일본어라든가 타국어라든가로 표현할 종류의 문제가
아니다. 지금 어떤 문서를 권위 있는 번역 언어로 표현을 하는
문제인 것이다. 귀관이 지금 제시한 번역에 권위가 있다는 보
증이 없다는 것뿐이다.

검찰 측 : 통역에게 질문을 해도 좋습니까?

재판장 : 좋다.

검찰의 의표意表를 찌르는 답변

검찰 측 : 지금 우리들이 영어로 말한 곳은 당신이 현재 보고 있는 조문
의 번역입니까?

오오데라 통역 : 대체로…, 그렇습니다만….

검찰 측 : "대체로"는 곤란합니다. 될 수 있는 한 정확하지 않으면 안 됩
니다. 재판장님, 어떻게 하면 좋겠습니까? 단 하나의 문장을
번역하기 위해 그동안 증인을 증언대에 세워 놓아야 합니까?
그 문장의 의미를 증언해 달라고 할 때, 다시 불러서 질문하기

로 하고 재판을 진행시키는 것이 어떻습니까?

재판장 : 본관의 생각인데, 통역에게 문제되는 곳을 일본 문장으로 인
용하게 한 다음, 그것을 영역시켜서 검찰 측과 변호인 측 쌍방
이 그것을 승인한 단계에서, 그가 증인에게 하는 질문에 일본
어의 원문을 사용하면 어떻겠는가?

오오데라 통역 : 그러면 재판장님, (증인을 위해) 먼저 일본어 원문을 읽
을까요?

검찰 측 : 아니, 우선 영역을 해 주십시오.

오오데라 통역 : "포로 사용자가 전시 포로수용소 관리국장에 의해 정
해진 포로 취급 규칙 제7조 또는 제9조에 위반한 경우,
혹은 포로를 노동에 사용하기 위한 청구서, 즉 본령 제5
조 또는 제8조 그 밖의 제 규정에 의해 포로수용소 관리
국장 또는 육군대신으로부터 허가된 청구서에 정해진
사항에 위반한 경우는, 육군대신은 포로를 노동을 위해
사용하는 허가를 취소할 수 있다. 그 위반이 대일본제
국 밖의 지역에서 발생한 경우는 포로수용소 관리책임
자가 그 허가를 취소할 수 있다."

검찰 측 : 그 번역을 검찰 측은 승인한다.

재판장 : 변호인 측의 의견은?

변호인 측 : 변호인 측도 승인합니다.

재판장 : 질문을 속행하도록 하시오.

검찰 측 : 그러면, 본관은 포로 취급 규칙 27페이지, 제17조를 읽고 다
음에 포로가 전쟁 행위에 직접 관계가 있는 작업에 사용된 경
우, 홍 중장이 포로를 소환할 권한이 있었는지 없었는지에 대

해서 생각이 났는지 어떤지를 질문하겠다. 그럼, 우선 낭독하겠다…. (여기서 앞의 제17조가 들어간다.)

이 질문에서 홍 중장의 운명은 결정된 것처럼 보였다. 왜냐하면, 그렇게 되면 파견 포로수용소에서 행해진 여러 가지 사건은 그런 사태가 되어도 고의로 포로를 소환하지 않은 홍 중장의 책임이 되기 때문이다. 그러나 이 질문에 대한 오다시마 증인의 답변은 완전히 검찰 측의 의표를 찌르는 것이었다.

오다시마 : 이 경우의 '전시 포로수용소 관리책임자'란 (홍 중장이 아니라) 군사령관을 의미한다.
검찰 측 : (놀라서 통역에게) 규칙 가운데 "전시 포로수용소 관리책임자는 군사령관이다"라는 것을 의미하는 근거가(조문이) 있는가?
오오데라 통역 : 이 책자에 말입니까?
검찰 측 : 그렇다.

오다시마 증인은 그 문답의 내용을 알아차리고서,

오다시마 : 있다. 제2조다.
검찰 측 : 하지만, 실제로는 군사령관은 그 책임을 포로수용소의 사령관에게 위임하고 있지 않았는가?
오다시마 : 나는 그렇게 생각하지 않는다.

야마시타 군사령관의 '대권大權'

이것에 이어지는 질의응답은 다시 대단히 착잡한 것으로 변한다. 그것은 포로 취급 규칙을 들고 나온 게 검찰 측에게 있어서는 일종의 자승자박이 되었다는 것을 이야기해주는 것일 게다. 이러한 규칙에 있어서 권한이나 책임은 메이지헌법에서 천황의 대권과 같은 것으로, 야마시타 군사령관은 말하자면 포로에 대해서도 일종의 '대권大權'을 갖고 있던 셈이다.

그 경우에 홍 중장은 그의 지휘하에 있으므로, 자신의 예하에 속한 수용소에 대해서는 지휘권의 위탁을 받은 형식으로, '위임'이라는 관계에 있다고 할 수도 있을 것이다. 그러나 타 부대의 지휘하에 들어간 파견 포로를 포함하면, 그 전부의 '관리책임자'는 확실히 야마시타 군사령관이 될 것이다.

그러나 이것은 간단히 말하자면, 제14방면군 전 장병의 '관리책임자'가 군사령관이라고 하는 정도의 의미를 규정하는 데 지나지 않는다. 그 경우, 일본군이라면 당장 개개의 문제에 대해서는 보좌 책임이 누구에게 있는가가 문제가 되고, 만약 포로 문제로 군사령관이 가령 천황으로부터 문책을 받는 사태가 발생하면 그 보좌책임자, 아마도 후방참모가 책임을 지게 되는 형태가 될 것이다. 다만, 그 체제에서는 후방참모의 진언을 군사령관이 그대로 받아들여 승인하는 것이 전제가 되고, 그런 의미에서는 실질적으로 권한을 위임받고 있는 것은 오히려 참모일 것이다.

그러나 미국에서는 참모가 대개 일체의 책임이 없는 것으로 생각되고 있다. 검찰 측은 일본의 보좌책임이라는 체제를 모르고 있어서 위임에 근거한 홍 중장의 책임이라는 것을 사실 문제로부터 논증하려고

367

질문을 진행한다.

> **검찰 측** : 귀관에게 보내 온 월례보고의 작성자는 누구인가? 야마시타 대장인가?
>
> **오다시마** : 포로사령관이다.
>
> **검찰 측** : 그것은 홍 중장을 말하는가?
>
> **오다시마** : 그렇다.
>
> **검찰 측** : 그렇다면, 홍 중장은 필리핀에 있는 모든 포로수용소의 관리에 대해서 실질적으로 전 책임을 지고 있었던 것이 아닌가?
>
> **오다시마** : … 그가 아니다.
>
> **검찰 측** : 그렇다면, 홍 중장은 1944년 3월 9일에서 1945년 1월 6일 사이에 필리핀에 있는 포로수용소의 사령관이 아니었다는 말인가?
>
> **오다시마** : 그렇지는 않다. 내가 말하고 있는 것은 그런 게 아니다. 내가 말한 것은 홍 중장이 파견포로 수용소에 대해서는 아무런 관리권도 지휘권도 갖고 있지 못했다는 말이다. 바꿔 말하면 홍 중장은 필리핀에 있는 모든 포로에 대해서는 지휘권을 갖고 있지 못했다는 것이다. 그는 파견포로 수용소에 관해서는 권한이 없었다.
>
> **검찰 측** : (야유조로) 본관이 파견포로 수용소에 대해 질문을 했던가?
>
> **오다시마** : 알았다. 질문은 파견포로 수용소에 대한 것이 아니었다.

그렇기는 하지만, 이 응답은 관리책임자를 규정하는 제2조와 함께 포로 취급 규칙 제17조를 읽기까지의 검찰관의 일방적인 '승리감'에 대한 타격이었을 것이다. 아마도 오다시마 대좌는 앞에서 삭제당한 '설명'이 항상 마음에 걸려서, 그것이 검찰관의 약간 심술궂은 질문을 계기로 터져 나온 것처럼 생각된다. 검찰관은 야유를 하기는 했으나, 그렇다고 그 답변을 "질문과 관계가 없다"고 삭제를 요구하지는 않았다. 검찰관은 그대로 책임의 분담에 대해 재질문을 계속하고 있었다.

위법違法을 따른 준법違法은 범죄

검찰 측 : 그러면 다시 한 번 묻겠는데, 필리핀의 제14방면군 총사령관이었던 야마시타 대장과 포로수용소 사령관이었던 홍 중장과 어느 쪽이 포로에 대한 일차적 책임이 있었는가? 야마시타 대장의 포로에 관한 책임은 홍 중장에게 위임되어 있었던 것이 아닌가?

오다시마 : 한의 위임이란 어떤 의미인가?

검찰 측 : 포로수용소 관리자로서 행하지 않으면 안 될 통상적 업무를 말한다. 즉 포로의 도망을 방지하기 위해 경비병을 구성한다든지, 포로가 준수해야 할 여러 가지 규칙을 제정한다든지, 식사나 약품을 지급한다든지, 상급 사령부에 보고를 올린다든지, 어떤 수용소에서 다른 수용소로 인원을 이송한다든지 하는 일이다. 본관이 책임이라고 말한 것은 이런 것들을 말하는 것이다. 그런데 그런 일은 모두 홍 중장이 한 것이지, 야마시타 대장이 한 것은 아니지 않는가?

오다시마 : 그렇지가 않다. 홍 중장은 그것을 그 자신의 권한으로 행한

것이 아니다.

검찰 측 : 그러나 하고 있지 않았는가, 안 그런가?

오다시마 : 임무 규정이 있어서 그는 그 규정에 따라서 하고 있었다.

검찰 측 : 그러나 하고 있었다. 그렇지 않은가?

오다시마 : 그것을 한다는 의미에서는 확실히 하고 있었고, 그대로이다.

검찰 측 : 그것으로 족하다. 그러면….

재판장 : 법정은 10분간 휴정하겠다.

이 문답은 약간 이상하다. 적어도 미국식의 권한책임이라는 형태로 책임을 묻는다면, 발령에 누가 서명날인을 했는지가 문제일 것이다. 가령 타 부대의 지휘하에 들어간 파견포로가 포로 취급 규칙에 위반되는 노동을 강제 당했다고 하자, 그 경우 포로를 노동에 사용하는 현지의 부대가 작업 명령을 기안하여 그것을 홍 중장에게 제출하고, 홍 중장이 서명해서 그의 이름으로 발령했다면 권한책임에 있어서는 어디까지나 홍 중장의 책임이고, 보좌책임이라는 면에서 본다면 기안을 한 부대의 책임이 된다.

하지만, 작업명령이 전혀 홍 중장과 관계없이 발령되고, 발령에 관해서도 기안에 관해서도 홍 중장이 전혀 관계가 없다면 어느 쪽의 책임 체제를 취하더라도 그것은 홍 중장의 책임이라고 할 수가 없다. 또한 일상업무 규정 자체가 위법이라면, 그것을 정해서 발령한 사람에게 책임이 있을 것이다. 왜냐하면 군대의 규칙은 모두 '명령'이며, 가령 〈군대내무령〉은 일상생활 규칙집이지만 그것 또한 '짐이 〈군대내무령〉을 제정하여 그의 시행을 명한다. 어명옥새'의 명령이고, '보좌책임'이라는 점에서 본다면, 부서副署를 한 "육군대신 도조 히데키'의 책임이 되는 것이다.

다만, 그 규칙의 단순한 준수를 검찰 측이 이상스럽도록 강조하는 것은 앞에서 말한 비밀문서 속의 "위법을 따른 준법은 범죄이다"라고 하는 취지의 강조일 것이다. 그래서 홍 중장에 대한 책임의 추궁은 최종적으로는 참으로 불합리하다고 할 수밖에 없는 이 조항 외에는 적용될 것이 없게 되는 것이다.

재판장 : 법정을 속개한다.

검찰 측 : 대좌, 귀관은 비행장의 건설·유지, 활주로의 건설, 유도로誘導路의 포장, 폭탄저장시설의 건설을 군의 작전 행동에 직접 관계가 있다고 생각하지 않는가?

오다시마 : 나는 그것이 군사 행동과 직접 관계가 있다고는 생각지 않는다.

검찰 측 : 적을 향해 출격하는 폭격기나 전투기가 발착하는 활주로의 건설이 군사 행동에 직접 관련이 있는 작업이라고 생각지 않은가?

오다시마 : 두 가지 견해가 있다고 생각한다. 포로를 사용하는 자가 포로는 직접적으로 군사 행동에 '참가하고 있지 않다'고 생각한다면, 그것은 제네바조약 위반이 되지 않으며, 만약 그 자가 '참가하고 있다'고 생각한다면 위반이 될 것이다. 그것에 대해서는 사용자의 견해를 모르고서는 대답을 할 수가 없다. 더구나 포로 취급 규칙 가운데는 육군성으로부터의 지시나 명령이 있는데, 그것에 따르면 포로를 군사적 노동 작업에 사용하는 것이 허용되어 있다. 그 군사적 노동 작업 가운데는(소위 제네바조약의) 군사 행동에 관계가 있는 것도,

관계가 없는 것도 포함되어 있다고 생각한다.

합리적이지만 불공정하다

검찰 측 : 그렇다면, 귀관은 앞에서 말한 증언의 범위를 축소하고 한정한 것인가?

오다시마 : 어디서 한 증언 말인가?

검찰 측 : 본관이 증인에게, 일본은 1929년의 제네바조약 제31조를 지켰느냐고 질문한 것을 기억하고 있는가? 그것에 대해 귀관은 그렇다, 지켰다고 답변하고, 귀관이 아는 한에서는 필리핀에서도 예외는 아니었다고 대답한 것을 기억하고 있는가?

오다시마 : 내가 그때 일본이 제네바조약을 지키고 있었다고 말한 것은 다음과 같은 의미이다. 즉 노동에는 두 종류가 있다. 하나는 군사 행동과 직접 관계가 있는 경우, 또 하나는 군사적 노동 작업으로 그것은 반드시 직접적으로는 군사 행동과 관계가 없는 것이다. 그리고 지금 내가 말하고 있는 것은 후자 쪽이다. 즉 군사적 노동으로, 군사 행동에 직접 관계가 없는 것이다.

검찰 측 : 재판부에 말씀드립니다. 본 증인이 증언대에 서고 나서부터 일관해서 계속하고 있는 질문에 대한 발뺌, 회피 등에 대해서는 더 이상 언급할 생각이 없습니다. 재판부에 부탁드립니다. 본 증인에게 질문 자체에 똑바로 대답하도록, 그리고 질문의 범위 밖의 일을 멋대로 떠들어대지 않도록 명령을 내려 주십

시오. 이번과 지난번의 비행장에서의 작업이 제네바조약 위
반인지 아닌지를 어떤 개인적인 견해에 의해서 결정된다고
생각하는 것은 기록에서 삭제하도록 요청합니다.

이 검찰 측의 요청은 언뜻 보기에는 합리적이다. 다만 공정성이라
는 점에서 보면 크나큰 의문이 생길 것이다. 왜냐하면 이제까지 오다시
마 증인은 상당히 '질문범위 밖의 일을 마음대로 이야기하고' 있고, 그것
이 검찰 측에 유리할 때는 가만히 지껄이도록 놓아두고, 검찰 측에 불리
하게 되는 '멋대로 지껄이는 말'이 나오면, 그것을 삭제시켜 달라고 신청
하고 있기 때문이다. 사실, 이런 것은 모든 전범재판에서 볼 수 있는 현
상으로, 나를 조사했던 미국인 조사관 자신도 이상스럽게 생각했던 현
상이다.

하지만 이것은 우리 사회가 명목적으로는 법률, 조항, 계약이 있어
도 실질적으로는 초법규적인 '무원칙의 의논'에서 시작되는 사회이기
때문일 것이다. 이것을 잘 역이용하여, 이용할 수 있는 '멋대로 지껄이는
말'은 이용하고, 불리한 '멋대로 지껄이는 말'을 삭제시키면, 모든 것은
검찰관이 말하는 대로 되어 버린다. 그래서 변호인 측은 맹렬히 반론에
나서지 않을 수 없는 것이다.

변호인 측 : 재판부에 말씀드립니다. 이상의 문제점들은 모두 사실은
검찰 측 자신이 자초한 것입니다. 증인은 '비행장에서의 작
업은 허가하고 있었다, 그것을 제네바조약 위반이라고는
생각하지 않았다'고 말했으며, 그것을 이미 여러 차례에 걸
쳐 얘기하고 있습니다. 그럼에도 검찰 측은 ('육군성은 허가

를 내리지 않았는데 현지에서 멋대로 했다. 그 책임은 홍 중
장에게 있다'라는 말을 하게 하려고) 고의로 그것에 집착해
서 전체를 혼란시키고 있는 것입니다. 지금까지의 증언은
그 일과 관련이 있고, 검찰 측은 이미 그 '낚시'에서 (자신에
게 유리한 언질을) 낚아 올렸다고 믿습니다.

검찰 측 : 하지만, 실제로 본관 이상 혼란을 일으킨 사람도 없을 것이다.

검찰 증거 제74호

재판장 : 증인은 질문에 대해서 똑바로 대답하고, 이후로는 발뺌을 삼
가도록 하라. (오다시마 대좌가 변호인 측의 증인이므로 변호인
측에게도) 변호인 측은 증인에게 주의를 해 주시오.

변호인 측(수석 변호인) : 우리로서는 그와 동시에 반대심문의 방식에도
똑같이 공평하게 지시해줄 것을 바라고 있습니
다. 질문 가운데 대부분이 설명 없이는 답변을
할 수가 없는 종류의 것들이었습니다. 변호인 측
이 그와 같은 질문을 했다면, 그 대답은 훨씬 용
이하게 얻어질 수 있었다고 생각합니다. 그 점도
재판부는 똑같이 고려해 주었으면 좋겠습니다.

검찰 측 : 변호인 측은 본인의 질문에는 자세한 설명이 필요한 것처럼
말하고 있는데, 우리는 짧은 대답이 필요합니다. 그것이 불공
평하다고 생각되면 그때마다 이의를 제기하면 될 것입니다.
다시 한 번 같은 질문을 하겠다. 일본은 제네바조약 제31조를

굳게 지키고 있었는가? 예스인가, 노인가?

오다시마 : 지키고 있었다.

검찰 측 : 귀관의 의견으로는 적에 대해서 폭격기나 전투기가 발진(發進)하는 활주로의 건설은 군사 행동에 직접관련이 없는가? 귀관의 생각은 어떤가?

변호인 측 : 재판부에 이의를 제기합니다. 이 질문은 중요성이 완전히 결여된 질문입니다. 도대체 증인 자신의 생각이 증언으로서 무슨 도움이 된다는 것입니까?

재판장 : (변호인 측의) 이의는 기각한다.

오다시마 : 그 대답에는 다소의 시간이 필요하다. 만약 포로가 그 목적에만 사용되었다고 한다면 그 때는 그것이 군사 행동에 직접 관련이 있었다고 생각한다.

검찰 측 : 귀관은 검찰증거 제74호를 본 일이 있는가?

오다시마 : 있다. 전에 본 적이 있다.

검찰 측 : 그렇다면, 그 내용을 말해달라.

오다시마 : 그것은 포로가 여러 부대에 파견된 경우의 상황과 조건에 대해서 기술한 것이다.

검찰 측 : 그것은 또한 필리핀 포로수용소 사령관 관할하의 분견 수용소의 장소도 나타내고 있지 않은가?

오다시마 : 기억하지 못하겠다.

검찰 측 : 그렇다면, 그것을 보라.

오다시마 : 알겠다.

검찰 측 : 그런데, 귀관이 이 검찰 증거 제74호를 처음으로 본 장소는 어딘가?

오다시마 : (질문을 오해하고) 1944년 7월인가 8월이라고 생각한다. 보
고 속에 들어 있었다.

검찰 측 : 누구의 보고인가?

오다시마 : 홍 중장으로부터의 보고다.

검찰 측 : 이것을 증거로서 제출한다. 정규의 증명을 붙여 번역을 첨부
해서, 검찰 증거 제74호로서 제출한다.

재판장 : 변호인 측의 의견은?

변호인 측 : 이의 없습니다.

이 평범하게 보이는 문답은 사실 홍 중장이 포로 전체를 관리하는
책임자로서 직접 육군성에 보고를 하고 있었다는 것을 논증하려고 하는
포석(布石)인 것이다. 따라서 "장소는 어딘가?"가 질문의 요점으로서, 그
가 기대한 대답은 필경 '육군성에서'였을 것이다. 검찰 측이 그 점을 재
질문하지 않은 것은 시일의 관계에서 그것이 분명해졌기 때문일 것이
다. 그 포석을 해 놓고 검찰 측은 시치미를 떼고 다른 방향으로부터 질문
에 들어간다.

검찰 측 : 귀관은 오늘 아침 도시노 중위가 포로 소개(疎開) 지휘관이었다
고 증언했는데, 그 증언을 기억하고 있는가?

오다시마 : 기억하고 있다.

검찰 측 : 도시노 중위를 소개 지휘관으로 임명한 것은 누구인가?

오다시마 : 군사령관에 의한 임명이었다고 생각한다.

검찰 측 : 그렇다면, 그 일을 알고 있는가?

오다시마 : 아니, 모른다.

검찰 측 : 소개 지휘관에 임명한 것은 홍 중장이 아니었는가?

오다시마 : 홍 중장은 아니었다고 생각한다…. 그렇게 믿고 있다.

검찰 측의 초조감

검찰 측 : 도시노 중위가 포로를 일본으로 수송했을 때, 경비병이 동행하고 있었다는 말이 아닌가?

오다시마 : 그렇다.

검찰 측 : 그 병비병은 어디서 파견되었는가?

오다시마 : 필리핀의 포로수용소에서다.

검찰 측 : 필리핀에서 그들은 대체적으로 포로수용소에 근무하고 있지 않았는가?

오다시마 : 그렇다.

검찰 측 : 홍 중장의 지휘하에 있었다. 틀림없지?

오다시마 : 아니다. 그 도중에서는 다르다.

검찰 측 : 그들이 출발하기 이전에는 홍 중장의 지휘하에 있던 포로수용소의 경비병이었다. 이젠 맞는가?

오다시마 : 그렇다. 정확하다.

검찰 측 : 수송이 완료되면 그들 경비병은 전원 필리핀으로 돌아갔던 것이 아닌가?

오다시마 : 그렇다.

검찰 측 : 그리고 포로수용소의 원 부서로 돌아갔는가?

오다시마 : 그렇다.

검찰 측 : 그리고 도시노 중위도 그 범주에 들어가는가?

오다시마 : 그렇다.

검찰 측 : 그리고 도시노 중위는 포로를 일본으로 연행하여 인도할 때
는 수령증을 받았는가?

오다시마 : 아니다. 그는 수령증을 받지는 않는다.

검찰 측 : 아무런 수령증도 받지 않았는가?

오다시마 : 모른다.

검찰 측 : 가령 일본으로 가는 포로 수송선에 어떤 불행한 사고가 발생
한 경우, 도시노 중위는 그것을 상급 지휘기관에 보고하는가?

오다시마 : 그렇다. 보고한다.

검찰 측 : 보고는 누구에게 하는가?

오다시마 : 군사령관에게.

검찰 측 : 홍 중장에게도 보고하는 것이 아닌가?

오다시마 : 하리라고 생각한다. 군사령관에게 하는 것과 마찬가지로.

검찰 측 : 보고한다는 것을 귀관은 알고 있는가?

오다시마 : 알고 있다.

검찰 측 : 그리고 홍 중장은 그것에 입각하여 귀관에 대한 보고를 작성
하는가?

오다시마 : 보고서는 군 사령관으로부터 온다.

검찰 측 : 보고서의 최초의 작성자는 홍 중장이겠지?

오다시마 : 그것은 군 사령부에서 직접 오는 것이다.

검찰 측 : 그 답변을 변경할 생각은 없는가? 왜냐하면, 홍 중장은 포로
수송선의 침몰에 관해서 14방면군 경유로 귀관에게 보고를
행하는 것이 당연하다고 생각한다. 그렇지 않은가?

오다시마 : 나의 부서로는 보고가 오지 않는다. 왜냐하면, 보고는 지휘
계통을 통하고 경로를 통해서 행해지는 것이기 때문이다.
나의 부서와 홍 중장의 사령부는 지휘계통에 있어서는 아무
런 관계도 없다. 그러한 소식은 군의 월례보고 속에 들어 있
다. 나의 부서는 그것을 알 수 있는 곳으로서, 홍 중장의 보
고를 통해 아는 것은 아니다.

여기에서 다시 검찰 측은 초조해진다. 지금까지의 질의응답을 더
듣어 보면, 재미있다고 하면 어폐(語弊)가 있겠지만, 검찰관의 초조한 태
도는 확실히 재미있다. 지금까지 검찰 측은 몇 번씩이나 변호 측의 표현
에 따르면 홍 중장에게 있어서는 '치명적'이라고 할 수 있는 증언을 "낚
아 올렸다." 그것은 부정할 수가 없는 사실이다. 그러나 그 '치명적'인 것
을 한 걸음 더 밀고나가 '최후의 일격'을 가하려고 하면, 상대방은 재빨
리 몸을 피해 숨어 버리고는 또 다시 흐리멍덩한 상태로 되돌아가 버리
는 것이었다. 검찰은 내심으로 몇 번씩이나 개가를 올렸을 것이다.

하지만, 가령 지휘계통에 있어서 최후에는 그것이 육군성이 아니
고 대본영이 되어버리고, 포로 취급 규칙에서는 최후로 관리책임자 "제
2조"에 홍 중장이 아니라 군사령관이 되어 버리고, 그래서 지휘계통이
그것을 거슬러 올라가는 보고 의무가 있다는 점을 찔러 홍 중장은 육군
성의 실질적 지휘하에 있었다는 것을 '보고'를 통해 증명하려고 했더니,
이번에는 "월례보고"를 갖고 피해 버린다.

그것을 오다시마 증인의 교묘한 발뺌으로 간주하고, "다루기 쉽다
고 얕잡아 보았더니 의외로 교활한 녀석"이라는 생각이 들어서, "똑바로
증언하라"고 요구하며 변호인 측과 일전을 불사하겠다는 태도를 취한

다. 그러나 오다시마 대좌는 결코 그것을 작위적作爲的으로 하고 있는 것이 아니라 거의 있는 사실 그대로를 증언하고 있는 것이다.

군대 내의 '행정지도'

그들의 머릿속에 있는 것은 체계적이고 합리적인 정연한 지휘계통, 그것에 따른 각 부서의 책임자와 그 명확한 직무 권한의 범위, 그 위에 그것에 근거를 둔 엄밀한 복무규정으로 구성된 세계이다. 하지만, 전쟁 전의 군대든, 전후의 회사든 간에 일본의 조직에서는 명목적으로 그와 같은 체계적인 조직이 되어 있더라도, 실제로는 그것에 의해 운영되고 있었던 것은 아니다.

전에 고무로 나오키小室直樹 교수와 사규사칙집社規社則集을 출판하고 있는 어떤 출판사를 찾아갔을 때, 그는 농담처럼 다음과 같은 질문을 했다. 미국의 회사에서는 조직상의 위치와 권한과 '복무규정'을 제시하고, 그 '복무규정'대로 하겠다는 계약을 회사와 맺는 게 입사하는 것이 되는 셈인데, 사규사칙집을 출판하는 당신네 회사도 그러한 형식으로 사원을 입사시키고 있는가, 하고. 이에 대한 담당자의 대답은 "사규사칙집을 내고는 있어도, 우리 회사에서는 그렇게 하지는 않습니다. 채용한 다음 편집부에 넣어서 우물우물하는 사이에 할 일을 몸에 익히게 됩니다" 하는 것이었다. 이것은 사실일 것이다.

그리고 일본군의 실정도 당연한 일이지만 그것과 별로 차이가 없었다. '예하'와 '지휘하'의 차이 같은 것에 대해서는 나 자신도 〈작전요무령〉의 지극히 추상적인 두 항목밖에는 모른다. 모르고 있어도 내가 현실에 대처하고 있던 것과 오다시마 대좌가 말하고 있는 것은 완전히 일치하고 있는 셈이다. 이것은 암암리에 전체를 통제하는 공통적인 상식과 같은 것을 각자가 체득하고 있었다고 말할 수밖에는 없다. 따라서 지휘 계통 하에 있어서도 어떠한 지시를 받고 또한 통보(보고가 아니라)하는 것이 상식이라는 경우도 당연히 있을 수 있다. 그 관계는 군대 내의 '행정지도'와 같은 것일 것이다.

록히드 사건 때, 운수성運輸省의 '행정지도'란 것이 참으로 이해할 수 없는 형태로 기업을 지휘해서, 채용 기종機種까지 실질적으로 결정하고 있었다고 알려졌지만, 그 법적인 증거란 전혀 없다고 말할 수 있는 것이었다. 따라서 막상 결정적인 순간이 되면 와카사若狹 사장社長처럼, 젠닛쿠全日空*는 명목적으로도 실질적으로도 순전히 민간기업이기 때문에, 기종결정에 운수성은 간여한 바 없다고 말한다.

이런 관계와 오다시마 증언을 추측해 보면, 외지外地의 수용소는 이 시점에서 천황→대본영→남방총군 사령관→제14방면군 사령관→포로 사령관일 것이지만, 실질적으로는 육군성의 '행정지도'하에 있었다고 보아야 할 것이다. 하지만 그 경우, 육군성이 지도할 수 있는 범위가 어디까지냐 하는 것은, 운수성이나 통산성通産省이 행정지도를 할 수 있는 범위와 마찬가지로 도저히 정체를 파악할 수 없다는 게 그 실정일 것이다. 검찰관은 그래서 초조해진다.

검찰 측 : 발뺌은 하지 말라. 그렇다면, 그 월례보고 ─ 그렇게 부른다면

---

* 현재 일본의 ANA 항공. 1952년 일본헬리콥터수송주식회사로 출발했으며, 1957년 전일본공수(全日本空輸)로 이름을 바꾸었다. 록히드의 로비를 받은 정관계 막후실세들의 압력을 받고, 맥도넬더글러스의 DC-10 대신 록히드의 트라이스타 L-1011 21대를 구매하려 했다.

그래도 좋다 – 에 홍 중장은 귀관의 부서에 적당한 경로를 통해서 여러 척의 포로 수송선이 침몰했다는 것을 통지해 왔다는 것인가.

오다시마 : 그렇다.

검찰 측 : 그렇다면, 귀관은 홍 중장으로부터의 월례보고를 받고서 상황은 양호하다고 생각하고 있었던 것이군.

변호인 측 : 재판부에 말씀드립니다. 이 질문은 너무나도 막연해서, 그 누구도 논리적으로 대답할 수 없다고 사료됩니다. 검찰 측은 질문을 다시 해야 할 것입니다.

검찰 측 : 그렇게 하겠습니다. 홍 중장의 월례보고를 검토한 뒤에, 귀관은 필리핀의 포로수용소 상황은 양호하다고 판단하고 있었는가?

오다시마 : 모든 점에 대해서 언명言明할 수는 없겠지만, 상황이 양호하다는 것은 알고 있었다.

검찰 측 : 매월의 사망자 수를 보고도 마음에 걸리지 않던가?

오다시마 : 그 시점까지는 매우 양호했다. 대단히 좋았다.

검찰 측 : 1944년 12월에 몇 명 사망했는지 기억하고 있는가?

오다시마 : 1944년 12월의 보고는 도착하지 않아서 모르겠다.

검찰 측 : 좋다. 그럼, 11월은?

오다시마 : 11월에도 오지 않았다.

검찰 측 : 그럼, 10월은?

오다시마 : 왔다. 10월의 보고는 왔다.

검찰 측 : 10월의 사망자 수는 전혀 걱정거리가 되지 않았는가?

오다시마 : 그 숫자는 걱정할 만한 것이 아니었다.

검찰 측 : 10월의 입원환자 수는 걱정거리가 아니었나?

오다시마 : 그것은 생각나지 않는다.

필리핀의 사망률

검찰 측 : 그렇다면, 말해 주겠다. 1944년 10월에 입원한 민간인 수는 647명이었다. 이것을 들으면 그 수의 많음에 관심을 나타내 겠는가?

오다시마 : 그다지 걱정할 만한 숫자는 아니다.

검찰 측 : 그것으로 충분하다. (재판장에게) 이것으로 반대심문을 끝냅 니다.

재판장 : (변호인 측에게) 다시 직접심문은?

변호인 측이 여기서 다시 직접심문에 들어간다.

변호인 측 : 육군성은 포로가 필리핀의 비행장 건설에서 노동하는 것을 허가했는가?

오다시마 : 그렇다. 육군성은 포로가 군사적 노동에 종사하는 것을 인 정하고 있었다.

변호인 측 : 포로가 특히 비행장에서 노동하는 것을 알고 있으며, 그것 을 허가했는가?

오다시마 : 그렇다.

변호인 측 : 포로가 비행장 건설에 사용되기 시작한 것은 언제인지 기

억하고 있는가?

오다시마 : 기억하지 못한다.

변호인 측 : 1944년 연초보다 앞인가 뒤인가?

오다시마 : 1944년 연초보다 그 이전의 일이다.

변호인 측 : 그렇다면, 그것은 홍 중장이 포로사령부의 사령관으로서 취임하기 이전의 일인가?

오다시마 : 그렇다.

변호인 측 : 대좌, 귀관은 필리핀의 포로수용소 상황을 다른 지역의 포로수용소와 비교 조사한 일이 있는가?

오다시마 : 있다.

변호인 측 : 자신이 직접 조사했는가?

오다시마 : 나의 국局에서 했다.

변호인 측 : 그 조사를 감독했는가?

오다시마 : 그렇다.

변호인 측 : 어떤 사실에 근거를 두고 조사를 했는가?

오다시마 : 모든 포로수용소로부터의 보고에 근거를 둔 것이었다.

변호인 측 : 그 조사에 의해, 필리핀의 상황을 다른 지역의 수용소와 비교해 보고 어떤 결론에 도달했는가?

오다시마 : 위생 상황에 관한 한 필리핀의 수용소는 뛰어나게 양호하다는 결론에 도달했다.

변호인 측 : 그 조사에서 필리핀에서의 포로의 사망률과 기타 지역의 사망률과 비교해서 어떠했는가?

오다시마 : 1944년 3월부터 동년 8월까지의 비교에 대해서 말한다면, 필리핀에서의 사망률은 1만 명에 대해 2~3명꼴이 된다. 기

타 지역, 그것은 다른 지역의 15개 수용소의 평균인데, 이것은 1천 명에 대해 1~4명꼴이 되며, 필리핀의 사망률은 월등하게 낮다고 생각했다.

변호인 측 : 더 이상 질문 없습니다.

재판장 : 검찰 측 질문은?

여기에서 다시 검찰 측의 반대심문이 시작된다.

검찰 측 : 지금 말한 점을 분명히 하려고 한다. 1944년 3월부터 8월까지 필리핀에서는 1만 명당 2~3명이 사망했다고 증언했는가?

오다시마 : 그것은 월평균의 사망률이다.

검찰 측 : 1만 명당 월평균 사망률이 2~4명이라는 게 사실인가?

오다시마 : 그렇다.

검찰 측 : 1944년 3월에서 8월까지의 일인가? 확실한가?

오다시마 : 확실하다.

검찰 측 : 그 숫자는 월례보고에서 나온 것인가?

오다시마 : 그렇다. 지금 여기에 공식 서류를 갖고 있다.

검찰 측 : 1944년 3월에서 8월 사이, 홍 중장의 지휘하에 있던 필리핀의 민간인 억류자는 몇 명 정도였는가?

오다시마 : 5~6천 명이었다고 생각한다.

검찰 측 : 만일 1만 명 중 2~4명의 사망률이라고 한다면, (민간인의) 1944년 3월부터 8월까지의 사망은, 귀관의 숫자가 정확하다고 할 때 1~3명이 될 것이다.

오다시마 : 그렇게 된다.

비교比較의 근거

검찰 측 : 그렇다면 그 기록을 보고 재판부에게 그 달에 몇 명 사망했는
지 말해 달라.

오다시마 : 나는 민간인 억류자의 기록은 작성하지 않았다. 내가 갖고
있는 것은 군인뿐이다.

검찰 측 : 좋다. 귀관의 숫자는 민간인 억류자에게도 정확한 것인가?

오다시마 : 그것은 뭐라고 말할 수 없다.

검찰 측 : 민간인 억류자와 전시戰時 포로는 어느 쪽이 더 대우가 좋았
다고 생각하는가?

오다시마 : 그다지 차이가 없다고 생각한다.

검찰 측 : 민간인 억류자는 자발적으로 노동을 했는가?

오다시마 : 모르겠다.

검찰 측 : 민간인 억류자가 전시戰時 포로와 같은 대우를 받고 있었다면,
민간인 억류자의 사망률도 포로와 같다고 생각해도 좋은가?

오다시마 : 나는 반드시 그렇다고는 생각하지 않는다.

검찰 측 : 그렇다면, 민간인 억류자 쪽이 포로보다도 많이 사망했다는
얘기인가?

오다시마 : 그것에 대해서는 뭐라고 대답을 할 수가 없다. 명확하게 답
변을 할 수가 없다. 그러나 민간인 억류자 가운데에 고령자
가 많다는 것은 나 자신도 알고 있다.

검찰 측 : 귀관은 민간인 억류자의 사망 원인을 분석한 일이 있는가?

오다시마 : 월례보고에는 실려 있었지만, 그 보고를 깊이 분석해 본 적
은 없다.

검찰 측 : 그렇다면 월례보고는 어떻게 했는가? 받아서 서류에 철해 두기만 했는가?

오다시마 : 월례보고는 7월인가 8월에 오기 시작했고, 그 이전에는 그런 보고가 없었다.

검찰 측 : 월례보고는 7월 내지 8월 이전에는 오지 않았다고 지금 말했는가?

오다시마 : 잘 기억하지 못하겠다. 그러나 내 손 안에 없었다는 것은 기억하고 있다.

검찰 측 : 그러나 귀관은 3월에서 8월까지의 월례보고에 의거하여 조사했다고 했는데….

오다시마 : 그것은 군인 것뿐이다. 전시 포로뿐이었다.

검찰 측 : 민간인 억류자에 대해서는 7월 내지 8월까지 보고를 받지 못했는가?

오다시마 : 간단한 보고가 있었는지는 모르지만, 나는 기억하지 못하겠다.

검찰 측 : 이 서류철을 보아 달라. 이것을 이전에 본 적이 있는가?

오다시마 : 이것은…. 아니, 지금까지 본 기억이 없는데.

검찰 측 : 그렇다면, 7월분을 꺼내 보자. 이것을 보라. 1944년 7월 보고를 보라. 1944년 7월에 몇 명이 죽었는가?

변호인 측 : 재판부에 말씀드립니다. 이의를 제기하기 전에 검찰 측이 그것을 증거로서 제출할 생각인지 아닌지를 먼저 물어보고 싶습니다. 아니면 검찰 측은 단순히 증언을 시키려 하고 있는지….

검찰 측 : 고마운 질문이다. 증인은 법정에서 사망은 1만 명에 대해

2~4명이라고 보증했다. 민간인 억류자 수용소가 어떤 것인지
는 모르지만, 그 취급은 마찬가지일 것이라고 말했다. 그런데
그의 다음 대답은 재판부에 대해서 7월의 사망자는 1~3명이
었다고 말하게 될 것이다. 증인 자신이 인정한 숫자가 6천 명,
그 가운데 13명이 사망했다. 그것은 1만 명당 25명꼴이 된다.
알고 있습니까? (변호인 측에 대해) 이것은 비행장에서의 노
동도, 자발적 노동도 하지 않았던 민간인 억류자의 사망률입
니다.

변호인 측 : 재판부에 말씀드립니다. 본인은 그 발언에 증인의 증언과
의 관련성을 인정하지 않습니다. 증인은 그가 행한 포로에
관한 조사에 대해서 증언한 것입니다. 민간인 억류자에 대
해서는 조사를 하지 않았습니다. 그 문제는 지금까지 제기
되지 않았던 것으로, 본인은 그것에 아무런 관련도 인정할
수가 없는 것입니다. 검찰 측이 전시 포로에 대해 증인에게
질문을 한다면 아무런 이의도 제기하지 않겠습니다만….

검찰 측 : 검찰 측은 단지 비교의 근거를 요구한 것에 지나지 않습니다.

재판장 : 변호인 측의 이의는 기각한다. 본 증거는 증인이 사전에 행한
전시 포로에 관한 것과의 사이에 사망률에 있어서 관련이 있
다고 인정한다.

두 명의 검찰관이 반대 심문

검찰 측 : 1944년 7월에 민간인 억류자 수용소에서는 몇 명이 죽었는

가?

오오데라 통역 : 그는 이미 대답을 했는데요…?

검찰 측 : 그렇다면 그의 답변은?

오오데라 통역 : 기억하지 못합니다.

검찰 측 : (통역이) 그 보고서를 읽어 주시오.

재판장 : 검찰 측은 증인에게, 증인

이 어떤 보고를 읽고 있는지 질문을 하시오.

검찰 측 : 귀관이 읽고 있는 보고는 무엇인가?

오다시마 : 민간인 억류자 수용소에서 보낸 월례보고이다.

검찰 측 : 그러면 그 보고는 다음과 같이 배포된 것으로 알고 있다. 육군
성 2부, 포로정보국 2부, 남방총군 1부, 통신감 2부, 제14방면
군 1부, 그리고 각 수용소에 10부, 틀림없는가?

오다시마 : 그렇다.

이 가운데 통신감이 들어가 있는 것은 약간 이상하다. 앞에서도 말
한 것처럼 남방총군의 병참감이 14방면군의 지휘하에 들어갔기 때문에
필리핀 이외의 각 수용소는 각지의 방면군 사령부 지휘하로 들어가고,
그 이후로는 그 사이의 정보 연락은 통신감이 대행하고 있었다고 생각
되나, 1944년 7월의 시점에서는 아직 병참감이 책임을 지고 있었을 것
이다. 아마 시일의 혼동에 의한 착오일 것이다.

검찰 측 : 그런데도 귀관은 그것을 입수하지 못했단 말인가?

389

오다시마 : 그 보고는 포로정보국에는 와 있었을 것이다. 그러나 나 자신은 그것을 보았는지 어떤지 기억하고 있지 않다.

검찰 측 : 포로에 관한 이들 보고 말인데, 이것에는 파견포로가 종사한 전체 노동의 총시간 수가 나와 있는가?

오다시마 : 그렇다. 포함되어 있었다.

검찰 측 : (수석 검찰관이 옆에서) 이 서류철을 보여준 다음에 몇 가지 질문을 하겠다.

변호인 측 : 재판부에 말씀드립니다. 반대심문을 두 명의 검찰관이 한다는 것은 극히 이례적인 일이라고 생각합니다.

재판장 : 재판부로서는 특히 이례적이라고 생각하지는 않는다.

오다시마 : 이것은 포로에 관한, 또 그 관련 사항에 관한 기록이다.

검찰 측 : 기간은 언제인가?

오다시마 : 기간에 대해서는 따로 쓰여 있지 않다. 이것은 비망록備忘錄으로서, 내가 작성한 것이다.

검찰 측 : 비망록으로서 작성한 것은 언제인가?

오다시마 : 이곳에 오기 직전이다.

검찰 측 : 이것은 일본의 어떤 기관의 공식 기록을 발췌하여 편집한 것인가?

오다시마 : 그렇다.

검찰 측 : 어떤 기관인가?

오다시마 : 포로정보국이다.

검찰 측 : 그 기관은 현시점에도 운영되고 있는가?

오다시마 : 그렇다. (그것은 아마 복원국復員局 내에서 잔무殘務 처리기관으로서 운영되고 있었을 것이다.)

검찰 측 : 그렇다면, 지금 귀관이 들고 있는 문서는 현재 도쿄에 있는 포로정보국에 보관되어 있는 공식 기록의 일부인가?

오다시마 : 그렇다.

검찰 측 : 그러면 이것은 개인기록이 아니라 본 건 종료 후에 포로정보국에 반환되어야 할 문서인가?

오다시마 : 그렇다.

검찰 측 : 또 다른 서류를 보여주겠다. 이것이 무엇인가 묻고 싶다.

오다시마 : 포로수용소에서 수령한 월례보고의 일부이다.

이와 비슷한 문답이 계속된다. 그것을 보면 포로 관계 서류는 소각燒却 당하지 않고 계속 점령군 사령부의 관할하의 복원국復員局에서 보관되고 있었던 것 같다. 그리고 문답의 최후에, 현지에서의 재판 중에 보관 책임자가 누구냐는 질문을 받고, 그것이 미군 장교라는 것이 확인되자 오다시마 증인에 대한 긴 심문은 끝났다.

검찰 측 : 이것으로 질문을 마치겠습니다.

재판장 : (변호인 측에게) 직접심문은 또 없는가?

변호인 측 : 없습니다.

재판장 : 증인은 퇴정해도 좋다.

(증인 퇴정)

제15장

무토武藤 증언

실질實質과 형식形式의 어긋남

무토 증언의 전반前半과, 그것에 이어지는 오다시마小田島 증언에서 포로 관리에 있어서 지휘권 및 책임의 소재는 어느 정도 분명해졌으리라고 믿는다. 그것을 간단하게 도식화해 보면, 전반적인 책임은 형식적으로는 천황에게까지 소급되지만, 필리핀 내에 관한 한은 제14방면군 사령관 야마시타 대장이 된다.

그러나 그 관리책임은 어디까지나 전반적인 것이고, 그 가운데 각 수용소에 있는 포로에 대한 직접책임은 병참감 겸 포로 수용소장인 홍 중장이고, 작업을 위해 각 부대에 파견된 포로에 관해서는 현장의 부대장, 그리고 양자를 종합한 총체적인 관리 책임은 야마시타 대장이 될 것이다. 다만 파견포로에 대해서는 '작업명령=작명作命'에 관한 한 현장 부대장의 권한은 절대적이지만, 포로 개인에 대한 인사人事, 예를 들면 전속轉屬이나 입원에 관해서는 홍 중장의 관리하에 있었다고 할 수 있다.

392

그리고 그것에 대해 전반적인 '행정지도'를 하고 있던 것이 육군성의 포로정보국이고, 지시와 명령은 설사 형식적으로는 대본영 경유로 지휘계통을 통해 내려와도 실질적으로는 정보국이 내리는 것인데, 그 기관은 명목적으로는 일체의 주도권을 갖지 않는 정보기관으로 되어 있었다.

이상과 같이 정리해 보면, 홍 중장이 직접적으로 책임을 지지 않으면 안 될 포로는 수용소에 수용되어 있는 포로, 즉 말하자면 '예하 포로부대'뿐이라는 얘기가 되고, 비록 간접적으로 어떤 책임을 추궁당하는 경우에도 그것은 제14방면군의 범위에 한정되는 것이 당연할 것이다. 왜냐하면 그 범위 밖은 야마시타 대장에게 있어서도 권한 밖이므로, "당사자로서 의견을 상신할 책임이 있다"는 대상도 안 되기 때문이다.

하지만 그렇게 되면 또 다른 문제가 나오게 된다. 그것은 필리핀에 주둔하는 해군 부대와 대본영 직할부대에 포로가 파견되었을 경우, 그러한 부대의 홍 중장 예하 포로에 대한 위법 행위는 누구의 책임이냐 하는 문제이다. 그런 경우, 지휘계통이 다른 부대에 대한 포로의 배속은 당연히 야마시타 대장보다 위에 있는 사령부에 의해서 행해졌을 것이고, 그들 포로의 관리는 야마시타 대장에게 있어서도 권한 밖이 된다.

오다시마 증언에서도 포로의 비행장에서의 작업이 문제가 되고 있으나 비행장 건설대는 대본영 직할부대이고, 원칙적으로는 야마시타 대장의 지휘하에 있지 않았다. 더구나 해군 부대에 대해서는 더 말할 것도 없다. 그래서 그 문제가 무토 증언의 후반부에 등장하게 된다. 무토 증인은 변호인 측의 증인이고, 변호인의 심문을 통해 홍 중장이 타 부대에 배속된 '지휘하 포로부대'에 대해서는 아무런 권한도 없었다는 것이 증언되었고, 뒤이어 다음과 같은 식량 문제에 대한 증언으로 들어간다.

이것도 포로에 대해서 특별히 적은 식량을 지급한 것이 아니라 일본군도 매우 곤란한 식량 사정에 직면해 있었고, 그 급여는 포로와 큰 차이가 없었다는 증언으로 끝나고 있다. 여기에 대해서 검찰 측의 반대심문과 재판부의 직접심문이 계속되어 검찰 측이 우선 제네바조약과 포로취급 규칙 관계에서부터 그 문제로 들어간다. 다음에 그 일문일답을 기록하겠다.

검찰 측 : 중장, 귀관은 1929년의 제네바 전시 포로 조약을 잘 알고 있는가?

무토 : 대강은 알고 있다.

검찰 측 : 필리핀에 온 것은 언제인가?

무토 : 1944년 10월 20일이다.

검찰 측 : 그런데 귀관이 필리핀에 왔을 때 미국군 포로가 파사이 소학교에 있었고, 니콜라스 필드 비행장에서 작업을 하고 있었는가?

무토 : 모르겠다.

검찰 측 : 귀관이 도착했을 때, 미군 포로가 라스피나 비행장에서 작업을 하고 있었는가?

무토 : 라스피나? 모르겠다.

검찰 측 : 미군 포로가 파사이 소학교, 혹은 라스피나에서 어떤 상황에 있었는지를 직접적으로 알고 있는가?

무토 : 모른다. 나는 포로가 그곳에 파견되어 있었는지조차 몰랐다.

검찰 측 : 필리핀에 왔을 때, 미군 포로가 라산 비행장에 있었다는 것을 알고 있었는가?

무토 : 모른다.

검찰 측 : 라산 비행장의 상황을 직접적으로 모른다는 말인가?

무토 : 모른다.

검찰 측 : 필리핀에 왔을 때, 그 시점에서 미군 포로는 팔라완 섬에 있었
는가?

무토 : 그 당시는 아무 것도 몰랐다.

검찰 측 : 팔라완 섬에서의 미국인 포로의 상황을 모른다는 말인가?

무토 : 모른다.

무토 참모장은 그들 포로에 대해서 일절 몰랐다고 증언하고 있다.
그것은 필리핀에서의 포로의 관리책임자가 야마시타 군사령관이라고
한다면 약간 기묘하게 느껴지는 답변이지만, 이상은 모두 비행장 관계,
말하자면 대본영 직할直轄의 부대들이다.

따라서, 그곳에 포로를 파견하라는 명령은 그의 도착 이전에 대본
영 내지는 그 지시를 받은 남방총군에서 내려왔을 것이다. 그리고 일단
파견 배치가 끝나고 나면 지휘자가 달라져 버리므로, 그 이후의 모든 보
고는 그쪽 지휘계통을 거슬러 올라가기 때문에 방면군에는 아무런 보고
가 오지 않아도 이상할 것이 없다. 그렇다고 한다면 그들 포로에 대해서
무토 참모장이 아무것도 모른다 해도 이상할 것이 없고, 홍 중장도 또한
일체의 보고를 받지 못했다는 것을 의미한다.

검찰 측 : 귀관이 제14방면군의 참모장이었던 기간 동안 도쿄로부터
포로에 대해서 어떤 명령을 수령한 적이 있는가?

무토 : 내가 도착한 후에는 포로에 대한 명령은 아무 것도 내려오지 않

왔다.

검찰 측: 귀관이 도착한 후, 야마시타 대장 혹은 제14방면군의 누군가가 포로에 관한 명령을 내린 적이 있는가?

무토: 있다.

이하에서 말하는 명령은 포로의 이동과 미군 상륙 시에 제3국 경유로 포로를 미군에게 인도하는 것에 관한 명령이며, 그것에 대해서는 이미 앞에서 언급을 했다. 다만 이 질의응답에서 흥미 깊은 점은 무토 참모장이 그 조치의 범위 내에 당연한 것이라 해서 앞에서 말한 파견, 배속된 포로를 넣지 않았다는 점이다. 그 존재조차 모르고 있었으니까 들어가 있지 않은 게 당연하다고 하면 그뿐이지만, 그 상태는 현지에서 포로관리의 최고책임자가 야마시타 대장이라는 "포로취급규칙"에 바탕을 둔 오다시마 증언과는 당연히 엇갈린다.

더구나 제네바조약에서는 파견된 포로까지도 일괄해서 포로수용소 사령관의 지휘하에 두지 않으면 안 되므로, 파견포로의 제외는 조약 위반이 되는 셈인데, 무토 참모장도 그 점은 깨닫지 못하고 있다. 그러나 깨달았다 해도 〈작전요무령〉과의 관계로 언급을 피하고 있는 것이다.

검찰 측: 귀관의 마닐라 도착 후, 14방면군에 의해 내려진 명령이란 어떤 것인가?

무토: 11월 초에 포트 맥킨레이로 올드 빌리빗드에서 포로의 일부를 이송하라는 명령을 내렸다. 빌리빗드가 만원이 되었기 때문이다. 또 하나의 명령은, 루손 섬으로 미군이 진공했을 경우 포로를 미군에게 되돌려 주는 준비에 관한 것이었다.

검찰 측: 귀하가 참모장이었던 동안 14방면군에서 내려진 명령은 그 두 가지뿐이었는가?

무토: 명령으로 시달한 것은 그 두 가지뿐이었다고 생각된다. 그 밖의 것은 모두 규정에 따라 시행되고 있었다.

검찰 측: 그 규정이란?

무토: 전시 포로 취급규칙 및 육군 관리직 규정이다. 따라서 다른 명령은 내릴 필요가 없었다.

검찰 측: 그 포로 취급에 관한 규칙이라고 하는 것은 1943년 11월 도쿄에서 포로정보국에 의해 내려진 규칙을 말하는가? 중장, 그것이 틀림없는가?

무토: 그것과 그것에 입각해서 14방면군에 의해 정해진 규칙이다.

검찰 측: 그 14방면군의 규칙은 언제쯤 제정된 것인가?

무토: 정확한 날짜는 기억할 수 없다.

(잠깐 휴식)

검찰 측: 그 규칙은 귀관이 필리핀에 있는 동안 발령되었는가?

무토: 내가 오기 전에 발령된 것이다.

검찰 측: 1944년 3월 9일 이전에 발령되었는가?

무토: 나는 10월에 도착했으니까, 그것이 3개월 이전인지는 알 수가 없다.

검찰 측: 중장, 귀관은 그 규정을 읽은 적이 있는가?

무토: 필요에 따라 읽고 있었다.

검찰 측: 모리모토 중장(홍 중장의 전임자)이 포로사령관일 때 발령되었는지 어떤지 기억하고 있는가?

무토 : 그가 최초의 사령관이었다고 생각한다. 사령관은 교체되었다. 어쨌든 나는 기억하고 있지 않다.

필리핀의 보호국保護國*

검찰 측 : 그런데 중장, 이하의 건에 대하여 착오가 없도록 확인해 두려고 생각한다. 우선 귀관이 참모장 때 도쿄에서는 포로의 취급에 대해서 어떠한 명령이나 신규의 규칙도 내려오지 않았다는 것, 그리고 그동안 제14방면군으로부터는 포로에 대해서 두 가지의 명령을 내렸다는 것, 하나는 (빌리빗드의) 사쿠라분견병원수용소의 건, 또 하나는 루손 섬에 미군이 상륙했을 때의 조치 등에 대해서였다. 이 말에 틀림이 없는가?

무토 : 틀림이 없다.

검찰 측 : 그러면 14방면군이 미군 상륙의 경우에 대해 내린 명령인데, 그것은 어떤 명령이었는가?

무토 : 미군 상륙의 경우에는 사령관은 포로 및 억류자의 명부를 보호국의 대표자에게 넘겨줄 것, 즉 보호국의 대표자에게 미군 포로 및 그 명부를 인도해 주라는 명령이었다. 그리고 명령의 제2항으로 식량을 될 수 있는 대로 많이 준비하라는 것이었다.

---

* 1929년 제3차 제네바조약은, 전시(戰時) 포로 및 민간인의 보호를 위해 "이익보호국(利益保護國)"에 관한 규정을 신설했다. 교전(交戰) 중인 두 나라 간에 외교관계가 단절된 경우 또는 애당초 외교관계가 성립되어 있지 않은 경우에도 이익보호국이 선정될 수 있으며, 이를 "이익대표국(利益代表國)"이라고 한다. 이 책 5장 162 페이지의 각주를 참고할 것. 위 글에서 "필리핀의 보호국"이란 필리핀 전역(戰域)에서 미국의 이익보호국을 의미한다.

검찰 측 : 중장, 그 사령관이란 홍 중장을 말하는가?

무토 : 12월 하순이었으니까, 그 명령은 당연히 그 당시의 포로사령관 홍 중장에게 발령되었다.

검찰 측 : 명령의 발령 일시는?

무토 : 12월 하순이다.

검찰 측 : 그 명령에서는 홍 중장이 보호국의 대표자에게 포로의 명부를 넘겨주는 것을 언제로 정하고 있었는가?

오오데라 통역 : 잠깐 말씀드리겠습니다. 일시는 확실치 않다고 생각합니다. 왜냐하면 "미군이 상륙한다면 포로 및 그 명부를 보호국에 인도"하기로 되어 있으니까요.

검찰 측 : (통역을 향해) 그렇다면, 지금 질문은 취소하겠소. (무토 중장을 향해) 중장, 미군의 상륙이란 어디에 있는 경우를 말하는가?

무토 : 우리는 미군이 어디에 상륙할지를 몰랐기 때문에 "미군이 상륙 시에는…"이라 한 것이다.

검찰 측 : 그때는 이미 미군이 필리핀에 상륙하고 있지 않나?

무토 : 12월 15일경, 미군은 민드로 섬의 산호세에 상륙해 있었다. 그러나 이 명령이 의미하고 있는 것은 루손 섬의 어느 지점을 말하는 것이다.

검찰 측 : 미군은 언제 루손 섬에 상륙했는가?

변호인 측 : 재판부에 말씀드립니다. 그런 식의 질문에는 이의를 제기합니다. 그것은 본 재판에 있어서 조사해야 할 범위를 훨씬 초월하고 있습니다.

재판장 : 이의는 기각한다.

무토 : 미군은 루손 섬에 1945년 1월 8일경에 상륙했다.

검찰 측 : 상륙에 앞서 포로의 명부만이 인도되도록 되어 있었는가?

무토 : 포로와 그 명부가 함께 인도될 예정이었다.

이 명부의 세부細部에 대한 질문은 없지만 야마시타 재판에서의 홍 중장 증언과 무토 증언을 보면, 앞에서도 말한 것처럼 명부에 기재되어 있는 것은 분명히 홍 중장의 직접 지휘하에 있는 포로, 소위 "예하 포로 부대 명부"뿐이고, 기타 부대, 특히 해군부대나 대본영 직할부대의 지휘하에 배속되어진 작업대作業隊 포로는 포함되어 있지를 않다.

그것은 종전 시의 육해군의 대립을 상기하면 충분한 것으로 해군의 지휘하에 있는 포로를 이렇게 저렇게 하라고 말을 할 수가 없었을 것이다. 그것은 대본영 직할부대의 경우도 마찬가지다. 그것은 당시의 14방면군의 수뇌가, 홍 중장을 포함해서, 지극히 상식적으로 그런 포로만이 자신의 관할하에 있고, 또한 책임을 지지 않으면 안 될 포로라고 생각하고 있었다는 것을 잘 나타내주고 있다.

검찰 측 : 미군의 상륙에 앞서서 홍 중장은 무엇인가 사전에 하지 않으면 안 될 작업이 있었던 것이 아닌가?

무토 : 있었다. 홍 중장은 그것에 근거를 두고 손을 쓰고 있었다. 그러나 그 계획에는 커다란 착오가 있었다. 무슨 말인가 하면, 사령부에서는 보호국이 스페인이라고 생각하고 있었던 것이다. 그래서 홍 중장이 일본 대사관을 찾아갔더니, 스위스가 보호국이라는 것을 알게 되었다. 그런데 스위스 영사領事는 마닐라에 없었다. 그래서 홍 중장은 그 계획이 실시 불가능이라고 판단했다.

당시 야마시타 대장은 이미 마닐라에 없었고, 바기오에 있었다. 그 때문에 홍 중장은 야마시타 대장과 연락을 취할 수가 없었고, 그는 군이 포로를 보호국 경유經由로 인도하기로 결정한 것은 어떤 착오이며, 그 안案은 실행 불가능한 것이라고 생각했다.* 그러나 그 밖의 일은 모두 명령대로 실행되었다.

적절했던 차선책次善策

사실은 아마 무토 증언 그대로일 것이며, 야마시타 재판에서의 홍 중장 증언과도, 그 후의 명령 실시 상황과도 일치한다. 한편 포로는 무사히 미군에게 반환되었으므로, 적어도 결과에 있어서는 보호국 경유냐 아니냐는 그다지 문제가 되지 않는다고 생각된다. 또 이미 미군이 상륙해 있는 상황에서 본다면 외교 루트를 통해서 다른 나라에 보호를 의뢰할 시간적 여유도 없었고, 홍 중장에게 직접 외교교섭을 벌일 권한이 있었던 것도 아니다.

따라서 홍 중장의 조치는 당시의 상황에서 판단하더라도, 결과에서 보더라도 차선책으로서는 적절한 것이었다고 생각된다. 그러나 이러한 명령불이행을 검찰 측은 끝까지 문제로 삼으려 물고 늘어지는 것이다.

재판장 : (다짐을 받듯이) 그 후의 답을 서기書記는 다시 한 번 낭독하라.
검찰 측 : 그런데 홍 중장은 그 건에 대해 귀관에게 보고를 했는가?

---

* 이 책 5장의 "포로 해방 명령" 단락과 162 페이지의 각주를 참고할 것.

무토 : 했다.

검찰 측 : 그는 귀관에게, 1944년 12월에 일본 대사관에 보호국이 어디 냐고 묻기 위해 방문했다고 말했는가?

무토 : 말했다.

검찰 측 : 그러면 귀관은 필리핀 재임 중에 포로수용소 또는 민간인 억 류자 수용소를 시찰한 일이 있는가?

무토 : 없다.

검찰 측 : 야마시타 대장은 어떤가?

무토 : 없다.

검찰 측 : 중장, 귀관은 포로 혹은 민간인 억류자의 수용소 상황에 대해 서는 직접적으로 아무 것도 모르는가?

무토 : 포로 및 민간 억류자의 수용소 상황에 대해서는 아무 것도 모른 다.

검찰 측 : 귀관이 알고 있는 것은 수용소에 대해 제정된 규칙에 쓰인 것 뿐인가? 그것이 사실인가?

무토 : 나는 규칙에 쓰인 것, 홍 중장이 야마시타 장군에게 보고하는 것 을 옆에서 들은 것, 참모가 그런 종류의 지휘소를 시찰한 보고 내용을 알고 있다.

검찰 측 : 이시카와石川 중좌 이외의 야마시타 대장의 참모가 포로수용 소를 시찰한 일이 있는가?

무토 : 있었는지 없었는지 확실히 기억할 수가 없다.

여기에서 식량 사정에 관한 말씨를 비슷한 문답이 있었고, 변호인 측의 이의제기, 재판장에 의한 기각, 검찰 측의 질문 일부에 대한 자발적

철회, 그리고 야마시타 재판에서의 무토 증언의 재확인으로 반대심문은 끝나고 있다.

> **재판장** : 그렇다면 변호인 측은 질문이 없는가? 또 다른 직접심문은 없는가?
>
> **변호인 측** : 없습니다.
>
> **재판장** : 재판부 측의 질문은 있습니까?
>
> **판사** : (개빈 소령) 있습니다.

팔라완 섬 사건

여기에서 재판부에 의한 심문으로 들어가는 셈인데, 재판부가 여기에 개입한 가장 큰 이유는 무토 증언에서 보더라도, 야마시타 재판에서의 홍 중장 증언을 보더라도, 또한 현실 문제의 처리라는 점에서 보더라도, 당시 야마시타 대장 이하 전원이 극히 당연한 일로서 자신의 관리책임하에 있는 포로는 홍 중장의 직접적인 예하 포로뿐이라고 생각하고 있었다는 점일 것이다.

그것은 포로를 미군에게 인도할 계획을 세울 때 다른 부대에 파견, 배속된 포로를 다시 소환해서 미군에게 인도해야 한다는 생각이 누구에게도 없었다는 것, 또한 일본군의 지휘계통이라는 관점에서 그것은 처음부터 문제가 되지 않았다는 점에서 보아도 명백하다. 그것은 당연히, 야마시타 대장 또는 홍 중장에게 그 권한이 없었는지, 권한이 있으면서도 그것을 실행하려고 하지 않았는지 하는 게 문제가 된다.

그러나 지금까지의 심문에서 누가 보아도 분명한 것은 일본군 수뇌는 누구 한 사람도 그 권한이 있으며, 동시에 그것에 수반되는 의무가 있다고는 생각하지 않았으며, 파견·배속된 포로의 관리책임은 당연히 파견 받은 상대에게 있다고 생각하고 있다는 점이다. 이것은 일본군의 상식으로 생각하면 당연한 일로, 해군은 물론이며, 대본영 직할부대에 대해서도 야마시타 대장이 무엇인가를 지시한다면 '통수권 침범'이 되어 버린다.

그렇다면 그 파견·배속을 명령할 권한은 누구에게 있었는가? 또 그것에 대한 관리책임은 어떻게 정해져 있었는가? 그것이 제네바조약과 어떻게 관련되어 있는지가 당연히 문제로 제기된다. 판사의 질문에는 무토 증언의 기술에서는 삭제된 식량 문제가 다소 들어가지만, 문제의 초점은 이 점에 집중된다. 다음에 판사와 무토 증인의 일문일답을 기록해 보겠다.

판사 : 증언의 첫 부분에서 귀관은 도쿄로부터의 명령이 14방면군 사령관 및 선박사령관에게 내려왔다고 말했는데 선박사령관이란 누구를 말하는가?

무토 : 일본에는 히로시마廣島 부근 우지나宇品에 선박수송사령부가 있었다. 그리고 제3선박수송사령부가 마닐라에 있었다. 내가 말한 것은 제3선박수송사령관이라는 뜻이다.

판사 : 마닐라의 선박수송사령관은 누구였는가?

무토 : 내가 마닐라에 있을 때의 사령관은 이나다稻田 소장이었다.

판사 : 수송 지휘관 얘기도 했는데, 수송 지휘관은 누가 임명하는가?

무토 : 군의 작전행동으로서의 이동에서는 수송 지휘관이 사전에 임명

되지만, 다른 경우에는 그곳의 선임 장교가 그곳 부대 및 군에 속하는 민간인을 지휘한다.

무토 중장의 증언은 대체로 다음과 같은 경우를 의미하고 있다. 예를 들면 전선에 있는 각 사단에 대한 보충이 행해질 경우, 하나의 배船에 여러 병과의 여러 소부대들이 승선한다. 그들은 상륙지에서는 따로따로 각 부대로 가서 그 지휘하에 들어가게 되는데, 처음부터 하나의 부대는 아니다. 그러나 선박이 할당되면 선박마다 소부대 가운데 선임 장교가 상륙 지점까지 임시로 수송 지휘관에 임명되어, 선박에 탄 전원을 일시적으로 지휘한다는 체제를 취한다. 내가 필리핀에 갈 때도 그랬지만, 이때의 수송 지휘관은 특별히 임명되는 것은 아니다.

판사 : 홍 중장이 1,600명의 포로를 일본으로 수송할 것을 명령받았을 경우, 그와 같은 경비 책임자를 지명해서 수송 지휘관에 임명했는가?

오오데라 통역 : 경비 책임자란 어떤 것을 의미하는 것입니까?

판사 : 카바나투안에서 어딘가로, 가령 일본으로 이동할 때 그들 포로에게는 경비병이 붙기 마련인데 그 경비병의 선임 장교가 임명된다고 하는 말인가?

무토 : 홍 중장에 의해 임명된 경비병의 지휘관이 선박 안에서 최상급, 최선임이라면 그가 수송 지휘관이 된다. 그러나 따로 상급자가 있다면 그 사람이 수송 지휘관이 된다.

판사 : 이나다稲田 소장의 직속상관은 누구였는가?

무토 : 본래 그는 우지나宇品의 선박수송사령관 밑에 소속되어야 하는

데, 확실하지는 않지만 당시 그는 남밤방면 총군 사령부 밑에 있었다고 생각된다.

판사 : 남방총군의 사령관은 누구였는가?

무토 : 데라우치寺內 원수元帥*였다.

판사 : 오가와小川 부대 얘기를 들은 적이 있는가?

무토 : 모른다.

판사 : 팔라완 섬 수용소는 누가 지휘를 맡고 있었는가?

무토 : 이름은 모른다. 그러나 비행장 건설대장이 있었으므로, 그 대장隊長이라고 생각한다.

판사 : 14방면군 사령관에게 1944년 12월 14일, 그곳에서 약 140명의 사망자가 있었다는 것에 대한 보고가 있었는가?

무토 : 당시 아무런 보고도 없었다.

판사 : 팔라완 섬 사건을 최초로 안 것은 언제인가?

무토 : 작년 9월, 포로가 된 뉴 빌리빗드 수용소에서 미국 신문을 보고, 처음으로 팔라완 섬 사건을 알았다.

판사 : 마닐라를 떠난 것은 언제인가?

무토 : 1944년 12월 26일이다.

판사 : 1944년 12월 20일에서 동년 12월 25일 사이, 즉 일본군에게 식량이 부족했다고 지금 증언한 기간인데, 그 사이 귀관의 체중은

---

* 데라우치 히사이치(寺內壽一, 1879~1946)를 가리킨다. 1941년 남방총군 사령관에 임명되었으며, 종전 후 영국군에 항복, 말레이의 포로수용소에 수용되었다가 뇌경색으로 죽었다. 야마가타 아리토모의 후계자로 육군 내 조슈 파벌의 우두머리였던 데라우치 마사타케(寺內正毅)의 장남이다. 데라우치 마사타케는 이토 히로부미, 소네 아라스케(曾禰荒助)에 이어 3대 통감으로 조선에 왔고, 한일합병의 실행자로서 초대 총독 자리에 올라 소위 무단통치(武斷統治)를 자행했다. 총독 취임사에서 '조선인은 일본 통치에 복종하든지 죽든지 하나를 택해야 한다'고 말한 것으로 전해진다.

어느 정도 감소되었는가?

무토 : 기억하지 못한다.

판사 : 홍 중장은 올드 빌리빗드 수용소, 사쿠라 분견병원수용소, 맥킨 레이 수용소의 대공포對空砲 위치가 포로에 관한 제네바조약을 위반해 수용소에 지나치게 가까웠다는 점에 대해서 귀관에게 항의한 일이 있는가?

무토 : 당시 홍 중장으로부터 항의가 있었던 것으로는 기억에 없다.

판사 : 홍 중장은 누비크 만에서의 오료쿠마루에 대한 공격에 대해서 어떤 보고를 해 왔는가?

무토 : 그것에 대해서는 보고가 있었다.

여기서 다시 식량 사정에 대해서 별로 의미가 없는 질문과 응답이 있었고, 다음에 제네바조약과 관계가 있는 질문으로 들어갔다.

포로 수송의 표시表示

판사 : 홍 중장은 포로수용소 및 민간인 억류자 수용소에 대해서 참모 장으로서의 귀관과 자주 회합을 가졌는가?

무토 : 홍 중장이 와서 야마시타 장군에게 보고할 때 나는 동석하여 그 보고의 자초지종을 듣고 있었다.

판사 : 홍 중장은 민간인 억류자, 특히 세인트 토마스 수용소의 억류자 가 그 환경에 대한 항의, 제네바조약에 따른 보호국에 보낸 항의 에 대해서 뭐라고 말을 했는가?

무토 : 그와 같은 말을 들은 적이 없다.

판사 : 귀관이 참모장이 되었을 때, 야마시타 대장 또는 14방면군 사령관의 제네바조약에 따른 보호국에 보내는 항의 전달에 관한 취급 지침은 어떤 것이었는가?

무토 : 14방면군의 방침은 어떤 불만이나 항의가 있었을 경우에는 물론 이것을 수렴한다는 방침이었다. 그러나 그와 같은 것은 아무 것도 없었다.

판사 : YMCA 및 적십자의 대표자가 귀관 또는 야마시타 대장에게 제네바조약에 의해 허가되어 있는 그들의 사명을 실시할 수 없는 점에 대해 어떤 항의를 한 일이 있는가?

무토 : 아니다. 항의를 해온 적이 없다.

판사 : 그 말은 귀관의 사무실을 통해서나 야마시타 대장에게 직접적으로, 홍 중장은 민간인 억류자의 항의를 전하지 않았다는 말인가?

무토 : 나로서는 홍 중장이 그 같은 항의를 상신上申하지 않았는지, 혹은 그와 같은 항의가 하나도 없었는지 알 수가 없다. 그러나 어쨌든 간에 10월 이후, 즉 미군이 레이테에 상륙한 이후에 맑게 갠 날에는 미군이 반드시 공격을 하고 있었으니까, 나로서는 적십자도 YMCA도 그런 시기에 활동하고 있었으리라고는 생각하지 않는다.

판사 : 사령부는 어디에 있었는가?

무토 : 포트 맥킨레이에 있었다.

판사 : 공습空襲이 있을 때 사쿠라 분견병원수용소 주위에서 대공포화 對空砲火 소리를 들은 일이 있는가?

무토 : 대공포는 해군 및 육군 항공대 지휘하에 있었다. 그 대부분은 항만지구와 비행장 기지에 설치되어 있었다. 또한 미군의 목표도 항만 및 비행장이었다. 그들은 마닐라 시가나 포트 맥킨레이는 목표로 삼지 않았다. 따라서 12월까지 내가 그곳에 있는 동안 도처에서 대공포화 소리를 듣고는 있었으나, 그것들은 모두 항만지구나 비행장 기지 주변이었고 포트 맥킨레이 것은 아니었다.

판사 : 사쿠라 분견병원 부근에 대공포가 있었는가?

무토 : 아니 없었다.

판사 : 그런데, 그곳에 감금되어 있던 사람들의 진술서나 본 법정에서 모든 포로의 증언에 의하면 사쿠라 분견병원은 대공포화로 둘러싸여 있었다고 한다. 그래서 귀관이 지금 한 말과 다른 증인의 말이 엇갈리는 점을 귀관은 어떻게 설명하겠는가?

무토 : 우리가 동東비행장이라고 부르고 있던 비행장에는 대공포진지가 있었다. 또한 12월 중순 이후 사쿠라수용소와 파시그 강의 중간지점에 대공포진지가 있었다. 그것이 오해의 원인이라고 생각된다. 내가 말하는 것과 엇갈리는 증언을 한 사람들이 병원 주위에 뼁 둘러 대공포화가 있다고 생각한 것은 그 때문일 것이다.

판사 : 무엇 때문에 포로를 수송하는 선박에 그것을 나타내는 표시를 붙이지 않았는가?

무토 : 나는 포로를 수송하는 선박에 붙이는 표시가 무엇인지를 모르겠다.

판사 : 병원에 붙이는 적십자의 표시, 사쿠라수용소 군의부軍醫部의 막사 위에 붙인 표시를 본 일이 있는가?

무토 : 그것은 알고 있다.

판사 : 중장, 나는 여기서 사쿠라 분견병원에 억류되어 있던 미 육군장
　　　교 보올 대령의 본 법정에서의 증언을 낭독하겠다.

(이하, 보올 대령의 증언)

판사 : 이런 기관총 진지는 병사兵舍에서 어느 정도 떨어져 있었는가?

보올 : 많아봐야 25야드 정도였다. 그곳에 대공포가 운반되어 왔다. 그
　　　들은 24시간 계속 작업을 하고, 무기를 운반하고 터널을 팠다.
　　　그리고는 그 일대에 대공화기를 설치했다. 그 하나는 수용소에
　　　서 북쪽으로 약 50야드 되는 곳에 있었다. 그것은 커다란 고사포
　　　였다.

판사 : 귀관이 아는 한 이 진술은 옳은가?

무토 : 정말로 나로서는 상상도 할 수 없는 일이다.

판사 : 중장, 사쿠라수용소에 수용된 포로는 건물 옥상에 일본군에서
　　　지급받은 셔츠로 손수 만든 적십자 표시를 붙였다고, 기록된 증
　　　언은 말하고 있다. 더욱이 그 증언에 의하면 일본의 항공대가 그
　　　표시를 발견하고는 30분 이내에 그것을 철거하라고 포로들에게
　　　명령했다고 한다. 이 명령은 귀관의 사령부에서 나온 것인가?

무토 : 아니다. 그 얘기는 지금 처음 들었다. 그 명령은 사령부에서 내
　　　린 것이 아니다.

　이것은 방면군이 정말로 항공대에 대해서 지휘권을 갖고 있지 않
았는지 어땠는지를 확인해 보기 위한 질문일 것이다. 여기에서 몇 명의
미국 및 영국인을 알고 있지 않았느냐는 질문이 있고, 이와 관련해 통역

으로부터 그 사람들의 이름을 일본어로 옮기는 것은 불가능하기 때문에 미국 및 영국인의 이름이 포함된 질문에 있어서는 발음에 대한 특별한 주의가 필요하다는 지적이 있은 다음, 다시 지휘권 문제로 돌아간다.

> **판사** : 일본군의 표준적인 작전상의 규정에 있어서는, 필리핀에서의 모든 포로 및 억류자는 설사 그 포로가 다른 부대에 파견, 배속되고 혹은 그 다른 부대와 함께 노동을 하고 있을 때라도 홍 중장의 지휘하에 있었던 것이 아닌가?
>
> **무토** : 다른 부대에 파견 · 배속된 포로, 예를 들면 그 부대에서 노동을 하는 경우에는 그 포로는 그 부대의 책임자의 감독 · 지휘하에 들어간다. 그러나 그 포로의 개인적인 이동 시에는 그 소재에 관한 보고, 즉 어떤 포로가 어떤 장소에서 다른 장소로 옮겨졌다는 것은 사후事後에 홍 중장에게 보고를 하게 되어 있다. 그러나 의류, 식량, 그 밖에 포로에 관한 일체는 그 부대장의 관리하에 있다.

새로운 추궁

이 점은 오다시마 증언과는 엇갈리지만 실정은 무토 참모장의 증언대로여서, 급여는 배속 받은 부대가 행한다. 이상과 같은 무토 참모장의 증언은 너무나 명쾌해서 법정이 이것으로 질문을 끝맺은 것은 당연하다고 할 수 있다. 그러나 증언을 인정한다면 홍 중장이 직접 책임을 지지 않으면 안 될 범위는 그 '예하 포로부대', 간단히 말하자면 미군 상륙의 경우에 인도하기 위해 작성된 명부에 기재된 포로로 국한되게 되며, 그것이 토론의 여지가 없는 사실이 되어 버린다. 이 포로의 취급에 관한 한, 홍 중장을 단죄斷罪해야 할 이유는 없다. 당연히 검찰 측은 잠자코 있을 수가 없어서 반대심문을 하게 된다.

재판장 : 검찰 측은 질문이 있는가?

검찰 측 : 예, 두 가지 정도 있습니다…. (무토 참모장을 향해) 사쿠라 분견병원수용소는 14방면군의 통신감通信監 명령 제16조에 의거하는 수용소인가?

무토 : 명령번호는 모른다. 그러나 그것이 군 명령에 의해 설립된 것은 틀림없다.

검찰 측 : 그렇다면…. 틀렸으면 정정해 주어도 좋은데…. 그 설립은 특별했고, 사쿠라수용소는 개개의 수용소장 밑에 있었던 것이 아니라 홍 중장의 직접 지휘하에 있었는가?

무토 : 사쿠라 분견병원수용소는 병원은 아니다. 그것은 병원이 이전한 자리에 설립된 억류소의 통칭에 불과하다. 지금까지 몇 번씩이나 당신네들은 병원이라 말하고, 나도 잠자코 듣고 있었지만, "병원"이라는 말을 사용하는 것은 이상하다.

검찰 측 : 이 답변은 관련 없는 것으로, 삭제할 것을 요구합니다.

재판장 : 그 요구는 기각한다. 다시 한 번 정확하게 질문을 하라.

검찰 측 : 사쿠라수용소는 홍 중장의 직접 지휘하에 있었는가?

무토 : 그 관계는 기억하고 있지 않다.

검찰 측 : 판사의 질문에 대답해서 귀관은 포로에 관한 의류, 식량, 그밖의 것은 파견, 배속 받은 부대장의 관리책임이라고 증언했

는데 그 말을 기억하고 있는가?

무토 : 기억하고 있다.

검찰 측 : 귀관은 그것이 제네바조약 위반이라는 것을 알고 있는가?

무토 : 나는 그것이 일반적인 규칙 위반이라고는 생각하고 있지 않다.

검찰 측 : 중장, 본관이 귀관에게 제일 처음으로 한 질문은 "귀관은 제 네바조약의 조항을 잘 알고 있는가?"였다는 것을 기억하고 있는가?

무토 : 기억하고 있다.

검찰 측 : 그렇다면, 제네바조약 제33조를 읽겠다. 그것을 듣고 그래도 아직 그 방식이 제네바조약 위반이 아니라고 증언할 생각인 지를 묻고 싶다.

"노동분견대의 운영 방법은 포로수용소와 같지 않으면 안 된 다. 특히 위생상태, 음식, 사고 또는 질병의 경우에 있어서의 배려, 통신 및 소포의 수령에 있어서 같지 않으면 안 된다. 모 든 노동분견대는 어느 포로수용소의 관리하에 있지 않으면 안 된다. 그 수용소의 소장은 노동 분견대에 대해서 제네바조 약의 각 조항이 지켜지고 있는지 아닌지에 대해서 책임을 져 야 한다."

오오데라 통역 : 재판부에 말씀드립니다. 나는 최선을 다하지만, 그러나 이 조문 하나하나의 번역에 대해서 책임을 질 수가 없 습니다. 이것은 공식문서이기 때문에, 일본 정부라면 보통 한 구절을 번역하는 데 3일은 걸릴 것이니까….

검찰 측 : 그렇다면 본인의 질문을 간단하게 해서, 1929년의 제네바 전 시 포로 조약의 제33조 내의 문장의 한 구절을 인용하기로 하

겠습니다. 그 다음에 이상의 질문을 철회하겠습니다.

재판장 : (검사에게) 중위, 될 수 있는 대로 간단히 하시오.

검찰 측 : 이것은 본관의 최후의 질문인데, 제네바조약을 읽고서 제33조 내에 있는 다음 문장을 기억하고 있는가? 즉 "모든 노동 분견대는 어떤 포로수용소 밑에 소속되어 있지 않으면 안 된다."

무토 : 그것은 노동분견대는 분견수용소 및 분견수용소의 관리하에 있지 않으면 안 된다는 의미인가?

검찰 측 : 중장, 귀관이 이 조항을 어떻게 해석하는지를 말해 달라.

무토 : 나의 해석으로는 만일 포로가 어떤 포로수용소에서 다른 장소로 노동을 위해 파견되는 경우에는, 지支 수용소 또는 지소支所를 설치해 노동하는 포로의 시중은 그곳에서 해야 한다는 것이다.

검찰 측 : 본관은 더 이상 추궁을 하지 않겠다. 제네바조약으로 명백한 것이므로, 이상으로 질문을 마칩니다.

재판장 : 변호인 측의 질문은?

변호인 측 : 더 이상 없습니다.

재판장 : 법정은 내일 8시 30분까지 휴정한다.

이 검찰 측의 최후의 질문은 비밀문서 AG000.5에 관련되는 것이리라. 무슨 말인가 하면, 아무리 여러 가지로 추궁을 해도 결국 파견 · 배속된 포로에 대한 지휘권 및 관리권을 홍 중장은 갖고 있지 않으며, 더구나 파견 · 배속처가 대본영 직할부대나 해군 부대인 경우는 야마시타 대장조차 관리권을 갖고 있지 못했다는 사실은, 재판부도 그것을 인정하지 않을 수 없게 되고 있다.

이것은 참모장 자신이 그것에 대해 전혀 모르고 있었으며, 미군에게 인도해야 할 포로 속에 당연하게 그 포로가 들어가 있지 않았다는 점만 보아도 명백한 것이다. 따라서 그 사실을 그대로 인정한다면, 홍 중장은 당연히 무죄일 것이다.

그렇지만, 일본은 제네바조약을 비준은 하지 않았으면서도, 끝까지 그 조항을 지키고 그것을 지키도록 포로 취급규칙을 정했다고, 한편에서는 주장하고 있다. 그 주장을 그대로 받아들인다면 파견 · 배속되어진 포로의 관리자는 어디까지나 홍 중장이 되고, 그곳에서 일어난 사건의 책임은 비밀분서 D-(4)~(7)항에 의해 자동적으로 홍 중장에게 소급되며, 그것은 당연히 극형을 의미한다.

그리고 그 부분만은 제네바조약대로 하지 않았다고 주장한다면 그 자체가 위법이라 하게 되어, "위법에 대한 합법성은 그 자체가 위법이다"라는 조항의 적용을 받게 될 것이다. 검사의 심문은 그것에 대한 확인의 의미를 담아서 행해진 것 같다. 그러나 그것은 지나치게 형식론이고, 그것만으로 홍 중장을 단죄한다는 것은 전범재판이라고는 하지만 상당한 무리를 엿볼 수 있다. 그래서 다음에는 홍 중장의 직접 지휘하에 있었던 포로, 말하자면 '예하 포로부대'에 있던 포로들에 대한 대우가 과연 합법적이었는지 아닌지에 추궁이 향해진다.

제16장

헤이즈일기 日記 (1)

증언의 평가

　지휘권의 소재, 즉 책임의 소재에 관한 법정 논쟁이 일단 홍 중장에게 유리한 형태로 결말을 맞이한 것은 부정할 수 없다. 그 결정적인 계기가 된 것은 누가 뭐라 해도 군사령관 이하 자신의 관리하에 있고, 동시에 책임을 지지 않으면 안 된다고 믿고 있던 포로는 '예하 포로부대'뿐이고, 그 포로와 억류자를 어떻게 해서든 무사하게 미군에게 인도引導하려고 노력한 것은 그 누구도 부정할 수 없는 사실이기 때문이다.

　그리고 이 경우, 해군 부대나 대본영 직할부대에 대한 파견포로도 방면군의 지휘하에 있다고 야마시타 대장 이하가 생각하고 있었다면, 통수권상으로라도 그 포로들 또한 당연히 인도의 대상이 되었을 것이다. 그런데 그것은 누구의 염두에도 없었다. 그것은 적어도 일본군의 내규內規에 관한 한, 파견된 포로는 해군 및 대본영의 지휘하에 있는 한에

416

서는 책임이 그들에게 있고, 홍 중장은 물론 야마시타 대장의 관리하에도 없는 이상, 그들 포로에 대한 위법 행위는 홍 중장의 책임으로 소급하지 않는다는 것이 논증되었다고 말할 수밖에 없다.

물론 그 체제 자체가 제네바조약 위반이고, "위법에 대한 준법은 위법"이라는 무리한 원칙에 바탕을 둔 논리에 의하면 형식적으로는 유죄일지 모르지만, 일본은 그 조약을 비준하지 않았고, 비준하지 않은 책임이 홍 중장에게 있는 것은 아니다. 홍 중장에게 그 책임을 추궁한다는 것은 누가 보아도 사리에 어긋난다.

더욱이 "비준은 하지 않았지만 제네바조약을 지키라고 지시했다"고 하는 오다시마 증언도 결국은 위와 같은 '위법'은 일본의 포로 취급 규칙에서는 합법적이었다는 것을 증언한 데 불과하다. 또한 무토 참모장 자신도 그 조치가 위법이라고는 꿈에도 생각하고 있지 않았다는 것도 의문의 여지가 없다. 그렇게 되면, 이 문제는 적어도 홍 중장에 대한 '유죄'의 결정적인 수단이 되기는 어렵다.

진짜 결정적인 수단은 홍 중장의 예하, 즉 책임하에 있는 포로에 대해서 위법 · 학대 · 잔학 행위가 있었는지 없었는지 하는 것이 될 것이다. 확실히 재판의 중점도 우선 그 점에 놓였고, 공판公判 자료를 양적으로 본다면 그 문제의 추궁 쪽이 커다란 비중을 차지하며, 가지각색의 인간들이 증언을 하고 있다.

그러나 증언을 통독해 보면, 법정의 그런 증언에서 홍 중장 예하의 수용소 실태를 안다는 것은 상당히 곤란한 일이라고 생각하지 않을 수 없다. 그렇기는 하지만 그들이 선서를 하고, 말하는 증언은 무책임한 탐방 취재와 같은 어설픈 것은 아니다. 그런 종류의 탐방 기사는 물론 문제가 되지 않지만, 그들이 정직하게 증언을 하고 있다손 치더라도 그 증언만으로 실태를 알 수 있는 것은 아니다. 그 이유는, 증언은 검사 혹은 변호인의 심문 또는 반대심문에 대한 응답이라는 제한이 있고, 또 그 응답자가 무엇을 기준으로 자신의 수용소 생활에 평가를 내리고 있는지는 대단히 알기 힘들기 때문이다.

두말할 것도 없이 전선에서는 '전선이니까…'라는 기준이 있고, 포로에게는 '포로니까…'라는 기준이 있다. 예를 들면 안전지대에 있는 방관자라면 몰라도 적어도 군대 생활, 전선 생활, 포로 생활을 체험해 본 증인에게는 그 정도의 마음가짐은 되어 있다. 식량 문제만 하더라도 수용소 내라면 '일본군 병사와 같은 수준이라면 포로로서는 이것으로 당연하겠지…' 하는 발상이 있고, 만일 일본군 병사의 수준을 능가한다면 그 시점에서는 후대厚待받고 있다고 느껴도 이상할 것이 없다.

사실 뒤에 나오는 것처럼 최저最低라고 일컬어지던 올드 빌리빗드 병원 수용소에서조차 일본군에게 감사의 메시지를 보내려는 동기動機도 있었던 것이다. 그러나 그것이 미국에 의해 해방이 되어 미국적 식량의 지급과 생활환경이 정착되고 동시에 영웅으로서 환영을 받으며 노고를 치하받게 되자, 그 시점에서의 수준이 포로 생활에 대한 평가의 기준이 되어버린 것이다.

물론 그렇게 되지 않는 사람도 있지만, 많은 사람들은 그 경우에 '현재의 상태를 기준으로 한다면…' 일본군의 대우는 학대虐待 바로 그것이었다고 생각해도 이상할 것은 없다. 그와 동시에 포로 시대에 아첨을 하던 사람일수록 그것이 강렬한 굴욕감이 되고, 비굴함이 일변해서 고자세적인 고발이 될 수도 있다. 실제로 그런 사람의 위증僞證으로 교수대로 보내진 일본군인도 있다.

그래서 그러한 점을 명확히 의식하고 그렇게 되지 않도록 자제해

가면서 공정한 증언을 한다는 것은 상당히 자기억제를 할 수 있는 인간에게 있어서도 어려운 일이라고 하지 않을 수 없다. 인간은 그토록 강한 존재는 아니다. 나 자신도 필리핀의 포로수용소에 있었지만, 입장이 역전되어 만일 증언대에 섰다면, 이상의 점으로 미루어 보아 공정한 증언을 할 수 있었을는지 없었을는지, 나 자신도 의문으로 생각된다. 결국은 '될 수 있는 대로 노력은 하지만 자신은 없다'고 할 수밖에는 없을 것이다.

하지만 그것 또한 일시적인 것으로, 시일이 흘러가면 모든 것이 즐거운 추억으로 변하여, 전쟁 직후에는 자기가 고발했던 수용소장을 '인정 많은 수용소장'이라고 칭찬하거나 초대하기도 한다. 그 점에서 인간은 상당히 믿을 수 없는 존재이고, 증언의 평가는 대단히 어렵다고 할 수밖에 없는 것이다.

헤이즈 일기日記

그렇다면 무엇을 신뢰할 수 있는가? 그것은 그 시점에서 쓰인 기록일 것이다. 그것이 있으면 나중에 본인이 다시 읽어 보아도 환경의 변화나 시일의 경과로 어느 정도 자신의 평가 기준이 달라졌는지를 알 수 있다. 그래서 일본군이 어떤 식으로 포로와 억류자를 다루고, 그 시점에서 그 사람들이 어떻게 느끼고 있었는지를 알 수 있는 가장 신뢰할 수 있는 1차적 자료는 포로가 기록하고 있던 일기라는 이야기가 된다.

나는 예전에 홍 중장 예하의 세인트 토마스 민간 억류자 수용소에 있던 이즈라 코필드의 일기를 〈한 하급 장교가 바라본 제국 육군〉 속에서 거론하면서, 그곳에 기록되어 있는 사실이 '신문 전설傳說'이 그려낸

'일본군=잔학한 인간집단설'과는 전혀 다르다는 것을 지적했다. 그것을 보면 신문 전설도 전시 중 군부에 아부하던 무리들이 전후 일변해서 고 자세적인 고발로 돌아선 일본적 실례인지도 모른다.

이즈라 코필드의 일기는 법정에 제출된 증거는 아니지만, 여기에 서는 법정에 제출된 헤이즈 일기日記를 홍 중장 예하에 있던 전시 포로의 실태를 알 수 있는 자료로 게재하려고 생각한다.

이것은 올드 빌리빗드 병원 수용소의 기록인데, 특히 이것을 거론 하는 이유는, (1)이 수용소가 최저라는 것을 모든 포로가 증언하고 있다 는 것, 그리고 오다시마 증언에 대한 반대심문에서도 그곳이 문제가 되 어 있다는 것, 말하자면 다른 수용소는 모두 그곳보다는 좋았고, 읽어나 가면서 '과연' 하고 느끼는 점이 많았다는 것, (2)일본군의 포로관리체제 의 원칙이 여기서도 세인트 토마스 수용소와 같아서, 결국 전 수용소가 같은 체제를 갖고 있었다는 것, (3)일기를 쓴 헤이즈 중령은 말하자면 그 체제의 관리책임자이고 동시에 '우리들은 포로라는 것을 알고 있기 때 문에…'라는 전제로 사물을 생각하는 인물이라는 것 등의 세 가지 점에 서다.

(1)에 대해 말하자면, 어쨌든 그곳은 실질적으로는 병원이고, 그렇 지만 형식적으로는 병원이 아니다. 이것도 이상한 점인데, 제네바조약 을 비준하지 않은 일본군에게는 형식적으로는 포로의 병원은 존재하지 않으나, 조약의 정신을 존중하기 때문에 실질적으로는 존재한다는 기묘 한 존재이지만 그렇기 때문에 밝은 분위기는 아니다. 나 자신도 1944년 11월에 2주일 정도 입원했는데, 당시의 야전병원은 병원보다는 오히려 '환자수용소'라는 느낌이 있었다.

건강하다면 병사든 포로든 어떤 수단을 써서라도 별도로 식량을 입수해서 부족분을 채울 수가 있다. 특히 포로는 자활_{自活}이 허용되어 있었으므로, 홍 중장의 증언처럼 일본군 병사보다 식량이 풍부할 수도 있었다. 동시에 포로를 작업에 사용할 속셈이라면, 노동력이 재생산될 수 있는 범위 내의 식량은 군도 지급하지 않을 수 없는 것이다.

그런데 일단 입원을 하면, 그 점이 제로가 되어 버려서, 일본군의 병원에서도 우선 급식의 점에서 곤란해지게 된다. 다음으로 극소수의 위생병밖에는 없으니까, 간호 같은 것은 생각도 할 수 없고, 매일처럼 나오는 시체를 보는 것도 딱하다. 물론 그런 점에서는 큰 지역차가 있었겠지만, 적어도 보급이 끊기고 적의 상륙을 눈앞에 둔 필리핀에서는 환자의 뒷바라지까지는 할 수 없는 것이 실정이었다.

나의 경우는 부관에게 부탁하여 억지로 퇴원해서 귀대했지만, "부대 쪽이 그나마 낫다. 이런 곳에 있다가는 앉아서 죽게 된다" 하고, 탈출하듯이 퇴원한 것은 나 한 사람만이 아니다. 그것은 올드 빌리빗드 병원 수용소도 마찬가지로, 헤이즈 일기에는 그런 어두운 분위기와 그것에 대한 대책이 상세하게 표현되어 있다. 또한 퇴원해서 병든 채로 일반 수용소로 돌아가는 편이 환자를 위해 좋다는 판단을 받고, 그러한 조치를 받은 경우도 있다. 그런 점에서 본다면, 그곳이 확실히 홍 중장 직접 관리하에 있던 최저의 수용소였을 것이다. 따라서 그 이하 상태의 포로가 없었다는 점에서 이 일기는 귀중한 기록이라 할 수가 있다.

(2)의 관리체제의 면을 보자면, 세인트 토마스 수용소와 완전히 같아서, 일본군은 직접적으로 포로를 관리하지 않고, 포로가 자치조직을 만들어서 수용소 내를 스스로 관리하고 있다. 그래서 실제로 일본군과 접촉하고 교섭하는 것은 포로의 대표자뿐이고, 경비병과 포로는 따로따로 생활을 하면서 양자 사이에 직접적인 접촉이 없는 조직으로 되어 있

었다.

앞에서 말한 이즈라 코필드는 그것을 일본인에게는 조직력과 관리능력이 없기 때문으로 보고, 그들의 유일한 관심은 "인원수人員數"뿐이었다고 쓰고 있는데, 이 점에 대해서는 뒤에서 언급하겠지만 "말이 통하지 않는다"고 하는 문제도 있었을 것이다. 전쟁 전의 일본 의무교육은 알파벳조차 가르치지를 않았으므로, 하사관은 무리였고, 사관학교 출신들은 독일어, 러시아어, 프랑스어를 배우면서도 영어는 배우지 않았으니까 장교들도 무리였다. 그런 이유도 있고 해서 분명히 일본군이 스스로 행하고 있던 것은 이즈라 코필드의 말대로 점호點呼뿐이었고, 그 나머지는 모두 수용자 자체조직에 일임되었는데, 그 이면에는 '언어言語'뿐만이 아니라 조직력이나 관리능력의 문제도 있었을 것이다.

원래 가축을 관리하듯이 수용자를 관리한다는 경험은 일본인에게는 없다. 위와 같은 이유로, 그 당시의 일본에는 영어를 주로 한 외인집단을 관리할 수 있을 정도의 어학능력을 가진 군인은 극히 드물었고, 징용이나 현지 채용으로 그러한 사람을 모집해도 한도가 있었다. 그것이 포로에게 자치조직을 만들게 하였고, 그 대표자가 어학능력이 있는 일본 측 관리자와 교섭하는 조직을 만들게 된 것이라고 생각한다.

헤이즈 일기의 필자 헤이즈 중령은 그 대표자였던 셈이다. 그러나 그는 전쟁이 끝나기 전에 사망하고, 그 일기만이 이상한 경위를 거쳐 "검찰증거 제23호"로서 법정에 등장했다. 그 일기에서 대단히 중요한 점은 앞에서도 말한 바와 같이, '개인적인 전속은 홍 중장의 권한'이고, 그것은 실질적으로는 '입원, 퇴원 등에 의한 파견 포로의 개인적인 이동'에 한정되어 있었던 셈인데, 실제 문제로서 그 권한이 어떻게 행사되고 있었는지가 명백해진다는 점이다. 여기에서, 우선 검찰 측의 증인심문에서 그 일기가 등장하게 된 사정을 알아보기로 하겠다.

> **검찰 측** : 검찰 측은 윌리드 H. 워터러스 중령을 증인으로 소환합니다.
> (선서, 그 밖의 수속이 있은 다음 직접 심문에 들어갔다.)
> **검찰 측** : 귀관은 제2차 대전 중 포로였습니까?
> **증인** : 그렇습니다.
> **검찰 측** : 어디서 포로가 되었습니까?
> **증인** : 바탄입니다.
> **검찰 측** : 어디서 억류되어 있었습니까?
> (이 질문에 대해 내용을 알 수 없는 답변이 있어서 검찰 측은 다시 확인하
> 려는 듯이)
> **검찰 측** : 1942년 10월에서 1945년 2월까지 빌리빗드에 있었습니까?
> **증인** : 그렇습니다.
> **검찰 측** : 1943년에서 1944년까지 환자가 아닌 증인은 어떤 자격의 포
>   로서 올드 빌리빗드에 있었습니까?
> **증인** : 나는 전체 수용소 포로의 안경 수리 및 구입의 책임자였습니다.
> **검찰 측** : 전체 수용소? 모든 수용소라는 의미입니까?
> **증인** : 여기저기에 산재해 있는 수용소에 빌리빗드로부터 안경을 보내
>   주고 있었습니다.

이 답변에 검찰 측은 다소 놀란 듯이, 안경을 보낸 수용소 이름 등
을 상세히 물었다. 그런 점에서 일본군의 관리는 '인정적'이고 규칙만을
따지지는 않았으며, 상당히 융통성을 갖고 있다는 것은 이즈라 코필드
도 기록하고 있다. 그녀는 그 점에서 일본인에게 지금까지도 아직 친근

감을 느끼고 있으며, 직접적인 관리자이고 자치 규칙을 성가시게 강요한 영국인과 미국인에게 반감을 갖고 있다.

> 검찰측 : 다른 전시 포로수용소에 대해서 빌리빗드는 어떤 위치에 있었습니까?
>
> 증인 : 빌리빗드는 병원이었습니다. 동시에 그곳은 각 방면의 수용소에 대한 출발기지였습니다. 그곳에서 포로들은 다른 수용소로 헤어져 갔습니다. 일본으로도, 카바나투안으로도. 말하자면 들락날락하고 있었습니다.
>
> 검찰측 : 중령, 올드 빌리빗드는 의료라는 점에서 보면 어떤 인적 구성이었습니까?
>
> 증인 : 도착했을 때의 병원장은 사틴 해군 중령이고, 의료진은 두 명의 육군 군의관을 제외하고는 전부 해군이었습니다. 얼마 뒤 사틴 중령은 교체되고, 헤이즈(군의관) 중령이 포로의 지휘관이 되었습니다.

여기서 헤이즈 중령의 풀 네임과 포로 대표자였던 기간이 질문되었는데, 그는 쌍방 모두 정확하게 기억하고 있지 못했다. 다만 이름은 자세히는 모르지만, 토머스 헤이즈, 기간은 대충 1943년 초에서 1944년 12월 초까지였다고 증언했다.

놀랄 만한 끈기

검찰 측 : 그럼, 노트를 한 권 보여드리겠습니다. 여기에는 "검찰증거 제23호"라는 표시가 있습니다만, 증인은 이것이 누구에 의해 쓰였는지 알고 있습니까?

증인 : 이것은 토머스 헤이즈의 일기입니다.

검찰 측 : 알고 있으면 대답해 주십시오. 토머스 헤이즈 씨는 지금 어디에 살고 있습니까?

증인 : 헤이즈 중령은 죽었습니다.

여기서 일기 기재 당시에 그 수용소에 있었는지 없었는지, 이 필적은 헤이즈 중령의 것인지, 그것을 증명할 수 있는 증거가 있는지 등의 질문이 있고, 워터러스 중령은 증거로 헤이즈 중령의 편지를 제출했다.

검찰 측 : 헤이즈 중령이 직접 이 일기를 증인에게 건네주었습니까?

증인 : 그렇지 않습니다. 그가 내게 일기를 준 것은 아닙니다. 사람들이 내게 일기가 파묻힌 장소를 가르쳐 주었습니다. 그래서 나는 일기가 묻힌 장소를 가리키는 빌리빗드의 도면을 갖고 있었던 것입니다.

검찰 측 : 파묻힌 장소를 그린 도면대로 그 장소에서 이 일기가 발견되었습니까?

증인 : 도면을 발굴대에게 주어서 그들에 의해 발견되었습니다.

검찰 측 : 이 글을 보고 헤이즈 중령의 것이라고 알 수 있었습니까?

증인 : 알았습니다.

검찰 측 : 헤이즈 중령은 생전에 당신에게 이 일기를 어떻게 해 달라고
　　　　말한 적이 있습니까?

증인 : 그는 내게 만일 자신에게 무슨 일이 일어나면, 일기를 해군성에
　　　제출해 달라고 말하고 있었습니다.

검찰 측 : (변호인 측에게) 헤이즈 일기를 검찰 측 증거 제23호로서 제
　　　　출합니다.

변호인 측 : 이의 없습니다. 규칙대로 진행해 주십시오.

재판장 : 증거로서 수리한다.

다음에 검찰 측은 일기의 일부를 증거로서 법정에서 낭독하는 점
에 대해서 변호인 측의 동의와 재판장의 허가를 구했다. 동의와 허가가
있은 후, 1944년 3월 4일자부터 순서를 쫓아 낭독했다.

나 자신도 전후戰後에는 포로가 되었기 때문에 내 체험과 대비해서
이 일기는 매우 흥미 깊었으나, 전부全部를 다 인용하기에는 너무나 방대
하기 때문에 포로의 상태를 나타내는 부분과 홍 중장에게 관계있는 부
분을 적당히 인용하기로 하겠다.

그의 기술記述은 그 시점 그 장소에 있어서의 솔직한 의견이고, 동
시에 그 태도는 공정해서 포로 측의 의견이나 성명聲明도 옳지 않은 것은
옳지 않다고 쓰고 있다. 또한 식량 사정의 점차적인 악화는 전쟁 중, 전
후의 생활 체험자라면 실감을 갖고 그 상태를 이해할 수가 있을 것이다.
말하자면 배급량이 정해져 있으면서도 배급이 늦어지기도 빼먹기도 일
쑤인 상태인 것이다.

다만, 그가 포로, 수용소, 병원, 식량부족이라는 최악의 상태에 있
으면서도 최후까지 단념하지 않고 끈질기게 모든 노력을 계속해 나가는

데에는 놀랄 수밖에 없다. 같은 환경에 놓였던 우리의 상태를 회고해보면, 그러한 강인함은 우리에게는 없었다. 또한 미군의 조직적인 통제력, 즉 군기軍紀는 포로가 되어도 붕괴되지 않고, 그들은 스스로의 판단으로 인사人事를 행하고 있었다. 또 엄격하게 일요일의 예배도 꼬박꼬박 지키고 있었다.

"마테, 마테"

● 1944年 3月 4日

식량사정 더욱 악화. 비참한 상황을 기록한 월례위생보고서를 작성. 이것이 토의 자료가 되었으면 좋겠다. 그것을 해주지 않겠다면 현재의 실태와 숫자를 제시하고, 이렇게 하면 상황을 개선할 수 있다는 '메모'도 따로 준비가 되어 있기 때문에, 아무런 성과도 얻을 수 없는 경우에는 새로 부임한 장군에게 편지를 보내서, 중립국에 대해 미국에서 포로에게 식량을 보급해 주도록 어떤 조치를 취해 달라고 호소할 허가를 얻을 생각이다.

● 3月 5日

(마지막 단락) 구보다久保田가 "50명의 장교에 의한 적십자 소포에 관한 성명"의 일부 표현에 대해 이의를 제기해 왔다. 대국적大局的으로는 그가 옳다. 그 성명서는 절반밖에 진실이 아니다. 아니, 어떤 면에서는 묘사된 상황은 완전히 잘못되고 있다. 구보다는 '가공스러운 식량사정'이라는 표현에는 반대지만, 그러나 식량사정이 좋지 않다는 것은 인정

하고 있다. 아직도 취사 및 연료용 목재 부족의 우려가 있다.

● 3月 6日

카바나투안 수용소로부터 파견부대가 정오에 도착, 미국 측 책임자는 노스다코타 출신 크리스텐슨 소령, 부관은 텍사스 출신 언더우드 대위, 대원 중에 해군 하사관이 몇 명 있음. 대원의 건강은 외관상 양호. 수용자 가운데서 건강상태가 양호한 자만 선발된 것 같음. … 파사이(니콜라스 비행장)에서 긴급입원, 그 밖에… 사고로 입원, 중상, 두 다리 복합골절, 흉부에 외상, 입원 후 1시간 만에 사망, 성명은 맥스 비더만 육군 일등병, 생년월일 불명. 유태교도, 친족은 모친 클레어가 펜실베니아주州 필라델피아 노스 코렌스가街 873번에 거주. 빌리빗드 묘지에 매장.

식량 사정, 그 외(의료?)의 상황이 나쁜 것은 항상 같고, 점점 더 악화. 일본군은 배급량을 설정해 놓고도 스스로 그것을 지키지 않고, 이미 기아적飢餓的 할당임에도 그것조차 지키지 못한다. 그것에 대해 항의를 했더니, "배급량이란 현재 지급되고 있는 양(을 의미한다)"이라고 대꾸한다. 그래서는 "배급"의 의미가 없다. 곡물, 야채, 생선류의 부족 극심. 트럭 2대분의 가모테(감자의 일종)를 반입했으나, 그것도 부족을 메꾸기에는 모자란다. 메모를 하고 내일 그들과 교섭을 할 준비 때문에 밤이 늦어지다. 그들은 충분히 배급할 수 있는 양의 곡물穀物이나 가모테를 보유하고 있음에도 그것을 배급할 생각을 하지 않는다. 1월 이후 유지류油脂類나 설탕은 전혀 구경을 하지 못했다.

● 1944年 3月 7日

(일부) 닥터 노기乃木가 오다. 하지만 일본군 분견대에서 시간을 전부 보내고, 식량부족 건은 얘기할 틈이 없었다. 내일이다. "마테, 마테"("기다려, 기다려"라는 뜻. 이 일본어는 포로수용소에서는 일상적으로 널리 통용되고 있다. 또한 이 분견대는 다음 수용소로 이동하기 전에 잠시 머무는 곳이기도 하다. 후술한다.)

● 3月 8日

닥터 노기, 오늘도 오지 않는다. 식량 논쟁은 아직 시작도 못했음.

● 3月 9日

하루 종일, 외부 수용소로부터 외래환자가 있었음. 입원, 검사. 기타 항만지구로부터 일반 시민 다수 입원. (의미가 분명치 않다. 아마 일본군에게 고용되어 있던 필리핀인일 것이다.) '일대검열─大檢閱'이 있었고, 머지않아 우리들을 직격直擊할 모양이다. 어쩌면 신임新任 장군이 찾아오는 것일까? 좋다. 총에 탄환을 채워라. 이곳 식량 사정을 듣기 싫도록 그의 귀에 쏘아대 주리라.

인원배치 문제에 대해서 웨이드와 회의, 문서에 의한 보고서를 제출하기로 결정. 보고서에는 비행장 작업대作業隊의 건강 상태에 대해서, 그중 30명은 카바나투안 수용소의 건강한 자와 교대할 필요가 있다는 취지를 강조하지 않으면 안 된다. 그리고 그 30명은 카바나투안에 환자로서 이송한다. 전원 신경염神經炎. 이것이 대화의 기초. 카바나투안은 이전보다 매우 식량 사정이 악화되었다고 듣고는 있지만, 이곳보다는 낫다. 식량 사정이 좋은 곳으로 다른 안과眼科 환자를 옮길 수 있을지도 모른다. 또한 몇 사람인가를 건강상태가 좋은 사람과 교대시켜 달라고 요구하기로 결정. 눈이 나빠진 사람이 특히 많다.

… 지독한 날이다. 무 네 조각과 그것을 끓인 물, 옥수수를 스푼으로 2개, 아침 일찍 쌀 조금을 주고, 하루 종일이다. 작업대作業隊는 울고 있다. 웨이드와 나는 저녁 때 구보다가 있는 곳으로 찾아갔다. 상황은 심각하다. 무슨 수를 써야겠다고 그도 말했다. 내일 그는 사령부로 가서 닥터 노기에게 그 말을 할 것이다. 그는 내일 이곳으로 달려 와서 다시 싸움판이 벌어질 것이다. 아아, 배가 고프다. 배가 고프다. 배가 고프구나. 이곳에 있는 1천 명도 마찬가지인 것이다.

밤 8시경이 되어 구보다가 사무실에 오고, 뒤이어 히라노平野도 왔다. 우리들은 식량 문제에 대해 상세히 논의를 하고, 사실과 숫자에 입각해서 상황을 설명했다. 종이와 연필을 사이에 두고 열띤 토론이 벌어졌다. 토의와 반박, 나는 도쿄와 워싱턴 사이에 포로에 대한 급여에 관해서 타협을 보도록 마닐라 주재 스위스 공사관과 연락을 하고 싶다는 내용을 닥터 노기에게 문서로 제출하고 싶다는 희망을 말했다(여기에도 오해가 있는데, 마닐라에는 스위스 공사관이 없었다).

그 외에 우리는 급료를 전액 지불하도록 진언하겠다는 내용을 제안했다. 또한 우리는 일본군의 병사 – 그들에게도 나름대로의 불만이 있다는 것은 알고 있지만 – 와 비교해서 식사가 나쁘다는 것, 또 식량 사정이 필리핀 전체 수용소 가운데서 최저라는 것을 사실을 제시하며, 주장했다.

그런데 일본 측은 (그것과는 관계가 없는) 미군이 병원선을 폭격하고 있다는 주장을 했다. 우리는 이 말을 악선전이라고 반박했다. 이런 형태의 토론은 계속해 보았자 헛일이다. 구보다에게 그것은 일본의 신문 기사에 불과하다는 것을 알고 있느냐고 지적했다. 일본의 신문! 그것은 하나의 선전宣傳에 틀림없다.

웨이드와 나, 그리고 동료가 구보다와 히라노에 대해 행한 그 회의는 장황하게 계속되어 심야에 이르렀다. 그들의, 사실을 적시하기 거부하는 동양식의 기피와 어처구니없는 어리석음에 대해서도 나는 자신의 말이나 표현을 이른바 외교적인 말투의 범위 안에서 벗어나지 않도록 나 자신을 억제하기 위해 노력했다. 덕분에 회의를 뚜렷한 적의敵意 없이 끝내기는 했으나, 그렇다고 문제가 해결되리라는 것은 의문이다. 닥터 노기는 내일 찾아와서 이 근처를 성난 얼굴을 하고 돌아다니며 적의敵意를 나타낼 것이다. 그러나 이 상황을 어떻게 해서라도 타개하지 않으면 안 된다. 결정적인 손을 쓸 때가 온 것이다.

● 3月 10日

휴일. 봉천奉天* 기념일, 일본 육군 기념일. 그 친구들은 의식을 위해 전원 정복正服을 하고 사령부로 갔다. 닥터 노기는 오지 않았다. 그러나 가모테 1,500킬로그램 입하入荷. 그렇지만 언제나처럼 절반은 쓰레기다. 분견대를 위해 담요 수리작업 진행 중. 그들은 이곳을 일요일에 출발할 모양이다.

● 3月 11日

연료용 목재 건은 아직도 미해결. 츠카하라塚原는 돼지우리 옆의 망고나무를 잘라 버리라고 한다. 농담하지 마라. 그런 짓을 했다가는 엄청난 소동이 벌어질 것이다. 그러나 츠카하라는 그렇게 말했다.

---

* "봉천사건" 기념일. 이 책 6장 174 페이지의 각주를 참고할 것.

오후 내내 장황하고 바보스럽고 지루한 닥터 노기와 구보다와 회의. 5시를 꽤나 많이 지났을 무렵에야 끝났다. 마지막 싸움은 내가 공교롭게도 일본군 파견 경비대에게 좀 더 현지조달의 물자를 살 수 있는 권한을 주어야 한다고 말한 데서 시작되었다. 닥터 노기는 경비대에게 명령한 범위 이상으로 돈을 갖게 했다고 비난의 말을 퍼부었다. 크리스텐슨이 불려 왔다. 크리스는 그들의 질문에 대답을 할 수가 없었고, 이치에 맞는 설명도 할 수가 없었다. 그래서 그들은 크리스를 거짓말쟁이라고 비난했다.

경비대가 물자를 구매하러 나갈 때, 크리스가 경비대에게 돈을 많이 주고 있는 게 아닌지 의심하기 시작했다. 그 방식은 라스피나에서도 발각되었다. 그러나 그들은 그 사건에서 아무것도 배우지를 못했다. 우리들은 전원 긴장해서 앉아 있었다. 이런 것에 대해 하나하나 설명을 했다. 그들에게 질문을 하고 대답을 하는 데는 하나의 '기술'이 필요하다.

얼마 동안은 반半 지옥의 균형을 유지하고 있었다. 그것은 어느 쪽으로라도 기울 수가 있었을 것이다. 닥터 노기는 식량 사정에 대해서는 한 마디도 하지 않았다. 5시 정도에서 그 문제를 우리 쪽에서 꺼내기에는 사태가 너무나 긴박해 있었다. 닥터 노기는 기진맥진해 있었다. 그럴 때 꺼낸다는 것은 절망적이다. 그것을 '대화'로 거론할 정세는 아니었다. 하지만, 지금부터 그것을 하지 않으면 안 된다…. 닥터 노기는 내일 필리핀 수용소 사령관의 검열이 있다고 말했다. 사령관의 이름은 군사기밀이라고 했다.

암거래의 재료

일기는 굉장히 압축된 메모 형식이기 때문에, 이 부분의 기술에는 다소 설명을 필요로 한다. 일본군은 수용소뿐만이 아니고 부대에 있어서도 기본적인 양식은 현물 지급이었는데, 부식품이나 곡물의 부족량은 현지 구입이었다. 부대에는 일정한 전도금前渡金이 주어지고 그것으로 구입을 했는데, 1943년경의 인플레는 특히 심해서 '한 시간마다 물가가 올라가는' 상태였다. 그것은 생산력이 없는 고장에서 비생산적인 각 부대가 군표로 물자를 '구입'하게 되는 데서 일어나는 당연한 현상이다.

포로는 마음대로 외출을 해서 물자를 구입할 수가 없으므로 경비대가 구입을 대행하고 있었겠지만, 전도금만으로는 도저히 될 수가 없어서 여분으로 전도금을 주었던가, '암거래'로 어떻게든지 꾸려나갔을 것이라 생각된다. 나의 경험으로 미루어 보건대, 그 '암거래'의 재료는 아마 약품일 것이다. 약품은 확실히 귀중품이었지만, 대개의 경우와 같이 '인원수'에 따른 보급, 이 때문에 전혀 소용도 없는 '배멀미약' 따위는 산더미처럼 쌓여서 처치가 곤란한 경우도 많았다.

필리핀인은 '약품'이라면 무엇이든 갖고 싶어 하는 경향이 있고, 또 이상하게도 잘 듣는 일도 있었다. 위에 말한 '배멀미약' 등은 감기약으로 호평을 받고 있었다. 빌리빗드의 병원만이 예외는 아니었을 테니까 그곳에서도 다량으로 그런 종류의 약이 있었고, 그것이 식량으로 둔갑을 하지 않았을까 하는 생각이 든다.

그것은 크리스텐슨이든 나 자신이든 말을 할 수 없는 '실정'으로서, 그 돈이 어디서 나왔느냐는 질문을 받으면 '이치에 닿는' 설명을 할 수 없는 것이 당연하다. 다만 묻는 쪽도 실정을 알고 있어서, 상대방이 대답할 수 없다는 것을 뻔히 알면서도 대답을 강요하여 그것에 의해 반론이나 항의를 봉쇄해 버리는 셈이므로, 이런 방식을 군대 용어로는 "달라붙기"라고 했다.

● 3月 12日

장군의 검열 때문에 일요 예배는 오후까지 연기. 전투기념장章, 아사히장旭日章을 단 예비역 같아 보이는 장군*. 검열은 거창스럽지 않았고 강평講評도 없었다.

오후에 웨이드와 나는 구보다에게 가서 IRCC(?)를 통해 허가되어진 생명보험 신청의 건을 거론했다. 우리는 일본에서 부처와 개인적으로 번역시킨 신청서를 갖고 있었다. 그것이 구보다의 번역과 맞지 않는 곳이 있었다. 오늘 그와 교섭을 벌였더니, 도쿄 원본原本의 사본寫本을 주었다. 이제 신청을 촉진하는 방법의 토의가 가능해졌다. '건강증명'에 관한 우리의 희망은 드디어 인정을 받았다. 어떤 진전이 있으리라고 믿는다.

어제 회의에서 닥터 노기는 식량 사정에 대해 언급을 하지 않았지만, 며칠 전 밤에 있었던 구보다와 토의 내용이 그를 통해 닥터 노기에게 전해졌으리라고 믿고 있다고 나는 말했다. 구보다는 그 내용을 전했다고 대답했다. 닥터 노기가 그 건으로 회담을 시작하지 않는다면, 우리 쪽에서 문제를 제기하겠다고 나는 말했다.

교묘히 유도해서 알아낸 것이지만, 신임 장군은 문제의 검열에서 결함

---

* 이 장면은, 이 책 제5장 "한국계 일본인과 조선인"에서 검찰 측 반론 가운데 나온다. 다만, 헤이즈 일기에는 "전투기념장"으로 되어 있는 것이, 검찰 측 반론에서는 "대미전승기념장"으로 되어 있다. 아사히장(章)은 일본정부가 수여하는 두 번째 등급의 훈장이다.

을 찾아낸 모양이었다. 그는 사물의 진상眞相을 꿰뚫어 보는 눈을 갖고 있다. 그래서 지적만 해 주면 무슨 일이든 우리가 고칠 수 있는 결함은 고치겠다고 제의했다. 구보다는 우리들이 고쳐야 할 결점은 하나도 없다고 말했다. 일본군 병사들은 그 장군이 무엇이든 모두 알고 있는 것에 놀라고 있었다.

구보다는 웨이드나 나나 미국인에 대해서, 또한 어떤 점에 대해 얼마만큼 우리가 불평을 하고 있는지에 대해 장군으로부터 질문을 받았다고 말했다. 그래서 그는 식사 이외에는 그다지 불만이 없다고 대답했다고 말했다. 그렇다. 그것은 사실이다. 그것이 우리가 하고 싶은 말이다. 웨이드나 내가 일본인에게 보여주고 싶은 것은, 우리는 우리가 포로라는 것은 알고 있으므로, 포로로서 전쟁 법규대로 전시 포로로서 공정하고 동시에 문명에 적합한 취급을 해 달라고 요구하고 있는 것이다. 그 이상도 아니고 그 이하도 아니다.

우리는 우리의 동료가 한 사람이라도 많이 살아서 고국으로 돌아갈 수 있도록 최대의 노력을 기울여 왔다. 나의 그러한 사명이 일본군에게 잔소리를 하고, 우는 소리를 많이 낸다고 해서 달성되리라고는 결코 생각하지 않는다. 그 태도가 지금 시련을 맞고 있다.

  닥터 노기와 구보다가 신임 장군의 허락을 얻어낸다면, 그 목적은 상당히 쉽게 달성될 수 있으리라고 믿는다. 지금까지도 미국인에 대한 좋은 평가는 적지 않다. 규율을 바로잡는 훈련, 공개 교섭, 솔직한 논점의 지적, 언어상의 곤란을 극복해서 인간적인 폭을 갖게 한 것, 동양식에 맞춰 동양인과 거래를 할 수 있었다는 것 등등…. 상태를 개선하기 위한 방법을 발견하고 그것을 최대한으로 활용했다고 믿고 있다. – 아니, 적어도 믿고 싶다. 만일 그것이 없었더라면, – 그것이 우리에게 상처를 입혔을 리는 없다. 우리가 해결하기 전의 방임된 무질서의 혼란 상태는 완전히 살인적이었다.

이것은 사실이고, 그의 평가는 정당한 것이었을 것이다. 왜냐하면, 세인트 토마스 수용소에서도 이즈라 코필드가 완전히 똑같은 말을 하고 있기 때문이다. 그녀들은 처음에 '등록을 위해' 3일 정도 억류된다는 말을 듣고 왔다. 그리고 문자 그대로 혼잡한 무질서 속에 있었다. 일본군에게는 그것을 조직화하고 질서를 잡을 능력이 없었다. 그것을 깨닫게 되자, 그들은 즉시 자신의 질서를 만들기 시작하고 그것을 유지해갔던 것이다. 그것은 전기前記한 〈한 하급 장교가 바라본 제국 육군〉에 기록돼 있는데, 그 일부분을 인용해 보겠다.

"3일이 지나고 이윽고 일주일이 지났다. '등록하는 데 3일'이라는 핑계는 새빨간 거짓말이라는 것이 밝혀졌다. … 아무래도 캠프를 조직해야 한다는 것이 명백해졌다. 일본인들은 그곳에 전원이 모두 있다는 것을 확인하는 일(점호, 인원수 확인) 이외는 그것을 어떻게 관리한다든지, 포로들이 어떻게 된다든지 하는 것에는 일절 관심이 없는 것 같았다. 규율 바른 앵글로색슨 정신이 그 뒤를 인수할 때였다. 관리기관으로서 우수한 전문가나 사업가들의 실행위원회가 만들어지고 … (불명)… 위원장에 선출되었다. 뒤를 이어 경찰, 위생, 공중위생, 풍기風紀, 건설, 급식, 방화, 후생, 교육 …의 위원회와 부서가 만들어지고 각기 위원장이 선출되었다. … (그뿐만 아니라 자체 내의 법정까지 만들어지고) … 재판은 '질서의 법정'에서 행해지고, 그 때문에 남녀로 구성된 배심원이 임명되었다."

홍
사
익
중
장
의
처
형

"2, 3주일 안에 황무지에 정연한 공동사회를 만들었고, 한정된 장소 내에서 모든 시설을 갖춘 작은 마을을 만들어낸 억류자들의 조직력과 재능은", 이즈라 그녀 자신이 놀랄 정도였다고 기록되고 있다. 빌리빗드의 수용소도 사정은 같았던 모양이다. 그러나 수용자는 이상異常한 심리 상태에 있고, 그것이 어떤 순간에 폭발하거나 견딜 수 없는 우울상태를 가져온다는 것은 부정할 수 없으며, 사명감을 갖고 노력하고 있는 헤이즈 중령 또한 그 예외일 수는 없었다.

황색의 사생아들

● 3月 13日

일본놈이 식량이랍시고 우리에게 준 것은 돼지조차 먹지 않을 물건이라고 웨이드가 알려왔다. 이런 것은 먹을 수가 없다. 오후에는 영구불구자의 리스트를 작성하는 데 바빴다. … (불명) … 의 경우의 변화를 적었다.

오늘은 지옥처럼 우울하다. 지금 앉아 있는 곳에서 보아도, 우편으로 보아도, 전반적인 평가로 말하더라도 이미 끝나버린 좋은 일들은 모두 영구히 사라져 버린 것이다. 만일 미국에 돌아갈 수 있다 하더라도 그때까지 세월은 흘러가 버려 혼자만이 남겨지는 게 아닐까? 처음으로 강렬한 회의懷疑를 느낀다. ─나의 인생에는 이미 아무런 조각도 남아 있지 않는 것이 아닌가 하고. 앞날은 암흑, 완전한 미지未知, 지침指針도 없이 가는 것이리라.

그러나 이 배에는 많은 사람들이 타고 있다. 나는 그 많은 사람들과 함께 살아가는 것이다. 여기서는 사랑도 신앙도 봉사도 감정도, 아니 인생 그 자체조차도 그 무익함을 차갑게 드러내 보이고 있을 뿐이다. 마치 칠흑 같은 북극지대의 얼음지옥에서 울리는 얼음이 깨지는 폭발음처럼. – 그러나 전쟁은 이와 같은 상황에서조차 해야 할 방법을 나에게 가르쳐 주었다. 나는 처음부터 비록 돌아갈 수 있다 하더라도 그와 같은 귀환을 마음속으로부터 체념하고 있다는 것을 잘 알고 있다. 꿈과 희망은 벌써 몇 년 전에 죽어버렸다. 그러나 지금 아직도 희미하게 남아있는 짧은 생명의 불꽃에 나는 감사를 드린다.

나의 생명의 촛불은 타고 있다.
양쪽 끝에서 – 이제 하룻밤도 가지 못할 것이다.
그러나 나의 친구여, 나의 적이여,
이 빛의 즐거움이라니.

● 3月 14日

아침 10시, 보급 사령관의 검사가 있었다. 일본인 급여계給與係인 히라노는 어젯밤에 우리의 작업대作業隊를 시켜 숫자를 채우기 위해 쌀부대에 흙을 넣게 했다고 한다. 감시를 하지 않으면 안 된다. … 결국 우리에게 그 청구서가 돌아올 것이다. 지금 '사과 수레를 뒤집어엎는 것(소동을 일으키는 것)'이 득이 되는지 아닌지를 검토 중이다. 그러나 나는 기다려야 된다고 생각한다. 그리고 검사 때 무슨 일이 일어나는가를 보자. … 보급 사령관이 아니라 대리로 대령(대좌)이 검사를 했다. 그냥 통과해 버린다.

닥터 노기는 그에게 대단히 많은 '베리베리환자'*가 있다고 보고를 하고 있었다. 그러나 대령은 그들에게 다량의 비타민을 주고 있는데 어째서 그런 일이 일어났는가, 그 점을 이해하지 못했다. 그는 내가 상자에 넣어둔 피라미 정도 크기의 물고기를 보았다. 그것조차 보지 못했으면 그냥 걸어서 지나간 것에 불과했을 것이다.

오후에 히라노가 미국인이 창고에서 쉘터하프**를 훔쳤다고 비난했다. 그런데 창고의 열쇠는 그만이 갖고 있다. 조사해 보니 최근에 히라노 자신이 봉제 공장에서 자신의 셔츠에 셀터하프의 칼라를 달게 한 사실이 판명되었다. 웨이드와 나는 구보다가 있는 곳으로 가서 포로가 도둑질을 했다고는 믿을 수가 없다고 말해 두었다. 그리고 히라노가 어제 미국인 포로를 시켜 쌀부대에 흙을 담게 한 것은 매우 유감이라고 말했다.

구보다는 히라노의 잘못을 인정했다. 나는, 덧붙이면 미국인 포로들이 그 건의 진상을 얘기하고 있다고 말했다. 히라노는 숫자를 속이고 있다. 사령부에 보내는 1일 식량지급보고서의 숫자를 브랜든에게 수정시키고 있다. 히라노는 담배 배급을 토요일에 완료했다고 보고했는데, 3천 개가 부족했다. 놈은 우리의 것을 착취해 먹고 있다. 실무를 장악하고 있는 말단의 애송이들이 악화된 식량 사정의 최대 책임자라 할 수 있다.

트럭 편으로 오늘 항만지구와 라스피나로 우편물이 출발. … 항만지구

제 16 장 ○ 헤 이 즈 일 기 (1)

---

* 비타민 B1 부족으로 일어나는 각기병의 별칭. 스리랑카 원주민의 말로 "(힘이 없어서) 아무것도 할 수 없다"는 뜻이라고 한다.

** 군대용 간이텐트. A자 모양으로 생겼다 하여, 일명 "A텐트"라 불린다.

의 미국인들에게 방공호의 할당이 있었다. 하사관들은 "내일부터 공습이 시작된다"는 소문을 주고받곤 했다.

아마 인원수를 늘려서 횡령을 했든지, 자신들이 낭비하거나 했을 것이다. 그런 경향은 전쟁 말기에는 군 전체에 만연되어 있었다. 무리도 아니다. 일반인의 생활에서도 '암거래' 없이는 살아갈 수가 없었고, 그것에 대한 죄악감도 없었다. 그 시민이 소집당해 입대해 들어오면, 같은 일이 군대 내에서 일어나는 것은 당연했다.

물론 일본군의 급여가 포로와 비교해서 현격하게 좋다면 그러한 사건은 일어나지 않고, 오히려 사적인 급여로 포로를 개인적 용무에 쓰는 사건이 일어났을지도 모른다. 그런 일은 전후에 우리의 수용소에 있었다. 앞에서도 말했지만 포로 가운데 화가나 조각가를 모아 미술품을 만들게 한 일이 있었다. 그러나 "헤이즈 일기"에 나타난 것을 보면, 그런 경향은 전혀 없었고, 일본군 또한 식량 때문에 고통을 받고 있었다.

● 3月 15日

정기 주번週番 검사가 없단다. 이번 주에는 만사가 귀찮다. 오늘, 트럭으로 152.9킬로그램의 고기(뼈까지)와 생선이 약간 도착. 소고기와 물소고기, 정말 처음 보는 고기다. 그러나 총량이 너무 모자란다. 그 문제에 대해 통고를 해 두었다. 가모테로 곡물을 보충한다. 닥터 노기와 회의. 한나 사건의 판결, 영창 20일을 10일로 감형하도록 권고. 몸이 약한 사람을 카바나투안의 건강한 사람과 교체하는 안건이 승인되다. 교체의 구체적 계획안은 내일 아침 제출 예정. 담요, 구두의 건을 문제로 삼다. 조치를 약속받다.

세인트 토마스 수용소로부터 디프테리아 백신, 맥각麥角*, 방광경膀胱鏡 등의 청구가 있음. 일본군 측으로부터 의류 및 소지품의 개인별 숫자 검사의 요청이 있었다. 주둔 중인 300명의 일본군 분견대 건은 보류, 언제 출발할지 지시가 없음. 소문에 따르면 의료 분견대는 만灣 내에 승선한 채로 있다던가? … 비행장 작업대의 장교와 인원 변경의 건으로 회의. 배가 고프다.

● 3月 16日

… 먼지가 심하게 인다. 드디어 건조한 계절이다. 총원 1,384명. 우편은 모두 배포. 나의 과거의 인생은 참으로 풍요로웠다. "나는 풍요한 인간이다. 왜냐하면, 인생에서 참다운 친구를 한 사람 갖고 있었으니까."

카바나투안과의 인원 교체는 대단한 규모로 되어가고 있다. 카바나투안의 전원이 그것과 관계를 갖게 되었다. 갈 수 있는 사람은 누구나 보낼 생각이다. 그러나 또 한 가지의 것을 고려하지 않으면 안 된다. 떠나보낸 환자에게는 환자로서의 아무런 고려가 되어 있지 않다는 점이다. 구보다는 그 점에 대해 될 수 있는 한의 일을 할 것이다. 모리모토森本가 와서 작업대에게 주기 환자의 구두를 가져가겠다고 한다. 거절하고, 그에게 말해 주었다. 그렇게 되면 '신발이 없는 맨발 수용소'가 되고 만다. 구두는 누구에게나 필요한 것이다. 작업대에 대한 구두의 요구를 받아들인다면 요구는 한없는 것이 되고 말 것이다. 그는 일본 병사의 중고 구두를 작업대에 지급하는 데 동의했다.

---

* 지혈제의 일종.

그 결과를 두고 보기로 하자. 작업대에게 어째서 식량을 여분으로 지급하지 않느냐고 질문했다. 그는 즉시 그 의미를 이해했다. 히라노가 그와 함께 있었다. 우리는 사실과 숫자를 제시하고, 이미 몇 번씩이나 보고한 부족물품이 전혀 보급되고 있지 않았다는 것, 빌리빗드에서는 다른 수용소 이상으로 식량 부족에 의한 환자가 발생하고 있다는 것을 추궁했다. 그는 할 말이 없어서 자리를 떴다. 히라노가 나의 기록을 자신에게 달라고 집요하게 압력을 가했다. 나는 거절했다. 구보다에게 건네주었다.

식량 문제는 앞으로 큰 소동이 벌어질 것이다. 그것을 해결할 수 있는 사람은 장군뿐이니까 그에게 이것을 직접 폭로할 기회를 내가 노리고 있다 해도 놀라지 말라. 이제 몇 달 며칠의 토론에도 지쳤다. 웨이드도 지쳐서 오줌이 나오지 않는다. 황색의 사생아 놈들을 화나게 만든 것은 오늘이 처음이다. 오늘은 우리도 화가 치밀었다.

오늘밤은 머리 주위에 모여드는 모기와의 싸움이다. 땀과 갖은 욕설을 퍼부으며 어떻게 해서든 몸을 피해 모기장 밑으로 기어들어가자고 해도 그것은 시체와 같다. 일년 중에서 가장 모기가 많은 계절이다. 오늘밤 일본놈들이 파견돼 외출하는 미국사람에게 입질을 해서 적십자에서 온 물건이 '일본급여'라고 하는 것이 판명되었다. 좋다. 내일은 이 건으로 혼을 내줘야지. 빌어먹을 모기 녀석! 작업대 7명이 오늘밤에 사고의 희생이 되어 실려 들어왔다!

제17장
헤이즈 일기(2)

수용소의 기록문학

앞 장章에 이어 계속해서 헤이즈 일기를 소개하겠다. 이것은 증거로서도 확실히 귀중하겠지만, 그뿐만 아니라 정직하고 솔직하게 수용소의 내막이 기록되어 있다는 점에서 하나의 '기록문학'으로서도 귀중한 것이다.

식량부족 때문에 고통을 받은 것은 비단 그들뿐만이 아니었고, 전후 미군에게 수용된 우리들도 식량부족 때문에 고통을 받았다. '굶주림'의 고통은 〈어떤 이상 체험자의 편견〉에서 썼기 때문에 재론을 않겠으나, 그것에 의해 일어나는 상태에는 지극히 유사한 점이 있다. 다시 말하면, 그런 상태를 야기한 자에 대한 분노보다는 같은 포로에 대한 시기심─누군가가 나보다 잘 먹고 있지 않은가? 배급자가 삥땅을 떼어서 '사복'을 채우고 있는 것이 아닌가?─이 앞서서, 그런 눈으로 보거나, 보이고 있지 않을까 하는 눈으로 다시 보는 상태가 된다. 그리고 이 일기에는 그러한 어두운 심리 상태가 정직하게 기록되어 있다.

그런데 전범 법정에서의 증언에는 그런 점이 전혀 나오지 않기 때문에, 그것을 읽으면 나 같은 사람은 무엇인가가 빠져 있다는 위화감을 느끼지 않을 수 없다. 그러나 이 일기는 그러한 여러 가지 위화감 없이, 눈앞에 정경情景이 떠오르는 것처럼 상상하여 읽을 수 있는 지극히 희귀한 기록이다.

● 3월 17일

성聖 패트릭 축일祝日*이다. 네잎클로버를 하나 달고 있으나, 그것이 무슨 소용이 있단 말인가! 내 운은 1941년 12월 27일, 마리베레스의 정글에서 소중히 간직하고 있던 토끼의 다리를 잃어버리고 나서 사라져 버렸던 것이다. 카바나투안 이동은 어처구니없이 까다로워져서 그 까다로움 때문에 잽**을 끌어내는 데 분주스럽기만 했던 오전이었다. 벌써 11시 반이다. 그러나 바람직스럽지 못한 자와 건강상 이곳에서 나가는 것이 좋다고 생각되는 사람을 내보낸다는 계획은 제대로 들어맞은 것 같다.

그러나 결과는 하느님만이 알 것이다. 일상적인 용건에 대한 부서 내회의, 잽 놈들이 입소入所하는 미국인한테서 구두를 빼앗고는 신지도 못하는 자기 구두를 떠맡기는 사건이 속출하고 있다. 그것을 해결하지

---

* 5세기경 아일랜드에 기독교를 전한 패트릭(Patrick)을 기념하는 날. 그가 죽은 3월 17일에 맞춰, 아일랜드와 아일랜드계 이민(移民)들이 사는 지역에서 축제가 열린다. 9세기~10세기에 시작되었다고 하며, 1903년 아일랜드의 국경일이 되었다. 상징은 녹색과 토끼풀(클로버)이다.

** 미국인들이 일본인을 경멸해서 부르는 말.

않으면 안 된다. 모든 미국인에게 적십자 물자는 개인의 소유물이라는 지령을 내렸다. 일본군이 그것과 반대되는 지시를 하면 즉각 내게 연락하도록 명했다.

여기에 나오는 것은 필시 군대 내에서 '소유'에 대한 견해 차이이다. 일본군에서는 정해진 최소한의 '사물私物' 이외는 사물을 가질 수 없었다. 모든 것이 관官 지급품으로, 그 점은 무차별, 무사유無私有, 평등했다고 할 수 있다. 그러나 그곳에는 연차年次가 낮은 자는 연차가 높은 자보다 훌륭한 것을 갖고 있어서는 안 된다는 불문율이 있었다.

같은 관官 지급품이라 하더라도 내구耐久 연도가 훨씬 지난 폐품 같은 것도 있고, 방금 도착한 신품도 있다. 그것이 담요 같은 것에서는 큰 차이가 있어서, 한편은 푹신푹신한가 하면 다른 한쪽은 햇빛이 스며서 보일 정도로 닳아빠져 누더기 같은 것도 있다. 보통 하사관은 별품을 갖고, 일반품의 최고급은 3년병, 다음이 2년병, 초년병은 최하급품이고 그 서열을 무시할 수는 없었다.

어떤 착오로 초년병에게 좋은 것이 돌아가게 되면 가차 없이 고참병에게 빼앗기고, 대신 '고물古物'이 주어진다. 그리고 간부는 전체의 인원수가 맞기만 하면 그것을 문제 삼지 않는다. 또한 교환을 강요당하여, 대신 받은 구두가 맞지 않는다고 항의를 해도 들어주지 않는 것이 보통이었다. "구두에 발을 맞추라"는 것이다. 이 경우는 아마도 신입 포로를 초년병으로 간주한 것이지 "포로니까…" 하는 의식은 없었겠지만, 어쨌든 미국인은 그렇게는 생각하지 않았을 것이다.

● 3月 18日

인원 조사. 1,386명. 일본 파견부대의 300명은 아직도 있다. 도대체 떠나기는 떠나는 것일까 하고 의심하고 있는 사람도 있다. 오늘의 식사는 정말 형편없었다. 이와 같이 형편없는 날에는 결핵 환자에게 적십자 식량을 특별 배급한다.

나는 오늘 작은 생선을 한 토막 먹었을 뿐이다. 식량부족 때문에 눈에 띄게 몸이 약해진 것을 느낀다. 8시까지는 잠이 들도록 해야겠다. 잠만 많이 자 두면 그것은 어느 때라도 도움이 될 것이다. 밤에는 나눠 받은 네 포대의 얼마 안 되는 설탕을 어떻게 하면 공평하게 분배할 수 있을까 하고, 간부들끼리 의논했다. 파사이에서 한 명이 영창으로 송환되어 오다. 일진이 사나운 날이다.

● 3月 19日

예배. 언제나처럼 아침부터 기분이 좋지 않고 우울하기만 하다. 그러나 그런 생각이 들자 다소 마음을 가다듬었다. 오전 내내 설탕의 공평한 분배 방법을 찾는 데 악전고투. 수용소를 위해 좋은 일과 모두를 일시적으로 즐겁게 해 주는 일을 양립시킨다는 것은 용이한 일이 아니다. 결국 설탕은 오늘 각자에게 분배해 주기로 했다. 눈물이 나올 정도로 신통치 않은 양이다. 그러나 그것으로 각자가 좋을 대로 하면 된다. 적어도 자기 손에 들어온 것이니까.

좀 더 좋은 방법은 취사의 요리를 통해서 지급하는 것인데, 일본인에게는 장부상으로 정확하지 않으면 안 되고, 미국인에게는 속임수가 없다는 것을 보증해 주지 않으면 안 된다. 배가 고프다. 체력이 없다. 오늘 식사도 형편없다. 무 약간과 쌀이 조금이다. 총원 1,388명.

● 3月 20日

… 총원 1,388명. 일본 파견대는 아직도 출발하지 않음. 카바나투안 파견대는 최초 우리의 제안대로 삭감 – 즉 작업대作業隊에서 50명만 교체하기로 하다. 오후 닥터 노기와 긴 회의, 눈의 영구불구 표준이 과제. 우리는 그것에 충분히 답변했다. 베리베리 병에 대해서 토의.

분명히 그들에게 말했다. "좀 더 식량이 지급되지 않는 이상 우리는 그 환자를 고칠 수가 없고, 그 때문에 그들이 장님이 되는 것을 방지할 수도 없다." 그리고 사망률은 더욱 상승하고 전반적으로 병은 악화할 것이다. 비타민제는 식량 대신은 될 수 없는 것이다. 우리가 일본군 병사와 같은 양을 먹고 있다고 할 수는 없다고 분명히 단언했다.

그러자 '배불리' 먹는 것은 기대할 수 없다고 말했다. 그래서 강력하게 항의를 하고, 우리에 대한 식량 지급을 변조한 보고서 건을 거론했는데, 구보다는 아직 그것을 닥터 노기에게 제출하지 않고 있었다. 하루 1인당 400그램의 할당 곡물이 약 절반으로 줄어들고 있었다. 오늘도 점심에는 곡물이 들어 있지 않았다. 오늘의 할당량으로는 내일의 식사에도 곡물을 넣을 수 없을 정도다. 이유는 놈들이 먹고, 이것을 속이려고 흙을 넣은 26부대의 쌀 때문에 이렇게 삭감당한 것이다. 오늘은 생선도 없고 일체의 단백질 없음. 오늘밤 구보다와 곡물의 증가를 교섭하고 숫자를 들어 토의했다. 내일 아침 다시 만날 예정

● 3月 21日

작업대의 하사관이 곡물이 나오지 않는다는 것을 알고 소란을 피웠다. 전원 집합의 대집회. 구보다라는 놈은 아침 일찍부터 낚시를 나갔다. 점심, 곡물 없음. 저녁 극히 소량. 당장 타격이 왔다. 45킬로그램이라고

반입되는 옥수수는 절반인 27킬로그램이다.

동료와 오늘 입하된 식량을 어떻게 하면 가장 효과적으로 쓸 수 있는지를 회의. 사무소는 내게서 동료를 빼앗아 가겠다고 위협하고 있다. 놈들은 엉뚱한 짓을 하려 하고 있다. 최근 일본인과 미국인 간의 긴장이 높아가고 있다. 본보기의 하나로 일본인은 지금 또 한 사람, 노트 소지자(뒤에 나온다)를 체포했다.

상황의 전개를 기다린다. 작업대의 취사炊事에 관한 불만을 조사. 언제나 심한 말다툼. 그것도 전부 굶주리기 때문이다. 먹는 것에 대한 싸움인 것이다. 파견대의 인원 교체를 명한다. - 다만 하루라도 빨리 미군 탱크가 와 주기를 기도할 뿐이다.

노병老兵 "네四눈目이"

● 3月 22日

닥터 노기가 승인했고, 사령부가 호스를 빌려 주었는데도 먼지를 없애기 위한 수용소 내의 살수撒水를 경비병이 허용하지 않는다. 한 수용소에 50명의 보스가 있다. 모든 일본인, 대만인이 우리의 보스다. 정말 이곳 책임자가 누구인지 알 수가 없다. 엉망진창이다.

… 오늘의 식사는 가모테와 물. 닥터 노기와의 회담. 오늘은 짧았다. 중요한 용건은 거의 없음. 하지만 할당량이 너무 적다. 생선 216킬로그램 부족, 야채 부족. 더구나 품질은 최악의 상태다. 초록색 들풀과 야생 샐러리. 파견에 대해서 다시 속임수 - 항상 막판에 이르러 변경한다. 일본 측에서 레프의 건 재판. 노트 소유 관계로 어젯밤 구류되어 영창

행. 어느 정도 들어가 있어야 하는지, 어떤 상황인지 알 수가 없다.

모래먼지는 책상은 물론 의자, 음식, 침대에 가득 쌓여 있다. 우리는 거의 벌거벗고 있으나 쉴새없이 불어대는 먼지와 흙으로 온몸이 거칠거칠하다. 파견대 50명이 카바나투안으로부터 도착하다. 북쪽으로 내일 출발하는 50명과 교체.

이 기사는 흥미롭다. 도널드 키인 씨에 의하면, 미군은 일기 쓰는 것을 금하고 있었다. 그것은 전사를 해서 그것이 일본군의 손에 들어가는 경우, 작전이나 그 밖의 기밀이 일기에 의해서 누설될 우려가 있기 때문이다. 그러나 일본군에서는 일기를 써도 그것을 상관에게 제시하면 되고, 오히려 장려하고 있었다. 예비사관학교를 다닐 때 나도 공식일기를 쓰도록 강요당한 일이 있다. 그 밖에 비밀일기 – 그것은 "사물私物의 일기"라고 했다 – 를 써서, 그 속에 반군적反軍的, 군비판적인 언사가 있으면 즉시 퇴학이었다.

아마 노트는 사물 일기와 같이 취급되었던 모양이다. 미군은 일기를 쓰지 못하게 되어 있으므로, 헤이즈 중령은 그 처벌에 별로 이의를 제기하지는 않았다. "헤이즈 일기"를 일본군이 발견했다 하더라도 몰수 정도지, 그다지 문제로 삼지는 않았을 것이다.

● 3月 23日

북으로 가는 50명에 관해 전반적인 사무 처리. 일본 파견대 아침에 출발하다. 오늘 아침, 총원 1,441명. 길고 무덥고 바쁘고, 먼지투성이에다 흙투성이 땀투성이의 불쾌한 날이다. 카바나투안 행行 50명의 파견대를 겨우 출발시켰다. 최후의 순간에 일본군에 의해 파사이 포로와 최

근 영창에서 나온 두 명이 추가되었다. 포박당한 채였다. 파사이 포로
는 맨발로 걸어갔다.

오늘 그들은 레프를 심문한다고 해서 장시간 회합했다. 미국인은 출석
이 허용되지 않았으며, 그러나 그들은 분명히 그에게 떠들게 하였다.
그것은 나중에 웨이드와 내가 회의를 하러 갔을 때, 닥터 노기가 작업
대作業隊의 일본인에게 문제의 노트는 필리핀인 손에 넘어갔다고 설명
하는 것을 들었기 때문이다. 그들이 그것을 알아내는 것도, 또 그럴 수
있는 조직이라는 것도 충분히 알고 있다.

그러나 화가 나는 것은 그 '러브 노트'는 아무런 가치도 없는데도, 전부
를 이 사건에 포함시켜 다른 중요한 일을 해야 할 이 우수한 조직을 파
괴해 버리고 마는 것이다. 레프는 오늘 밤 영창으로 돌아간다. 정식으
로는 아무런 발표도 없었다.

한 경비병이 환자를 구타한 건으로 닥터 노기는 별명이 "네四눈目이"
란 사람을 질책하고 혼을 내 주었다. 경비병은 몇 주일 동안 지옥처럼
사납게 굴 것이다. 그리고 닥터 노기는 그런 일이 있으면 즉각 자신에
게 알려 달라고 했다. "네눈이"는 항상 우리들에게 심하게 굴었다.

… 아침 7시에 물만 흥건한 미음을 조금 먹고, 저녁 7시까지 아무것도
먹지 않고 있다가 밥을 프라이fry 해서 먹었다. 허리띠를 한 눈금 더 조
인다. 일본인들은 레프 사건으로 긴장하고 있다. 그들은 그것을 '러브
노트' 이상의 것이라고 믿고 있다. 정말 의심이 많은 친구들이다! 미국
인과 필리핀인 사이에 무엇인가 우려할 만한 음모가 진행되고 있다고
생각하고 있는 것이다. 그들은 나무를 보고 숲을 보지 않는다. 아니 보
이지가 않는 것이다. 중요한 것을 전혀 보지 못하고 있다.

영창 이야기는 뒤에서도 나오지만, 처벌에 관한 헤이즈 중령의 생각은 대단히 재미있다. 그는 사적 제재에는 엄중히 항의하고 있지만, 위반에 대한 법적 징벌에는 전혀 항의를 하지 않는다. 아니, 그뿐만 아니라 일기 속에서도 그다지 그 일에 대해서는 분개를 하지 않고, 다만 담담하게 사실로써 기록하고 있다.

그것은 아마도 자기네들은 일본군의 포로니까 '포로로서 정당하게 그리고 인간적인 취급'을 요구한다는 그의 기본적인 태도에 입각하여, '위법에 대한 처벌은 당연' 하다고 생각하는 것이리라. 그 점에서 이른바 편견은 없고, 일부의 미국인에 대해서는 상당히 비판적이다. 그렇지만 영창에는 절식과 물뿐이라는 징벌이 가해지는 일도 있으며, 그것은 반半기아飢餓 상태에서는 뺨을 맞는 것보다 더 괴로운 징벌이다.

그러나 그는 그것에는 항의도 하지 않고 항의의 말도 기록하지 않았다. 졸병 시절의 일을 생각하면, 우리에게는 어떤 비위 행위가 발견되었을 때, 영창에 들어가기보다는 "뺨을 몇 대 맞는 편이 낫다"고 하는 감각이 있었다. 또한 벌을 주는 쪽에서도 뺨을 때리는 것이 오히려 돌봐준다는 태도이고, "뺨따귀로 끝나는 것이 좋다" "정말은 더 심한 벌을 받아야 하는 거야" 하는 말을 듣는 게 보통이었다. 그러나 그에게는 그런 발상도, 그것으로 온건하게 해결해 주었으면 하는 희망도 일절 없다.

● 3月 24日

미군은 오지 않는다! 밤중에 깨서 잠이 오지 않아 눈을 크게 뜨고 2시간이나 뒤척이고 있었다. 모기떼가 모기장으로 침입. 새벽 4시까지 도망 다닌다. 기상 시에는 일본 파견대 출발 준비를 점검해야 한다…. 식량지급 상황을 체크하는 좋은 기회였다. 히라노를 곤경에 빠뜨렸다.

몇 분 동안 크리스와 언더우드를 만났다. 부두를 향해 종대縱隊로 서서 뒷문으로 나가는 사람들에게 작별 인사를 했다. 좋은 친구들이었다. 크리스텐슨, 덴마크인, 언더우드, 키 크고 바짝 마른 체구에 항상 미소를 띠고 있는 텍사스 사나이, 또 한사람의 텍사스인 에반스, 그리고 조니 루카 등등등.

그들이 떠나는 것을 전송한다는 것은 슬픈 일이었다. 싫다! 잽은 오늘 하루 '열중쉬어'다. 신이여! 나는 이제 싫습니다. 수용소는 싫습니다. 배가 고픕니다. 점점 더 악화되어 가는 식량사정으로부터 벗어날 전망은 현재 전혀 없습니다. 늑대들은 문턱이 아니라 집안으로 들어와 아이들을 잡아먹기 시작했습니다.

전망은 어둡다. 그러나 나는 6개월 전에 이것을 예상하고 있었다. 좋다. 우리들은 싸움을 계속했다. 이전에는 "5월에 나갈지도…"에서 "6월이면 나갈지도…"로 변했지만, 이젠 "이봐, 조, 얼마 안 남았어" 하는 말은 들을 수가 없게 되었다. 그리고 "네가 생각하고 있는 대로야" "앞길은 뻔해"로 달라져 버렸다. 레프가 오늘 저녁에 찾아와서 (모두가 가 버렸기 때문에) 일 주일에 한 번씩 함께 식사를 하기로 했다. 오늘 저녁은 쌀과 가모테와 콩이 들어 있었다.

영구永久 식량전쟁

● 3月 25日

한나가 영창에서 석방되었다. 총원 1,089명. 항만지구 파견대에서 9명. 건강. 특별 케이스 18명 수용. 닥터 노기와 단시간의 정례회의. 그

때 그는 $CaCl_2$(염화칼슘)의 신약新藥을 사용해 보겠다고 제안. 임상실험이 끝난 약품인가, 실험인가고 물었다. 대답은 "어떤 효과가 있는지 사용해 보고 싶다"는 것이다.

신약을 먼저 인체로 실험하는 따위의 짓은 하지 않는다고 거부했더니 다소 긴박한 공기가 되었다. 아무래도 너무 퉁명스럽게 거절한 것 같다. 좀 더 외교적으로 일을 해결했으면 좋았을 것이다. 그렇다고 닥터 노기가 노골적으로 적의를 보이지는 않았다. 그러나 이 건은 누구에게도 말해도 거부당할 것이 뻔하다. 닥터 노기는 최근에 내게 도착한 의학도서의 사용을 제안했고, 나중에 검토해서 수락했더니 마지막에는 꽤나 기분이 좋아졌다. 당분간은 괜찮을 것이다.

그들은 레프를 오늘도 사무실로 불러갔다. 어제는 소량의 물만 주고 식사는 주지 않았다. 어떻게든 그에게 말을 시키려고 하고 있다. 오늘은 얼마간 충격을 받은 것 같다. 루지의 통보로는 새로운 파견대 사람들은 좋은 사람들 같았다.

● 3月 26日 / 27日

어제는 일기를 쓸 시간이 없었다. 예배는 언제나처럼 보았다. 하루 종일 잠시도 쉴 틈 없이 바빴다. 어젯밤 10시, 침대에 쓰러질 때까지 그것이 계속되었다. 일본군의 레프 소지품 검사에 입회하다. 그는 계속 버티고, 그가 쓴 필리핀 아가씨에 관해서 입을 열지 않았다. 그 때문에 식사 없이 물만 약간.

113개의 개인소포(행방불명 및 사망자)를 수령. 소포를 받은 적이 없는 사람에게 분배. 웨드, 헤인즈, 블레스, 시리아, 위리와 나는 4명의 사병과 함께 그것을 분류해 구분하다. 분배기준은 오늘 중으로 끝낼 것이다. 상당히 많이 있었다. 보낸 사람에게 전달할 수 없는 게 정말로 안타깝다. 될 수 있는 대로 이름을 지웠다. 오후 전부와 어젯밤 늦게까지 그 식량들을 어떻게 하면 중노동을 하는 사람들에게 공평하게 배급할 수 있을지, 또 어떻게 하면 우리가 그들을 돕기 위해 이러는 것이지 결코 삥땅을 뜯으려는 속셈으로 하는 것이 아니라는 것을 납득시킬 수 있는지, 그 방법을 발견하기 위한 영구永久 식량전쟁!

이 문제의 근본은, 우리는 생명 유지를 위해 식사를 지급하려고 하는데, 잽이 충분히 지급해 주지 않는 데 있는 것이다. 크루즈와 루지의 얘기는 10시까지 계속되었다. 나로서는 어느 선까지 왔다고 생각하는데…. 그러나 베이커나 다른 하급 장교들이 또 다시 화를 내고 가 버렸다. (이 부분은 포로 가운데 불평분자들, 말하자면 헤이즈 중령이 일본군과 횡령을 해먹거나 소포를 삥땅치거나 한다고 생각하고 있는 그룹들과의 얘기일 것이다.)

구보다에게 어제 집오리가 굶어 죽었다는 것을 보고함. 집오리도 돼지도 인간도 모조리 굶주리고 있다. 나도 지난 사흘 동안 굶주려서 그것이 몹시 고통스럽다. 오늘도 새 한 마리 먹이기에도 부족할 정도의 식사밖에는 하지 못했다. 나무토막 같은 무 뿌리를 씹고, 쌀과 소금물을 몇 숟갈. 어제는 소포 속의 먹을 것을 다루면서도 한 개도 먹어 볼 수가 없었다. 아아, 이것이 진짜 시련이라는 것이다. 누구 한 사람 이상한 짓을 한 사람은 없었다. 이렇게 말할 수 있는 것이 기쁘다.

레프가 오늘 다시 심문을 받았다. 아직도 버티고 있다. 닥터 노기는 태도를 누그러뜨리고, 구보다는 필요한 정보를 외부에서 얻었다고 말하며 체면을 유지했다. 닥터 노기는 레프에게 영창 30일의 판결을 내리다. 식사는 어제 저녁부터 지급되게 되었다. 잽, 작업대의 쌀을 삭감.

밤에 루지와 힘에 겨운 장시간 회의. 킹, 브랜든과 식량의 공식 분배에 관해 상담.

오늘은 나의 눈 검사. 드디어 걸렸을까? 이 필적을 보라. 이토록 크게 눈을 떠도 거의 조금밖에는 보이지 않는다는 것을 알 수 있을 것이다. 신경이 상하고 맹점이 상당히 확대. 4월에 시작된 다음 그룹과 함께 나에게도 R/1(?)을 시작한다고 한다. 그러나 만일 이 병이 진행성이고 영구적인 것이라면, 나는 집에 돌아가지 않는다. 다른 사람들이 활동적이고 건강한 세계에서 나만이 장님이라니! 어림도 없다. 빌어먹을! 반½ 장님의 사생아. 다른 사람들의 짐이나 될 뿐이다. 나의 마음은 정해져 있다.

● 3月 28日
자기 앞으로 소포를 받아보지 못한 사람에게 문제의 소포를 지급하는 일은 오래 걸리고 힘들었다. 수취인 손에 들어가지 못한 소포의 슬픔이여. 어떤 사람은 이미 죽었고 다른 사람은 동부아시아에 뿔뿔이 흩어져 있었다.

소포 속에는 다정스러움과 살아있을 때의 추억과 그리고 자식, 남편, 그리고 형제나 애인의 안부에 대해서 따뜻한 배려가 하나 가득 담겨 있었다. 개중에는 차가운 내용도 있었지만…. 소포에는 음조音調와 성격이 있다. 그것은 마치 책을 한 권 한 권 읽듯이 알 수가 있다. 나는 아직 냉혈동물까지는 되지 않았다!

오늘은 몇 번씩이나 뜨거운 것이 치밀어 올랐다. 밤이 되어 생각한다. 우리들은 이렇게 해서 되는 것일까! 나머지 사람들은 어떻게 하는가! 포로의 질이 상당히 떨어졌다는 증거가 있다. 그러한 것은 감사의 생각을 갖고 받지 않으면 안 되는데, 그런 감정이 없는 것이다. 오늘도 몇 스푼의 식사. 쌀과 먹을 수 없는 가모테 국. 오늘밤 맥킨레이에서 쫓겨난 소작업대의 안부가 다소 마음에 걸린다.

굶주림과 함께 인간다운 감정이 없어져 간다는 것을 많은 사람이 지적하고 있다. 모친이 자기 자식인 갓난애가 굶어 죽어가는 것을 전혀 무감동하게 바라보고 있는 경우조차 있다고 한다. 여기에 기록되어 있는 것은 인간적 감정을 유지해갈 수 있는 기쁨과 그것을 상실해 가는 것에 대한 위기감일 것이다.

'들어오는 쓰레기'와 '나가는 쓰레기'

● 3月 29日

눈이 부었다. 확대경을 써야 겨우 글을 쓸 수가 있다. 어젯밤 11시경에 작업명세서 도착. 이유 기재는 없음. 뜨겁게 메마른 먼지가 낀 눈. 파리와 모기가 많은 날이다. 마닐라의 전반적 상황 악화. 빗자루도 없다. 나뭇가지에 야자의 잎을 사용하라는 지시. 오해 없기 바란다. 그것은 빗자루 대신이 아니라 변소휴지의 대용을 말한다. 외부 수용소를 향해 발송한 의약품이 도착할 때까지 상당한 피해가 있다. 이것을 확인한다는 연락이 있다. 우리들은 서서히 압박당해가고 있다고 생각하고 있었는데, 사실이었던 것이다.

오후에 닥터 노기와 회의. CaBr2(브롬화칼슘) 용액의 시험적 주사 때문에 발생한 말라리아 환자의 장애 개선에 매우 열심이었다. 또 글루코즈(포도당) 20퍼센트의 반환을 요구해 왔기 때문에 즉시 되돌려 주었다. 포로에게 그 시험을 실시하는 것을 중지시킬 수 있었다고 믿었다. 얼음의 지급은 충분하냐고 질문. 그래서 그에게 큰 마음먹고 말을 했다. 냉장고를 차갑게 할 수 있는 정도는 있으나, 다만 그것뿐. 냉장고 안에는 보관해 둘 것이 아무것도 없다고. 그 건은 그것으로 끝났다. 기구器具의 총 재고표를 요구해 왔다.

또 오늘 코코넛이 상당량 입하되었다. 일본인은 코코넛밀크라는 말을 글자 그대로 받아들여 결핍된 깡통밀크 대신에 코코넛밀크를 배급하겠다고 통고해 왔다. 그래서 나는 설명을 했다. 코코넛을 생산하고 있는 나라에서는 코코넛밀크라고 말하지 않고, 코코넛워터라고 한다. 진짜 밀크와는 전혀 다른 것이라고.

그들은 깜짝 놀라고 있었다. 아니 정말로 놀란 것일까? 만일 상당한 양의 코코넛이 지급된다면, 그것은 현재의 식사에서 극도로 부족한 칼슘과 지방을 보충해 줄 것이다. 그러나 그것은 '중증 환자용 특배'로 일반에 대한 배급은 아니란다. 그래 갖고서는 얻을 것이 거의 없다. 음식물로서의 코코넛은 가늘게 토막 쳐져, 일본인이 모르는 무엇인가가 되어 버릴 테니까 말이다.

오늘의 일반 배급 곡물은 또 다시 형편없는 것이었다. 생선은 극소량의 피라미, 야채라고는 약간의 푸른 콩, 수용소에서는 식량 트럭을 '들어오는 쓰레기', 쓰레기차를 '나가는 쓰레기'라고 부를 정도다. 그 차이는 들어오는 것과 나가는 것뿐이다.

매일 집오리가 굶주려서 죽어 나간다. 돼지도 또한 식량 부족으로 급속하게 살이 빠지고 말라 간다. 그런데도 놈들은 암돼지에게 새끼를 낳게 하려고 한다…. 살아남아 있는 동안에 돼지를 전부 도살하든지, 아니면 사료를 제대로 주면 어떨지 제안. 집오리, 돼지, 인간! 모든 것이 굶주리고 있다. 그런데도 잽들은 오늘 카라바오*의 고기를 먹고 있다.

● 3月 30日
··· 언제나와 마찬가지로 곡물과 가모테 급여.

● 4月 1日
만우절이다. 지루하고 무덥고 먼지가 많은 날이다. 오후 닥터 노기와
회의. 멍청스러운 얘기. 위생 작업원에 대한 쌀의 증배를 거부. 오후 2
시에 사령부 작업대 급거 빌리빗드로 귀대. 사령부에 적백기(공습경계
경보)가 걸려 있었다. 경비병 즉시 2배로 증강. 울타리 주위에 순찰 실
시. 탑상塔上 감시監視가 서다. 오늘 밤은 등화관제 훈련 실시라고 명령.
집오리 오늘도 죽다. 돼지는 굶주려 점점 더 마르고 허약해간다. 밤에
구보다에게 어떤 조치를 취하든지 도살하는 편이 낫다고 제안. 밤에
소등 실시. 7시 30분에 뜨거운 건물에 모기의 대군이 침입한 탓으로
모기장 안으로 들어갔다. 이래 갖고서야 밤이 점점 더 길어질 수밖에
없다. 그러나 그런 것은 조금도 상관없다. 이것으로 미군이 온다는 게
현실로 되고 있으니까.

● 4月 6日
뜨겁다. 비참해서 잠 못 이루는 밤.
뜨겁게 건조한 먼지만 이는 날.
지독한 두통이 온종일 계속되다.

---

* 까라바오(carabao). 물소와 비슷한 동물.

눈이 마치 지옥의 고통처럼 아프다.

● 4月 7日
일본 병사는 반휴半休. 굶주림으로 몸이 쇠약해졌다.

● 4月 8日
가게에서 사온 콩을 먹다. 주週 1회의 식사. 루지의 내무반에서 밤에 도 난 보고가 있었다. 타들어가는 것 같고 질척질척한 밤. 클라크 필드에 서 많은 사람이 도착했다. 노포크의 판토네가 그 가운데 끼어 있었다.

눈의 고통 때문인지 며칠간의 기록은 매우 짧고, 더구나 약간 의미 가 애매한 문장도 있다. 아마 나중에 추가할 생각으로 쓴 기억용 메모일 것이다. 4월 9일부터 다시 길어지는데, 때때로 문장이 끊기고 의미가 분 명치 않은 곳도 있다.

고양이가 자루에서 나왔다

● 4月 9日
부활절 일요일. 예배. 성찬식을 거행하다. 두통은 여전히 지독하다. 2 년 전 오늘도 바탄 함락의 날. 마치 백만 년 전의 세계처럼 땅은 흔들 리며 울었고, 몇 톤이나 되는 쇳덩어리가 산을 쪼갰고, 세계는 온통 찢 어진 살과 내뿜는 피뭉치로 변했고, 인간은 모두 죽든가, 죽어가는 상 태가 되어버린 날. 나머지 사람들은 다만 그날이 끝나기를 기다리고

459

있을 뿐이었다.

카바나투안으로의 파견 명령 발령. 10일 이내 출발. … 그 파견대는 보통 때라면 의학상의 견지에서 잔류시켜야 할 환자도 보내기로 했다. 남겨두면 굶어 죽을 것이라 판단하고 감히 그것을 행하다. 카바나투안의 식량 사정은 일본 측의 전면적 부정에도 불구하고 이곳보다는 좋다. 이곳에서는 다리의 통증이 점점 증가하고, 부종浮腫이 심해지고 있다. 식량 결핍에 의한 병은 하루하루 악화일로를 거듭한다. 식량사정 호전好轉의 징후는 현재로서는 전무 상태. 유일한 희망은 양키가 탱크와 더불어 오는 것. 그것밖에는 없다.

● 4월 14일

지난 2주일간 계속되는 두통으로 몹시 아팠다. 수요일 밤에 너무나 아파서 코데인 사용. 오늘은 다소 나았다. 주계관主計官, 닥터 노기 등이 적십자 물품을 전부 받았다고 수령서에 사인을 하라고 했다. 각 수용소분分에 하나씩 사인을 하라는 것이다. 숫자는 대체로 정확하다. 지금 와서는 세부에 대해서 따져보았자 소용도 없다. 이후의 지급에 지장이 있어서는 안 되겠다는 생각에서 서류에 사인을 했다. 장래 언제인가 상세한 설명을 보고서에 쓸 생각이다. 완전히 쇠약. 그러나 일상업무는 그럭저럭 해냈다.

오늘은 나의 눈 치료를 위해 비타민을 대량 투여하기 시작했다. 들으면 다행인데. 그러나 나에게 필요한 것은 음식 생각뿐이다….

● 4월 15일

어젯밤 잽이 영화를 보여 주었다. 진저 로저스나 제임스 스튜어트를 즐기고 있는 도중, 드와이어가 나를 약국으로 불러내서 포로 한 명이 목공장木工場 근처의 전기철조망에서 체포되었다고 알려 주었다. 와드. 슈와처, 웨어가 현장으로 급행.

잽 경비병은 흥분해서 히스테리 상태가 되어, 부근에 있는 사람을 닥치는 대로 마구 구타하고 발로 차고 있었다. 자칫하다 웨이드가 총검으로 찔릴 뻔했다. 나도 현장으로 가려고 했으나, 웨이드가 약국의 문을 밀고 들어오는 것과 마주쳤다. 그가 사정을 얘기하기 시작했을 때, 잽 경비병이 착검을 하고 땅에 앉아 영화를 보고 있던 집단의 바깥쪽을 향해 공격을 해왔다.

호각이 울리고 비명과 아우성이 뒤범벅이 된 혼란이 숙소의 중앙 광장에서 벌어졌다. 그곳에서는 1천여 명이, 개중에는 많은 불구자가 들 것에 실린 채로 열심히 영화를 보고 있었던 것이다. 웨이드와 나는 약국의 어둠 속으로 되돌아가서 총탄이 날아오면 피하려고 창밑으로 몸을 숨겼다. 외부의 대혼란 속에서 많은 사람들이 발에 짓밟혔다. 웨이드는 몇 초 사이에 나에게 마취주사를 놓아 주었다.

도망자는 철망을 빠져 나가기는 했으나, 그 때문에 경보가 울리고 불꽃이 튀고 경비병은 철망 밖에 쓰러져 있는 포로를 발견했다. 웨이드와 와이어는 이미 죽었다고 생각했다. 그래서 슈와처와 웨이드가 전원을 끊자, 그 포로는 정신을 차리고 일어나서는 울타리를 기어올라 수용소 안으로 들어왔다. 약 25명가량의 경비병이 와아 하고 달려와 몰매를 가하기 시작했다. 웨이드 일행도 소동 속으로 말려들어가 몇 대 매를 맞았다. 웨이드는 그 포로가 누군지 알 수가 없었다. 웨이드와 내가 밖으로 나가려고 하는데, 슈와처가 전원 건물 안으로 들어가서 점호를 받으라는 명령을 전달하는 소리가 들렸다.

1시간 경과. 또 1명 결원. 나는 구보다에게 말해 모든 건물에 장교를 파견해서 일제 점호에 입회하도록 했다. 점호 종료 전에 슈와처가 붙들린 포로는 파커라고 내게 보고했다. 해병이었다. 파커는 해병 하사관 커니튼이 그보다 20분 전에 탈주했다고 자백했다. 한밤중에야 사태는 일단 수습되었다. 그들은 파커를 영창에서 끌어내어 개머리판으로 맞은 머리에 붕대를 감게 해 주었다. 그다지 심한 상처는 입지 않고 있었다.

견해는 물론 여러 가지 있으리라고 생각되지만, 지금은 단 한 가지뿐일 것이다. 탈주에 성공할 가능성은 1퍼센트밖에 없다. 일본군이 조금 전에 행한 집단 징벌을 보니까, 도망이나 또는 그것을 시도한 자는 누구나 나머지 미국인 한 사람 한 사람의 목숨을 위험에 노출시키는 것이 되기 때문에, 한 사람이 자유를 구해서 탈주한다면 많은 사람이 값비싼 대가를 치르지 않으면 안 된다. 한 사람의 행위 때문에 그 반班 전체가 벌금을 물게 된다. 앞으로 이 수용소 전체가 보복을 받게 될 것이다. 좋지 않은 결과로 곤란을 강요당하게 될 것이다.

더구나 이번 일은 그 일을, 즉 우리들 전부가 알고 있고, 그들이 믿고 있는 전기철조망이 사고방지에 도움이 안 된다는 것을 그들에게도 알려버리고 말았다. 그들이 철망을 신용하고 있는 동안은 경비도 심하지 않았고, 병원 작업을 위한 행동의 자유의 범위가 넓었는데. 고양이는 이미 자루 속에서 나와 버렸다. 상황은 한층 더 어려워질 것이다.

웨이드와 나는 오늘 아침에 사토를 만나 다시 논의가 있을 때까지는 모든 집회를 자발적으로 취소한다는 것을 구보다에게 전해 달라고 부탁했다. 자진해서 먼저 제의한 것은 정치적 배려로서, 선수先手를 쳐서 그들의 집회 전면금지령을 예방하기 위해서다. 사태는 다소 수습되었으나, 긴장은 계속되고 어떤 움직임이 예상되었다.

장군 자신이 왔다. 닥터 노기와 가무라도 왔다. 파커가 오늘 오후 게슈타포(헌병?)에게 심문을 받았다. 6시경에 영창으로 돌아갔다. 그는 포박되어 있지 않았고 또 목욕, 식사, 매일의 붕대 교환도 허용되고 있다. 명백한 보복조치는 하나도 없었다…. 그 일을 잽은 모른다(의미 불명). 급여는 중단되지 않았다.

과거는 잊어버리겠다

● 4月 15日 / 16日

각 건물의 책임 장교 전원을 소집하고 닥터 노기가 명령을 읽었다. 그 요지는,

1. 18동의 포로는 3일간 금족禁足.
2. 오락의 모든 권리를 취소
3. 모든 장교는 도망 방지에 충분히 주의할 것.
4. 도망자는 일본 육군 형법에 의거하여 처벌한다.

한편, 영창에 있는 파커는 매일 게슈타포의 심문을 받고 있다. 취급은 양호. 도망 사건의 결과로서 예상했던 긴박 상태는 놀랄 정도로 찾아볼 수 없다. 내 생각으로는 그것은 신임 장군의 영향이 아닐까? 아니면, 커니튼 체포 때까지 파커의 처벌을 연기했다가 두 사람을 한꺼번에 처벌하려는 것이 아닐까?

닥터 노기의 훈시 뒤에 웨이드와 나는 그를 찾아가 여러 가지 얘기를 했다. 닥터 노기는 우리가 능률적이라고 믿는 방식으로, 우리 자신이 반班 조직을 만드는 것에 찬성을 해 주었다. 반班 단위의 처벌은 비참하지만 효과적이기는 하다. 일본인이 그 조직을 고집한다면, 실제로 움직이는 조직을 만드는 것도 만들지 않는 것도 우리 나름대로라는 얘기다.

그 회의에서 그는 식량이 충분치 않다는 것을 알고 있다고 인정을 했다. 또 할 수 있는 일은 무엇이든 모두 하고 있다고도 말했다. 또 우리의 운명이 가혹하다는 것도 인정했다. 그리고 그는 "과거의 일은 잊어버리겠다"는 데 동의했다.

4월 15, 16일 이틀 동안의 기술은 참으로 흥미롭다. 그것은 전후戰後 여러 가지 점에서 전설화된 일본군이라는 것에 대한 정확한 묘사이고, 정확한 기록이다. 기껏 오락을 즐기게 해 주었더니, 그것을 찬스로 두 명이 탈주하다가 한 명이 체포되었다. 그 순간 전원이 눈이 뒤집혀서 흥분한 탓으로 이유도 모르고 누구누구 할 것 없이 때리고 발로 찼다. 또 폭동방지의 위협을 위해서겠지만, 총에 칼을 착검하고 관람 중인 병사들 속으로 뛰어들어가 폭력을 휘둘렀다. 더구나 사태를 우려해서 달려온 사람에게까지 폭력을 행사했다.

헤이즈 중령은 발포를 예상하고 몸을 숨겼지만, 실제로는 그것으로 끝나고 만다. "헤이즈 일기"에서는 탈주에 대한 보복 조치를 예상하고 있었으나, 흥분에서 깨어나자 일본군 쪽이 오히려 태연해 있어서 그 때문에 그는 거꾸로 놀라고 있다.

물론 홍 중장의 지시와 영향력에 의한 것이겠지만, 그런 경우에 웬만큼 편집적인 지휘관이 있다면 모르지만, 그렇지 않고서는 다소의 차는 있어도 "과거는 잊어버리자" 하고 타협을 하는 것이 보통이다. 그리고 체포당한 도망자에게도 특별히 잔혹한 체형이 가해진 것도 아니다. 다만 무서운 것은 화가 난 그 한 순간으로, 이 사건에서도 자칫 잘못했으면 병자의 집단을 향한 총검 돌격이 되어 일본군 잔학사에 또 한 페이지가 추가되었을 것이다. 그러나 그 행동의 배후에는 나치스가 유태인에 대해서 지니고 있었던 것과 같은 '사상'이 있는 것은 아니다.

불안정한 군중

그리고 이것이 일본군이 일으킨 여러 가지 사건의 실상이고, 전후에 여러 가지로 논의된 일본군의 잔학 사건에 대한, 현장에 있던 피해자 측의 그 시점에서의 정확한 기록으로, 그런 의미에서 가장 신뢰할 수 있는 기술이다.

이러한 경우에 어디까지나 냉정하게 탈주자와 그렇지 않은 자를 구별해, 한쪽은 냉혹하게 처벌하고 다른 한쪽은 냉정하게 방치해 둔다는 것은, 아마 옛날이나 지금이나 일본인으로서는 할 수가 없다고 생각한다. 그리고 일단 흥분이 가라앉으면 그것으로 모든 게 끝나는 것으로, 본인에 대해서까지 엄격하고 형식적인 장기적 처벌로 정신적 · 육체적 고통을 계속 가하거나, 수용소의 연대책임으로서 어떤 보복적 처벌을 가하거나 하는 일은 없다.

또 반班을 만들게 해도 그 중 한 명이 도망친다면 나머지 전원을 처벌한다는 식의 방법을 취하지도 않았다. 말하자면 나치스처럼 철저하게 조직적이 아니고, 흥분은 잘 하지만 흥분에서 깨어나면 그것으로 끝나는 것이다. 다만 재판에 회부되어 논리적으로 추궁당하면, 일본군의 행동 쪽이 확실히 이해하기 힘든 폭력행위가 될 것이다.

예를 들면, 그때 만약 환자 사이에 돌입하여 피에 취해서 총검을 휘둘러서 나중에 재판에 회부되면, 뭐라고 설명할 방법이 없는 잔학 사건이 될 수가 있다. 그리고 그렇게 되느냐 안 되느냐의 차이는 종이 한 장 차이인 것이다. 그러한 행위는 전 세계에서 누구라도 이해하거나 납득해주지 않는다. 그런 경우, 탈주자를 사살했다면 그것이야말로 그들은 쉽사리 납득할 것이다.

그렇다면 일본군의 이러한 상태는 어떻게 해석을 해야 할까? 기본적으로 말하면, '소심'하다는 것이겠지만, 헤이즈 중령은 그 현상을 4월 19일의 일기에서 다음과 같이 정의하고 있다. 즉 "총과 총검을 가진 불안정한 군중"이라고. 이 "군중群衆"이라는 말의 의미는 '명령에 의해서 움직이는 조직은 아니다'라는 것으로 일본군에 대한 가장 통렬한 비판이다. 그리고 그 '반班'이 홍 중장의 재판에 등장했다는 것은 이미 기술했다.

● 4月 17日

어젯밤 네 포대의 설탕을 수령, 그 대금은 지불하는 것이지만, 일본인 경비병이 포대 맨 위에 살충제를 올려놓겠다고 우겨댄다. 새고 있는 게 분명한 데도 말이다. 네 포대 전부에 스며들고 말았다. 그 때문에 대단한 말다툼이 벌어졌다. 그들은 교환에 응하지 않았다. 그래서 끓인 다음 시럽을 만들어, 어떻게든지 쓸 생각이다. 설탕은 귀중품이기 때문에 조금이라도 버릴 수는 없다.

눈의 치료를 위해 비타민의 대량 투여를 받고 있다. 정말 귀찮은 일이다. 먹을 것이 없는데, 그 따위가 들을 리가 없다. 옥수수가 식사에 재등장. 그러나 여전히 공복이다. 오늘 카바나투안에서 트럭 운전수가 왔다. 정보는 거의 없었다. 식량사정은 그쪽도 나쁜 것 같다. 카바나투안에서는 포로 30명을 더 입소시킬 준비를 하고 있다고 한다.

● 4月 18日

오늘 아침 그들은 파커를 꽁꽁 묶어 끌어냈다. "부라이 대위"(일본인 성씨 "無賴"라는 뜻? 무슨 뜻인지 헷갈리는 이름이다)가 도망칠 때 필리핀인 한 명을 살해했다는 소문이 있었다. 오늘은 처음으로 그를 보았다. 마치 둥근 톱에 들어갔다(?) 나온 것 같다. … 자칫했으면 그를 죽일 뻔했다.

● 4月 19日

오늘 아침 니코틴산 반응을 받았다. 장腸이 아파서 잠을 깼다. 필경 살충제에 오염된 설탕 때문일 것이다. 일본군은 또 새로운 경비대용 막사를 짓고 있다. 그들은 18호(?)로 이동한다는 발표가 있었다. 그런 벽 속에 있는 것이 사령부보다 안전하다고 생각하고 있는 것일까? 커니튼이 도망치던 날 밤의 미치광이 같은, 통제가 전혀 없는 야만스러운 광경은 진짜 위기가 닥쳤을 때 우리가 대처하지 않으면 안 될 총과 총검을 지닌 불안정한 군중이 어떤 것인가를 여실히 말해 주고 있다.

일본군 대좌가 검열을 위해 왔다. 들리는 얘기로는 일본 본토에서 왔다고 한다. 아마 아무런 도움도 되지 않을 것이다. 그들은 아무것도 하지 않을 것이니까….

● 4月 22日

… 오늘 파사이에서 4명 입원. 한 명은 농종膿腫 증상. 전원 상태가 나쁘다. 오늘 회의에 닥터 노기는 결석. 그는 파사이에 갔는지도 모른다. 클라크 필드 비행장에서 15명이 오다. 전반적으로 말해서 외부의 작업대作業隊는 엉망진창인 것 같다.

● 4月 23日

닥터 노기와 회담. 환자용 공간을 만들기 위해 일부 환자 150명을 카바나투안으로 이전할 필요가 있음. 파사이로부터 많은 입원이 예상된다.

● 4月 25日

카바나투안으로 파견대 출발. 오늘은 병원 파견대의 작업을 했다. 닥터 노기와 회담. 그때 맹장 수술의 강의를 하다. 일본인들은 의학교육을 원하고 있다. "한 번의 맹장 수술에 자재資材는 어느 정도가 필요한가?"라는 질문. "케이스 바이 케이스"로 경우마다 다르다. 누가 수술을 하느냐, 어떻게 째느냐에 따라 다르다고 말했다. 무더운 밤, 모기가 지독하다.

제18장
헤이즈 일기⑶

아메바성 이질痢疾

"헤이즈 일기"를 계속 보기로 하자. 누가 뭐라고 해도 이 일기에서 가장 확실한 실정을 알 수가 있다.

● 4月 25日, 화

… 머피 수용소에서 파견대 18명, 항만지구에서 2명이 오다. 패트릭 위태커 사망. (중략) 아메바성 이질, 궤양 때문에 출혈…. 이상의 환자는 어젯밤 라스피나에서 사망. 장기長期에 걸쳐 이질의 증상이 있어서, 같은 수용소의 미군 의사가 이 병원에 입원시키기 위해 몇 번이나 협력한 것.

유해는 오늘 오후 이곳에 도착. 사인死因 확인을 위해 시신 검사를 일본군에게 명하다. 해군 군의軍醫 대위 및 닥터 노기가 시신과 함께 도착, 검시하는 동안 입회하다. 의료 분야에 일본군이 간섭할 때는 이와 같은 유감스러운 일이 자주 일어난다. 처치만 제대로 했더라면 이 환자는 살 수 있었을지도 모른다. 나는 지금 그의 유품遺品을 가까운 사람에게 건네주기 위해 보관하겠다는 뜻을 표하고 있는 중이다.

숨 막힐 듯이 습기가 많고 끈적끈적하게 무더운 날이다. 누군가가 땀을 뻘뻘 흘리고 있다. 굶주림과 땀으로 뒤범벅이 된 나날 때문에 하루하루 서서히 죽어가고 있는 것 같다. 이제는 미군이 와주는 것 이외에는 도움을 기대할 수가 없고, 이 상태를 개선할 희망도 없으며, 늑대 같은 놈들을 쫓아낼 전망도 없다. 우리들의 운명은 시간과의 경쟁뿐이다. 일본군은 식량을 늘릴 생각이 전혀 없다. 늘리기는커녕 항상 줄여가기만 한다.

그들은 우리들이 충분히 먹지 못하고 있는 것도 알고, 그것을 인정하고 있으면서 아무런 대책도 세우지 않는다. 그들은 어떻게 해 볼 수가 없다고 말할 뿐이다. 이전에도 지적했다시피 그것은 잘못이며, 이 수용소만이 유일하게 예외이며, 다른 수용소는 어떻게 해서든 생명을 유지할 수 있는 식사를 받고 있다. 이 수용소만 필요한 단백질이 극도로 결핍돼 있는 것이다.

이 기록은 중요할 것이다. 왜냐하면, 보통의 수용소에서 사망한 포로는 반드시 병원까지 시신을 보내 일본군 군의관과 그 수용소의 군의관, 헤이즈 군의軍醫 중령의 입회하에 검시를 행하고, 사인을 확인한 다음 매장하고 있다는 사실이 나타나 있기 때문이다. 그것이 원칙으로, 모든 환자는 병원으로 보내지고, 각 수용소에서의 사망은 일종의 변사變死로서 취급당하고 있었다는 것이다.

그렇게 본다면, 린치, 폭행 등에 의한 사망도 모두 각 수용소에서 멋대로 '남모르게 처리' 할 수가 없고, 모든 것은 헤이즈 중령의 검시에서 백일하에 드러나게 되어 있는데 일기 전체를 통해서 그러한 예는 찾아볼 수가 없다. 만일 있었다면, 검찰 측은 '포로에 대한 폭행과 학살'의 움직일 수 없는 증거로서 그것을 제출했을 것이므로, 그것이 나타나지 않는다는 것은 그런 사례가 없었다는 것을 의미한다. 물론 그것은 군대식의 사적 제재制裁가 전혀 없었다는 증거는 될 수 없고, 앞에서 말한 것처럼 그 사례는 병원 내에도 있었으나, 사망 또는 부상에 의한 입원이라는 사건은 전무했다고 보아야 할 것이다.

문제는 여기서 지적되고 있는 아메바성 이질이다. 이것은 포로뿐만 아니라 일본군도 그 질병을 경험하지 않은 사람은 거의 없다고 할 정도로 만연돼 있었고, 경증輕症의 경우는 부대의 위생실에서도 병으로조차 취급하지 않는 실정이다. 원인은 아마 '물'일 것이다. 당시 마닐라와 바기오에는 수도가 있었으나, 시골에 가면 우물이나 개울물 이외는 물이 없었다. '생수'를 마시는 것은 엄금되어 있으나, 식기나 밥통의 설거지, 그 밖의 것까지 뜨거운 물로 소독할 수가 없어서, 아메바성 이질은 거의 모든 사람들이 반드시 걸린다고 해도 과언은 아니었다.

혈변血便과 설사가 계속되고 배변 끝에 피가 섞인 콧물과 같은 점액을 배출하는 것이 특징으로, 그것이 손에 묻으면 타인에게 감염된다. 그러나 비누도 소독액도 없었으므로 어떻게 해볼 도리가 없다. 다만 아메바성 이질은 걸리는 사람에 따라 커다란 개인차가 있었다. 숯 찌꺼기를 가루로 만들어 마셨더니 나았다는 사람이 있는가 하면, 무슨 수를 써도 설사가 멈추지를 않아서 서서히 쇠약해지고, 그것이 어느 단계에 이르면 급격히 악화되어 사망하는 사람도 있었다.

471

이것은 그 일례라고 생각되지만, 달리 이러한 예는 기록되어 있지 않다. 그와 동시에 이것은 각 수용소마다 제각기 의무실이 있어서, 미군 군의관이 근무하고 있었다는 것을 나타내고 있다. 말하자면, 건강관리 라는 점에서는 각 수용소도 또한 병원과 마찬가지로 자치를 하면서 운 명되고 있었던 셈이다.

'중립국의 동정자'

● 4월 26일, 수

정기 주간 검사. 웨이드가 남쪽 병동, 내가 북쪽 병동. 츠카하라가 오늘 은 동행하지 않았다. 작렬하는 태양, 정말로 지독한 무더위다. 수용소 는 우리들이 기진맥진할 정도의 극한 노력으로 유지는 되어가고 있다. 그러나 전반적인 상황은 서서히 악화되어 가고 있다. 폐기물이나 오물 은 이전만큼은 관리를 할 수가 없게 되었다. 나무그릇밖에는 구할 길 이 없게 되었기 때문에 불완전하다. 물론 파리나 모기도 늘어났다. 그 러나 이런 상황하에서는 어찌 할 수가 없다. 이것은 마닐라 지구의 전 반적인 상황이다. 오후에 그들은 문제의 가짜돈(군표軍票를 말한다)을 지급해 주었다. 모든 것이 가짜다.

해병대의 롱 대위가 카바나투안으로부터 도착. 보급 건에 대해 오후와 그와 회의. 카바나투안에서는 우리가 왜 그들보다 많이 비타민제를 입 수할 수 있는지를 모르는 것 같았다. 점호 뒤 우리의 청구서 카피를 보 여 주었다. 그리고 우리 자신의 요구를 채울 때까지 최대로 합의할 수 있는 선에서 교섭하는 방법을 설명해 주었다.

우선 닥터 노기가 그 요구를 삭감하고, 일본의 군의관이 그것을 사정査定한다는 게 그들의 방식이다. 그것을 예상하고서 특히 필요한 경우는 별지別紙에 편지를 붙이면 된다. 그렇게 방식을 바꿔 보도록 조언했다. 카바나투안의 식사는 우리보다는 아직껏 좋으나 이전에 비하면 상당히 나빠졌다. 오늘처럼 태양이 이글이글거리는 날에는 나쁜 눈이 더욱 지독하게 고통스럽다.

● 4月 27日, 목

다음 일요일에 미군 전사자에 대해서 경의를 표하고 싶다고 일본군으로부터 제의가 있었다. 그것은 그들이 자기들의 전사자에 대해서 위령慰靈의 의식을 행하는 신사참배의 계절이 시작되었다는 것을 의미한다. 이곳에서는 과거 2년간 반드시 행해져 온 행사다. 장군이 조화弔花를 보냈다. 우리들도 한 개 구입할 것을 허가받았다. 그날은 닥터 노기와 또 한 사람의 장교가 출석해서 매장지에서 간소한 식을 행하게 된다. 그러나 매년 낭독하는 사망자의 명단은 길어지기만 하고, 그것을 들으며 아무런 가림막도 없는 염천炎天에 서 있지 않으면 안 된다. 그래서 나는 금년에는 낭독할 이름을 지난 1년간의 사망자로 한정하기로 했다. … 군종목사 윌콕스 씨를 위시해서 많은 사람들이 금년에는 식이 끝날 때까지 계속 서 있을 수가 없었다. 우리는 그전만큼 건강하지를 못한 것이다.

… 최근에 나는 웨이드의 건강상태에 대해 약간 걱정을 하고 있다. 누구누구 할 것 없이 급속하게 체중이 감소되고 있다. 나는 156파운드로 떨어졌다. 웨이드는 더 이상 체중이 줄어들 정도의 무게가 없다. 더구나 불길한 기침을 하고 있었다. 그래서 그에게 특별식을 주라고 명했

다. 그 때문에 적십자 식량 상자를 한 개 보내기로 했다. 그것을 먹으면 누군가의 몫을 빼앗는 것이 된다고 그는 생각하고 있기 때문에, 나는 우리 사명使命의 중요성을 잘 설명하고, 그가 기운을 차려야 한다고 설득했다.

포로를 위해 위령제를 지내고 있었다. 그것도 홍 중장이 와서부터가 아니라 전쟁 개시 이후 일관해서 행하고 있었다는 것은 '전후戰後 신화神話'에 묘사되고 있는 일본군을 사실을 기술한 것이라고 믿고 있는 사람들에게는 상상 밖의 일일 것이다. 그러나 죽은 사람에 대한 경의라는 점에서는 전쟁 전의 일본인 쪽이 전후의 일본인들보다 일종의 전통적 엄숙함을 유지해 온 것만은 부정할 수 없다.

적어도 의리 있는 서민에게 있어서는 죽은 사람은 '죽으면 부처님'이고, 쓰지 마사노부辻政信 같은 이상한 인간에 대해서도 육신肉身을 물질로 간주하여 그것을 원료로 해서 지방이나 비료의 원료로 만든다는 따위의 발상은 없었다. 말하자면 일본군이 일으킨 갖가지 사건은 앞에서 헤이즈 중령이 지적한 대로 "총과 총검을 가진 불안정한 군중"의 행위인 것이다.

또 26일에 지적되고 있는 "초과 청구"를 하지 않으면 필요한 양이 지급되지 않는다는 지적도 흥미롭다. 그리고 결단이 느리고, 모든 것을 미적미적하고 있다가 시기를 놓쳐 버리고 만다는 것도, 금방 "할 수 없다"고 말하는 것도 틀림없는 사실이다.

● 4月 29日, 토

… 저혈당과 전반적 기아 때문에 쇠약. 지난 2일간 식량이 너무나 부족했다.

● 5月 1日, 월

오늘도 사무실에서 일상의 관리업무, 이른 아침에 비가 약간 오다. 그러나 곧 언제나처럼 뜨겁고 이글거리는 날씨로 변했다. 몸이 새까맣게 탔다. 아아, 의복을 착용할 수 있는 곳으로 돌아가게 되는 날은 언제일까? … 굶주려서 쇠약해지고 혈당치가 어떤 선 이하로 내려가면, 의욕이 전혀 없어진다. 그것은 완쾌될 때까지 계속되는 것이다. 그런 인간을 어디까지 고칠 수 있을까? 흥미 깊은 문제다.

● 5月 3日

… '중립국의 동정자'로부터 오늘 몇 톤의 물건이 도착. 멋지다, 멋져! 너무나 멋진 선물이다. 붉은 콩, 망고 콩, 132킬로그램의 쇠고기, 땅콩, 설탕, 초콜릿, 옥수수가루, 라임, 바나나, 토마토, 의류, 비누…. 하느님, 감사합니다, 감사합니다! 구두, 모자, 게임, 종이, 연필.

우친스키 부인이라는 사람이 오늘 아침에 사령부에 왔다. 그녀와 함께 온 왜소한 체구의 스위스인 같은 남자도. … 아마 위문품 건으로 얘기를 하러 온 것이겠지만, 일본군 당국에 제출된 물자의 수령서에 '중립국의 동정자'에 대한 감사의 말을 써 넣었다. 언젠가 직접 인사를 하고 싶다. 그리고 우리 정부도 그 사람들이 베푼 훌륭한 일에 감사를 해야 할 것이다. 3월에 로마 교황으로부터 받은 돈의 영수증과 감사의 편지를 다시 한 번 쓰다.

● 5月 4日, 목

덥다. 하지만 우친스킨 부인이라는 분 덕택에 나는 바나나 8개, 라임을
10개, 그리고 오늘은 죽이 있고 설탕까지 받았다. 어젯밤에는 스프에
토마토가 들어 있었다. 오늘 저녁에는 스프에서 고기 맛이 날 것이다.
한 사람당 2그램이지만, 앞 페이지를 다시 읽어 보라. 정말 오랜 기간
이 지난 뒤 처음으로 다시 한 번 '배부른 것'이 어떤 것인가를 알았다.

포로에 대한 동정심은 일본 여성에게도 있었다. 포로를 보고 "불쌍
하게도…" 하고 말한 여성이 있다고 군부가 분개하고, 신문이 앞장을 서
서 "불쌍하다니 무슨 소리냐?" 하는 일대 캠페인을 벌인 것 자체가 그 동
정심이 일반적이었다는 것을 나타내주고 있다. 이상스럽게도 일본의 신
문은 이러한 지극히 자연스러운 감정을 죄악시했는데, 그 경향은 오늘
날도 달라지지 않고 있다. 그러나 현지의 일본군은 유달리 이것을 신문
처럼 죄악시해서 분개하지 않고, 그 '차입'을 조금도 방해하지 않았으며
이의를 제기하지도 않았다.

포로 사살 사건

● 5月 8日

… 파사이에서 파견된 한 부대, 입원 직후 1명 사망. 언제나 있는 일
이다. 외부의 상황은 점점 더 악화되어 가고 있는 모양이다. 벚꽃이
다시 피기 시작했다. 그리고 병사들은 고통에, 군의관은 '급증하는

환자 명부' 작성에 비명을 올리고 있다. - 5월 11일의 사망자 명단을
좀 보라.

● 5月 11日, 목

지난 3일간의 상황. 질병, 비참한 두통, 다리는 양쪽 모두 후들후들, 몸
전체가 이젠 다 틀렸다. 체중은 155파운드로 줄었다. 일본군으로부터
의 식량 급여는 문제의 '중립국의 동정자'의 차입 식량이 있었다는 이
유로 삭감 당했다. 모처럼 먹을 만한 식사를 하는가 했더니, 또 다시 소
량의 식사로 되돌아갔다. 그 선물이 없었더라면 모두에게 거의 아무
것도 먹이지 못했을 것이다.

… 허버트 클록 크레이튼, 5월 8일에 사망. (중략) 같은 날 빌리빗드에
매장. 프로테스탄트식式으로 장례식. 이 환자는 파사이에서 폐렴 때문
에 입원. 장기간 방치되어 입원도 허가되지 않았던 환자로 빈사상태로
입원.

● 5月 13日

공복이다. 또 그 고통이다. 누구나 할 것 없이 공복. … 의료관계 장교
가 사기가 저하되어 무엇인가를 해보겠다는 의욕이 보이지를 않는다.
… 기아, 반半 장님, 쇠약, 지루한 긴 벽 속의 감금. 이런 곳에 2년간이
나 있었으니, 옛날대로 해보려고 해도 기진맥진해서 받은 교육도 소용
이 없어지고 만다. 전쟁 전의 생활도, 교육과 훈련도 이들 장교에게는
이와 같은 상황하에서는 도움이 되지를 않는다.

닥터 노기가 3시에 찾아와서 전체 작업대作業隊의 성과를 검사하겠다
고 했다. 그것이 오늘 작업대가 쉽게 된 원인일 것이다. 길고도 지루하

고 무덥고 단조로운 불안한 오후였다. 항상 조직도 없고 계획도 없고, 조직적으로 문제를 처리하는 배려도 없다. 그러니까 아무것도 '할 수 없는' 것이다.

● 5月 14日

식량 사정에 대해서. 또 다시 식량 위기. 곡물 부족을 어느 정도 가모테로 보충한 적도 있었다. 그런데 가모테가 없어지고 곡물은 오지 않는다. 보급량이 다시금 300그램의 곡물만 할당될 것이라고 말하고들 있었다. 물론 토론이 시작되었다. 보급계는 "루즈벨트가 죽으면 식량 사정이 좋아질 것"이란다. 바보 같은 소리다. 말도 안 되는 천치밥통의 허튼 수작이다! 팔라완 섬에서 5명이 오다. 꽤나 양호한 상태.

● 5月 15日, 월

길고 긴 무더운 날이 지루하게 흘러가다. … 식량 트럭의 수는 매일매일 줄어간다. 오늘은 호박이 조금, 생선이 조금 – 너무나 적다. 1천 명에 대해서 파인애플 한 바구니. 적십자 식량의 도움을 받아 5월 중순까지는 어떻게 해서든 살아갈 수 있을 것이라고 11월에 나는 추정했다. 그 뒤부터는 어떤 특별하게 유리한 일이 일어나지 않는다면 큰일이다. 그렇다. 벌써 5월 중순까지 와 버린 것이다. 모기가 극성스럽다. 일찍 자다. 피곤하다. 오늘은 정말로 피곤하다.

● 5月 16日, 화

… 그리핀에 관한 기록에서 인용. 제임스 그리핀. (중략) 우수한 병사. 링가엔의 적 상륙 작전을 중대 가운데서 최초로 발견한 자. 부상 24명,

그중 14명은 무선통신사, 그때 운전수는 사망. (중략) 44년 5월 19일, 대만인 경비병에게 피격되다. 경비병은 그 자리에서 자살. 그리핀은 5월 20일 오후 9시 20분에 사망.

식량은 호박이 조금, 생선이 약간, 곡물은 매우 적다. 전망이 대단히 나쁘다. 급여계가 농장 확대 계획을 제의해 왔다. 그러나 땅은 굳고 암석이 많아서 곤란하다. 더구나 우기가 다가오고 농기구도 없다. 곡괭이도 필요하고 작업대作業隊에서 튼튼한 사람들을 돌려주지 않으면 작업을 할 수 있는 사람도 없다. … 그렇게 해 줄지도 모르지만.

그러나 그런 일이 일어나리라고 생각할 수 없다. 결국은 좀 더 작물을 많이 심으라고 말할 뿐. 그것을 되풀이하고는 끝날 것이다. 그들은 마치 어린애 같다. 장래를 내다보는 계획을 세우지 못하고, 그 계획을 실행에 옮긴다는 정신적 능력이 없다. 그들은 어제 오후 10명의 대만인 경비병을 최대한 돌려, 가모테를 한 두락 심게 했다. 그러나 그곳에서는 그 사람들의 한 끼 식사분 밖에는 거둬들일 수가 없을 것이다.

미친 사람처럼 열중해서 하는가 하면, 갑자기 미친 사람처럼 중단해 버린다. 그들의 방식은 언제나 하잘것없는 조그만 계획에 모든 정력을 쏟고, 전체적인 문제를 잊어버리는 것이다. 나무를 보고 숲을 보지 못하는 것이다. 그와 같은 쓸모없는 일이 많았다. 어떤 일에 대해서도 노력 자체보다 노력에 대한 결과가 가장 중요한 것이 아닌가?

중요 뉴스는 아무것도 없다. 그들은 요즘 우리에게는 아무것도 알려주지 않는다. 그러나 조금 알아낼 수 있었던 것은 좋은 소식이었다. 예언한다면, '1945년 1월 이전에' 좋은 일이 있을 것 같다.

이 일기에 의하면, 대만인 경비병에 의한 포로 사살 사건이 발생하고 있다. 범인은 그 자리에서 자살하고, 피격당한 포로도 이튿날 사망했기 때문인지, 그 사건에 대한 기술은 뒷날 약간 나올 뿐 명확한 것은 알 수가 없다.

이것은 매우 희귀한 사건으로서 달리 그와 비슷한 사건은 찾아볼 수가 없다. 사건은 어떤 것이든 총의 오발에 의한 사고가 아니고 의식적인 사살이라고 생각되는데, 범인이 즉각 자살한 것은 당연히 자신의 행위가 엄벌에 처해진다는 것을 의식했기 때문일 것이다. 그것은 최저라고 일컬어지던 올드 빌리빗드 병원에서도 포로에 대한 고의적인 폭행이나 살해는 전혀 없었다는 것을 나타내주고 있다. 물론 군대는 여러 종류의 인간들의 집합체이고, 일반 사회에 범죄도 살인도 있는 이상 군대만이 예외일 수는 없는 것이다.

따라서, 전반적으로 보면, 질서 유지에 어느 정도 엄정嚴正했는지는 오히려 범죄에 대한 처벌 내지는 처벌의 예상에 의해서 명백해지리라고 생각되며, 그 관점에서 본다면 미군에 의한 종전 후의 일본군 포로에 대한 취급보다도 더 좋았다고 믿어진다. 무슨 말인가 하면 〈내 속의 일본군〉에서도 썼지만, 미군에 의한 포로 사살 사건은 내가 있던 수용소에서도 일어났고, 또 이유도 없이 발포한 미군의 총탄이 잠자고 있던 내 코 위를 통과해서 같은 열에 있던 오카모토라는 대위의 오른쪽 팔에 명중한 사건도 있었다.

그것은 부상으로 끝났으나, 어느 경우에도 미군이 처벌당했다는 이야기를 들은 적이 없다. 특히 후자의 경우에는 포로 측에서도 항의하는 일조차 없었다. '전쟁에 진 포로니까 할 수 없다'고 체념해 자기 쪽에서 얼버무려 버리는 면도 있기는 했지만, 그러나 그것은 포로 살해에 대한 무신경함을 드러내 보이고 있는 것이다. 공식기록으로는 도망을 기

홍사익 중장의 처형

도했기 때문에 사살했다고 할 수가 있다. 그러나 그것이 '상식화'되어 있었다면, 이 경우도 대만인 경비병이 자살을 하지는 않았을 것이다.

또 한 가지 흥미로운 점은, "1945년 1월 이전"이라는 예언이다. 일시부터 말한다면, 미군의 사이판 상륙6월 15일 이전인데도, 루손 섬에 대한 공격 시기를 정확하게 알아맞히고 있는 것이다. 도대체 어디서 어떻게 정보를 입수했는지는 알 수가 없으나, 어떤 정보를 바탕으로 그 시기를 정확하게 추정한 것이라고 믿어진다.

'변소휴지'

● 5月 19日

… 17일에 닥터 노기와 회합, 그는 이렇게 물었다. "야채는 제대로 입하되고 있는가?" 그래서 급여 받은 양이 절망적으로 부족하다는 것과 설탕이나 쌀도 다시 감량되었다는 것을 호소했다. 그 대답은 구보다와 닥터 노기 사이의 판에 박힌 책임 전가와 시끄러운 웃음소리뿐이다. 내가 지금 생각하고 있는 농담에 저주가 있으리라…. 감사장을 주는 것이다. 점잖게, '과거 8개월간에 걸쳐 업무를 수행하는 데 있어서, 사기왕성하고 동시에 우수한 병원근무 부대 간부에 대해서 감사장을 수여한다. 그 위에 사기앙양을 위해 각자의 전투기록을 여기에 첨가한다. 또한 과거 수주일 간의 식량 가격의 심한 등귀騰貴를 충분히 고려하여….'

일본군은 그 급여를 거의 제로로 했다. 일본군이 지급해 준 지폐는 실제로 아무 소용이 없다. 필리핀인은 받지를 않는다. 전혀 무가치하게 생각한다. 일본인 자신은 그것을 '변소휴지'라고 부른다. 호손과 협의하여 3천 페소로 어떤 종류라도 좋으니까 상인으로부터 당장 콩을 입수하도록 명령한다. 땅콩은 배로 값이 뛰어올랐다. 아마 조금밖에는 구할 수가 없을 것이다. 그러나 땅콩 이외에 구할 수 있는 식량은 없다. 작업대는 외부에서 극히 소량의 고기 할당을 받고 있다. 일본인들은 우리가 이곳에서 마찬가지로 열심히 일하고 있다는 것을 이해해주지 않는다. 또 알려고도 하지 않는다. 오늘 저녁은 불과 한 입의 식사밖에는 없었다.

● 5月 21日, 토

… 오후 4시 반경에 닥터 노기가 오다. 사살射殺 사건의 조사에서 무엇인가를 알아낸 것이 있느냐고 물었다. 우리가 이전에 보고한 것 이외에는 아무것도 알 수가 없었다. 환자와 경비병 사이에 물물교환, 뒷거래가 행해지고 있다는 것은 공공연한 비밀이다. 그러나 '우리의 영웅'이 그것에 가담하고 있었다는 점에 의문이 있는 것이다. 그 특정한 경비병이 어째서 특정한 환자를 쏘았느냐는 의문에는 평범한 추측으로는 도저히 만족할 만한 해답이 나오지를 않는다.

오늘 140킬로그램짜리 물소의 사체死體를 인수하다. 모두에게 가장 필요한 단백질 보급에 도움이 될 스프의 두 끼분은 된다.

이 사건은 분명하지는 않지만, 포로가 갖고 있던 시계나 반지 등을 식량과 교환해 달라고 대만계의 경비병에게 부탁한 게 사건의 발단일 것이라고 헤이즈 중령은 보고 있다. 그 추측은 아마 정확할 것이다. 왜냐하면 나 자신도 그런 짓을 했기 때문이다. 미군 가운데는 자진해서 브로

커를 떠맡는 자도 있었다. 그 중에는 친절심에서 그러는 자도 있었으나, 질이 나쁜 자는 맡긴 물건을 떼어 먹는 일도 있었다. 포로 쪽에서는 어떻게 할 수가 없었다. 그때 할 수 있는 유일한 저항은, "좋다. 네가 지금까지 한 짓을 전부 너희 상관에게 폭로하겠다"는 말뿐이다. 그리핀은 아마 그렇게 말했다가 후환을 두려워한 대만계 경비병에게 사살되었는데, 그 자신도 그때까지 해 온 일에 대한 발각과 고의적 사살에 대한 처벌을 두려워하여 자살한 것이리라.

● 5月 23日

… 병원 근무대의 건강에 대해서 보드가 보고하다. 즉시 주의사항을 일러주다. 많은 사람이 입원을 하지 않으면 안 된다. 오늘 140킬로그램의 돼지고기를 수령. 두 번째의 급여. 생선이 아니고 고기가 왔다. 물론 양은 적다. 수용소의 스프에 냄새만 나게 할 정도지만, 그래도 고기는 고기다. 단백질인 것이다. 현재의 지독한 상황에서는 아무리 적어도 대환영이다.

● 5月 24日

… 수용소 내 검사를 실시한다. 우기에 대비하여 건물의 상한 곳을 검사하고 기록하다. 돼지우리, 이질 병동, 12, 13병동이 상태가 나쁘다. 또한 교회의 지붕에 틈이 많이 나 있다. … 일본군은 내 눈에 약을 넣는 것을 중단했다. 완치되었는지, 절망적인 것인지, 달리 이유가 있을까?

● 5月 26日

날씨가 맑게 개었다. 또 다시 무더운 열기와 먼지의 나날로 되돌아갔다. 오른쪽 다리를 또 절게 되었다. 경골硬骨 앞부분이 상태가 좋지 않다. 지난 6주일 동안에 상당히 체중이 줄었다. 149파운드. 전쟁 중에서 최저는 이곳에 도착했을 때인 1942년 7월에 144파운드. 질병 검사를 속행. 어제는 SIQ(입실 환자)를 검사했다. 수용소 중에서 가장 큰 폐기물이다. 전쟁은 젊은이들의 일이다. 많은 사람들은 그 기회가 없어서 늙어버린다. 우리 장교들은 전쟁 전에도 체력적으로는 좋지를 않았다. 어떤 점으로 보아도 우리들은 전쟁에 적합하지를 않다.

어제는 '중립국의 동정자'로부터 약간의 식량이 도착. 그 기증품의 배분이 이번에는 일본군에게 맡겨졌는데, 그들은 분량 분배라든가 분배의 방법을 잘 모르기 때문에 큰 몫이 어딘가 한군데 집중돼 버리고, 다른 많은 장소에는 불충분하게 밖에는 돌아가지 않는 것이다. 우리는 항상 놈들의 멍청함과 다른 이유 때문에 큰 손해를 입고 있다. 상인의 말에 의하면 이미 어디에도 콩이 없다는 것이다. 만일 있다면 한 포대에 490페소였다. 땅콩은 이미 우리가 살 수 있는 것이 못 되었다. 어제는 급료 지불일.

'변소휴지'가 가는 곳마다 널려 있다. 그 군표는 가치가 없어서 필리핀인은 그것을 받으려고 하지 않는다. 굶주림은 죽음으로 가는 완만한 길이다. 우리들은 2년 동안 그것과 싸워 왔다. 그러나 드디어 지금 그 최후의 방문이 눈에 보이도록 가까워져 왔다. 구보다는 어저께 말했다. 급여계給與係의 말에 따르면, 가모테의 입수도 꽤나 곤란해졌다고 한다. 그래서 그로서는 곡물 할당의 부족분을 코코넛으로 메울 수밖에 없다는 것이다. 그것은 나쁜 징조이다.

● 5月 29日

나의 경골 앞부분 쇠약이 또 다시 재발됐다. 그 때문에 다리를 절게 되었는데 식량은 점점 더 나빠져 갔다. 전망도 좋지 않다. 포로들을 살펴보면, 그들은 나날이 말라가고, 병은 점점 더 심해갔다. 먼저 나이를 먹은 환자가 쓰러진다. 아아, 환자들이 큰 혼란을 일으키지 않도록 어떻게든 손을 써야 하는데…. 너무나도 한스럽고 괴로운 일이 아닌가?

'변소휴지', 그 하찮은 물건이 없어지고 나면 그 중요성을 알게 된다. 완전히 별 볼일 없는, 그러나 서양 세계에서는 없어서는 안 될 문화적인 것, 그 종이가 없는 것이다. 그 걸 닥터 노기와 구보다에게 말했지만, 그 물건의 입수가 지극히 곤란한 것이다.

일본군의 급여계는 모든 도로를 파헤쳐 가모테를 심으라고 강경하게 주장하고 있다. 조금이라도 가능성이 있을 것 같은 땅은 이미 남김 없이 경작되고 있는 형편이다. 우리는 설명했다. 남아 있는 땅은 자갈투성이고, 더구나 우기가 닥치면 가모테를 심어도 소용이 없다고. 하기야 우리는 '줄기'를 먹고 있다. 그러자 그는 가모테의 줄기는 돼지먹이라고 했다. 돼지조차도 얼마 안 되는 먹이를 먹고, 그나마 나흘에 한 번 꼴이라 엄청나게 말라가고 있다.

왁시가 비둘기를 한 마리 잡아서 호박과 함께 데쳐 만든 요리를 대접해 주었다. 굉장히 맛있었다. 그러나 양이 워낙 적었다. 참새의 눈물 정도라고 할까? 얼 J. 왓슨 중사 사망…. 왁시는 그다지 움직일 수가 없다. 체중이 대폭 줄었다. 웨이드는 그보다는 낫다.

사이판 상륙의 날

● 6月 11日, 일

언제나처럼 성스러운 예배. 앞의 날짜 이후 일기를 쓸 여가조차 없었
다. 5월 29일에 식량의 삭감이 있어서 그것과 싸우기 위해, 즉 할당량
삭감과 언제나와 마찬가지로 그 할당량에 대해서조차 부족하고 더욱
이 예상되는 재再삭감, 그것들 전부와 싸우기 위해 우리들은 강경한
항의, 회의, 협상의 소용돌이에 말려들었다. 구보다에게 우리의 식량
부족의 원인과 대책에 대해서 설명했다.

그 가운데 큰 결함으로서 지적된 두 가지는, 곡물은 60킬로그램들이
라고 말하는 포대로 지급된다. 그런데 그것들은 평균 10퍼센트는 모
자란다. 그런데도 일본군은 정확히 60킬로씩 지급한다고 기록하기를
주장하고 있다. 더구나 10퍼센트 모자라고 있다는 사실을 인정하고
있음에도 불구하고 그렇게 주장하는 것이다. 그것에 대해 그들은 "일
본군은 60킬로의 부대를 지급했으니까, 그것은 60킬로로 해 두지 않
으면 안 된다. 그러니까 어쩔 수가 없다"고 한다. 또 하나는 지급일 뒤
에 도착한 파견부대의 몫으로서, 곡물을 별도로 할당하는 건이다. 이
것에 대해서 그들도 동의했다.

구보다와의 예비적 절충은 실패였다. 나는 그에게 말했다. 닥터 노기
와 얘기하고 싶다. 그때 미군포로의 기아적 상태를 완화하는 건으로
마닐라 주재의 중립국 대표기관에 연락하는 것을 허가해 달라는 취지
를 정식문서로 제출할 생각이라고 말했다. 또 우리의 실정을 중립국의
본국 정부에 보고하기 위해 직접 통신도 하고 싶다고 말했다. 또한 우
리로서는 우리가 매월 강제로 저금하고 있는 돈도 쓰고 싶다고 생각

하고 있다. 나는 또 식량 사정을 장군(홍 중장)에게 호소하려는 생각도 갖고 있다고 말했다.

한편, 기아는 점차 심해가고 있다. 한 끼에 쌀 세 숟가락, 그것에 알맞은 가모테 스프. 수용소 내는 불만의 도가니다. 나의 거실에서조차 자발적인 문명인에 어울리는 말은 이미 들어볼 수가 없다. … 수용소 내의 환자들의 반응은 몹시 과민상태에 놓여 있다. 이미 절망적이다. 그들은 바나나 한 개를 위해서라도 서로 싸울 것이다. 야채 찌꺼기, 빈 깡통의 찌꺼기, 한 스푼의 설탕을 위해서라도 피를 흘릴 것이다. 그러나 우리들의 일상 훈련의 성과는 이달까지는 아직 그런대로 남아 있다. 우리들은 마음이 해이해지지 않도록 조직을 만들어내고, 지금까지의 모든 이완은 말끔히 바로잡아 놓았다.

● 6月 15日

오늘 아침에 카바나투안을 향해 254명의 파견단 출발.

헤이즈 중령은 아직 모르고 있지만, 그날이야말로 미군이 사이판에 상륙한 날이었다. 또 갑자기 밭을 만들기 시작한 시기였는데, 그것도 대략 대본영의 "현지 자활自活에 관한 지시"가 내려온 때와 일치한다. 우리도 갑작스러운 '밭 만들기' 지시에 놀랐던 것이다. 그러나 농사란 '명령'을 내렸다고 해서 곧 성과가 나타나는 것은 아니다. 농촌 출신의 병사는 그것을 알고 있으므로, 다만 '형식'만의 '작업'에 그치고 만다. 헤이즈 중령은 바보 같은 짓을 하고 있다고 생각하며 그것을 보고 있고, 밭을 만들고 있는 병사 자신도 바보짓이라고 생각하면서 그 일을 하고 있는 실정인 것이다.

● 6月 16日, 금

… 식량사정이 더욱 악화되고, 전망 또한 흐리다. 공복, 공복, 공복, 매년 일본군은 7월에 규칙을 변경한다. 우리는 새로운 명령의 '정식 제시'를 기다리고 있다. 내가 사전에 들은 바에 의하면, 그들은 아무것도 즐겁게 해주지는 않을 모양이다.

● 6月 17日, 토

비가 계속 내리고 있다. 언제나 문제를 제출. 몇 개월에 걸쳐 우기에 대비해서 준비를 해 달라고 일본군에게 요구해 왔는데, 아무것도 해주지 않는다. 이질 병동은 빈 집이고, 돼지우리는 형편없다. 돼지 몇 마리가 마른기침을 시작했고, 또 몇 마리는 새끼를 낳았다. 연료용 목재는 보관할 장소가 없어서 들판에 쌓인 채 비를 맞고 있다.

예배를 볼 수 있는 교회가 없다는 것도 문제다. 오늘 그 건을 구보다에게 들고 나가 응급조치라도 좋으니까 손을 써 달라고 부탁했다. 그들은 12, 13병동의 사용에 대해서는 아직도 신중하다. 최근의 정보에 의하면, 다바오 집단에는 포로도 억류자도 아닌 '중립의 제3국인' 몇 명이 일본군에 의해 편입되는 것 같다.

… 일본군에 의해 정규의 규칙이 건네지다. 그들 쪽에서 우리의 조직에 알맞게 만들려고 하는 모양인데 언제나처럼 바보스럽다. 멍청스러운 짓이다.

오늘은 닥터 노기와 대결하지 않으면 안 된다. 예를 들면, 기상나팔에서부터 저녁 점호까지 중증환자 밖에는 침대에 누워 있는 것이 허용되지 않는다. 이곳은 병원으로 누구나 기아와 싸우기 위해서라도, 안정을 취하기 위해서라도, 그 밖에 여러 가지 다른 이유에서도 침대에서 쉬는 것이 필요한 것이다. 침대에 누울 정당한 이유를 경비병들이 판단한다는 것은 너무나도 어처구니가 없는 일이다. 클라크 필드에서 이질 환자를 포함한 28명이 도착.

여위어가는 돼지

● 6月 20日, 화

비, 호우豪雨가 4일간 계속되다. 드디어 우기가 시작된 것 같다. 오늘 카바나투안에서 150명 도착. 목적지 불명. 과거 2회의 지급에 대해서 말하면 쌀의 지급은 훨씬 좋아졌으나, 야채, 생선, 그 밖의 것은 상당히 줄었다. 심은 가모테의 수확은 전무. 줄기만 돼지와 우리들이 먹는다. 집오리는 굶어서 끊일 새 없이 죽어가고, 돼지는 나날이 여위어 간다. 3일마다 물통의 1/3만큼의 야채 찌꺼기를 줄 뿐이다.

● 6月 22日

카바나투안에서 온 파견대는 일본으로 간다고 한다. 오늘 아침에 안 일이지만, 그 사람들은 당초의 예상보다 상당히 장기간 동안 이곳에 머무를 모양이다. 일부의 사람들은 그들이 정말 나갈 수 있는지 없는지조차 의심하고 있다. 어떤 훈련을 하지 않으면 안 될 것이다.
릴리는 무척 바쁘다. 그들에게 구두, 의류, 식량, 의약품의 뒷바라지를 하고 있다. 그들을 위해 낡은 잡지를 찢어 변소휴지로 만들도록 구보다에게 제의한다. 오후 팔라완에서 파견대 도착. 그들의 말에 따르면,

팔라완에서는 이곳에서 150명의 작업대 파견을 기대하고 있다고 한다. '일본 파견대'라는 것은 행선지가 사실은 팔라완 섬이었는지도 모른다. 적어도 그런 가능성은 있다. 오늘은 또 등화관제. 항구에 수송선단이 와 있기 때문일까? 오후 7시 45분에는 전원 건물 안으로 쫓겨 들어갔다. 길고 지루한 밤.

● 6月 23日

급여계인 히라노가 지방으로 트럭을 갖고 식료품 조달차 떠났다. 될 수 있는 한 우리에게 콩을 사다 달라고 400페소를 맡기다. 호손을 동행시켜 달라고 교섭. 비누도 없다. 미국인이 한 사람이라도 있으면 좀 더 많이, 그리고 싸게 살 수 있을 것이다. 닥터 노기는 10일간 모습을 나타내지 않는다.

트럭이 돌아왔다. 140페소를 남기고 60킬로그램의 콩을 우리를 위해 사 왔다. 일본인 자신은 큰 포대로 하나 가득 사 왔다. 그러나 그것을 우리에게 지급해 줄 것인지는 모르겠다. 그러나 가모테는 왔다. 우리에게 무엇이 필요한가는 하느님이 알고 계시다. 쌀과 돼지와 함께 가모테의 줄기를 계속 먹는다는 것은 좀처럼 할 수 있는 일이 아니다. '벽 저쪽'에서 온 사람이 말하는데, 그쪽에는 미국인 여성이 8명 잡혀 있다고 한다. 수녀 2명, 여의사 1명, 기타.

● 6月 24日

오늘 아침에 닥터 노기와 협의. 마닐라 주재 중립국 기관에 미국인 포로를 위해 식량을 얻을 수 있도록 연락하고 싶다는 나의 요망에 대해서 닥터 노기는 구두로 "노"라고 대답했다. 나는 물고 늘어졌다. "마닐라의 스위스기관도 인정하지 않는 것입니까?" 그 대답도 "인정하지 않는다"는 것이었다.

게다가 예금의 사용도 거절당했다. 모리스는 어머니가 없는 자기 아들에게 연락하고 싶다는 요망도 거부당했다. 가모테의 건도 거절당했다. 우리들은 2일간의 양식밖에는 지급받지 못하고 있다고 말해도, 3일째 분을 지급하겠다는 말만 하고 결국 그것을 받아들이지 않았다.

잽은 카바나투안에 갈 70명의 파견대를 내놓으라고 했다. 작업대라고 해도 극히 짧은 기간 거실居室에 있을 뿐이라고 말했지만, 또 13파견대가 빌리빗에 있는지 어떤지도 모른다고 했다. 닥터 노기는 적십자로부터 받은 물건 하나하나의 '샘플'을 요구해 왔다.

워싱턴조차 포지 밸리*에서 한 겨울만 있었을 뿐인데 우리들은 빌리빗에서 몇 번의 겨울을 지내고 있는 셈이다. 의류와 구두가 필요하다고 교섭하다. 또 돼지우리와 사료가 필요하다고 요구하다. 두 마리의 돼지는 오늘 밤에라도 새끼를 낳을 것이다. 언젠가는 나도 '꽝' 하고 쓰러지게 될 날이 올 것이다.

● 6月 24日, 일

밤에 돼지 두 마리 새끼를 낳다. 우리의 돼지는 합계 57마리. 그러나 살이 없다. 6개월째의 돼지는 최고 1피트에 20킬로그램은 나간다. 150에서 175파운드는 될 것이다. 다른 돼지들은 모두 굶주리고 있다. 암컷은 몸이 허약해서 수컷을 받아들이지 않는다. 낳은 돼지는 젖이 나오지 않기 때문에 새끼를 잡아먹지 않도록 항상 지켜 서 있지 않으면 안 된다.

---

* 밸리 포지(Valley Forge). 미국 펜실베이나주(州) 동남쪽에 있는 마을. 독립전쟁 때 워싱턴이 이끄는 부대가 이곳에서 겨울을 난 적이 있다. 태평양전쟁 당시, 미군 항공모함의 이름이기도 하다.

잽이 사료용으로 쌀겨를 10포대 가져왔다. 한 포대에 얼마 가느냐고 묻기에 자칫하면 웃음을 터뜨릴 뻔했다. 한 번에 몇 포대 드느냐고 묻는 쪽이 낫다고 말해 주었다. 구두끈과 같은 자질구레한 일밖에는 머릿속에 없고, 대규모의 일을 생각할 능력이 없는 것이다.

릴리의 부대는 아직도 이곳에 있다. 한동안 이곳에 있게 된다고 구보다가 말했다. 무엇 하나 확실한 것이 없다. 오늘 아침에 잽은 자기네 건물에서 18병동의 한쪽 끝으로 이동했다. 다른 일본군이 그 병사로 들어오는 것이 아닐까? 이러다가는 앞으로 포로보다도 경비원이 더 많아질지도 모른다.

우리는 돼지고기를 얻어먹지 못하고 말았다. 구보다는 돼지를 두 마리 구입했으니까 한 마리는 우리들에게 지급한다고 했는데, 그것은 실현되지 않았다. 그쪽에서 이쪽으로 오는 동안에 누군가가 먹어치운 것이다. 일본군은 오늘 릴리의 파견대에 IJA(?)의 의류를 지급했다. 그리고 그 대신에 그들의 옷을 압수했다. 내일 130명의 환자가 오니까 '우리들이 갖고 있는 방'에 재우라고 늦게 통고 받았다. 그래갖고서는 모든 방이 진흙투성이가 되고 말 것이다. 잽은 우리에게서 침대와 매트리스를 빼앗고 방을 줄이려고 한다. 매트리스 없이 맨바닥에서 자는 사람이 많아질 것이다. 일본인은 '필요한 곳'에는 담요를 지급하겠다고 말은 하고 있지만… 한편 그들은 릴리의 부대에게는 담요를 전부 놓아두고 가게 한다고 한다. 이런 나쁜놈들! 피터에게서 빼앗아 폴에게 돌린다*는 언

---

* Robbing Peter to pay Paul. 14세기에, 위클리프라는 전도사가 "베드로의 것을 훔쳐 바오로에게 주는 것을 용납할 수 있겠습니까?"라고 말한 데서 유래했다는 관용어. 16세기, 런던의 성 바오로(St. Paul) 성당을 수리할 때 재정부족분을 메우기 위해 성당을 수도원으로 강등시키고 토지 등을 매각해 수리비에 충당한 뒤부터 이 말이 유명해졌다고 한다. 아랫돌 빼서 윗돌 괸다는 뜻.

제나의 수법과 꼭 같다.

홍 중장의 인상印象

● 6月 30日

총수 1,900명, 파견대 및 그 밖의 이동으로 2,100명. 6월 26일에 1,320
명. 1,234명의 포로가 다바오에서 오다. 작은 선박의 선창船艙에서 21일
간 통조림 신세가 되어 도착. 장교의 유해 1구 도착. 월러드 웰튼 육군
소위. 인식표 번호, 0‒410865. 마닐라 입항 최후의 3일간 고열을 견디
다 못해 사망. 육해군 장교를 포함한 가공하리만치 처참한 한 무리. 첫
번째로 134명을 병자로 인정. 다음날 26명. 28일에는 2명을 추가.
아침에 400명의 파견대 잔류자가 북방 카바나투안으로 출발. 공허한
눈을 크게 뜬, 더럽고 훈련도 규율도 잃어버린 군중. 많은 사람들은 구
별을 할 수 없을 정도로 변해 버렸다.
환자 가운데는 맥마스터 대위가 있었다. 정신병으로 마치 허수아비처
럼 허약해 있었다. 옛날의 맥마스터는 지그재그(?) 기지基地의 책임자
였던 젊은 장교로서, 초기에 내가 정찰대에 있을 무렵의 부하였다. 예
의 바르고 믿을 수 있는 유능한 사나이였다. 전투가 한창일 때 가끔 그
의 얘기를 듣고 있었다. 하시엔다, 그 밖의 돌출부의 전선에 있었다는
것이다. 맥아더의 참모였던 카펜터 대령도 완전히 못쓰게 되어 있었
다. 그는 론기스카와얀의 지휘관이었는데….
28일 밤, 카바나투안으로부터 일본 파견대의 교체로서 450명 도착. 스
택 대령 지휘. 임머맨과 브롱크스가 군의軍醫로서 동행. 임머맨은 이동

을 지옥처럼 증오하고 있다. 일본 파견대의 상황은 릴리의 부대, 카바 나투안으로부터의 450명, 다바오 부대의 잔류자, 빌리빗드로부터 26명, 그들의 출발이 언제가 될는지 확실한 것은 전혀 알 수가 없다.

전반적으로 다바오 집단의 상황은 양호. 주로 형무소의 식사가 좋았기 때문일 것이다. 그러나 도망이라든가 경비병 습격 때문에, 경비대의 대우는 대단히 나빠서 마치 무법자 집단처럼 취급받고 있다. 조직의 결여, 야수와 같은 행동, 자존심과 훈련, 자율이 전혀 없는 집단, 그것이 바로 그들이다.

오늘 조셉 F. 젤피어스라고 하는 중사의 시신이 파사이에서 트럭으로 반입되다. 1944년 6월 29일 오전 9시 30분 사망. 사인은 각기충심증脚氣衝心症이라고 했다. 뼈와 가죽, 아사, 매장. 부장품으로 보내온 소지품은 누더기가 들어 있는 작은 상자 하나와 빈 깡통이 몇 개. 아무런 기록도 없다. 마치 버려진 것처럼 우리들에게 떠맡겨졌다.

홍 중장의 검열. 몇 번 있던 검열 가운데서 가장 큰 검열에 대한 준비를 하다.

● 7月 4日

독립기념일. 어제 닥터 노기와 협의. 병참사령관(홍 중장)에 의한 검열 있음. 어제 오후 4시부터 닥터 노기에 의한 검열 예행연습이 있었음. 일본군은 언제나처럼 난리법석을 떨고 있다. 닥터 노기가 검열의 안내역을 맡을 예정. 웨이드와 나는 약 14명의 수행원 꽁무니에 있게 될 것이다. 호스는 출석하지 못했다(너무 일본어를 잘 알기 때문에). 우리의 누더기와 더러운 매트리스는 '보이지 않는 곳'으로. – '상관'이 검사할 때의 그들의 상투 수단이다.

선례先例대로 현장의 일본인은 그날을 위한 특별식을 가져온다(이것은 그들의 기준으로 만들어졌다). 그런데 어제 지급된 식사는 지금까지 볼 수 없었던 빈약한 것이었다. 900여명에 대해 생선이 59킬로, 보통 식사에서는 최악의 경우라도 110킬로는 넘었다. 이래서는 머리, 꽁지, 내장 전부를 합해도 1인당 몇 온스도 안 된다.

목사 윌콕스는 심장 질환으로 인정되었다. 그다지 좋지가 않았다. 절대 안정, 회복은 곤란. 그 때문에 요즘 일요일에는 프로테스탄트의 예배는 없다. 7월 2일, 일요일 정오에 일본 파견대 전원 출발. 1,024명의 미국인이 도쿄, 오사카를 향해 출발했다.

항만에서는 무엇인가가 잘 안 되고 있는 모양이었다. 그래서 일요일 밤 늦게 피곤한 취사계는 저녁식사와 아침식사의 준비를 하지 않으면 안 되었다. 배에는 변소의 설비가 없었다. 그래서 철야로 변소를 하나 만들고, 또 우리 것을 한 개 빌려주지 않으면 안 되었다. 정보에 의하면, 배는 리마마루(?)와 같은 작은 배라고 한다. 츠카하라는 파견대를 따라서 가 버렸다. 놀라운 일이다. 파견대의 대부분이 나갔기 때문에 대청소. 그러나 또 다시 새로운 파견대가 들어오는 탓으로 비는 기간은 잠시 동안이다. 일본으로의 대이동이 시작된 것이다! 그리고 모든 사람은 이곳을 통과해 간다.

다바오의 장병將兵은 모두 협력적이었다. 그리고 잘 통제가 되어 있었다. 우리 또한 그들을 위해 할 수 있는 한 일을 했다. 집에서 온 소포도 하나하나 대신 수령해 주었다. 편지가 온다는 것을 알고 그들의 기분은 밝아지고 부드러워졌다.

변함없이 일상 업무 때문에 바쁨. 농장, 돼지, 의료, 규율의 문제, 그리고 영구히 계속되는 식량을 위한 싸움. 어제는 지금까지 중에서 가장 식사가 나빴다. 코레히돌로부터의 부대 도착.

장군의 검열은 대단한 것이 아니었다. 약간 난 체하는 사람으로, 워싱턴 주재 무관이었던 적이 있었다던가, 영어를 유창하게 말하고 영어 쓰기를 좋아했다. 지나가면서 여러 가지로 질문을 했으나 결국은 아무 소용도 없다. 아무것도 개선되는 것은 없을 것이니까.

워싱턴 주재 무관이란 무엇인가의 착오이고, 아마 병사들의 뜬소문일 것이다. 원인은 홍 중장이 대단히 영어가 능숙했기 때문이리라 생각된다. 헤이즈 중령도 그 소문에 의문을 품지 않았다.

제19장

헤이즈 일기(4)

자존심 유지 곤란

헤이즈 일기를 계속 보자.

● 1944年 7月 6日

배가 고프다, 너무나 고프다. 군종목사 월콕스 씨의 용태가 좋지 않다. 윈터 흘러도 좋지 않다. 어젯밤 그를 중환자실로 옮겼다. … 일반적인 지시에 의하면, 일본행이 가능한 사람은 수송 능력이 있는 대로 신속히 일본으로 보낸다는 것. 카바나투안 파견대를 다시 한 조組 결성. 오늘 아침에 ABWP에서 10명을 여타의 부대로 교대 또는 대리요원으로서 선발. 가까운 장래에 완전 불구자 이외에는 남지 못하게 되는 것이 아닐까?

전원이 일본행 속에 들어가지 않는다고 해도 놀랄 것은 없다. 각종 정보를 종합해 보면 '도끼가 떨어지기' 전에 전원이 일본으로 탈출할 수 있느냐 없느냐는 완전히 시간과의 경쟁이다. 어제 파사이에서 파견대 보고에 따르면 일본군 고위층은 환자들을 될 수 있는 한 많이 이 병원에 넣고 싶은 모양이다. 그리스맨은 얼마 안 있어 더 많은 환자가 올 것이라고 예상하고 있다.

겔바의 사망에 대해 통보가 있었다. 야외에서 굴러 넘어져서 그대로 의식을 회복하지 못했다고 한다. 그와 같은 '해골'이 노동을 강요당하고 있었다는 것은 인간성에 대한 범죄이고 최하의 야만이다.

오늘은 전반적으로 흐렸다. 가모테의 대부분을 파내다. 고구마는 너무나 적다. 1에이커당 몇 킬로그램 정도다. 그것이 바위투성이 땅에서 일본군의 까다로운 규칙 아래서 올린 수확의 전부다. 총원 920명이 말하자면 이 속의 병원 구역에 빽빽하게 쫓겨 들어가서, 지금까지 사용하고 있던 스페이스의 1/3은 작업대에게 빼앗겨 버렸다. 지금 형편으로는 작업대가 13동에는 돌아오지 않을 것 같다. 극히 소수가 일본으로 갈 뿐이다.

● 7月 9日

나이 먹은 피르크놀이 폐렴에 걸렸다. 윈터 홀러는 약간 좋아지는 것 같다. 70명의 파견대 결성 중. 다바오 사람들은 이제 거의 없어졌다. 그전과 마찬가지로 연료용 목재나 식량 등등의 문제. 언제나 무엇인가를 요구하며 싸우고 있는 셈이다. 포로들의 규율을 바로 잡아 나가기가 하루하루 더 어려워진다. 규율은 필요하다. 그러나 포로 기간이 길어짐에 따라 그것이 더욱 힘들어진다.

7월 2일로, 벽 속의 세월은 2년이 된 셈이다. 자존심의 유지, 개인의 외적 존엄에 대한 관심, 포로라는 생활에 적합하고 동시에 건설적일 수 있는 인생철학을 유지한다는 일은 차츰 곤란해지고 무거운 짐이 되어 갔다. 격려해야 할까? 지도, 요구, 칭찬, 비난을 해야만 할까? 그 판단에 곤란을 느낄 지경에까지 이르고 말았다.

며칠 동안 몸의 컨디션이 좋지 않다. 오늘은 특히 기분이 나쁘다. 두 눈이 모두 다시 악화되는 것이 아닌가 해서 걱정이다. 그 후에 3파운드가 줄어 현재 146파운드. 서적, 레코드판 등의 소포가 헌병의 검열 때문에 일본군에게 보관되어 있다가 배달되었다. 책도, 레코드판도 포장이 뜯겨서 본래는 몇 권, 몇 장이었는지 알 수가 없게 되어 버렸다. 그러나 결국 45~46장 정도의 수령서에 서명했다.

잽은 빈틈없이 수령서를 작성해 놓고 준비하고 있었다. 그러한 일로 다투어 보았자 이로울 것이 없다. 상태를 기억해 두었다가 나중에 세밀한 점까지 설명할 수 있으면 되는 것이다. 요컨대, 아무리 적은 것이라도 손에 들어오는 것은 받아두고 보는 것이다. 이 게임은 현 단계에서는 문제로 삼아 보았자 무엇인가를 더 여벌로 손에 넣을 수 있는 것도 아니다. 그와 반대로 조금이라도 손에 넣을 수 있는 것, 저쪽에서 주겠다고 하는 것을 놓쳐 버릴 우려가 있다. 음악과 책에 대해서는 타협하는 쪽이 좋다. 그러나 식량에 대해서만은 끈질기게 달라붙자.

일본군은 활발히 지방으로 나다니며 식량을 찾기 시작했다. 코코넛과 가모테도 입하. 그러나 소량이다. 망고가 풍작이라는 소문이 있고, 우리도 소량을 입수. 극히 소량이지만 일주일에 각자 한 개씩 돌아간다. 경작할 수 있는 땅은 모조리 테리안菊花으로 바뀠다. 그것은 우리들도 키울 수 있는 가장 다수확의 들풀로서, 대개는 스프로 만들어 먹는다. 어쨌든 간에 휘슬(호각) 풀보다는 낫지만, 아무리 보아도 식량으로서는 그다지 가치가 없다. 하지만 일종의 향기가 있고, 매일 꾸겨 넣는 맛없는 식사를 넘기는 데는 도움이 된다. 그러나 국화 냄새는 결코 좋은 냄새라고는 할 수 없으며, 맛이라고 해도 절반은 쓴맛이다. 그러나 무엇보다도 맛이라는 것은 있다. 전혀 맛이 없는 것보다 그런 쓴 맛이라도 있는 편이 낫다는 때가 온 것이다.

오늘 닥터 노기와 회의. 월례보고에 있는 중노동 종사자에 대한 식량부족에 대해 질문을 받았다. 그래서 식량부족에 대해서, 일상의 명세를 상세하게 기입한 보고서를 제출하고, 고려를 촉구했다. 중노동 종사자의 범위를 넓혀 취사에 종사하는 사람들도 넣도록 의뢰했다. 식량문제가 현재 최대의 암癌이다.

'입원환자'를 카바나투안으로 옮기려고 하는 우리들의 제안을 잽은 거부했다. 그러나 입실 환자IQ 70명과 전치자全治者의 파견 건은 찬성했다. 그것으로 혼잡은 다소 완화될 것이다. 이곳에서는 NP환자가 문제다. 랙 섹션rack section은 땅바닥까지 넘치고 있다. 그런데도 그들은 한 사람도 움직여 보려고 하지 않는다. 칸막이를 해서 12호동의 일부를 격리 병동으로 만들어 혼잡을 조금이라도 완화시키려는 희망은 여지없이 거부당했다.

그러나 그 협의에서 몇 가지 일은 진전을 보았다. 일본으로 가는 또 다른 파견대가 다바오와 카바나투안에서 오는 모양이다. 그들이 가고 나면 빼앗긴 거실은 다시 쓸 수가 있게 되는 것 같았다. 포로를 일본으로 북상시키는 계획은 그것으로 일단락 짓는 것 같았다. 그러나 다음 이동이 곧 시작된다고 했다.

불과 2주일 사이에 콩 한 부대가 460페소에서 750페소로 폭등했다. 식량사정이 급격히 악화되기 시작했다. 수용소에서는 많은 돈이 여분으로 들어간다는 점을 문제로 삼고 있었으나, 그 해결은 오늘에 이르기까지 성공하지 못하고 있다. 그러나 일본인은 지방으로 내려가 될 수 있는 한 싸게 사려고 노력하고 있다고 말하고 있다. 그런데 지난 달 우리들이 산 다섯 포대의 콩밖에는 없다.

식량에 대한 논의

● 7月 10日, 월

밤새 비, 아침에도 비. 우기가 조금 늦게 찾아온 것이다. 오늘 아침은 다소 기분이 좋다. 쇠약하기는 했지만 머리는 가볍다. 책과 레코드를 카바나투안에도 보내기 위해 뒤적인다. 주변의 수용소에도 일부를 보낼 예정이다. 닥터 노기가 이곳 프로테스탄트 목사로서 카바나투안에서 부르스터를 데려오려고 노력 중. 월콕스 목사에게 그 건에 대해 오늘 애기한다. 그의 임무는 이것으로 끝난 셈이다.

오늘 밤의 소식은 요컨대, 우리의 일부도 일본에 가게 될 것이라는 것이었다. 그 위에 더해 일본군은 '무선통화無線通話'(의미 불명. 이유를 알 수 없는 통지라는 뜻일까?)를 요구하고 있다. 내일까지 50명, 남은 사람들을 가능한 한 빨리…. 오늘 병상病狀 보고에는 1,052명 중 1,029명이 건강이라고 되어 있다. 그것은 과대평가다. 많은 사람들이 보고된 것 이상의 병을 갖고 있다. 빌리빗드에 있는 사람은 모두 한 사람 한 사람이 어떤 의미에서는 환자이다. 주로 영양 장해障害. 예를 들면, 웨이드도 나도 뚜렷한 증세가 있으면서도 환자 측에 들어가 있지 않다.

통지를 서류로 철해둔다. 내일을 위해 50명을 편성했다. 최소한 다시

50명의 일대一隊를 요구해 온다. 최근 클라크 비행장으로부터 온 사람이 대부분, 그리고 그 외. "부라이 대위"와 아고아(오가와? 앞에서도 나왔지만, 이름을 혼동한 것 같다)가 최근 상사上士로 승진했는데, 그 뒤로 나폴레옹이 됐다는 고정관념에 빠져 쓸데없는 일로 말썽만 일으키고 있다. 어제, 닥터 노기가 우리들과 함께 소내所內 검사를 했다. 보일러실 긴급수리가 필요하다는 것을 납득시키려고 노력하다. 그리고 시멘트 여섯 포대가 필요하다는 것도…. 그러나 실현은 어렵다.

일본 파견대는 아직 항구 내에 있다. 일단은 출발했으나 다시 되돌아와서 11일간이나 그곳에 있다. 그곳에서 지금까지도 환자가 오곤 하니까….

● 7月 11日, 화

비가 계속 내린다. 오늘 아침 포스터가 우리의 체중감소를 기록하다. 지난 1개월간의 전반적인 체중 감소는 평균 5파운드. 어느 정도까지 견디어낼 수 있을까? 아직은 괜찮다.

오후 4시, 히라노가 흥분해서 내가 쓴 최근의 위생보고 가운데서 중노동 종사자에 대한 식량부족에 관한 숫자를 변경하라고 우겨댄다. 거절했다. 그래서 그는 호스에게 고치라고 명령했다. 나는 그렇다면 보고서 끝에 있는 나의 서명을 X표로 지우라고 호스에게 명했다. 히라노는 그렇게 해서는 곤란하다고 했다. 그래서 그 숫자가 정확하다는 것을 부론에게, 윗사람에게 설명하도록 하는 데 합의했다. 그것으로 제대로 되었다.

그러나 히라노는 또 다시 일부 사람들의 식량을 줄여서 그 몫을 중노동 종사자에게 돌리겠다고 했다. 나는 단호히 그것을 거절했다. 그런 짓을 해 보았자 중노동 종사자에게 '여분으로' 식량을 지급한 것으로 는 되지 않는다. 더구나 다른 사람들도 현재 충분한 식량을 지급받고 있지 못한데 말이다. 그래서 이것 또한 결렬.

히라노는 겨우 3킬로그램의 야채에 망고콩 1킬로그램의 1대3 방식(?) 을 정하는 데 동의했다. 본래의 할당은 1대5였다(싹이 텄기 때문에). 계 속 식량에 관한 논의. 그는 노동대에 대해 배급하는 가모테를 이전처 럼 우리가 지급하는 방식으로 환원하고 싶다고 말했다. 현재는 그가 지급하고 있다. 그렇게 되면 일본인이 수량을 조금밖에는 주지 않을 경우, 그 부족분은 우리 책임이 되어 버린다. 현재의 방식이면 그가 책 임을 지게 된다. 결국은 현재 방식 그대로 좋다고 히라노가 승낙했다. 그 뒤 무더위가 겨우 가라앉은 무렵, 히라노 녀석이 524킬로그램의 가 모테를 지급해 왔다. 우리의 보고서에서 부족하다고 기록해 놓은 숫자 에 딱 들어맞았다. 닥터 노기가 녀석을 꾸짖었음이 틀림없다. 보고가 올라갈 곳에 제대로 올라가면 효과가 있는 것이다. 히라노라는 악당만 없어져도 사정이 훨씬 나아질 텐데.

척수반사동물脊髓反射動物의 무리

● 7월 12일

연료용 목재 없음. 망고나무의 마른가지, 낡은 문짝, 그 밖에 무엇이든 탈 수 있는 것을 사용. 밤새껏 비. 오늘도 또 비. 우기의 한가운데에 있 음. 수송선은 아직 항구 내에 있음. 파견대의 계획 변경. 우리들 70명은 대기. 17일에 140명으로 증가한다고 한다. 그렇게 많이는 내지 못할 것으로 생각된다.

주간 정기검사. 인원 과밀過密. 비가 내리다. 시설 전체의 전반적 소모 이외는 대개 양호. 환자는 콘크리트 위에서, 또는 들것 위에서 자다. 매트리스, 담요, 모기장은 하나도 없다. 한편, 일본 파견대는 항구 내의 수송선 선창 내에 있다. 또 다시 환자가 오다. 상황 악화, 쌀만 주다. 대부분이 설사, 이질. 건강상태가 나날이 악화. 대이동인 것이다. 포로는 이동할 때마다 건강 상태가 악화된다. 포로가 되었던 당시의 고통이 다시 재현된다.

다른 점은 지금에 이르러서는 대다수의 사람들이 그것을 견디어내기에는 건강이 너무나도 빈약하다는 것이다. 일부 사람들은 단련이 되었으나 많은 사람이 죽고, 그리고 빈약해졌다는 것이다. 아아, 비가 계속 내린다.

● 7月 14日, 금

바스티유의 날이다. 프랑스혁명 기념일이다. 전반적 상태와 태도는 확실히 달라졌다. 전쟁은 이상야릇한 동포애를 생기게 하는 법이다. 파사이와 라스피나로부터 오늘 트럭이 차갑고 질퍽질퍽한 빗속을 무릅쓰고 450명의 '살아 있는 폐기물'을 운반해 왔다. 조직도 없고 타락해 버린, 짐승으로 변한 지휘자 없는 로봇의 무리…. 대부분은 '인간'이 아닌 척수반사동물이다.

게다가 흑인! 대다수는 이웃의 시체를 짓밟고라도 살아남으려고 미치광이처럼 되어 절망적으로 몸부림치고 있다. 어떤 사람은 통상적인 사회적 규범을 무시하고, 그때그때를 빠져나가보려는 육식짐승이다. 또 어떤 사람은 생존에도 운명에도 고난에도, 그 위에 어떤 일에도 완전한 무감동, 무반응이다.

그들은 일본으로 갈 예정이다. 우리들은 어떻게 해서든지 그들을 먹이고 재웠다. 잽은 즉각 유리막대 검사*를 했다. 오후 5시까지에 가장 악화된 환자 21명을 입원시키고, 19명을 SIQ(입실)시켰다. 나는 그 인원에게 간신히 담요를 구해 주었다. 대부분은 아무것도 갖고 있지 않았다. 그들 중의 선임자는 육군 중위로 이름은 키프. 그는 제법 잘 해 주었다. 그러나 해가 질 때까지 2, 3명은 때리지 않을 수가 없었다. 겨우 밤에야 통제를 회복했다. 그것은 결코 작은 일이 아니었다. 오늘 밤은 늦게까지 버티고 있다. 사자우리 속의 다니엘**이다.

다음의 사망 기사를 참조해 주기 바란다(그렇게 쓰여 있으나, 그 기사는 꽤나 뒤쪽에 있다).

오늘 아침은 몇 시간 날이 개었다. 파견대에서 많은 환자를 발견. 그들은 이곳에 오기 전부터 입실 상태였던 것이다. 이 파견대는 기묘하다. 그런 것은 처음 본다. 이 파견대에는 뼈만 남은 환자와 일반시민과 40세 이상의 남자가 섞여 있다. 그것은 다른 포로 전원이 탈주한 표시인지도 모르지만….

어젯밤에 항구 내의 배에서 입원한 2명의 환자 상태를 보고, 그곳의 상황이 여전히 지독하다는 것을 알았다. 그들은 무릎을 구부리지 않으면 누울 수도 없는 상태로 선창 속에 꾸겨 넣어져 있다. 물은 하루에

---

* 유리막대에 용액을 묻혀 혀에 대고 짠맛, 쓴맛 등을 구별하는지 확인하는 미각(味覺) 검사를 가리키는 듯하다. 신체반응 검사의 일종으로 활용했던 것 같다.

** 다니엘이 바빌론으로 끌려갔을 때 느부갓네살 2세가 이교도인 그를 총애하자, 이를 시기한 신하들이 그가 믿는 신(神)의 능력을 시험해보자면서 그를 사자우리에 던져 넣자고 제안한다. 다음날 왕과 신하들이 사자우리로 가보니 다니엘은 신의 보호로 멀쩡했고, 모함한 신하들이 대신 사자들에게 잡혀 먹혔다는 이야기. 구약 〈다니엘서〉 참조.

2컵밖에는 주어지지 않는다. 3시간마다 약 20분 동안 갑판으로 나가는 것이 허용된다. 비가 내리면 방수포로 해치를 폐쇄해 버리기 때문에 속은 상당히 불결하다. 식사는 하루 2회, 쌀과 가끔 소량의 가모테. 각기병이 만연되고 있다. 입원 환자는 발열로 실신한 사람, 설사 환자 다수. 그와 같은 상황 속에서 그들은 벌써 13일간이나 항구 내에 갇혀 있다.

아침 10시, 구보다와 닥터 노기와 협의. 그때 나는 말했다. 그 사람들은 전원이 환자다. 각기병, 페라그라, 폐렴, 아메바성 이질, 심장병, 전반적 영양실조증, 외상 등등. 참으로 많은 사람을 입원 또는 입실시키지 않으면 안 된다고 지적했다. 파사이에서 많은 환자를 이곳으로 보내올 예정이라는 것을 우리들은 알고 있다고도 말했다. 그리고 그 사람들의 상태도 같을 것이라고. 닥터 노기는 … 분명히 그들의 '기계'가 파손되어 있어서 모든 것을 사팔뜨기 눈으로 보고 있었다.

닥터 노기가 소내所內에 들어와서 낡은 미국의 단면斷面인 병든 폐기물을 대충 보고 나갔다. 그는 즉각 군도軍刀와 모자를 집어들고 사령부로 달려갔다. 한편, 구보다는 내가 말한 대로 환자를 입원시키고 그것을 필요로 하는 사람에게는 '입실 휴양을 요하는 환자'로서 인정할 것을 허가했다.

한편, 우리의 최대 긴급과제는 그 불행한 동물들을 도대체 어디에 넣느냐는 것이었다. 스페이스는 1,375명으로 꽉 찼다. 더구나 보통 때 같으면 수용동收容棟으로 확보하고 있던 3동이 작업대作業隊로 가득 차 있다. 통로는 만원. 침대 밑의 공간에도 수용했다. 그 문제의 처리에는 최대한의 노력을 기울여 아직은 야외 방치나 질식사의 위험은 나타나지 않고 있다.

또한 24회째의 140명의 파견에 대해서 이 파사이의 입실 환자도 포함시킬 것과 숫자를 늘리는 것도 허가를 받았다. 그러나 우리가 이 사람들의 생명을 위해 손을 쓰고 있는 사이에, 닥터 노기가 돌아와서 모든 것을 뒤집어엎을지도 모른다. 그러나 그러한 소동에도 이미 익숙해 있었다.

그런 일로는 흥분조차 하지 않게 되었다. 그것을 받아들이고, 이것이 놈들의 전쟁하는 방식이라고 생각할 뿐이다. 여기까지 쓰고 있는 동안에, 카바나투안으로부터 파견대가 100명씩 트럭에 타고 5대 도착. 내내 트럭을 타고 왔다고 한다. 미친 짓이다. 더구나 모든 것이 한꺼번에 밀어닥쳤다. 취사는 펑크가 났다. 그러나 그들에게 식사를 내놓지 않으면 안 된다.

증오는 '왕처럼'

● 사망기사

데이비드 토머스 오엔즈, 중사. (중략) 사인은 뇌종양. 검시, 빌리빗드 묘지에 매장. 그는 제1차 대전 당시 터키에서 포로가 된 체험이 있다고 했다.

도노반에게서 짧은 전갈이 있었다. 여러 가지 정보로 미뤄 보아, 사이판 해협의 해전은 사실은 없었던 것이 아닌가 하는 의심이 든다. 오늘 아침, 웨이드와 내가 일본군의 사무소에 갔을 때 하사관이 앉아 일본의 신문을 읽고 있었다. 그곳에 닥터 노기가 들어와서 신문을 읽고 있다고 난리를 쳤다. 잽에게는 자기네 나라의 신문을 읽는 게 허용되어 있지 않은 것이다! 그것은 우리에게는 나쁜 조짐은 아닌 것 같았다…. 플래쉬와 슈와처가 지금까지 비행장에 나가 있는 150명이 유리막대 검사를 받게 되었다고 알려 왔다. 그리고 호스에 관한 일. 그것은 우리에게 있어서는 일본어를 할 줄 아는 유일한 미국인을 잃는다는 것을 의미한다. 연락장교를 잃는다는 것은 우리에게 커다란 손실이다. 대이동이 진행 중인데…. 일본군이 최근에 호스는 너무나 일본어를 많이 안다고 불평을 한 적이 몇 번 있었다.

예상대로 전 작업대의 철수. 닥터 노기가 오후 1시부터 파사이 부대를 검사할 예정임. 그는 카바나투안 행(行) 156명과 대기 17명, 일본행 240명을 선발했다. 그러한 선정은 우리들의 입실 환자 수를 무시하고 있는 것이다. 그러나 운 좋게도 다소는 그 안에 남는다…. 12시 30분부터 나의 참모들과 긴급회의. 그리고 다바오로부터의 파견대의 입실환자를 정정(訂正). 길고 무덥고 푹푹 찌는 오후가 이글거리는 햇빛 아래 지나가고 저녁때가 될 무렵에 대강 다음과 같은 전망을 세웠다.

(1) 심야, 한밤중 무렵 카바나투안에서 트럭을 타고 또 하나의 부대가 도착 예정. 위생대 동행. 선임군의관 켄 휴건. 그 카바나투안 파견대를 위해 오전 2시 기상. 3시 아침 식사. 4시에 화물 검사. 5시 트럭을 바꿔 타고 출발. 그 출발로 다바오, 빌리빗드, 파사이의 입실 환자들로 이루어진 카바나투안 파견대가 나가게 된다. 그리고 파사이로부터의 257명의 일본 파견대, 175명의 대기조 및 800명의 카바나투안으로부터의 일본 파견대가 이곳에 남아 있게 된다. 전부를 데이브스 소령이 지휘. 엄청난 공복. 하루 종일 아무것도 먹지 못했으니까….

● 7月 16日, 일

… 밤새껏 트럭으로 카바나투안에서 일본 파견대가 도착. 오늘 아침 출발 예정인 당지 출발의 파견대에 대한 명령이 자주 변경. 92명의 어떤 대隊는 연기. 오늘은 트럭을 기다린다. 131명의 파사이 대隊는 아침 7시 카바나투안으로 출발. 비행장 작업대는 일본 파견대로 변했다. 밤의 가벼운 비 다음에 오늘 아침은 쾌청. 취사는 철야로 작업. 언제나 그렇지만 잘 해주었다.

오늘 아침 점호에서 번호를 부르는 도중에 항만지구에서 검은 연기가 올랐다. 폭발이 몇 번 있었다. 카바나투안의 '햄'이 알려온 바에 의하면, 어떤 실수로 그가 나의 편지를 받았다는 것. 제이에게서 온 편지로 몇 번씩 편지를 보냈는데도 내게서 아무런 답장이 없다고 쓰여 있다고 한다. 1943년 4월이 발신일자.

본국에 있는 사람들은 우리가 일본군의 포로로서 편지를 쓰는 게 허용되지 않고 있다는 것을 언제쯤에나 이해를 해 줄까? 일본군의 포로는 다른 나라의 포로와 달라서 허용되지 않는 일이 너무나 많은 것이다. 우리들은 마치 범죄자처럼 구속되고 벌칙으로 꽁꽁 묶여 있다. 더구나 이곳에서는 증오는 '왕처럼'이고, 소란을 진정시키는 불도저 같은 비인간적 집단도 있다. 우리들은 야만 원시시대의 부족 같은, 또 동양의 쿠리* 같은 대접을 받고 있는 것이다.

---

* 19세기 중반부터 20세기 초까지, 미국에 건너온 중국 및 인도 출신 노동자들을 비하해 부르던 말. 힌두어 쿨리(quli)에서 유래했다고 하며, 한자(漢字)로는 "苦力"이라 음차(音借)한다. 청나라는 인력수출을 금했지만 인력상인들의 손으로 신대륙에 보내졌고, 링컨의 노예해방(1862년) 이후 과거 흑인노예를 대신해 '값싼 노동력'의 원천으로 사실상 노예 취급을 받았다. 한때 10만 명이 넘었던 것으로 추산되며, 미국의 철도는 거의 대부분 쿨리의 손으로 놓였다. 1874년 마카오에서 쿨리 거래가 금지되었으나, 중국 국내에서는 중국공산당이 대륙을 통일한 뒤에야 비로소 없어졌다.

고국故國에 있는 사람들은 그것을 모르는 것 같다. 그들은 다른 나라 포로의 모습을 보고 우리의 상황을 판단하고 있는 것이리라. 그들은 미국이 포로를 대우하는 것처럼 인도적인 대우를 우리도 받고 있다고 알고 있는 것일까? 그러나 그들이 모른다는 것은 좋은 일이다. 빌리빗드에도 최근 새로운 편지가 도착했다. 1944년 2월의 날짜가 찍힌 편지를 2통이나 보았다. 또 1943년 10월, 11월자의 새로운 편지도 3통 왔다고 한다. 구보다가 그것을 한 통 한 통 검열하므로, 그게 끝난 다음에 우리 손에 그 편지가 건네지는 것은 도대체 언제일까?

이미 통역은 없다. 그래서 구보다가 한 단어 한 단어를 구두점 하나 빼놓지 않고 읽고 있는 셈이다. 구보다에게 어젯밤 호스를 잔류시키도록 해달라고 부탁했는데 도저히 가능성이 없다. 그들은 그의 잔류를 바라고 있지 않다. 그의 일본어 지식은 이곳에서는 더 이상 필요가 없다는 것이다. 웨이드와 나는 호스를 어젯밤에 우리들 방으로 초대했다. 그리고 커피를 마셨다. 나는 그의 '우수한 근무'에 감사했다.

● 7月 17日, 월

… 파견대는 오전 7시 30분에 겨우 행진을 시작했다. 현재 총원이 2,078명에 달했다. 오전 9시 30분, 92명이 오후 1시 카바나투안을 향해 출발할 예정. 일본군은 사무소를 폐쇄, 그래서 우리는 옛날에 우리가 하던 방식대로 재조직하고, 일본인이 5분마다 간섭하기 전에 그것을 조직할 시간이 있었다.

오늘은 조금 잠을 자고 싶다. 전혀 쉬지 못했던 악마와 같은 시간. 오후 2시, 항만지구에서 95명의 파견대 도착. 해리슨 해군 소령 지휘. 레이먼드와 웰크 동행. 예상 밖이었다. 그들이 무엇을 하는지 아무런 지시

도 없다. 이곳에서 항만지구로 계속 작업을 하러 간다는 것만은 알고
있는데….

● 7月 18日, 화

비. 하루 종일 내렸다. 항만 작업대에 대해서 구보다는 아무것도 모른
다. 닥터 노기를 기다린다. 그러나 오늘은 모습을 나타내지 않는다. 그
들은 같은 팀으로서 경기를 하려고 하지 않으며, 제멋대로 따로따로
다. 협력정신이 하나도 없는 친구들이다. 무엇이든 비밀로 하고, 서로
간에 대화를 하는 법이 없다.

● 7月 21日

비가 계속 내린다. 지금까지도 항만 작업대를 어떻게 하느냐에 대해
지시가 없다. 공중에 떠 있는 셈이다. 그들을 위한 숙박과 취사 시설 등
을 입수해서 정비하려고 해도, 그들의 입장이 분명해질 때까지는 아무
것도 얻지를 못하고 손을 댈 수도 없다. 해리슨 소령 입원. 피트 웰크가
책임자, 레이먼드가 조수助手. 잘 조직된 집단 180명이 카바나투안에
서 도착. 호우豪雨 속에서 19일 밤에 도착했다. 높은 연령, 격심한 노동,
그리고 굶주렸을 텐데도 단결을 유지하고 있었다.

하수 처리의 문제가 심각하다. 조수가 높기 때문에 하수관을 통할 수
가 없었다. 다른 것도 종종 넘친다. 상당한 파손 상태였다. 일본인이 시
市의 관계부서를 불렀으나 일주일이 지나도 감감 무소식이다. 쓰레기
를 일주일이나 치우지 않고 두었다가 한꺼번에 처분했다. "트럭의 연
료가 없다"는 것이다. 공복이다. '들어오는 쓰레기' 트럭의 내용이 매
일 점점 더 형편없어진다.

● 7월 26일

식량에 대해서 5일간의 치열한 문답과 논의. 잽이 저장하고 있는 콩을 조금이라도 얻어내려고 분전 중. 콩에 싹이 나면 식량으로서는 가치가 없다는 것을 어떻게든 납득시키려고 노력한다. 그들이 싹을 틔우게 하려는 것은 '무게' – 개자식들! – 가 더 많이 나가게 하려는 속셈이고, 우리로서는 어떻게든 수분을 적게 해서 그램당 실질적 식량을 조금이라도 더 많이 획득하기 위한 것이다.

건조미乾燥米 식사량(?)이라면 아주 적다. 오늘 정오 전에 건조미로는 265그램뿐. 주보酒保*에서 새로 결재한다. 구보다는 예사롭다는 태도로 전부 허무맹랑하게 통역. 그 때문에 닥터 노기와 만났지만, 실제로는 아무것도 가능하지 않다. 노기와 후라키(?) 일주일도…. 그들이 나가고 나서, 결정적인 것은 어느 것 하나든 진전이 없고, 그 일주일 동안은 아무것도 매듭지어진 게 없다.

식량을 빼놓고 지금 가장 곤란을 받고 있는 것은 연료용의 목재이다. 지금까지는 극히 신중하게 관리해왔고, 또 하나 이유로 요리할 게 너무나 적어서 연료용 목재는 이럭저럭 꾸려왔다. 그런데 지난 일주일 동안 그 때문에 난리를 치고 있음에도 아무런 진전도 없다. 내일은 나무를 한 그루 잘라내던가, 13호동을 완전히 부수든지 해야지 별수가 없다. 나무가 없어지면 취사를 할 수 있을 턱이 없다. 또 지난 일주일간 하수구의 물을 잘 빠지게 해 달라고 그들과 교섭을 벌여왔는데 아무런 개선사항도 없이 그대로다. 정말 어처구니없는 일주일이었다.

---

* 군대 내 매점(PX)을 의미하는 일본어.

일본군에게서 무엇인가를 손에 넣는다거나, 어떤 건설적이고 협조적인 조력을 얻는다는 것이 날이 갈수록 더 어렵게만 되어 가는 것 같다. 그들이 최근에 지급한 내의는 바로 얼마 전에 놈들이 우리들에게 팔아먹으려고 했으나 우리 쪽에서 사지 않겠다고 했던 엉성한 물건이다. 급여계인 마모토(?)가 지방으로 나가 우리를 위해 콩을 구입해오는 것은 앞으로는 할 수 없다고 말했다. 왜냐하면 그들 자신을 위한 물자 입수조차 몹시 곤란해졌기 때문이다.

필리핀인은 일본군에게는 팔지 않을 때라도 우리라면 구입할 수 있다는 것을 일본군이 알고 있는 것은 확실한데…. 항만지구의 일대一隊는 여전히 그대로 주저앉아 있다. 클라크 필드 비행장으로부터의 파견대 34명. 우리는 병원용으로 남겨져 있는 몇 동棟 속에 환자를 몰아넣고, 마룻바닥에도 재우고, 또 어떤 사람에게는 매트리스조차 주지 못하는 상황이다. 일본인은 아직도 13호동을 '일본 파견대' 용으로 보류해 놓고, 작업대作業隊를 1, 2, 3구區에 넣어 놓고 있다.

다른 수용소에서 오는 청구서가 닥터 노기에게 상당히 삭감당하기 때문에, 그들이 우리에게서 약품을 착취하고 있는 것은 명백하다. 포인트 카인이 좋은 예다. 그들은 혈장血漿을 우리로부터 가져갔다. 잽은 언제나 그 물건에 흥미를 갖고 있다. 최근 적십자에서 인수한 물건을 한 가지씩 견본으로 가져갔다. 일본군의 군의부軍醫部 쪽에서 우리에게 그렇게 압력을 가하고 있는 것이다.

군의관의 증명

오늘 늦게 일본인은 카바나투안에 보낼 파견대에 200명의 입실 환자와 전치全治 환자와 항만 지구대 및 200명의 입원 환자를 넣도록 지시해 왔다. 그것은 웨이드와 내가 그들이 자기네 병사들을 위해 우리에게서 침대를 빼앗아 간 것을 항의한 직후의 일이었다. 우리 환자를 마룻 바닥에 내던져 버리고, 그 침대를 도착하는 일본 병사에게 준다는 것은 어제 오늘에 시작된 일이 아니다.

오후의 닥터 노기와의 절충에는 쓸 만한 성과가 거의 없었다. 단 한 가지는 무엇인가 하면, 우리가 종종 에모틴*의 부족을 호소하고 있음에도, 닥터 노기는 그의 가장 친한 친구의 치료를 위해 에모틴 한 튜브를 원한다고 말한 것뿐이다. 그리고 닥터 노기는 또 입실환자를 위해 13호동을 사용해도 좋다고 말했다. 그것은 일본 파견대를 더 많이 편성한다는 계획이 제대로 되지 않는다는 증거일까?

'정보부'가 미군의 괌 도島 상륙 성공을 알려 주었다. 오늘밤은 등화관제가 없다. 구보다의 말에 의하면, 사령부가 미군 전체 군의관의 확인을 희망하고 있다고 한다. 그렇다면 그러한 확인을 어떤 기준으로 해주면 일본군은 받아들이겠느냐고 물었더니, 그들은 그것을 모르고 있었다. 그래서 그 건에 대해서 회의를 열었더니 각자가 진짜 '적십자'의 확인증을 갖고 있는 것이 기준이라고 주장했다.

지구地區 군의장교 발행의 정식 인장이 있는 신분증명서로서는 안 된다고 우긴다. 우리 정부에 의해 인정된 등급을 나타낸 우편도 안 된다

---

* 결명자 추출물. 세포재생효과가 있다.

고 한다. 그리고 "만일 적십자의 신분증명서를 갖고 있지 못하다면 우편엽서를 주겠다. 그것을 귀관의 정부에 보내면 적십자 신분증을 보내 줄 것이다"라고 한다. 나는 그런 방식이 얼마나 바보스러운 것인가를 설명하고, 정확한 증명서 따위는 입수할 수 없다는 것을 납득시키려고 했다.

또 그들이 마닐라를 점령했을 때, 군의부의 모든 기록을 압수했으므로, 지문과 같은 확실한 증거를 원한다면 그것을 보면 될 것이라고 반박했다. 그리고 구보다에게 만일 그러한 엽서를 보낸다면, 어느 정도 걸려서 답장이 올 것으로 예상하느냐고 물어보았더니 일 년 가량은 걸릴 것이라고 대답했다.

덧붙여 그가 말하기를, 최초에 우리가 포로가 되었을 때, 취급하는 방법을 몰랐으나 최근에 이르러 우리들 군의관에게는 어느 정도의 특권과 그 밖의 것이 있다는 것을 알게 되었기 때문에 확인을 요구하고 있는 것이라고 한다. 요컨대, 우리를 포로로 잡았을 때에는 설마 보복을 당할까, 자신들의 행동에 대가를 치르리라고는 생각하지 않았겠지만, 그런 것은 동양적인 말투일 따름이리라. 상황은 이제 변했다.

월리의 증상이 좋지를 않다. 그의 환부患部를 오늘 절개切開했다. 오늘 늦게 트럭 도착. 지금까지보다는 전망이 밝다. 3일분의 식량을 반입. 그래봤자 겨우 살아갈 수 있을 뿐으로, 이 고통을, 이 굶주림의 고통을 덜어 주기에는 누구에게나 부족하다. 쥐도 고양이도 잡아먹고 있는 형편이다.

● 7月30日, 일

비가 계속 내리고 있다. 아름다운 것은 모조리 물에 잠겨 있다. 그러나 이것은 우리에게 있어서 최후의 우기인 지도 모른다. 희망을 갖자.

오늘 8명의 불구자 입소. 싱가포르에서 일본행 포로수송선에서 온 환자. 도중途中 40일, 항구에 16일. 누구나 할 것 없이 처참한 상황. 그들은 샴과 버마의 철도 공사에 종사하고 있었던 것이다. 2만6천 명이 콜레라로 사망. 마닐라항의 배에는 750명 이상이 승선. 이곳에서 오래전에 떠난 파견대. 그리고 그 이후에 떠난 파견대도 아직 마닐라 항구 내에 있는 모양이다.

불구 환자가 말하는 것을 들으면, 우리 순양함이 일본군의 격침당한 수송선의 생존자를 태우고 마닐라 항에 돌아온 것을 보았다고 한다. 또 호송선단이 몇 척씩 나갔다가 돌아오는 것을 보았다는 것이다.

징벌, 애슈비 중사. 도박 및 상급 장교의 명령을 위반했기 때문에 영창 20일.

해리슨 소령이 상담차 왔다. 그와 항만지구의 동료들에 대한 대우가 좋아서 일본군에게 감사의 편지를 쓰고 싶다는 것이다. 그래서 나는 그에게 말했다. 그렇게 하는 것보다는 전쟁이 끝나고 나서 그들에게 잘해 준 특정한 개인에게 감사의 뜻을 표하는 것이 좋겠다고. 그리고 덧붙여서, 그것은 그들이 무엇인가 갖기를 원할 때의, 동양식의 함정에 불과한 것이라고도 말했다. 이번 것은 틀림없이 문명국 간의 전쟁법규의 전체 원칙을 깨뜨린 일본군의 전쟁 수행에 미국인을 협력시키려고 한 것이라고, 그에게 강조했다. 그리고 수용소에 있어서의 사망, 구타, 기아, 그 밖의 야만적인 행동을 상기시켰다. 그는 결심을 바꾼 것 같았다.

● 7月 31日

… 공복이다. 굶주림이 지독하다. 니미츠 제독*, 빨리 와주시오.

● 8月 2日

입원 환자 100명, 입실 환자와 전치全治 환자 200명, 그리고 웰크대隊
로 이루어진 카바나투안 파견대 오늘 오전 4시 출발. 2시에 그들과 함
께 기상. 취사는 연료가 생나무인데 젖어 있어서 애를 먹었다. 그러나
대부분은 괜찮았다. 잘못 끓인 죽을 먹게 된 항만지구대隊가 안됐다.
그들은 지금껏 이곳을 통과해간 중에서 가장 좋은 친구들이다. 좋은
장교와 온순한 병사들. 파견대를 내보냈기 때문에 현재 769명. 마닐라
전全 지역에 걸쳐 식량사정이 악화해서 더 이상 아무것도 살 수 없을
정도로 가격이 폭등. 콩은 한 포대에 1,125페소. 현재의 급여로는 이달
분으로 겨우 4포대 정도만 살 수 있을 뿐이다. 그래서 우리들은 더 많
은 전도금前渡金을 달라고 싸움을 계속했다. 체중 감소가 계속되어 4파
운드 줄었다. 현재 체중 142파운드. 허약해져서 환자가 되어 버렸다.
그러나 억지로 자세를 가다듬고 일을 계속했다.

● 9月 17日

굶어죽은 사람이 2명.

---

* 체스터 니미츠(Chester W. Nimitz, 1885~1966). 태평양전쟁 당시 미 해군 제독. 맥아더가 맡은 태평
양 남서부 해역 및 도서(島嶼)를 제외한 나머지 전역(戰域)의 최고지휘관. 미 해군 원수(元帥). 미드
웨이 해전을 승리로 이끌어, 진주만 이후 역전(逆戰)의 발판을 놓았다. 전쟁이 끝난 뒤, "미드웨이 해
전은 일본으로서는 16세기 말 조선의 이순신 장군에게 패배한 이후 최초의 대패로 끝났다"고 말한 것
으로 전해진다.

'병원'은 아니었다

검찰 측 : 이상으로 법정의 주의를 환기시키려고 한 이 일기의 낭독을
　　　　마칩니다.
재판장 : 이 일기를 증거로서 수리하고 기록의 일부로 한다.

뒤이어 일기의 제출자인 워터러스 중령에 대한 심문이 있으나, 거의
일기의 내용과 중복되므로 생략한다. 다만 흥미로운 점을 들어 본다면,

질문 : 당신은 빌리빗드에 수용되어 있는 동안 외부에서 무슨 일이 일
　　　어나고 있는지 아는 방법이 있었습니까?
답변 : 네, 있었습니다.
질문 : 그것이 어떤 것이었는지 말해 주십시오.
답변 : 나의 사무소(안경수리점) 종업원 한 사람이 안경을 수용소 내에
　　　반입하는 허가를 일본군으로부터 받고 있었습니다. 그래서 나
　　　는 그녀와 얘기를 했습니다. 그녀는 일주일에 한 번 왔습니다.
　　　그래서 외부의 사정을 알 수가 있었습니다.
질문 : 그녀가 헤이즈 중령의 일기에 "정보부"라고 쓰인 인물이군요?

이렇게 정보 입수의 경로라든가, 그들이 홍 중장이나 사무소 사람
들을 어떻게 보고 있었는가 하는 점 등을 묻고 있다.

질문 : 그(홍 중장)의 공식 지위가 무엇인지 알고 있었습니까?
답변 : 우리는 그가 모든 수용소의 사령관이라고 알고 있었습니다.

질문 : 누가 그렇게 말했습니까?

답변 : 사무소의 일본사람이었습니다.

질문 : 그 사무소의 책임자로부터였습니까?

답변 : 구보다 씨로부터였습니다.

질문 : 그는 일본 사령관의 통역이었습니까?

답변 : 그렇습니다.

홍 중장은 병참감이므로, 워터러스 중령의 인식 방법은 엄밀하게 말하면 옳지 않다. 앞에서도 말한 것처럼, 홍 중장은 수용소에 전념해 있던 것은 아니다. 그리고 같은 오해를 헤이즈 중령도 하고 있다. 그렇게 되면 도대체 헤이즈 중령은 일본군의 실태를 어디까지 올바르게 인식하고 일기를 썼는지가 문제가 된다. 그의 머릿속에 있던 것은 당연히 미군의 편성編成이며, 그 때문에 일본군도 같은 편성으로 보고 있었던 것일까? 워터러스 심문에서 우선 느껴지는 것은 그 문제이다.

앞에서 그의 일기는 하나의 '기록문학'으로서 귀중하다고 말했다. 분명히 그것은 수용소 내에서 미국인이 스스로 그 실정을 기록했다고 하는 점에서, 말하자면 1차 자료로서 무엇과도 바꿀 수 없는 가치를 갖고 있다. 물론 극도로 쇠약해진 그가 짧은 시간에 어쩌면 불완전한 등불 밑에서 눈을 앓아 가면서 썼기 때문에 의미가 불명한 곳도 많다.

또 어느 나라 군대에도 그 군대 바깥에서는 통용되지 않는 약호略號가 있고, 그것이 무엇을 의미하는지 지금에 와서는 알 수 없는 점도 있다. 그러나 문제는 그뿐만이 아니다. 귀중한 가치를 지니고 있는 것만은 확실하지만, 그것은 그가 일본군이라는 것의 실태를 꿰뚫어 보고서 그것을 정확하게 기록했던 것은 아니다.

관계자의 이야기를 종합해 보면, 우선 그가 큰 사실을 오인하고 있었다는 것을 알 수가 있다. 무엇인가 하면, 빌리빗드 수용소 – 지금까지 당연한 일처럼 빌리빗드 병원 수용소라고 쓰인 이 수용소가 앞에서도 말한 것과 같이, 사실은 그가 믿고 있었던 것 같은 '병원'은 아니었다는 사실이다.

그렇다면 도대체 무엇이었던가? 모든 사람이 병원이라고 생각하고, 병원으로 취급되고, 병원으로서 기능하고 있지 않았는가? 누구나가 그렇게 생각할 것이다. 사실 그대로이지만, 그러나 명목상으로는 '병원'이 아니었다. 일본군에는 포로용 병원이 없었던 것이다. 그 방식의 배후에 있는 것은 몇 번이나 말했던 것처럼 "제네바조약을 비준하지는 않는다. 하지만 제네바조약의 정신으로 일한다"는 방식, 그것과 똑같은 일본군 나름대로의 독특한 방식이었을 것이다. 말하자면 "빌리빗드는 수용소이지 병원은 아니다. 그러나 병원을 운영하는 것과 같은 정신으로 일한다"는 것이다.

따라서 '원장의 권한'을 갖는 사람은 없다. 그것이 어쩔 수 없이 지휘관에게, 오다시마 증언과 같은 애매한 무책임 상태를 가져왔다. 그것이 일본인 관리자가 모두 무능한 것처럼 기록되고 있는 "헤이즈 일기" 배후에 있는 실태지만, 그것에 대해서는 홍 중장의 재판에 관련된다고 생각되는 부분에 한해서, 다음 장에서 기술하기로 한다. 왜냐하면, 그 실태가 '증거'로서 법정에 제출된 것이 아니라, 그 때문에 검찰 측이 오히려 '구형求刑'에 있어서의 '결정적 단서'를 놓친 감이 없지 않기 때문이다.

제20장

지휘권指揮權

"몇 사람 쳐 죽였나?"

현재로서도 수용소 관계자로부터 그때의 실정實情을 듣는다는 것
은 상당히 어렵다. 그리고 예를 들어, 이야기를 해주어도 이름을 밝히는
것은 끝까지 거부하는 게 보통이다. 어떤 종류의 '실정實情'이 활자화되
는 것에 대해, 전범 문제나 옛날의 동료에 대한 배려 등 여러 가지 면에
서 커다란 저항이 있는 게 오히려 당연할 것이다. 전범 문제는 당사자나
관계자에게 있어서는 여러 가지 면에서 건드리고 싶지 않은 문제이고,
굳이 거론을 하더라도 이름만은 밝히고 싶지 않은 것도 이상할 게 없다.
따라서, 이하에 "관계자의 얘기를 종합해 보면…" 하는 형태로 그것을
쓸 수밖에 없다.

물론 전후 30년이 지난 증언의 '기록'은 그 증언이 그 사람에게 있
어서는 얼마만큼 '진실한 토로'일지는 몰라도, 그것이 그대로 당시의 객

521

관적인 사실이라고 말하기는 힘들 것이다. 인간에게는 누구나가 자기정당화가 있기 마련이다. 동시에 그 증언을 지금 들어보았자, 홍 중장의 재판이라는 문제에는 직접적으로 관계가 없다. 무슨 말인가 하면, 재판기록 이외는 본서本書와는 관계가 없는 셈으로, 지금 증언을 하고 그것이 옳다고 확증될 정도라면 30년 전에 법정에서 왜 그것을 증언하지 않았는가, 지금 그것을 말해 보았자 이미 아무런 의미도 없다는 견해가 성립된다.

따라서 지금까지는 '홍 중장의 처형'이라는 문제를 어디까지나 재판기록과 그것에 따른 당시의 기록에 한정시키고, 그 증인의 30년 후의 재증언에는 귀를 기울이지 않는다는 식으로 진행해 왔다. 그러나 앞 장에서 쓴 것처럼 "헤이즈 일기"는 어디까지나 그 시점에서, 또 포로 측에서 본 진실이고, 따라서 그가 그릇된 전제에 서서 대상을 보고 있지 않다는 증거는 없다. 그 한 예가 '빌리빗드는 병원인가 아닌가'의 문제이고, 그 점은 해명을 필요로 한다.

그러나 앞에서 말한 바와 같이, 관계자는 "더 이상 그 문제는 건드리고 싶지 않은 것이다." 이유는 전기前記한 것 이외에 다음 두 가지가 더 있다. 하나는 주로 신문이 창작해낸 '전후戰後 신화神話'로, 이미 그것은 현재로서는 '엄연한 사실'이 되어 있고, 그에 대해서는 무슨 말을 해도 소용이 없으며, 아무도 자신이 하는 말을 믿어주지 않는다는 절망감이다. 어떤 사람은 쇼크를 받았던 게, "같은 일본인에게서 '수용소에 있었다면서? 몇 명 쳐 죽였나?' 하는 말을 들었을 때"라고 말했는데, "헤이즈 일기"를 읽어 보면 그 실정은 "몇 사람 쳐 죽였나?"로 표현되는 상태와는 전혀 다른 상태였다는 사실을 알 수 있을 것이다.

따라서 그런 식의 질문에 대해서는 뭐라고 대답할 수가 없다 해

홍
사
익
중
장
의
처
형

도 이상할 것은 없다. 닥터 노기도 그러한 질문을 받았다고 관계자는 말했는데, 그 질문에는 그 자신 어떤 대답도 할 수가 없었을 것이다. 그래서 그러한 전제를 갖고 하는 취재에는 아무 말도 하고 싶지 않다는 태도를 보이는 것이 오히려 당연하다. 간단히 말하자면, "헤이즈 일기"와 같은 내용을 일본인 관계자가 증언을 하면 다짜고짜 "거짓말이다"라고 부정당해 버리기 때문이다. 어떤 사람은 탄식을 섞어서 "그 점에서는 전쟁 중과 전혀 다른 데가 없습니다. 한 발자국도 진보된 구석이 없습니다"라고 말했는데, 정말이지 그 말대로인 것 같다. 한마디로, "귀축미영鬼畜美英"이 "귀축일본鬼畜日本"으로 변했다는 것뿐이다.

또 하나는, 전쟁 전 일본과 미국 간의 일반적인 생활수준의 격차가 고도성장高度成長 · 엔고円高 일본의 현대에서는 일정 연령 이하의 사람들에게는 전혀 알 수가 없게 되어서, 그 때문에 아무리 해도 "어째서 그러한 문제가 일어났는가?"를 이해할 수 없게 되었다는 사실이다.

"헤이즈 일기"에서 최대의 문제는 식량 문제이다. 확실히 수용소의 식사는 형편없었겠지만, 당시 필리핀에서 일본군의 일반적인 식사에 비해서 그다지 큰 차이가 있었다고는 할 수 없다. 확실히 헤이즈 중령은 '포로로서'라는 자신의 신분을 냉정하게 파악하고는 있지만, 그러나 '포로로서'라고 해도 그것은 미국인이 생각한 '포로로서'인 것만은 부정할 수 없다.

"식량이라는 점에서는 가령 아무리 우대를 해도 마찬가지였을 것입니다. 우리도 수용 당초에 참고를 위해 '미국 해군에서의 병원식단표'를 제출하게 했습니다만…" 하고 어떤 관계자는 말했다. 그리고 메뉴를 보고는 놀라 자빠질 뻔했다는 것이다. 무리도 아니다. 지금도 미국 해군 병원은 가장 호화판 병원의 하나인데, 그곳 메뉴와 보리밥 한 공기에 국한 그릇, 야채 한 접시인 일본군을 비교한다면 그 격차는 너무나 현격한 것이다.

따라서 일부 관계자는 내가 그 일기를 진실이라고 쓴 것에 대해 큰 불만들을 표명했다. 그 심정은 아마도 "우리가 그토록 정성껏 해 주었는데, 헤이즈 놈은 그런 소리를 했느냐?" 하는 것이리라. 그러나 그 사람조차도 "그렇다면, 당신이 지금 헤이즈 일기와 같은 말을 한다면 전후戰後의 일본인은 그것을 진실이라고 믿어줄 것 같습니까?"라는 질문에는 "믿지 않을 것"이라면서, 그런 점에서 진실이라고 한다면 그것은 인정하겠다고 말했던 것이었다.

그러나 그 점에서는 적어도 제3자가 그 일기를 읽는다면, 수용소 당국자는 그 나름대로 열심히 일했다고 생각하고, 미군 수용자에게 뚜렷한 악의를 갖고 있던 흔적은 없었다는 것도 알아차릴 수 있을 것이다. 그러나 당사자가 받아들이는 태도가 그것과 다르다고 해도 이상할 것은 없다.

일기의 '최저 부분'

그렇게 읽을 수 있는 것이 우리뿐만이 아니라는 것은 그 일기 덕택에 처형을 면한 사람이 있다는 사실에서 잘 나타나고 있다. 아이러니한 것은 그 사람의 재판에서는 그 일기가 변호인 측의 증거로서 제출되었다는 사실이다. 확실히 식량과 의약품의 부족이라는 문제는 있었으나, 그것을 수용소 당국자의 책임이라고는 할 수 없으며, '고의로 식량을 제한해서 그들을 학대하자'라든가, 또는 나치의 강제수용소처럼 의식적으로 굶어죽게 하려는 의도가 일본 측에 전혀 없었다는 것은, 헤이즈 중령이 반대의 형식으로 증언하고 있는 것과 마찬가지이기 때문이다.

홍 중장의 경우는 그것을 검찰 측이 제출하고, 더구나 그 가운데서 홍 중장을 유죄로 고발할 수 있는 부분만을 낭독하고 그 밖의 부분은 숨기고 있는 것이 분명하다. 그것은 "야마시타 재판에서의 홍 증언"의 인용 방법을 보아도 명백하며, 여기에 제출되고 있는 것은 "헤이즈 일기" 속의 '최저 부분'일 것이다. 당시 미국 측 책임자는 그 시점에서 기술의 '최저 부분'을 끌어낸 것이고 그 이하의 상태는 "헤이즈 일기"에는 기록되어 있지 않다고 보아야 할 것이다. 그 점에서 어떤 관계자는 그 일기의 발췌를 "그 이하의 상태는 없었다고 하는 최저 상태를 나타내고 있는 진실"이라는 의미의 말을 했는데, 이것이 올바른 지적일 것이다.

그리고 빌리빗드 수용소가 필리핀의 수용소들 가운데에서 최저였다는 것은 관계자 모두가 인정했다. 이유는 여러 가지가 있었다고 생각되지만, 그 수용소는 일종의 병참 숙사와 같은 역할을 하고 있었다는 점에도 있을 것이다. 말하자면, 많은 포로들에게 있어서는 '일시적인 숙소'이기는 했어도, '주거住居'는 아니었던 것이다. 그런 류의 수용소는 전후 미국이 만든 칸루반 수용소*, 즉 "제1콘(제1콘파운드의 약자)"**이라고도 불린 그곳에서도 일시적인 수용, 선박 대기, 타 수용소에로의 이동을 위한 숙박 등을 하고 있었다.

---

* 종전 후 미군이 필리핀에 설치한 포로수용소의 하나. 필리핀 전역(戰域)에서 미군의 포로가 된 일본군 및 군속은 약 12만 명으로 추산되는데, 미군은 이 가운데 2만 명을 전범 용의자로 지목하고 칸루반 수용소에 별도 수용한 뒤, 예비심문을 시작했다.

** compound. 원래는 수용소 또는 교도소의 구내(區內)를 의미하지만, 각각의 수용소를 가리키는 말로도 쓰인다. 예를 들면, 거제포로수용소 62컴파운드.

빌리빗에서도 그랬지만, 그 때문에 인원의 팽창과 수축이 쉴 새 없이 있었고, 내부는 항상 혼란스러웠다. 일반 수용소는 전후이든 그 당시든 어딘가 좀 더 차분한 주거 같은 느낌이 있었고, 모두가 어떤 방법으로 환경 정비나 밭을 가꾸고 있었다. 다만 "제1콘파운드"는 병원을 겸하고 있지는 않았다. 당시의 일을 생각해 보면, 그곳이 병원을 겸했더라면 그 관리자가 일본인이든 미국인이든 상당히 혼란스럽고 소란스러웠을 것이다.

그 점에서 그곳의 일본인 관리자는 개인적으로 보았을 경우, 헤이즈 일기의 기사에 근거를 둔 인상만큼은 무능하지 않았다고 생각된다. 문제는 그 조직과 권한이라는 점에 있었다고 생각된다. 그게 특히 강하게 나타난 것이 병원일 것이다. 누차 말한 바와 같이 빌리빗 병원 수용소는 사실은 병원이 아니고 보통의 수용소이며, 다만 "병원처럼 운영되고 있었다"는 데 불과하다. 그것은 결국 법정에서는 밝혀지지 않았지만, 만일 밝혀졌다면 그것에 관한 검찰 측의 논고도 피고 측의 반론도 또한 모두 허구가 되어 버려서 재판관은 점점 더 뭐가 뭔지 모르게 되었을 것이다.

무슨 말인가 하면 군대에는 연병휴練兵休, 승마휴乘馬休, 취침, 입실, 입원과 같은 기초적인 진단 구분이 있었다. 그 내용은 대개 '읽는 그대로'의 뜻인데 이 경우에 문제는 입실과 입원에 있다. 이러한 진단 구분은 아마도 서구 군대의 모방으로 헤이즈 일기에도 "SIQ(입실)" "SIH(입원)"과 같은 단어가 자주 등장한다. 다만, 그 경우에 일본이나 미국의 어느쪽이든 환자의 용태에 대해서 군의관이 내리는 판단의 문제인데, 지휘계통에서 보면 양자의 구분은 완전히 다른 것이 된다. 그것은 일반 가정에 있어서의 자택 요양과 입원과의 차이와 매우 비슷하다.

한편 병실의 정비, 급여, 간호 등은 가정家庭의 책임이고, 의사는 그곳에 왕진往診을 와서 진찰과 진단을 하고 필요한 처치와 조언을 할 뿐, 가정이 그것에 따르지 않더라도 강권强權을 행사하여 따르게 할 수는 없다. 따라서 만일 그 지시에 따르지 않아서 환자가 죽더라도 그것은 왕진을 한 의사의 책임이라고 할 수는 없다.

그러나 입원을 하면 사태는 달라진다. 그 환자의 관리는 의식주에서부터 일상적으로 앉고 눕는 행동까지 병원이 책임을 지는 것으로, 만일 환자를 아사餓死시킨다면 그때까지 일체의 책임을 병원장이 져야 하는 것이다. 말하자면 일반 사회에서도 그 환자에 대한 '지휘계통'과 그것에 근거를 둔 책임의 소재는 다르지만 군대에서는 그것이 엄연하게 달랐다.

이 경우 입실까지는 부대에게 책임이 있다. 입실이란 부대 본부 소속의 의무실에 있는 병실에 일시적으로 들어가는 것으로서, 그것은 중대中隊에 두는 것이 무리한 경우라든가, 며칠이 걸리는 검사라든가, 입원까지의 응급처치라든가를 위해 있는 병실이고, 그곳에서 환자는 부대장의 지휘하에 놓이며, 말하자면 '가정의 병실'과 같은 상태로서 군의관의 위치는 왕진하러 오는 의사의 위치이다.

그러나 입원을 하게 되면 사정은 완전히 달라져서 환자의 의식주는 모조리 병원 측의 책임이고, 동시에 지휘계통도 달라져서 입원 환자의 부대장이라 하더라도 직접 그에게 명령을 내릴 수가 없다. 그것은 일본군에서도 엄격했다. 어떤 관계자는 다음과 같은 이야기를 들려주었다. 바탄에서 전멸한 부대 소속으로 중상을 입고 입원한 생존자 – 장교라고 생각되는데 – 에게 그 부대의 상급 지휘관이 소위 면회자로 와서 자결을 권고했다. 군의관이 그 말을 듣고 화를 내며, "부대장이라고 하더라도 멋대로 병실에 들어와 군의관을 무시하고 지시를 내리는 것은 허용할 수 없다"라며 쫓아냈다고 한다.

말하자면 입원 환자란 원장의 지휘 감독을 받아야 하는 것이며, 다른 사람이 간섭하는 것은 엄밀하게 말하면 통수권, 즉 지휘권의 문제가 되는 것이다. 그런 종류의 권한과 책임이라는 문제는 미국 쪽이 일본보다 명확하고 또 엄격했겠지만, 일본에서도 엄격하지 않았던 것은 아니다. "그렇다면 빌리빗드에서의 '입원'은 진단 구분에서는 어디에 해당되는 것입니까?"라는 나의 질문에 대한 관계자의 대답은 "엄밀하게 말해서 입실이지 입원은 아닙니다"였고, "닥터 노기의 위치는?"에 대해서는 "부대 전속 군의관입니다"라는 것이었다.

이것을 머리에 넣고 "헤이즈 일기"를 읽으면, 그간의 사정을 잘 알수가 있다. 예를 들면 닥터 노기가 "야채는 충분히 보급 받고 있는가?" 하는 의미의 질문을 하고, 여기에 대해 헤이즈 중령이 화를 발끈 내며 쏘아붙이는 장면이 있다. 헤이즈 중령 쪽에서 보자면, 닥터 노기는 '원장' 이며, 야채와 그 밖의 보급도 그의 책임이다. 그런 책임이 있는 자가 쥐꼬리 만한 보급을 해주고서 태연하게 그 따위의 질문을 하고 있다니, 이런 무책임한 녀석이 어디 있는가 하는 분노가 분명히 그 배후에 도사리고 있다. 그리고 읽는 독자도 왜 그런지 똑같은 기분이 들 것이다.

그러나 닥터 노기는 부대 전속 군의관이고, 말하자면 왕진을 온 의사인 것이다. 그 의사가 "야채는 충분히……"하는 질문을 했다고 해서 이상할 것은 없다. 또 헤이즈 중령이 무슨 말을 하든지 간에 그것은 '왕진 온 의사가 환자의 음식물에 대한 불만'을 듣는 것과 같은 태도로 듣고 있어도 그것은 당연하다. 왕진 온 의사는 일단 그 불만에 귀를 기울이고, 자신의 의견까지도 포함해서 가족에게 그것을 전달하는 이상의 일은 할 수가 없다.

다시 읽어보면, 닥터 노기의 태도는 분명히 그런 것이고, 그렇게 생각하면 그의 태도나 행동이 조금도 부자연스럽지 않고 무책임하지도 않다. 하지만 그는 '병원을 운영하는 정신'으로 그것에 대처하지 않으면 안 되었을 것이다. 그러한 기묘한 상태에 놓이게 되면, 그것이 누구든 간에 닥터 노기와 같은 태도를 취하지 않을 수가 없게 될 것이다. 그래서 관계자는 헤이즈 중령의 그에 대한 '비난'을 매우 동정적으로 생각하고 있었다.

더욱 흥미로운 점은 포로 가운데는 헤이즈 중령보다는 오히려 닥터 노기에게 친근감을 갖고 있던 사람이 많았던 것 같다는 사실이다. 그와 비슷한 예는 세인트 토마스 수용소에도 있었으며, 그곳에서 일기를 쓰고 있던 이즈라 코필드는 "잽"에게 지금까지도 친근감을 지니고 있는데, 당시의 영국 및 미국의 관리자에게는 오히려 증오 비슷한 감정이 남아있다는 것을 그 일기의 편집자에게 털어놓고 있다.

같은 현상이라고 생각하는데, 너무나도 냉정하게 질서와 존엄을 중시해서 엘리트다운 자세를 최후까지 무너뜨리지 않았던 - 거기에는 '질서의 유지자'라고 하는 책임감이 있었으리라고 생각하지만 - 그는 일본인으로부터도 동포로부터도 친근감을 받지 못했다는 게 사실일 것이다. 왜냐하면, 나중에 스가모巢鴨*에 수용된 관계자에게 헤이즈 중령을 고발하는 편지가 미국인 수용자로부터 보내져 왔기 때문이다.

그리고 앞 장에서 쓴 것처럼 항만 수용소의 포로들이 일본군에게 감사장을 보내려다가 헤이즈 중령이 이것을 만류했다는 기술이 있는데,

---

* 도쿄에 있던 형무소. 1895년에 세워졌으며, 종전 후 연합군최고사령부(GHQ)가 접수해 전범 용의자들을 수용했다. 도조 히데키 등이 이곳에서 처형됐으며, 다수의 전범들이 복역했다. 1971년 철거됐고, 현재는 선샤인시티가 자리하고 있다.

그와 마찬가지로 내심으로는 깊이 일본군에게 감사를 느낀 사람들이 빌리빗드에도 있었다는 것을 부정할 수가 없다.

"헤이즈 일기" 덕분에 처형을 면해 중노동 25년을 선고받고, 다시 포로들의 운동으로 감형된 사람도 있다. 다만 그것과 관련된 편지를 읽어보면 헤이즈 중령과는 반대로 상대방이 '오해'를 해서 깊은 감사의 뜻을 표하고 있는 사례도 있다. 문화의 차이라는 것은 참으로 재미있다, 라기보다는 오히려 곤란한 것이라고 할까.

그 하나로 종군목사 윌콕스 씨의 열렬한 감사를 들 수 있을 것이다. 관계자는 "그와는 거의 대화도 나눈 적이 없는데, 왜 그렇게 감사를 받아야 하는지 모르겠다"고 말하고 있었는데, 그 이유는 일본군이 교회를 세워주고 예배에 전혀 간섭을 하지 않았다는 데 있는 것 같았다. 그들의 입장에서 보자면, 광신적이라고 생각하고 있던 일본인이 천만뜻밖에도 수용소 내에서 '신앙의 자유'를 보장해주었다는 것일 것이다. 그 '관용'이 아마도 종군목사에게 있어서는 평생 잊을 수 없는 감동으로서 나치나 소비에트의 수용소에서는 도저히 생각할 수 없는 '은전恩典'으로 느꼈을 것이다.

그러나 전쟁 전의 일본을 생각한다면, 교회를 세워 주었다는 일본인의 발상은 전혀 다른 것이었을 것이다. 간단히 말하자면, '미국인의 절'이라는 발상일 것이다. 이곳은 병원이고, 병자病者와 사자死者 - 검시를 위해 - 는 이곳으로 보내져 온다. 그 때문에 끊임없이 사람이 죽고 묘지가 생긴다. 묘지가 있으면 절이 있어야 당연하고, 그들은 그리스도교 신자니까 그리스도교의 절과 중이 있는 것이 당연하다.

죽은 사람에 대한 의례라는 점에서 전쟁 전의 일본인은 지금보다 엄격했으며, 종군승從軍僧이라는 제도가 일본에는 없었다고는 하지만,

각 부대의 승려 출신 병사가 졸지에 군복 위에 가사를 걸치고 전사자와 병사자를 위해 독경을 외우고 나서 매장하는 광경은 어느 부대에서나 볼 수가 있었다.

따라서 '묘지와 교회'의 병존은 당시의 일본인에게 있어서는 극히 상식적인 일이었고, 그렇게 한 것이 왜 그토록 감사를 받아야 하는지 당사자에게도 이해가 가지 않는 것이다. 그것이 일종의 '오해'라고는 하지만, 이상과 같은 점에서도 그 일기는 변호인 측의 증거로서 제출되는 쪽이 오히려 어울리는 것이었다. 따라서 그것을 검찰 측이 선수를 쳐서 제출하지 않으면 안 되었다는 점에 당시 수용소의 실태實態가 있었다고 생각해야 할 것이다.

'천우신조天佑神助'

그러나 지휘권과 책임이라는 점에서 보면 그 일기는 너무나 큰 문제점을 포함하고 있다. 간단히 말해서 그것이 병원이 아니고 이른바 '전숲 수용소를 위한 병실'이라고 한다면, 그곳으로의 인원의 이동은 모두 '부대 내'의 이동이 되어 버린다. 그렇게 되면, 현실적으로는 해군 부대, 대본영 직할부대 등 14방면군의 지휘하에 있지 않은 수용소에서도 그곳으로 '입실'을 해오게 된다. 실제로 자주 그 이름이 등장하는 파사이 수용소는 해군의 수용소이고, 무토 참모장의 수기 〈필리핀 전투의 실상〉에서도 밝혀진 것처럼, 육해군 쌍방의 '통수권' 다툼은 그야말로 신경질적이고 소아병적이었다.

그렇다면 파사이와 빌리빗드 사이를 포로가 자유롭게 이동하고,

더구나 그것이 '입원'이 아니라고 한다면, 그것은 육해군에서 수용소의 지휘권은 별개였다는 주장과는 모순이 된다. 말하자면 "포로는 모두 홍 중장의 예하에 있고, 작업의 필요에 따라 각 수용소에 파견되어 있었을 뿐이며, 그 증거로 환자는 자동적으로 빌리빗드 수용소에 입실하고 있지 않은가?" 하고 공격하면 반론의 여지가 없어져 버린다.

게다가 이동에 있어서 각자에 대한 인사권을 실질적으로 헤이즈 중령이 쥐고 – 일본 측으로부터 거부당한 일도 있지만 – 있었다면, "지휘권이 달라지면 포로에 대한 지휘도 달라진다"고 하는 일본 측의 주장은 성립이 되지 않으며, 짓궂게도 제네바조약대로 실행한 것이 되고 만다. 그러나 그렇게 되면, 실질적으로는 홍 중장의 지휘권이 미치고 있지 않았던 모든 수용소의 모든 사건은 몽땅 홍 중장의 책임으로 소급되어 올라오게 되는 것이다. 그렇다면 도대체 어떻게 되어 있었는가? 관계자는 이렇게 말했다. "일본군은 그렇게 법적이고 조직적인 것은 아니었지요." 바로 그 말대로다. 따라서 오다시마 증언이든 헤이즈 일기든 간에 법적으로나 논리적으로나 그 조직을 규명하고 책임의 소재를 명확하게 하려고 들면, 최종적으로는 뭐가 뭔지 알 수가 없게 되어버리고 만다.

그것은 현재의 일본에서도 마찬가지일 것이다. 예를 들면 교육 문제가 그 사례일 것이다. 문부성文部省은 맥아더에 의해 법적으로는 '무권한'이 되었고, 교육은 교육위원과 교육장의 책임으로 돌아갔다. 그러나 그 책임이 '돌아갔다'는 것이 과연 실태實態라고 말할 수 있을까? 물론 말할 수 없다. "그렇다면…" 하고 묻는다면 무엇이라고 대답해야 좋을까?

그렇다면 그런 애매한 상태 속에서 상륙한 미군에게 포로 인도引渡가 어떻게 행해졌는가? 참으로 이상한 일이지만 포로 인도의 명령이 있었다는 것도, 그것이 무사히 행해졌다는 것도 전후에는 전혀 알려지지 않았다. 그것은 적어도 현재로서는 '자랑할 만한 인도적 조치'일 텐데, 그러나 관계자는 그 점도 역시 말하기를 꺼려하고 있었다.

이유의 절반은 앞에서 나온 "몇 명 쳐 죽였나?"라고 묻는 세상에서는 그런 이야기를 해도 소용이 없다는 생각과, 그 때문에 거짓말쟁이로 몰려 지금에 와서 새삼스럽게 이중의 고통을 받고 싶지는 않다는 것일 게다. 그와 동시에 "포로를 인질로 삼아 옥쇄를 해야 했을 텐데, 그것을 하지 않고 도망친 놈은 군법회의감이다"라는 풍조도 당시에는 있었고, 그런 식의 소문은 오랫동안 계속된 것 같다. 그 때문에 관계자는 그 쌍방으로부터 입을 열 수 없는 상태로 몰려서 그것이 지금까지도 계속되어 온 것이리라.

따라서, 그 점도 "관계자의 이야기를 종합해 보면…" 하는 식의 표현이 될 수밖에는 없는데, 우선 이하의 지적에 귀를 기울여야 할 것이다. 필리핀에서 포로 구출은 부하를 버리고 도망을 간 맥아더로서는 일종의 절대명령이었다. 부하도 "나는 반드시 돌아올 것이다"*라는 그의 말을 믿고 견디어온 셈인데, 이것이 "헤이즈 일기"에도 종종 "미군이 아직 오지 않는다" "아직 오지 않는다"라는 기술로 나타나는 이유인 것이다.

그래서 만일 이 약속을 어긴다면, 그의 명성은 땅에 떨어지고, 그의 코레히돌로부터의 '탈주'**도 다시 문제가 될 것이었다. 그것을 생각한다

제
2
0
장

지
휘
권

---

* 맥아더는 1941년 12월 일본군의 공격으로 마닐라를 황급히 탈출하면서, "I shall return!"이라는 말을 남겼다. 이 말은 "노병은 죽지 않는다…"와 함께 맥아더의 대표적인 어록으로 남았고, 훗날 영화 〈터미네이터2〉에서 아놀드 슈왈제네거의 "I will be back"이라는 대사로 패러디 되었다.

** 코레히돌은 마닐라만(灣) 입구의 작은 섬으로, 필리핀 주둔 미 육군은 그곳에 반영구적인 방어요새를 구축했다. 루손 섬에 상륙한 일본군이 바탄반도를 점령하고 이곳을 압박하자, 맥아더는 호주로 탈출했고, 방어군 사령관 웨인라이트는 항복했다. 종전 후 마닐라의 항복조인식에 나타났다는 웨인라이트가 바로 그다. 맥아더의 탈출은 미국 육군성의 지령이었다는 설도 있다.

면 만일 '포로 인질작전=학살 사건'이 일어났을 경우, 그가 그것에 대해서 철저한 보복을 행할 것을 예상할 수 있다. "만일 그런 일을 했다면, 우리 모두는 이미 이 세상에 살아남아 있지 못할 것입니다"라고 관계자는 말했다. 동시에 그것은 전후의 맥아더의 대일 정책에도, 또한 미국의 대일 여론에도 커다란 영향을 미쳤을 것이라고 그는 말했다.

"미국인은 잊어버리기 쉽고, 영국인은 집념이 강하다고 간단하게 말하는 사람들이 있는데, 나는 그렇게는 생각하지 않는다. 만일 일본군이 눈이 뒤집힌 참모들의 말대로 했더라면, 그리고 그곳의 생존자들이 되풀이해서 그 이야기를 한다면, 그들도 도저히 그렇게 쉽게는 잊어주지 않았을 것이다."

영국과 미국 사이의 전후戰後 대일감정의 차이에는 여러 가지 요소가 있다는 것을 부정할 수 없으나, 그 일부가 콰이강江 수용소*와 필리핀 수용소의 차이에 있었다는 것도 부정할 수가 없을 것이다.

포로 인도引渡의 명령은 1944년 11월경, 홍 중장으로부터 극비리에 수용소 최고책임자에게 전달되었다고 한다. 일종의 비밀명령이었던 셈인데, "군의 수뇌는 (이 명령이) 외부에 새어나가서 사기가 저하되는 것을 두려워한 것이겠지요. 사실 그 말을 들었을 때, 나도 '아, 군의 수뇌는 패전을 예상하고 벌써 전후 처리를 생각하고 있구나' 하고 생각했습니

---

* 태국과 미얀마의 경계가 되는 콰이강에 철교(鐵橋)를 놓기 위해, 일본군은 영국군을 비롯한 연합군 포로들과 현지 주민들을 강제노동에 동원했다. 태평양전쟁 전 영국이 다리 건설에 7년이 걸릴 것이라 예상했지만, 일본군은 1년 만에 완공시켰고, 엄청난 인명이 희생됐다. 윌리엄 홀든 주연의 영화 〈콰이강의 다리〉는 이 사건을 소재로 한 것이다. 당시 일본군 군속으로 일했던 조선인 오행석의 기록도 남아 있다.

다"라고, 그 관계자는 말했다.

"1억 옥쇄"로서는 그러한 명령이 나올 수가 없기 때문이다. 그 명령은 확실히 충실하게 실시되었다. "그러나 그것은 천우신조天佑神助였습니다. 물론 홍 중장의 엄명嚴命이 있었다는 것이 전제이기는 합니다만…" 하고, 그 사람은 말을 이어 나갔다. 홍 중장의 엄명이 있었기 때문에 그 명령이 실행될 수 있었던 게 '천우신조'였고, 그것을 실행한 사람이 군법회의를 운운하였다는 것은 전후의 상식으로 생각하면 우스운 일일 것이다. 그러나 여기서도 지휘권이라는 문제가 대두되는 것이다.

누차 말한 바와 같이 홍 중장은 병참감, 즉 자활감이었고, 미군 상륙 후의 급한 임무는 장기전을 실행하기 위해 그 기지를 동부지구 3개 주州와 산악지대 주州에 만드는 것이었고, 동시에 전투가 개시되면 전선에 대한 보급을 혼자서 떠맡지 않으면 안 될 위치에 있었다. 그것은 이미 밤방의 지휘소에서 바레테파스에 대한 보급을 지휘한 장면에서 기술했으나, 그런 경우 당연한 일이지만 각 수용소는 홍 중장과의 연락이 끊기게 되는 것이다. 그럴 경우 통상적으로는 그것이 소재하는 지구地區의 병단兵團 지휘하에 들어가는 것인데, 가령 그러한 배속 명령이 없어도 그것과 마찬가지 취급을 받는 것이 보통이었다.

그것에 대해서는 〈작전요무령〉의 "전항前項의 부대(지휘계통을 달리하는 부대)가 우연히 동일지구에서 전투를 하는 경우에 있어서는 그 지구에 있는 고급 선임의 지휘관이 그 지휘를 맡는다"는 것이 적용된다. 따라서 수용소의 소부대가 다른 사단과 "동일지구에서 전투를 하는" 상황에 부딪친 경우는 그 사단장의 지휘를 받게 되고 만다. 그렇다면, 그 사단장이 "포로를 인질로 삼아 그것을 전멸시켜서라도 그 지점을 사수하라"고 한다면 어떻게 될까? '천황의 옥새'가 찍힌 〈작전요무령〉의 이 조항에 따르면, 이를 거부하면 항명죄가 될 것이다. 실제로도 그런 문제가 일어났었으며, 여기에 관계자의 '천우신조'라는 말이 나오는 이유가 있는 것이다.

맥아더의 초조감

'관계자의 증언을 종합해 보면…', 결과적으로 보아 그것을 가장 원만하게 행한 것은 카바나투안 수용소였다. 그 방법은 매우 간단한 것으로서, 미군이 접근해 오자 수용소장인 모 중좌 이하는 포로를 방치해 둔 채 철수해 버렸다. 이것이 바로 "적전敵前 도망이다!" "군법회의 감이다!" 하고 비난받고 규탄 받은 이유로, 관계자가 이름을 밝히지 않는 이유 중의 하나다.

그러나 냉정하게 생각해 보면, 홍 중장의 엄명을 실천에 옮기는 데에는 그것이 최상의 방법이었다고 생각된다. 왜냐하면, 당시의 일본에는 영어를 할 수 있는 사람이 거의 없었고, 미군과 연락을 취할 수단도 없었다. 또 포로는 방치해 두어도 "헤이즈 일기"에서 볼 수 있듯이 원래 그들은 '자치自治'를 해왔고, 군대적이고 계급적인 질서를 유지하고 있었으므로 그대로 놔두면 백기나 성조기를 걸어 연락을 취할 것이다.

동시에 수용소 자체는 비밀 시설이 아니라, '전 주민이 미군의 스파이'였던 루손 섬에서는 그 실태를 그들은 완전히 파악하고 있었다. 그래서 일본군이 잠자코 철수만 한다면 아무런 문제도 없이 자동적으로 '포로 인도'가 되는 셈이다.

그 점에서 로스바니요스는 약간 문제가 있었다. 아마도 맥아더가 포로 구출을 지나치게 서두르고, 동시에 '인질 항전, 전원 학살'에 대한 의심에 사로잡혀 있었으리라. 그렇기는 하지만 그 경과를 조사해 보면, 그들이 거의 완전하게 수용소의 실태를 파악하고 있었다는 것을 알 수가 있다. 그들은 실로 교묘하게 낙하산 부대와 탱크를 갖고 다짜고짜 수용소를 습격했던 것이다.

앞에서 언급한 이즈라 코필드는 그것을 완벽한 작전 때문에 당황한 일본군이 도망쳤다고 해석하고 있는데, 일본 측은 그것을 기회로 홍 중장의 명령을 실행한 것에 불과하다. 그렇다고는 하지만, 그러한 기습은 자칫 잘못하면 거꾸로 포로를 희생에 말려들게 하는 결과를 가져올 수도 있다. 비꼬아 말한다면, 그렇게 되지 않은 게 '천우신조'였는지도 모른다. 그곳에서는 일본군 측에서 관계자에 대한 책임 추궁은 없었던 모양이다. 아마도 철저하게 항전한 뒤 철수한 것처럼 교묘하게 보고를 했던 것이리라. 이것은 나의 상상이지만.

'지휘권의 소재'라는 문제가 가장 첨예한 형태로 나타난 것은 세인트 토마스 수용소의 경우이다. 관계자의 이야기를 종합해 보면 빌리빗드는 철수하고 마닐라 부근의 포로는 그곳에 집결했던 것 같다. 소장所長인 Z중좌는 미군 탱크의 접근을 알고는 카바나투안과 마찬가지로 철수를 했다. 그런데 그것이 마닐라를 방위하는 어떤 부대에 발견되었다. 관계자는 그 부대가 후지 병단富士兵團이 아닐까 하고 말했으나, 당시의 마닐라에서 그 부대가 어느 사단에 속하는 부대였는지는 관계자가 그 이상 밝히지 않는 이상 현재로서는 판정이 곤란할 것이다.

어쨌든 그 부대로부터 - 아마 참모 명령이었을 것이다 - "명령 없이 철수하다니 무슨 일인가?" 하는 질책을 받고, 전원 원위치로 복귀해서 위치를 사수하라는 엄명을 받은 것 같다. 이 사수명령死守命令은 당연히 '인질 철저 항전'이 되고, 그것은 포로 학살, 전원 옥쇄가 될 것이다. 수용소장 Z중좌는 필시 그 '명령'과 홍 중장이 내린 명령의 모순을 어떻게 처리해야 할까 하고 고민했을 것이다.

이런 경우, 일본군에서는 결국 '내가 죽으면 될 것 아니냐?'고 하는 발상밖에는 할 수가 없게 된다. 그는 "전원이 돌아갈 필요는 없다"고 말하고, 불과 30명도 안 되는 부하를 데리고 세인트 토마스로 돌아갔다. 그리고 포로를 전부 3층에 올려 보내고 자신은 2층에 진陣을 쳤다. 미군이 접근해 왔으나 위협사격을 계속할 뿐 어떻게 손을 쓸 길이 없었다. 불과 30명이지만 결국 포로를 납치한 셈이니까, 더구나 전원 전사각오라는 것은 납치범이 승객을 죽음으로 동행하는 형태로의 전원 살해와 통하는 것이다.

그렇다고 하지만, Z중좌 자신은 '모순'된 명령의 해결을 위해 전원 전사의 형태로 포로만은 무사히 인도해 줄 생각이었는지도 모르지만, 그 해법은 미군에게는 이해될 수가 없다. 그렇게 되면 일본인의 특기인 '타협' 밖에는 달리 방법이 없는 것이다. "그들은 이상하다고 생각했을 것입니다"라고 관계자 중 한 사람이 말했다. "여하튼 마닐라는 전멸이어서 시체가 도처에 널려 있었는데, 그 속에서 완전히 고립된 일본군이 포로를 지키는 듯한 형태로 사수死守를 하고 있었으니 말입니다."

아마도 그 기묘함이 '대화'의 계기가 되었는지도 모른다. 그래서 미군 측에서 사절이 와서 교섭으로 들어갔는데, Z중좌는 포로 인도의 교환 조건으로서 일본군이 무사히 철수하는 보증을 요구했다. 그것으로 즉시 교섭은 성립될 것 같았지만, 미국이라는 나라는 어디까지나 법에 의해 유지되는 사회이어서 제안을 받은 지휘관은 다음과 같이 말했다고 한다. "그렇다면 국지局地 정전협정의 체결이 된다. 나에게는 그런 권한이 없기 때문에 총사령관에게 연락을 해보지 않고서는 가부간의 대답은 할수 없으니, 곧 연락을 해주겠다."

　말하자면, 자연 휴전休戰과 같은 상태로 해 두고, 맥아더에게 보고를 했다. 그때 맥아더는 뉴기니에 가 있었는데, 즉시 무전 연락이 되어 허가 명령이 내리고, 국지 정전협정이 체결되어 포로를 인도하고, 일본군 30명은 철수했다고 한다. 그러나 그것은 Z중좌의 월권행위라는 것으로 되어 – 확실히 법적으로는 그렇다 – 군법회의에 회부된다는 소문이 퍼졌었다고 한다.

　재미있다고 하면 어폐가 있겠지만, 여기서 Z중좌는 포로를 인도하는 대신에 '무사武士의 온정溫情'을 기대했을 것이다. 상대방에게 그것이 통한다면 철수를 묵인하게 되고, 증거는 남지 않는다. 그 다음에 적당히 치열한 전투를 한 것처럼 보고를 하면 만사가 해결되는데, 국지 정전협정에 서명했다고 하면 그것은 어느 나라에서나 큰 문제인 것이다. 전선의 일개 부대장이 총사령관의 허가도 없이 멋대로 국지 정전 협정에 서명 같은 것을 하면, 군대는 성립될 수가 없게 된다.

　그런 짓을 했다가는 어느 나라에서나 군법회의감일 것이다. 그 때문인지 그 일도 모두들 입을 다물고 이야기를 하려 들지 않는다. 그런데 그 이야기가 나온 계기는, 사실은 나의 "당신은 종전 때 어디 있었습니까?" 하는 평범한 질문이었다. 나로서는 산악지대 주州인 토칸이라든가 프로그산 가까이에 있었다는 대답을 예상하고 있었는데, 뜻밖에도 대답은 "마닐라였습니다"라는 것이었다. "옛? 어떻게 종전까지 마닐라에…?" "사실은 정전停戰이 되어서…"라는 형태로 그 이야기는 시작되었던 것이다.

　미군이 그 국지 정전협정을 엄격히 지켰던 탓으로, 그 부대 부근만은 전혀 전투가 없었고, 무사히 종전을 맞이했다고 한다. 그것은 아마 태평양전쟁 중에 일본군이 맺은 유일한 국지 정전협정일 것이다. Z중좌의 월권은 결국 종전終戰으로 흐지부지되었지만, 만일 그 장소에서 쓰지 마사노부辻政信 같은 광적인 인간이 있었더라면, 그는 한 칼에 두 조각이 났을 것이다. 다만, 헤이즈 중령이 예상한 것과 같은 '총검을 지닌 무질서한 군중'과 같은 상태는 이곳에서는 나타나지 않았다. 그런 경우 일본군의 움직임은 우선 그 지휘관의 인격에 의한 것이지, 법적이고 조직적인 것에 바탕을 두고 있지는 않았다고 할 수 있을 것이다.

홍 중장의 인망人望

이상以上이 대체로 관계자가 말하는 "천우신조"란 것이다. 그것에 의해 어쨌든 간에 모든 포로는 무사히 미군에게 반환되었다. 그리고 이것이 전후戰後 일본 부흥에 대한 '천우신조'였는지도 모른다. 그러나 그 배후에 있던 것은 홍 중장의 지시와 명령의 철저함과 그것을 이룩할 수 있었던 통솔력과 덕망이었을 것이다. 그것이 없고 쓰지 마사노부적인 인간이 홍 중장의 위치에 있었다면, 이상과 같은 일이 일어날 가능성조차 없었다고 말할 수 있을 것이다.

그러나 이상스럽게도 전후에는 그 일을 아무도 모르고, 관계자도 또한 입에 담으려고 하지 않았다. 아니 그뿐만 아니라, 그 반대라고 할 수 있는 쓰지 마사노부 같은 인간이 신문에 의해 영웅으로 재등장하고, 참의원 의원까지 된 것이다.

이 점에 대해서도 관계자의 한 사람은 "30년이 지나도 그 점에서는 전혀 진보가 없다. 아니 더 어리석어진 것이 아닐까?" 하는 의미의 말을 했다. 사실 그 Z중좌가 "포로수용소장이었다고! 몇 명 쳐 죽였나?" 하는 질문을 받았다면, 정말 대답할 말도 없었을 것이다. 그러나 그것은 앞에서 말한 '첫째로 지휘관의 인격에 따른다'는 문제, 말하자면 지휘관이 '쓰지 마사노부 타입인가? 홍 중장─Z중좌의 타입인가?'로 모든 것이 달라지고, 그 사이에 전체를 규제할 수 있는 법적이고 조직적인 체제가 없었다는 큰 문제점을 나타내고 있다. 그것은 다른 면에도 나타나 있다.

이상以上이 대충 "헤이즈 일기"와 포로 반환에 관한 관계자의 증언이었는데, 그렇다면 포로에 대한 학대와 폭행은 전혀 없었느냐 하면, 그것은 반드시 그렇게만 말할 수 없다는 점에 문제가 있다. 이것은 각 수용소에 따라 상당히 큰 차이가 있었다고 생각된다. 말하자면 나치처럼 전체적이고 조직적이고 계획적인 의도적 학대는 없었지만, 그 수용소 책임자의 인품에 따라서 상당히 커다란 차이가 있었지 않았는가 하고 생각되는 면이 있다.

"헤이즈 일기"를 보면, 항만 수용소의 포로들처럼 참으로 규율 바른 일단─團이 있는가 하면, 파사이 수용소의 포로들처럼 "살아 있는 폐기물', ─ 조직도 없고 짐승으로 타락한, 지휘자 없는 로봇의 무리 ─ 대부분은 '인간'이 아닌 척수반사동물"이라고 묘사한 일단도 있다. 그리고 이 차이와 관계자가 말하는 각 수용소의 취급의 차이는 거의 비슷한 것처럼 생각된다. 사실 일본군에게 감사의 편지를 쓰고 싶다고 하며 헤이즈 중령을 찾아온 것은 가장 규율 바르다고 헤이즈 중령이 감탄한 항만 수용소의 포로들이다.

한편, 무엇인가 상당히 지독하게 언짢은 문제가 있다고 생각되는 것은 파사이 수용소다. 그곳은 해군의 수용소인데, 관계자 한 명을 남기고 그 나머지는 정글에서 모두 사망했기 때문에 실정을 알 수가 없다. 다만 그 한 사람은 무죄가 되었다고 한다. 뜬소문을 전혀 믿을 수 없다는 것은 관계자도 실정을 전문으로 들어서 밖에는 알지 못하기 때문에 자세히 알 수는 없지만, 그것을 종합해 보면 문제를 일으킨 관계자가 생존해 있지 않고, 나머지 한 사람이 완전히 입을 다물고 있다는 것과, 그 사람이 재벌의 후계자로 맥아더사령부에 특별히 운동을 해서 불문에 붙여진 게 아닌가 하는 것뿐이었다.

그러나 그것은 어디까지나 상상에 근거를 둔 추측이다. 다만 감사하고픈 것은 규율 바르게 인간성을 유지해 왔다는 것이며, 짐승처럼 변한 곳에 학대와 폭행이 있었을 것이라는 것만은 알 수 있다. 따라서 헤이즈 중령이 기록한 각 수용소별 포로의 상태는 그대로 그 수용소의 실태를 나타내주고 있었다고 생각해야 할 것이다.

그렇게 생각한다면, 각 수용소에서는 큰 차이가 있었을 것이다. 결국 그런 면에서도 일본군은 법적이고 조직적이지 못했고, 포로에 대한 취급은 전부 책임자의 '인격'에 일임되어 있었다. 그리고 그 점에서는 모든 사람의 의견이 일치하고 있었다. 다만 최소한 당시의 평균적 상식적 일본인에게는 일종의 무사도적 윤리관과 긍지가 있었으며, 그것에 바탕을 두고 포로를 대우했다고 할 수는 있다. 말하자면, 무기를 버리고 항복한 자에게 폭행을 가한다는 것은 '무사계급에 낄 수 없는 비겁자'가 하는 짓이라는 사고방식이다.

"헤이즈 일기"에 포로를 때린 "네눈이"를 닥터 노기가 꾸짖는 장면이 나오는데, 관계자의 이야기를 종합해 보면, 그것은 꾸짖는 것 이상의 엄벌이었다고 한다. 그러나 그것은 포로에 대한 동정이라든가 인도적 견지라든가 하는 것보다는, 오히려 '제국 육군을 등에 업고 저항할 수 없는 항복자를 구타하다니! 부끄러운 줄을 알라!'는 의도였을 것이다. 닥터 노기는 "네눈이"에게 "대검을 풀어놓고 포로와 일대일로 내 눈앞에서 싸워보라"고 말했다고 한다. 물론 "네눈이"에게는 그러한 용기도 능력도 없었다.

그러한 기풍氣風이 있었다는 것은 그 속에 몸을 담았던 나도 이해를 할 수가 있다. 다만 문제는 그와 같은 도덕률이나 상식이 주도권을 잡지 못하고, 쓰지 마사노부 타입의 허장성세虛張聲勢와 일방적인 유아독존唯我獨尊과 중상모략이 주도권을 쥐고, 동시에 그런 타입의 인간이 매스컴에서 영웅시된다는 점에 문제가 있었을 것이다. 그리고 그 앞에서는 법적이고 조직적인 원칙은 무력했다. 관계자가 말하듯이, 그 점에서는 전후 30년간 아무런 진보도 찾아볼 수 없었으며, 점점 더 악화되어 가고 있다고 해야 할지도 모른다. 그러면 여기서 다시 법정으로 돌아가 보자.

제21장

기하라 木原 증언

'조직組織의 책임자'

앞에서도 썼던 것처럼, 법정에서의 미국인 포로의 증언을 전부 기록하자면 너무나 방대한 양이 된다. 그러나 되풀이하고 되풀이해서 듣기 싫을 정도로 계속되는 이야기도, 요약하면 "헤이즈 일기"를 벗어나지 않으므로 생략하기로 하자. 또 앞 장에서 썼듯이 포로가 감사의 편지를 보내고 싶다는 수용소가 있는가 하면, 그 정반대의 수용소도 있으며, 그 사이에 법적 · 조직적인 통일성이 없다는 것도 또한 부정할 수가 없다.

그렇다면 그런 경우의 책임은 누가 져야 하는 것인가? 직접 손을 댄 '개인'이 짊어져야 하는가? '조직의 책임자'가 짊어져야 하는가? 모든 것이 개인의 인격과 그 도덕성에 의거하고 있다면 그 개인의 책임이 될 것이고, 통일적인 조직체를 형성하지 못했기 때문이라면 조직의 책임자가 짊어져야 할 것이다. 그러나 그와 같은 조직체를 구성하는 전통적 문화가 없는 나라에서 그런 종류의 문제를 후자後者의 책임이라고 한다면, 그것은 문화文化에 대한 심판이 된다. 그것을 인정한다면 미국 문화 이외의 문화는 인정하지 않는다는 결과가 될 수밖에 없다.

그러나 미국인이 그 문제에 대해서 깨닫기 시작한 것은 겨우 월남전 이후의 일로써, 그때까지는 이상과 같은 문제의식조차 없었다고 할 수 있을 것이다. 말하자면 일종의 미국 절대주의로 '미국의 이상理想대로(반드시 현실은 아니다)'가 아니면 모든 것을 '악惡'이라 단죄한다. 전쟁 재판의 문제점은 그 점에서도 거론되어야 할 것이다.

그 문제는 그 문제로서 일단 '조직의 책임자'의 책임이라고 가정하자. 그리고 하급자의 그러한 행위에 관한 증거 및 판결은 자동적으로 상급자의 재판에 대한 제1급 증거로서 채용된다는 원칙도 인정하기로 하자. 그러나 그렇게 되면, 그것은 자동적으로 지휘권을 갖는 상급자에게로 소급해가게 될 것이다. 그러면 현실적 문제로서 어디로 소급돼 가는 것일까? 모든 것이 홍 중장에게 소급돼 가는가? 아니면 포로가 배속된 부대의 상급 지휘관에게로 소급돼 가는가? 그렇게 되면 인격과 도덕성과 인간관계가 다양하게 작용하고 있는 상태에서는 그 결론이 나오지 않는 것이 당연하다.

따라서 홍 중장을 유죄有罪로 할 수 있는 법적인 근거가 없어진다. 물론 홍 중장 자신이 어떤 폭행을 행했다든지, 폭행을 행하도록 지시했든지가 명백해진다면 문제는 없지만, 아무리 전쟁 법정이라고 해도 그것을 증명하는 것은 불가능하고, 증거를 수집하면 그 반대를 증명하는 것밖에는 나오지를 않는다.

그렇게 되면 적어도 홍 중장이 어떤 조직적 폭행을 최소한 의도하고 조직화하고 있었다는 것을 증명하지 않으면 '조직의 책임자'에 대한 책임 추구는 불가능하게 되니까, 그 증명은 무슨 일이 있어도 필요하게 된다. 그리고 그것을 증명할 수 있으면, 다음에 그것을 실행에 옮긴다는 면에서 홍 중장이 어느 정도의 권한을 어느 범위까지 갖고 있었는지를 논증하지 않으면 안 된다.

그러나 그것은 상당한 난제일 것이다. 지금까지 여러 가지 면에서 추궁해 온 지휘권과 책임이라는 문제는 어떤 식으로 추궁해 가도 '일본 군이란 그러한 법적이고 조직적인 권한과 그것에 바탕을 둔 책임으로 성립되어 있던 집단은 아니었다'고 하는 결론에 도달하지 않을 수가 없기 때문이다.

따라서, 최후의 수단은 홍 중장 자신이 스스로의 권한과 책임의 범위가 어디까지라고 생각하고 있었느냐 하는 것으로, 그것을 판단하고 동시에 스스로의 '권한 내'라고 생각한 범위 안에서 어떤 방침을 갖고 있었는가를 추궁하는 수밖에는 방법이 없다. 이것은 상당히 우스운 일로써, 조직론과 인격론의 절충론처럼 되는데, 이것은 결국 책임 문제에서도 "오다시마 증언"에 나오는 "본인이 그렇게 생각하고 있다면 그렇고, 그렇게 생각하고 있지 않다면 그렇지 않은 것이다"라는 형태로밖에는 규정할 수 없다는 이야기가 된다.

이렇게 되면 홍 중장의 증언이 필요하게 된다. 그러나 홍 중장은 일절 증언을 거부하고 있다. 따라서 그 문제에 대해 부관은 어떻게 생각하고 있었는지가 하나의 결정적 증거가 될 것이다. 이하는 변호인 측 증인으로 출정出廷한 부관 기하라 기치로大原吉郎 중위와의, 주로 그 문제에 관한 일문일답이다. 우선 순서에 따라 선서 등이 있은 다음 변호인의 직접 심문에 들어간다.

질문 : 계급성명을 법정에 말해 달라.

답변 : 기하라 기치로 중위.

질문 : 귀관은 전 일본군의 일원이었는가?

답변 : 그렇다. 육군 중위였다.

질문 : 1944년 3월에서 45년 1월까지 귀관은 일본군에서 어떤 위치에 있었는가?

답변 : 필리핀 포로사령부의 부관이었다.

질문 : 사령관의 이름은?

답변 : 홍사익 중장.

질문 : 귀관은 홍 중장의 포로 취급 방침을 잘 알고 있는가?

답변 : 그렇다.

질문 : 홍 중장은 포로를 구타하는 것을 허가하고 있었는가?

답변 : 아니다.

질문 : 홍 중장은 집단처벌을 허용하고 있었는가?

답변 : 홍 중장은 결코 집단처벌을 허용하지 않았다.

질문 : 귀관은 1944년 10월에 어떤 포로가 구타당한 사건을 목격한 일이 있었는가?

답변 : 나는 포로가 구타당하는 것을 본 일이 없다.

질문 : 귀관은 홍 중장이 시찰 나갈 때 수행한 일이 있는가?

답변 : 있다. 가끔 수행했다.

질문 : 홍 중장이 마닐라항에서 포로의 승선을 시찰했을 때 수행하고 있었는가?

답변 : 수행하고 있었다.

검찰 측 : 그 일시를 명확히 해 줄 수 없겠는가? 일시가 명확하지 않는

한 그 질문에 이의를 제의한다. 장소는 말했는데 일시가 없다.

질문 : 홍 중장이 1944년 10월경에 행한 그러한 시찰에 수행했는가?

답변 : 수행했다.

질문 : 시찰 도중에 무엇인가 특별히 이상한 것을 보지 못했는가?

답변 : 트랩의 폭이 좁아서인지는 모르지만 배에 승선하는 포로의 움직임이 둔하고 느렸다. 그러자 경비병 하나가 위로 올라가서 빨리 움직이라고 재촉하기 위해 포로를 밀었다. 홍 중장은 그것을 보고 그런 것은 말로 하면 되니까 폭력을 사용해서는 안 된다고 심하게 꾸짖었다.

질문 : 귀관은 홍 중장의 지휘방식을 잘 알고 있는가? 아니, 이 질문은 취소한다. 홍 중장의 지위는 무엇이었는가?

답변 : 홍 중장은 필리핀 포로수용소의 사령관이며, 동시에 민간인 억류자 수용소의 사령관이기도 했다.

질문 : 귀관은 그 지휘하에 있던 포로수용소 및 민간인 억류자 수용소의 명칭을 알고 있는가?

답변 : 알고 있다.

이에 따라서 수용소의 정규 명칭과 통칭을 낭독하고 다음 질문으로 넘어갔다.

질문 : 홍 중장은 다른 수용소도, 즉 지금 귀관이 말한 것 이외의 수용소도 지휘하고 있었는가?

답변 : 다른 수용소? "다른 수용소"라는 것은 필리핀의 전시 포로수용소를 말하는가?

질문 : 그렇다….

답변 : 다른 수용소는 없었다고 생각한다.

질문 : 귀관이 사령부에 있었을 때 파사이 소학교에도 포로가 있던 적이 있었는가?

답변 : 그것은 육군의 포로수용소가 아니다. 그것은 해군이 관리하고 있었기 때문에 모두들 해군포로수용소라고 부르고 있었다.

질문 : 그 포로수용소는 홍 중장의 지휘하에 있었는가?

답변 : 절대로 그렇지가 않다.

질문 : 홍 중장은 그 수용소의 포로에 대해서 어떤 권한을 갖고 있었는가?

오오사토 통역 : 그것은 파사이 소학교를 말하는 겁니까?

질문 : 그렇다.

답변 : 그곳에 대해서는 홍 중장은 절대로 아무런 지휘 권한도 갖고 있지 못했다. 우리의 수용소와는 아무런 관계도 없었다.

검찰 측 : 재판부에 말씀드립니다. 이 증인은 (법정이 내려야 할) 결론 및 법률상의 문제에 대해 증언했다는 이유로, 그 증언의 삭제를 신청합니다. 그것은 법정 자신의 판단에 맡겨져야 할 문제인 것입니다. 증인이 파사이 소학교에 관한 사실을 알고 있었다면, 그것에 대해 증언하는 것은 아무런 이의도 제의하지 않겠지만 그러한 사실에서 추론하여 홍 중장이 관리권을 갖고 있었는지 없었는지, 홍 중장이 그곳에서 공식적인 자격을 갖고 있었는지 없었는지는 법정이 결정할 문제입니다.

이송移送의 시기

변호인 측 : 재판부에 말씀드립니다. 검찰 측은 결론 및 법률적인 문제
　　　　　에 대해 증언했다는 이유로, 본 증인의 증언을 삭제하도록
　　　　　요구하고 있습니다. 그러나 변호인 측으로서는 본 증인은
　　　　　그 점을 증언하는 데 있어서 참으로 적합하다고 믿고 있습
　　　　　니다. 그는 홍 중장 사령부의 부관으로서, 만일 그가 어떤
　　　　　부대의 일원이라면 그 부대장의 임무를 알고 있는 것처럼
　　　　　이상의 점을 알고 있어서 마땅한 것입니다. 변호인 측은 본
　　　　　증인이 그 점에 대해서 충분히 증인의 자격이 있다고 믿고
　　　　　있습니다.

재판장 : 지금 질문과 답변을 다시 읽어 달라. (기록 낭독이 있은 다음)
　　　　　검찰 측의 이의는 기각한다.

질문 : 1944년 3월 이후 라스피나 비행장에 포로가 있었는가?

답변 : 나는 포로의 담당은 아니었으니까 상세한 것은 모르지만, 라스
　　　　피나에도 포로가 있다고 했다.

검찰 측 : 이의가 있습니다. 전문傳聞을 증언으로 하는 데 이의를 제기합
　　　　　니다. 증인은 자기가 직접 알고 있는 것만을 증언해야 합니다.

변호인 측 : 재판부에 말씀드립니다. 검찰 측이 지금 와서 전문傳聞 증언
　　　　　에 대해 이의를 제기하는 것은 약간 이상하다고 생각합니
　　　　　다만, 규칙에 의하면 전문 증언이라도 증거력을 갖고 있는
　　　　　경우에는 채용해도 좋다는 것으로 되어 있기 때문에….

재판장 : 서기는 지금 질문을 다시 읽어 달라. (낭독이 있은 다음) 이의
　　　　　는 기각한다.

질문 : 귀관은 라스피나에 있던 포로가 홍 중장의 지휘하에 있었는지
아닌지 들은 일이 있는가?

재판장 : 그 질문은 삭제하라. 그리고 다시 한 번 질문을 하라. 다소多少
의 전문 증언은 인정하지만, 질문 시작부터 전문 증언을 거론
하는 것은 좋지 않다.

변호인 측 : 알겠습니다, 재판장님.

질문 : 귀관은 라스피나 비행장에 있던 포로를 홍 중장이 지휘하고 있
었는지 아닌지를 알고 있는가?

답변 : 알고 있다. 지휘한 일은 절대로 없다.

질문 : 총사령부는 파사이 소학교 또는 라스피나 비행장에 있던 포로
에게 식량이나 의류 등의 물자를 보급하고 있었는가?

답변 : 육군에 대해 물자청구가 되어 있었느냐는 의미인가?

질문 : 그렇다.

답변 : 일반적으로 말해서 이러한 장소는 해군에게 책임이 있었다. 그
렇기 때문에 해군으로부터 식량이나 의류가 지급되고 있었다.

질문 : 1944년 3월 이후 팔라완 섬에 포로가 있었는가?

답변 : 3월경에 그곳에 포로가 있었다는 이야기였다.

질문 : 그곳 포로는 누가 지휘하고 있었는가?

답변 : 그곳에 있는 어떤 육군 부대였다고 생각한다.

질문 : 홍 중장은 팔라완 섬에 있던 포로에 대해서 어떤 지휘권을 갖고
있었는가?

답변 : 그러한 일은 절대로 없었다.

질문 : 1944년 3월 이후 민다나오 섬의 라산에 포로가 있었는가?

답변 : 라산에 다소 있었다는 얘기를 들었다.

질문 : 누가 그곳 포로를 지휘하고 있었는가?

답변 : 그곳 포로를 지휘하고 있던 것이 육군인지 해군인지는 잘 모르
겠으나, 혼다本多 중위가 그곳에 있었기 때문에 그곳에 포로가
파견되어 있다는 것은 알고 있었다.

질문 : 라산 비행장의 포로는 홍 중장의 지휘하에 있었는가?

답변 : 기억하고 있지 않다. 그것이 해군인지 육군인지도 기억하지 못
한다. 따라서 홍 중장은 그들 포로를 지휘하고 있지 않았다고 믿
어진다.

질문 : 1944년 3월 이후, 민다나오의 링카난 비행장에 포로가 있었는
가?

답변 : 나는 모른다.

질문 : 파사이 소학교, 라스피나 비행장, 팔라완 섬에 있던 포로는 어디
서 파견되었는가?

답변 : 포로는 대개 카바나투안에서 파견되었으므로 카바나투안일 것
이라고 생각되는데….

질문 : 언제 파견되었는가?

답변 : 모른다.

질문 : 그렇다면, 홍 중장이 취임하기 전인가 후인가?

검찰 측 : 재판부에 말씀드립니다. 그와 같은 질문에 이의를 제기합니
다. 앞의 질문에서 팔라완, 라스피나, 파사이의 포로는 어디서
왔느냐고 질문 받고 그것에 대답했다. 그러자 다음에는 언제
부터 왔느냐고 묻는다…. 그런 질문 방법에 이의가 있다. 왜냐
하면, 그들이 전부 한꺼번에 파견되었으리라고는 생각할 수
없기 때문이다. 따라서 본 증인에게서 답변을 얻을 수는 없을

것이다. 변호인 측은 팔라완이라든지 라스피나라든지, 각기 별도로 질문하고 있는 것인가? 아니면 전부를 통틀어 묻고 있는 것인지도 분명치가 않다.

재판장 : 변호인 측의 의견은?

변호인 측 : 재판부에 말씀드립니다. 본인은 다만 시간을 절약하려고 생각한 것뿐입니다. 말하자면 그러한 이송의 모든 것이 홍 중장 취임 후에 행해진 것인지 아닌지를 분명히 하고 싶은 것뿐입니다. 본인은 상세한 시일까지 명확히 할 생각은 없고, 그것이 취임 전인지 후인지를 알고 싶은 것뿐입니다.

재판장 : 이의를 인정한다. 법정은 본 질문에는 이미 답변이 있었다고 생각한다. 증인은 앞의 질문에 대해서 모른다고 답변하지 않았는가?

변호인 측 : 재판장, 그렇다면 증인이 말한 게 특정한 일시를 모른다는 의미였는지, 아니면 대충 언제부터인지도 모른다는 의미였는지, 그것을 질문해도 좋겠습니까?

재판장 : 좋다.

'십인조十人組'와 '집단처벌'

질문 : 앞의 답변은 그들에 대한 이송의 정확한 일시를 모른다는 의미였는가?

답변 : 카바나투안은 제1수용소였다. 그래서 그곳에서 갔으리라고 생각한다. 그러나 언제 갔는지는 모른다.

질문 : 귀관이 포로수용소에 착임着任한 것은 언제인가?

답변 : 1943년 9월경이었다. 8월에 포로사령부 부관에 명한다는 명령을 받았다.

재판장 : 통역상의 문제가 있는가?

변호인 측 : 예. 약간 문제가 있습니다만.

재판장 : 뭔가.

변호인 측 : 증인이 말한 말의 의미입니다만, 본인의 통역에 따르면 부관副官이라기보다는 부부部付*라는 쪽에 가깝다고 합니다만….

재판관 : 언어상의 문제라면 통역의 판단에 맡긴다. 또 그 말의 의미·내용의 문제라면 증인에게 말하도록 할 수 있을 것이다.

변호인 측 : 재판부에 말씀드립니다. 그것은 큰 문제는 아닙니다.

오오사토 통역 : 재판장님. 이 말은 부관이라고도, 부부部付라고도 번역할 수 있습니다. 부관副官을 그만두고, 사령부司令部에 속했다고 할 수 있습니다.

질문 : 포로에 대한 이동 명령은 귀관의 사령부를 경유하는가?

답변 : 그 질문은 명령이 수용소장으로부터 내려오는가, 그래서 나 자신이 명령을 취급하고 있었는가 하는 의미인가?

질문 : 포로를 어떤 수용소에서 다른 곳으로, 또는 일본으로 옮기라는 명령이 사령부를 경유하고 있었느냐 아니냐 하는 질문이다.

답변 : 포로의 이동에 관한 명령은 도쿄에서 방면군으로 내려와서, 다음에 방면 사령부에서 포로사령부로 오고, 그곳에서 각 수용소

홍사익 중장의 처형

---

* 각 부(部)에 배속되어 대기하는 장교.

로 전달되었다.

검찰 측 : 재판부에 말씀드립니다. 그 답변은 질문에 대답하는 것이 아
니기 때문에 삭제하도록 요청합니다.

재판장 : 서기는 질문과 답변을 낭독하라. (낭독이 있은 다음) 이의는 기
각한다. 답변은 관련이 있다.

질문 : 포로의 이동 명령은 언제나 도쿄에서 오는가?

답변 : 두 곳에서 왔다. 하나는 도쿄에서, 또 하나는 14방면군에서였다.

여기서 변호인 측의 심문이 끝나고, 휴식 뒤에 검찰 측의 반대심문
으로 들어갔다. 순서대로 법정 수속이 있고, 뒤이어 명령 계통에 관한 심
문이 있는데, 그것은 변호인 측의 것과 같기 때문에 빼고, 검찰 측이 가
장 문제시하고 있는 '십인조十人組'와 '집단 처벌'의 문제로 들어가자.

질문 : 포로는 10명이 한 조로 나뉘어 있었는가?

답변 : 나는 모른다.

질문 : 귀관은 사령부에 오기 전에 카바나투안에 있었지 않은가?

답변 : 그렇다.

질문 : 귀관은 그곳 경비병의 책임자가 아니었는가?

답변 : 나는 지휘관은 아니었다. 단순히 경비대 소속이었을 뿐이다.

질문 : 귀관은 포로를 10명씩 조로 나누어서, 만일 그중의 한 사람이 규
칙을 위반하면 10명 전원이 처벌당하게 된다는 것을 들은 일이
있는가?

변호인 측 : 재판부에 말씀드립니다. 이의를 제기합니다. 검찰 측이 본
고소 기간 내의 어떤 일시를 밝힌다면 이의는 철회합니다.

그러나 특정한 일시를 밝히지 않는다면 이의를 제기합니다.

재판장 : 이의를 인정한다.

질문 : 귀관은 모리모토 중장 밑에서 근무한 일이 있는가?

답변 : 있다.

질문 : 모리모토 중장이 포로사령관이었을 때, 포로를 10명씩 한 조로 나누라는 명령을 내렸는가?

답변 : 그것에 대해서는 아는 바가 없다.

질문 : 미군의 포로가 되고 나서 전범계戰犯係인 미군 장교로부터 취조를 받은 일이 있는가?

답변 : 있다.

질문 : 그 장교에게 이곳에서 조사를 받은 일이 있는가?

답변 : 한 번은 이곳에서, 또 한 번은 칸루반에서다.

질문 : 귀관은 1945년 11월 30일, 이곳에서 조사를 받았는가?

답변 : 일시는 기억하고 있지 않다. 그러나 이곳에서 조사를 받았다.

질문 : 그때 심문한 장교에게 포로를 10명씩 나누라는 명령은 모리모토 중장 때 내려왔고, 그 명령은 홍 중장 때도 효력이 있었다고 진술했는가?

답변 : 말한 일 없다.

질문 : 귀관은 심문한 장교에게, 조원 한 명이 도망쳤을 때 그 나머지 조원이 전원 처벌당한다고 말했는가?

답변 : 나는 십인조에 대해서는 절대로 아무 말도 하지 않았다.

질문 : 그러면 몇 사람인가의 조組에 대해서는 말했는가?

답변 : 아니…. 그때 나는 포로에 대해서는 아무런 관계도 없었으니까

상세한 것은 아무 것도 모른다고 대답했다.

질문 : 그렇다면 포로사령부에서 귀관의 임무는 무엇이었는가?

답변 : 포로사령부의 부관이다.

재再반대심문

요령부득의 답변이 계속되고 있다. 그 이유는 〈내 속의 일본군〉에
서도 썼지만, 나 자신도 그 한 명이었던 부부部付라 불린 장교는, 명목상
의 직무는 있어도 그 외에 갖가지 잡무雜務에 동원되는 게 보통이었기 때
문이다. 그것은 요즘 회사에서도 똑같다고 생각하는데, 일본의 조직에
있어서 각자의 직무나 직무권한은 원래 그것만 엄격히 규정한 매뉴얼에
기초하고 있지 않다. 나 자신도 종종 부관대행, 보급계대행 노릇을 한 적
이 있다. 그것을 자신의 직무에 없다고 거부한다는 것은 일본군에서는
상상할 수 없다.

질문은 그곳에서 더 홍 중장의 지휘권의 범위 문제로 들어간다. 그
러나 그 문제는 검찰 측이 몇 번 되풀이해 보아도 똑같이 애매한 결론밖
에는 나오지 않는다는 것이다. 그러나 심문이 계속되면서, 그것이 지금
문제가 된 '십인조' 문제에 대한 일종의 포석이었다는 것을 알게 된다.
즉 지휘권의 범위를 명확히 한 다음, 그 규칙을 강행하려 하고 있었다는
증언을 얻기 위해서인 것이다. 그래서 그 부분을 삭제하고, '십인조'에
관련되는 부분을 살펴보자. 이것은 재再반대심문에 나오는 부분이다.

재판장 : 재반대심문은?

검찰 측 : 또 한 가지 점에 대해서….

질문 : 여기에 검찰 증거 제73호가 있다. 이것을 보고 그것이 귀관의 서명인가 아닌가를 묻고 싶다.

변호인 측 : 재판부에 말씀드립니다. 이것이 정당한 반대심문이라면, 도대체 어째서 이런 시기에 그와 같은 새로운 사실이 튀어 나오는 것입니까?

변호인 측 · 단장(團長) : 이것은 탄핵이다….

검찰 측 : 이것으로 좋습니다. 우리는 앞의 질문에서 증인의 진술에 관해 기초를 굳혀두고, 그것을 포로를 십인조로 나누는 건에서 더욱 깊이 추궁하고 들어가 질문할 경우의 준비로서 해 두었기 때문에, 직접심문이든 반대심문이든 재반대심문이든 증인의 신빙성은 항상 문제인 것입니다.

재판장 : 변호인 측의 이의는 기각한다.

답변 : (앞의 질문에 대해서) 그렇다.

질문 : 귀관은 이 조서에 서명한 것을 기억하고 있는가?

답변 : 서명한 것을 기억하고 있다. 또 대체적인 줄거리는 내가 말한 대로라고 기억하고 있다. 그러나 세부에 대해서는 지금 기억하고 있지 못하다.

질문 : 귀관은 다음과 같이 말한 것을 기억하고 있는가? "나는 명령이 내려 모든 포로를 10명씩 한 조로 나누게 되었다는 얘기를 들었다. 만일 그 조의 한 사람이 도망치거나 도망을 시도한 경우는 전원이 처벌된다. 처벌은 가벼운 것으로서, 예를 들면 금고와 같은 것이었다." 그렇게 진술한 것을 기억하고 있는가?

답변 : 그때 내가 말한 것은 대강 다음과 같은 것이었다. 조사관의 최초

의 질문은 "카바나투안에서 포로에 대한 군법회의가 열린 적이 있는가?"였고, 그것에 대한 나의 답변은 "열린 적이 없다"는 것이었다. 그러자 전범 조사관이 물었다. "포로를 10명씩 1조로 나눈 것을 알고 있는가?"고. 내 대답은 "나는 포로 담당이 아니다. 따라서 그것에 대해서는 아무 것도 모른다"였다. 그러자 그 조사관은 카바나투안에서는 10명씩 조로 나뉘어 그중 한 사람이 도망치든지, 또는 도망을 시도한 경우에는 전원이 처벌받도록 되어 있었다. 그것에 대해 알고 있었는가 하고 물었던 것이다….

변호인 측 · 단장 : 재판부에 말씀드립니다. 증인을 탄핵하는 데는 정당한 방법과 부당한 방법이 있습니다. 그런데 지금의 방법은 누가 보아도 완전히 우스꽝스러운 방법이라고 생각되는 것입니다. 검찰 측은 우리에게 이 증인이 이전과는 반대의 진술을 하고 있다는 것을 여기에서 명백히 했습니다. 좋습니다. 그렇다면 그 진술을 낭독하고 증인에게 그와 같은 말을 했는지 어떤지를 묻고 답변을 요구하면 좋지 않겠습니까?

검찰 측 : 바로 그렇게 하고 있는 중입니다. 속기사에게 앞의 질의응답을 읽게 한다면 본관의 방법은 법정에 만족을 주리라고 믿습니다.

변호인 측 : 그 방법은 보통 자질구레한 별건別件으로 증인을 탄핵한다고 일컬어지고 있는 방법이다. 그 진술을 나 자신도 검토해 보았으나 그것은 일본어가 아니고 영어로 쓰여 있다. 증인이 그것을 실제로 읽었다고는 믿어지지 않는다. 더구나 그것은 홍 중장이 취임하기 꽤나 오래 전의 일이 포함되어 있

으며, 1942년 9월에서 12월, 그리고 1943년 1월의 일이다. 따라서 본 소송에 관계가 있는 것은 불과 한 군데로서, 그것도 본 건과는 관계가 없는 일에 관한 것이었다. 그러므로 검찰의 방법은 완전히 증인을 다른 일로 탄핵하려는 방법이다.

검찰 측 : 검찰 측으로서는 이 건에 대한 증인의 신빙성이 중요한 것이 아니라고는 생각지 않습니다. 만일 이 증인의 선서하에서의 진술이 비록 그것이 어떤 하잘것없는 일이든 간에 진실이 아니었다는 것이 명백해진다면, 법정이 이 증언의 증거력을 평가할 때 그것이 충분히 도움이 되리라고 믿습니다. 둘째로 검찰 측으로서는, 그 명령은 확실히 홍 중장이 취임하기 이전에 내려진 것이기는 한 것이지만, 취임 후에도 그대로 존속하고 있었고, 사령관쯤 되는 사람이 자신이 내린 명령이 아니라고 해서 그와 같은 불법적인 규칙을 방치해 둘 수는 없다는 것입니다.

규칙은 철회되었는가?

이것은 미국인으로서는 당연한 견해일 것이다. 사령관이 바뀌면 전임자의 방식이 전부 검토되고, 바꿔야 할 점은 명확히 바꾸는 것이 그들에게 있어서는 당연한 행동이다. 그리고 그것이 당연하기 때문에 인사의 교대가 행해지는 것이며, 전임자의 방침을 그대로 답습한다면 교대의 필요는 당연히 없을 것이다.

그러나 연공서열年功序列식의 일본에서는 그런 견해는 통용되지 않는다. 그와 동시에 전임자의 방식을 바꾸는 경우에도 그것을 명확하게 개정하기보다는 오히려 일부를 사문화死文化 하는 형식으로 새로운 방침을 내세우는 것이 보통이었다. 예를 들면, 전임자인 모리모토 중장이 "십인조에 의한 집단 처벌"을 규칙화 한 경우, 설사 홍 중장이 그 규칙을 폐기하지 않더라도 "그렇게 해서는 안 된다"고 한 마디 하면 그것으로 사문화할 수 있었다. 이것이 소위 일본식 방식이다.

다음의 예도 그것을 잘 나타내 보여주고 있을 것이다. 나중에 필리핀의 대통령이 된 로하스 씨에 대한 총살 명령이 내렸을 때, 이키타生田 여단旅團의 진보神保 중좌가 마닐라로 비행기를 타고 와서 와찌和智 참모장에게 직소해, 그것을 실질적으로는 철회시켰다. 그러나 형식적으로는 한번 내린 명령은 철회할 수 없기 때문에 그 명령은 존속하고 있었으나, 실시되지는 않았던 것이다. 이것이 일본군의 방식이다.

이것은 어디까지나 사실이다. 그러나 그 사실을 증언했을 경우, 명령은 철회되어 있지 않으니까 너의 증언은 위증이라고 한다면, 형식적으로는 확실히 그렇게 말할 수가 있다. 여기서 문제가 되고 있는 것은 그런 사례의 하나이고, 그 문제는 전범 재판에 자주 등장하고 있다.

변호인 측 · 단장：검찰 측이 만일 새로운 증거를 제출하려고 한다면, 다시 한 번 그 건을 자기 쪽에서 시작하면 되지 반대 심문에서 그것을 한다는 것은 이상하다고 생각한다.

재판장：문제는 이 증인의 신빙성인데, 지금 인용한 문서는 분명히 고소기 이전의 일에 속한다. 법정으로서는 변호인 측의 견해를 채용하겠다. 따라서 이 문서를 본 증인의 탄핵에 사용해서

는 안 된다.

검찰 측 : 증인이 지금 한 답변은 질문에 대답하는 것이 아니기 때문에 삭제해 주시겠습니까?

재판장 : 최후의 질문과 답변은 삭제한다.

검찰 측 : 질문 쪽은 그대로 두고….

재판장 : 법정이 탄핵의 수속에 대해서 행한 재정裁定에 따라 질문과 답변의 쌍방을 삭제한다.

검찰 측 : 재판장님, 이상의 문제에 대해 다시 한 마디 하고 싶은데 괜찮겠습니까?

재판장 : 계속하라.

검찰 측 : 재판장님, 본인의 기억이 정확하다면 변호인 측이 본 증인에게 행한 직접심문의 최초 부분의 질문에 "홍 중장은 집단 처벌을 허용하고 있었는가?" 하는 것이 있었고, 답변은 "절대로 허용하지 않았다"였습니다. 그래서 말입니다만 재판장님, 만일 검찰 측이 모리모토 중장이 1명의 위반 행위에 대해서 나머지 9명의 처벌을 허용한 명령을 내렸고, 그 위에 홍 중장이 그 명령을 그대로 유효하게 존속시키고 있었다는 것을 증명할 수 있다면, 그때 본 증인 자신이 "홍 중장은 절대로 집단 처벌을 허용하지 않고 있었다"는 증언을 스스로 뒤집는 것이 된다고 생각합니다만….

재판장 : 그 말대로다.

검찰 측 : 재판장님, 이것이 본인의 증인에 대한 반대심문의 목적입니다. 그리고 그 때문에 이 진술을 사용하려고 하는 것입니다. 목적은 두 가지로 갈라집니다. 첫째는 반대심문의 요점은 그

것이 직접심문에 기인하는 것이며, 따라서 그것에 대응할 것이고, 둘째는 법정 밖에서 행한 진술이 법정에서의 진술과 어긋나는 따위의 증인의 증언은 그것이 합치되고 있는 증인의 증언처럼 믿을 수 없다는 것을 나타내려고 한 것입니다.

재판장 : 그것은 옳은 말이다. 그런 근거 위에서 진행하라. 그러나 그 문서는 본 고소와는 관계가 없으니까 사용해서는 안 된다.

검찰 측 : 속기사는 변호인 측의 이의제기 직전의 질문과 답변을 낭독해 주십시오. (낭독이 있는 다음)

질문 : 귀관은 선서를 했으면서, 카바나투안에는 처벌의 목적으로 포로를 10명씩 조로 나누는 규칙이 있었다는 것을 부정하는가?

변호인 측 : 재판부에 말씀드립니다. 이의를 제기합니다. 증인은 이미 답변 속에서 "나는 모른다"고 대답하고 있습니다. 본인은 그것으로 충분히 질문에 대답했다고 생각합니다. 검찰 측은 분명히 증인을 협박하려 하고 있습니다.

재판장 : 이의를 인정한다. 그 질문은 고소 받고 있는 기간과는 관계가 없다.

질문 : 귀관은 포로사령부에 오기 전에 카바나투안에서 경비대의 소대장이었는가?

답변 : 경비대는 교육의 목적으로 몇 개의 반으로 분류되어 있었다. 보안 또는 계획이라는 면에서 내게는 소대장의 권한은 없었다.

질문 : 그러면 귀관은 그와 같은 명령이 있었는지 없었는지를 말할 수 없다고 이해해도 좋은가?

답변 : 그와 같은 명령이란 어떤 의미인가?

질문 : 포로를 처벌하기 위해 10명씩 나눈다고 하는….

답변 : 카바나투안에 있는 동안 나는 그와 같은 명령에 대해서 아무 것
도 알지 못했다.

질문 : 사령부에 오기 전에는 그와 같은 명령의 존재를 알지 못했다는
것이군. 그러면 그 뒤로는…?

답변 : 카바나투안에 있을 때도, 포로사령부로 오고 나서도, 그 명령에
대해서는 몰랐다. 내가 미군의 포로가 되었을 때, 전범 조사 장
교한테서 처음으로 들었다.

검찰 측 : 그가 포로가 되어 처음으로 전범 조사 장교한테서 들었다는
것에 대해서 이의가 있습니다. 그 답변은 질문에 대한 대답이
아닙니다.

재판장 : 답변의 그 부분은 무시한다.

검찰 측 : 검찰 측에는 더 이상 질문이 없습니다.

재판장 : (변호인 측에게) 재再직접신문이 있는가?

변호인 측 : 더 이상 없습니다.

뒷받침이 없기 때문에

여기서 재판부 자신에 의한 심문에 들어간다. 그러나 그 이전에 검
찰 측이 어째서 그토록 '십인조'에 집착하는지를 생각해 보자. 한 가지는
"한 사람이 도망치면 그 나머지 9명을 처벌했다"고 하는 실례가 발견되
지 않았다는 것도 있을 것이다. 사실 "헤이즈 일기"를 보아도 그러한 실
례는 없었고, 또 도망에 대한 다른 형태의 어떠한 집단처벌도 없다. 그리
고 그것을 절반쯤 각오하고 있던 헤이즈 중령은, 반대로 아무 일도 없는

무풍 상태에 놀라고 있다.

또한 헤이즈 일기에서 보는 한 '십인조' 자체도 그것이 화제가 된 것은 그 도망 사건 이후의 일로밖에는 생각할 수가 없다. 그러나 현실적으로 그것이 조직된 흔적은 없다. 또 헤이즈 중령 자신은 설사 일본 측이 그러한 조직을 기도했다 하더라도, 그것을 실시하는 것은 자신들이므로 어차피 대단한 것은 할 수 없을 것이라고 얕잡아보고 있던 게 실정이었을 것이다..

검찰 측도 이것을 잘 알고 있을 것이다. 그것을 알면서도 '십인조' 편성의 '의도적 유무'를 집요하게 질문하는 것은 사실에 의한 뒷받침이 없다는 증거라 할 수 있을 것이다. 사실이 있었다면 검찰에게 있어서는 심문도 필요 없을 것이며, 그것에 대한 홍 중장의 책임 추궁도 용이하고, 동시에 그와 같은 형태로 홍 중장이 전 수용소에 지휘권을 장악하고 있었다고 입증할 수도 있었을 것이다.

그런데 '사실事實'이 없다. 다만 비록 사실이 없다 해도 홍 중장이 그것을 기획하고 전 수용소가 그 기도에 바탕을 두어, 가령 형식적으로라도 '십인조'를 편성하고 있었다면, 지휘권 존재는 입증할 수 있었을 것이다. 그와 동시에 포로학대, 집단처벌의 의도를 홍 중장이 갖고 있었다는 것도 입증될 수 있었을 것이다. 목적은 그곳에 있었다고 믿어진다. 그러나 그 어느 쪽에서도 검찰 측의 입증은 성공하지 못했다.

계속해서 재판부에 의한 신문에 들어가는데, 재판부는 더 이상 그 문제를 거론하지 않았다. 더욱이 그 심문 자체는 많은 점에서 지금까지의 심문의 재탕이기 때문에 인용하지 않도록 하겠다. 다만, "헤이즈 일기"에 나오는 닥터 노기의 위치에 대한 증언이 있기 때문에 그 점만을 기술하기로 한다.

질문 : 닥터 노기를 아는가?

답변 : 안다.

질문 : 그의 임무는 무엇이었는가?

답변 : 사령부 근무 군의관이었다.

질문 : 어떤 사령부의?

답변 : 포로사령부다.

질문 : 닥터 노기는 각처의 수용소의 의학적 시찰을 다니기로 되어 있었는가?

답변 : 필리핀의 포로수용소 말인가?

질문 : 일본군에 의해 관리되고 있던 포로수용소 말이다.

답변 : 홍 중장의 지휘하에 있던 그들 수용소는 그가 시찰을 다니기로 되어 있었다.

질문 : 닥터 노기는 일본 해군의 지휘하에 있던 수용소도 시찰했는가?

답변 : 그 점에 관해서는 확실히 모른다.

질문 : 닥터 노기는 라스피나를 시찰한 일이 있는가?

답변 : 규칙으로는 그렇게 되어 있지 않다.

질문 : 규칙이 어땠는지를 묻고 있는 것이 아니다. 그가 갔는지, 안 갔는지를 묻고 있는 것이다.

답변 : 기억하고 있지 못하다.

질문 : 닥터 노기는 파사이를 시찰한 일이 있는가?

답변 : 닥터 노기가 어디를 갔는지는 잘 모르겠다.

여기서 보는 한 닥터 노기의 위치는 관계자의 증언대로이며, 그는

'왕진 다니는 의사'처럼 각 수용소를 돌아다니고 있었을 것이다. 다만 다른 포로의 증언에서는 헤이즈 중령은 그를 '병원 수용소'의 '원장'이라고 생각하고 있던 것은 분명하므로, 그 점에서는 헤이즈 일기의 기술과 일치하고 있다.

따라서 빌리빗드를 '병원'으로 가정한다면, 그것은 '원장이 없는 병원' 즉 책임자 부재의 병원이었던 셈이다. 또 현실 문제로서 관계자의 이야기를 종합해 보면 닥터 노기는 파사이에도 갔었던 것 같다. 기하라 중위는 어쩌면 그것을 알고 있었을 것이다. 그래서 그것이 "규칙에는 그렇게 되어 있지 않다"라는 대답이 되고, 더욱 깊이 파고 들어오니까 기억이 없다는 대답이 되었을 것이다.

그리고 만일 그것이 행해지고 있었다면, 그것은 '포로에 대한 호의에 근거를 둔 일선 기관의 편의주의'였다고 생각된다. 그리고 그는 그 '호의'가 홍 중장이나 닥터 노기를 중죄로 만들 가능성이 있다는 것을 미리 알고 확답을 피한 것 같다. 왜냐하면 그런 사례가 결코 적지 않았다는 것은 당시 현지에 있던 우리도 알고 있었기 때문이다. 또 해군 수용소에 대한 지휘권과 관리권에 대해서 다음과 같은 질문이 있었다.

질문 : 포로가 라스피나 또는 파사이에서 도망했을 때 그 도망에 대해서 수용소장은 누구에게 보고를 하는가?

답변 : 내가 아는 한에서는 그들 부대는 육군의 포로수용소와는 별개였으니까 만일 포로가 도망쳤다면, 그 포로에 책임을 갖는 부대가 상급 지휘관에게 보고할 것이다. 그와 동시에 포로사령부에도 포로 수송 중에 그와 같은 일이 있었다고 통보해 올 것이다.

이 "포로 수송 중에…" 이하는 불필요한 답변이라고 생각되는데, 그는 아마도 수송 중의 사고와 같은 것이라고 말하고 싶었을 것이다.

질문 : 만일 라스피나 또는 파사이에서 작업하고 있는 포로를 더 많이 증원하고 싶은 경우에는 누가 그것을 요구하는가?

답변 : 현재의 내 지식으로는 그 지구地區의 부대가 요구한다.

질문 : 요구는 누구에 대해서 하는가?

답변 : 내가 들은 바로는 군의 명령 없이는 포로는 움직일 수 없다고 했다. 그렇기 때문에 요구는 군에 대해서 행해진다. 그리고 군이 명령을 내려서 포로를 파견한다. 따라서 최종적으로는 군 명령이 된다.

질문 : 홍 중장은 필리핀 전체의 모든 포로 및 모든 억류자의 전체 행동에 관한 관리자가 아니었던가?

답변 : 그렇지 않았다.

재판장 : 검찰관 및 변호인은 질문이 없는가?

검찰 측 · 변호인 측 : 없습니다, 재판장님.

재판장 : 증인은 퇴정退廷해도 좋다.

제22장

무죄청원 無罪請願

'무죄청원 신청서'

앞에서도 말했지만, 이 재판의 방대한 증언과 선서진술서도, 요약하면 (1)홍 중장에게 과연 책임이 있는가? (2)포로 취급의 실태는 어떠했는가, 라는 두 가지 점으로 압축된다. 그리고 (1)에 관해서는 무토, 오다시마, 기하라 증언에 모두 담겨 있고, (2)에 관해서는 "헤이즈 일기"가 그 실태를 소상히 나타내 주고 있다. 그리고 지금까지 이 글을 읽는 독자는 틀림없이 느꼈겠지만, '홍 중장을 유죄로 할 수 있는 결정적 단서는 무엇 하나 없지 않은가'라는 게 법정을 감싸는 '분위기'였다고 생각된다.

변호인 측은 여기에 힘을 얻어 – 라고 상상되는데 – 1946년 3월 25일, 홍 중장의 "무죄 청원 신청서"를 법정에 제출한다. 군사법정에서 그 신청서는 현재 일본에서 공소기각 신청에 해당하는 게 아닌가 생각된다. 다시 말하면, 유죄·무죄를 법적으로 다투는 게 아니라, 검찰 측이 근거 있는 증거를 제출하지 못했으므로 홍 중장을 고발한 것 자체가 잘못이라고 해서 법정은 즉시 무죄를 선언해야 한다는 주장인 것이다. 그래서 변호인 측은 단장團長인 미이 소령이 그것을 낭독했다. 이하에서 그것을 인용한다.

본인은 여기에서 법정에 신청서를 제출합니다. 준비는 되어 있습니다만 … (허가의 신호가 있은 다음) 그러면 재판부에 말씀드리겠습니다. 변호인 측은 여기서 신청서를 제출합니다. 동시에 청원서와 문서에 의한 증거를 제출합니다. 그 다음에 구두口頭로 그 신청에 대해서 입증하고자 합니다. … 돌연突然한 일이라서 다소 부족한 곳도 있습니다만….
(여기서부터가 낭독, 우선 소정所定의 형식적인 문장이 있은 다음, 뒤이어)

군사법정 귀하
피고 홍사익은 여기에 변호인(이름이 들어가 있다)을 통하여 다음과 같은 이유에 근거를 두고 무죄 청원을 위해 법정에 신청을 하는 바입니다.

A. 법정에 제출된 사실 관계에 대해서
1. 검찰 측은 피고 홍사익이 필리핀에서 전시 포로 및 민간인 억류자 수용소를 통괄하는 사령관, 혹은 본 소송에서 진술되어 있는 일본 육군에서 그런 류의 지휘권을 소유하는 사령관에 해당하는지 아닌지를 확인하고 있지 않다.
2. 검찰 측은 전기前記 피고가 필리핀에서 일본군 헌병을 관할하는 사령관, 혹은 그것과 유사한 지휘권을 소유하는 사령관에 해당하는지 않는지를 확인하고 있지 않다.

3. 검찰 측은 전기 피고가 선박 또는 그 밖의 수송 수단을 갖고 전시 포로를 수송했다고 하는 해군 부대, 또는 그 밖의 일본군 부대의 사령관, 혹은 그와 유사한 지휘권을 소유하는 사령관에 해당하는지 아닌지를 확인하고 있지 않다.

4. 검찰 측은 전기 피고가 노동 작업을 위해 일본군 제諸 부대에 배속된 포로를 통괄할 수 있는 사령관, 혹은 상기上記한 포로노동부대에 대해서 어떤 지휘권을 소유하는 사령관에 해당하는지 아닌지를 확인하고 있지 않다.

5. 검찰 측은 전기 피고가 그 지휘하의 부대에 대해 당시의 상황하에서 요청받은 대로 유효한 지휘를 행하지 못했다는 점, 또는 그 부대에 대해서 어떠한 지휘권을 소유하고 있었다는 점에 대해서 상당한 의심이 간다는 것 이상으로는 아무런 증명도 하고 있지 않다.

6. 검찰 측은 전기 피고가 당시의 상황하에서 그 지휘하 부대를 통솔하기 위해 사령관으로서 당연히 취해야 할 권한 내의 수단을 강구하지 않았다는 점, 또는 그 부대에 관해서 어떤 지휘권을 소유하고 있었다는 점에 대해서 상당한 의심이 간다는 것 이상으로는 그것을 증명하는 증거를 제출하지 못했다.

7. 검찰 측은 전기 피고가 포로 또는 민간인 억류자에 대한 식량의 배급량 및 공여供與해야 할 거주시설 기준의 결정 또는 제정制定을 할 권한을 갖고 있었다는 점, 또는 그것에 관해 어떤 지휘권을 소유하고 있었다는 점에 대해서 상당한 의심이 간다는 것 이상으로는 그것을 증명하고 있지 않다.

8. 검찰 측은 전기 피고가 포로 혹은 민간인 억류자의 수용소 위치의 선정에 참여하고 있었다는 점, 혹은 그 건에 관해서 어떠한 지휘권을 소유하고 있었다고 하는 점에 대해서 상당한 의심이 간다는 것 이상으로는 증명하고 있지 않다.

9. 검찰 측은 전기 피고가 방어시설의 위치 결정에 대해서 지휘권, 혹은 그와 비슷한 권한을 소유하고 있었다고 하는 점, 혹은 피고가 그것의 설치 또는 이동에 대해 발령할 권한을 갖고 있었다는 점에 대해서 상당한 의심이 간다는 것 이상으로는 증명하고 있지 못했다.

10. 검찰 측은 전기 피고의 본 소송 및 소인訴因에 기술되어 있는 바와 같은 전쟁 법규 및 관습에 대한 위반에 관련해서 피고가 어떠한 지휘권을 소유하고 있었다는 점에 대해서 상당한 의심이 간다는 것 이상으로는 증명 못하고 있다.

11. 검찰 측은 전기 피고가 개인으로서도, 또한 어떠한 자격으로서도 어느 쪽인가의 주권국의 법률에 의거하는 어떤 범죄에 대해서 유죄라고 하는 점, 혹은 전쟁 법규 및 관습, 또는 그 밖의 국제법을 위반했다는 점에 대해서 상당한 의심이 있다는 정도 이상으로는, 아니 어떤 정도에서도 그것을 증명하지 못하고 있다.

B. 법률에 대해서

1. 법률상으로 말하면, 검찰 측은 전쟁 법규에 의거하는 죄를 국제법에 의해 인정되고 성문법成文法에 기술되고 있는 형태로, 즉 그 법의 요청에 의거하는 형태로 고발할 수가 없었다.

2. 법률상으로 말하면, 검찰 측은 전쟁 상의 관습이 국제법에 의해 법으로 인정되고 있는지 없는지, 또 그 법에 의해 그 법의 요청에 의거하는 형태로 고발하고 있는지 아닌지 하는 점에 대해 명확하게 법적으로 그것을 증명할 수 없었다.

3. 검찰 측은 피고 홍사익이 국제법에 의해 인정된 전쟁 법규와 관습, 즉 법에 의해 고발이 요청되고 있는 전쟁 법규와 관습을 위반했다는 상당한 의심이

간다는 정도 이상으로는 그것을 증명할 수가 없었다.

4. 본 소송, 그 소인訴因 및 여러 증거는 피고가 위반했다고 하는 죄를 국제법에 의해 인정된 전쟁 법규와 관습 하에 있어서의 범죄로서 법에 요청되는 명확함과 확실함을 갖고 확정하고 동시에 진술하고 있지 않다.

5. 법률상으로 말하면 이 소송·소인 및 여러 증거에 있어서는 일본군의 일원으로서 피고가 그 어느 쪽인가의 자격에 있어서 위반했다는 전쟁 법규와 관습을, 법에 의해 요구되는 명확한 확실성을 갖고 확정하고 동시에 정의定義하지 못했다.

이하에 소정所定의 날짜와 서명이 들어가고, 신청서의 제출에 이어 변호인 측 미이 소령의 취지 설명으로 들어간다.

'시간에 의한 심판'

무죄 청원의 신청

군사법정의 여러분. 홍 중장은 전쟁 법규를 위반했다고 해서 심판을 받는 세 명째의 일본제국 육군 장군입니다. 중장은 그 지휘하에 있던 부하의 학살, 그 밖의 학대행위를 방지하지 못했다고 해서 고발된 것입니다. 이보다 먼저 야마시타·혼마도 똑같이 재판에 회부되어 유죄 판결이 내려져 사형을 선고받았습니다.

야마시타·혼마 재판에서 변호인은 지극히 충실하게, 그리고 열심히 미국과 그 밖의 민주주의 국가에 알려져 있는 법체계의 법에 따른 공정한 재판을 받도록 하기 위해 일반법 및 헌법상의 법규에 의해 인정된 모든 재판상의 수단에 호소했던 것입니다. 그들은 군사법정의 관할권을 문제로 삼고, 그 건과 관련 필리핀공화국 최고재판소 및 합중국 최고재판소의 판결을 받았던 것입니다. 그것에 따르면 군사법정에는 그 관할권이 있다고 되어 있습니다.

그러나 합중국 재판소의 가장 유능한 일원인 두 명의 판사, 즉 머피 판사와 라트릿지 판사는 그것과 다른 의견을 갖고 있었습니다. 최고재판소 판결의 일부는 확실히 과거 판례의 기나긴 역사에 근거한 것입니다. 그렇기 때문에 군사법정에서의 수속 및 심리에는 찬성할 수 없다는 강력한 반대 의견에도 불구하고, 본 피고는 재판의 초기에 시간을 낭비하는 청원 또는 신청을 제출하는 것은 삼가려고 합니다.

그렇기는 하지만, 본 피고의 변호인은 소추당하고 있는 사건의 중요성에 결코 무관심할 수는 없는 것입니다. 야마시타 · 혼마 재판의 변호인과 마찬가지로 피고 한 사람이 심판의 자리에 서 있는 것은 아니라는 것을 충분히 이해하고 있습니다. 우리의 최고사령관이었던 고故 프랭클린 D. 루즈벨트 대통령이 말하고 있는 것처럼, 민주주의의 원칙 그 자체가, 즉 '4가지 자유'가, 그리고 합중국의 명예와 성실, 그 위에 위신威信 또한 모든 문명 세계 앞에서 심판받고 있는 것입니다. 그리고 이제부터 민주주의의 제諸 원칙 유지의 책임은 바로 이 군사법정의 두 어깨에 달려 있으며, 그런 의미에서 본 법정 또한 심판대에 서 있는 것입니다.

검찰관과 변호인은 게다가 본 법정이 심리審理의 기록을 완성시키는 데 있어서 그것을 도와야 할 책무責務가 있는 것입니다. 그 기록이야말로 시간의 경과와 변화를 수반하는 후세의 비판에 견딜 수 있는 것이 아니면 안 됩니다. 왜냐하면 '시간의 경과'에 견딜 수 있는 본질적 행위만이 불변하는 것이기 때문입니다. '시간'은 최종적으로 '사실'이 단순한 추측이어서는 안 된다는 것을 요구합니다.

이 '시간에 의한 심판'은 실제로 우리의 눈앞에서 진행되고 있습니다. 불과 1년 전에 문명 세계는 소위 전쟁 범죄에 어떠한 형태로든 관여했다고 인정된 자는 전원을 즉시 사형으로 처벌해야 한다고 요구했던 것입니다. 그런데 오늘날에는 시간의 경과에 따라 최고재판소조차 그 가장 유능한 두 사람의 판사가 반대 의견을 첨부한 견해를 발표하고 있습니다. 대중 또한 통속적인 감정에 빠지거나 사건에 대한 정확한 지식 없이 다만 비난의 선고를 하는 것과 같은 상태에서 벗어나고 있습니다. 그리고 본인이 이렇게 말씀드리는 것도 그것은 단순한 추측만은 아닙니다.

1946년 2월 21일자 〈퍼시피칸〉지紙에 게재된, 홀드리지 준장이 육군에 대해 쓴 그 기사를 이곳에 인용합니다. "그 재판 조직은 결코 정의에 의거한 조직이 아니다. 그것은 군대적 징벌과 처벌의 조직에 지나지 않는다. 그것은 옛날에는 구스타프 아돌프* 시대로부터 이후에는 영국의 군대에서 행해져 오던 것이다." 이것은 결코 엉뚱한 발언은 아닙니다. 신문지상에서는 연일 이 문제가 논의되고, 길거리의 대화에서도 군사법정에서 심리 수속의 정당성에 대해서 질문이 되풀이되고 있는 것입니다.

---

* 구스타프 아돌프(Gustav Adolf, 재위 1611~1632). 스웨덴의 왕. 보병(步兵)과 기병(騎兵)의 제병연합(諸兵聯合) 전술을 도입하고, 야전포(野戰砲)를 실전(實戰)에 배치했으며, 행군(行軍)과 보급체계를 일원화하는 등, 근대 군제(軍制)를 확립했다. 신구교 사이의 충돌로 시작된 30년전쟁(1618~1648)에 참전, 브라이텐펠트 전투에서 신성로마제국의 군대를 무찔러, 북유럽의 사자왕(獅子王)이라 불렸다. 중상주의정책을 채택해 상공업 육성에 힘을 쏟았다. 30년전쟁 중반, 뤼첸에서 전사했다.

3월 4일자, 전 세계에서 넓게 읽혀지고 있는 〈타임〉지에 전쟁 범죄에 대해서 두 가지 기사가 실려 있습니다. 그 하나는 야마시타 재판에 언급해, "교수형의 밧줄이 목을 감으려고 할 바로 그때, 입회하고 있던 스님은 그가 천황의 장수를 비는 말을 들었다고 한다. 그러고 나서 정의正義가, 만일 그것을 정의라고 할 수 있다면 그 정의가 말레이의 호랑이(야마시타 대장)의 생명을 앗아갔다"고 쓰고 있습니다. 그리고 또 하나, 유럽에서의 전쟁 재판에 관한 기사에서는 그 질문에 대한 약소국 핀란드의 대답을 우리에게 알려주고 있습니다. "전쟁에 진 것이 범죄일까요?"라고.*

이렇게 생각을 해보면, 다음과 같은 것이 명백해진다고 하지 않을 수 없습니다. 즉 군의 법체계는 결코 중세로부터 꼬리를 달고 이어지는 처벌의 조직은 아니라는 것을, 기록을 통해서 그 속에 명확하게 남겨 두는 것이야말로 검찰관과 변호인의 의무라고. 그리고 군의 법체계는 오랜 세월을 통해서 발달해온 국제법의, 충분히 확립된 여러 원칙에 의거한 법체계이고, 결코 인간성이 연출하는 드라마 속의 단순한 일개 배역이어서는 안 된다는 점을 명시해야 한다는 것입니다.

이것은 결코 용이한 일이 아닙니다. 왜냐하면, 미국의 일반 대중도 또한 문명 세계도 시민법 혹은 헌법은 상당히 잘 알고 있지만, 국제법, 해사법海事法 및 전쟁 법규에 대해서 아는 사람이 극히 드물기 때문입니다. 인간이란 자신이 살고 있는 범위 내에서만 추론하고 사고하는 것

---

* 전통적으로 러시아의 위협에 시달려왔던 핀란드는, 2차 세계대전 발발 당시 소련군의 침공으로 시작된 이른바 "겨울전쟁"을 계기로 나치독일과 동맹을 맺어 소련에 대항했다. 종전 후, 연합국의 간섭으로 나치독일과의 동맹을 전쟁범죄로 간주해 책임자들을 전쟁책임재판에 회부하자, 대다수의 핀란드 국민들은 이 재판을 "승자의 정의"에 불과하다며 비난했다.

입니다. 그들은 몸에 위험이 닥쳤을 때만 소방관, 경찰관, 의사, 또는 군대를 부를 뿐입니다. 그들은 보통 평화라는 전제로밖에는 생각하지 않습니다.

그렇기 때문에 우리들, 즉 전문적인 군인 겸 법률가는 일반인에 대해서 군의 법체계가 기초를 두고 있는 제諸 요소를 기록해서, 여기에 제시할 책임이 있는 것입니다. 그러면 이미 명백해진 것에서부터 시작하여 그 논리적 결론으로 진행해 갈까 생각합니다.

해사법과 전쟁 법규

1. 군사법정의 심리審理 수속

군사법정은 군의 최고사령관으로서 미합중국 대통령의, 법률에 의거한 대리기관이라는 것은 충분히 확립된 헌법상의 사항입니다. 최고재판소는 야마시타 재판에 대한 견해에 있어서 민주주의 국가의 사람들에게 대통령의 위임을 받은 사령관에 의해 임명된 군사법정은 그 법정에 전쟁 범죄에 의해 고소당한 사람들을 재판하는 권한을 갖는다는 것을 명확히 하고 있습니다.

그러나 최고재판소의 두 명의 유력한 판사가 그것에 대해 반대의견을 표명했다는 것은 사람들을 놀라게 했습니다. 두 사람은 군의 법체계에 대해서 비판을 한 것입니다. 군사법정에서의 심리 수속이 설사 영미인英美人들이 숙지하고 있는 공동의 법 절차와는 전혀 다르다고 하더라도, 그것은 최고의 국제법의 한 분야인 해사법海事法에 의거하고 있기 때문입니다. 중략, 여기서 해사법에 대한 설명이 있고, 그것과 전쟁 법

577

규 사이의 유사성에 대한 지적이 있다

… 이 놀랄 만한 동일성은 우연의 일치나 타협의 산물이 아닙니다. 해사법이 가진 특질特質, 즉 그 법이 전 세계에 흩어져 있는 많은 다른 국민 간의 사건을 취급하지 않으면 안 되는 이유 때문입니다. 해사법의 여러 원칙은 그 발달의 초기에 있어서는 시간과 거리라고 하는 요소가 매우 큰 인자因子가 되어 있었습니다. 또 주권과 언어의 차이도 항상 존재했습니다. 그와 같은 상황하에서는, 만일 오늘날의 일반법의 원칙이 강요된다면 정의는 거꾸로 무시당하는 결과가 되었을 것입니다. (중략, 그 다음에 그 생각에 대한 비판이 있다는 것을 말하고, 그것을 참작한다고 말하고 나서, 다음으로 진행한다)

그런데 해사법이 충분히 확립된 제 원칙 위에 기초를 두고 있다는 것은 아시는 바와 같습니다. 설사 변해가는 상황에 적응하기 위해 그 응용은 변해도 기본이 변하는 것은 아닙니다. 해사 법정은 인류의 진보를 잘 알고 있습니다. 해사에 있어서의 수속 규칙을 성문화成文化하려는 노력은 과거에 몇 번인가 시도되었으나, 해사법 그 자체가 요청하는 기본적 이유가 그 성문화를 불가능하게 하고 있는 것입니다. 즉 주권, 언어, 생활조건, 종교, 기후 및 풍토, 그 밖의 자연적 조건이 다르다는 것이 바로 그것입니다.

그와 같은 상황에 대응하기 위해 많은 나라들은 해사법의 운영을 경험이 풍부한 판사와 변호사들에게 맡기고 있습니다. 그 사람들은 성실성과 풍부한 경험을 바탕으로 무엇이 옳은지를 결정하고 정의를 관철하는 책임을 하나씩 하나씩 그들 판사나 변호사 위에 떠맡기고 있는 것입니다.

이와 같은 말은 군사 법정에서의 수속에 대해서도 할 수가 있는 것입니다. 명확한 전쟁 법규를 확립하려고 하는 노력은 과거에 몇 번인가 있었습니다. 적에게 승리하기 위해 어떤 방법을 사용해도 좋은가, 또 사용해서는 안 되는가에 대해서는 얼마간의 진전이 있었습니다. 그것들은 제네바조약 및 헤이그조약*에 포함되어 있습니다. 그러나 모든 문명국이 그것을 수락한 것은 아니고, 일본은 조건부로 수락한 나라 중의 하나입니다.

각국은 어떤 종류의 전쟁 법규에는 확실히 찬성하고 있을 것입니다. 그러나 그러한 모든 수속 규칙에 찬성하고 자국 군대의 법체계의 일부로서 그것을 인정하고 있는 것은 아닙니다. 각국은 제각기 자기 나라 고유의 법을 갖는 것입니다. 그것은 해사법에 있어서 각국이 제각기 특별한 법을 갖고 있는 것과 마찬가지입니다. 그들의 다양한 규칙은 각기 엄청나게 다르고, 그리스도교 국가와 이슬람교 국가가 다르고, 왕국과 제국이 다르고, 그리고 민주주의 국가 간에서조차도 다른 것입니다.

그렇기 때문에 군의 법체계는 해사법의 체계와 마찬가지로 충분히 확립되고, 세월의 시련을 겪은 제諸 원칙에 의거하는 것이지만, 그 실제적 운영에 임해서의 책임은 고도의 신뢰와 책임을 바탕으로 법정, 검찰관, 변호인에게 맡겨지는 것입니다.

중간의 상당 부분을 생략했으나, 여기까지 와서야 미이 변호인이 무엇을 말하려고 하는지를 겨우 추측할 수 있다. 그는 야마시타 재판에

---

* 정식명칭은 "육전陸戰의 법규·관례에 관한 조약"이다. 모두 9개조로 되어 있고, 적국의 병력에 대한 가해수단의 제한 및 금지를 골자로 한다. 제1차 헤이그조약은, 1899년 네덜란드 헤이그에서 열린 만국평화회의에서 조인되었다.

서 이미 결론이 나와 있는 군사법정의 합법성이라는 문제를 되풀이하지 않고, 이미 확립되어 있는 해사법에 의거해서 그것을 운용해야 한다고 결론짓고 있다. 그리고 그렇게 하지 않는 한 충분히 확립된 법적 기초를 갖는 재판이라고 할 수 없다는 것을 논증해 가면서, 그것을 바탕으로 한다면 홍 중장에 대한 고발 그 자체가 처음부터 성립되지 않는다는 점을 논증해 나가려고 하는 것이다.

따라서 여기서 논해지고 있는 점은 결국은 전범 재판이 과연 '재판'인가 '보복'인가, '야만인의 모가지 사냥'인가 하는 기본적인 문제에까지 진행되는 것이다. 그러면 계속해서 인용해 보자.

군사법정의 책임

그리고 더욱 중요한 것은 사실의 확인이라는 중대한 책임은 법정에만 걸려 있다는 것입니다. 그렇기 때문에 법정은 무조건 모든 유형의 증거를, 그것이 긍정적이든 부정적이든 검찰 측 과 변호인 측으로부터 제출되는 모든 증거를, 보통 인간이 보아서 어떤 증거 가치가 있다고 생각되는 것을 포함할 가능성이 있다면 모조리 받아들이지 않으면 안 되고, 설사 일반법에서 말하는 '전문傳聞'이라도 받아들이지 않으면 안 되는 것입니다.

군의 법체계는 군사법정에 대해서 기술상技術上의 이유로 누구도 거부하는 일이 없이 진실을 추구하는 책임을 가지게 하고 있습니다. 또 군사법정을 소집한 당국에 의해 확립된 제諸 원칙에 의거하여 완전히 자유로운 변론을 허용하고, 모든 증거를 수리한다는 것은 군사법정의 특권이 아니라 그 의무인 것입니다.

확실히 군사법정은 전쟁 범죄를 심판하고 판결을 내리는 권한을 갖고, 또 심리審理 절차에 관한 제諸 규칙을 확립할 권한을 갖고 있습니다. 그러나 전쟁 범죄가 어떤 것인지, 또 어떤 것이 아닌지를 선언할 권한은 갖고 있지 않습니다. 그것은 입법행위인 것입니다. 따라서 미합중국 대통령이라 할지라도 대통령의 자격에 있어서나 군의 최고사령관의 자격에 있어서도 전쟁 범죄를 규정하고 동시에 정의定義할 권한은 없습니다. 두말할 것도 없이 군의 각 사령관은 설사 그 계급이 아무리 높아도 전쟁 범죄를 창출해내고 정의할 권한은 갖고 있지 못한 것입니다.

이와 마찬가지로 최고재판소 또한 범죄를 규정하고 정의할 권한을 갖고 있지 못하며, 군사법정도 역시 그러한 권력을 갖고 있지 못합니다. 범죄를 규정하고 정의하는 것은 입법 행위이며, 그 권한은 의회에만 부여되어 있습니다.

그렇다면 국제법의 경우는 어떠한가? 국제법에 위반하는 범죄에 대해 말하자면, 국제법에 반하는 범죄를 정의한 조약에 가맹하고 있는 나라가, 참가하고 있는 그 조약의 회의가 국제법 혹은 전쟁 범죄의 입법기관이 되는 것입니다. 따라서 법정 및 군사법정은 그와 같은 입법기관에 의해 정의된 범죄의 본질적인 요소에 대해서 어떤 추가나 삭제도 해서는 안 되는 것입니다.

민간 법정의 경우, 애매한 형법의 해석도 흔히 있을 수 있습니다. 그러나 군사법정에는 그와 같은 권한은 없는 것입니다. 그와 같은 기능은 범죄 그 자체를 규정할 수 있는 시민의 입법기관에만 남아 있으며, 장래에 입법 행위에 의존하는 권한이 특별히 부여되지 않은 한 군사법정에는 없는 것입니다.

법정 혹은 군사법정의 유일한 의무는 (1)증거를 듣고, (2)판결에 도달하고, (3)형刑을 선고하는 것에 한정되어 있으며, 더구나 그 형刑은 그것을 범죄라고 규정한 입법기관에 의해 정해진 범위 내에 한정되어 있습니다.

게다가 일단 관할권이 확립된 다음에는 군사법정에서의 재판에 대해서는 다음과 같은 중요한 특질이 있다는 것도 잊어서는 안 되는 것입니다. 첫째로 심리 절차 규칙에 대해서인데, 실제 문제로서 그것에는 하등의 제한이 있을 수 없습니다. 따라서 군사법정은 공평하고도 공정한, 그리고 편견이 없는 재판을 행할 절대적 책임이 있다고 하지 않을 수 없습니다.

둘째로, 군사법정에는 범죄라고 규정하거나 범죄를 정의하거나 하는 권한은 없다는 것입니다. 만일 증거에 의해 범죄를 명확히 밝히지 못하거나, 또 증명할 수 없는 경우에는 군사법정은 그 증거에 맞도록 범죄를 추정하거나 혹은 창출해서는 안 됩니다. 적절한 입법기관에 의해 충분히 정의定義된 범죄에 들어맞지 않는다면 유죄의 결정은 할 수가 없는 것입니다.

당 피고의 변호인이 일반법에 있는 통상의 변호 수단을 하나도 채용하지 않고 심리를 지연시키는 것과 같은 수단을 구태여 사용하지 않고 변호를 하는 것도, 무엇보다 군의 법체계를 그와 같이 이해하고, 동시에 본 군사법정이 자신에게 걸려 있는 중대한 책임을 다 해 주리라고 믿고 있기 때문입니다. 우리는 최후까지 군의 법체계의 제諸 원칙에 따를 생각입니다. 그리고 본 법정이 일반법 절차의 기술적 곤란이나 편견이나 감정에 좌우됨이 없이 빠른 시일 안에 정당한 판결에 도

달하기를 희망하고 있는 것입니다.

당연히 그래야 한다고 생각합니다. 법정의 여러분, 당 피고의 변호인은 본 법정 및 피고에 대해서 중대한 책임을 통감하고 있습니다. 사실 우리도 자문자답하고 있습니다. 우리는 위대한 민주주의국가의 그리스도교 신자로서 "너, 심판하지 말라. 심판받게 되리니"라고 말씀하신 그리스도의 가르침을 앞에 두고, 한 사람의 그리스도교 신자*에게 판결을 내리려 하고 있는 것이 아닌가 하고. 또 "복수는 내게 있다"고 주님은 말했다고도 합니다. 또 우리들은 마르스軍神의 이념을 경계하지 않으면 안 되지 않느냐고도.

먼 장래의 어느 날, 우리의 후대後代의 누군가가 이 기록을 읽고 '흘러가는 시간'이라는 불멸의 재판이라는 빛 아래서 그 사람들이, 아니 우리가 그 의무를 게을리 했거나 신뢰를 배반했다고 하는 말을 하는 일이 제발 없도록.

미이 변호인은 여기서 일단 구두口頭 변론을 중단하고, 무죄 청원 신청에 대해서 그 근거가 되는 법률 및 검찰 측의 증거에 대한 건의서를 제출한다. 그는 그것을 법정에서 낭독할 필요는 없다고 생각한다고 말하고, 계속해서 이 장章에서 최초 수록한 "무죄 청원의 신청서" A, B 합해서 16개 항목 하나하나에 대해 그것을 부연하는 형식으로 구두 변론을 진행하겠다고 말한다.

재판장의 허가가 있자, 그는 그 하나하나를 빈틈없는 말투로 논증해 간다. 그것은 군법, 해사법, 국제법, 각종 조약의 조항을 자유롭게 인

---

* 이 책 25장을 참고할 것.

용하고, 동시에 그 방면의 권위자로 알려진 학자의 학설을 인용한 방대한 것으로, 그것을 완성한 정력에는 다소 경이를 느꼈지만, 너무나 방대하기 때문에 전문全文을 인용할 수는 없다.

다만 그중에서 '전범'이라는 문제에서 홍 중장의 경우에 특히 문제가 되는 점, 한마디로 말하자면 '책임범責任犯'이라고도 할 수 있는 범죄가 과연 있을 수 있는가? 만약 있을 수 있다면, 그 책임을 추궁하는 권리는 누구에게 있는 것인가를 논한 곳을 인용하려고 한다.

왜냐하면 홍 중장의 재판은 두 가지 점으로 요약되기 때문이다. 한 가지는 (1)지휘권이라는 측면에서 그가 책임을 져야 할 위치에 있었는지 아닌지 하는 것이고, 또 한 가지는 (2)설사 책임을 질 위치에 있었다는 것이 증명되고, 동시에 그가 그 책임을 충분히 다 하지 않았다는 것이 논증된다 하더라도, 그것을 과연 '범죄'라고 할 수 있는지 없는지 하는 것이다.

(1)에 대해서는 이미 몇 번씩이나 문제가 되어, 책임이 홍 중장에게 소급해 간다는 것을 완전히 입증한 사람은 없다. 아니, 오히려 그 반대로 직무 권한에 의거하는 책임이라는 사고방식을 갖는다면, 무책임체제라는 이름 그대로 모든 것은 애매하다. 그러나 (2)는 과연 어떤가? 군사법정에 '범죄라고 규정하거나 범죄를 정의하거나' 하는 권한이 없다면, 다른 입법기관이 그것을 범죄라고 규정하지 않는 이상, 멋대로 그것을 '창출'할 수는 없다고 그는 미리 못을 박아 놓고 있다.

물론 홍 중장이 스스로 학살 행위를 자행하거나 또 명령하거나 했으면 모르지만, 그 점에 관한 한 그가 결백하다는 것은 법정의 전원이 인정하고 있다. 그렇게 되면 문제는 '책임범'이라는 범죄를 '창출'하지 않고, 그의 유죄를 입증할 수 있느냐 없느냐 하는 게 될 것이다.

이것은 '천황의 전쟁 책임'이라는 점에서도 지극히 흥미 깊은 문제이다. 왜냐하면, 그것을 단순히 '우물 안 개구리'식으로 국내에서, 변호인이 말하는 '감정을 충족시키기' 위해서 논하고 있다면 문제 밖이지만, 당시의 주권자主權者로서 국제법을 원용하는 형식으로 논의한다면 어떻게 되는가 하는 문제에 어떤 종류의 시사를 주기 때문이다. 미이 수석변호인은 다음과 같이 논하고 있다.

힘의 철학

본인은 여기서 극히 간단하게 법적 관점에서 논하려고 합니다. 법에 대해서는 청원서의 검찰관의 항목, 즉 3페이지에 나와 있습니다. "법률상으로 말하자면, 검찰 측은 전쟁 법규에 의거하는 죄를 국제법으로 인정되고, 성문법으로 기술되어 있는 형태, 즉 법의 요청에 근거하는 형태로 고발할 수가 없었다"라고.

본인은 여기서 야마시타 재판에 대한 여러 가지 의견들을 거론해 보려고 합니다. 왜냐하면, 쟁점으로 되어 있는 여러 사실이 지극히 강한 유사성을 갖고 있기 때문입니다. 그래서 우선 최고재판소의 의견을 들어 보면, "의회의 권능도, 또 법정을 조직하는 군 명령도, 그 고소가 전쟁 법규 위반에 관한 것이 아니라면, 그 사람을 재판에 회부할 권한은 없다"라고 되어 있습니다. 따라서 최고재판소의 의견을 따른다면 검찰 측에 의해 주장된 범죄가 사실상 전쟁 법규에 위반된 범죄가 아닌 이상 본 법정은 그것을 재판할 권한을 갖지 못하는 것입니다.

그러면 여기서 본인은 머피 판사의 소수의견을 한번 들어 보려고 합니다. 제1페이지에 "최고재판소 본 법정이 오늘 당면하고 있는 사건의 중대성은 아무리 강조해도 강조가 지나쳤다고 할 수는 없다"고 쓰여 있습니다.

검찰 측 · 베어드 중령 : 중간에서 실례지만, 재판부에 말씀드리겠습니다. 소수의견은 법의 일부가 아니고, 또한 아무런 효력도 없는 것이므로, 그와 같은 논의는 부적당하다는 것을 지적하고 여기에 삼가 이의를 제기하는 바입니다.

변호인 측 · 미이 소령 : 소수의견이라 하더라도 다른 부분과 하등 다를 바가 없습니다. 우리는 원할 때에는 언제나 소수의견을 인용할 자격이 있습니다. 만일 본 건이 최고재판소까지 갔다고 하면 그 두 명의 판사의 소수의견 때문에 반드시 역전이 이루어지리라고 믿습니다. 두 명 중에 한 사람은 전 세계에서 가장 뛰어난 법률가인 라트릿지 판사이기 때문입니다. 그러나 본인은 재판부의 의견에 따르겠습니다.

재판장 : 법정은 검찰 측의 의견을 지지하지 않는다.

검찰 측 : 검찰 측은 그 결정에 따르겠습니다. (여기서 미이 소령은 발언을 계속한다)

그러면 계속하겠습니다. 라트릿지 판사의 의견으로 돌아가겠습니다.

"야마시타 장군의 운명보다 훨씬 중요한 것이 위기에 빠져 있는 것이다. 만일 그 잔학 행위에 관해서 그가 유죄라면 그가 사형을 받아도 동정의 여지는 없다. 그러나 그것을 행하는 데 있어서 법에 따라서 정의를 행할 수는 있는 것이므로, 행해져야 한다⋯."

"⋯ 우리의 적과 우리 사이에 거대한 간격이 있다는 것을 보여주고 있다. 그들의 철학은 보편적인 힘의 철학이고, 우리는 보편적 법의 철학이다. 우리의 법령조직은 아직껏 완전히 국민의 살이 되어 있지 않으나 우리가 사는 세상은 보편적 법의 철학이며, 따라서 그것이 높은 사람이든 낮은 사람이든, 힘이 있는 자든 힘이 없는 자든, 승리자이든 피정복자이든, 그 법을 떠난다는 것은 우리의 빛나는 전통을 더럽히는 것이 된다. 우리가 법에 의지할 필요도 없고, 그것을 할 수도 없다고 한다면 우리는 자신의 법이 태어나온 규범과는 완전히 다른 규범(말하자면 힘의 철학)에 몸을 맡기게 되는 것이다."

이것은 대단히 재미있는 논리이다. 즉, 만일 승자가 패자를 심판하는 것이 된다면, 그것은 "힘의 철학"이고, "보편법의 철학"은 아니다. 그것은 그들이 적대한 자의 사고방식에 그들이 굴복한 것이 된다는 논법이다. 그리고 그 보편적 법의 철학이라는 사고방식은 닉슨 규탄_{糾彈}*에서도 그 힘을 발휘했다고 생각되지만, 그러나 일본을 "힘의 철학"이라고 규정한 것은 오해일 것이다. 다시 변호인의 변론으로 돌아가자.

본 고소 사건에 대해서 본인은 머피 판사의 소수의견을 다시 인용하려고 생각합니다.

---

* 워터게이트(Watergate) 사건을 가리킨다

"이 쓸모없는 – 아니, 표면적으로는 그렇지 않지만 – 조급하게 이루어
진 노력 가운데는 그가 전쟁 법규에 위반한 것을 확실하게 증명하는
것은 아무것도 없다. 그는 그 자신이 잔학 행위에 개인적으로 참가했
다든지, 그 수행을 명령했다든지 하는 따위로 고소당하고 있는 것은
아니다. 더구나 '그러한 범죄를 알고 있었지 않은가?' 하는 것으로 그
책임을 추궁당하고 있는 것도 아니다. 그는 단지 사령관으로서 그의
지휘하에 있던 자들의 행동을 감독한다고 하는 사령관의 의무를 불법
적으로 경시하고 실시하지 않고, 그 때문에 부하들이 잔학 행위를 저
지르는 결과를 가져왔다는 죄로 고발당한 것이다."

"전쟁의 여러 가지 기록에 의해서도, 또 국제법상으로 확립된 제諸 원
칙에서 보더라도, 그러한 고소에는 약간의 전례前例도 찾아볼 수가 없
다. 그 고소는 실질적으로는 군사법정이 편견으로 가득 찬 견해에 따
라, 피고가 의무를 경시하고 무시한 것에 대해 원하는 대로 범죄를 창
출해내고 있는 것이다. 그와 같은 행위는 최근 경멸당하고 있는 국가
들에 있어서 행해지고 있는 사례와 지극히 유사한 것이라 하지 않을
수 없다."

"나의 의견으로는 그와 같은 법절차 방식은 우리의 전통에 위배될 뿐
만 아니라, 인류 공통의 이상을 위한 발전을 위해 지불되어 온 과거의
크나큰 희생까지도 부끄럽게 만드는 것이라고 말하지 않을 수 없다.
지금 이 순간에 격앙되어 있는 감정은 그것에 의해 만족을 느낄 것이
다. 그러나 격앙된 감정이 가라앉은 다음에 오늘 허용해 버린 절차가
끝없이 위험하다는 것의 의미를 깨닫게 될 것이다. 왜냐하면, 군대에

있어서는 지휘의 입장에 있는 자는 모조리, 일개 하사관에서부터 장군에 이르기까지 앞으로는 연대책임을 벗어날 수 없게 될 것이기 때문이다. 진실로 언젠가, 장래의 어떤 때, 미합중국의 대통령, 참모총장, 그리고 많은 군대의 고문顧問들은 이 결정 때문에 거꾸로 책임을 추궁당하게 될지도 모르는 것이다."

"우리는 생각한다. 이 규칙을 적용한다면 더욱 할 말이 많이 있지 않을까 하고. 필리핀에 주재하는 우리 미군의 지휘관들 및 그 부하의 일부가 현재의 이른바 평화 속에서도 잔학 행위를 저지르고 있다고 말해서는 왜 안 되는가? 거의 매일 잔학 행위나 죽음이 발생하고 있지 않은가? 당시 이미 후크단團에 대한 토벌이 있었다. 진실로 이와 같은 재판이 있어서는 안 되는 것이다. 지금 거론한 것과 같은 범죄는 일반법에는 없다. 그리고 전쟁 관습에도 또 제네바조약의 제諸 규칙에도 없는 것이다."

그러면 다음으로 옮겨 가겠습니다. 다수의견은 확실히 헤이그조약의 제1조를 인용하고 있습니다. 그것을 간단하게 낭독하고, 그 다음에 (그 해석의 오류를 지적한 머피 판사의) 해설을 덧붙이려고 합니다. 머피 판사는 이렇게 쓰고 있습니다.

"헤이그조약 및 제네바 적십자 조약의 어떤 부분을 법정이 막연히 부정확하게 인용하고, 그것을 근거로 하고 있는 것은 잘못이다. 따라서 1907년 10월 18일자의 헤이그조약 제4조의 부속 문서 제1조에서 '전쟁의 법, 권리 및 의무가 군대 및 지원 부대에 적용되는 것은 그러한 부대가 그 부하에 대해서 책임 있는 한 사람에 의해 지휘되고 있는 경우에만 한정한다'고 되어 있는 것은, 본 건의 문제와 하등의 관련이 없다."

마찬가지로 본 군사 법정의 본 건에도 관련이 없습니다. (중략) 왜냐하면, 그 부분은 국제법의 여러 권위자들에 의해 여러 가지로 해석되고 있으나, 오펜하이머의 국제법에는 이렇게 되어 있기 때문입니다. "그러한 말의 의미는 그 자가 상부로부터 임명되거나 밑에서 선출되거나, '그 상급의 권위에 대해서 책임이 있다'는 의미"라고 말입니다.

나 자신조차도

그는 여기서 헤이그조약의 이 조항이 지원병, 비정규군에 속하는 자는 교전단체로 인정되지 않기 때문에 항복 후에도, 혹은 평화 회복 후에도 범죄자로서 추궁되어 처형되는 것을 방지하기 위한 것이라는 점을 여러 가지 각도에서 논증하고, 그 조약에 있어서 '책임'의 정의定義를 명확히 밝혀 나간다. 그는 오펜하이머를 인용하여 다음과 같이 결론짓고 있다.

"… 그러나 헤이그조약 제1조에 의해, 이 규정(비정규군에 대한 범죄자 취급)은 폐지되었다. 그 대신에 비정규군은 승인을 얻지 않아도 다음 조건을 충족시키기만 하면, 교전국의 군대와 같은 특권을 누릴 수 있게 되었다. 그 조건은 (1)그 군대가 그 부하에 대해서 책임 있는 한 사람에 의해 지휘 받고 있을 것, (2)그 군대가 멀리서도 인지할 수 있는 명확한 휘장을 확실히 부착하고 있을 것, (3)공공연히 무기를 소지하고 있을 것, (4)그들이 전쟁 법규 및 관습에 따라서 행동할 것 등이다. 그러나 그것이 적용되는 것은 설사 적은 숫자라 하더라도 비정규의 군대뿐이라는 것을 강조하고 싶다. 무기를 들고 전투 행위를 완전히 단독으로 행하는 개인은 전쟁 범죄자로서 취급하여 사살당하는 것이다."

결국 일본군은 군대이므로 '부하에 대해서 책임 있는 한 사람에 의해 지휘 받고' 있으며, 그 지휘관에게 부하의 모든 행위의 책임이 소급된다는 따위의 결론은 그 조항에서는 나오지 않는다고, 그는 주장하고 있는 것이다. 상식적으로 말하자면, 전쟁 범죄인으로서 처벌할 수 있는 것은 무기를 갖고 단독으로 전선을 횡행하는 군인이 아닌 자, 말하자면 군사행동의 이름을 빌린 무장강도 내지는 그렇게 보이는 자와 같은 지극히 한정된 범위에 적용해야 할 극히 상식적인 개념이라는 것이다.

그것을 원용援用하여, 확대해석해서 모든 사건과 문제를 무엇이든지 지휘관의 책임으로 소급하여 그것을 범죄자로서 고발한다는 것은 범죄의 창출이기는 해도, 헤이그조약에 의거한 국제적인 법규에 근거를 둔 고발이라고는 할 수 없다고 그는 단정하고 있다. "전쟁 범죄"라는 개념은 확실히 존재했다. 따라서 전범이라는 것이 존재하지 않는다고는 말할 수 없다. 그러나 그 정의는 당시의 전범 법정에 있어서처럼 이상하게 확대해석된 것과 같은 의미를 갖는 것은 아니었다.

이상과 같은 법적 기초의 문제 외에 그가 예리하게 지적하고 있는 것은 오료쿠마루의 문제와 재판에서 불가결의 요소인 '증언'의 신빙성

문제이다. 오료쿠마루의 문제는 해사법의 전문가답게 문자 그대로 완벽할 정도로 철저하게 검찰 측에게 반론하여, 그 건으로 육상에 있던 자의 책임을 묻는다는 것은 비상식적인 일이라고 단정하고 있다.

그리고 더욱 더 '증언'의 문제로 파고드는데, 같은 시기에 필리핀에 수용되어 있던 나에게는 그것이 참으로 적절한 지적이라고 생각된다. 그는 선서진술서가 대중이 몹시 감정적이 되어 있을 때는 지극히 신빙성이 없는 것이라는 점을 먼저 금주법 시대를 예로 들어 논증한다.

그 경우는 마치 필리핀에서의 일본인 전범과는 반대의 형태로 대중은 오히려 '재수 없게 음주의 현장을 들킨' 피고에게 동정을 하고 있어서, 그 때문에 피고를 '무죄로 하는 증거가 약간 필요하다면, 50달러 지폐와 등사판을 들고 길거리로 나가면' 누구나가 그 교환조건으로 서명을 해주었다는 사례가 있다. 그리고 현재의 필리핀인의 감정은 바로 그것과 반대의 면이 나타나 있어서, 같은 결과를 초래하고 있다고 그는 기술하고 다음과 같이 말한다.

> 법정에 제출된 선서진술서가 모두 법에 합당한 형식으로 작성되어 있다는 것은 잘 알고 있습니다만, 내가 여기서 말하고 싶은 것은, 그 선서진술서의 내적 가치가 얼마나 작은가 하는 것입니다. 작년 8월에 이 도시의 거리를 지나가는 사람들에게 "야마시타의 유죄를 결정하고 싶으니까 협력해 주시오" 하고 말했다면, 그들은 즉시 선서진술서 같은 것에 서명을 했으리라는 것을 본인은 절대로 의심하지 않습니다. 나 자신조차도 부탁을 받았다면 서명했을 것입니다. 따라서 그 점을 분명히 하고 싶습니다. 이와 같이 원고 측에만 치우친 선서진술서에 가치가 있을 턱이 없는 것입니다. 본 법정에 제출된 증거의 대부분은 선서

진술서였습니다. 양적으로 65통가량이 됩니다만, 양이 많다고 해서 가치가 있는 것은 아닌 것입니다.

이상과 같은 여러 가지 점에서 전범 재판 자체가 갖는 문제점을 논해가면서, 그는 다음과 같이 결론짓는다.

즉 과거에 있어서 여러 조약에 나타난 '전범'이라는 개념은 (1)범죄를 수행하는데 있어서 악의 내지는 의도성이 필수의 요건이다. (2)불실행不實行 범죄에 있어서는 범죄적이고 고의적인 부주의가 필수요건이다. 따라서 검찰은 그것을 입증하지 않으면 안 된다.

피고에 대한 형법상의 소송에는 두 가지의 명제가 필요하다. 즉 (1)위반을 했다는 사실, (2)그것에 대한 피고의 범죄적인 행동. 이 두 가지 명제가 국가에 의해, 또는 배심원에 의해 상당한 의심이 간다는 정도 이상으로 충분히 입증되지 않으면 안 된다. 그것을 할 수 없는 경우는 피고는 무죄가 되어야 한다.
그리고 최후로 그는 다음과 같이 결론짓고, 방대한 "무죄청원서"의 취지 설명을 끝내는 것이다.

법정의 여러분, 검찰 측이 피고의 책임을 확정하기까지는 이 법정에서는 그 공소이유에 대해서는 죄의 결정을 내려서는 안 된다고 본인은 믿습니다. … 본 법정이 만일 본 고소 및 소인訴因에 제시된 범죄가 행해졌다고 명확하게 판단되고, 동시에 본 피고가 그것에 참가하고 있는가, 또는 그에게 직접 그 원인이 있는가 하는 것이 명확하다고 판단할 수 있다면, 그때 비로소 허용된 자유재량 권한에 의해 판결을 내릴 수 있을 것입니다.

그러나 우선 첫째로 국제법상의 범죄가 존재하고 있다는 것이 증명될 때까지, 즉 일시적 감정에 의해 상상되고 창출된 것이 아니고, 실제로 범죄가 존재하였던 것이 증명될 때까지, 둘째로 본 피고가 어떠한 형태로 이 범죄에 관해 유죄라는 것이 증명될 때까지, 그때까지는 우리가 여기에 제출하는 신청서는 '무죄 청원의 신청서'가 아니면 안 된다고 생각하며, 동시에 이것을 수리해 주도록 요청하는 바입니다.

재판장 : 본 법정은 금일 13시 30분부터 검찰 측의 반론을 듣기로 한다.
　　　　그때까지 휴정.

공해公害 재판을 생각한다.

쓸데없는 이야기일지 모르지만, 미이 수석변호인의 '무죄론'을 읽고 있노라면, 전범 법정에 반드시라고 해도 좋을 정도로 등장하는 그런 종류의 사람들에 대해서 생각하지 않을 수 없게 된다. 그런 종류의 사람들은 미국인뿐만 아니라 중국인 가운데도 있다. 그 사람에 관해서는 〈어떤 이상 체험자의 편견〉에서 썼으니까 재론하지 않지만, '시간의 심판', 혹은 '후대의 비판'을 뚜렷이 염두에 두고 그 심판 또는 비판에 견디어내기 위해, 그 시점의 '일시적인 감정의 충족'이라는 가장 강력한 요구에 대결한다는 괴로운 임무를 인내해내는 것을 당연하다고 생각하고, 당당하게 그것을 실행한 사람들이다.

인간이 감정적 동물이라는 것은 어쩔 수 없는 숙명이라고 할 수 있다. 나의 친근한 어떤 유태인 여성은 옆에 독일인이 앉으면 몸의 한쪽에 소름이 돋는다고 했다. 그러나 그녀는 사람을 두고 그런 행동을 하면 안 된다는 것을 잘 알고 있으며, 어떻게든 그것을 스스로 극복해 보려고 하는데 아무래도 소름이 가라앉지를 않는다고 한다.

포로수용소장이라든가 살인범이라고 하면 그 실체가 어떤 것인지, 그런 사건이 정말로 있었는지를 규명하기 전에 감정적 혐오감이 앞서서 소름이 돋는 사람이 있다 해도 그것은 이상할 것이 없다. 전후戰後 마닐라의 상황은 변호인이 '선서진술서 비판' 속에서 말하고 있는 대로의 상황이었고, 난징南京에서도 그것에 못지않게 가혹했다고 한다.

사실 이 법정에서도 포로에 대한 학대 사건이 꼬리를 물고 증언되고 있다. 그런 분위기 속에서 소름이 돋아도 좋을 쪽에 있으면서도 그 피고를 철저하게 변호한다는 것, 그와 동시에 그 변호를 당연한 것으로 여겨 언론의 자유를 보장하고, 또한 그것을 조용히 들을 수 있다는 것은 역시 우리와는 다른 기질, 말하자면 '보편적 법'이라는 것이 감정적인 것에 우선한다는 자질이고, 동시에 '시간의 심판'을 최종의 법정으로 생각하는 사고방식일 것이다.

변호인은 설사 그 군사법정에서는 지더라도, '시간의 심판'에서는 반드시 승소한다고 믿고 있다. 그리고 그의 경우라면 그 '시간'을 지배하는 신神의 정의에 대한 신뢰가 그 기본에 깔려 있는 것처럼 생각된다.

과연 전범 재판에는 많은 의문점이 있고, 착오가 있을 것이다. 그러나 문제가 되는 중요한 점은 법정 자신으로 그것을 보좌하는 변호인에 의해 거의 완전하게 지적되고 있다는 점이다. 그리고 그것을 지적하는 자유도 또한 보증되어 있다는 점이다.

도대체 현재의 일본에서는, 예를 들면 록히드 재판이나 공해公害 재판과 같은 경우에 과연 '악명 높은 군사법정'에서와 같은 '언론의 자유'가 보장되어 있는 것일까? '시간의 심판'을 최종적인 법정의 심판이라고 생각하고, 일시적인 감정의 충족을 극복한 변론이 과연 일본에 존재할 수 있는가? 미이 변호인의 변호를 읽으면서 일종의 서운함을 느끼지 않을 수 없는 것이다. 그러나 사족蛇足은 이쯤하고, 검찰 측의 반론으로 옮겨가자.

제23장

논리와 논증

검찰 측의 반론

앞 장에서 변호인 측의 '공소기각'이라고 할 만한 신청에 대해서 같은 날 (1946년 3월 25일) 오후 1시 35분부터 검찰 측이 반론에 들어갔다. 그 반론을 변호인의 열렬한 연설과 비교해 보면, 참으로 인정머리 없는, 짤막한 형식논리의 전개라 할 수 있다. 그리고 그 이후 판결까지 검찰 측은 오로지 형식논리로만 밀고 나간다.

이상한 것은 그것을 읽어나가노라면, 그때까지 변호인 측의 진술은 모두 상당히 작위적이고, 실질적으로는 창작創作에 불과한 '논픽션 문학'처럼 보인다. 특히 그것과 비교해서 검찰 측의 논고를 읽어보면, 여기저기에 상황 묘사를 삽입한 형식논리만큼, 간단히 말하자면 '원칙과 부분적 실정'으로 합성한 픽션, 말하자면 일종의 환상만큼 교묘하게 인간을 납득시키는 것은 없다는 느낌이 든다. 어쨌든 우선 검찰 측의 반론부터 시작해서 변호인 측의 최종 반론, 검찰 측의 최종 논고 순서대로 살펴보기로 하자.

재판장 : 법정을 개정한다.
(검찰 측은 수석 검찰관 베어드 중령이 나서서 소정의 절차를 밟은 뒤 재판장에게 발언 허가를 구했다.)
재판장 : 진행해도 좋다.

(아래는 베어드 중령의 논고이다.)

"재판부에 말씀드리겠습니다. 미합중국 최고재판소에서 야마시타 재판에 대해서 공표된 소소의견을 변호인 측은 그 변호 속에 채용했는데, 검찰 측은 이미 그것에 대처하여 증거, 선서진술서, 그 밖에 문서에 의한 증거를 될 수 있는 한 생존해 있는 증인에 한정하도록 노력해왔습니다."

말하자면 '살해당한 인간이 임종 때 이렇게 말했다'는 것과 같은 증언은 확실하다고 생각되어도 채용하지 않았다는 이야기일 것이다. 피해자에게도 가해자에게도 사망한 자가 많았던 전선戰線이라는 상황을 생각한다면, 그것은 검찰에게 있어서는 일종의 양보 또는 자기규제였는지도 모른다. 특히 쌍방이 죽었고, 제3자로서의 목격자밖에 없는 경우, 예를 들면 라스피나의 수용소와 같은 경우는 그것이 상당히 지독한 상태에 있었고, 현재도 일본 측에 그 간접적 증인이 있음에도 불구하고 재판에서는 문제가 되지 않는 게 그 한 가지 예일 것이다.

"두말할 것도 없이, 증거의 형식과 채용 방법 및 어느 것이 채택되느냐 하는 판단은 연합군 최고사령관에 의해 이미 결정되어져 있지만, 우리는 이 건에 대해서 또 한 사람의 사령관(야마시타 대장)이 심판되어졌을 때 행해진 비판에 대해 답변하려고 하는 것입니다.

변호인 측의 공소기각 신청의 취지는 다음과 같다고 사료됩니다. 검찰 측의 증거 및 그것에 의거하는 논리적 추론, 또는 추정 그 자체는 진실이라고 믿어지나, 본 법정에서 피고에 관한 증거라는 논증은 일단 불충분하므로, 피고에게는 항변의 필요가 없다 해서 이와 같은 취지에 입각해 변호인 측의 변론은 다음의 두 가지 면에서 이어졌다고 생각합니다.

우선 첫째로 본 고소는 전쟁 법규 위반을 구성하고 있지 않다. 그리고 둘째로 증거는 피고가 고소당한 기간 중, 전쟁 포로의 사령관이었다는 것을 나타내고 있지 않다. 따라서 그는 잔학 행위에 책임이 없다는 것이었습니다.

그렇다면 우선 첫째 건부터 말씀드리자면, 미합중국 최고재판소는 야마시타 건에 대해 전쟁 법규 위반에 관한 동일한 고소가 행해졌을 때 이것을 적정하다고 했으며, 동시에 이 고소에 있어서 취급된 건에 대해서 군사법정이 재판을 하고 판결을 내릴 권한을 가진다고 말하고 있습니다. 이것은 본 건에도 적용되어져야 하는 것이기 때문에, 이에 입각해서 피고 측의 주장은 고려의 여지가 없으며, 그 문제는 이미 해결이 난 것입니다.

둘째 건 또한 피고 측의 주장은 통하지를 않는 것입니다. 왜냐하면 기록의 곳곳에 피고는 고소당한 기간 중 필리핀에서 전시戰時 포로사령관의 직위에 있었을 뿐만 아니라, 현실적으로 그 실무實務를 행하고 있었다는 증거가 많이 있기 때문입니다. 그것은 다음 증언에서 특히 명백합니다. 여기서 "헤이즈 일기"와 적십자의 얀슨 씨를 비롯해 많은 증인의 이름이 등장한다. 특히 헤르게 얀슨 씨는 그 증언에서 전시 포로사령관인 홍 중장에게 편지를 보냈는데, 그 수령을 나타내는 본인의 간단한 서명이 있는 문서가 되돌아 왔다고 진술하고 있습니다. 우리는 변호인 측의 신청서는 기각되어야 한다고 믿고 있습니다."

재판장 : 법정은 비밀회의로 들어간다. (여기서 별실에서 협의가 있었다.)

재판장 : 법정은 검찰 측이 제시한 제諸 증거는 본 고소를 유지하는 데 충분한 것이라고 판정한다. 변호인 측의 신청서는 기각한다.

변호인 측의 공소기각 신청은 이상과 같이 어처구니없이 기각되었다. 검찰 측의 그것에 대한 대응 중에서 첫 번째 것에 대해서는, 변호인 측의 주장이 정당하다면 그보다 포로 문제에는 관계가 적은 야마시타 대장이 무죄가 되었을 것이고, 야마시타 대장이 유죄가 되고 미국의 대법원이 그것을 지지했으므로, 그 기준에 따르면 그보다 직접적으로 포로에 대해서 책임이 있는 홍 중장은 당연히 유죄라는 것이고, 두 번째 것에 대해서는 책임자로서 홍 중장의 서명을 들고 나온 것이다.

그 서명은 일본인의 감각으로서는 날인捺印과 별로 다를 것이 없는 것으로, 상대방이 적십자의 대표니까 그것을 고려해서 특별히 홍 중장 자신이 자필 서명한 것이라 믿어진다. 그러나 자필 서명이 서양인에게 주는 심리적 영향은 일본인과는 다른 것이 있으며, 그것은 상당히 강렬하게 법정에 작용한 듯이 보인다. 어쨌든 간에 그것으로 변호인 측의 공소기각 신청은 기각되었다. 뒤이어 법정은 4월 11일 오후에 드디어 최종 변론에 들어갔다.

최종 변론辯論 · 최종 논고論告

재판장: 법정을 개정한다. 변호인 측은 최종 변론 준비가 되었는가?
변호인 측: 재판부에 말씀드립니다. 최종 변론에 들어가겠습니다만, 변호인 측으로서는 지금까지 법정에 제출된 증거를 장황하게 검토하여 법정의 시간을 낭비하기를 원하지 않습니다. 우리는 법정이 그 방대한 증거를 충분히 검토평가해 주기를 바라고 있습니다. 그러나 여기서 본인이 강조하고 싶은 매우 중요한 점이 두세 가지 있습니다.

변호인 측은 여기서 야마시타 재판에서 행해진 방법을 사용해도 이 상태에서는 모두 간단히 기각될 것이기 때문에 무의미하다고 판단하고, 전혀 다른 관점에서 홍 중장의 유죄가 실질적으로는 근거가 없다는 점을 논증하려고 한다. 여기서 처음으로, 앞에서 말한 홍 중장이 한국인이었다는 사실이 지적되는 것이다.

"본 건에 있어서 우리는 적어도 지금까지 당 군사법정이 심리한 일이 없는 새로운 상황에 처해 있는 것입니다. 무슨 말인가 하면, 지금 지휘관으로서의 책임상 죄를 추궁당하고 있는 피고는, 일본군의 일원이 된 일개 조선인이라는 것이 그것입니다.

이 사실을 본 법정은 깊이 배려해야 할 줄 압니다. 조선이 오랜 세월 동안 일본인에게 억압받아 왔다는 것은 법정도 충분히 알고 있으리라고 생각합니다. 그리고 일본군 속에 있던 단 한 사람의 조선인은 명목적으로는 어떠한 고위 지휘관의 위치에 있었다 하더라도, 실질적으로는 경시당하는 존재였을 것입니다. 지금 여러분 앞에 있는 피고는 일본군 가운데 있으면서, 거의 영향력을 행사하지 못한 지휘관이라고 본인은 생각하는 것입니다. 그는 부하에게 업신여김을 받았고, 상급자에게서는 멸시를 받고 있었습니다.

그런데 검찰 측이 그 증거를 제출했을 때, 몇 번씩이나 본 피고가 되풀이해서 전시 포로를 도와주려고 시도한 일이 – 비록 몇 건 되지는 않지만 – 사실로 존재했다는 게 증명되었습니다. 무토 중장에 대한 반대심문 때, 홍 중장은 야마시타 대장에게 전시 포로 및 민간인 억류자 수용소의 식량 사정에 대해서 항의하고 있었다는 것을 검찰 측 자신이 밝혀냈습니다.

그리고 변호인 측의 한 증인은 제14방면군 사령부 및 홍洪 사령부가 전시 포로 및 민간인 억류자에게 지급되는 식량의 할당을 정했다고 증언했습니다. 그 사실은 검찰 측에 의해 결코 부정되지 않았고, 일부 삭제도 되지 않았습니다. 아니 오히려 검찰 측은 무토 중장의 반대심문에서도 본 피고가 그 식량 배급을 늘이려고 한 것을 분명히 했을 정도입니다.

제네바조약에 대해서는 모든 면에서 많은 의견이 나왔습니다. 그러나 본인 자신에 대해 말하자면, 본인은 최초부터 제네바조약에 관한 여러 의견은 일체 불필요하다고 느끼고 있었습니다. 왜냐하면, 전쟁 개시의 그 순간부터 일본은 제네바조약을 지킬 의도가 전혀 없었다는 것이 명백하기 때문입니다. 도쿄의 육군성은 제네바조약을 준수하고 동시에 그 조항에 따를 의도를 전혀 갖고 있지 않았습니다. 그럼에도 불구하고 지금 이곳에, 말하자면 중간에 세워진 자, 더구나 한국인인 피고가 제네바조약을 위반했다는 죄로 고소를 당하고 있는 것입니다.

중간에 있던 단 하나의 인간이 자기 한 사람만의 힘으로 어떻게 제네바조약을 지킬 수가 있었겠습니까? 그의 상급자, 도쿄의 사령부는 제네바조약을 완전히 무시하고 있었습니다. 그리고 그의 부하들은 실제로 제네바조약에 대해서는 아무것도 모르고 있었습니다. 법정의 판사여러분, 여러분에게 묻고 싶습니다. 그와 같은 상황 아래서 도대체 어떻게 하면 피고가 제네바조약을 지킬 수 있는가를.

증언대에 섰던 한 증인이 말하고 있습니다. 도쿄의 육군성은 전시 포로를 비행장 건설에 사용해도 좋다는 허가를 내렸다고 말입니다. 확실히 그것은 제네바조약 위반일 것입니다. 그러나 중요한 점은, 일본 자신이 이 전쟁에 지고 싶지 않다고 생각하고 있었다는 점입니다. 그렇기 때문에 일본은 제네바조약을 무시한 것입니다. 따라서 만약 그와 같은 제네바조약 위반에 대해서 취조해야 할 책임자가 있다면 그것은 본 피고가 아닙니다. 그 책임은 도쿄의 대일본제국 육군의 사령부, 육군성이 져야 할 것입니다.

그렇다면 또 하나의 책임자는 누구겠습니까? 야마시타 재판에 임해서 야마시타 청원이 행해졌을 때, 미합중국 최고재판소의 소수의견 가운데 본인이 말할 수 있는 것보다 훨씬 훌륭하게 표현된 멋진 구절이 하나 있습니다. 그것은 소수의견에 있어서 야마시타 대장은 미군 그 자체에 의해 야기된 많은 사건에 대해서 책임을 추궁받고 고소당하고 있다는 결론입니다.

그런데 본 피고도 똑같이 1944년 11월 및 12월에, 특히 전시 포로 및 민간인 억류자들을 조직적으로 기아에 빠뜨렸다고 고발당하고 있습니다. 그러나 그 당시 일본군의 선박은 현실적으로는 존재하고 있지 않았다는 사실을 우리들은 모두 알고 있지 않습니까? 미군기지는 일본 본토를 공습하고, 모든 선박을 공습하여 일본 선박의 거의 대부분을 침몰시키지 않았었습니까? 그와 같은 상황하에서 일본군은 수용소는 물론 자기 자신의 군대조차 어떻게 보급을 할 수가 있었겠습니까? 이런 상황을 초래한 상태에 대해서는, 미군에 의해서 저질러진 대파괴大破壊와 대혼란에 상당히 많은 책임이 있다고 말하지 않을 수가 없는 것입니다.

그런데 검찰 측 증인 몇 사람인가는 식량이 있었다고 증언했습니다만, 그것은 사실일 것입니다. 그러나 그들의 증언을 듣고 있노라면, 필리핀이 전쟁터였다고 상상하기가 곤란할 지경입니다. 1944년 12월 당시에 마닐라의 식량 가격은 엄청나게 비싸서 자유시장에서 식량을 구입하는 것은 거의 불가능한 형편이었습니다.

확실히 몇 사람인가는 암시장에서 식량을 구입할 수 있었는지도 모릅니다. 그러나 일본군이 자신이 통제해야 할 암시장에서 식량을 입수하는 것이 어떻게 가능했겠습니까? 일본군이 발행한 통화, 즉 '미키 마우스'라고 불린 군표에 대해서 몇 번씩 증언이 있었습니다. 그 통화가 무가치해졌다고 했습니다. 그러나 그것이 현지의 일본군 책임일까요? 일본군이 스스로 점령하고 있는 지역에서 미국의 통화를 사용한다는 것은 우리에게도 생각할 수 없는 일이 아닙니까?

본인은 본 법정이 결정을 내리는 데 있어서, 여기에 제출된 모든 것에 대해 한 가지 한 가지를 주의 깊게 평가했으리라고 믿는 바입니다. 그때 단 한 가지, 본인이 여기서 특히 강조하고 싶은 것은 재판부가 내리는 결정이 어떤 것이든 간에 그 결과가 미치는 영향은 지극히 깊고, 또한 먼 훗날까지 미치리라는 것입니다.

지금까지의 군사법정에서는 피고에 대해서 순전히 지휘책임만으로 유죄를 인정해 왔습니다. 그러나 여기에 있는 한 인간은 엄밀한 의미에서는 지휘관이 아니었던 것입니다. 현실적으로 그는 단순한 참모 중 한 사람에 지나지 않았습니다. 그의 지휘 기능은 조그맣고, 권한은 참으로 허약했으며, 그리고 조선인이며, 햇빛이 비치는 장소에서 쫓겨나 하잘 것없는 지위로 좌천되었던 것입니다. 그는 경원당하고 있었습니다.

본인은 법정이 최종적 결정을 내릴 때, 그 사실을 충분히 고려하도록 희망하는 바입니다. 그리고 어떠한 결과도 먼 장래에 걸쳐서 깊은 영향을 미친다는 사실을 충분히 생각해 주시도록 희망하는 바입니다."

이것으로 변호인 측의 최종 변론은 끝났다. 어떤 의미에서는 공소기각만큼 열의熱意가 들어 있지 않았고, 그것을 담당한 것은 웨스턴 중위로서 미이 수석변호인은 아니다. 아마 공소기각의 변론에서 할 말은 모두 했기 때문에, 나중에는 일종의 정상참작과 정치적 배려를 원한다는 태도를 취한 것 같다. 그러나 그것은 계산 착오가 아니었을까? 왜냐하면, 만일 그러한 배려가 있을 수 있었다면 그것은 한국동란 발발 이후의 시기로, 당시는 미소 밀월시대였기 때문이다.

그리고 변호인 측의 그러한 방식이 법정 전술戰術이라는 측면에서 과연 성공적이었는지 아닌지 하는 것에 대해서는, 그 방면의 아마추어인 나도 약간 의문을 느낀다. 왜냐하면 상기上記한 문제뿐만 아니라, 변호인 측은 각종의 파견 포로가 파견처인 수용소에서 겪는 여러 문제는 어디까지나 홍 중장의 지휘 책임 밖이라고 했기 때문에, 그 문제는 전혀 건드리지 않았고, 또 건드릴 수도 없었기 때문이다.

다만 검찰 측은 그것을 인정하지 않고, 어디까지나 홍 중장의 지휘 관리하에 있다는 전제하에, 그것을 형식논리로 증명해 가면서 그 사이에 포로 학대 사건의 묘사를 삽입해 갔으므로, 이쪽이 설득력을 갖게 되는 것은 당연하다. 야마시타 대장이 이미 사형 판결을 받고 있는 시점에서는, 그렇게 하는 수밖에 방법이 달리 없었는지도 모른다. 그러나 더 큰 문제는 나중에 이야기하는 바와 같이 일본 측 증인에 있었던 것이다. 그러면 여기서 검찰 측의 최종 논고로 들어가자.

재판장 : 검찰 측의 발언은?

검찰 측 : 재판부에 말씀드리겠습니다. 본 건의 제소提訴에 임해서 검찰 측에 주어진 심심한 배려 및 친절한 조치에 대해서 깊이 감사의 뜻을 표하는 바입니다.

그런데 변호인 측은 처음으로 피고의 어떤 종류의 지위를 들고 나와서, 피고가 조선인이라는 사실을 언급하고, 그에 따라 그가 일본인에게 호의를 받지 못하고 동시에 신뢰도 받지 못했다고 믿게 하려 하고 있습니다. 그런데 기록에 의하면 그는 일본 국민이고, 일본 육군대학의 졸업생이며, 북부 중국에서 여단장 및 교관을 지내기도 했습니다.

이와 같은 경력 때문에 어쩌면 그에게는 기회주의자적 경향이 있었는지도 모릅니다. 그러나 기록에 따르면, 그는 대미전승휘장對美戰勝徽章을 수여받았고, 그것을 많은 '전투기념휘장'

과 함께 달고 있었던 것입니다. 우리가 일본군과 전투를 하고 있는 그 순간에 그는 '대미전승휘장'을 가슴에 달고 올드 빌리빗드에서 헤이즈 해군 중령 앞에 나타나고 있었습니다. 그리고 지금 이 법정에 출정할 때도 그 당당한 기념휘장의 줄列은 그의 가슴에서 빛나고 있습니다. 그럼에도 불구하고 일본정부로부터 업신여김을 받아왔다고 과연 믿게 할 수 있겠습니까?

변호인의 사고방식을 요약하면, 특별한 고위계급에 있으면서 우연하게도 불행스럽게 그 장소에 있게 된 환경의 희생자가 되고 마는 것입니다. 그것은 사실이 아니고, 가령 그것이 사실이라고 해도 피고에게 있어서 아무런 변호도 되지 않으며, 정상참작 때 다소 고려의 여지는 있을 수 있어도, 문제가 그것만으로 끝나는 것이 아닙니다. 그가 우연히 그 장소에 있게 된 상황의 희생자에 지나지 않는지 어떤지, 그것에 대해서 본 건에 관계되는 기록 및 증언이 무엇을 나타내고 있는가를 검토해 보려고 생각합니다.

그는 그 직위에 있는 동안, 도쿄로부터 아무런 새로운 명령도 받지 않았습니다. 그것은 본인도 인정하고 있습니다. 전시 포로 및 민간인 억류자 수용소의 관리에 관한 모든 명령은 1944년 3월에 그가 필리핀에 취임하기 전에 이미 발령되었고, 또 수령된 제諸 규칙 및 지시에 포함되어 있었습니다.

그 명령들은 본인도 인정하고 있는 바와 같이, 전시 포로 및 민간인 억류자는 원래 불행한 환경에 있는 인간이라는 것을 명확히 인정하고, 그들 포로들에게 제네바조약의 제諸 조항을 적용하고, 여기에 더해 포로 및 억류자는 동정적이고 이해심 있는 인간적인 방법으로 관리하지 않으면 안 된다고 명하고 있는 것입니다. 더구나 그것은 그가 도쿄의 포로사령부 밑에 있을 뿐만 아니라 14방면군 야마시타 대장의 지휘하에 있다고도 규정하고 있어서, 그는 14방면군으로부터도 명령을 받게 되어 있었습니다.

서류상만의 '자활自活'

형식논리라는 것은 항상 그렇게 되어가는 것이겠지만, 그렇게 되면 이른바 '도쿄', 즉 육군성을 위시한 모든 기관은 지극히 인도적이고 또한 조약을 준수하는 데 열심이고, 홍 중장에게 그렇게 명령했는데도 불구하고, 그가 그 명령을 실행하지 않고 포로를 학대한 것이 되어 버린다.

확실히 홍 중장 취임 후, 포로의 대우가 적어도 식량 문제에 있어서는 나날이 악화되어 갔던 것은 사실이고, "헤이즈 일기"를 볼 때 홍 중장의 직접적인 관할하에 있던 수용소에서는 문제는 다만 그 점뿐이었다고 할 수 있다. 그것은 확실히 '동정적'이고, '이해심 있는 인간적' 대우라고는 할 수가 없다. 그러나 그 경우, 보급의 의무는 누구에게 있었는지가 문제이다. 한 톨의 쌀도 지급하지 않고, "포로가 배가 부르도록 동정적이고 인간적인 양의 식량을 보급하라"고 명령을 내려 보내도 현장에서는 그것을 실행할 수가 없는 것이다. 그리고 '군표의 무가치' 문제도 마찬가지다.

그러나 그것은 홍 중장뿐만이 아니라 현지에 있던 모든 관리직이,

말단에 있던 나 같은 존재에 이르기까지, 불가피하게 몸으로 뼈저리게 느끼지 않으면 안 될 문제였다. 〈내 속의 일본군〉에서 썼지만, 대본영으로부터 내려오는 것은 "현지 자활에 관한 통달"이라는 종이쪽지뿐이었다. 그 종이쪽지를 받아보았자 현지에는 농기구도 없을 뿐더러 비료도 없었으며, 더구나 전투 준비를 명령받다 보면 아무것도 할 수 없는 게 당연하다. 그러나 그것은 보급만의 문제는 아니었다. 훨씬 더 중요한 전투 준비조차 마찬가지였다. "전투장비! 전투장비!" 하고 독려해 보았자, 관측 기재器材조차 없었다.

아무런 뒷받침도 되어 있지 않은 종이쪽지를 '명령'으로 보내는 것으로 모든 책임이 면제된다면 이 원칙은 홍 중장에게도 적용하지 않으면 우스운 일이다. 즉 홍 중장도 '도쿄'의 제諸 원칙에 의거한 종이쪽지를 '명령'으로서 내려보내면, 그것으로 면책免責이 될 것이니까. 만일 그에게 '종이쪽지'를 내려 보낼 뿐만 아니라 그 실시를 감독해야 할 의무가 있고, 그가 그 의무를 게을리 했다는 이유로 처벌받아야 한다면, 똑같은 원칙은 '도쿄'에도 적용되지 않으면 안 된다. 간단히 말하면, '홍 중장까지'는 '종이쪽지에 의한 면책'을 인정하고, '홍 중장 이하에게는' 그것을 인정하지 않는다면 일체의 책임이 홍 중장에게 집중돼 오는 것이 당연하다.

이 논리대로라면 죄를 뒤집어씌우기 위한 일종의 궤변에 지나지 않고, 그것을 법정도 당연히 느낄 수 있으므로 여기서 검찰 측은 홍 중장에게 실제로 명령 위반이 있었다는, 적어도 '실행 가능한' 명령을 긴급히 실시하지 않았다는 실례가 있다는 것을 나타내 보이지 않으면 안 된다. 그래서 다음과 같은 논증으로 진행해 간다.

"그렇다면 명령 준수라는 점에서 기록은 어떻게 되어 있을까요? 야마시타 대장의 참모장이었던 무토 중장은 증언대에서 다음과 같이 말하고 있습니다. '그 지위에 있어서의 관리 및 지휘에 대해서는 두 가지의, 단 두 가지의 명령 밖에는 홍 중장에게 내리지 않았다.' 그 하나는 포트 맥킨레이에 전시 포로의 환자 및 불구자를 위해 사쿠라 분견 수용소를 설치하라는 것이고, 또 하나는 만일 미군이 상륙할 때는 포로 및 민간인 억류자를 미국의 이익대표국에 이관移管하라는 명령이었습니다. 동시에 그 이익대표국이 그 사람들을 미군에게 인도할 때까지 급여 등은 떠맡을 예정이었던 것입니다.

그는 첫 번째 명령에는 확실히 복종을 했습니다. 즉 1944년 11월에 사쿠라 수용소가 설치되었습니다. 그런데 또 하나의 명령에 그는 전혀 복종하지 않고 그것을 무시하고 있었습니다. 어느 나라가 미국의 이익대표국이었는지를 발견할 수 없었는지, 또는 마닐라나 그 근교에 그 대표자가 있었는지 없었는지, 적어도 피고는 그것을 발견할 노력을 하지 않았던 것입니다."

이 건에 대해서는 앞에 해설했으므로 재론하지는 않겠지만, 명확한 명령위반 – 적어도 그 자신의 의지로 상급자의 명령대로 하지 않았다 – 은 그것뿐이고, 그것이 "명령을 받았는데도 의식적으로 실행하지 않았다"는 것의 유일한 실례라고 한다면, 그 형식논리는 상당히 형편없는 것이라고 하지 않을 수 없다.

왜냐하면, 그 명령의 취지는 '미군이 상륙하였을 경우, 미군에게 무사히 포로 및 민간인 억류자를 인도하는 것'이고, 이익대표국 운운하는 것은 그것을 위한 수단에 불과한 것이기 때문이다. 이익대표국이 분명치 않고, 게다가 그것이 분명하더라도 그 대표국에 인도한다는 것은 당연히 그 나라의 허락이 필요하고, 홍 중장에게 요구되어진 것은 그것을 위한 교섭이다.

그러나 미군 상륙의 시기는 일본군이 결정하는 것이 아니므로, 교섭은커녕 어느 나라가 이익대표국이고 그 출장기관이 마닐라에 있는지 없는지조차 확인할 수 없는 동안, 미군이 상륙해 온다는 경우도 물론 있을 수 있을 것이고, 사실 또 그렇게 되고 말았다. 그 경우, 상기上記 명령의 취지를 부하인 수용소에 철저히 주지시키고, 긴급 시에는 다른 방법으로 포로 및 억류자를 미군에게 무사히 인도하는 것을 가능케 하고, 동시에 그것을 완전히 실행할 수 있었다고 한다면, 적어도 일본에서는 그것을 명령 위반으로 처벌할 리는 없으며, 또 어느 나라의 군법 회의에서도 처벌할 수는 없을 것이다.

반대로 만일 홍 중장이 그러한 조치를 취하지 않고, 미군이 상륙한 뒤에도 계속 이익대표국을 찾는 데 몰두하고 있었다면, 거꾸로 어떤 참사를 야기했을지도 모른다. 그 정도의 일은 어느 나라에서도 상황의 변화에 따라 적절히 조치하도록 담당지휘관에게 위임하고 있으며, 만일 그러한 재량이 없다면 각 부서에 일정한 권한을 갖는 지휘관은 필요가 없어지고 말 것이다. 만약에 홍 중장의 책임을 묻는다고 한다면, 오히려 정세 판단을 그르쳐서 포로 인도에 실패한 경우 쪽일 것이다. 사실 일본 측에서 그 건으로 홍 중장의 책임을 추궁하는 발언은 전혀 없다. 아니, 무토 참모장의 수기를 본다면, 오히려 "잘해주었다"고 쓰여 있다.

명령 위반이라는 문제는 일본 측의 상급자가 그것을 문제로 삼는 경우에 비로소 문제가 될 수 있는 것으로서, 일본 측이 그것을 하지 않는 이상 홍 중장의 조치는 추인追認 받았다고 보는 게 상식일 것이다. 따라서 검찰 측의 그 발언은 '생트집'에 가깝다. 그래서 검찰 측도 그 문제에는 깊이 들어가지 않고, 그 정도로 끝내고 방향을 돌려 버린다.

'지역地域'의 문제

"여기서 이야기가 약간 옆길로 새지만, 변호인 측의 공소기각 신청의 내용에 대해서 잠시 변론을 하겠습니다. 변호인 측은 오료쿠마루의 증거 채택에 있어서 야마시타 재판에서 재판장 레이놀즈 장군의 재정裁定을 인용했습니다. 그리고 그 재정의 '포로 이송 및 이송 상황에 관한 증거'에서는 필리핀 해역을 떠난 부분은 제외해야 한다는 재정을, 본 법정에서 재정에도 원용援用하려고 레이놀즈 장군의 권위를 이용하고 있습니다. 즉, 그 증거는 포로를 일본에 운반했다는 것을 나타내고, 그 위에 일본에서의 포로의 상황이 얼마만큼 필리핀에서의 상황과 다른가를 나타내는 증거로서는 불충분하다고 주장하고 있는 것입니다. 그런데 야마시타 재판에서의 고소는 본 법정도 이 재판에서 고려하고 있을 줄로 믿습니다만, 그 고소는 지역을 필리핀에 한정해서 행해진 것입니다. 필리핀 이외의 지역 또는 그 부근의 수역水域은 포함되어 있지 않았던 것입니다. 그런데 이번 건은 그것과는 다르고, 그 재정은 야마시타 재판에서는 정당하다고 생각되겠지만, 지금 열리고 있는 홍 중장 재판에서는 적용할 수가 없는 것입니다."

이것이 왜 나왔느냐고 하는 문제가 있다. 검찰이 이 문제를 거론한 것은 단순히 오료쿠마루 사건 자체의 책임 문제뿐만 아니라, 홍 중장이 육군성으로부터도 직접 지시를 받는 입장에 있었다는 점에 있을 것이다. 말하자면 야마시타 대장의 순수한 '부하'였다면, 육군성과는 직접 관계가 없어야 할 것이다.

그렇다면 육군성의 명령 지시에 따르지 않았다는 입증은 야마시타 대장에 대한 책임 문제는 될 수가 있어도, 홍 중장에 대한 직접적인 책임은 될 수가 없다. 그렇기 때문에 홍 중장이 육군성에서 직접 지시를 받는 입장이라고 주장한다면, 그것은 당연히 야마시타 대장의 관할하에 있지 않은 해역海域도, 육군성의 관할 밑이라는 형태로 이에 대한 현장에서의 관리책임은 '포로에 관한 한' 홍 중장에게 있다는 것이리라.

그러나 그 주장은 명백하게 억지다. 만일 그렇게 말할 수 있다면, 무토 참모장도 육군성, 남방총군에서 각종 지시를 받고 있는 것이 증명되었으므로, 같은 원칙은 야마시타 대장에게도 적용된다. 우선 육군성은 군정軍政기관이지 군령軍令기관은 아니다. 그래서 그 주장은 당연히 다음 주장으로 이어진다.

"지금까지 검찰 측에 대한 반론에서 제출된 증거에는 피고 자신의 진술에도 나타나 있는 바와 같이, 피고가 도쿄의 육군성으로부터의 지령指令을 위반하지 않으면 안 될 정도의 명령은 단 하나도 찾아볼 수가 없습니다. 그 지령이란 제네바조약을 엄중히 지키라는 것이었습니다. 그것에 의거한 전시 〈포로취급규칙〉에서는 모든 포로를 그의 직접적인 관리책임하에 두고 있습니다. 즉 모든 포로의 관리 및 노동에 있어서의 경우, 그 상황의 감독은 그의 책임하에 있는 것입니다. 그리고 그 이후 그 취급 규칙과 모순되는 명령은 단 하나도 내린 적이 없다는 것이 증명되었습니다.

따라서 본 피고는 스스로의 의지로 스스로의 책임 위에 서서 희생된 포로 자신뿐만 아니라 그 부모에게도, 자식들에게도, 특히 그 아내에게도 직접 책임을 지지 않으면 안 될 위치에 있었던 것입니다. 바꿔 말하면 그는 그와 같은 지휘관이었던 것입니다.

확실히 그는 야마시타 대장의 지휘하에 있었습니다. 그와 동시에 그는 일본 육군성에 대해서도 책임이 있었습니다. 따라서 직접 상급자로부터 특별한 명령이 없고, 한편 공표된 계속 명령이 존재하고 있던 이상, 그 계속 명령을 따르는 이외에 그에게는 따로 취할 길이 없었을 것입니다. 그리고 그 계속 명령은 참으로 인간적인, 인도적인 명령이었습니다."

조약條約의 정신

도대체 이토록 조리 있는 논리적 논증論證에 어떻게 해야 반론을 할 수 있단 말인가? 만일 내가 홍 중장의 위치에서 반론이 허용되었다면, 어떤 식으로 반론을 했을까? 어떤 의미에서는 불가능한 것이리라. 그러나 단 한 가지 말할 수 있는 것은, 육군성의 지시는 "제네바조약의 정신으로 하라"는 것이었지만, "제네바조약의 각 조항을 엄수하라"는 것은 아니었던 것이다. 말하자면 기본은 〈작전요무령〉대로 하고, 그 범위 내에서 될 수 있는 한 제네바조약에 의해 실행하라는 것이다.

하지만 여기에도 문제가 있다. 전후에도 종종 "평화 헌법에 위반된다"라든가, "헌법 정신으로 하라"라든가, "평화 헌법의 정신을 무시하고…"라든가 하는 말이 쓰인다. 그러나 그렇게 말하는 사람은 헌법을 한 번도 읽은 적이 없고, 아니 그것이 전부 몇 개 조로 이루어지고 있는지조차 모른다 해도, 일본에서는 그것이 문제가 되지 않는다.

따라서 만일 그 결과 '네가 한 짓은 명확히 헌법의 제 몇 조에 위반되고 있지 않은가?' 하고 지적당하면, 그 조항을 읽은 적이 없는 사람은 반론을 할 수가 없다. 한편, 지시한 쪽이 '헌법의 정신으로 하라'고 하는 이외에 아무것도 지시하지 않은 것이 증명되고, 동시에 그 말이 '헌법의 각 조항에 엄격히 따르라'고 하는 의미로 간주된다면, 현장에 있던 사람은 지시를 위반하여 독단으로 그것을 행했다는 결과가 되고, 그 사람에게 모든 책임을 지우게 되는 결과가 될 것이다. 말할 필요도 없지만, 그 경우의 '헌법의 정신'이라는 말은 헌법의 각 조항과는 관계가 없는, 무엇인가 '그런 것일 것이다'라는 식의 일종의 '분위기'를 의미하고 있는 데 불과하다.

따라서 "제네바조약의 정신"이라고 해봤자, 그것을 지시한 자는 조약의 각 조항을 엄격하게 지키라고 말하고 있는 것은 아니다. 물론 군대의 경우는 누가 뭐라고 해도 그것은 '조직'이니까 구체성도 있고 일단은 〈포로취급규칙〉이 있기는 있다. 그러나 현실적으로는 그것이 어디에 있는지 무토 참모장조차 그것을 모르고, 거꾸로 미국 측 검찰관이 그것을 사전에 입수해 검토하고 있는 것이 실정이었다.

하물며 당시 포로 관계의 말단 간부는 제네바조약의 각 조항을 알 턱이 없고, 우선 그러한 조약에 의거해 포로를 관리해야 한다는 것조차도 모르고 있는 것이다. 물론 그것이 직접적으로 학대나 냉대와 관련되는 것은 아니고, 대부분은 '사람은 모두 같으니까 인정을 갖고 대하면 된다'고 생각하고 있었다. 취재를 할 때도 "나는 어디까지나 그들을 대등한 인간으로서 대우했다"는 것이 많은 사람들의 주장이었고, 그것은 그

대로 사실이었을 것이다.

그리고 그것을 "제네바조약의 정신"이라고 믿었고, 지금도 그렇게 믿고 있는 사람이 있을지도 모른다. 그것은 그 나름대로 '인정적인' 일본의 전통인지도 모른다. 다만 그것은 각 조항을 엄격하게 지킨다는 것과는 관계가 없다. 따라서 조항 위반의 예를 구체적으로 지적당하면 반론의 여지가 없어지고 만다. 그러나 그 문제는 어쩌면 전후戰後의 사회에도 없는 문제일 것이다. 그리고 그것이 다른 문제를 발생시키는 것이다.

전범 재판이란 어떤 면에서 보면 '목숨을 건 국제 교섭의 장'이기도 하다. 그곳에서 불꽃을 튀기는 것은 국제적으로 통용될 수 있는 논리와 논증뿐이고, 일본군의 실태를 나타내려면 그 '논리와 논증'에 실어 설명을 하지 않으면 안 된다. 그리고 이상과 같은 검찰 측의 논증이 법정에서 통한다는 것 자체가, 지금까지의 일본 측 증인은 누구 한 사람, 그것에 대응해서 국제적으로 통용되는 일본의 '논리와 논증'에 실어 대답할 수 있는 증언을 할 수 없었다는 사실을 말해주는 것이다.

그렇다면 어떻게 했어야 하는가? 그것은 변호인인 웨스턴 중위가 정확히 대표하고 있다. 일본은 제네바조약을 비준하고 있지 않았다. 그것은 국가주권에 관련되는 문제이고, 주권국가가 비준을 하지 않았다는 것 자체는 그다지 '범죄'로서 추궁받을 문제는 아니며, 첫째로 그것은 홍 중장의 책임과는 일절 관계가 없는 문제인 것이다.

설사 비준을 하지 않았다 해도 일본의 주권에 의거한, 제네바조약 이상으로 훌륭한 〈포로취급규칙〉이 존재한다면 그것으로 충분한 것이고, 그것이 "제네바조약의 정신"에 의거하여 그것을 참조해 가면서 일본의 실정에 맞게 만들어져도 좋을 것이다. 그러나 그것은 실질적으로는 "제네바조약의 정신에 의거하여 하라"가 되었는지도 모른다.

그러나 법정의 논리로서는 〈포로취급규칙〉은 어디까지나 제네바 조약과는 무관無關한, 그것과는 전혀 별개의 것으로서, 일본의 독자적인 규칙이고, 일본군의 지휘관은 그것을 준수하고 있는 한 책임을 추궁당하지 않으며, 그 책임이 어떤 방향으로 소급돼야 하는지는 어디까지나 그 규칙에 의거해야 한다는 것을 명확히 했어야 했을 것이다. 그것을 하지 않고 모든 것을 애매하게 놓아두니까 검찰 측의 논리가 가차 없이 발전돼 가는 것이다. 그러면 그것이 최종적으로는 어떻게 되어 가는가?

제24장

판결 判決

논리의 속과 겉

앞 장에서도 쓴 것처럼, 일본은 제네바조약을 비준批准하고 있지 않았으므로 '일본은 제네바조약과는 관계가 없다. 그러나 그것보다 훨씬 훌륭하고, 더구나 일본의 실정에 알맞은 〈포로취급규칙〉을 갖고 있었다. 따라서 포로의 지휘권 및 포로 문제에 관한 책임의 유무는 모두 그 규칙에 따라 추궁되어야 한다'고 주장해도 좋았을 것이고, 그렇게 주장하는 것이 당연했을 것이다. 물론 그것이 제네바조약에 의거한 것이든, 또 그것을 참조한 것이든, 또 그것을 그 규칙 속에 명시하고 있든 간에, 법정에서의 원칙론의 논리는 어디까지나 그랬어야 했을 것이다.

그런데 일본 측 증인은 누구든지 그와 같은 주장을 하지 않았고, 오로지 "제네바조약의 정신으로 하라는 것이 방침이었다"고 증언하고 있다. 앞에서도 말한 것처럼, 그것은 허위는 아니었으며, 당사자가 진심으

618

로 그렇게 믿고 있었기 때문에 그렇게 증언했을 것이다.

그 증언에 어떤 숨겨진 작위作爲가 있었다고는 생각되지 않지만, 그 말을 '조약의 각 조항을 엄격히 지켜서…'의 의미로 해석한다면 완전히 다른 것이 되어 버린다. 그렇다면 "'정신으로'이지 '각 조항을 엄수해서'는 아니다"라고 주장을 하면 어떻게 될 것인가? 그것은 미국인에게 있어서는 하나의 궤변에 지나지 않을 것이다. 그렇게 되면 육군성은 "제네바조약을 지켜라" 하고 명했는데, 현지의 책임자인 홍 중장이 그 명령에 위반해서 지키지 않았다는 논리가 성립하게 되며, 제네바조약 위반을 차례차례로 규탄당하는 결과가 되어 버리는 것이다.

그간의 검찰 측의 수법을 실정實情이라는 점에서 본다면, '지능범적'인 것이지만, 그것은 필시 머리를 짜내 그렇게 한 게 아니라, 논리적으로 추궁해 들어가다 보니까 그렇게 되었을 것이다. 그러나 일본의 실정은 논리의 바깥에 있었으므로, 그 논리에 기본적으로 무리가 생긴 것도 부정할 수가 없다. 우선 첫째로 제네바조약에 의하면 필리핀의 포로는 모두 홍 중장의 지휘관리하에 있지 않으면 안 되었다. 그러나 사실은 그것과는 다르게 파견된 포로는 모조리 파견처의 지휘하에 들어갔고, 홍 중장은 지휘권을 갖지 못했다.

그것은 무토 참모장으로부터 부관인 기하라 중위에 이르기까지 모든 사람이 증언을 하고 있다고 해도 좋다. 만일 그것 자체가 제네바조약 위반이고, 육군성의 지시를 어기고 홍 중장이 멋대로 그렇게 했다고 해서 그 책임을 묻는다면, 그것이 허구 위에 선 논리라 할지라도 논리로서는 일단 이치에 들어맞는다고 할 수 있다. 그러나 그 경우, 그 사실을 인정하고 책임을 묻는다면 타부대의 지휘하에 들어간 포로에 대한 비위非違 행위의 책임은 그 사실에 입각해서 홍 중장에게 소급되지 않고 그곳

제
2
4
장

○

판
결

619

지휘관에게 소급되며, 홍 중장의 책임은 아니게 될 것이다.

한편, 지휘권이라는 점을 완전히 지켰다는 허구에 선다면, 파견처 각 부대의 비위 행위에 대한 책임은 자동적으로 홍 중장에게 소급되겠지만, 이 경우는 개개의 사건은 문제가 되어도 홍 중장 자신이 제네바조약을 위반했다는 책임은 추궁할 수가 없을 것이다. 그리고 문제가 개개의 사건뿐이라면, 보고報告의 유무라는 점이 최대의 쟁점이 된다. 그것이 누구이든 간에 보고를 받지 못한 일에는 책임을 질 수가 없는 것이다. 이 경우는 그것을 명하고 또 그 보고를 받고서도 불문不問에 붙인 자까지는 책임을 추궁당하지만, 그 밖의 사람은 책임을 추궁당하지 않는 것이 당연하다.

그런데 "제네바조약의 정신"이라는 형태로 모든 것이 모호해지면, 홍 중장의 책임범위도 극히 모호해지므로, 그것을 극대화해서 몽땅 홍 중장에게 뒤집어씌울 수도 있게 된다. 그러면 그것이 어떻게 되는가? 검찰 측의 논고를 따라가 보자.

"그럼에도 현지에서는 제네바조약에 대한 위반의 연속이었습니다. 피고는 그것을 누구에게도 책임 전가를 할 수가 없습니다. 누구 한 사람 그를 감시하고 있지도 않았습니다. 그는 누구의 치맛자락에도 숨을 수가 없습니다. 더구나 '나는 중간에 끼어 괴로운 입장에 있었다'고 말할 수도 없습니다. 우리들은 우선 애초에 지금부터 제네바조약의 인도적인 조항에 철저하게 위반하고 있는 증거를 보이겠다고 약속했고 약속대로 그것을 제시해 왔습니다. 몇백 명씩 되는 죄도 없는 희생자가 굶주려서 영양실조로 죽어갔다는 것을, 그리고 몇천 명이라는 인간이 영구히 불구자가 되었다는 것을, 여기에 더해 그의 공포스럽다 할 만한 재임在任 중의 전 기간을 통해 모든 포로가 학대받아 왔다는 것을 제시해 왔습니다.

더구나 그런 일들이 비교적 안정된 평화적 상태 속에서 행해졌다는 것이 문제입니다. 전투 상태하에서 적에게 접근해 있었기 때문에 그것에 의해 생긴 심리적 격앙이라든가, 감정적 혼란 속에서 행해진 것이 아닙니다. 전투 중에 일어난 것은 때때로 나중에 가서는 이해할 수 없는 측면이 있는 법입니다. 그러나 이것은 전선에서 멀리 떨어지고 안정된 상황 아래서 행해진 것입니다. 이와 같이 죄 없는 희생자들은 아무런 보호도 없이 피고의 전全 권력하에 놓여 있었습니다.

그는 일본 그 자체를 대표하고 있었던 것입니다. 그의 말이 법률이었습니다. 그는 누구도 찾아가지 않았습니다. 확실히 피고는 단 한 번 무토 참모장을 찾아가서 포로의 식량이 부족하다고 보고했습니다. 그러나 나는 여기서 구태여 변호인 측에 묻고 싶습니다. 기록 속의 어디에 피고가 식량을 좀 더 증가해 달라고 누군가에게 부탁한 사실이 있습니까? 있다면 여기서 제시해 주십시오. 변호인 측은 인용방법을 그르치고 있습니다.

피고는 수용소를 하나하나 시찰하고 있습니다. 그렇기 때문에 포로들의 실정을 알고 있었을 것입니다. 혹은 알고 있지 않으면 안 되었을 것입니다. 그럼에도 피고는 그것을 완화하고, 또 개선할 수단을 무엇 하나 취하지 않았습니다. 더구나 그는 포로들이 행한 항의는 모조리 무시하고 있었습니다.

포로들은 하루 1천 칼로리 또는 그 이하의 식사밖에 급여 받지 못했기 때문에 굶주려서 체중은 하루하루 감소되고, 각기병이나 영양실조로 고통받고 있었습니다. 그럼에도 피고는 식량을 늘릴 수 있는 수단을 무엇 하나 강구하려고 하지 않았습니다. 그뿐만 아니라, 피고는 변호인도 인정한 바와 같이, 대단히 풍부했던 외부의 식량을 포로 자신이 스스로의 손으로 입수하는 것을 금지해 버렸습니다. 그는 YMCA나 그 밖의 기관으로부터의 입수도 막아버렸습니다. 또 포로가 외출해 구입하는 것도 금지했습니다. 게다가 현금 지급을, 집오리 알 한 개가 30페소 이상 하는데, 1개월에 50페소로 깎아 버렸습니다.

일반적으로 나타나 있는 것처럼, 많은 수용소에 근무하고 있던 일본군은 지휘관인 피고와 마찬가지로 행동했습니다. 피고는 그 표본이고 모범이었던 것입니다. 우리는 원래는 포로의 것이었던 식료품을 경비병들이 훔치고, 그것을 외부와 교역을 해서 보석과 바꾼 사실들을 제시했습니다. 시계 한 개가 쌀 한 컵이었다는 사실도 밝혀냈습니다.

또 기록 가운데는 피고가 약품을 지급했다는 것을 보여주는 대목이 한 군데도 없습니다. 헤이즈 해군 중령은 "신이여, 그에게 은혜를 베푸소서"라고, 일기에 쓰고 있습니다. 그 가장 가혹한 역경 속에 있을 때, 그는 약품의 부족에 대해 비통한 호소를 하고 있습니다. 최소한의 약품도, 그것을 손에 넣기 위해 얼마나 괴로운 구실을 꾸며대지 않으면 안 되었는지를, 게다가 그들에게 주어진 거실이라는 곳은 해충害蟲이 제 세상인 것처럼 활보하는 장소였습니다. 그런데도 그곳을 소독할 약품은 전혀 지급되지 않았고, 그들은 이가 판을 치고 모기가 달려드는 속에서 생활해 나가지 않으면 안 되었습니다. 그러한 일들을 지휘관 자리에 있는 인간은 모두 알고 있었을 것이고, 최소한 알고 있어야 했습니다. 그도 그럴 것이 피고는 지휘관으로서 많은 경험이 있는 인간이었으니까요.

피고는 또한 넓은 범위에 걸친 구타와 모욕을, 그리고 학살까지도 허용했습니다. 이 기록은 명예로운 미국시민을 향해 행해진 그러한 모욕에 대해, 경비병에게도 수용소의 장교에게도 아무런 처분도 하지 않았다는 것을 말해주고 있습니다. 그 시민들은 부득이한 사정으로 포로가 되어 철조망 속에 갇힌 무력한 존재였던 것입니다. 그 사람들을 비행장, 그 밖의 금지된 작업에 동원되는 것을 허가 내지는 지령했다는 사실을, 피고도 인정하고 있습니다. 그 점에 대해서는 논의의 여지가 없습니다. 포로들은 그 노동을 강제 당했습니다. 피고가 그렇게 시킨 것입니다. 그는 그것이 위반이라는 것을 알고 있었습니다. 그런데 본 기록에 있는 바와 같이, 그는 누구로부터도 그렇게 하지 않으면 안 된다는 명령은 받지 않았던 것입니다.”

'야만적인 문명'

이 주장에도 다소 무리가 있는 것 같다. 왜냐하면, 포로를 각 부대에 배속시켜 그 지휘하에 넣어 노동을 시킨 것은 홍 중장 취임 이전부터 행해지고 있었으며, 입원 및 퇴원과 같은 형태로 그간에 인원의 이동이 있었다고는 하지만, 그가 독단으로 신규로 포로를 파견·배속시켰다는 사례는 찾아볼 수가 없기 때문이다. 따라서 만일 홍 중장에게 그 측면에서 책임이 있다고 한다면, 현상을 그대로 놓아두었다는 것일 게다. 그러나 설사 그가 이것에 내심 반대했다 하더라도, 포로의 이동은 육해군 사이에서도, 현지 부대와 대본영 직할부대 사이에서도, 통수권상으로 말해서도, 홍 중장으로서는 손을 댈 수 없는 문제였다.

따라서 문제는 '일본의 방침은 제네바조약의 준수이다. 제네바조약에서는 포로는 일괄해서 포로사령관의 지휘하에 놓인다. 따라서 모든 포로의 지휘는 홍 중장이 행하고 있다'고 하는 허구의 3단논법에 있을 것이다. 그러므로, 여기에서도 문제는 앞에서 말한 "제네바조약의 정신에 의거하여…"에 있다고 할 수 있다.

또한 그가 폭행을 가한 경비병이나 장교를 처벌하지 않고 방치해 두었다고 비난받고 있는데, 문제는 누구에게 처벌의 권한이 있었느냐는 것으로, 포로 관계는 모두 자동적으로 홍 중장의 지휘하에 있다는 전제 또한 "제네바조약에 의거하여…"에 기인하는 허구인 것이다.

홍
사
익
중
장
의
처
형

"그는 파사이, 라산, 팔라완, 라스피나의 지옥과 같은 수용소에서의 작업을 허가하고 있었습니다. 그곳에서 사람들은 굶주렸으며, 고문당하고 전투 행위를 위한 노동을 강요당하고 있었습니다. 그리고 드디어는 육체도 정신도 파괴당하고, 개중에는 도저히 견딜 수 없는 상태로부터 벗어나기 위해 자기 자신의 손발을 꺾어버리는 사람조차 나타나는 상황이었습니다.

피고는 그러한 수용소들을 시찰했습니다. 그는 무슨 일이 행해지고 있는지를 알고 있었던 것입니다. 그에게는 현재 진행되고 있는 일을 알 권능과 권한의 책임이 있었습니다. 그리고 나쁜 일이라면 그것을 못하게 할 권력과 권한과 책임이 있었던 것입니다. 그는 그 일을, 그것이 나쁜 일이라는 것을 실제로 알고 있었습니다. 아니, 누구라도 그것을 알고 있었을 것입니다.

팔라완 섬의 프린세사 푸에르토 비행장에서 냉혹하게 약 140명의 미국인 포로가 학살당했습니다. 그 비인도적인, 감독불충분한 행위는 어떻게 표현하면 좋을지 말도 할 수 없을 정도입니다. 그들은 방공호로 쫓겨 들어가 휘발유가 부어지고 불이 붙여져서 모조리 타 죽었습니다. 그 수용소가 제대로 운영되고 있는지 어떤지를 알기 위해 피고는 무엇을 했는가? 그들은 피고의 관할하에 있었던 것입니다. 그는 그들에게 그들이 자신의 관리하에 있다는 것을 알리기까지 했던 것입니다. 그는 그들에게 자신이 만든 지도까지 보여주었습니다.

다바오에서 카바나투안으로 포로를 선박으로 이송했을 때의 일도 여기서는 말로 표현할 수가 없습니다. 그때 미군 포로는 잔학하기 이를 데 없는 이해가 불가능한 상황하에서 학대받고 혹사당했습니다. 그곳에서는 가장 '야만스러운 문명'의 본성이 횡행하고 있었습니다. 그 뒤 침몰해가는 배를 탈출하려고 하는 미군 병사를 계획적으로 살해했습니다. 그 용서받을 수 없는 죽음은 700명 이상에 이르렀습니다. 피고가 그러한 것 모두를 계획한 것입니다.

다카사키高崎가 말하고 있습니다. 그가 한 짓이라고. 그리고 홍洪 자신이 그가 했다고 인정하고 있습니다. 변호인은 다카사키를 반대심문조차 하지 않았습니다. 심문을 해도 검찰 측의 직접심문에서의 답변과 같은 대답밖에는 얻을 수가 없다고 생각했기 때문에 포기한 것입니다."

이상 두 가지 사건은, 판결의 검토 때 다시 거론할 문제인데, 여기에 변호인 측의 약점이 가장 단적으로 나타나 있기 때문에 그 점만이라도 기록해 둔다. 말하자면 변호인 측의 반대심문 포기는 그 사건들은 홍 중장의 관할 밖이라고 해서 건드리지 않는다는 태도를 취하고 있으며, 자칫 잘못해서 말려들어 가면 '변호인 측은 홍 중장의 책임이라고 인정했기 때문에 반대심문에서 이러이러한 질문을 한 것이 아닌가?' 하고 역습을 당할 우려가 있기 때문이다.

또한 현실 문제로서도 팔라완이라는 외따로 떨어진 섬에 있었고, 더구나 대본영 직할부대인 비행장 건설대에 대한 지휘권을 홍 중장은 말할 것도 없고, 야마시타 대장도 갖고 있지 않았다. 그리고 그 섬에 잔학 사건이 일어난 것은 무토 참모장도 종전 후의 미군한테서 듣고 나서야 처음 알았다는 것이 실정이다.

그리고 그것이 홍 중장의 재판에서 나온 것은 "하급자에 대한 판결 및 재판 기록은 제일급의 증거력을 갖는 증거로서 상급자에게 소급된다"고 하는, 이 책의 처음에 쓴 전범재판의 원칙에 의한 것이다. 따라서 문제는 그것이 어디까지 소급해 가느냐, 즉 홍 중장인가, 비행장 건설대의 상급자인가 하는 점에 있으며, 변호인 측은 어디까지나 홍 중장에게는 소급해 오지 않는다는 입장을 취하고 있다.

이 경우 홍 중장이 가령 그 섬을 시찰했어도 일본군에서는 원대原隊의 부대장이 타부대의 지휘하에 들어간 부하部下 부대를 방문하여 그곳 지휘관에게 "잘 부탁합니다" 하고 인사를 하는 정도로, 지휘권과는 관계가 없는 것이다. 그런 식의 의례적인 '시찰'은 일본군에서는 드문 일이 아니었고, 그 경우 그 부대가 원대의 대장에게 경의를 표하는 것은 당연한 것이었다.

내가 있던 포병대에서도 일부의 소대는 보병의 부대에 배속되어 그곳 지휘하에 들어가서 보병 연대장의 지휘로 포격하는 태세를 취했다. 그리고 포병대장은 종종 그들 부대를 방문해서, "잘 부탁한다"는 인사를 보병 연대장과 나누고, 배속된 부하들이 정렬해서 원대原隊의 부대장을 맞이한 것은 사실이다. 또한 사격 방향 결정을 위한 측정도판이 필요하다고 하면, 원대가 그것을 지급해도 이상할 것은 없었다. 그러나 그런 것은 배속 부대에 대한 지휘 관리권을 원대의 부대장이 갖고 있었다는 것을 의미하는 것은 아니다.

이 점은 대단히 엄격했다. 그것은 해상 수송에도 적용되며, 그것은 어디까지나 선박수송사령부의 지휘하에 있었다. 홍 중장이 오료쿠마루를 시찰했어도 그것은 지휘권과는 관계가 없는 것이다. 결국 변호인 측은 어디까지나 그 입장에 서 있고, 검찰 측은 앞에서 말한 3단논법에 서 있는 것이다.

사건의 책임

"이 사나이는 그 오료쿠마루 사건의 책임도 벗어날 수가 없습니다. 그 사건에서는 그의 책임하에 있던 1,639명 가운데 1,200명 이상이 그의 관할을 떠나기 전에 이미 마치 그 자신이 그 사람들의 심장을 단도로 찌른 것처럼 확실하게 살해된 것입니다. 아니, 직접 단도로 찌르는 것보다 훨씬 더 무시무시한 폭력과 기아와 탈수 상태와 방치 때문에 죽었습니다. 더구나 그의 대리인이었던 도시노는 이동이 끝난 뒤, 일본에 도착하고 나서 그러한 학살이 자연적 원인에서 발생했다는 것을 나타내는 사망증명서를 억지로 작성하게 했습니다. 여러분, 그 선박 수송은 그 유명한 캘커타의 검은 구멍*이란 사건조차 무색케 할 만한 살인입니다.

---

* Black Hole of Calcutta. 1756년 6월, 영국의 침략에 맞선 인도저항군이 영국군 요새 Fort William을 함락시키고 군인 및 민간인 포로 146명을 약 6평방미터(약 2평) 크기의 감방에 집어넣었다. 이 감방에는 작은 창 두 개 외에는 환기수단마저 없었기 때문에, 포로들 가운데 123명이 하룻밤 사이에 질식사, 압사 당하고 말았다. 이 사건은 영국의 침략이 전면화하는 계기가 되었고, 영미권에서는 '지옥 같은 곳'을 의미하는 관용어로 사용된다. 한편, 이 사건은 과장되어 전해졌다는 주장도 있다.

본 건은 장황하고 곤란한 것이었습니다. 우리들은 증거의 전부를 여기서 검토하려고 하는 것은 아닙니다. 그러나 이 기록은 고소 내용을 충분히 지지하고 증명하고 있습니다. 그리고 판사 여러분은 그 기록을 모두 읽으셨습니다. 검찰 측이 증거 제출을 끝낸 다음 변호인 측의 요구로 3주간의 유예기간이 있었습니다만, 그동안에 여러분은 기록을 충분히 검토하셨으리라 믿습니다. 그렇기 때문에 논의의 여지가 없는 문제가 이밖에도 많이 있었습니다만, 본인은 지금 여기에서 그것을 구태여 거론하지는 않겠습니다.

이 피고, 제네바조약을 준수한다고 자칭自稱해 온 본 피고는, 실은 미국의 군인이라면 육군이든 해군이든 전시 포로가 되었을 때에는 모든 권리를 박탈당하고 이미 생존할 권리조차 없다고 믿고 있었다는 결론으로부터는 벗어날 수 없을 것입니다. 그것이 그의 철학이었습니다. 그 철학이 그의 지휘하의 모든 계층을 통해 확립되고, 루손 섬의 북쪽 끝에서 민다나오 섬의 남쪽 끝에 이르기까지의 필리핀 전소 지역에 스며들어 있었습니다. 냉혹한 그의 그런 태도는 그의 지휘하에 있던 전소 조직에 침투돼 있었고, 또 반영되어 있었습니다."

이 말에 사실의 일면이 있다는 것은 부정할 수 없다. 대일본제국 육군은 포로를 인정하지 않는 군대였다. "살아서 포로의 치욕을 받지 않겠다"는 어디까지나 일본군만의 규율이었으나, 그것은 결국 '살아서 포로가 된 자'를 욕보여도 좋다는 풍조風潮를 낳게 했다. 그러나 그것은 전체 일본군의 풍조이기는 해도 홍 중장의 철학은 아니었다. 아니, 오히려 그 반대이고, 그것이 사실이라고 해도 "미군 포로에 대해서는 제네바조약의 정신으로 대하라"는 것은 아마 어느 정도는 군 수뇌부의 의향인 동시에, 홍 중장은 오히려 진지하게 그것을 실행하려 하고 있었다.

그러나 미국인의 눈으로 보면, 지적계급知的階級과 비지적계급非知的階級 사이의 격차가 심한 그 나라의 실정을 고려해 보면, 일개 병사까지 모두 어떤 류流의 '철학'을 가졌다고는 믿을 수가 없고, 반대로 그것들을 모두 홍 중장의 지시 또는 영향력에서 나온 것으로 판단했다 해도 그것은 당연한 일일 것이다. 그것은 소위 '양키'들과 접촉해 보면 누구에게나 금방 납득이 갈 것이다.

그리고 그러한 판단을 바탕으로 한다면, 제네바조약의 정신을 운운하면서 그와 같은 풍조를 만들어내는 '철학'을 가진 인간은 가장 악질적인 이중인격자로 보였을 것이다. 또 최후까지 의연하게 있는 홍 중장의 태도에서 오히려 그 '철학'을 느끼고 있었는지도 모른다.

"그리고 스스로 그 주의主義를 실행할 때, 그는 제네바조약과 문명국의 전쟁에 관한 인도적 제諸 규정 일체를 위반하고, 그것을 무시한 것입니다. 그 직접적 결과로서 2,000명 이상의 미국 청년은 아무런 이유 없이 죽음으로 쫓기었고, 약 1만 명 이상의 미국인이 영구히 불구의 몸이 된 것입니다. 그리고 그 상황을 완화하기 위해 그는 손가락 하나 까딱하지 않았습니다. 아아, 그 사람들은 모두 그의 관리 책임하에 있었던 것이고, 그의 권한 내에 있었습니다. 그는 스스로의 의향意向으로 그 사람들을 고통 받고 죽도록 만든 것입니다.

미국인의 모든 눈, 전 문명국 사람들의 모든 눈, 그리고 배반당해 죽어간 젊은이들을 사랑하는 사람들의 눈, 그리고 이 옥리獄吏의 손에서 살아남을 수 있었던 희생자들의 눈이 오늘 모든 재판관 위에 집중되어 있습니다. 그것을 심판하는 것이 귀관들의 책임입니다. 피고 홍사익은 고소당한대로 유죄를 선고받고 교수형의 판결이 내려져야만 합니다.
여러분, 감사합니다."

재판장 : 법정은 내일 16시까지 휴정한다.

도키에다時枝 씨의 '추억'

이상과 같은 검찰 측의 논고는 '원칙적 공식론'으로서도 무리가 있
다. 그렇다면 변호인 측의 '한국인=무권한자無權限者'론이 사실이냐고 하
면, 이것 역시 사실은 아니다. 따라서 그 점에 대한 변호인 측의 주장은
그 이전의 '공소기각론' 만큼의 설득력을 지니지 못했고, 검찰 측이 말하
는 대로 정상참작 탄원론에 불과한 것인지도 모른다. 그렇다면 그러한
논의는 둘째 치고, 홍 중장의 '현실 문제로서의 실제상의 권한'은 어땠는
가 하면, 그것은 천황의 대권大權처럼 법을 초월해서 무한했던 것처럼 보
이고, 제로였던 것처럼도 보인다.

확실히 개개의 수용소에는 갖가지 문제가 있었고, 돌발적 사건도
있었겠지만, 그것들을 제외하고는 결국 모든 것은 당시의 일본인의 상
식에 따라 운영되고 있었고, 그 상식에는 누구도 저항할 수 없었을 것이
다. 그리고 그 속에는 포로들이 의외라 생각하는 관용寬容스러운 면도 있
었다. 예를 들면, 앞에서 나온 교회의 건설과 일요 예배의 공인이었다.
그러나 그것조차도 그 이유는 그들이 생각한 이유는 아니었다.

하지만, 여러 가지 의미의 상식적 조치는 묵인되거나 구두로 전해
지거나 실정은 이러했다고 하는 설명이거나 해서, "헤이즈 일기"처럼 남

아 있으면 모르겠는데, 그 밖의 것은 그 장소에 있던 개인의 추억으로서는 남아 있어도 증거가 될 수 있는 기록으로서는 남아 있지가 않다. 지금까지 기술記述한 것은 모두 재판의 공식기록으로 남아 있는 것뿐으로, 그 밖의 자료는 의식적으로 제외해 왔는데, 검찰 측의 논고가 끝난 시점에서 재판과 관련을 갖고 있는 한 개인의 추억을 한 가지만 얘기하고 싶다.

검찰 측은 홍 중장의 유죄를 증명하기 위해서는 명령 위반을 입증하지 않으면 안 된다는 기묘한 입장에 빠진 셈이다. 말하자면 '도쿄'는 "제네바조약의 정신을 준수하라"고 명하고 있는데, 홍 중장이 그것을 지키지 않았으므로, 일체의 책임은 홍 중장에게 있다는 논법이다. 그러나 그것을 완전히 입증하지는 못했다.

또 하나는 두 개의 방면군 명령 중의 하나, 즉 미국의 이익대표국에 연락을 취해서 포로를 이관하라는 명령을 적어도 형식적으로는 위반했다는 논증이고, 그것은 확실히 형식논리로서는 그 자체 성립된다. 그렇다면, 미군의 상륙이 눈앞에 닥쳐왔는데, 어디까지나 명령대로 이익대표국에 대해 이관移管을 교섭하라고 야마시타 대장은 계속 고집했을까? 적어도 도키에다 시게하루時枝繁春 씨(14방면군 참모)가 말하는 추억담은 그렇지가 않다. 그는 다음과 같이 쓰고 있다.

"날짜는 확실치 않지만, 1945년 1월의 며칠인지 바기오로 가는 도중에 카바나투안에 들렀습니다. 그때 홍 중장을 만났습니다. 극히 짧은 시간이어서 포로수용소를 보지도 못했지만, 그때 야마시타 각하가 홍 중장에게 지시를 했습니다. '유감스럽지만 이번 싸움은 졌다. 자급自給할 수밖에 없는데, 시간이 문제다. 포로를 전투에 말려들게 해서 손해를 내는 것은 바람직하지 못하다. 미군이 얼마 안 있으면 루손에 올 테니까, 일본은 더 이상 책임을 질 수가 없다. 따라서 될 수 있는 대로 담요나 식량을 주어서 포로를 석방하라. 전반적인 정세를 알리고 미군에게 돌아가라고 말하라'고 지시했습니다. 그때는 단지 단순한 상관과 부하라는 느낌이 아니고, 친근한 정 같은 것이 있었습니다."

기억에는 종종 미세한 착오가 있고, 일시가 부정확해지기 마련이다. 그러나 전반적인 인상은 의외로 정확하게 남는 법이다. 도키에다 씨는 포로 담당이 아니니까 모를지도 모르지만, 그 시점에서는 이미 포로 인도의 정식 비밀명령이 발령되어 있었다. 따라서 야마시타 대장으로서는 이미 발령하고 있는 것의 기본을 확인하고 동시에 강조하며, 그 수단은 특히 명령에 구속될 필요가 없다는 뜻을 잡담의 형식을 빌려 말한 것이리라.

말하자면 '새삼스럽게 지시할 만한 일은 아니고, 그 일은 홍 중장도 당연히 생각하고 있겠지만…'이 전제가 되어 있는 말이고, 따라서 그것을 얘기하는 야마시타 대장의 태도는 '상관과 부하라는 느낌'은 아니었다는 인상을 도키에다 씨에게 주었을 것이다. 말하자면 그것이 당시의 군대의 상식이고, 그 때문에 명령을 다시 내리는 일이 없고, 홍 중장 쪽에서도 그것을 요구하지 않았던 것이 실정이었다.

따라서 검찰 측이 들고 나온 명령위반의 유일한 실례는 실질적으로는 허구에 지나지 않는다. 그러나 법정에서의 증거라는 점에서 보자면, 도키에다 씨의 증언은 과연 증거가 될 수 있을까? 그것이 "확실하게 구두로 그렇게 명했다"고 하는 야마시타 대장의 증언이라면 어느 정도는 무시할 수 없으나, 단순한 전문(傳聞)에다 그 위에 아무런 증거도 없고 보면, 신빙성이 없다고 기각당해도 대항할 방법이 없는 것이다. 여기에도 일본군의 문제점이 있었다.

비공식不正規 명령

도키에다 씨의 말은 의심할 근거나 이유도 없으며, 그 뒤의 결과를 보면 흔히 있을 수 있는 일이라고 생각되지만, 그런 종류의 '구두명령을 우연히 옆에서 들었다'고 하는 증언, 더구나 '들었다는 얘기를 들었다'고 하는 증언이 모두 신빙성이 있느냐 하면, 그 점에 대해서도 뭐라고 할 수가 없는 것이다.

검찰 측은 전문傳聞뿐인 경우 – 가령 야마시타 대장과 홍 중장이 산 속에서 전사戰死하고 도키에다 씨만이 살아남아 이상과 같은 '카바나투 안의 대화'를 증언했을 경우 – 의 증언은 모조리 채택하지 않았다고 말하고 있는데, 전반적으로 보면 그쪽이 합리적이었는지도 모른다. 왜냐하면 무토 참모장의 추억담에도 있듯이, "포로를 전원 학살하라"는 밀명密命이 방면군으로부터 내려갔다는 소문, 그 명령은 증거를 남기지 않기 위해 참모로부터의 구두명령인데, 우연히 자신은 그것을 들었다든지, 들었다는 얘기를 들었다든지 하는 따위의 소문은 참으로 끈질기게 수용소 안에서 나돌고 있었기 때문이다.

따라서 변호인 측이 위에서 말한 전문을 증거로서 들고 나온다면, 검찰 측은 '학살 명령'의 전문을 들고 나오는 형태가 되어서, 수습을 할 수 없게 되는 경우도 생각할 수 있기 때문이다. 특히 오료쿠마루 사건에 대해서, 그것은 포로를 전원 미국의 잠수함의 어뢰공격으로 익사溺死시켜서 포로 학대의 증거를 모조리 없애 버리려는 일본군의 음모에서 일어난 사건이라는 말을 지금까지도 진지하게 주장하는 사람이 있다.

그러나 당시 군軍에 있어서는 한 척의 선박이 얼마만큼 소중했고, 동시에 그 배가 야마시타 대장이 아니라 선박수송사령관의 지휘하에 있었으며, 일본군 경비병과 여자들도 승선하고 있었다는 것을 생각한다면 그것은 단순한 뜬소문에 불과하다. 하지만 소문을 퍼뜨린 장본인이 있을 것이다. 그것은 어쩌면 쓰지 마사노부 같은 참모의 헛소리였을 것이다. 그러나 듣고 있는 사람에게는 그것이 헛소리인지 사실인지 알 수가 없는 것도 부정할 수 없다.

앞에서 말한 야마시타 대장의 말도 정규 명령과 실시가 없다면 그 때의 감상에 젖은 단순한 대화인지, 명확한 명령인지는 대단히 판정하기 힘든 것이다. 그리고 그러한 지시의 성격은 어떤 의미에서는 전후戰後의 "행정行政 지도指導"와 비슷하다. 따라서 그러한 것들이 증거로서 제시되지 않더라도 일본군에는 기록에 남지 않는 비공식 명령이 구두전달, 지시, 담화, 참모 지시 등의 형태로 있었다는 사실은 미국 측도 알고 있었다.

검찰 측이 일체의 책임은 홍 중장에게 있고, 그의 냉혹하기 짝이 없는 '철학'이 전 수용소의 구석구석에까지 침투해 있었다고 주장한 배후에는, 증거가 남지 않는 그런 종류의 지시가 어떤 '분위기'를 양성해서 구석구석에 까지 침투해 있었다는 일본군의 일면을 육감적으로 파악하고 있었기 때문인지도 모른다.

그 가운데는 당연히 오료쿠마루에 대한 소문의 검토도 있었을 것이다. '전쟁터의 교훈' 같은 분위기가 있었던 것은 사실이지만, 그것이 홍 중장의 '철학'에서 나왔다는 것은 미국적 발상이다. 만약 이렇게 말할 수 있다면 전시 중의 신들린 것 같은 초국가주의超國家主義적 사상이라는

'분위기'는 모두 천황이 갖는 '철학'에서 일원적―元的으로 나와서 하부로 침투해 내려간 것일 것이다.

소인訴因과 판결

여러 가지 점을 고찰해 간다면, 홍 중장의 재판이라는 문제는 끊임없이 문제를 제기해 온다고 말할 수 있지만, 이상의 짧은 예로 일단 중단하고 판결을 살펴보기로 하자. 독자에게는 다소 지루할지도 모르지만, 전범 재판의 판결이 어떤 것인지, 판결문을 포함한 전체 기록이 소개된 일이 없다고 생각되기 때문에, 아래에 그 전문全文과 그것에 대응하는 고소장의 일부를 소개하기로 한다.

재판장 : 법정을 개정한다.
검찰관 · 베어드 중령 : 법정은 해임된 헨리 소령 및 병 때문에 결석한 버버릿드 대위를 제외하고 전원 출석, 피고 홍사익, 그 변호인 및 검찰관 전원 출석이라고 기록해 주시기 바랍니다.
재판장 : 법정은 본 건의 심리가 검찰 측 및 변호인 측에 의해 유효하고 적절하게 진행된 것에 대해 감사의 말을 하고 싶다. 통역의 업무도 그 정확성과 열의에 있어서 참으로 훌륭한 것이었다. 또 서기書記도 지금까지의 많은 공판에서와 마찬가지로 지극히 정밀도가 높은 일을 해 주어 1,005 페이지에 이르는 기록을 큰 과오 없는 완전한 상태로 완성해 주었다.
본 건은 그 내용을 짧은 한 문장으로 표현할 수 있다고 생각한

다. 요약한다면, 피고가 고의로 그 의무를 태만히 하고, 그 의무를 완전히 무시했다고 할 수 있을 것이다. 그의 지휘하에 있었던 자들의 잔학 행위를 제어하고 방지하려는 시도가 있었다는 사실은, 피고 측에서는 한 가지도 제시되지 않았다. 일본군에 의한 전시 포로 및 민간인 억류자에 대하여 수치스러운 취급에 대한 유일한 저항은 포로 자신 및 그 지도자에 의해 표현된 도덕적인 용기와 힘뿐이었다. 그들의 영웅적 희생을 결코 잊을 수 없을 것이다. 피고와 변호인 및 통역은 좀 더 가까이 오도록 하라.

여기까지가 이른바 전문前文이다. 여기서부터 판결로 들어가는데, 우선 검찰 측이 고발한 12가지의 공소 원인 및 그 내역의 하나하나에 대해 유죄·무죄를 밝힌 다음 최종 판결을 내리고, 마지막으로 판사의 표결이 몇 대 몇이었는지를 알리고서 끝나고 있다.

재판장: 법정은 홍사익에 대해서 다음과 같이 판결한다.

소인訴因 제1(a에서 k까지): 유죄·단, 세목細目 가운데 a 및 f의 일부는 무죄. (기소장이 없음)

소인訴因 제2(a에서 k까지): 유죄·단, 링컨 비행장은 제외한다.
주문主文: 다바오 형무소, 라산 비행장 및 링컨 비행장의 각 수용소로 이루어지는 민다나오 다바오 시의 포로수용소 내 및 그 부근에서, 1944년 3월 9일경부터 45년 10월 10일경까지 그곳에 수용되어 있던 포로

에 대해서 뒤에 특정特定하는 전쟁 법규에 위반된 잔인한 취급, 계획
적인 무시, 부당한 관리를 홍사익이 불법적이고 고의적으로 방치하
고 시인한 건.

소인訴因 제3(a에서 j까지) : 유죄 · 단, 세목의 d, e, h의 일부 무죄

주문主文 : 1944년 3월 9일경에서 45년 1월 6일경까지 필리핀군도 리사르 시
市 포트 맥킨레이에 있는 사쿠라 독립병원 수용소 내 및 부근에서
그곳에 수용되어 있는 포로에 대해서, 뒤에 특정特定하는 전쟁 법규
에 위반되는 잔인한 취급, 계획적인 무시, 부당한 관리를 홍사익이
불법적이고 고의적으로 방치하고 시인한 건.

소인訴因 제4(a에서 f까지) : 유죄

주문主文 : 필리핀 군도 리사르 시市 라스피나 또는 그 부근에서 1944년 3월 9
일경에서 1944년 10월 19일경까지, 홍사익이 불법적이고 고의적
으로 라스피나 비행장 부근에 억류 중, 또는 강제 노동중의 포로에
대하여 이하에 특정特定하는 잔인한 대우, 구타, 계획적인 무시를 전
쟁 법규에 위반하여 방치한 것, 또는 시인한 건.

소인訴因 제5(a에서 h까지) : 유죄 · 단, c의 일부 무죄

주문主文 : 마닐라 시市 올드 빌리빗드 형무소 및 부근… 이하 전기前記와 동문
同文.

소인訴因 제6(a에서 k까지) : 유죄

주문主文 : 마닐라 시市 세인트 토마스 대학 및 그 부근에서 1944년 3월 9일부

터 1945년 1월 6일경까지 사이에, 홍 사익이 불법적이고 고의적으로 세인트 토마스 수용소에 억류되어 있던 남녀 및 아동을 포함하는 민간인 억류자에 대해서… 이하 동문.

소인訴因 제7(a에서 j까지) : 유죄 · 단, c의 일부와 f, g, h는 무죄

주문主文 : 필리핀 군도群島 라구나 주州의 로스파뇨스 수용소 또는 그 부근에서 1944년 3월 9일경부터 1945년 1월 6일경까지, 홍 사익이 불법적이고 고의적으로 그곳에 억류되어 있던 민간 억류자에게… 이하 동문.

소인訴因 제8(a에서 h까지) : 유죄 · 단, g의 일부는 제외하고 b, d, e, f는 무죄.

주문主文 : 바기오 민간 억류소 및 그 부근에서 1944년 3월 9일경에서 45년 1월 6일경까지, 홍사익이 남녀 및 아동을 포함한 비전투원 민간인에 대하여… 이하 동문.

소인訴因 제9(a에서 h까지) : 유죄 · 단, d의 일부는 제외함.

주문主文 : 필리핀 군도群島 파사이의 파사이 소학교 및 그 부근에서 1944년 3월 9일경에서 44년 10월 사이에, 홍사익이… 이하 동문.

소인訴因 제10(a에서 c까지) : 유죄 · 단, b의 일부를 제외함.

주문主文 : 1944년 3월 9일경에서 동년 12월 14일경에 이르는 동안, 팔라완 섬 푸에르토 프린세사 및 그 부근에서 홍사익은 미합중국 군인으로서 당시 일본군에게 포로로 붙들려 루손섬 카바나투안 포로수용

소로부터 불법적이고 고의적으로 팔라완 섬으로 이송되어 전쟁 법규에 위반해서 불법적으로 팔라완 비행장 정비를 위해 사역당한 자에 대한 불법 사역과 잔인한 대우를 무시하고, 동시에 학살을 방치하고 시인한 건. 그것은 이하에 특정特定하는… 이하 동문.

소인訴因 제11a 및 b : 유죄 · 단, a 및 b의 일부를 제외함.

주문主文 : 1944년 6월 4일에서 동년 9월 7일 사이, 홍사익은 약 2,050명의 미군 포로를 필리핀 군도群島 민다나오섬 다바오 수용소로부터 필리핀 군도 루손섬 카바나투안 수용소로, 그 지휘하에 있던 장교 및 병사의 감독하에 이송을 명했을 때, 포로에 대한 그 의무 및 책임을 불법적으로 무시하고 게을리하여 수행하지 않은 것. 또한 불법적이고 고의적으로 전쟁 법규를 위반해서 그들 포로를 잔인하게 대우하고 혹사하고 무시하는 것을 방치한 건. 그 내용은 이하에 특정特定하는… 이하 동문.

소인訴因 제12a에서 d까지 : 유죄

주문主文 : 1944년 10월 16일에서 45년 1월 6일 사이, 홍사익은 약 1,639명의 미군 포로 및 민간인 억류자를 필리핀 군도 카바나투안으로부터 일본으로 향해 이송移送을 명했다. 그때 피고는 그들 포로 및 억류자에 대해서 항해 중 및 그 경비부대가 일본의 적당한 군사 당국에 그들을 인도하기까지, 그 보급 · 복지 · 관리 · 안전에 책임이 있었음에도 불구하고, 그 이송자가 카바나투안으로부터 일본으로 갈 때까지의 의무와 책임을 수행하지 않고 무시하고 태만한 건 및 아래에 특정特定하는 것과 같이 포로 및 민간인 억류자에 대한 잔인한 취급,

혹사 및 무시를 불법적으로 고의적으로 방치한 건….

이상과 같이 낭독한 뒤에 판결이 내려진다.

재판장 : 이상의 고소에 대해서는 유죄로 한다. 법정은 여기에 교수형
　　　　의 판결을 내린다. 판사는 3대2로 각 소인訴因의 유죄 및 판결
　　　　에 찬성했다.

(법정은 침묵. 조금 있다가)

재판장 : 헌병은 피고의 신병을 인수하여 퇴정시키라.

(홍사익 중장은 헌병에게 이끌려 퇴정했다)

재판장 : 법정에 달리 할 말이 있는가? (응답 없이 전원 침묵)
재판장 : 법정은 무기한 휴정한다.

그때가 1946년 4월 18일 오후 4시 20분이었다.

교수絞首 합격合格!

이것으로 여러 가지 면에서 논쟁했던 재판, 검찰 측의 최종 논고에
도 있는 것처럼, "길고도 곤란한" 이 재판은 끝났다. 소인訴因의 거의 전

부가 유죄이기 때문에 검찰 측의 주장이 전면적으로 인정된 것 같은 인상을 받지만, 내막은 어쩌면 그것과는 다른 것이었으리라. 왜냐하면 이 법정은 5명의 재판관으로 구성되고, 그중의 한 사람, 즉 섀플 대령이 재판장이다. 표결이 3대2라고 하는 것은, 그를 제외한 나머지 판사의 의견이 2대 2가 되었다고 여겨지기 때문이다.

그리고 '책임범'을 심판하는 재판은 모든 사건이 그 책임으로서 피고에게 집중돼 오는 것이므로, "책임이 있다"고 하면 사형, "책임이 없다"고 하면 무죄가 되는 재판이다. 따라서 책임의 유무有無에 대해서는 2대2였고, 아마 최후에 섀플 대령의 한 표가 홍 중장의 운명을 결정하는 그런 형태가 되었을 것이다. 또한 재판이라든지 판결이라든지 하는 문제를 떠나서, 일본군에 있어서의 무책임체제란 결국 "있다고 하면 책임이 있고, 없다고 하면 없다"고 할 수 있는 "오다시마 증언"적的 상태였다는 것일 게다.

판사의 비밀 토의의 내용은 알 수가 없으나, 만일 그것이 위와 같은 형태의 2대2였다면, 섀플 대령의 한 표가 과연 순수하게 법적인 것이었는지, 아니면 정치적인 것이었는지 하는 의문은 남는다. 또 앞에서 말한 바와 같이 사형의 판결은 2/3의 절대다수를 필요로 하는 것인데, 3대 2는 엄밀히 따지자면 2/3는 아니다.

그와 동시에 검찰 측과 변호인 측의 응수를 본다면, 아무리 논의를 계속해 보았자 논리적인 부동不動의 귀결歸結이 나올 수 있는 기초가 애당초부터 일본군에게는 없었고, 판결이 어떤 것이든 결국은 정치적 결론밖에는 나오지 않았으리라고 생각된다. 만약 홍 중장이 무죄였다면, 일본의, 아니 적어도 일본의 매스컴은 그것을 다른 의미에서 정치적으로 받아들여, 그 결론은 "그는 한국인이었으니까" 하는 한 마디로 끝나고, 그 원인이 스스로에게 있다고는 생각하지 않았을 것이다.

그러나 이 길고 긴 재판극의 참다운 주인공은 재판관도 검사도 변호인도 아니고, 또 증인들도 아니었다. 그것은 시종일관 한마디도 하지 않고 잠자코 모든 것을 지켜보고 있던 홍 중장이었다.

홍 중장이 당시의 군인이라고는 생각 할 수 없을 정도로 영어가 능숙했다는 것은 "헤이즈 일기"에도 나온다. 그것은 무엇을 의미하는가 하면, 일본인의 일본어 증언도, 검찰 측과 변호인 측의 (영어) 응수도, 그대로 이해하면서 그 자리에 서 있었다는 것을 말한다. 그동안 홍 중장이 무엇을 생각하고 있었는지는 모른다. 다만 명민한 그가 야마시타 대장이 이미 사형 판결을 받고 있었는데, 그보다도 포로와 밀접한 관계가 있는 자신이 '책임범'이 되지 않을 리는 없다는 것을 뚜렷이 의식하고 있었을 것이다.

따라서 그 드라마는 그에게 있어서는 자신에 대한 처형을 과연 정당화할 수 있는지 없는지의 드라마에 지나지 않았을 것이다. 그는 그것을 어떻게 보고 있었는가? 과묵한 홍 중장은 그것에 대해 아무런 말도 하지 않았으나, 판결 후 얼마 있다가 어떤 사람에게 말했다고 하는 다음 한 마디가 그 일단을 이야기해주고 있는지도 모른다. "교수합격絞首合格이다!"* 교수형 합격, 두말할 것도 없이 그 말은 징병검사에 있어서의 갑종甲種 합격에 비유한 농담이다. 그런 말로 가깝게 다가온 자신의 처형을 얘기할 수 있다는 것 자체가 어떤 의미에는 일본인에게서는 찾아볼 수 없는 정신적인 강인함을 말해주고 있다 할 것이다.

도스토예프스키가 쓰고 있듯이, 대포를 향해 돌격할 수 있는 병사

홍사익 중장의 처형

* 일본어로 "갑종(甲種)"과 "교수(絞首)"는 모두 "코우슈우"로 발음한다.

조차 사형의 판결은 정신적으로 견디어낼 수가 없다고 한다. 보통 같으면 서로가 절대로 그것을 건드리지 않고 마치 그런 것이 없는 것처럼 둘이서 연기를 해가며 얼마간의 시간이나마 평온하게 보내려는 게 인지상정人之常情일 것이다. 하물며 그것을 일종의 '농담'으로 입에 담을 수 있다고 하는 정신은 보통이 아니다.

그리고 그 정신을 유지해 가면서 그 재판의 모든 것을 그는 지켜보고 있었다. 갑종 합격, 그것은 '무인武人'이라는 말에 걸맞은 전형적인 무인이고, 그 생애를 한국인, 일본인이라는 테두리를 초월한 무인으로 서 있기를 바라던 인간에게 있어서는 어떤 종류의 시험에 무사히 합격했다는 뜻일 것이다.

그것은 변호인이 말한 '시간의 심판' '시간의 법정'에서 어느 쪽이 승소했는가 하는 것이었는지도 모른다. 홍 중장이 더욱 더 과묵해진 처형까지 사이의 언동言動에 우연한 기회에 한 마디씩 하는 말에 문득 나타나는 게 그 일이 아닌가 하고 생각되는 점이 있기 때문이다. 말하자면, 그를 교수형에 처함으로서 법정 자체가 '시간의 법정' 앞에서는 그 증언이나 판결도 기각당하는 형태로 불합격이 되고, 그가 합격했다는 것, 그것이 교수형 합격의 의미가 아니었을까?

그것은 물론 나의 상상에 지나지 않는다. 그러나 왜 그렇게 상상했는지를 쓰기 전에 판결에 이어지는 움직임을 간단하게 기록해 두겠다. 군사법정의 판결은 총사령관의 승인을 얻어야 비로소 효력이 생긴다. 말하자면 판결문은 맥아더에게 제출되고 승인을 받고 집행이 명해져야 형의 집행을 할 수 있다. 상소上訴는 할 수 없지만 총사령관에 대한 감형減刑 탄원이라는 길이 남겨져 있다.

필리핀에서 사형 판결을 받은 세 번째 일본군 장성이면서도 홍 중장에 대한 판결은 그 시점에서는 일본 측의 보도도 없었던 것 같다. 이미 귀국해 있던 부관조차도 사형 집행의 짧은 보도로 그 사실을 처음으로 알았을 정도였다. 이것은 야마시타와 혼마 두 장군에 대한 사형 판결 때와는 엄청나게 다른 반응이었다. 그러나 한국은 그와는 달리 관계자로부터의 탄원서가 맥아더 사령부에 제출되었다.

그러나 상기上記 판결문을 읽으면 그 건에 관한 한 수리는 어려웠을 것이다. 무슨 말이냐 하면, '책임범'이 성립되어 일체의 책임이 홍 중장에게 소급해간다는 것을 당연하다고 한다면, 그는 포로 학대와 학살의 총감독으로서 하이드리히*처럼 되어버린다. 그 판결에 어떤 배려를 가한다는 것은 맥아더라도 불가능했을 것이다. 탄원은 포로 학살과 학대에는 적용할 수 없다는 취지의 설명으로 간단하게 기각당했다고 한다.

---

* 라인하르트 하이드리히(Reinhard Heydrich, 1904~1942). 나치독일의 악명 높은 사찰기관 게슈타포와 SS방첩대의 우두머리. 해군사관학교를 졸업하고 장교로 임관했으나 불명예 전역(轉役)한 뒤, 나치당에 가담했다. 히틀러의 총애를 얻어 SS방첩대를 확대재편하고, 유태인 학살 등을 지휘했다. "피에 젖은 사형집행인", "프라하의 도살자" 등의 별명으로 불렸고, 영국이 지원한 체코슬로바키아 레지스탕스에 의해 살해됐다.

제25장

성서聖書

"빡빡한 세 치"

인간이란 그 인생에 있어서, 종종 본인이 전혀 예기치 않은 역할을 맡게 되는 일도 있을 것이다. 적어도 성인成人이라면, 사회생활에서 자신이 어떤 종류의 역할을 연기演技하지 않으면 안 된다는 것을 알고 있다.

홍 중장에 대한 재판기록을 읽다 보면, 재판장도 검찰관도 변호인도 모두 열심히 그 역할을 연기하고 있는 것처럼 보인다. 그들 가운데 어떤 사람은 '마음이 내키지는 않지만' 열심히 그것을 연기하고 최선을 다했는지도 모른다. 왜냐하면, 일본군의 실태實態를 알면 알수록 증거로서 법정에 올라오는 '대사臺詞'의 응수는 어떤 하나의 종막終幕으로 이끌려가는 배우의 대사처럼 보였고, 그들이 그것을 깨닫지 못했으리라고는 믿을 수 없기 때문이다.

홍 중장의 무언無言은 간단히 말하자면 피고라는 역할을 연기하는 것에 대한 거부였을 것이다. 어떤 하나의 사회적 역할을 분명히 의식하고 연기를 한다 하더라도, 그 역할 속에 자신을 파묻어버리지 않겠다는 정신은 아마도 홍 중장이 그 생애를 통해서 유지해 온 그 정신일 것이다.

종전終戰 때 사토 씨에게 말한 "제복에 대한 충성"이라는 말은 자신의 사회적 역할에 대한 의식적인 충실함이라는 것이고, 스스로의 명확한 결단에 기초해 항상 그것을 의식하고 있는 자신은 다른 위치에 있다는 것이다. 그런 눈으로 자신을 바라볼 수 있던 사람이 법정이라는 무대를 각자가 그 역할을 연기하는 무대로 보고, 그곳에서 하나의 역할을 연기하는 것을 거부했다고 해도 이상할 것은 없다.

홍 중장은 무언無言의 주역主役이기 때문에 '관객觀客'일 수도 있었다. 그러나 무대의 종막에서 최후의 대사臺詞는 이 관객의 운명을 결정해 버렸다. 그것은 부조리일 것이다. 많은 B급, C급 전범들이 처형 직전 남긴 말의 배후에는, 자신은 전범이라는 역할을 강제적으로 연기해야만 했고, 그 결과 자신의 생명이 끊어져야 한다는 것에 대한 번민煩悶, 아니 번민이라기보다는 그것을 어떻게 이해해야 할지 모르겠다는 고민이 있다.

죽음은 사회적인 역할은 아니다. 그와 동시에 그 '최후의 대사'는 그의 죽음으로 끝나는 게 아니라 자신을 한 사람의 죄인, 말하자면 파렴치한으로 규정해서 죽은 뒤에도 그것이 그대로 남는다. 케이나惠那 교회敎會에서, 홍 중장의 처형에도 입회했던 가타야마片山 목사의 낡은 수첩을 보면서, 여러 피처형자들이 남긴 최후의 말을 읽는 동안 말도 되지 않는 푸념의 배후에 보이는 게 그것이었다. 그것은 죽음에 대한 고뇌를 더욱 뛰어넘는 고뇌였다. 자신은 한 번도 만난 적이 없는 한 필리핀인의 위증僞證에 의해 스스로 범인의 역할을 연기해야 하고, 그 결과 죽지 않으면 안 된다. 이게 대체 어떻게 된 일인가, 라고. 그런 경우, 그 피처형자가 처형 직전에 얼마나 크게 동요했든지 간에, 그것은 조금도 이상할 게 없다. 그를 만일 '비겁한 놈'이라고 멸시하는 인간이 있다면, 그것은 그 사람의 무지無知를 드러내는 데 불과한 것이다.

하지만 생각해 보면, 홍 중장은 본 적도 알지도 못하는 사건에 의해 처형당하지 않으면 안 된다는 위치, 그 전형典型이라 할 수 있는 위치에 있었다. 잔학殘虐 사건이라고 일컬어지는 수많은 사건들, 그것은 홍 중장이든 무토 참모장이든 전후戰後에 처음으로 미국 측으로부터 들어서 안 일들이었다. 따라서 그것에 관해 어떤 증거가 법정에 제출되든, 또 어떤 미국인이 증언을 하던 간에, 그것은 모두 본 적도 들어본 적도 없는 사건이고, 자신이 지금까지 단 한 번도 만나보지 못한 증인의 증언이었다. 그것을 생각한다면 가타야마 목사가 말하는 너무나도 담담한 홍 중장의 최후는 오히려 불가사의하다고 할 수 있다.

"예기치 않은 역할을 맡아 해내야만 했다"고 하는 점에서는 가타야마 목사도 마찬가지이고, 또 얄궂게도 나 자신까지도 기묘한 역할을 맡았던 것 같다. 가타야마 목사의 이야기에서, 그랬던 거구나 하는 일이 어렴풋이 떠올랐을 때, 나 자신도 가벼운 충격을 느꼈다. 집으로 돌아오면서, 테이프에 수록된 가타야마 목사의 이야기를 반복해서 듣고 또 듣는 사이에, 어떤 한 마디 말에 대한 기억이 되살아났다.

"뭘 만들라는 건지 바로 감이 안 와. 그러면 빡빡한 세 치가 되는데." 내가 기억하고 있는 것은 그 "빡빡한 세 치"라는 직공職工들의 용어用語였다. 그것이 무엇을 의미하는지 나로서는 쉽사리 알 수가 없어서, 물어서 되돌아온 설명을 받아 통역하자, 미국인 장교로부터 "너는 일본인 주제에 일본어가 이해가 되지 않느냐?"라고 조롱받았던 경험이 기억에 남아 있었기 때문이다.

　　나는 가타야마 목사를 만날 때까지 홍 중장이 교수형에 처해진 처형장은 로스바니요스이고, 처형 상황은 가타야마 목사가 기록한 야마시타 대장의 처형 및 그 뒤에 이어진 처형과 큰 차이가 없었던 것으로 생각하고 있었다. 그러나 그곳이 아니라, 홍 중장의 경우는 칸루반 가까이에 새로 세워진 처형장에서 집행되었고, 그 건축은 8월경(1946년)에 이루어졌다고 그는 말했다. 그것은 처음 듣는 일이었으며, 가볍게 충격을 느낀 것은, 그 말을 듣는 순간 "가만 있자, 그렇다면 처형장을 만든 게 우리 아니었나…?" 하고 생각했기 때문이다.

　　당시 가타야마 목사나 나도 칸루반의 제4수용소에 있었다. 그는 그곳에 부속된 교회에서 일했고, 나는 수용소에 인접한 목공소 겸 세탁공장에서 일하고 있었다. 더구나 귀국 연월일도 거의 같았다. 그러면서도 우리 두 사람은 수용소 시절에는 서로 만날 기회가 없었고, 너무나 가까이 있었던 사실에 서로가 놀랐다.

　　그것은 내가 착실한 그리스도교 신자가 아니어서 수용소 시절 아주 가까이 있던 교회에 한 번도 가지 않았다는 '증거' 같은 것인데, 그렇다고 교회와 접촉이 전혀 없었던 것은 아니다. 왜냐하면 천막으로 지은 조잡한 교회라고는 하지만, 그 속의 설교단이나 의자 등의 집기는 모두 내가 있던 목공소에서 만들었기 때문이다. 그러나 그 때문에 목사가 공장에 왔다는 기억은 없고, 또 그 역시 목공소에 가본 적은 없다고 말했다.

　　"뭐라 그랬더라. 그, 연락하러 오던 연배年配가 있던 쪽은…" 하고 말하면서, 나는 목사의 수첩을 한 장씩 넘겼다. 얼굴은 똑똑히 기억이 나는데, 얼마쯤은 악의惡意가 포함된 그 별명도 생각이 나는데, 본명이 생각나지 않는다. 집중해서 수첩을 짚어가는 사이에 하나의 이름을 찾아냈다. "그래, 마쓰모토松本 씨라고 그랬나…." "아, 지금은 마루베니丸紅*인가 어딘가 회사 쪽." "그렇습니다. 틀림없이 도멘東洋棉花** 쪽인가…." "맞다, 맞다." 두 사람은 가까스로 그 이름을 기억해냈다.

군대는 젊은이들의 세계이기 때문에, 조금만 연배가 있는 사람은 "할아버지"라든가 "할배"라고 불렸다. 마쓰모토 씨는 병사가 아니라 시민市民으로, 상당한 연배였던 것 같은데, 요즘 말로 "노인"은 아니었다. 그래도 "할아버지"였는데, 직공들은 그를 "마쓰모토의 썩을 할배"라고 불렀다. "교회"라는 말에서 내가 최초로 생각이 났던 게 그 별명이었다. 그렇게 말해도, 마쓰모토 씨는 결코 불쾌한 노인은 아니고, 실제로는 온후하고 선량한 중년의 신사였지만, 그런 별명이 붙었던 데에는 다른 이유가 있었다.

목공소는 5개 동棟으로 이루어진 상당히 큰 공장으로, 제1동이 강력한 원형톱날의 제재기製材機가 있는 제재공장, 제2동이 작게 자르는 톱과 드릴과 기계끌 등을 갖춘 곳, 제3동이 완성과 조립, 제4동이 창고, 제5동이 도장塗裝으로 되어 있었다. 징발된 것은 포로 가운데 원래의 직업이 제재공, 목수, 창호, 가구, 도장 직공이었던 사람들로, 여기에서 만들어진 제품들은 전후戰後 백화점에 진열된 베니어판 가구보다는 훨씬 훌륭한 것들이었다. 물론 가구만이 아니라 모든 목공품이 만들어졌고, 뭔가 시급히 건물을 지어야 할 때 도면圖面대로 목재를 가공하는 곳도 여기였다.

이상以上은 미군의 명령으로 공인公認된 작업이었지만, 그 밖에 시

---

* 일본의 종합상사. 이토추(伊藤忠)에서 떨어져 나와 독립했으며, 태평양전쟁 때 다시 합병되었다가, 종전 후인 1949년에 분리됐다. 일본의 종합상사들은 태평양전쟁 당시 일본군이 점령한 지역에는 예외 없이 지사(支社), 지점(支店) 등을 두고 있었다.

** 일본의 종합상사. 미쓰이(三井) 면화부(棉花部)에서 독립했다.

간외에 하는, 포로들을 위한 작업도 어느 정도는 묵인되고 있었다. 가장 많이 만들었던 것으로는 수용소의 취사용 조리대나 책상부터, 나막신*과 샌들까지 있었다. 물론 그 밖에도 몰래 마작패牌나 탁자도 만들었고, 또 남은 자투리로 가구를 만들어서 필리핀인들에게 파는 — 그래봤자 담배와 교환하는 정도지만 — '야미暗 장사'도 하고 있었다.

'야미 장사'를 하는 게 발각되면 영창이었지만, 시간외라면 들켜도 못 본 척 묵인해주었다. 이유는 아마도 일본적 근면의 덕분에 이 공장의 성적이 대단히 좋아서 높으신 분들도 곧잘 순시巡視하러 왔기 때문에, 목공소 소장所長 슈로더 소위가 사기를 높이기 위해 그런 방침을 취했던 것이라 생각된다. 그는 융통성이 있는 남자였다.

포로들의 동요

직공들이 그 묵인된 작업을 반색하고 한 데에는, 그 나름의 이유가 있었다. 모두 굶주리고 있어서, 어떻게 해서든 밥 한 그릇이라도 더 얻어먹기 위해서였다. 취사장에 필요한 것을 만들어 큰 주걱이든 나막신이든 갖고 가면, 그 사례로 한 끼를 얻어먹을 수 있었다. 그것은 당시로서는 대단한 '가외소득'이고, 그 때문에 남들은 빈둥빈둥 놀고 있는데 일부러 공장에 와서 노동을 하고 있었다고 말해도 과언이 아니었다.

그러나 교회에 관한 한 아무리 열심히 '잔업殘業'을 해도 생기는 게 없었다. 교회의 집기도 포로의 집기이므로 묵인이란 없는 것이지만, 그

---

* 일본의 나막신, 게다(下駄)를 가리킨다.

것을 주문하러 오는 마쓰모토 씨의 태도가 아무리 생각해도 당당한 것이어서, 취사장이나 그 밖의 곳에서 몰래 들어오는 주문과는 그 느낌이 달랐다. 종교적 권위란 참으로 이상야릇한 것으로, 마쓰모토 씨가 당당하게 "그것은 교회의 일입니다"라고 소장 슈로더 소위에게 말하고, 그 스스로 소장 자리의 위세를 업고 현장까지 와서 지시하는 것이다.

"교회의 일이라고 하지만, 그것은 포로용이니까 거기서 만들라고 간단히 이야기할 수는 없다"라는 식으로, 미국인에게 말하지는 못한다. 그렇게 되면 그 순간 마쓰모토 씨는 슈로더에게 지시를 내리는 상관처럼 될 것이다. 그 때문에 "똑같은 포로인데 그 녀석만큼은 기고만장해서"라는 분위기가 되고, 그와 동시에 '명령받지 않은 묵인된 작업'이라는 묘한 작업을 위해 "가외소득이 없는 잔업"을 할 수밖에 없게 된다. 이것이 앞에서 쓴 별명이라기보다는 악명惡名이 생긴 이유였다. 마쓰모토 씨는 영어를 잘해서 나를 뺀 채 소장과 대화를 했고, 나머지는 일본어로 직공들에게 주문했기 때문에, 나와는 직접 말을 섞을 기회가 없었다.

그 때문에, 만일 마쓰모토 씨든 교회든, 내가 깊은 관계를 맺고 있었다면 당연히 알 수 있었을 일을 나는 오늘까지 모르고 있었다. 왜냐하면, 그해 8월경에 제4수용소에서 마키린 산山이 보이는 방향으로, 낮은 골짜기처럼 되어 있는 오목한 곳의 비탈에 기묘하게도 높은 목조건물의 건축이 시작되었기 때문이다.

그 상량식上梁式 및 그 이후의 작업에, 내가 있던 목공소에서는 아무도 참가한 일이 없다. 그 이유는 작업을 하고 있던 포로들이 얼마 뒤 그것이 처형장이라는 사실을 알고는 마음이 동요돼서 그랬는지 사고가 속출했고, 그 때문에 그 작업에는 포로를 사용하지 말고 미군이 맡아서 해달라는 진정陳情을 했다고, 가타야마 목사가 얘기해 주었기 때문이다. 진정이 통해서 그 이후의 작업은 미군 측이 맡아서 했다는데, 그 이전의 제재製材부터 마름질까지의 단계는 내가 있던 목공소가 맡아서 한 것이 된다.

명목상으로는 아무렇지도 않게 포로를 사역使役시켰던 그들이라, 그 이전의 단계에서 어떤 심리적인 배려로 눈코 앞에 있는 이 목공소에서 작업을 시키지 않았을 리 없다고 생각하지는 않지만, 칸루반 지구地區에는 다른 공장은 없다. 그렇다면 그 작업은 우리가 한 것이고, 교수대의 기둥, 횡목橫木, 완목腕木, 13계단, 대臺 등등부터 바깥쪽을 지탱하는 높은 건물의 기둥과 마룻대까지, 모든 일체를 나의 통역으로 조립했다는 게 된다. 그것은 상당히 큰 "갑자기 떨어진" 작업이었는데, 그런 일은 그 외에도 있었지만, 그 때는 소장이 반드시 나의 통역으로 리더인 곤도近藤 씨에게 이야기를 해서 자세한 점 하나하나까지 지시를 내렸던 것으로, 그런 일들은 어느 정도 기억에 남아 있다. 그리고 그게 신경이 쓰여서, 그 때문에 테이프를 되돌려 듣고 그런 작업이 있었는지를 기억하려 했던 것이다.

작업의 지시는 여러 형태로 왔다. 도면圖面을 갖고 온 적이 있다면, 청사진靑寫眞인 적도 있었다. 또 실물實物을 가져와서 그것과 똑같은 물건을 어떻게든 만들라고 말한 적도 있다. 제도공製圖工도 있어서, 이럴 때에는 그 실물을 도면으로 그려 소장에게 보인 뒤, 리더에게 보이고 의문점을 바로 잡은 뒤에 작업을 했다. 각동各棟에 리더가 있고, 그것을 총괄하는 총總리더가 곤도 씨였는데, 그는 다치바나마루橘丸 사건*의 일원一員

---

* 다치바나마루는 일본 육군 소속 병원선이었다. 태평양전쟁 말기, 미군의 폭격으로 수송용 선박이 부족하게 된 일본군은 적의 공격으로부터 안전한 병원선을 병력수송선으로 활용할 계획을 짰고, 병력과 탄약 등을 실은 다치바나마루는 1945년 7월 싱가포르를 출항했다가 미 해군 구축함에게 발각돼 나포되었으며, 병사들은 포로로 수용되었다. 이 불법행위로, 전후 전범재판에서 세 명의 일본육군 장성이 징역형을 선고받았다.

으로 변성명變姓名을 하고 있어서 본명은 나도 모른다. 그는 목공소에서는 초超베테랑의 대들보로서, 각동 리더에게 지시할 때에는 일종의 위엄이 있었다. 따라서 내가 하는 '애매한 가감통역加減通譯'은 필요하지 않았고, 통역은커녕 그가 확인해주는 생각을 정확히 소장에게 전달하는 게 고작이었다.

어쨌든 "갑자기 떨어진" 작업을 할 때에는 당연히 통역이 필요했다. "길이 몇 피트, 몇 인치 모서리 기둥의, 어느 어느 위치에 깊이 몇 인치의 볼트용 구멍을 몇 개 내고, 폭 몇 인치 길이 몇 피트, 두께 1/4인치의 판자 몇 장…"이라고 재촉하고, 실은 "빨리!"라고 말하는 게 가장 서툴렀지만, 그렇게 뭔가 말하고 있는 사이에 곤도 씨의 머릿속에는 어느새 그 구조가 떠올라서 내 말을 중단시키고 "이러저러한 것을 만들라는 거죠?"라고 확인했다.

그게 언제나 꼭 맞아떨어져서 미군 장교를 놀라게 했다. 그리고 그 경우에는 반드시 미국인이 말한 것의 일부를 그가 사양서仕様書처럼 복창하고 그것을 내가 통역하는 형식이었는데, 구조 자체는 머리에 떠올랐지만 그가 의문을 가진 경우라도 그 의문은 지극히 간단한 것이어서 척척 끝내는 게 보통이었다.

"빡빡한 세 치"라는 직공들의 용어가 기묘하게 머리에 남아 있는 것은, 통역이 불가능했기 때문이었기도 하지만, 그가 확인하는 방식이 왠지 달라서 구조가 뇌리에 떠오르지 않았던 게 아니냐는 것과, 약간 조롱조로 말하던 슈로더 소위가 질문을 거부한 채 빨리 그 건을 끝내라고 하는 평소와 다른 어조語調가, 뭔가 특별한 인상으로 남았던 것인지도 모른다. "빡빡한 세 치"란 "볼트의 중심으로부터 중심까지가 삼 인치가 되도록 구멍을 낸다"는 것인데, "그게 틀림없습니까?"라고 그는 내게 확인했고, 나로서는 그 "빡빡한 세 치"는 통역이 불가능했던 것이다.

베테랑인 그에게, 그 건축물이 무엇인지 감도 오지 않았던 이유는 교수대에 대해서 우리가 갖고 있던 선입견 때문이었을 것이다. 그것은 옥외屋外에 있고, 모두 로스바니오스에 있는 것들이었다. 높은 건물에 외부와 차단된 옥내屋內 교수대 따위라는 것은 나의 머리는 물론 그의 머릿속에도 없었다고 할 것이다. 설령 체육관 같은 높은 건물을 만드는 것으로 이해했다 해도, 그 단단한 각재角材를 볼트로 결합시켜서 무엇을 매달려는 것인지는 그도 알지 못했기 때문에, 확인의 말이 볼트와 볼트의 간격이 너무 좁다는 것으로 나왔던 것이다. 그 통역이 불가능했던, 소장에게 놀림을 받았던 게 내 머릿속에 남았다.

운명의 불가사의

집으로 돌아와서 혼자 조용히 당시의 일을 생각해보니 그 '예기치 않은 역할'이 묘하게 마음에 걸렸다. 그러나 '예기치 않은 역할'이라면 가타야마 목사 쪽이 나보다 훨씬 더 '예기치 않은 역할'을 떠맡은 결과가 되었다. 홍 중장의 처형 때, 그는 건강이 나빠서 입원을 하고 있었다. 야마시타 대장을 필두로 다섯 번의 처형에 입회하지 않으면 안 되었던 그는, 악성 말라리아와 쇠약이 겹치고 정신적인 쇼크까지 더해졌다.

"약간 정신이 이상했던 모양입니다. 그것을 보고 있던 같은 막사의 군의관이 그런 일이 계속되면 육체적으로도 정신적으로도 어떻게 될지 모른다고 하면서, 나를 입원시켜 주었습니다. 그 상태에서 벗어나 병원선病院船으로 빨리 본국으로 돌아가게 해 주려고 했던 것입니다. 그래서 일단 안심을 하고 있었는데, 홍 중장으로부터의 지명指命이 병원까지 왔습니다."

그래서 그는 칸루반의 신설 처형장으로 곧바로 혼자서 가지 않을 수 없었다. 도대체 홍 중장은 어떻게 가타야마 목사의 이름을 알았고, 자신의 최후의 입회인으로 일부러 그를 불러냈을까? 운명이라고 해야 할까, 섭리攝理라고 해야 할까?

가타야마 목사와 홍 중장의 관계도 불가사의했지만, 그와 나의 관계도 불가사의했다. 우리 두 사람이 서로 그런 줄도 모르고 이웃에서 생활을 한 것은 비단 수용소 시절뿐만이 아니고, 내가 종전을 맞이한 루손섬 북부의 산호세 분지盆地에 그도 있었고, 그곳에서 종전을 맞이했다는 것이다. 하지만 부대는 서로 달라서, 그는 '유명'한 도미나가 중장의 제4항공군 휘하의 60전대戰隊 탑승원이었고 나는 사단 포병대원이어서, 지휘계통이 다르기 때문에 두 사람이 서로를 알 기회가 없었어도 이상할 것은 없다.

궤멸된 제4항공군의 탑승원을 대만으로 되돌려 보내 재건再建을 꾀하던 참에, 그 또한 에치아게 비행장에서 아파리 항구 근처까지 왔지만, 그 계획이 불가능해져서 산호세 분지의 정글에 들어오게 되었던 것이다. 다만 미군에 대한 항복 시기는 나보다 한 달가량 늦은 10월 초로, 똑같이 아파리의 가설假設 수용소에 수용되었는데, 나처럼 해로海路가 아닌 육로로 칸루반에 이송移送되어 왔다.

칸루반에서 겪은 체험은 그도 나도 똑같았다. 모든 것을 압수당하고 벌거벗은 채 세찬 샤워 물줄기를 통과한 다음, 건너편에 정렬해 의복을 지급받는다. 그렇지만 나와 달랐던 것은, 착실한 그리스도교 신자였던 그는 양손에 성서와 찬송가를 꽉 움켜쥐고 샤워를 통과했다. 그는 그 성서를 보여주었다. 나도 기억이 나는, 인디언페이퍼*에 인쇄된 손안에 들어오는 크기의 초소형超小型 신약성서 — 구약舊約의 시편詩篇이 붙은 — 로, 당시 많은 교회가 출정出征하는 신도들에게 선물한 것이었다.

미군 병사가 무엇인가를 쥐고 샤워를 통과한 그를 발견했다. 그들은 수용소에 비밀리에 무기나 흉기가 반입되는 것을 무엇보다도 겁내고 있었기 때문에, 당연히 "버려!"라는 위압적인 명령을 받았다. "아니, 이 것은 성서다." 목사가 아무리 말해도 병사는 믿지 않았다. 성서를 갖고 정글에 들어온 일본군 병사가 있다. 그것은 그들에게는 상상조차 할 수 없는 일이었다.

그러나 가타야마 목사는 굽히지 않고 "성서다!"라고 주장했다. 앞에서도 말했던 바와 같이, 미국에서는 종교적 권위가 지휘계통에 따른 명령을 초월하는 모양으로, 이 경우에 미군 병사도 "소지품을 일체 압수하라"는 군軍 명령과 성서의 출현 사이에서 이를 어떻게 처리해야 할지 판단할 수 없었던 것 같다. '그리스도교 신자가 그리스도교 신자에게 성서를 버리게 했다'는 것, 그것은 군 명령을 초월한 '신을 모독하는 행위'가 된다.

그 때문에 가타야마 목사는 그 자리에서 곧바로 종군從軍 목사가 있는 곳으로 연행되었다. 성서를 절대 버리지 않는 가타야마 목사에게 채플린**은 감동했던 것 같다. 그날부터 그는 그 목사의 조수가 되었다.

---

* 성서나 사전 등 면수(面數)가 많은 책을 인쇄하는 데 쓰는 얇은 종이.

** chaplain. 학교, 병원, 군대 등에 소속된 사제(司祭).

그리고 그 때문에, 당시는 목사가 아니었고 목사가 되고 싶다는 생각도 없었던 그가, 전범의 처형에 입회하지 않으면 안 된다는 참으로 얄궂은 역할을 맡게 됐다.

미국인은 성서를 배포하고 싶어 했다. 종전 후의 일본에서도, 맥아더에 의한 "성서 1천만 권 배포계획"이라는 게 있었다. 하기야 나는 그것을 신문 기사에서 알았을 뿐, 그것이 실제로 행해졌는지 어떤지는 모른다. 필리핀의 수용소에서는 특별히 그러한 계획은 없었으나, 특정한 사람들, 예를 들면 전범으로 기소된 사람이나 장성이나 희망자 등에게 그것이 행해졌다고 해도 이상할 것은 없다.

그는 어느 날 목사로부터 기묘한 이야기를 들었다. "지금부터 한국인 중장이 있는 곳에 성서를 갖고 갈 테니까, 따라 오도록 하라. 단, 불필요한 말은 일절 해서는 안 된다. 성서를 건네주고 '그에 대해서 무슨 질문이 있으면 하십시오'라고 말하기만 하면 된다." 그런 일은 처음이었고, 다른 사람이 그와 같은 말을 들은 경우가 있었는지는 모르지만, 가타야마 목사 자신에게 그 장면의 정경情景이 명확히 기억에 남아 있는 것은 홍 중장의 경우뿐이었다. 그 이유는 간단해서, '한국인 장군'이라는 목사의 말이 너무나도 이상하게 들렸기 때문이다.

무리도 아니다. 나처럼 방면군에 소속되어 있는 자라면, "홍사익이라는 단 한 사람의 한국인 출신 중장이 있다"라는 소문이 귀에 들어올 수도 있지만, 그것이 제4항공군의 가타야마 목사의 귀에까지 들어갈 리가 없다. 대개 군대에서는 다른 사단, 다른 부대의 장군 이름 따위는 모르는 게 보통이고, 또 당시 일반적인 '병사들의 상식'으로 말하자면, 한국인 중장이 무적황군無敵皇軍 속에 있을 턱이 없기 때문이다. 말하자면 그것은 있을 수가 없는 존재였다.

어쩌면 전후戰後가 되어서도, 이 책의 독자를 제외하면, 거의 모든 사람들이 '제국육군에 있던 한국인 중장'의 존재를 믿지 않을 것이다. 그것이 이른바 '상식'이고, 동시에 그것은 가타야마 목사의 상식이기도 했다.

유일한 방문자

"최초에 내가 느낀 것은 그런 사람이 있을 턱이 없다는 것이었습니다. 뒤이어 반사적으로 가짜가 아니면, 관명사칭官名詐稱이라고 생각했습니다. 그래서 홍 중장의 일이 더 분명하게 머리에 남아 있습니다." 그는 이렇게 말했는데, 말하자면 있을 수 없는 존재에 접했을 때의 놀라움이었을 것이다. 그 일시日時는 확실치가 않다. 모든 일에 있어서 최초로 알쏭달쏭하게 되는 것이 '일시'인데, 야마시타 대장의 처형 전인 것만은 틀림없다고 그는 말한다. 아마, 공판이 시작되었을 때인 1945년 연말께가 아니었을까?

홍 중장은 제1수용소의 독방에 수용되어 있었다. 말하자면 전범 용의자이고, '위증을 위한 모의'를 할 수 없도록 외부와 연락이 모두 차단되어 있는 상태였다. 찾아오는 사람이 있다면, 그것은 취조관이나 변호인과 같은 재판 관계의 인간뿐이었다. 그래서 그중에서도 아마도 재판과 전혀 관계없이 공공연하게 만날 수 있었던 일본인은 가타야마 목사뿐이었을 것이다.

그는 목사의 지시대로 이름을 말하고 지시받은 대로 말을 하고 성서를 건네준 뒤, 그곳을 나왔다. "아마 매우 퉁명스럽고 실례되는 태도를 취했는지도 모릅니다. 아무리 생각해도 믿을 수가 없어서 의혹을 품고 있었던 것이지요…." 재판에 관계없이 홍 중장을 찾아온 유일한 일본인이 자신의 이름을 밝히고는 "질문이 있으면 하시지요"라고 말한 그 태도가 강렬하게 홍 중장의 마음속에 남아 있어서, 처형을 앞에 두고 그 사람을 불러달라는 부탁을 하게 했다고 해도 이상할 것은 없다.

하지만 이유는 그것뿐일까? 홍씨洪氏 가문은 유서 있는 유교 집안이고, 홍 중장 자신이 견고한 유교적 전통 속에서 그 인생을 사서오경으로 시작한 사람이다. 앞에서도 언급했지만, 그의 소양素養은 보통이 아니어서, 유년학교 시절 친구의 죽음에 즉석에서 한시漢詩를 읊어서 조의를 표할 정도로 유교의 전통적인 교양을 몸에 지니고 있던 사람이었다. 또한 유교적으로 조상을 제사 지낸다는 점에서도 굉장히 열심이어서, 자식인 홍국선 씨의 신혼집에 제단祭壇을 만들도록 편지로 지시도 하고 있다.

그러나 불단佛壇이라는 말은 나오지 않는다. 이런 전통 속에서 살아온 홍 중장이 그 최후를 맞이하여 일본인 불승佛僧을 불러 달라고 하지 않았다고 해서 이상할 것은 없다. 한국에서 불교와 유교는, 결코 일본에서처럼 양자兩者의 혼합과 같은 애매한 상황이 아니었기 때문이다. 그것을 생각하면, 유교인儒敎人인 홍 중장이 스님을 불러 달라고 했다면 오히려 더 이상하다 했을 것이다.

그렇다면, 처형을 앞에 두고 차입된 성경을 읽고 그리스도교로 개종을 한 것일까? 그것도 별로 신빙성이 없다. 그렇다면 단순히 한 명의 지인知人으로서 가타야마 목사에게 입회를 부탁한 것일까? 그렇게도 생각할 수 있을 것이다. 그렇지만, 단순한 지인이라면 친근한 부하나 동료가 수용소에 얼마든지 있었다. 입원해 있는 그를 미군이 일부러 찾아내서 데리고 온 것이므로, 홍 중장이 원한다면 다른 사람을 불러내는 것은 결코 불가능하지 않았을 것이다.

홍 중장은 가타야마 목사가 전해 준 성경을 처형장까지 갖고 가서, 그것을 헌병에게 선물로 주었다. 그것이 돌고 돌아 홍국선 씨의 손에 들어왔다. 알파벳으로 홍사익이라는 서명이 있는 보통의 일본어 신약성서로, 열심히 읽은 흔적이 있다. 또한, 사형선고 후의 홍 중장을 본 사람들의 기억은 모두 하루 종일 단정하게 앉아서 열심히 무엇인가를 읽고 있었다는 것이었고, 그 흔적이 그 성경에 남아 있다고 해도 이상할 것은 없다.

또 옥중에서 홍국선 씨에게, "나는 지금까지 종교에는 무관심했는데 지금은 신약성서를 읽고 있으며, 그곳에는 대단히 좋은 말들이 쓰여 있으니 너희들도 읽어 보도록 하라"라는 취지의 편지를 보냈다고 한다. 그러나 편지 자체는 한국전쟁 때 분실되었다. 그렇다면, 역시 사형선고 후에 가타야마 목사로부터 받은 신약성서를 읽고 갑자기 그리스도교로 개종한 것일까?

가타야마 목사는 그것은 생각할 수 없는 일이라고 말한다. 그의 이 말의 배후에는 수많은 '급조急造 크리스천'을 보았던 사람의 명확한 판단이 존재한다. 전후戰後의 한 시기, 일본에서도 그리스도교가 유행하여, 단기간이기는 했지만 일종의 붐을 이룬 적이 있었다. 그것은 수용소에서도 마찬가지여서, 그 배후에는 절대적이라고 믿었던 신주불멸神州不滅의 신앙이 붕괴된 데 따른 허탈 상태가 있었다. 그리고 그 허탈 상태가 '승자의 종교勝者宗敎'에서 정신적 지주를 구했다고 해도 무리는 아니다.

지금은 잊혀버렸지만, 그것이 어떤 시기의 '중국 붐' 이상의 '미국 붐' '그리스도교 붐'이 되어도 당연했을 것이리라. 그러나 그것은 일시적인 유행에 지나지 않았고, 그 사람들을 가타야마 목사는 '급조 크리스천'

이라고 불렀던 것이다. 고마쓰小松眞一 씨의 〈포로 일기〉 속에, 수용소의 전령이 "그리스도교 신자 집합!"을 고의인지 무의식적인지는 모르지만, "그리스도교 환자 집합!"이라고 말해서 모두가 와아 하고 웃었다는 기록이 있다. 냉정한 사람 쪽에서 본다면, 그 일시적 유행은 '신자'라기보다는 '환자'라고 하는 쪽이 적당했는지도 모른다. 그리고 가타야마 목사는 그런 사람들을 항상 교회에서 대접하고 있었다.

그렇지만, 피처형자의 경우는 좀 더 심각했다. 하나의 신념이 있다면, 설사 그것이 잘못된 신념이라 하더라도, 본인에게 있어서는 스스로의 신념으로 쓰러진다는 것은 고통이 아니다. 그러나 일체의 신념이 붕괴된 후에 그 신념에 따른 행위로 처형당하는 것은 참기 어려운 고통이지만, 더구나 그것이 원죄冤罪*이고, 여기에 더해 파렴치죄라는 죄명 하에 단죄당한다면 구원받지 못할 상태라고 하지 않을 수 없다. 추구해야 할 정신적 지주가 없어지고, 자신이 무엇 때문에 죽어야 하는지를 알 수가 없는 것이다.

"국가를 위해서"도, "동아시아의 새로운 질서를 위해서"도 사라지고, "유구한 대의에 산다"는 것도 이미 허구에 지나지 않는다. 그런 경우, 그 사람이 '승자의 종교'에 일시적으로 구원을 요청했다고 해서 그것을 비난할 사람은 없을 것이다. 가타야마 목사의 수첩에 남아 있는, 처형 직전에 처한 인간들의 구제할 길 없는 상태에 대한 애절한 고백은 가슴을 때린다. 그러나 그가 말한 '급조 크리스천'은 최후의 최후가 되었을 때는 역시 불교의 승려를 불러 달라고 했다고 한다.

"그것이 미국인에게는 이상하게 보였던 모양입니다. 개종해서 어

---

* 억울하게 뒤집어쓴 죄.

제까지 그리스도교 신자였던 사람이 또 다시 갑자기 불교도가 되곤 하니까요…" 생각해 보면 그것이 지극히 자연스러운 상태인지도 모른다. 심리의 표층表層은 의식적으로 그리스도교화化 할 수 있어도, 그 심층深層이 옛날 그대로라면 최후의 순간에는 그 심층에 지배당할 것이기 때문이다.

한 사람의 그리스도교 신자에게

홍 중장은 그런 타입의 인간은 아니었다. 우선 단 한 번도 "나는 이번에 그리스도교로 개종했다"고 다른 사람에게 말한 적이 없다. 아무 말도 하지 않고 당연한 일처럼 가타야마 목사를 불렀다. 더군다나 최후로 읽어 달라고 한 성경 구절은 구약성서도 들어 있고, 신약성서만이 아니었다. 하기야 구약의 시편詩篇은 부록처럼, 많은 신약성서의 말미末尾에 붙어 있다.

그러나 가타야마 목사가 홍 중장에게 건네준 신약성서에는 시편은 붙어 있지 않았다. 그것은 홍 중장이 이전에 상당히 상세하게 구약성서를 읽고 있었다는 것을 말해주며, 가타야마 목사가 홍국선 씨를 만날 때까지 홍 중장이 그리스도교 신자라고 믿고 있었다 해도 이상할 것은 없었다. 그러나 홍국선 씨는 이런 사실은 도저히 있을 수 없는 일이며, "부친은 종교 같은 것에는 전혀 무관심했고, 종교적인 얘기를 한 적은 없었다"고 말했다.

사실 홍국선 씨에게 보낸 옥중 편지에도 그것이 나타나 있다. 그렇다면 도대체 어떻게 된 일인가? 그것은 나에게 있어서도 하나의 수수께

끼였는데, 그렇게 의식하지 않고 재판기록을 읽고 있었던 탓으로 신경을 쓰지 않았었다. 그러나 그 관점에서 다시 읽어 보면, 수석변호인의 최종 변론 가운데 기묘한 한 구절이 있는 것을 깨닫게 된다

> "법정의 여러분, 당 피고의 변호인은 본 법정 및 피고에 대해서 중대한 책임을 통감하고 있습니다. 사실 우리도 자문자답하고 있습니다. 우리는 위대한 민주주의국가의 그리스도교 신자로서 '너, 심판하지 말라. 심판받게 되리니'라고 말씀하신 그리스도의 가르침을 앞에 두고, 한 사람의 그리스도교 신자에게 판결을 내리려 하고 있는 것이 아닌가 하고."

미국인은 반드시 상대방의 종교를 묻는다. 이 말은 질문을 받은 홍 중장이 "그리스도교"라고 대답하지 않는 한 나올 수가 없는 말이다. 그렇다면, 홍 중장은 어떤 정상참작을 기대하고, 또 상대방의 동정을 끌기 위해 계획적으로 '그리스도교 신자'라고 대답한 것일까? 그렇게는 생각할 수 없다. 그런 정신 상태를 지닌 인간이 자신을 서서히 죽음으로 몰아넣어가는 고발을 앞에 두고 태연하게 침묵을 지킬 수는 없을 것이다.

나는 그 이야기를 홍국선 씨에게 전하고, 무엇인가 생각나는 게 없느냐고 물어 보았다. 그는 한동안 생각하고 있더니, "특별히 생각나는 것은 없지만, 언젠가 밤에 그리스도의 초상肖像을 사갖고 오셔서 그것을 걸라고 말씀하신 적은 있습니다. 그러나 달마達磨의 그림도 사온 적이 있으시고, 아무생각 없이 잡동사니(라고 그는 말했다)를 사갖고 오신 게 아닌지…"라고 답하고는, "뭔가 그리스도교에 대해서 알고 계셨다면 그것은 아마 북쪽 사람들의 영향이겠지요. 아버님은 오히려 북쪽 사람들과 기

663

질이 맞아서 친구도 그쪽이 많았는데, 아시다시피 북쪽에는 압도적으로 그리스도교 신자가 많았으니까요…"라고 덧붙였다.

성서와의 만남

사실 전쟁 전의 한국에서는 그리스도교 신자가 남쪽보다는 북쪽에서 압도적으로 많았다. 그러나 홍국선 씨는 변호인의 말이나 가타야마 목사의 말을 최후까지 반신반의했다. 그것은 적어도 가족의 입장에서 볼 때 그렇게 생각할 수 있는 징후가 거의 없었던 까닭일 것이다.

도대체 그것을 어떻게 해석해야 할까? 한 인간의 깊은 마음속을 제3자가 안이하게 추정해서는 안 될 것이다. 그것과는 별도로 홍 중장이 어딘가에서 구약성서를 접할 기회가 있었다고 한다면, 아마도 그 계기는 군사적인 면에서가 아니었을까 하는 말을 할 수는 있을 것이다.

이것은 물론 나의 추정에 불과하지만, 서구西歐에는 구약성서의 군사적 연구, 말하자면 '병법서로서의 구약성서' 같은 책이 결코 적지가 않다. 실제로 나에게도 이가엘 야딘의 〈성서에 있어서의 전쟁〉과 리처드 게일 경卿의 〈성서의 역사의 전쟁〉이 있다. 전자前者는 세계적인 명저名著이고 자위대에서도 그것을 구입하려고 했으나 구하지 못했다고 하니까, 구 일본군에서 그런 종류의 전문서적을 널리 구입했다고 해도 이상할 것은 없다. 또, 후자後者의 게일 경은 NATO의 영국군 사령관으로서 직업군인이며, 그의 저서는 구약에 나오는 전쟁의 기록에 대한 순수 군사적인 연구서다.

홍 중장은 전쟁사戰爭史의 전문가로서 전술의 교관이었으므로, 제1

차 대전 후의 여러 병법서를 연구하는 것이 본연의 직무였다. 또한 영어는 미국인이 놀랄 만큼 능숙했고, 홍국선 씨에게 당시의 일본과 한국의 관계를 대영국제국과 아일랜드의 관계로 설명하고, 동시에 이유 없는 모욕을 당했을 때는 아일랜드인처럼 대응하라고 가르칠 정도로 양국의 관계에 특별한 관심을 갖고 있었다. 번역서가 그다지 많지 않았던 당시의 일본에서 양국 관계에 그토록 정통하게 되려면, 영어를 자유롭게 읽을 수 없는 한 불가능했을 것이다. 그 점에서 본다면, 홍 중장이 전문가로서 영어로 된 많은 전쟁사를 읽고 있었다고 해도 조금도 부자연스럽지는 않을 것이다.

　　제1차 대전 후에 영어권에서 널리 읽혀진 전문가의 전쟁기록이라고 한다면, 앨런비 장군의 〈최후의 십자군〉이 있다. 그것은 당시 터키의 영토였던 팔레스티나로 진격한 영국군 사령관이 쓴 기록으로 이슬람교도로부터 성지聖地를 탈환한 기록*인데, 커다란 반향을 불러일으켰다. 사령관에 의한 기록이므로 전쟁기록으로서의 가치도 높지만, 동시에 자신의 작전을 구약성서 시대의 작전과 대응시키고 있는 것이 흥미롭다.

　　특히 예루살렘 북방의 믹마스 전투에서, 삼천 년 전에 이스라엘의 최초의 왕 사울이 그 땅에서 페리시테** 사람에 대해 취한 기습작전을 성서의 기술에 입각해 그대로 실시하여 대승리를 거두었다는 기술은, 구약성서가 그대로 작전에 활용됐다는 재미있는 하나의 사례다. 이런 종류의 책도 참고자료로서 군부가 구입하지 않았나 하고 생각된다.

---

* 1차 대전 당시, 앨런비(Edmund Allenby) 장군이 지휘한 영국군이 독일군의 지원을 받은 터키군을 물리치고, 십자군전쟁 이래 700년 만에 예루살렘을 탈환한 사건. 앨런비는 예루살렘에 입성한 뒤 "오늘, 십자군은 끝났다"라고 말한 것으로 전해졌으나, 실제로는 그런 말을 한 적이 없다고 한다.

** 바리새인(人).

그리고 무엇보다도 먼저 무인武人답게, 그런 점에서 일본인에게 절대로 뒤떨어져서는 안 된다는 의식을 갖고 있던 홍 중장이 그것을 연구했다고 해도 이상할 게 없다. 그와 동시에 유교적 교양을 몸에 지니고 있던 메이지인人이 그 관점에서 보는 한 다소 '연약'하다고 느끼기 쉬운 신약보다는 강직하고 민족적인 구약을 좋아했던 것처럼, 홍 중장이 그것에 공감을 느꼈다고 해도 당연할 것이다.

유교적인 것과 구약적인 것은 어떤 의미에서는 관련이 있다. 동시에 그 시대의 유교는 사대부의 외적규범이었지 반드시 내적규범은 아니었다. 중국의 사대부는 공적 장소에서는 사서오경대로 행하고, 집에 돌아가서는 〈노자老子〉를 읽으며 편히 쉰다는 이야기를 들은 일이 있다. 말하자면 공적公的으로서의 성인聖人이란 '성聖' '인仁' '의義'를 절대적으로 받들면서도, 집에서는 〈노자〉의 "성聖을 끊고 지智를 버리면, 백성의 이익이 백배 늘어난다. 인을 끊고 의를 버리면, 백성은 효성과 어짊을 회복한다."*를 읽고 있었다는 이야기가 된다.

이것 또한 이종찬 씨가 말하는 '모순'이겠지만, 내외규범의 준별峻別이야말로 문화의 유지와 지속의 필요조건일 것이다. 따라서 홍 중장이 내심으로 강하게 구약성서에 끌리고 있었다 해도 이상할 것은 없고, 그것이 종교에 관한 질문을 받고 "그리스도교"라는 대답으로 나왔다고 해도 이상할 게 없는지도 모른다. 그러나 더 이상 인간의 내심內心을 억측하는 것은 그만두자.

하지만 구약성서에 끌린 이유는 그것만은 아닐 것이다. 북쪽의 아시리아, 남쪽의 이집트라는 2대 강국 사이에 끼어서 고뇌하는 이스라엘

---

* 노자(老子)의 〈도덕경(道德經)〉 19장에 나온다. 원문은 "絶聖棄智, 民利百倍. 絶仁棄義, 民復孝慈."다.

의 모습은, 지금도 아직 많은 한국인의 공감을 불러일으키고 있다. 또한 현재보다 훨씬 비참했던 일본제국 통치 하의 한국, 전 국토를 빼앗긴 상태와 바빌론의 포로나 다름없는 동포의 위치에 홍 중장이 어떤 공감을 느꼈다고 해도 이상할 것은 없다. 왜냐하면, 한국과 대비對比해 아일랜드에 깊은 관심을 갖고 있었던 홍 중장이 그런 일에 무관심했다고는 생각하기 어렵기 때문이다.

그러나 그런 추정推定이 들어맞는다 하더라도, 홍 중장의 관심은 종교적이라기보다는 오히려 역사적, 그것도 정치사적, 군사사軍事史적, 외교사적, 멸망사적인 것이었을 것이다. 그리고 그것이 자신의 연구인 한, 홍 중장이 그에 대해 아무 말도 하지 않았어도 당연한 것이고, 또 그것이 자신의 정신에 어떤 영향을 미쳤다고 하더라도 그에 대해 한 마디도 하지 않았다 해서 이상할 것은 없을 것이다. 그런 점에서 홍 중장은 과묵한 사람이고 최후까지 과묵했다. 다만 북쪽 사람, 특히 기독교도들과 친교를 가졌기 때문에 그 배후에 있는 종교성의 영향을 받아 동포의 운명과 비교해, 관심과 공감을 갖고 있었던 게 아닌가 생각된다.

그리고 '포수捕囚'라고 하면 조국祖國만 포수捕囚인 게 아니고 홍 중장 자신도 지금은 미국군의 '포수捕囚'인 것이다. 거기에도 무엇인가 공감의 이유가 있었는지는 모르지만, 그러한 추정은 모두 쓸데없는 짓인지도 모른다.

홍 중장과 같은 사람의 말은 말로써가 아니라 그 행동으로 나타난다. 법정에서의 침묵이 가장 웅변적인 의사표시라면, 병원에 있던 가타야마 목사를 부른 것 자체가 모든 것을 뛰어넘는 말일 것이다. 그런 점을 생각한다면 얼핏 보기에 이상스럽게 느껴지는 미이 수석변호인의 말도, 가타야마 목사가 말하는 그의 최후도 별로 이상할 것이 없다.

교수대 絞首臺

'철판鐵板 움집'

앞에서 쓴 형태로 새로운 교수대의 건설이 진행되고 있을 무렵, 홍 중장은 칸루반 수용소 제1수용소의 사형수 건물에 수용돼 있었다. 그 건물은 우리 사이에서는 '철판鐵板 움집'이나 '철판집'으로 불리던 건물로 제1수용소의 한쪽 구석에 있었고, 그 안을 엿볼 수 없을 정도로 철조망으로 빽빽이 둘러쳐진 높은 담으로 차단되어 있었다.

그러나 우리는 "저곳에 사형수가 있다더라" "아니, 재판에서 검사로부터 사형을 구형받은 사람들이 있다더군" 하고 소곤거렸는데, 소문에 의한 추측을 주고받은 것일 뿐, 그 속이 어떻게 되어 있고 어디에 누가 어떻게 수용되어 있는지조차 모르고 있었다. 그도 그럴 것이, 그곳에 들어간 자는 원칙적으로 이 세상에는 다시 돌아오지 않는다. 그리고 그 죽음의 방에 근무하고 있는 것이 이반 케이라는 18세의 MPMilitary Police였다. 그는 그다지 딱딱하지 않은, 지극히 평범하고 명랑한 미국인이었던 모양이었다.

그 덕분에 그와 친해져서, 절대로 들어갈 수 없었던 그 '철판 움집'에 들어가 본 사람이 있었다. 그 사람이 철도기사인 고이케 슈조小池秀三 씨다. 그는 밤방에서 병참감인 홍 중장을 만나 평생 잊지 못할 정도의 강렬한 인상을 받았다. "나는 여러 사람의 장군들을 알고 있었지만, 그런 분은 처음이었습니다. … 그 온화한 인품이 피부로 전해져 오는 느낌이 들었습니다. 그 때문에 그때의 정경이 30여 년이 지난 오늘날에도 뚜렷하게 떠오른다고 생각합니다."

고이케 씨는 그 독방 안에서 다시 한 번 홍 중장을 만났던 것이다. "다음은 1946년 2월 하순, 전범 수용소의 독방에서였습니다"라고 고이케 씨는 쓰고 있다. 그의 기억에 따르면 수용소의 배치는 "변소 쪽 방에는 필리핀 민간인 – 이 사람은 야마시타 대장과 함께 처형된 바욘본 헌병대의 일본계 혼혈인 통역이었을 것이다 – 이 있고, 다음 방에는 헌병 출신의 좌관佐官이 있었다고 기억합니다. 다른 채의 독방에서 작업 통역 등을 하고 있었는데 규율이 산만한 미군 덕분으로 나는 4월경에 자주 그곳에 드나들고 있었습니다." 그 미군이 이반 케이 MP였을 것이다.

"야마시타 대장은 나에게 종종 질문을 했습니다만, 홍 중장은 대개 언제나 똑바로 앉은 자세로 명상冥想을 하고 있었습니다. 그리고 때로는 다른 수감자가 경박하게 떠드는 것을 꾸짖는 모습을 볼 수 있었습니다. … 다른 수감자는 흔히 경비원인 미군과 장난을 치곤했습니다만, 홍洪·다지마田島 두 장군은 미군 따위와는 상대하지 않는다는 생활 태도여서, 그것이 인상에 남아 있습니다. 홍 중장은 9명의 수감자 중에서 가장 말수가 적었던 것으로 기억합니다. 전쟁 중에도 으스대지 않았고, 포로가 되어서도 태도가 전혀 달라지지 않은 사람. 그리고 사형을 앞에 두고 각오를 정한 듯한 태도는, 내게는 인격이 고매한 정신이 완전히 수련된 무사를 연상케 하였습니다. 독방에 있던 한 달 남짓한 기간에 가끔 접한 정도이고, 자세한 애기도 해 보지 못하고 나의 인상만을 말한 것이지만. … 제 생각으로는 그분이 왜 사형이 되었는지 전혀 알 수가 없습니다."

고이케 씨는 이렇게 쓰고 있다. 자세히 생각해 보면, 그 독방은 상당히 난폭한 미결未決·기결旣決의 혼합 감방이었던 셈이다. 말하자면 이미 사형의 판결을 받고 그 집행을 기다리는 사람도, 기소를 당해 앞으로 마닐라로 옮겨갈 사람도, 취조를 위해 수용소 내의 취조실로 검찰관에게 불려 나가는 사람도, 모두 일시적으로 그곳에 있었던 것이다. 갖가지 의미의 '미결수', 즉 '형 집행 전에 있는 죄수'가 있었던 것으로, 그것이 어느 사이엔가 외부에 알려져서 제1수용소 전체가 속칭 '미결'이라고 불리는 결과가 되었는지도 모른다.

그리고 판결 후의 홍 중장은 다시 그곳에 돌아와 처형까지의 나날을 보낸 셈인데, 그동안의 일은 이반 케이 MP 외에는 모른다. 다만, 어떤 기회로 홍 중장을 얼핏 본 사람들로부터 나온 소문은 있다. 그것들은 모두 고이케 씨가 말했던 인상과 똑같은, 과묵하게 자세를 바르게 하고 하루 종일 책을 읽고 있었다는 이야기다. 이반 케이 씨는 수형자의 취사를 담당하던 일본인과 찰떡궁합이 되어, 그로부터 우사하치만宇佐八幡*의 부적符籍을 받아 기념으로 앨범에 붙여 놓기도 했다는데, 그 사람의 이름은 기억나지 않는다고 한다. 이런저런 소문은 어쩌면 그런 종류의 루트에서 흘러나왔을 것이다.

처형 전에 홍 중장으로부터 서명이 적힌 성서를 선물 받은 사람이 바로 그 이반 케이 MP였다. 그렇지만 그는 홍 중장의 일을 거의 기억하고 있지 못하다고 한다. 이반 케이 씨는 야마시타·혼마 두 장군의 사진을 촬영하고 수용소 내의 갖가지 장면도 찍었지만, 홍 중장의 사진은 없다. 그는 자신에게 성경을 준 사람이 장군인지 하사관인지도 몰랐다. 그것도 생각해 보면 무리가 아닌 것으로, 일단 판결을 받고 나면 이미 수형자에 불과하고, "야마시타" "혼마"처럼 미국인에게 알려진 사람 이외에는 누가 누구고, 어떤 사람이 무엇 때문에 수감자가 되었는가 하는 따위 일은 18세의 MP로서는 모르는 게 당연하다.

더구나 거의 완벽하게 침묵을 지키고, 미군과는 말도 섞지 않았던 홍 중장이 인상에 남아 있지 않았다고 해도 그것 또한 이상할 것이 없다. 홍 중장은 그곳을 나갈 때, "나는 지금 아무 것도 갖고 있지 않지만, 자네의 친절에 대한 기념으로 이 책을 증정한다"고 말하며 성서를 주었다고 한다. 그것을 통역한 것은 필리핀에서 자란 20세가량의 일본인으로 본명이 아마노(?)라 했던 것 같다고 케이 씨는 말했다. 홍 중장과 말을 나눈 것은 그때가 처음이자 마지막이었던 모양으로, 그것도 통역을 거친 것이어서 그랬는지, 그때의 인상도 지금은 뚜렷이 남아 있지 않다고 했다.

---

* 하치만(八幡)은 일본의 전통종교 신토(神道)에서 6세기 말 일본 큐슈(九州) 우사(宇佐) 지역에 강림(降臨)했다고 전해지는 신(神)의 이름이다. 천황(天皇)의 조상신(祖上神) 중 하나로 떠받들어지며, 일본 신토의 주신(主神)이자 개국(開國) 설화의 주인공인 아마테라스 오미카미(天照大神)과 함께 일본 황실의 수호신이다. 하치만을 모시는 신사는 일본 전역에 4만4천 개가 넘는다고 한다.

세상을 하직하는 노래歌

미국으로 돌아간 뒤 케이 씨는 회사에 다니며 취미로 그림을 그리고 있었는데, 그 이웃에 로스앤젤레스에서 화랑畵廊을 경영하는 쓰지야土屋 씨가 있었다. 몇 해 전에 케이 씨가 "이 책을 소유자의 가족에게 돌려주고 싶다"고 말하며, "육군 중장 홍사익Shiyoku Kou"이라는 서명이 들어 있는 성서를 쓰지야 씨에게 가져왔다.

쓰지야 씨는 그것을 승낙했지만, 막상 홍사익이 어떤 사람인지 알수가 없었다. 또 케이 씨도 그 뒤 이사를 가버렸다. 그곳에 우연히 찾아온 한국 출신의 인익환印翊煥 씨가 그것을 보고 와세다대학의 동급생이었던 홍국선 씨의 부친이라는 것을 알고서는, 그 성서가 유족에게 돌아오게 된 것이다. 쓰지야 씨와 인印 씨에게, 케이 씨를 방문해서 당시 홍중장에 대한 이야기를 자세하게 물어 달라고 했지만, 역시 새로운 것은 아무것도 들을 수가 없었다. 그것이 극히 당연한 상태일 것이다.

1946년 9월 26일 밤, 홍 중장은 독방에서 나와 새로 건축된 처형장으로 향했다. 그러나 그 상황은 전혀 알 수가 없다. 야마시타 대장의 경우, 집행관인 라시드 중장이 처형 전에, "지금부터 한 시간 자유시간을 주겠다. 여기서 조달할 수 있는 물건이 있다면 음식이든 마실 것이든 제공해 주겠다"고 말하고, 그동안에 모리타 스님과 가타야마 목사가 야마시타 대장과 대화를 나누었다는 것이 기록되어 있으나, 홍 중장의 경우에는 그런 일이 현장에서 행해지지 않았다. 무엇보다 이번에는 처형장이 로스바니요스가 아니었고, 홍 중장이 있던 곳은 '미결' 수용소였기 때문일 것이다.

가타야마 목사가 병원에서 호출되어 처형장에 도착했을 때에는 이미 홍 중장은 와 있었고, 두 사람은 높은 건물 속의 교수대 앞에서 철책을 사이에 두고 대면하게 되었다. 말하자면 두 번째 대면이었다. "정신이 아찔했습니다"라고, 가타야마 목사는 말했다. 그는 그때까지 10회 가까이 처형에 입회를 했으나, 어떤 경우에도 모리타 스님과 둘이었고, '정부正副'라는 표현을 할 수 있다면 항상 '부副'의 위치에 있었다.

더구나 수형자는 불교도이기 때문에 직접 관여를 하지 않았고, 그의 말을 빌리면, "모리타 스님의 등 뒤에 숨어" 있다시피 할 수가 있었다. 또 그가 쓴 〈야마시타 대장의 처형에 입회해서〉를 읽어 보면, 처형 "10분 전!" 하고 MP가 소리쳐 처형장 안의 공기가 팽팽하게 긴장된 순간, "모리타 스님이 조용히 독경讀經을 시작했다"고 쓰여 있다.

생각해 보면, 그런 경우에 독경이라는 것은 그 자리에 있는 사람에게 있어서는 유일한 정신 안정제였을지도 모른다. 그러나 그런 방법이 가타야마 목사에게는 없었다. 입원을 해서 이제야 편하게 되었다고 마음을 놓고 있다가, 다짜고짜 불려와 자기 혼자서 이제부터 처형당해야 할 사람과 대면을 해야 된다면, 누구나 정신이 아찔해지고 무엇을 하고 무슨 말을 해야 할지 모르게 되는 게 보통일 것이다. 그런 가타야마 목사에게 있어서 단 하나의 구원은 평소와 전혀 다름없이 조용한 홍 중장의 태도, 더욱이 혼란을 일으키고 있는 그를 위로하고 격려하는 듯한 투명하도록 침착한 태도였다.

가타야마 목사로부터 두 번에 걸쳐 그의 포로 시절의 수첩에 단편적으로 남아 있는 홍 중장의 말을 들었고, 한 번은 상세한 이야기를 들을 수가 있었다. 불가사의한 일이지만, 처형 전의 홍 중장을 만난 사람은 고이케 씨도, 가타야마 목사도, 극히 짧은 시간이었음에도 불구하고 30여 년 뒤인 오늘날에도 참으로 뚜렷하게 그때의 인상을 기억하고 있다. 그것은 어쩌면 고이케 씨가 기록하고 있는 것처럼, 다른 수형자들과는 전혀 다른 인상을 받았던 때문일 것이다.

그러나 가타야마 목사의 경우에는, 무엇보다 평상시와는 다른 비상한 상황에서 면회를 한 목사 자신이 동요하고 있었기 때문에, 그 수첩 속에 기록된 단편적인 말을 홍 중장이 어떤 순서로 말했고, 그것이 그의 기억에 남은 모습들에 일부 불분명한 점이 있지만, 그것은 당연할 것이다. 이런 일은 그 다음날 아침에도 확실치 않은 게 당연하고, 그게 모두 정연하게 구성되어 있다면 그게 오히려 픽션이리라.

그 기록 가운데 홍 중장이 입에 담은 최초의 말은 "독방 생활의 165일은 너무나 길었다"일 것이다. 그것은 판결이 난 날에서 처형 당일까지에 해당되는데, 그 일수日數를 분명히 자각하고 있었다는 것은 오늘로써 며칠을 살았다고 하루하루를 헤아리면서 죽음을 의식하고도 태연했다는 게 된다.

"직시直視할 수 없는 것은 태양과 죽음"이라고 라 로슈푸코*는 말했다. 분명히 인간으로서 서서히 확실하게 다가오는 죽음을 직시한다는 것은 어렵다. 최후를 맞이해서 이를 하나의 체험으로서 조용히 말한다는 것은 보통 인간으로서는 할 수 없는 일이다. 마침내 홍 중장은 "세상을 하직하는 인사라고 할 것까지는 없습니다만…"이라고 말하고는, 두 수音의 시를 읊었다. 그것이 홍 중장이 지은 유일한 일본의 '와카和歌'**였는지도 모른다.

---

* 프랑수아 드 라 로슈푸코(François de La Rochefoucauld, 1613~1680). 17세기 프랑스의 작가이자 도덕주의자. 한국어로 번역된 〈인간의 본성에 대한 풍자 511〉이 있다.

** 10세기경 형식이 완성된 일본 고유의 전통 시가(詩歌).

구질구질하게 생각해 보아도 넋두리리라
패전敗戰이 죄라고 체념하는 것이 좋으리라

옛날부터 억울한 죽음이 많았으니
나 또한 그 축에 끼었을 뿐이로다

착란을 일으킨 야마시타 대장

시간이 다가왔다. "성경을 읽어주시지요" 하고, 홍 중장이 말했다. 가타야마 목사는 또 다시 동요를 일으켰다. 사실 그런 때 성경을 읽어 달라고 한다면, 도대체 어느 구절을 읽어야 한단 말인가? 직업적인 참회사懺悔師라면 어딘가 읽을 곳이 정해져 있겠지만, 보통의 사람에게는 졸지에 그것이 나오지를 않는 법이다. 바꿔서 내가 그곳에 있었어도, 어디를 읽어야 할지 모르기는 마찬가지였을 것이다.

가타야마 목사는 이렇게 말했다. "나는 목사가 아닙니다. 일개 신도에 불과하므로, 성경의 어느 곳을 읽어야 할지, 무엇이라고 기도를 드려야 할지를 모릅니다." 그러자 홍 중장이 대답했다. "좋습니다. 좋습니다. 그러면 미안하지만, 내가 읽어 달라는 곳을 읽어주시겠습니까? 그리고 함께 묵도默禱를 해주시겠습니까?" 그리고 두세 군데를 지시했다.

한두 군데는 짧은 구절이어서 가타야마 목사도 명확히 기억하고 있지 못했다. 다만 한 군데, 상당히 긴 구절이 있었다. 구약성서의 시편 51편이다. 홍 중장이 정말로 듣고 싶었던 것은 아마도 그 한 편이었을 것

이다. 다음에 그것을, 가타야마 목사가 낭독한 문어체文語體 번역 그대로
인용하겠다.*

하나님이여, 주의 인자仁慈를 좇아

나를 긍휼히 여기시며

주의 많은 자비慈悲를 좇아

내 죄를 없애주소서.

내 죄를 말갛게 씻기시며

나의 죄를 깨끗이 제하소서.

내 죄를 내가 알고 있사오니

내 죄가 항상 눈앞에 있나이다.

내가 주께만 죄를 지어

주의 눈앞에서 악을 행하였으니

주께서 말씀하실 때 의로우시다 하고

주께서 판단하실 때 순전純全하시다 하리이다.

내가 죄악 중에 출생하였음이요

모친이 죄 중에 나를 잉태하였나이다.

중심에 진실함을 주께서 원하시오니

내 속의 지혜를 알게 하시리이다.

우슬초로 나를 정결케 하소서

이 몸이 깨끗해지리이다.

나를 씻어주소서

---

* 이 시편 51편의 번역은 한국어판 성경을 참고했다.

내가 눈보다 더 희게 되리이다.

나로 하여금 즐겁고 기쁜 소리를 듣게 하사

주께서 꺾으신 뼈로 즐거워하게 하소서.

주의 얼굴을 내 죄에서 돌이키시고

내 모든 죄악을 없애 주소서.

하나님이여, 내 속의 깨끗한 마음을 새로 지어주시고

내 안의 정직한 뜻을 새로 세워 주소서.

나를 주 앞에서 쫓아내지 마시며

주의 성신聖神을 내게서 거두지 마소서.

주의 구원의 즐거움을 내게 회복시키시고

자원自願하는 심령을 주사 나를 붙드소서.

죄인들에게 당신의 길을 가르치리니

죄인들이 주께 되돌아 오리이다.

하나님이여, 나의 구원의 하느님이여,

피흘린 죄에서 나를 건져 주소서.

내 혀가 주의 올바른 뜻을 높이 노래하리이다.

주여, 내 입술을 열어 주소서.

내 입이 주를 찬송하여 전파하리이다.

주는 제물祭物을 즐겨 아니하시나니

그렇지 않으면 내가 드렸을 것이라

주는 번제를 기뻐하지 아니하시나이다.

하느님이 구하시는 제사는 상한 심령이라

하나님이여 상하고 통회하는 마음을 주께서 멸시치 아니하시리이다.

주의 은택으로 시온을 돌보시어

예루살렘 성벽을 다시 쌓으소서.

그 때에 주께서 의로운 제사와 온전한 번제를 기뻐하시리니

저희가 숫소로 주의 제단에 드리리이다.

보통이라면 이 전후前後에 유언遺言을 듣는다. 그 사이의 일을 가타야마 목사는 〈야마시타 대장의 처형에 입회해서〉에 쓰고 있는데, 그것을 인용해 보겠다.

"… 처형당하는 사람의 유언을 듣는다. 그 시점에서는 당사자도 긴장하고 있다. 그리고 나서 '자유시간'이 주어진다. 그것이 '악마의 시간'이다. 적지 않은 사람이 거기서 이성을 잃고, 자신은 무죄로서 사형을 받을 이유가 없다는 것을, 문자 그대로 필사적으로 호소했다. 모리타 스님과 나는 열심히 그 사람들을 위로하려고 했다. 그러나 그렇게 하면서 나는 필설筆舌로는 형용할 수 없는 공허감을 맛보았다. 아무리 미사여구를 늘어놓아 보았자, 결국은 아무 소용도 없다는 것을 통감하고 있었다. 이윽고 다음 순간! 몇 명의 MP가 무정하게 다가와서 그 사람의 팔을 잡고 형장으로 데리고 간다. 모리타 스님과 나는 그 뒤를 따라 형장으로 간다. '제발 마지막 순간만은 깨끗하게…' 하고 빌면서도, 목숨이 붙어 있는 인간에게 그것은 무리라는 것을 뼈저리게 느꼈다."

그러나 홍 중장은 유언 같은 것은 무엇 하나 말하지 않았고, 이성을 잃고 무죄를 호소하는 일도 물론 없었다. 또한 가타야마 목사가 기록하고 있는, 야마시타 대장이 최후가 임박했을 때 비명처럼 내지른 한 마디 – "나는 도죠 녀석에게 속아 넘어갔다!" – 도 없었다. 성서를 읽는 것

을 끝낸 두 사람은 잠시 묵도를 했을 뿐이다. 가타야마 목사는 위에 인용한 문장 속에서 홍 중장도 언급하면서, 다음과 같이 쓰고 있다.

"물론 훌륭한 태도를 보인 사람도 있었다. 그 가운데서도 발군拔群이었던 사람은 한국 출신의 홍사익 중장이다. 그때 나는 혼자서 중장을 위해 성서를 낭독했다. 홍 중장은 추호의 흐트러짐도 보이지 않았을 뿐만 아니라, 오히려 '가타야마 군, 아무것도 걱정하지 말게. 나는 나쁜 짓을 하지 않았네. 죽으면 곧바로 하나님에게 갈 걸세. 내게는 자신이 있네. 그러니까 아무 걱정하지 말게' 하고 나를 격려해 주었다. 시간이 되어 MP가 다가오자 중장은 침착하게 일어나서, '가타야마 군, 자네는 젊으니까 몸을 소중히 하게. 그리고 무사히 고향으로 돌아가게' 하고 이별의 말을 건넸다."

비밀지령 제293호

앞에서 인용한 세상을 하직하는 노래歌와 "나는 나쁜 짓을 하지 않았다"는 말과, "내 죄를 없애 주소서. 허물을 말끔히 씻어 주시고, 잘못을 깨끗이 없애 주소서"라고 하는 시편 51편의 낭독 요청은, 얼핏 보기에 모순되어 있는 것처럼 보인다.

그러나 시편의 전부를 읽고 또 성경의 "모르고 범한 죄"라는 말씀을 알고 있는 사람에게는, 이 두 가지는 모순되지 않는다. 인간은 모든 선의를 갖고 사람을 대하더라도 그것이 죄를 저지르는 결과가 될 수 있다는 것을, 죄를 범했다는 것조차 모르고 있는 경우가 있다. 이 경우, 인간이 할 수 있는 일은 용서를 신神에게 비는 일뿐이며, 인간에게는 그 밖에 할 일이 없다. 또 다른 사람이 그것을 규탄하고, 그 사람이 처음부터 끝까지 전혀 알지 못하는 일로 그를 처형한다면, 그 사람에게 대해 말할 수 있는 것은 "억울하게 뒤집어쓰고 죽었다"에 "가담했을 뿐"이다.

홍 중장은 가능한 한 선의를 가지고 포로를 대했다. 그리고 자신이 그렇게 하고 있다는 것을 조금도 의심하지 않았으며, 그 면에서는 조금도 그의 양심에는 부끄러운 점이 없었다. 1960년 3월 5일자 〈요미우리〉 신문의 투고란에 홍 중장과 동기였던 이세키井關 씨의 "훌륭했던 조선인 친구"라는 투고가 실려 있다. 그것은 일본인의 한국인에 대한 그릇된 우월감을 경계하는 글이었는데, 마닐라 시절의 홍 중장에 관해 쓴 부분이 있어서 여기에 소개한다.

"일본인의 그릇된 조선인관은 고치지 않으면 안 된다. 나는 육사 26기의 노병이지만, 친구인 홍사익 군의 숭고한 인격을 널리 알리고 싶다. (중략) 태평양전쟁 때 각지에서 인정 있는 부대장으로서 부하의 신뢰가 두터웠다. 최후에 마닐라의 포로수용소장으로 있을 때 만났는데, 국제법이 허용하는 한 포로를 후하게 대우하고 있어서, 그들도 만족하고 조금도 불평을 하지 않는다고 기뻐하며 자랑하고 있었다. 그런데 종전과 함께 전범으로 몰려서 그는 부하의 책임을 한 몸에 짊어지고 사형을 당해 (중략) 태연히 13계단을 올라갔다. 조선 출신 홍 중장 덕분에 목숨을 건진 사람도 많다고 한다. 이와 같이 훌륭한 한국인은 적지 않은 것이다. … 반성을 촉구하는 바이다."

이것은 홍 중장이 스스로의 선의를 믿어 의심치 않았으며, 그것이 포로들에게 도움이 된다고 굳게 믿고 있었던 것을 말해 주고 있다. 그리고 자신이 그렇게 믿을 수 있을 만큼의 모든 노력을 한 것은 사실이고, 동시에 갖가지 불상사는 전후까지 모르고 있었던 것 또한 사실이다. 그러나 전범 법정에서 차례차례로 나타난 증거는 끔찍한 범죄가 저질러지고 있었다는 사실을 가차 없이 그에게 폭로했다.

만일 그것이 그의 죄였다면, 그것은 바로 "모르고 저지른 죄"였다. 그는 그것을 어떻게 할 수도 없었고, 지금도 할 수가 없다. 그러나 그것은 그의 죄는 아니라 해도 그 자체는 '죄'일 것이다. 그리고 이 경우, '죄 그 자체'의 용서를 비는 대상이 있다고 한다면 그것은 신神 외에는 없다. 그것은 마치 '속죄양'과 같은 위치지만, 그렇게 생각한다면 변호인이 말한 "시간이라는 법정"은 그를 순교자라고 규정은 해도 '죄인'이라고는 규정할 수 없고, 심판받은 것은 전범 법정이라 할 것이다.

그러나 홍 중장이 '죄'를 느낀 대상은 포로만이 아니었을 것이다. 한시도 잊지 못했던 고국도, 동포도, 매년 새해가 되면 반드시 찾았던 이왕가도, 또 그가 젊었을 적에 자신의 봉급을 쪼개 도와주었던 독립운동가와 동기생의 가족들도, 또 그 아오야마묘지의 맹세도, 모두 주마등처럼 그의 뇌리를 스쳤을 것이다. 이 사람들은 모두 홍 중장이 언제나 선의를 갖고 대했던 사람들이었고, 만일 그가 그 사람들에게 대해 "모르고 저지른 죄"가 있다면 그 용서를 신에게 구했을 사람들이다.

시간이 왔다. "하나님 계신 곳에서 만납시다." 가타야마 목사에게 그렇게 작별을 고하고, 홍 중장은 조용히 교수대 쪽으로 걸어갔다. 보통 사람이 걷는 모습과 조금도 다름이 없는 자세로 그는 갔고, 그리고 세상을 떠났다. 13계단을 오르고, 집행이 되었다. 탁 하는 소리와 함께 몸이 매달린다. 군의관이 가슴에 청진기를 갖다 대고 맥을 조사한다. 일본인은 보통 10분 이내에 맥이 멈추고 절명한다. 그러나 홍 중장만은 10분이 지나도 계속 맥박이 뛰고 있었다. 놀란 군의관의 "스트롱"이라는 말이 가타야마 목사의 귀에 울렸다.

참으로 기묘한 일이지만, 아무래도 그 교수대는 홍 중장 전용처럼 되어버린 것 같다. 미군의 방침이 일변하여, 전범 수형자들은 몬텐르파로 이송해서 필리핀 정부의 관리하에 두고, 칸루반 수용소는 철수해 12월 중순까지 전원을 일본으로 돌려보내게 되었기 때문이다. 제4수용소도 목공소 이외는 모두 철거되고, 우리는 단 하나 남겨진 제2수용소로 이송되어 2개월 가까이 그곳에서 '통근'을 한 기억이 있다. 그리고 그 동안에 처형이 있었다는 기록은 없다.

홍 중장이 어디에 매장되어 있었는지는 어느 정도는 알 수가 있다. 매장埋葬 사역使役에, 밤중에 확성기로 호출당한 사람들이 갔던 위치가 대충 어디 근처라는 것은 그 사람들의 이야기로 알 수 있다. 그러나 그들은 누구를 매장했는지를 모른다. 그 때문에 정확한 장소를 지금 현지에서 확인하는 것은 불가능에 가깝고, 설사 알고 있다 해도 유골은 이미 그곳에 없다고 생각된다.

가타야마 목사가 입회한 것은 처형 종료까지이고, 그 이후는 일절 입회할 수가 없었다. 매장에도 입회시켜 달라고 야마시타 대장의 처형 때부터 진정을 했으나, 결국 허가가 내리지 않았다고 한다. 미군은 아마도 일본군 포로에 의한 유골 탈취와 그것에 뒤이은 영웅화를 두려워한 것이리라. 유골을 없애 버리는 게 그 기억을 지워 버리는 것이라고 생각했는지도 모른다. 그러나 그 묘지는 현장에 가장 가까운 포로용 묘지의 일각一角일 것이라고, 가타야마 목사는 추정하고 있다.

홍 중장은 생전에 사망한 부인의 묘와 함께 자신의 묘도 마련해 두었다. 그러나 홍국선 씨의 노력에도 불구하고, 유골이 고국의 묘지에 묻히는 일은 앞으로도 아마 없을 것이다. 맥아더의 전범 처형자에 대한 추궁追窮은 그 사후死後에도 미쳤기 때문이다.

전범 처형자의 유골 처리에 대해서는 여러 가지 풍설이 있으나, 1948년 8월 13일의 "비밀지령 제239호"의 제2항처럼 처리되었다고 생각해야 할 것이다. 그 사본寫本은 비밀히 촬영한 것을 재복사한 것이라서 판독判讀이 매우 곤란하지만, "전범 처형자의 유체를 발굴하여 소각한 다음, 재는 극비리에 바다에 버릴 것"이라는 문장은 명확히 읽을 수가 있다. 유골과 재는 태평양의 밑바닥 어딘가에 있을 것이다.

그 사람의 일생

생전에 홍 중장을 만나 본 사람들을 제외하면, 한국인의 홍 중장에 대한 일반적인 태도는 냉담하다고 할 수 있다. 어떤 사람은 "그가 대단히 우수하고 책임감이 강한 사람이었다는 것은 인정하지만, 결국 그 지식도 능력도 조국의 독립을 위해서는 무엇 하나 쓰이지 않았다. 그가 이청천李靑天 장군의 권유를 따라 일본을 탈출해서, 중국에서 일본군과 싸우기 위해 편성된 광복군을 지휘해 조국의 독립에 공헌했다면 모르지만…" 하는가 하면, 어떤 사람은 "결국은 착실한 관료이기는 했지만, 혁명가도 지사도 아니었지요. 모험을 하기에는 가족 등을 너무 걱정했습니다"라고 말하기도 했다.

그런 견해가 가능할지도 모른다. 그러나 홍 중장의 생각은 어쩌면 달랐을 것이다. 설령 그 계급에 상응하는 지위였다 해도 전임자인 일본인 사령관과는 같을 수가 없고, 또 남방총군의 병참감으로 총괄적인 부문의 일부라 해도 포로수용소장이라는 임무는 홍 중장에게 결코 기분이 좋은 지위는 아니었기 때문이다. 그리고 당시 홍 중장의 사회적 지위를 고려한다면, 설사 이청천 씨의 부름에 응하지 않더라도, 퇴직해서 예비역으로 들어가 고국에서, 민간에서, 혹은 정부관계기관의 요직에 취임한다는 '약삭빠른' 처신 방법도 있었을 것이다.

전쟁사의 전문가이고 군부의 중추 가까이에 있었던 홍 중장이 일본의 승리를 믿고 있었다고는 생각할 수 없다. 그와 동시에 홍 중장은 설사 퇴직을 해도 일본군과 일본 정부로서는 전쟁 말기의 정책적인 의미에서 한국에서 어떤 임무를 맡아 주었으면 하고 기대하는 인물이며, 그것은 홍 중장 자신이 잘 알고 있었을 것이다. 가족의 일을 생각했다면, 그런 방향으로 바꾸는 게 현명한 처신이었을 것이다.

생각하기에 따라서는 그것이 가장 정확한 전후戰後를 겨냥한 처신 방법이었는지도 모른다. 사관학교 시절의 한국계의 동기생 가운데는 좌관급으로 퇴직하여 교육자로 활약하고 있는 사람도 있었으므로, 홍 중장도 그 방면에 진출하려고 생각하면 능히 진출할 수 있는 위치에 있었다. 사실 일본의 국내에서조차도 군부에게 주목을 받고 있던 그리스도교 계통 학교는 군에 대한 안전판으로 퇴역 소장급을 학장이나 원장으로 초빙하고 있었다. 한국의 많은 미션스쿨 등은 아마 홍 중장을 얼른 초빙하였을 것이다.

그리고 그와 같은 사례가 일본에도 한국에도 있다는 것을 홍 중장도 모를 리가 없다. 더구나 그의 경력 대부분은 군내 학교였으며, 또한 군인이라기보다는 교육자 타입으로 전쟁이 끝나자 "고국에 돌아가서 수학선생을 하고 싶다"고 말한 홍 중장 자신이었으니, 그런 위치로 옮겨

앉아 고국에서 가족들과의 생활을 내심으로는 유혹받고 있었다는 것은 지금까지 말한 홍 중장의 말 속에서 엿볼 수가 있다.

그렇다면, 홍 중장은 어째서 그런 길을 택하지 않고 남방으로 부임했을까. 그것은 전쟁에 패할 것 같으면 달아나고 이길 것 같은 쪽에 붙는다는 '비겁자' 소리를 듣게 되는 것을 그의 자존심이 허락하지 않았다는 것, 그것은 앞에서 인용했던 〈가이분가꾸〉에 나오는 특공대 김상필 소위가 말한 동포에 대한 책임감과 같은 것이었을 게다.

또 하나는 김정렬 씨가 지적했듯이 일본군 속에 있는 한국계 군인과 군속, 특히 남방에 있는 많은 군속에 대한 책임감 때문이었다. 스마란에서의 한국인 군속의 폭동이 아마도 부임 동기의 하나로써, 어떤 의미에서는 일본군의 '인질人質'이 되고 있는 사람들에게 가는 게 자신의 동포에 대한 의무라고 생각했을 것이다. 홍 중장의 법정에서의 침묵에는 그 임무라는 의식이 있었는지도 모른다. 필리핀에서는 한국계 군속의 전범 수형자는 없었다. 그의 아들 홍국선 씨는 "그것이 유일한 위안입니다"라고 말하고 있었다.

확실히 저항이라든지, 반항이라든지, 혁명적 폭동이라든지 하는 말은 화려하다. 거기에는 영웅도 태어나며 순교자도 생겨난다. 그러나 그것에 의해 태어나는 '해방'이 극히 평범하고 평화로운 일상생활을 소망하는 그 지역 서민의 바람을 만족시킨다고 할 수는 없다.

당시 일본과 한국의 관계에서, 홍 중장이 머릿속으로 그리고 있었던 것은 어쩌면 영국과 아일랜드의 관계였을지도 모른다. 확실히 양국의 관계는 현재도 복잡하지만, 설사 완전하지는 못하다 하더라도 제1차대전 후에 이루어진 것과 같은 평화로운 독립을 한국과 일본의 관계에서 바라고 있었던 것이 아닐까?

어떤 의미에서 아일랜드 문제의 처리는, 제2차 대전 후에 있어서의 영국 식민지의 평화로운 독립과 상호 대등한 영연방英蓮邦의 구성을 예견케 하는 것이었다. 그러나 그것을 실행해내기에는 일본은 너무나도 정치적으로 미숙했다. "모든 일이 뜻과 같게 안 되어서"라는 홍 중장이 필리핀에서 국선 씨에게 보낸 편지와, 최후의 시편 낭독의 부탁은 그런 사정을 말해 주는 것인지도 모른다.

물론 홍 중장은 이른바 영웅도 아니며, 혁명적 투사도 아니다. 어떤 점으로 보아도 히틀러나 레닌, 스탈린, 모택동으로는 될 수 없는 사람이다. 한 마디로 말해서, 그는 '청동의 인간'이 아니라, 피가 통하는 인간이었다. 그러나 청동의 인간은 과연 인류에게 무엇을 가져다주었는가? 사람들은 그 존재의 공허함을 어디선가 느끼기 시작하고 있을 것이다. 장래의 인류에게 요청되는 것은 영웅적 자질보다는, 오히려 홍 중장이 갖고 있었던 것과 같은 자질이 아니었을까 한다.

　　같은 루손 섬의 전선에 있으면서 그 이름만은 들어 알고 있었다고는 하지만, 홍사익洪思翊 중장에 대한 관심을 일깨워 준 것은 〈문예춘추文藝春秋〉사社 〈쇼군諸君!〉 편집부의 아즈마東 씨이고, 그때 그의 질문이 "충성이란 도대체 무엇일까요?"라는 것이었다는 것을 지금도 똑똑히 기억하고 있다. "충성忠誠." 이것은 전후戰後에는 의미불명意味不明이 된 말이지만, 아즈마 씨는 아마도 편집자의 육감으로 홍 중장의 생애에 무엇인가 그 말의 의미를 풀 수 있는 열쇠가 있다고 여긴 게 아닌가 생각한다.

　　홍 중장은 무엇에 대해서 충성했던가? 그것을 조사하기 시작하면, 결국 그것을 푸는 열쇠는 재판에서 홍 중장의 증언에 있을지도 모른다고 생각하게 되어, 그 재판기록을 입수하려고 했으나 좀처럼 구할 수가 없어서 결국 〈쇼군!〉 편집부의 후지다藤田 씨가 미국까지 출장을 가서 국립자료보관소에서 필요한 문서와 사진을 입수하고, 동시에 미국인 관계자를 취재하고 돌아 왔다.

　　그, 타이프로 친 1,005매의 그 기록을 읽었는데, 본서에서도 쓴 것처럼 피고로서의 홍 중장은 시종일관 침묵을 지켰고, 직접적으로는 아무런 발언도 하지 않았다. 다소 실망한 나는 번역을 기노시타 씨(이 책에 등장하는 군사령부 정보참모 기노시타 소위)에게 부탁을 하고, 후지다 씨와 아내를 동반하여 한국으로 취재를 떠났다.

　여성에 대한 취재는 여성 쪽이 좋으리라고 생각한 때문인데, '여자 끼리 이야기가 통하는 문제', 예를 들면 '며느리의 눈으로 본 시아버지로 서의 홍 중장'은 아드님인 홍국선洪國善 씨의 부인에게서, 또 가족을 통해서 어떻게 망명한 인사들과 연락을 취했는지는 이갑李甲 씨의 따님, 이응준 씨의 부인에게서, 각기 아내가 취재했다. 그것은 이 책에 등장하지 않는 다른 여성의 경우도 마찬가지였다.

　인간은 내면과 외면이 완전히 다른 사람도 있다. 홍 중장이 설사 그런 사람이 아니라 하더라도, 한국인으로서 일본제국 육군장교라는 미묘한 위치에 있으면, 밖에서 보는 홍 중장과 가정 안에서 며느리가 보는 홍 중장 사이에는 큰 차이가 있을 것이라는 예상하에서 취재를 했다. 물론 그런 말은 아내에게는 하지 않고, 다만 가정 내의 홍 중장의 추억을 홍국선 씨 부인으로부터 듣도록 하고 나는 옆에서 기록을 하는 형식이 되었는데, 솔직히 말하는 부인의 이야기는 외부 사람들, 그것도 특히 일본인이 말하는 홍 중장의 인품과 전혀 다르지 않다는 점에서 오히려 취재하는 이쪽이 놀랐다.

　상대가 남성인 경우에는 나와 후지다 씨가 취재를 했다. 대부분의 경우 홍국선 씨에게 동석을 부탁했는데, 그 덕분인지 이응준, 김석원, 이종찬, 김정렬 제씨諸氏, 말하자면 '제국 육군에서 나의 대선배이자 상관'은 모두들 아주 솔직하게 말해주었다.

　그러나 뭐니 뭐니 해도 최대한의 협력을 아끼지 않고 '전의회全誼會'의 회보를 비롯해 편지에 이르기까지 모든 자료를 제공해 준 사람은 홍국선 씨였다. 한국전쟁 때문에 많은 자료가 분실되기는 했지만, 그 가운데 기억에 남아 있는 것은 모두, 그는 솔직하게 이야기해주었다. 그리고 그는 하루를 천추千秋와 같이 이 책의 출간을 기다리고 있었다.

　나도 하루라도 빨리 간행해야겠다고 생각하면서도, 연재가 끝나고 나서도 미흡한 점이 있어서 자료를 수집하고 있던 중에 재작년 (1984년) 홍국선 씨가 급서急逝했다. 그것은 나의 평생에 통탄스러운 일이며, 그에게 이 책을 보여주지 못한 게 돌이킬 수 없는 마음의 상처가 되었다. 나는 최종적으로 홍국선 씨에게 교정쇄校正刷를 읽어달라고 할 생각이었는데, 이제 그것이 영원히 불가능하게 되어 그의 조카가 되는 홍화선洪化善 씨에게 부탁을 하고, 또 〈남양홍씨세보〉를 그에게서 빌리기도 했다.

　그 외에, 일본 측으로부터의 호의 어린 자료 제공은 그때마다 본문 중에 기록했는데, 이 후기後記의 지면을 빌어 다시 한 번 심심한 감사의 뜻을 표한다. 어쨌든 이 책이 간행된 것은 많은 분들이 적극적으로 협력해 준 덕택으로, 오랜 세월이 흐른 뒤에도 그토록 많은 사람들을 움직이는 홍사익 중장의 인품에 일종의 깊은 감명을 받았다. 그와 동시에 일본, 한국, 미국이 얽혀 있는 문제, 때로는 집어던지고 싶어지는 복잡한 문제를 어떻게든 풀어나가는 작업을 계속할 수 있었던 것은, 홍 중장이 간접적으로 나에게 준 강한 감명 덕분이었다.

돌이켜 보면, 아즈마 씨의 "충성이란?" 물음으로부터 이 책의 간행까지 실로 12년의 세월이 흘렀다. 그리고 그 12년간을 인내로써 기다려주신 문예춘추사 출판부 여러분에게 깊은 감사의 말씀을 드린다.

'관심을 가졌다'든가, '흥미를 끌었다'든가 하는 말을 사용하기에는 너무나도 심각한 문제지만, 구태여 '관심의 표적'이 어디에 있었는지 밝히라고 한다면, 그것은 '법정法廷의 장場'이었다. 홍 중장의 무언에는 처음에 가벼운 실망을 느꼈으나, 그 '무언無言의 주역主役'을 가운데 놓고 검찰 측과 변호인 측의 응수, 일본인 증인의 증언이나 "헤이즈 일기" 등을 읽어 가노라면 몇 번씩 숨 막히는 장면이 나온다. 그렇다면 도대체 심판받고 있는 것은 누구인가? 홍 중장인가? 아니다.

그것은 일면적으로는 '일본적인 애매모호함'이라고도 할 수 있는 것의 책임이다. 일본은 '제네바조약'을 비준하지 않았다. 비준하지 않은 것은 홍 중장의 책임이 아니다. 따라서 '제네바조약의 제 몇 조 운운'으로 홍 중장의 책임을 묻는 것은 말도 안 된다, 그렇게 똑똑히 말할 수 있다면 그것은 그것대로 조리가 선다. 그러나 "제네바조약은 비준하지 않았"지만, "그것에 의거하여"라든가, "…의 정신으로"라든가 말하면, 홍 중장의 책임 범위는 지극히 애매모호하게 되어 버린다. 그리고 그런 '일본적인 애매모호함'은 지금도 결코 없어지지는 않았다.

그와 동시에 일종의 불안조차 느끼는 것이 미국 측의 '형식논리'의 구성이다. 그것을 '법적 정신'이라고 할까? 그것은 최종적으로는 실태로부터 동떨어진 '논리를 켜켜이 쌓은 허구의 피라밋'처럼 보이게 된다. 하지만 그들에게 있어서는 그것이 '사실'이고, 판결은 동시에 그 사실의 확정인 것이다. 그렇다면 '논리로 구성된 사실'이 과연 '사실'일까? 이런 점에서 볼 때, 미이 수석변호인이 말하는 "시간의 법정"이 심판하는 것은, 아니 심판당하고 있는 것은 미국일 것이다. 그리고 그 '시간'을 체현體現하고 있는 듯이 무언으로 서 있는 사람이 홍 중장이다.

이러한 시점으로 읽으면 40년 전에 있은 그 재판이 매우 현대적이라는 것을 깨닫게 된다. 그러나 본서에서 상세히 기술한 것을 반복할 생각은 없고, 그동안 태연히 입을 다물고 서서 조용한 말을 남기고, 교수대로 걸어간 홍 중장의 "충성"의 대상이 무엇이었는지도 재론할 필요도 없을 것이다.

최초에 밝힌 것처럼, 본서는 '홍사익중장전洪思翊中將傳'은 아니다. 그래서 아래에 홍화선 씨로부터 빌린 〈남양홍씨세보〉의 홍 중장 항목을 전재轉載 함으로써, 약력을 대신하겠다. 그것은 유동流動하는 역사의 커다란 변화 속에서 일관된 것을 관철한 인간을 상징하는 것처럼 간결하다. "사익思翊"이라는 항목 밑에 다음과 같이 기록되어 있다. 한글을 읽지 못하더라도, 이 책을 읽은 독자에게는 의미가 통할 것이라 생각한다.〈?〉

高宗 己丑(1889년) 三月四日에 生하여 十伍歲에 大韓帝國陸軍武官學校에 入學하여 日本陸軍中央幼年學校 日本陸軍士官學校 日本陸軍大學을 卒業하고 關東軍司令部 興亞院調査官華中連絡部 北支派遣軍旅團長 等을 歷하고 至陸軍中將하다 世界第二次大戰時 兵站部司令官 兵站總監으로 比島 戰線에 在任時의 指揮下인 捕虜收容所部下의 過誤를 責任지고 日本敗戰時 戰犯裁判에서 戰犯으로 丙戌年(1946년) 九月二十六日에 比島에서 卒하다 祖國獨立鬪士의 家族을 地下的後援하고 韓民族日人化政策인 創氏改名을 絶對不應하는 等이 認定되어 當時解放된 祖國에서 擧族的救命運動이 展開되어 日本東京에 있는 美軍司

〈?〉 이하 저자가 〈남양홍씨세보〉에서 전재한 단락은 일본에서 출판된 원서原書의 원문原文 그대로 싣는다.

令部에게 陳情書를 提出한 바 有하나 不如意하다 墓는 安城邑飛鳳山
麓子坐다 ○有墓碣床石하다 配의 漢陽趙氏는 丁亥(1887년) 四月七日
에 生하여 壬吾(1942년) 九月十一日에 卒하니 同塋이다 父의 官은 校
理요 諱는 鍾守다 繼配의 永川李寶姓는 庚戌(1910년) 十一月十八日에
生하다 父의 名은 之松이다.

마지막으로, 편지 끝에 적는 글귀가 되었지만, 끝내 이 책을 읽을
수 없게 된 홍국선 씨의 묘 앞에 이 책을 바친다.

1985년 12월 12일

야마모토 시치헤이山本七平

옮긴이 **이진명**

1964년, 서울 출생. 1982년, 서울대 인문대 입학. 자유기고가.

홍사익 중장의 처형

초판 1쇄 발행 2017년 08월 14일

지은이   야마모토 시치헤이
옮긴이   이진명
펴낸이   최용범

편집   김종오
디자인   신정난
마케팅   손기주
경영지원   강은선

펴낸곳   페이퍼로드
출판등록   제10-2427호(2002년 8월 7일)
주소   서울시 마포구 연남로3길 72 2층
전화   (02)326-0328
팩스   (02)335-0334
이메일   book@paperroad.net
홈페이지   http://paperroad.net
블로그   blog.naver.com/paperoad
포스트   http://post.naver.com/paperoad
페이스북   www.facebook.com/paperroadbook

I S B N   979-11-86256-84-8(03900)